证券法学

SECURITIES LAW

☐ 主编 顾功耘

☐ 副主编 胡改蓉 张子学

☐ 撰稿人（以撰写章节先后为序）

李安安 杨为乔 向前 李燕 顾功耘

胡改蓉 窦鹏娟 张子学

高等教育出版社·北京

内容简介

本教材根据 2019 年《中华人民共和国证券法》的修订内容，从证券市场的主体要素入手，对证券公司、证券交易所、证券登记结算公司、证券专业服务机构、证券业协会的主要制度进行系统分析；结合证券市场的行为类型，对证券发行、证券上市与交易、上市公司收购进行深入讲解，并就此过程中所涉及的信息披露制度、投资者保护制度以及证券市场监管制度予以全面阐释。

除正文外，每章设置导语、相关事例、相关案例、本章理论与实务探讨、本章法考与考研练习题等栏目，并以二维码的形式提供了参考答案。全书编写形式新颖，内容全面，在阐释理论知识的同时，结合实践中发生的真实案例及事例，引导学生向更深层次思考，使学生巩固所学知识点的同时，进一步将知识点运用于实践，提高了学生的对知识点的灵活运用能力。

图书在版编目（CIP）数据

证券法学 / 顾功耘主编.--北京:高等教育出版社,2021.3
ISBN 978-7-04-055449-6

Ⅰ.①证… Ⅱ.①顾… Ⅲ.①证券法-法的理论-中国-高等学校-教材 Ⅳ.①D922.287.1

中国版本图书馆 CIP 数据核字（2021）第 025030 号

策划编辑 于 明 姜 洁	责任编辑 程传省	封面设计 张申申	版式设计 马 云
插图绘制 李沛蓉	责任校对 王 雨	责任印制 朱 琦	

出版发行	高等教育出版社	网　　址	http://www.hep.edu.cn
社　　址	北京市西城区德外大街 4 号		http://www.hep.com.cn
邮政编码	100120	网上订购	http://www.hepmall.com.cn
印　　刷	三河市华骏印务包装有限公司		http://www.hepmall.com
开　　本	787mm×1092mm　1/16		http://www.hepmall.cn
印　　张	27.25		
字　　数	640 千字	版　　次	2021 年 3 月第 1 版
购书热线	010-58581118	印　　次	2021 年 3 月第 1 次印刷
咨询电话	400-810-0598	定　　价	57.00 元

（以撰写章节先后为序）

李安安　法学博士，应用经济学博士后，武汉大学法学院副教授，武汉大学资本市场法治研究中心副主任。兼任中国法学会证券法学研究会理事、中国法学会商业法研究会理事，《法学评论》编辑。香港中文大学法律学院访问学者。主要从事公司法、金融法的研究和教学工作。主持教育部人文社会科学青年基金项目、司法部国家法治与法学理论研究项目、中国博士后科学基金项目（一等资助）等多项课题。出版专著两部，副主编及参编教材3部。在《法学》《法商研究》《现代法学》《环球法律评论》等期刊上发表学术论文40余篇。

杨为乔　西北政法大学经济法学院副教授、硕士生导师。兼任中国法学会商业法研究会常务理事、中国银行法学研究会理事、中国银行法学研究会金融安全与金融法专业委员会委员、陕西省法学会金融法学研究会秘书长、陕西省法学会财税法学研究会常务理事等。长期从事金融法、公司法、经济法、票据法、房地产法等课程教学科研工作。合著《后ECFA时代两岸金融合作法律问题研究》，主编或者参编《经济法》《金融法通论》《金融法学》等教材。

向　前　中南财经政法大学讲师。常年从事公司法、证券法、金融法方面的研究与实践工作，参与"湖北省地方金融监管立法"等多个项目的研究工作。合著《中国金融监管法制之不足与改进》《金融危机冲击下企业法理论与实务的最新发展》，参编《商法概论》《证券法学》等教材。

李　燕　法学博士，西南政法大学民商法学院教授，博士生导师。兼任中国法学会商法学研究会理事。曾获教育部霍英东教育基金教师奖、中国法学会证券法学研究会优秀论文奖、"重庆市第二届十大优秀中青年法学专家"称号、重庆市高等教育教学成果奖等。主持及主研国家社科基金项目，教育部人文社科基金项目，中国法学会、司法部等部级法学研究课题多项，独著《独立担保法律制度——见索即付银行保函的理论与实践》《证券法学》等，译著《美国法律基础解读》，主编《商务律师实务指引》《商务律所管理指引》《外国民商法》等，在《现代法学》《比较法学》《法学》《当代法学》等期刊上发表学术论文40余篇。

顾功耘　华东政法大学教授、博士生导师。兼任中国法学会商法学研究会副会长、中国法学会经济法学研究会副会长、上海市法学会商法学研究会会长、上海市法学会经济法学研究会会长、中国国际经济贸易仲裁委员会仲裁员、上海国际经济贸易仲裁委员会仲裁员等职。先后荣获"全国五一劳动奖章""上海市劳动模范""上海市领军人才""上海优秀中青年法学家""司法部优秀教师""上海市曙光学者"等荣誉称号。主要研究方向为商法、经济法。主持国家社科基金项目、省部级科研项目多项。出版《经济改革时代的法治呼唤》《公司并购法论》《国有经济法论》等著作；主编《商法教程》《商法专题研究》《公司法》《经济法教程》等教材；主编《当代主要国家国有企业法》《当代主要国家公私合作法》《公司法律评论》《经济法前沿问题》等系列性学术刊物。

胡改蓉　法学博士,华东政法大学教授、博士生导师。兼任中国法学会商法学研究会理事。主要研究方向为商法。在《中国法学》《法学》《法学评论》《法商研究》《现代法学》等期刊上发表学术论文30余篇;主持国家社科基金项目、上海市哲学社会科学项目以及上海市教委创新项目等多项课题;教学改革项目《商事案例实训教学的改革与探索》(合作申报)获上海市教学成果奖一等奖;曾荣获上海市教育系统"三八红旗手"称号。出版《国有公司董事会法律制度研究》《地方政府融资平台公司法律制度研究》等著作;合译《公司法原理》等作品;参编《商法学》《公司法》《证券法教程》《商法专题研究》《经济法》等教材。

窦鹏娟　法学博士、博士后,华东政法大学中国法治战略研究中心助理研究员、硕士生导师。主要从事证券法学、金融法学等方面的研究。目前在《法学评论》《政治与法律》《金融经济学研究》等期刊上发表学术论文20余篇,出版学术专著2部、译著1部,参编教材2部,主持省部级以上课题2项、其他课题4项。

张子学　法学博士,中国政法大学教授。兼任中国证监会博士后科研工作站导师、中国证券投资基金业协会自律监察委员会委员、中国保险资产管理业协会股权投资及私募基金评估专家、上海证券交易所复核委员会委员、深圳证券交易所纪律处分委员会委员。近年来,围绕证券执法、金融监管、公司治理与并购重组等主题发表学术论文40余篇。

总　序

　　十几年前,我对商法曾有过这样的感慨和评论:"商法的内容是朦胧的,商法的边界是模糊的。在中国二十年的法学史上,这样的情况的确少见:我们在念叨着商法,却不确定商法为何物;我们在呼喊着商法的理论和学说,却说不清商法的概念和范围。面对着古老、成熟的民法,商法的位置在哪里? 我们教着商法,我们写着商法,我们眼观商法的兴旺和繁荣,我们热衷商法的事业和发展,同时我们也在怀疑着商法。我们知道它的过去,却说不清它的现在,也看不透它的未来,我们似乎被笼罩在商法的烟雾之中,我们感到难以名状的困惑。"

　　十几年过去了,中国商法实践取得了举世瞩目的辉煌成就。俯瞰中国商法的整个领域,许多法律制度得以建立和形成,无数法律问题被不断地探索和解决。中国的商法体系在逐步地充实和完善,中国的商法学也在不断地丰富和发展。虽然我们对商法的某些问题依然还有困惑,但我们对中国商法的认识已经有了质的飞跃,我们对中国商法的性质、使命和结构体系有了深刻的理解和科学的安排。尤其是中国商法历经几十年的快速发展,已经形成并展现出其鲜明的中国特色:

　　首先,追随和服务市场经济发展是中国商法的初心和使命。商法是调整市场经济关系的法,市场经济是商法的基础,没有市场经济就没有商法。商法与民法同为中国市场经济法律制度的重要组成部分,如同车之两轮、鸟之两翼,而商法对市场经济的作用尤为直接和突出。追随和服务市场经济发展,确立市场主体地位,规范市场活动,协调市场主体的利益冲突,保护市场主体的合法权益,是中国商法与生俱来的初心和使命。改革开放40年来,中国法律对市场经济的调整或市场经济法治化的重要途径是通过商事立法和商事法治实现的。中国市场经济的每一次重大发展和突破,都需要借助商法制度的设计,无不表现为商法制度相应的发展和突破。

　　其次,商法与民法有分有合、协同发展是中国民商法形成的特殊体例。商法与民法是密不可分、存在特殊联系的两个法律部门。按照民法与商法是否分别制定法典,通常将各国的立法体例分为民商分立与民商合一两种基本模式。在学理上,不论是民商合一还是民商分立,商法多被认为是民法的特别法。中国民商事立法一直采取单行法的立法方式,分别就民法和商法的各个具体制度进行单独立法,目前正在制定民法典,但并没有制定商法典的规划。因此,中国的民商法体例既非传统大陆法系典型的民商合一,亦非典型的民商分立,而是有分有合、统一民法典与单行商事法并立的特殊体系。这种统分结合的民商立法体例是在中国土生土长的立法体例,是融大陆法与英美法于一体、博采各国立法体例之长、真正本土化的中国创制,彰显了鲜明的中国特色。

　　再次,改革与创新是中国商法几十年发展的永恒主题。中国市场经济的高速发展和经济体制、市场机制的不断改革和创新直接驱动着商法制度的变革和创新。中国商法的几十年,也是商法制度不断改革创新的几十年。中国商法的创新性首先表现为商法体系结构鲜明的开放性和扩充性。与其他法律部门不同,商法是一个以不断发展创新为鲜明特质的法律部门,尤其是在整个商法体系的构成组合上,它表现出根据市场经济发展需要不断调整和扩充的开放性,逐渐成熟却总难定型、趋于稳定却总在变动,并未形成一个固定的、封闭性的所谓完整体系和结构。此外,中国商法的创新性还表现在商法体系内各商法领域法律制度和规范的不断突破和更新。几十年来,各商事单行法在首次颁布后,根据其所调整的商事关系的变化和社会对法律制度的需求,多次、不断地被修改,包括全局性的修订和部分条款的修正,这些修改本身不仅是法律条款的文字改变,许多更是重大法律制度的突破和创新,是对某些法律规范的重新设计。

最后,对境外商法的兼收并蓄和国际化是中国商法发展的重要路径。中国商法发展的历史也是其国际化程度不断提升的历史。中国在商事法律制度的发展方面,不仅是极富探索精神的创新者,也是先进商法理念制度十分理性的识别者和最虔诚的追随者、效仿者。改革开放后的商法制度几乎是在一穷二白的基础上建立的,如果说中国其他法律制度的建立主要是对原有法律制度的恢复重建和对自身实践经验的总结,那么中国商法制度的建立更主要的是倚重对境外现成制度的借鉴和引进。密切关注和跟踪各国商事法律的最新发展,深入分析和比较各国制度变革的优劣得失,吸收和采纳各国商事立法和理论发展的最新成果,是中国商法进取完善的不竭动力。作为市场经济制度的后来者,中国商法没有太多的传统束缚和历史包袱,反而获得了博采众家之长的后发优势。中国既有商法制度与各国先进商法规则的融合互补,使其成为现代先进商法制度的代表者和商法制度国际化的引领者。

"中国特色法学教材·商法学系列"正是在这样的背景下组织编写的。商法制度的中国特色本身已经决定了该系列教材自然具有中国特色。不仅如此,我国商法学教材特殊的发展过程和现状也使本系列教材的编写面临着承前启后的创新使命,无论是对本系列教材整体的组合安排,还是对每本教材自身体系结构的设计取舍和内容原理的理论阐述,本系列教材都进行了深入的思考研究和精心的设计策划,这使得本系列教材的中国特色得以显现和强化。

需要特别说明的是,如何设计商法学教材的体系结构,即商法学教材应包括哪些具体部分,恰是商法学原理最为复杂的专业问题,也是经常令人困惑的主要问题之一。几十年来,中国的商法学体系已经形成了这样的经典结构,即在商法总论的一般原理之后,设公司、票据、海商、保险、破产几个分论部分。近几年来,人们所做的就是在这个体系结构基础上的添加或减少。伴随着商法的兴起,商法教材和读物也呈现出空前的繁荣,但这些教材的体系内容尤其是商法分论的构成、组合相差甚大。较为全面和成熟的体系是将商法分论分为公司法、证券法、票据法、破产法、保险法、海商法六个部分。但有的教材将海商法剔除在外;有的则将破产法剔除在外;有的增设了信托法;有的还增设了企业法或合伙企业法;有的已完全突破既有的商法体系,将期货法、银行法、企业法、信托法、房地产法等一括在内;还有的走得更远,将商事代理法、合同法、买卖法、期货法、担保法、信托法、融资租赁法、商事仲裁与诉讼等全部纳入。

欧陆国家为商法之鼻祖,然而,习惯于从法国法和德国法等大陆法系国家商法中寻求制度渊源的学者却无法从这些国家的传统商法典中找到上述商法体系的统一根据。德国商法典规定了公司法和海商法的内容,却未涉及票据法、破产法、保险法。法国商法典规定了公司法、票据法、海商法和破产法的内容,却未涉及保险法。此外,日本和韩国的商法典规定了公司法、票据法、海商法的内容,却未涉及破产法。我国澳门特别行政区商法典的内容包含了公司法、票据法,却未对海商法和破产法作出规定。我们不敢肯定各国或地区的商法是否已发生实质的变革,也不甚知晓现今的欧陆各国是否还在固守着它们各自原有的体系,但至少早期各国或地区的商事立法的情况表明,商法从来就没有一个国际统一的经典体系和公认构成。

与许多其他法律部门不同,中国商法并未形成一个固定的、封闭性的完整体系和结构,相反,它的体系是开放性的,它的结构是动态变化的,是根据市场经济发展需要不断调整和扩充的。这一特点恰好使中国商法"体现出与市场经济运行的高度契合。正是商法的价值理性和技术理性使商法在保持相对稳定性的基础上,具有适时而变、不断创新的品质,从而使商法成为市场经济中最为活跃的法律"。① 几十年来,新的商事关系层出不穷,新的商法领域也在不断形成,中国商法的体系早已超越了传统商法的范围,证券法、投资基金法、信托法、期货法等先后成为商法体系的组成部分。随着新的业态和产业的不断创新和发展,新型商事关系不断孕育产生,新的商法领域也在逐渐形成,如正在蓬勃发展的电子商务关系及已经颁布的电子商务法。由此,本系列教材以传统商法体系为基础,根据中国商法的最新发展和中国多数高校商法学教学的课程安排和实际内容,确定了由8部教材组成的商法教材体系,即《商法总论》《公司法学》《证券法学》《破产法教程》《保险法学》《票据法学》《信托法学》《电子商务法学》。该特定组合和结构本身同样也是本系列教材呈现的又一中国特色。

法律科学的每个学科基于其特定的研究对象而具有不同的社会功能和任务,作为应用法学的商法学担当着以下特殊的功能和使命:(1) 推动商法制度发展与完善,指导商事立法;(2) 阐释商法规范与原理,促进商事执法与司法;(3) 培养商事法治观念和意识,引导商事经营和市场行为;(4) 丰富繁荣法学理论,培养造就法学人才。在这些任务中,人才培养当然是商法学更为直接和重要的使命。商法教育是法学教育中不可或缺、至关重要的一环。在人才素养上,现代市场经济条件下的法学人才不仅需要基本的法学理论修养,还需要明晰的商事法治意识和市场法治观念。在人才结构上,市场经济的发展不仅需要具备一般法律知识的通才,更需要大量的精通公司法、证券法、保险法、破产法、信托法等特定商事法律知识的专门人才。在人才技能上,以研究和阐述行为规则和技术规范为鲜明特点的商法学更强调对学生应用能力和操作能力的训练和培养。随着市场经济不断向纵深发展,社会对商法学人才的需求日愈广泛,商法学在法学知识结构中的分量日益凸显。在大众创业、万众创新成为经济发展新引擎的基本国策之下,商法学知识更成为社会成员谋生创业的重要法律工具和手段。我们期待并坚信,本系列教材的编写能够充分展现中国商法学发展的最新成就,能够进一步丰富和完善中国商法学的科学体系和学科原理,能够有力助推中国商法学的创新和发展,能够在践行中国商法学的功能和使命方面发挥独特的作用。

赵旭东

2019 年 5 月

---

① 赵万一、赵吟:《论商法在中国社会主义市场经济法律体系中的地位和作用》,载《现代法学》2012 年第 4 期。

编写说明

证券市场是我国市场经济必不可少的组成部分。规范证券发行与交易的证券市场法律制度也是社会主义市场经济法律体系的重要构成部分。我国自1998年制定《中华人民共和国证券法》以来，已先后于2005年、2019年进行了两次全面修订，并于2004年、2013年、2014年进行了三次部分条文的修正。随着法律制度的不断完善与实施，我国证券市场得到了健康有序的发展。

本书的编写重在阐述证券法律制度的基本概念、观点及原理。从证券市场的主体要素入手，对证券公司、证券交易所、证券登记结算公司、证券专业服务机构、证券业协会的主要制度进行系统分析；结合证券市场的行为类型，对证券发行、证券上市与交易、上市公司收购进行深入讲解，并就此过程中所涉及的信息披露制度、投资者保护制度以及证券市场监管制度予以全面阐释。

在编写过程中，本书及时吸收了2019年12月修订的《中华人民共和国证券法》的最新内容，尤其是全面推行注册制、增强投资者保护机制、加大违法行为惩罚力度等，反映了我国证券市场法律制度的最新发展动态和最新理论研究成果。

在编写体例上，本书按照"中国特色法学教材·商法学系列"的统一设计和要求，在每章设置了"导语""相关案例""相关事例""本章理论与实务探讨""本章法考与考研练习题"等栏目，强化了教材应有的导学和助学功能。

本书由顾功耘教授任主编，胡改蓉教授、张子学教授任副主编，各章撰写分工如下（按撰写章节顺序排列）：

李安安：第一、二章；

杨为乔：第三、五、六章；

向 前：第四、七章；

李 燕：第八、九章；

顾功耘：第十章；

胡改蓉：第十一、十二章；

窦鹏娟：第十三章；

张子学：第十四、十五章。

编者

2020年6月

目录

第一编　证券法的基本问题

第二编　证券市场主体法律制度

第三编 证券发行与交易法律制度

第四编 投资者保护法律制度

第五编　证券市场监管及违法责任追究

第一编 证券法的基本问题

第一章　证券与证券市场

[**导语**]

　　厘清证券的内涵与外延以及证券市场的基本构造,是系统学习证券法的起点。证券是一个极为复杂的概念,证券法上的证券具有特定的蕴意,需要借助类型化思维及比较法分析方法予以体系化认识。证券市场是金融市场的重要组成部分,有着复杂的制度构造和权利义务关系网络,有必要在历史考察和现实观照中认知和解读。

　　本章梳理了证券的概念、类型、法律特性以及证券法上证券的范围,探究了证券市场的历史演进和发展现状,为全书搭建了基础性知识框架。本章的学习重点是关于证券内涵的理解以及证券法对证券范围的界定、证券法上证券的特征、证券市场的功能、证券市场主体;本章的学习难点是证券法对证券的界定及证券的范围。

第一节　证　　券

一、　证券的概念

　　"证券"是一个内涵丰富、外延宽广的概念,厘清其内涵和外延可以说是研习证券法的逻辑起点。《辞海》给证券下的定义是:以证明或设定权利为目的所作成的凭证。[1]《布莱克法律词典》对证券的定义则为:担保履行某种义务的凭证,证明持券人对公司的所有权、对公司或政府的债权或持券人其他权利的工具。[2]《元照英美法词典》给证券下的定义是:一种法律文件,持有人可以此证明其对某一企业享有所有权(例如股票),或者其在某一企业或政府存在的债权债务关系中为债权人(例如债券),或者其享有其他的权利(例如认股权证)。[3] 相比权威工具书,学界对于证券定义的归纳也各有不同。例如,有学者认为"证券

---

[1]　参见《辞海》,上海辞书出版社 2002 年版,第 2176 页。

[2]　*Bryan A. Garner, Black's Law Dictionary*, 8th edition, West Group, 2007, p.4227.

[3]　薛波主编:《元照英美法词典》,法律出版社 2003 年版,第 1236 页。

是因投资于一项共同的风险事业而取得的主要通过他人的努力而赢利的权益(凭证)";①
有学者认为"证券是投资者为了获取利润而取得的代表投资性权利的凭证或合同,投资者
之间共同进行了投资或者它允许投资者对外拆分转让该证券,它具有损失本金的风险且该
风险未受其他专门法律的有效规制"。② 结合上述权威工具书以及学界研究通说,可以将
"证券"的通适性定义归纳为:证券是指记载并代表特定权利的书面凭证。详言之,证券是
指以特定的专用纸单或电子记录,借助文字、图形或电子技术,记载并代表特定权利的书面
凭证。从关键词角度解读,"记载"与"书面凭证"是指证券通过文字或通用符号在特定载体
上予以表现;"特定权利"是指证券表现为特定内涵、特定范围、特定性质的民事权利;"代
表"则是指证券本身不仅构成对特定民事权利的证明,亦为该特定民事权利或其象征物。③
应当说,证券的上述定义是非常宽泛的,股票、债券、票据、存单、保单、提单、仓单、车票、机票
甚至电影票以及特定历史条件下出现的布票、粮票等均可以被纳入证券的范畴。作为一个
民事特别法领域的常用概念,证券是记载财产权利的特殊书证,与纸制书证、数据电文等普
通书证形成种属关系,依功能可以分为金券、资格证券和有价证券。

所谓金券,又称金额券,是指按照统一标准制作、标明一定金额并为特殊目的而使用,证
券形式与证券权利不可分的证券,主要包括邮票和印花。金券的特征主要表现为三个方面:
一是必须为特殊目的而使用,如邮票用于邮寄信件,印花用于办理印花税;二是必须采用特
定形式,由国家或其授权机构制作,格式和内容具有统一标准;三是证券形式和权利内容密
不可分,凡主张金券权利的人必须持有并出示金券。④

所谓资格证券,又称免责证券,是指表明证券持有人具有行使一定权利的资格的证券,
以车船票、电影票以及银行存单为典型代表。资格证券持有人可凭所持证券向义务人行使
一定权利,义务人向证券持有人履行义务后即免除法律责任,但义务人基于故意或重大过失
向非权利人履行义务者除外。⑤ 与金券不同的是,在法律特别规定的情况下,资格证券的持
券人如果能够通过合法方式证明其权利人资格,即使丧失了对该证券的占有,依然可以行使
相关权利。

所谓有价证券,是指设定并证明某项财产权利并且能够流通的一种书面凭证。之所以
称为"有价证券",是因为证券上表明的财产权具有一定的价值与价格,并且该证券可以自
由转让。与金券和资格证券相比,有价证券并不表示特定资格或身份,也不限于特定使用目
的,范围宽广,种类丰富。但无论学者们如何表述,有价证券本质上不外乎三点:一是表明一
定的财产权;二是在法定条件下可以流通转让;三是其权利行使以持券人持有该证券为
前提。⑥

将证券分为金券、资格证券和有价证券基本能够体现出世界各国的立法状况,具有一定
的周延性。需要指出的是,由于证券是一个聚合性概念,不同的证券类型在功能和性质上千
差万别,不可能就各种证券制定统一的法律,而只能采取分类立法的形式,如针对汇票、本

①　朱锦清:《证券法学》(第三版),北京大学出版社 2011 年版,第 36 页。
②　邢会强:《我国〈证券法〉上证券概念的扩大及其边界》,载《中国法学》2019 年第 1 期。
③　冯恺、段威:《证券法教程》,中国人民大学出版社 2008 年版,第 6 页。
④　叶林:《证券法》(第四版),中国人民大学出版社 2013 年版,第 3~4 页。
⑤　范健、王建文:《证券法》(第二版),法律出版社 2010 年版,第 2 页。
⑥　李东方主编:《证券法学》(第二版),中国政法大学出版社 2012 年版,第 5 页。

票、支票等货币证券制定"票据法",针对股票、债券、投资基金等资本证券制定"证券法"等。很显然,普遍存在于各国法律文本中的"证券法"基本上都是围绕资本证券展开的,其调整范围仅限于有价证券的一部分。鉴于证券内涵与外延的复杂性,有必要在有价证券的范围内,对其作进一步的类型化解读。

二、 证券的分类

(一) 商品证券、货币证券和资本证券

依据其代表的权利所指向的标的,证券可分为商品证券、货币证券和资本证券,这也是证券最为重要的一个分类。

商品证券是指证明持券人对于某种商品拥有所有权或使用权的凭证,其实质上是特定商品的等价物,拥有或丧失商品证券意味着拥有或丧失对商品的相关权利。商品证券上所载权利指向的标的是特定的商品,这里的商品通常是指具有一定价值的可以流通的有体物。商品证券的持券人可以对该证券所指向的商品主张相关的权利,譬如提取或使用货物。商品证券主要包括提单、仓单、运货凭证等。

货币证券是指替代货币进行支付和结算的有价证券,是一种商业信用工具,以票据为典型。票据所创设的权利为金钱债权,票据持有人可以就票据记载的一定金额向票据的一定债务人行使付款请求权和追索权,其请求给付的标的是一定数额的货币(金钱),而不是货币以外的其他物品或利益。[1] 作为商业信用的载体,汇票、本票、支票以及期票等票据在整个商业活动和资金融通中发挥着汇兑、支付、结算、流通、融资等作用,具有不可替代的制度功能。

资本证券是在金融投资或与金融投资有直接联系的活动中,资金需求者通过直接融资的方式向资金提供者筹集资金后签发的证券,主要包括股权证券和债权证券。其中,股权证券是代表持有人对发行人净资产享有一定比例所有权的一种权利证券,实质上是一种所有权证书;而债权证券是代表发行人债务和持有人债权的一种权利证券,一般载明金额、具体偿还期限、利率或购买时的折扣,发行人在债权证券到期后必须偿还债务。[2] 发行资本证券是公司重要的融资形式之一,构成了公司的虚拟资本,有利于财富的大量集中和资金的有效配置,证券法意义上的证券指的就是资本证券。

(二) 设权证券和证权证券

依据权利的来源,可以将证券分为设权证券和证权证券。权利义务产生于作成前,作用仅在于证明一定权利存在的证券,为证权证券;权利义务发生于作成后,作用在于创设一定权利的证券,为设权证券。详言之,设权证券具有创设证券权利的功能,其代表的权利产生于证券作成后,即证券权利以证券的制作和存在为条件。设权证券并不以证券权利的存在为前提,其制作和签发就是证券权利的来源。一旦设权证券灭失或毁损,证券权利也随之无法行使。票据当属于典型的设权证券。证权证券所代表的权利在证券作成之前即已存在,

---

① 朱大旗:《金融法》(第三版),中国人民大学出版社 2015 年版,第 314 页。
② 刘新民:《中国证券法精要:原理与案例》,北京大学出版社 2013 年版,第 29~30 页。

证权证券只是以一种物化和书面的形式确认和证明这种权利的存在,是既存权利的载体。证权证券与其所载的证券权利并非相互依附的关系,在证权证券遗失或损毁的情况下,若有证据能够证明权利人享有证券权利,权利人依然可以行使证券权利。① 以股票为例,如果股东遗失了所持有的股票,可以依照《民事诉讼法》的公示催告程序,向公司申请补发新的股票。

(三)记名证券和不记名证券

根据券面是否记载权利人和证券转让方式,证券可以分为记名证券和不记名证券,两者在证券权利人认定方式、权利人身份认定标准以及证券遗失和损毁后果方面存在明显差异。

所谓记名证券,是指券面上记载权利人姓名或名称的证券。记名证券权利只有券面记载的权利人能够行使,权利人的代理人也须在权利人授权的范围内代为行使证券权利。记名证券权利人的认定以券面记载为准,行使证券权利时须确认持券人与券面记载的权利人身份一致。记名证券可以背书或法律规定的其他方式转让,转让时须依法变更证券上记载的权利人。记名证券遗失或损毁的,可以通过公示催告程序申请注销原证券并补发新证券。

所谓不记名证券,是指券面不记载权利人姓名或名称的证券。不记名证券的持券人通常被推定为权利人,持券人可以凭券行使证券权利。不记名证券的转让无须背书或登记,通过交付即可完成,义务人见票即应履行相关义务。不记名证券遗失或损毁的,即使权利人有充分证据证明遗失或损毁的事实,也不能申请挂失和补发新的证券,其证券权利也因此丧失。②

(四)要式证券和不要式证券

根据证券的作成是否依据法定形式,证券可分为要式证券和不要式证券。

所谓要式证券,是指制作形式及记载事项必须严格按法律规定进行,否则将无效的证券。例如,《支付结算办法》第 9 条规定:"……单位、个人和银行办理支付结算,必须使用按中国人民银行统一规定印制的票据凭证和统一规定的结算凭证。未使用按中国人民银行统一规定印制的票据,票据无效;……"一般来说,证券多为要式证券,都以书面形式制作并依照法律和习惯记载相关事项,无论是股票、债券还是提单、票据,都属于要式证券。

不要式证券,是指制作形式及记载事项并无严格规定的证券。不要式证券可由出券人自由制作,并无特定格式与记载事项的要求。基于安全性与流通性的考虑,不要式证券比较少见。

(五)政府证券、金融证券和企业证券

根据发行主体的不同,证券可以分为政府证券、金融证券和企业证券。

政府证券是指政府为了筹集财政资金或建设资金,以政府信用为担保,按照一定程序向社会公众投资者募集资金并发行的债权债务凭证。政府证券由于以政府信用作为到期偿本付息的担保,具有较好的安全性,因此比较受投资者欢迎,流通性也比较强。由于对政府证

---

① 范健、王建文:《证券法》(第二版),法律出版社 2010 年版,第 4 页。
② 冯果主编:《证券法》,武汉大学出版社 2014 年版,第 2~3 页。

券的发行没有法定条件的限制,经中央政府或立法机关批准即可发行,且不需要证券监督管理部门登记批准,故也称为"豁免证券"。我国传统意义上的政府证券主要是中央政府债券,但随着 2014 年《预算法》的修订,地方政府债券已经成为一种重要的政府证券。在此之前,地方政府为了解决融资问题,发行了大量的"城投债"。城投债本质上是企业信用债券,但是其具有强烈的市政债券属性,部分城投债还获得了地方政府的直接担保,这种地方政府变相举债背后隐含着一定的偿付风险。

金融证券是指银行或非银行金融机构为了筹集资金,利用自身信誉向投资者发行的、承诺到期还本付息的有价证券。金融证券以金融机构的自身信誉为担保,一般不设特殊担保。金融证券主要表现为金融债券和大额可转让存单,主要向机构投资者发行。其中,金融债券是指银行或非银行金融机构依照法定程序发行并约定在一定期限内还本付息的有价证券,是表明债权债务关系的一种凭证。发行金融债券属于金融机构的主动负债,目的在于解决资金来源的不足和资金来源与资金运用期限不匹配的矛盾。①

企业证券是指企业为了筹措资金而发行的证券,主要包括股票、公司债券和企业债券。在我国,股票只有股份有限公司才能发行,而符合条件的有限责任公司和股份有限公司都能发行公司债券。此外,符合条件的公司以及非公司企业还可以发行企业债券。

(六) 上市证券和非上市证券

根据是否在证券交易所挂牌交易,证券可分为上市证券和非上市证券。

上市证券又称挂牌证券,是指经过审批和备案,能够在证券交易所公开上市交易的证券。为了保护投资者的利益,除了政府证券可享受豁免外,证券交易所都会制定严格的上市条件和规则来审查和筛选质地优良的证券上市交易。另外,上市证券还要满足相关的信息披露的要求,确保信息公开便于投资者进行投资决策。一般来说,能够上市交易的证券都属于信誉较好的证券,具有较强的流通性,能够产生较为客观的溢价,发行上市证券的主体也往往能够在证券上市交易的过程中赢得较好的声誉。

非上市证券也称场外证券,是指未在证券交易所挂牌交易的证券。非上市证券未达到上市条件,或虽达到上市条件但尚未或不愿意申请上市,故不能在证券交易所挂牌交易,但这并不代表非上市证券不能交易。非上市证券由于只能在场外进行交易,故流通性较弱。一般来说,能够在证券交易所上市交易的证券只占较小的比重,大多数证券都是非上市证券。

三、 证券法上的证券及其特征

(一) 境外证券法上的证券

由于不同国家和地区证券法的立法模式迥然有别,证券法上的证券范围也存在很大不同。例如,英国法律规定的证券类型主要包括股票、存托凭证、国库券、金边债券、地方当局债券、公司债券、欧洲债券、金融期货和期权等。② 根据法国《公司法》《证券交易法》及其他证券市场法律规范,法国法律所规定的证券类型主要有股票、认股权证、债券、政府债券、大

---

① 王卫国主编:《银行法学》,法律出版社 2011 年版,第 147 页。

② 符启林主编:《证券法:理论·实务·案例》,法律出版社 2007 年版,第 11~13 页。

额可转让存单、投资证书等。① 我国香港特别行政区《证券及期货条例》第 2 条将证券界定为:属于任何团体(不论是否具有法团地位)的或由其发行的,或属于任何政府或地方政府当局的股份、股额、债权证、债权股额、基金、债券或票据,并包括(a)任何上述各项或关于任何上述各项的权利、期权或权益(不论是否以单位或其他方式描述);(b)任何上述各项的权益证明书、参与证明书、临时或中期证明书、收据,或用以认购或购买任何上述各项的认购权证;或(c)任何通常被称为证券的文书。同时,该条还规定了几种不属于证券的情形。

从境外证券立法来看,对证券的定义方法主要包括功能定义法、不完全列举定义法和证券账户定义法三种类型。

美国证券法关于证券的界定方法属于功能定义法。美国 1933 年《证券法》第 2(1)节对证券所下的定义为:"证券"一词系指任何票据、股票、库存股票、债券、公司信用债券、债务凭证、盈利分享协议下的权益证书或参与证书、以证券作抵押的信用证书、组建前证书或认购书、可转让股票、投资契约、股票信托证、证券存款单,石油、煤气或其他矿产小额利息滚存权,一般来说被普遍认为是"证券"的任何权益和股票,或上述任一种证券的权益或参与证书、暂时或临时证书、收据、担保规定。在这种立法例中,法律明文规定的证券种类仅具有指引作用,而不是某种特定的权益证书、认股证书、订购权或购买权。1934 年《证券交易法》第 3(a)条作了类似的规定:凡某种权利证明自称属于法定的证券种类,相关行为就必须遵守证券法规定。发行人在法律明定的证券种类以外自行创设的权利凭证,如果符合证券的实质条件,也属于证券并适用证券法。② 之所以采取如此宽泛的定义,是因为美国国会主张将"我们这个商品社会中所谓的证券,无论以怎样的形式出现,都被归纳进定义之中",以留出足够的灵活性,使得花样翻新的金融交易和金融工具不会逃避法律的规制。③ 得益于美国的判例法传统,美国的司法判例常常对证券的界定作出细化的确认,如在 *Reves v. Evnst & Young* 案中确立的界定证券的"家族相似"标准(family resemblance approach)。④ 所谓家族相似标准,主要包含三个方面:首先是交易的动机,票据买卖双方交易的动机若是获取短期现金,则不是证券;若是获得投资利润,则应归入证券范畴。其次是销售渠道,若票据的购买者是成熟投资者,则不大可能被视为证券;但若面向公众投资者发售,则可被视为证券。最后看该票据是否已经受到联邦证券法律的监管。如果某种票据与 7 种典型的非证券票据(包括消费融资票据、家庭房屋作为抵押担保的票据、以小型营业或某些资产作为质押的短期票据、银行因融资而给付的票据、应收账款让与权作为担保的短期票据、日常经营业务范围内所产生的账上债务的票据和公司因经营需要而向银行融资所得的票据)相比没有很强的相似性,则极有可能被认定为证券,从而受到联邦证券法律的监管,否则就可能被视为商业消费票据,游离在联邦证券法律监管之外。⑤

日本《证券交易法》和我国台湾地区"证券交易法"关于证券的界定则属于不完全列举定义法,即由证券法明文规定证券的具体类型,并授权证券监管机构核定适用证券法的证券

---

① 符启林主编:《证券法:理论·实务·案例》,法律出版社 2007 年版,第 15~17 页。

② 叶林:《证券法》(第四版),中国人民大学出版社 2013 年版,第 9 页。

③ 刘新民:《中国证券法精要:原理与案例》,北京大学出版社 2013 年版,第 30 页。

④ *Reves v. Evnst & Young*, 494 U.S. 56 (1990).

⑤ 冯果主编:《证券法》,武汉大学出版社 2014 年版,第 6 页。

范围。根据日本《证券交易法》第 2 条的规定,有价证券具体是指:(1)国债证券;(2)地方债证券;(3)法人依据特别法发行的债券;(4)有担保和无担保的公司债券;(5)特别设立的法人发行的出资证券;(6)股票或表示新股承购权的证书;(7)证券投资信托和贷款信托的收益证书;(8)外国或外国法人发行的证券或证书中具有以上证券或证书性质者;(9)其他由政令规定的证券或证书。我国台湾地区"证券交易法"第 6 条第 1 款规定,本法所称有价证券,谓政府债券及公开募集、发行股票之公司股票、公司债券及经财政主管部门核定之其他有价证券。在实践中,台湾地区证券监管机构认定的有价证券包括:(1)在台湾募集、发行、买卖或从事相关证券投资服务的外国公司证券;(2)台湾存托凭证,即存托机构代外国发行人在台湾境内发行的,表彰存放于保管机构的外国有价证券之凭证;(3)认购权证;(4)依"金融资产证券化条例"募集或私募的受益证券;(5)依"证券投资信托及顾问法"发行的受益凭证。[①]

证券账户定义法则是根据证券持有模式来界定证券的方法。如《中介持有证券实体法公约》第 1 条规定:"证券是指任何能够贷记到证券账户,并依照本公约规定取得、处分的股票、债券、其他金融资产或者金融资产,但现金除外。"按照证券账户定义法,记入投资者证券账户的金融资产都应受到独立保护,中介机构承担了保护投资者金融资产的责任,在客观上提升了证券服务在证券法中的地位。[②]

(二)我国《证券法》上的证券类型

我国《证券法》第 2 条第 1~3 款规定:"在中华人民共和国境内,股票、公司债券、存托凭证和国务院依法认定的其他证券的发行和交易,适用本法;本法未规定的,适用《中华人民共和国公司法》和其他法律、行政法规的规定。政府债券、证券投资基金份额的上市交易,适用本法;其他法律、行政法规另有规定的,适用其规定。资产支持证券、资产管理产品发行、交易的管理办法,由国务院依照本法的原则规定。"与 2019 年修订前的《证券法》相比,该条关于证券范围的规定变动较大,主要体现在如下方面:

第一,将存托凭证纳入了《证券法》的调整范围。存托凭证是指由存托人签发、以境外证券为基础在中国境内发行、代表境外基础证券权益的证券。2018 年 6 月 6 日,证监会[③]发布的《存托凭证发行与交易管理办法(试行)》开始实施,以支持符合创新试点条件的红筹企业在境内资本市场发行存托凭证上市。

第二,有关资产支持证券、资产管理产品的管理办法,由国务院依照《证券法》的原则制定。这意味着将资产支持证券、资产管理产品视作"准证券",也预示着证券监管标准的进一步统一。所谓"依照《证券法》的原则制定",是指以强制信息披露和反欺诈为保护投资者的主要手段,由国务院制定专门的管理办法。可以预见,未来该两类业务即使未被纳入单一的集中监管体制,也会在监管标准上相对统一,从而消除监管套利和监管真空,形成更为公平的竞争环境。

第三,删除了"证券衍生品种"这个表述,这与正在起草的《期货法》有关,其在将来可被

纳入《期货法》予以调整。

下面主要就股票、债券、存托凭证、证券投资基金份额这四种典型的证券品种进行分别阐述。

1. 股票

股票是指股份有限公司依法发行的、证明投资者的股东身份，股东依其所持股份享有权益并承担义务的可转让的书面凭证。股票是证券中最重要也是最主要的形式，所承载的权利是股权。股票的持有人可以凭借股票证明其股东身份并行使股东权利，或者通过交易股票获得收益。证券法意义上的股票，很大程度上是指向社会公开发行的股票或进入证券市场进行交易的股票。其用途主要体现在三个方面：一是作为出资证明；二是股票持有者可以凭借股票证明自己的股东身份，从而行使参与公司经营管理的权利；三是股票持有人凭借股票可参加公司的利润分配，获得一定的经济利益。

股票是一种要式证券，其表现形式和记载内容都由法律予以规定。我国《公司法》第128条第1款规定："股票采用纸面形式或者国务院证券监督管理机构规定的其他形式。"传统意义上的股票都采用纸面形式，主要表现为实物券式股票和簿记券式股票。《股票发行与交易管理暂行条例》第53条"发行人可以发行簿记券式股票，也可以发行实物券式股票"之规定，正表明股票既可以股东实际持有的实物券式股票形式发行，也可以证监会指定机构保管的簿记券式股票形式发行。但不论以何种形式发行，都应该遵守《公司法》第128条之规定，载明公司名称、公司成立日期、股票种类、票面金额及代表的股份数、股票的编号等信息。当然，随着证券无纸化的发展，也有股票开始以电子数据的形式在证券登记结算机构的系统中发行和交易。[1] 但我国证券登记存管法律制度并没有伴随证券的无纸化发展而发展，在证券持有模式、证券登记的独立性、证券存管体制等方面都体现出不适应性，因此应当在法律层面确认证券间接持有的合法性，建立相对独立的证券登记体系，并修改完善证券二级存管体制，建立适应证券无纸化发展的登记存管法律制度。[2]

依据不同的标准，可以对股票进行多种分类。根据股东享有的权利和承担的风险大小可分为普通股和特别股。其中，普通股是指对持有者权益不存在特别规定的最基本形式的股票；而特别股是指持有者权益存在特别之处的股票，包括优先股与劣后股。优先股是指优先于普通股参与股利分配和剩余财产分配，一般不享有表决权和优先认股权的股票；劣后股则是指在股利分配、剩余财产分配方面顺位在普通股之后的股票。[3] 实践中，特别股的类型具体包括分配公司盈余的特别股、分配公司剩余财产的特别股、行使表决权的特别股、可赎回的特别股、发起人股等。[4] 自从《国务院关于开展优先股试点的指导意见》实施以来，以优先股为代表的特别股在我国获得了快速发展，在公司融资中发挥着越来越重要的作用。

根据发行的对象和方式不同，我国目前有公开发行的股票和非公开发行的股票。其中，公开发行的股票是指经过证券监督管理机构审核向不特定公众发行的股票。《证券法》第9条将公开发行界定为三种情形：(1) 向不特定对象发行证券；(2) 向特定对象发行证券累计超过200人，但依法实施员工持股计划的员工人数不计算在内；(3) 法律、行政法规规定的

---

① 冯果主编：《证券法》，武汉大学出版社2014年版，第9页。

② 张辉：《证券无纸化与中国证券登记存管制度检视》，载《社会科学》2009年第3期。

③ 冯恺、段威：《证券法教程》，中国人民大学出版社2008年版，第26页。

④ 赵旭东主编：《公司法学》（第四版），高等教育出版社2015年版，第262~263页。

其他发行行为。由于股票发行人与投资者之间信息严重不对称,且股票公开发行涉及数量众多的投资者,可能影响社会经济秩序的稳定,因此各国一般都对股票公开发行予以一定的控制,通过行政许可程序赋予某些主体公开发行股票的资格,由此构成了股票公开发行制度。[①] 非公开发行的股票是指股份公司采用非公开方式,向特定对象发行的股票。

根据持有主体不同,我国现有股票可分为国家股、法人股和自然人股。国家股是指代表国家出资的部门或机构持有的股票,一般由国有资产管理部门代表国家享有股东地位和行使股东权利。法人股是指公司、基金会等具有法人资格的企业或其他组织持有的股票,分为国有法人股和社会法人股。国有企业法人持有的股票与国有资产管理部门持有的股票都称为国有法人股。自然人股又称个人股,是指社会个人或本公司内部职工以个人合法财产投入公司形成的股份。这里的自然人既包括一般的投资者,也包括公司的发起人、董事、监事和高级管理人员等。对于后者,公司法在股票的流通转让方面规定了特殊的义务。

根据投资者、上市地、交易币种等的不同,股票可以分为 A 股、B 股和 H 股。A 股又称人民币普通股票,是指在我国境内上市交易,以人民币标明面值,供我国境内投资者、合格境外投资者(QFII)和外国战略投资者用人民币买卖的股票。B 股又称人民币特种股票,也称境内上市外资股票,是指在我国境内上市交易,以人民币标明面值,供我国境内外投资者用外币买卖的股票。H 股是指中国内地股份有限公司依法在香港联合证券交易所发行、上市的股票,股价以港币计算。H 股取香港特别行政区英文名 Hong Kong 首字母而得名。依此类推,在纽约(New York)和新加坡(Singapore)发行上市的中国内地公司股票分别称为 N 股和 S 股。

根据市场评价,可以将股票分为蓝筹股、红筹股、绩优股和垃圾股等。"蓝筹股"一词来源于西方赌场中最具价值的蓝色筹码,是指在其所属行业占有支配地位、资金雄厚、技术力量强大、经营管理有效、业绩优良、成交活跃、红利优厚的大公司股票。蓝筹股多指长期稳定增长的、大型的传统工业股及金融股。红筹股是指在我国境外设立并在境外上市的由我国大陆资本控股的公司发行的股票。发行这种股票的多是具有国资背景的公司,因此人们形象地认为这种股票具有"红色"属性,故称其为红筹股。现在我国香港、美国和新加坡等地都有许多类似公司发行该种股票。[②] 以我国香港特别行政区为例,红筹股主要包括三类:(1)老牌驻港中资企业及我国内地各部门、各地区或大型企业在香港设立的"窗口公司"或分支机构在国际资本市场通过买壳、借壳或分拆业务等方式上市集资;(2)在中央政府的主导下,为推动国有企业经营体制改革,开辟多元化的资金来源渠道,很多国有企业纷纷赴港上市融资;(3)民营企业为了进一步发展及扩张业务,纷纷选择绕道境外注册,选择到香港上市。[③] 绩优股是指经济效益高、发展前景好的公司发行的股票。在我国,投资者衡量绩优股的主要指标是每股税后利润和净资产收益率。一般而言,每股税后利润在全体上市公司中处于中上地位,公司上市后净资产收益率连续三年显著超过 10% 的股票当属绩优股。绩优股具有较高的投资回报和投资价值。绩优股与蓝筹股一样,都是效益好的公司发行的,但股票属于绩优股的公司规模并不一定很大。垃圾股则与绩优股对应,是指业绩较差的公司

① 彭冰:《中国证券法学》(第二版),高等教育出版社 2007 年版,第 84 页。
② 冯果主编:《证券法》,武汉大学出版社 2014 年版,第 10 页。
③ 李海龙:《境外企业跨境上市法律问题研究:以"红筹股"公司回归为归入点》,中国社会科学出版社 2018 年版,第 111 页。

发行的股票。

2. 债券

债券是指发行人出于举债的目的依照法定条件和程序发行的,约定在一定期限内向债券持有人还本付息的一种证券形式。债券购买者与发行者之间是一种债权债务关系,债券发行人即债务人,债券持有人则为债权人。债券的基本要素主要包括四个内容:债券面值,包括币种和票面金额;债券价格;债券利率,即债券利息与债券面值的比率;债券还本付息期限与方式。

与股票类似,债券根据不同的标准也有多种分类:

(1)以发行主体为标准,债券可以分为政府债券、金融债券、公司债券、企业债券。

政府债券是指政府基于筹措经济建设资金、弥补财政赤字或国库收支差额等特定目的,按照一定程序发行的,以政府信用为担保,承诺到期还本付息的债务凭证。政府债券分为中央政府债券和地方政府债券。前者是中央政府为了满足弥补国家财政赤字、进行大型工程项目建设等方面的资金需求而发行的债券;后者则是地方政府为了筹措资金以满足地方市政建设而发行的债券。政府债券的特征包括四方面:一是安全性高。政府债券由政府承担还本付息的责任,信用等级高,具有"金边债券"之称。二是流通性强。由于信用好,市场需求强烈,政府债券受到投资者的青睐,在二级市场的交易比较频繁。三是收益稳定。政府债券的付息由政府保证,本息固定且有保障,故交易价格很少出现大的波动。四是享受免税待遇。政府债券构成了政府债务,为了鼓励债券投资,国家规定对于购买政府债券所获得的收益,可以享受免税待遇。①

金融债券是指金融机构法人在银行间债券市场发行的按约定还本付息的有价证券。该类债券的发行人是金融机构。金融债券的发行必须经过中国人民银行核准,并且只能在全国银行间债券市场发行和交易,只有商业银行、非银行金融机构和其他金融机构以及经中国人民银行批准的非金融机构等机构投资者能够进入该市场参与金融债券的交易。金融债券的交易不对个人投资者开放。尽管我国《证券法》并未明确列举金融债券作为法定债券类型,但是列举了"国务院依法认定的其他证券"。根据我国《中国人民银行法》《商业银行法》《企业债券管理条例》《国务院关于金融体制改革的决定》《金融资产管理公司条例》等法律和行政法规的规定,金融债券已被作为证券的一种类型而受到调整。因此,金融债券应作为国务院依法认定的其他证券纳入《证券法》的调整范围。

公司债券是指公司依照《公司法》相关规定发行的,约定在一定期限内还本付息的债券。公司债券代表着发债公司和投资者之间的一种债权债务关系,债券持有人是公司的债权人,有权按期收回本息。公司发行债券后,如果经营状况不好,连续出现亏损,可能无力支付投资者本息,投资者就面临受损失的风险。目前公司债券的发行与交易由中国证监会监管。

在我国,除公司债券外,还有一种企业债券,是由企业法人依照《企业债券管理条例》的相关规定发行的、约定在一定期限内还本付息的有价证券。目前企业债券的发行由国家发展和改革委员会审核批准,未经批准的,不得擅自发行和变相发行企业债券。可见,在我国,"企业债券"与"公司债券"各有所指,不应基于"企业"与"公司"之间的逻辑关系而混淆"企

---

① 刘新民:《中国证券法精要:原理与案例》,北京大学出版社 2013 年版,第 41~42 页。

业债券"与"公司债券"之间的逻辑关系。①

（2）以付息方式为标准，可以将债券分为付息债券、贴现债券、零息债券、固定利率债券和浮动利率债券。付息债券是指在债券券面上附有息票的债券或按照债券票面载明的利率及支付方式支付利息的债券；贴现债券是指以低于面值发行，发行价与票面金额之差额相当于预先支付的利息，债券期满时按面值偿付的债券；零息债券是指以贴现方式发行，于到期日按面值一次性支付本息的债券；固定利率债券是指具有固定利率、固定利息息票和固定到期日的债券；浮动利率债券是指发行时规定债券利率随市场利率定期浮动的债券。

（3）以是否设定担保为标准，可以将债券分为无担保债券、担保债券。无担保债券是指不提供担保，仅凭筹资人信用发行的债券，如政府债券；担保债券是指以特定财产作为担保发行的债券，如不动产抵押债券、证券信托债券。在担保债券中，有一类以有价证券作为担保发行的特殊的质押债券，在我国专指由政府、中央银行、政策性银行等部门和单位发行，在中央国债登记结算有限责任公司托管的政府债券、中央银行债券、政策性金融债券以及经人民银行认可并可用于质押的其他有价证券。②

3. 存托凭证

存托凭证又称存券收据或存股证，是指在一国证券市场上流通的代表在境外发行交易的有价证券的可转让凭证。存托凭证主要用来突破证券交易的跨境限制，是跨境上市的常用方式。在境外的公司先将部分已发行上市的证券托管在当地的托管银行，再由一国境内的存券银行发行，在境内上市交易，以境内币种交易结算，供境内投资者买卖。存托凭证的使用可以突破跨境法律冲突和外汇管制，但操作成本较高。常见的存托凭证有美国存托凭证（ADR）、欧洲存托凭证（EDR）和中国存托凭证（CDR）等。

我国第一次明确提出希望发展 CDR 是在 2001 年，时值香港红筹企业因国际分工定位不明、生产要素及产权缺失、企业利润低等问题在国际资本市场竞争力低下，设想借鉴美国发行 ADR 的模式，规避证券法以及公司法对红筹企业的限制，解决其在中国内地寻求融资的问题。同时，当时发行 CDR 还有规避外汇兑换管制，直接在国内获得资金投入生产，减少不必要筹资成本的目的。但由于各种因素，此种设想在 2001 年并没有实现。

2018 年，中国证监会先后出台《关于开展创新企业境内发行股票或存托凭证试点若干意见》《存托凭证发行与交易管理办法（试行）》《试点创新企业境内发行股票或存托凭证并上市监管工作实施办法》《关于上海证券交易所与伦敦证券交易所互联互通存托凭证业务的监管规定（试行）》等规范性文件，逐步将 CDR 所针对的目标企业、所涉及的监管问题、所采取的运行方式具体落实下来。目前，尽管 CDR 尚处于试点和探索阶段，但其丰富证券投资品种、提高上市公司质量、扩大资本市场双向开放的正面价值已经彰显，需要进一步规范和完善。

4. 证券投资基金份额

证券投资基金简称基金或投资基金，是一种利益共享、风险共担的集合证券投资方式，即通过发行基金单位，集中投资者的资金，由基金托管人托管，基金管理人管理和运用资金

---

① 关于"企业债券"与"公司债券"的逻辑关系争论观点有独立说、包含说与相关论。详见沈炳熙、曹媛媛：《中国债券市场：30 年改革与发展》，北京大学出版社 2014 年版，第 90~92 页。

② 刘新民：《中国证券法精要：原理与案例》，北京大学出版社 2013 年版，第 44~45 页。

从事股票和债券等金融工具投资的资产组合。证券投资基金的特点包括:(1)证券投资基金是由专家运作、管理并专门投资于证券市场的基金;(2)证券投资基金是一种间接的证券投资方式;(3)证券投资基金具有投资小、费用低的优点;(4)证券投资基金具有组合投资、分散风险的好处;(5)证券投资基金流动性强。[1] 证券投资基金份额是证券投资基金的证券形式,通常表现为基金券的形式。证券投资基金份额的持有者根据其份额对证券投资基金享有相应的权利。

根据证券投资基金的组织形式,可以将证券投资基金分为契约型基金和公司型基金。契约型基金是指委托人与受托人和受益人之间订立投资基金信托契约,依照信托契约运用与管理信托财产的基金形态。基金管理人作为发起人,通过发行基金份额筹集资金组成信托财产,并依据信托契约由基金托管人负责保管信托财产,具体办理证券、现金管理及有关的代理业务;基金份额持有人通过购买基金份额参与基金投资,享有投资收益。公司型基金是指依法成立,通过发行基金份额设立以投资为目的之投资公司,并将集中起来的资金投资于各种证券。公司型基金在组织形式上与股份有限公司类似,基金公司资产为股东所有,由股东选举董事会,由董事会委任经理负责管理基金业务。[2] 我国《证券投资基金法》第3条第1款规定:"基金管理人、基金托管人和基金份额持有人的权利、义务,依照本法在基金合同中约定。"由此可知,我国证券投资基金采取的组织形式是契约型基金,关于公司型基金的设立及运作,则由国务院另行规定。

根据证券投资基金的运作方式,可将证券投资基金分为开放式基金和封闭式基金。开放式基金是指发起人在设立时,份额总规模不固定,可视投资者的需求,随时向投资者出售份额,并可应投资者要求赎回发行在外的份额的一种基金运作方式。开放式基金的基金份额可以变动,追加购买或赎回的价格以购买基金份额当时的净资产价值为基础加以确定,基金份额持有人按投资基金的报价在法定的营业场所申购或者赎回基金份额。封闭式基金是指发起人在设立时,限定了发行总额,筹足总额后即宣告成立,其份额可以在交易场所进行交易,但份额持有人不能申请赎回的基金。与开放式基金的可赎回性特点相比,封闭型基金没有可赎回性,投资者只能通过二级市场变现所持基金份额。

根据募集方式的不同,可以将证券投资基金分为公募基金和私募基金。公募基金是指向不特定的社会公众公开发布信息并募集资金的基金。其特点是投资者为不特定对象,信息披露较为公开透明,可以申请在交易所上市。私募基金是指以非公募方式设立的,只能在有限人数范围内向特定对象募集资金,由管理人独立运作于证券投资的信托基金。私募基金具有隐蔽性的特点,游离于法律监管之外,具有一定的法律风险,在产业投资基金、创业投资基金中被广泛运用。

此外,《证券法》第2条第1款中用"国务院依法认定的其他证券"作为兜底条款,统一涵盖未明确列举的证券,使得《证券法》实施后经国务院认定的证券也一并受《证券法》的调整。这一兜底条款是立法技术的有效运用,充分考量了证券市场的复杂性,既可以避免证券类型列举的疏漏,又可以适应金融创新环境下证券类型不断丰富的现实状况,为未来证券市场的发展预留空间,体现了法律的灵活性。然而,过去若干年的实践表明,国务院在认定

---

[1] 耿法:《〈中华人民共和国证券法〉解读》,中国海关出版社2006年版,第55页。

[2] 强力、王志诚:《中国金融法》,中国政法大学出版社2010年版,第351页。

"其他证券"时显得过于保守。理论界一直呼吁扩大证券的范围,将实践中出现的权证、债务凭证、互联网金融产品、投资合同等纳入证券法的调整范围。应当说,这种观点有一定道理,但证券的范围不是越宽越好,需要把握好尺度。在目前的情况下,证券定义应该根据市场的实践与经验进行有限的扩大,为互联网金融产品留出空间。鉴于我国法上的证券定义已经发生较大变化,现有的多头监管模式将无法适应有效监管与社会投融资的需要,其本身的成本收益情况也已经发生了变化,需要相应地进行监管方式的变革。①

对于国务院依法认定其他证券的方式,本书认为,不宜局限于国务院制定或发布行政法规,国务院各部委通过部门规章以及国务院及其授权机构依据个案认定的"其他证券"亦应归入"国务院依法认定的其他证券"之列,比如中国证监会通过《优先股试点管理办法》创设的优先股即为其例。

(三) 证券法上证券的特征

证券法上的证券,尽管类型多样,却具有共同的特征。归纳和提炼证券法上证券的特征,可以据此辨别实践中那些没有证券之名而有证券之实的书面凭证是否为证券,应否由证券法规制,进而为证券制度目标的确立和制度功能的选择提供理论依据。目前,学界关于证券法上证券的特征认识不一,如有学者归纳为资本性、公开性、市场性、批量性、标准性和程序性;②有学者归纳为投资性、可流通性、公开性、书面性;③有学者认为证券是财产性权利凭证、投资性权利凭证、流通性权利凭证和要式性权利凭证;④有学者则认为证券的基本法律特征包括直接投资工具、证权证券、标准化权利凭证、流通证券。⑤ 结合学界的研究成果,本书将证券法上证券的特征归纳为以下四个方面。

1. 财产性

证券是表彰财产性权利的凭证。随着市场经济和社会信用的不断发展,人们开始超越传统意义上对财富的直接占有、使用、收益和处分,而使用证券来代表这些财产性权利,对财富进行间接的控制和收益,从而促进财富的流转。一般而言,证券权利的标的都是财产,证券上都载明了券面面值,都能够以一定的财产价值来进行衡量,并且其交易也有着相应的市场价格。证券的财产性并不是指证券本身的物质载体具有财产性,而是指证券所代表的证券权利的财产性。证券的财产性能否实现与实现的程度并非一成不变,而取决于各种因素。比如债券到期不能得到完全偿付的,其财产性将大打折扣;又如认股权证到期未及时行权的,则有可能变成一张废纸。

2. 投资性

证券是一种典型的投资工具。证券的发行人通过向持券人发行证券募集生产经营所需要的资金,证券的持有人可以在二级市场转让证券,通过低价买入高价卖出的方式赚取差价以获得利润。证券持有人参与证券发行和交易的活动,几乎都以投资利益最大化为目的,这种投资利益一方面来自证券权利自身价值的增加,另一方面来自证券市场的溢价收入。可

---

① 吕成龙:《我国〈证券法〉需要什么样的证券定义》,载《政治与法律》2017 年第 2 期。

② 陈甦主编:《证券法专题研究》,高等教育出版社 2006 年版,第 18~21 页。

③ 陈界融:《证券发行法论》,高等教育出版社 2008 年版,第 30 页。

④ 冯恺、段威:《证券法教程》,中国人民大学出版社 2008 年版,第 8~10 页。

⑤ 叶林:《证券法》(第四版),中国人民大学出版社 2013 年版,第 15~16 页。

以说,证券作为投资者与融资者之间融资关系的表征和凭证,之所以异于一般产品或产品的凭证,并不在于证券的虚拟性和价值不确定性,而在于其投资性。[①] 证券交易活动的参与者包括投资性参与者和投机性参与者。投资性参与者更加看重证券权利自身价值的增长,通过长期持有证券以分享价值增长带来的收益;投机性参与者则更加重视证券市场溢价所带来的收入,通过短线持有和频繁交易获得利润。尽管证券投资能够取得一定的收益,但这个过程往往伴随着相应的风险。不同的证券品种具有不同的风险,并且风险与收益成正相关关系。证券市场上个人投资者往往不及机构投资者能够正确地预见和防范风险,并且市场上的投机行为和违法行为客观上增加了证券市场的投资风险。

3. 证权性

证券是证明持券人拥有证券权利的凭证。证券的券面都记载着一定的权利,持券人可凭借证券向义务人主张和行使证券券面所记载的权利。记名证券的权利人可以凭借证券券面的记载来证明其拥有证券权利,不记名证券的权利人则可以凭借其持有的证券本身来证明其拥有证券权利。证明证券权利的存在和该权利的归属是证券的功能和意义之所在,不管是设权证券还是证权证券,都能证明证券权利的归属,两者除了在证券权利的来源上存在差异之外,在证明证券权利的特点上并无二致。正如布莱克法律词典的解释,证券是"证明持券人对公司的所有权、对公司或政府的债权或持券人的其他权利的工具"。比如股票即为证明持有人的股东权利的证券,债券能够证明持有人的债权人地位。证券因为其证权性而具有价值。

4. 流通性

证券是可以在市场上依法流通转让的投资工具。证券作为财产权利的载体,革命性地简化了财产和权利转让的繁琐程序,通过标准化的证券形式作为财产性权利的代表,实现交易的高效和快捷。交易人只需简单交付或者登记过户,即可便利地实现财产权利的转移。证券的流通性既是其所代表的财产性权利变动的要求,也是其自身价值发现和增长的要求。证券在市场上的流通使得证券具有了交换价值,从而根据市场规律具有了相应的市场价格,随着市场对于证券的了解和看好,其价格也会随着愿意购买该证券的人数的增加而提高,证券持有者也可以通过出让该证券而获得溢价收入。证券既可以在证券交易所等集中交易场所转让,也可以在场外由买卖双方自行协议转让或者通过代办股份转让系统撮合交易。在证券交易所的交易方式包括集中竞价交易、大宗交易、裁判转让以及协议转让等方式。随着多层次资本市场的建立和完善,证券的流通性将得到进一步的保障和增强。

第二节　证券市场

一、证券市场的概念与类型

证券市场是金融市场的重要组成部分。广义的金融市场是指资金融通的场所。它既包括具备特定场所的有形金融市场,也包括不具备特定场所的无形金融市场;既包括金融机构

之间的资金融通市场,也包括金融机构之外的资金融通场所。而狭义的金融市场,特指货币、证券、外汇和黄金买卖的场所。① 不难看出,证券市场只是金融市场中的一小部分。

证券市场本身也存在广义和狭义之分。广义上的证券市场是以证券为对象的发行、交易、服务、监管等关系的总和,包含两个基本要素:一是证券活动所涉及的各类证券市场主体,即交易主体、中介机构和监管组织;二是作为证券活动对象的各种证券工具,即股票、债券等各种证券类型。而狭义上的证券市场是指证券发行和交易的场所。应该说,从广义上界定证券市场更能全面把握其内涵。

证券市场根据不同的标准,可以分为以下几种类型:

(一) 证券发行市场与证券交易市场

根据市场功能和证券流通的阶段,证券市场可以分为证券发行市场和证券交易市场。证券发行市场,也称一级市场,是指证券发行人将证券向社会大众募集、发行,证券购买人通过投资购买证券而形成的发行人与大众投资者之间的资金供需募集市场;证券交易市场,也称二级市场,是指证券发行之后,投资人将所购买的证券向市场出售、交易而予以变现所形成的市场。证券发行市场是交易市场的基础和前提,交易市场又是发行市场得以存在和发展的条件。发行市场的规模决定了交易市场的规模,影响着交易市场的交易价格。没有发行市场,交易市场将成为无源之水、无本之木。在一定时期内,发行市场规模过小,容易使交易市场供需脱节,造成过度投机,股价飙升;发行节奏过快,将使股票供过于求,对交易市场形成压力,导致股价低落,市场低迷,进而影响发行市场的筹资。所以,发行市场和交易市场是相互依存、互为补充的整体。②

(二) 股票市场、债券市场、基金市场和衍生证券市场

根据证券品种,证券市场可以分为股票市场、债券市场、基金市场和衍生证券市场。股票市场是指以股票为交易标的的证券市场,是最基础也是最重要的证券市场。债券市场是以国债、公司债券、企业债券和金融债券为标的的市场。基金市场是从事投资基金凭证发行和交易的市场。衍生证券市场则是以衍生证券为交易标的的证券市场,包括期货市场、期权市场和其他衍生证券市场。

(三) 场内交易市场和场外交易市场

按照证券交易的场所不同,可以将证券市场划分为场内交易市场和场外交易市场。场内交易市场,又称证券交易所市场,是指在证券交易所进行证券交易的市场;场外交易市场则是指在证券交易所以外的场所进行证券交易的市场。两个市场的不同主要体现在交易方式上:场内交易市场主要采取集中交易的方式,在特定的时间点,某只证券只能有一个交易价格;但场外交易市场的交易机制和方式更为灵活,除集中交易外,还常常采取一对一的磋商交易机制,因此,某只证券在特定时间点可能会存在多个不同的交易价格。从境外发达国家和地区的证券市场发展历程来看,一般兼有场内交易市场与场外交易市场,而且场内交易

---

① 强力、王志诚:《中国金融法》,中国政法大学出版社 2010 年版,第 3 页。
② 冯果主编:《证券法》,武汉大学出版社 2014 年版,第 15 页。

市场的产生与发展本身也源于场外交易市场。在我国,资本市场经过多年建设也逐渐形成了场内交易市场与场外交易市场并存的多层次市场体系。

我国的场内交易市场,根据上市公司的规模和性质以及市场层次,又可以分为主板市场、中小企业板市场、创业板市场和科创板市场。

主板市场是场内交易市场中最重要的组成部分。在主板上市的企业多为大型成熟企业,具有较大的资本规模以及稳定的盈利能力。因而,我国上海证券交易所和深圳证券交易所对主板上市企业的营业期限、股本规模、盈利水平等方面都制定了较高的标准和要求。

中小企业板于 2004 年在深圳证券交易所设立,为主业突出、具有成长性和科技含量的中小企业提供直接融资平台。与主板上市公司相比,在中小企业板上市的企业,资金实力相对较弱,市场前景有一定的不确定性,有些企业还处于起步阶段,风险相对较大。从交易机制来看,中小企业板在主板制度框架下运行,同时又是主板市场中相对独立的板块;中小企业板与主板遵循相同的法律、法规和部门规章;中小企业板的上市公司也应符合主板的上市条件。但中小企业板的交易由独立于主板交易系统的第二交易系统承担,深圳证券交易所也专门建立了独立的监察系统对中小企业板块进行实时监控,中小企业板的股票代码以及指数也独立于主板。

创业板市场于 2009 年在深圳证券交易所推出。其主要目的是促进高成长的新型创新公司特别是高科技公司筹资并进行资本运作,为具备一定盈利基础,拥有一定资产规模的成长型新技术企业创造融资平台。创业板市场在发行条件、交易系统、上市标志、交易规则等方面与主板市场都有差异。尤其是在上市标准上,创业板的要求明显低于主板。由于创业板企业具有规模小、创新性强、风险大等特点,尤其是这些企业大量集中在新兴产业,未来盈利能力的不确定性强,而我国目前资本市场的投资者投资理性和风险承受能力又比较欠缺,因此,创业板市场建立了投资者适当性管理制度,要求投资者对创业板的市场风险有一定的识别能力和风险承受能力,这既有利于保护投资者,也有利于促进创业板市场的规范发展。

科创板市场于 2019 年在上海证券交易所设立。其定位于资本市场和科技创新的深度融合,主要为发展势头良好的科技创新企业提供融资平台。科创板在建设中,被赋予了改革"试验田"的制度功能,包容性的发行上市条件、市场化的注册制、差异化的股权表决机制、灵活高效的交易制度都率先在科创板试行。以最受关注的注册制为例,虽然注册制改革被呼吁了很多年,但基于种种原因一直没有实质性推进。但科创板首先采用了注册制试点。从证券发行核准制向注册制的改革,优化了资本市场中政府与市场的关系,重塑了我国证券市场的权力与角色分配、治理机制以及监管体制。在科创板的"实验"带动下,2019 年 12 月我国《证券法》进行大幅度修订,注册制被立法正式确立,全面适用于公开发行的证券。

◎　**相关事例**

2019 年 7 月 22 日,备受瞩目的科创板鸣锣开市,首批 25 家公司正式登陆科创板。从 2018 年 11 月 5 日到 2019 年 7 月 22 日,从宣布设立科创板并试点注册制到科创板正式开市,共历时 259 天。25 家企业均为在新兴技术某一细分领域长期耕耘的公司,在各自的细分领域拥有较高的行业地位。从行业分布来看,首批 25 家公司分布于新一代信息技术、新材料、生物和高端装备制造四大领域。其中,新一代信息技术产业数量最多,达到 13 家,占比 52%;高端装备制造和新材料产业各 5 家,占比分别为 20%;生物产业数量最少,仅 2 家,占比 8%。从注册地来看,首批上市公司较为集中地分布于北上广苏浙等经济发展程度较高的地区。其中北京和上海各有 5 家,江苏有 4 家,广东和浙江各有 3 家,陕西有 2 家,福建、山东和黑龙江各有 1 家。

场外交易市场是历史上从事证券交易的初级场所。据考察,世界上最早的证券交易所是 1602 年成立的阿姆斯特丹证券交易所。在此之前,证券交易都是通过证券公司的交易柜台进行的。世界著名的纽约证券交易所也源于场外交易。现今,尽管证券交易市场已经高度发达,但场外交易市场依然存在并不断丰富和多样化,成为多层次资本市场体系的重要组成部分。例如,美国资本市场结构大体为交易所市场(全国性的有纽约证券交易所、美国证券交易所等;区域性的有波士顿证券交易所、费城证券交易所等)和场外交易市场(包括 OTCBB、粉单市场等);法国的资本市场结构为交易所市场(包括主板市场、二板市场、新市场)和自由市场;我国台湾地区的资本市场结构为证券交易所市场、柜台市场、兴柜市场和盘商市场。

我国资本市场经过多年建设,也逐渐形成了多层次的场外交易市场体系。2004 年《国务院关于推进资本市场改革开放和稳定发展的若干意见》就已经提出,要在"统筹考虑资本市场合理布局和功能定位的基础上,逐步建立满足不同类型企业融资需求的多层次资本市场体系"。2005 年和 2019 年修订的《证券法》也分别体现出了多层次资本市场的运行机制。目前,我国的场外交易市场主要由如下几部分组成:(1) 全国中小企业股份转让系统(又称"新三板");(2) 区域性股权市场;(3) 全国银行间债券市场;(4) 商业银行柜台交易市场。对于新三板市场和区域性股权市场的阐述将在后面章节详细展开,这里主要就全国银行间债券市场和商业银行柜台交易市场进行简要概述。

全国银行间债券市场以全国银行间同业拆借中心和中央国债登记结算有限责任公司为依托,主要为银行、农村信用联社、保险公司、证券公司等金融机构进行债券买卖和回购交易提供服务。随着该市场的发展,其也开始为非金融企业债务融资提供服务。目前,该市场主要进行国债、金融债券、非金融企业债务融资工具的发行、交易以及银行间的资金融通,不对个人投资者开放,是我国最重要的场外债券交易市场。其交易类型包括债券买卖和债券回购两种。其中,债券回购又可进一步区分为质押式回购和买断式回购。在交易方式上,银行间债券市场进行的债券交易不采取集中竞价的交易方式,而由参与者在债券市场按照"自主报价、自选对手、自行清算、自担风险"的原则进行。在交易中,全国银行间同业拆借中心为市场参与者的报价、交易提供中介及信息服务;中央国债登记结算有限责任公司为市场参与者提供债券托管、结算和信息服务。

商业银行柜台交易市场是指通过商业银行柜台进行证券交易的市场。目前我国商业银行柜台交易市场主要为投资者提供记账式国债的交易,由商业银行通过其营业网点与投资人进行国债买卖并办理托管与结算。它是全国银行间债券市场的延伸,属于零售市场。实践中,除金融机构外,凡持有有效身份证件的个人以及企业或事业社团法人,均可在商业银行柜台开立国债托管账户并进行国债买卖。实践中,由于承办柜台交易的商业银行都是银行间债券市场成员,因而可以根据柜台市场销售情况,通过银行间市场买进国债,再卖给普通投资者。投资者根据商业银行挂出的国债买卖双边报价,从银行手中买进国债或将国债卖给商业银行,从而满足投资者的交易需求,并在一定程度上促进银行间债券市场的流动性。

二、 证券市场功能

证券市场作为金融市场的重要组成部分,在金融发展和经济增长方面具有重要的功能。具体而言,证券市场具有以下功能:

(一) 筹集资金

筹集资金的功能是证券市场的首要功能。在国民经济运行中,资金在各部门间分布的不平衡以及有些部门的资金密集性,导致某些部门需要筹措大量资金。一般来说,公司弥补资金不足的方式主要有通过提取折旧或利润留存等方式进行的内源融资和向公司外部筹措资金的外源融资。其中,外源融资又包括向银行借入贷款的间接融资和在金融市场上发行证券的直接融资。相比间接融资,直接融资由于取消了商业银行承担的风险中介角色,资金供给方可以获得更多的收益,并且能够防止资产负债比例过高导致的经营危机。与此同时,资金供给方也必须承担更多的信息处理风险,投资银行、会计师事务所和律师事务所等市场中介机构以其信誉中介的角色帮助资金供给方处理信息和分析风险。① 证券市场以证券的形式为资金需求者和供给者融通资金提供了一种良好的机制和场所,资金需求者通过发行证券的方式融入资金,而资金提供者通过投资证券的方式实现资金价值的增值,通过证券市场筹集到资金的公司往往能够凭借雄厚的资金实力扩大经营规模。企业通过证券市场的直接融资筹集到的资金具有稳定性和长期性,其筹资规模和速度是企业自身积累和银行贷款所无法比拟的。

(二) 分散风险

证券市场在给投资者和融资者提供投融资渠道的同时,也提供了分散风险的途径。风险本身是与产权和收益相伴相随的,而证券作为权利的代表,投资证券可以带来收益,因此证券市场本身就是交易风险的场所。证券发行者通过发行股票或债券,使投资者成为股东或债权人并承担相应的投资风险,便将经营风险部分地转移和分散给投资者;投资者可以根据自身的风险偏好和承受能力选择不同风险类型的证券,或者通过选择证券市场上流通的各种证券建立投资组合的方式来分散投资风险。通过证券市场上的交易,证券发行人和投资者之间可以实现风险选择的均衡,进而有效地分散风险。

(三) 配置资源

证券市场的资源配置功能是指通过证券价格引导资本流动进而实现资源合理配置的功能。证券市场的资金是重要的社会资源,其流向并不取决于个人的意愿,资金的使用效益是决定其流向的关键,或者说,证券价格的高低与该证券所能提供的预期报酬率密切相关。在证券市场上,投资者通过分析各类信息,选择报酬率高的证券进行投资,从而使资金流向那

---

① 彭冰:《中国证券法学》(第二版),高等教育出版社 2007 年版,第 4 页。

些经营好、发展潜力大的企业。由于报酬率高且投资者众,该类证券价格便会升高,相应的证券发行人筹资能力就强。这样,证券市场就通过价格机制引导资本流向质地优良的企业,为其扩大生产提供资本支持,从而促进其跨越发展;相反,质地低劣的企业便会在这种机制的作用下难以筹集资金,进而逐渐被淘汰。证券市场通过资本的市场化配置,促使资本产生尽可能高的效率,进而实现社会资源的合理配置。

(四)评价监督

证券市场的价格变化,在很大程度上是证券发行人经营状况、盈利能力、资本实力和公众形象变化的客观而真实的反映。一旦证券发行人的发展前景和经营状况不被投资者认可,其发行的证券就不会得到投资者的欢迎,这些证券就会因为缺少需求而价格下降。反之,如果证券发行人前景良好,投资者就会纷纷购买其发行的证券,促使价格上升。因此,在这个意义上,证券市场可以反映和评价证券发行人的基本状况。另外,由于证券市场有着严格的信息披露要求和有效的证券监管,故而能对证券发行人的经营进行有效的监督。除此之外,广大的股东还可以通过"用手投票"的方式行使股东权,或者通过"用脚投票"等方式对证券发行人形成一定的压力,监督其勤勉合法运营。[1]

三、 证券市场主体

作为证券市场的要素,证券与证券市场主体相互作用,共同构成了整个证券市场体系。关于证券类型,前面已作了详细介绍,而作为证券市场上最活跃以及最基本要素的证券市场主体还需要进一步廓清。

证券市场主体是指在证券市场活动中享有权利并承担义务的自然人、法人或其他组织。有学者在广义上将证券市场主体分为发行人、投资者、证券公司、证券服务机构以及政府监管机构和自律监管机构。[2] 也有学者在狭义上将证券市场主体局限为证券发行人和证券投资者,并与证券市场中介机构、证券市场监管机构与证券市场自律组织共同构成证券市场参与者。[3] 狭义地理解证券市场主体,显然将市场主体仅仅局限在证券交易的视域内,并且将中介机构和监管组织排除在了证券市场主体之外。

本书认为,证券市场的发展离不开提供证券服务的中介机构和维护证券市场稳健运行的监管组织,这些机构和组织积极参加了证券市场活动,也享有相应的权利,承担相应的义务,是非常活跃和重要的证券市场主体。因此,本书所称证券市场主体就是指证券市场的参与者。证券市场主体包括以下几类:

(一)交易主体

所谓交易主体,是指直接参与证券交易活动的证券市场主体。交易主体在证券交易活动中作为证券的卖方和买方,直接让渡或继受证券权利,取得或支付价款,处于证券交易关

---

① 冯果主编:《证券法》,武汉大学出版社 2014 年版,第 16~17 页。
② 叶林:《证券法》(第三版),中国人民大学出版社 2008 年版,第 98 页。
③ 范健、王建文:《证券法》,法律出版社 2007 年版,第 12~14 页。

系链条的两端。交易主体是证券市场上最基础的主体,没有交易主体的存在就不可能有证券交易的实现,证券市场就失去了存在的意义和价值。一般认为,证券市场上的交易主体即证券发行人和证券投资者。

1. 证券发行人

证券发行人是指为募集资金而向社会大众发行有价证券的资金需求者,是有价证券的供应者。对发行人的界定,关系到非法募集、发行有价证券的民事、行政或刑事责任,因此必须界定清楚发行人的范围。[①] 在美国,发行人的范围比较宽泛,包括发行或拟议发行任何证券的任何人。但在我国,法律对证券发行人的主体资格有着比较严格的限定,不同的证券发行人可以发行不同的证券。在我国,证券发行人主要包括发行股票或公司债券的公司、发行政府债券的政府、发行金融债券的金融机构、发行企业债券的其他市场立体。

2. 证券投资者

证券投资者是为了获取股息红利或者买卖差价而购买证券的主体。证券投资者是证券市场资金的供给者,通过支付对价取得证券。证券投资者通常可分为机构投资者和个人投资者。机构投资者是指用自有资金或者集合资金专门从事证券投资的法人或非法人机构,如社保基金、证券投资基金、保险公司以及从事自营业务的证券公司等。机构投资者凭借其雄厚的资金实力以及专业的投资水平,成了证券市场的重要力量。特别是近几十年来,机构投资者的崛起及其引发的"股东积极主义"成为世界范围内的重要经济现象,引发了证券法的深刻变革。[②] 个人投资者是指从事证券投资的社会公众个人。个人投资者是证券市场最广泛的群体,但是由于信息不对称以及市场有效性不足,加上缺乏专业的投资技能,个人投资者往往是证券市场最为弱势的群体,对其应予以特殊保护。另外,证券投资者既包括一级市场上的从证券发行人手中认购证券的投资者,也包括在二级市场上从证券持有人手中买入证券的投资者。

(二) 中介机构

中介机构是指在证券市场上依法通过专业知识和技术服务,为委托人提供公正性、代理性、信息技术服务性等中介服务的机构。中介机构是证券市场上非常重要的一类主体,被誉为"市场看门人",其存在极大地提高了证券市场的效率,可以说证券市场的高效运行很大程度上依赖于中介机构的活动。中介机构位于证券发行、交易以及其他活动链条的中间,主要有以下几种类型:

1. 证券经营机构

证券经营机构是依法设立的可经营证券业务的金融机构。我国目前的证券经营机构主要指证券公司。证券经营机构可从事以下证券业务:接受投资者委托办理证券交易,即证券经纪商;协助发行人发行证券,即证券承销商;以自己的名义直接从事证券交易,即证券自营商。在我国,经纪类证券公司只能从事证券经纪业务,而综合性证券公司可以经营证券经纪、证券承销以及证券自营业务。当然,需要说明的是,证券经营机构从事证券自营业务时,

---

[①]　陈界融:《证券发行法论》,高等教育出版社 2008 年版,第 82~83 页。
[②]　冯果、李安安:《投资者革命、股东积极主义与公司法的结构性变革》,载《法律科学(西北政法大学学报)》2012 年第 2 期。

其因直接参与了证券交易而应归为交易主体。申言之,证券公司具有双重属性,从事非自营业务时当属中介机构,从事自营业务时则不能被认定为中介机构,而是交易主体。

2. 证券服务机构

证券市场对于专业性要求颇高,往往需要证券服务机构为证券市场的发行与交易活动提供专业性服务,如证券投资咨询、资产评估、资信评级以及证券发行与交易中的会计、审计及法律服务等。通常看来,提供证券服务的机构主要有证券投资咨询机构、资产评估机构、信用评级机构、律师事务所、会计师事务所等。另外,证券公司在依法从事证券投资咨询和与证券交易、证券投资有关的财务顾问业务时,也可以成为证券服务机构。

这里需要说明的是,证券交易场所和证券登记结算机构为证券交易提供专门的交易场所或者为证券的登记、集中保管、清算交割、过户提供服务,具有中介机构的功能,但由于其同时具有法律法规所赋予的监管职能,因此,其并非纯粹的中介机构,具有明显的特殊性。

(三) 监管组织

监管组织是指对证券市场上的发行和交易行为进行监督和管理的机构。证券市场由于具有高度的复杂性和逐利性,极易产生系统性风险以及操作风险、道德风险等非系统性风险,因此需要证券监管组织通过严格的监督和管理,确保证券市场平稳有序运行。证券监管组织并不实际参与证券市场交易活动,而是作为旁观者和监督者密切关注证券市场活动的进展,并对违法违规行为进行及时有效的处理。尽管不实际参与证券交易,但是证券市场绝对不能离开监管组织,并且证券监管组织也通过市场准入与处罚等方式参与和影响了证券市场活动。

1. 政府监管部门

政府监管部门是指根据法律规定具有行政执法权力、负责证券市场监督管理事项的国家机关或部门。政府监管部门根据法律规定和国务院授权对证券的发行、上市、交易、托管和结算等进行监管,监管证券交易所以及各类证券金融机构,按照规定对交易主体和中介机构实行市场准入的审批,依法对证券违法行为进行处罚等。政府监管部门在我国主要有证监会及其派出机构以及国务院授权的其他组织。1998 年 9 月,国务院办公厅印发了《中国证券监督管理委员会职能设置、内设机构和人员编制规定》,明确中国证监会为国务院直属事业单位,是全国证券期货市场的主管部门,详细规定了中国证监会的职能和机构设置,这为证券法出台后尽快地适应证券监管体制的立法改造奠定了基础。集中统一的监管体制对于贯彻执行证券法律制度,维护证券市场秩序,防范证券市场风险,保障证券市场运行效率,发挥了积极作用,极大地促进了中国证券市场的法治化、市场化和国际化发展,这是中国证券市场得以快速发展的重要经验。[①] 当然,随着证券市场的创新发展,现行证券监管体制的局限性也逐渐暴露出来,包括高度集中的决策机制、破碎的监管体制、分割的信息系统、监管软约束、对监管者的管理缺失等问题,有待进一步改进和完善。

2. 自律监管组织

自律监管组织是通过制度公约、章程、准则、细则,对证券市场活动进行自我监管的组织。自律监管组织一般实行会员制。自律监管组织除了依据法律法规,还依据章程、业务规

---

① 曹立:《证券的逻辑——中国证券市场 20 年》,中国经济出版社 2011 年版,第 55 页。

则等对其会员或行业进行监管。自律监管组织可以配合政府监管部门向其会员宣传法律法规政策,使会员能够自觉地贯彻执行,同时对会员进行指导和监管,是对政府监管的积极补充。此外,自律监管组织本身的设立及活动也受政府监管部门的监管。我国证券业自律监管组织主要有证券交易所、证券登记结算公司、中国证券业协会和地方性的证券业协会等。我国现行的《证券法》在总结国内外经验的基础上,设专章规范了证券交易所和证券业协会的自律作用,还明确了证券交易所承担审核上市或终止上市等职责,提升了自律监管的地位;在《证券登记结算管理办法》中,证券登记结算机构也被明确规定实行行业自律管理。但整体而言,我国证券市场自律监管发挥作用的空间还有待进一步提升,自律组织的监管能力还有待强化。

此外,中介机构、新闻媒体等社会机构并非单纯的市场营利主体,其应具有相应的社会公共服务职能,应当承担保证其提供的中介服务和发布的信息客观、真实的义务,担负相应的间接监管职能,以弥补政府监管和行业自律在效率上和专业性上的缺陷。本书认为,有必要通过相应的激励机制和责任追究机制,促使社会机构直接或间接参与到证券监管中来,成为所谓的"社会监管机构",从而实现证券监管的社会化。①

四、　证券市场的历史沿革

(一)西方国家证券市场的形成与发展

回顾资本主义经济社会发展的历史,证券市场的最初萌芽可以追溯到16世纪初资本主义原始积累时期的西欧。当时法国的里昂、比利时的安特卫普已经有了证券交易活动,最早进入证券市场交易的是国家债券。当时的证券交易主要在咖啡馆、拍卖行等场所进行。17世纪初,随着资本主义经济的发展,所有权与经营权相分离的生产经营方式即股份公司产生和发展起来。股份公司的产生使股票、债券开始发行,并进入了有价证券交易的行列。1602年,荷兰的阿姆斯特丹成立了世界上第一家股票交易所。1773年,英国的第一家证券交易所在"乔纳森咖啡馆"成立,1802年获得英国政府的正式批准。这家证券交易所即现在伦敦证券交易所的前身。该交易所的交易品种最初是政府债券,此后公司债券和矿山、运河股票进入交易所交易。1790年,美国第一家证券交易所——费城证券交易所宣布成立,从事政府债券等有价证券的交易活动。1792年5月17日,24名经纪人在华尔街的一棵梧桐树下聚会,商定了一项名为"梧桐树协定"(Buttonwood Agreement)的协议,约定每日在梧桐树下聚会,从事证券交易,并制定了交易佣金的最低标准及其他交易条款。1817年,这些经纪人共同组成了"纽约证券交易会",1863年改名为"纽约证券交易所"(NYSE),这便是著名的纽约证券交易所的前身。在18世纪资本主义产业革命的影响下,在包括铁路、运输、矿山、银行等在内的行业中,股份公司成为普遍的企业组织形式,其股票以及各类债券都在证券市场上流通。这一切标志着证券市场已基本形成。②

随着证券市场的进一步发展以及经济全球化的不断深入,证券市场开始向层次化、信息化和国际化方向发展。在美国,除了纽交所外,还有美国证券交易所(AMEX)、纳斯达克

---

① 冯果主编:《证券法》,武汉大学出版社2014年版,第20页。

② 冯果主编:《证券法》,武汉大学出版社2014年版,第20~21页。

（NASDAQ）等，这些不同的交易场所有着不同的服务对象和交易规则。在英国，以《1986年金融服务法》为标志的被称作"金融大爆炸"（Big Bang）的改革，极大地提高了英国证券市场的效率，吸引了众多外国优质公司在伦敦证券交易所上市。信息技术的发展为证券市场提供了更加深厚的土壤，证券的无纸化以及证券交易的网络化极大地提高了证券交易效率。计算机系统从20世纪50年代下半期开始应用于证券市场，1970年初，伦敦证券交易所采用市场价格显示装置。1972年2月，美国建成"全国证券商协会自动报价系统"。1978年，纽约证券交易所创设"市场间交易系统"，利用电子通信网络，把波士顿、纽约、费城、辛辛那提等交易所连接沟通，使各交易所每种股票的价格和成交量在荧屏上显示，经纪人和投资者可在任何一个证券市场上直接进行证券买卖。至今，世界上各主要证券市场基本上已实现了电脑化，从而大大提高了证券市场的运行效率。

自20世纪90年代以来，证券交易所的公司化改制成为不可阻挡的潮流。1993年瑞典斯德哥尔摩证券交易所由会员制改制为公司制，开启了证券交易所公司化改制的先河。1998年澳大利亚证券交易所改制为公司制交易所并在本交易所上市，成为全球第一家公司制上市证券交易所。此后短短几年内，巴黎（2000年）、伦敦（2001年）、德国（2001年）等地的交易所先后在自己的交易所公开上市。一直处于是否公司化改制争论中的纽约证券交易所，也终于在2006年3月8日结束了其长达214年之久的非营利组织属性，转变为公开交易公司，并在自己的证券交易所上市。[①] 与此同时，全球交易所表现出明显的跨国并购趋势。以欧美地区为代表，2000年法国巴黎证交所、荷兰阿姆斯特丹证交所、比利时布鲁塞尔证交所合并成立欧洲证券交易所（Euronext），2002年欧洲证券交易所又先后收购了葡萄牙里斯本证交所和伦敦国际金融期货交易所。2011年2月，纽约泛欧证券交易所与德意志交易所正式宣布合并，而纽约泛欧证券交易所又由纽约证券交易所与欧洲证券交易所合并而成。交易所间的跨国合并成为当前证券市场发展的显著趋势。

（二）我国证券市场的历史与现状

旧中国证券市场的形成，同世界上许多国家一样，是以股份公司的成立和政府发行公债为基础的。鸦片战争以后，中国迅速沦为半殖民地半封建社会。外商利用特权采用股份公司的形式在轮船、保险、银行以及纺纱、煤气、电灯等行业向中国人发行股份。19世纪70年代以后，清政府洋务派兴办了一些官办、官商合办的民用工业，如1872年李鸿章、盛宣怀筹办的轮船招商总局，以及后来的中兴煤矿公司、汉冶萍煤铁厂矿公司、大生纱厂等，都采用了募股集资的方法。随着这些股份制企业的出现，中国出现了股票这种新的投资工具。1894年，为了应付甲午战争费用，清政府发行了"息债商款"债券，这是我国最早发行的债券。此后，政府公债大量发行。随着股票、债券发行的增加，证券交易市场也发展起来。1869年上海已有买卖外国公司股票的外国商号，当时称为"捐客总会"。1891年外商在上海成立了上海股份公所，1905年，该公所定名为"上海众业公所"，这是外商经营的、中国最早的一家证券交易所。1914年，北洋政府颁布《证券交易所法》，证券交易开始走上正轨。

解放初期，通货膨胀，物价上涨，黑市猖獗，投机盛行。为了稳定市场，打击黑市，人民政府决定在天津、北京等城市成立在人民政府管理下的证券交易所。不久，随着"三反""五

---

① 曾宛如：《证券交易法原理》，台北元照出版公司2006年版，第276页。

反"运动的开展,证券投机活动受到控制,证券交易所业务逐渐萧条。到 1952 年,人民政府宣布所有的证券交易所关闭停业,1959 年终止了国内政府债券的发行。此后的 20 多年,我国不再存在证券市场。

党的十一届三中全会以后,随着我国经济体制改革的深入和商品经济的发展,人民收入水平不断提高,社会闲散资金日益增多,而经济建设所需资金不断扩大,资金不足问题十分突出。在这种经济背景下,各方面要求建立长期资金市场、恢复和发展证券市场的呼声越来越高,我国的证券市场便在改革中开始恢复。

我国证券发行市场的恢复与起步是从 1981 年国家发行国库券开始的。此后,债券发行连年不断,发行数额不断增加,债券种类由国家债券扩展到金融债券、企业债券、国际债券。我国的股票发行始于 1984 年。1984 年 9 月,北京成立了第一家股份有限公司——天桥百货股份有限公司,并发行了股票。同年 11 月,由上海电声总厂发起成立的上海飞乐音响股份有限公司向社会公开发行股票。之后,上海延中实业股份有限公司也面向社会发行了股票。全国其他一些城市的公司也相继发行了股票。在政府的引导下,随着股份制试点企业的增加,我国股票发行规模不断扩大,股票发行涉及境内人民币普通 A 股、供境内外法人和自然人购买的人民币特种股票 B 股,还有在境外发行的 H 股和 N 股等。

新中国成立后的证券交易市场产生于 1986 年。1986 年 8 月,沈阳信托投资公司第一次面向社会开办了证券交易业务,之后,沈阳市建设银行信托投资公司和工商银行沈阳证券公司也开办了这项业务。1986 年 9 月,上海市几家专业银行的信托部门及信托投资公司开办了股票"柜台交易"。1988 年 4 月和 6 月,财政部先后在全国 61 个大中城市进行转让市场的试点。到 1990 年,全国证券场外交易市场已基本形成。随着场外交易市场的形成和发展,场内交易市场也迅速发展起来。1990 年 11 月 26 日,国务院授权中国人民银行批准的上海证券交易所宣告成立,并于 1990 年 12 月 19 日正式营业,成为新中国成立后我国第一家证券交易所;1991 年 4 月 11 日,我国另一家由中国人民银行批准的证券交易所——深圳证券交易所也宣告成立,并于同年 7 月 3 日正式营业。两家证券交易所的成立,标志着我国证券市场由分散的场外交易进入了集中的场内交易。与此同时,全国一些大中城市如武汉、天津、沈阳、大连等地还成立了 27 家证券交易中心,接纳多种债券和投资基金交易。一些交易中心还同上海、深圳证券交易所联网,使两家证券交易所的交易活动得以辐射、延伸。不仅如此,1990 年 10 月,中国人民银行还建立了全国证券交易所自动报价系统(STAQS),该系统为会员提供有价证券的买卖价格信息以及报价、交易、交割和结算等方面的服务。1993 年 2 月,经中国人民银行批准,中国证券交易系统有限公司(NET)宣布成立。直到 1998 年,我国证券交易市场一度形成了以"两所两网"为主体、集中与分散相结合的层次化特征。东南亚金融危机之后,为了防范金融风险、整顿金融秩序,地方交易中心和法人股市场相继受到清理,各种形式的股票场外交易被《证券法》明令禁止,从而形成了目前高度集中的"两所"体制,即沪、深交易所并存发展,股票流通集中在交易所的格局。①

我国证券市场正逐步朝多层次资本市场的方向发展。为解决 STAQ、NET 关闭后的遗留问题,2001 年 6 月 12 日,中国证券业协会发布《证券公司代办股份转让服务业务试点办法》,选择了 6 家证券公司作为试点单位,通过它们的网点办理原 NET、STAQ 系统 11 家挂

---

① 冯果主编:《证券法》,武汉大学出版社 2014 年版,第 22~23 页。

牌公司流通股份的交易,一些摘牌退市的股票也由中国证券业协会选取合格的证券公司代办股份转让,此即所谓的"三板市场"。2009 年 10 月,创业板市场在深圳证券交易所正式上线,为高科技企业上市提供了快车道,进一步丰富了我国证券市场的层次。为了支持高新技术园区的发展,以中关村高新技术园区以及东湖高新技术开发区为代表的园区内非上市股份公司的股份也开始进入代办股份转让系统,因其不同于属于历史遗留问题的公司,故称其"新三板"扩容。2018 年 11 月 5 日,习近平出席首届中国国际进口博览会开幕式并发表主旨演讲,宣布在上海证券交易所设立科创板并试点注册制。2019 年 6 月 13 日,在第十一届陆家嘴论坛开幕式上,中国证监会和上海市人民政府联合举办了上海证券交易所科创板开板仪式。设立科创板并试点注册制,对于完善多层次资本市场体系,提升资本市场服务实体经济的能力,促进上海国际金融中心、科创中心建设具有重要意义,同时也为上交所发挥市场功能、弥补制度短板、增强包容性提供了至关重要的突破口和实现路径。

纵观改革开放后我国证券市场的发展历史,可以划分为三个阶段①:第一阶段是行政分权格局下地方政府主导时期,时间跨度为 1978 年至 1998 年。这一时期证券市场的发展完全从零开始,出现了从计划经济缝隙中生长出来的自发的非正式市场(黑市)和较为正式的柜台交易,以及大量具有证券交易所功能的地方证券交易中心,经历了深沪两地证券市场从抑制到正式启动,从地方市场发展为全国性市场的时代,这是整个国家证券市场发展的"起步阶段"和大规模的证券市场改革探索与试验阶段。② 第二阶段是行政集中控制格局下中央政府主导时期,时间跨度为 1999 年至 2005 年。这一阶段中国证券市场发展的控制机制和能力建设出现了从地方政府主导到中央政府主导的演变,借助中央行政强力建立统一的游戏规则,一步步地推进全国统一的法治秩序和市场化建设的进程,逐步健全和完善法治机制与市场机制,逐渐积累和拓展市场有效运作所必需的各种能力,并使政府的直接控制在不同的市场微观领域先后逐步退出。第三阶段是依靠市场参与者主导作用的后行政集中控制时期,时间跨度为 2006 年至今,目前尚在转型的过程中。这一阶段的证券市场将全面实现法治化、市场化运作,并形成相应的整体制度环境、政策环境和能力结构,形成完整的市场产品链条和运作架构,让市场参与者在市场运作过程中发挥主导作用。③

本章理论与实务探讨

我国法上"证券"定义存在的问题④

在过去的三十多年间,中国的证券市场取得了巨大的发展,有效地促进了社会财富的增加与市场经济的崛起。但是,狭窄的证券定义给企业融资带来了相当大的挑战。仅就目前

---

① 关于我国证券市场发展的历史分期问题,学界观点存在较大分歧。如曹远征教授认为中国的证券市场分为四个阶段:第一阶段是 1978 年至 1993 年,股份制企业出现,以集资为目的的证券市场自发萌芽;第二阶段是 1993 年至 2003 年,从区域性市场发展到全国统一的资本市场;第三阶段是 2003 年至 2008 年,加快深化改革步伐,解决历史遗留问题;第四阶段是 2008 年之后,发展成为主旋律,多层次的证券市场建设加快。参见曹远征:《大国大金融——中国金融体制改革 40 年》,广东经济出版社 2018 年版,第 125 页以下。

② 胡汝银主笔:《中国资本市场演进的基本逻辑与路径》,格致出版社、上海人民出版社 2018 年版,第 29~30 页。

③ 胡汝银主笔:《中国资本市场演进的基本逻辑与路径》,格致出版社、上海人民出版社 2018 年版,第 32、40 页。

④ 参见吕成龙:《我国〈证券法〉需要什么样的证券定义》,载《政治与法律》2017 年第 2 期。

而言,我国法上的证券定义至少存在以下三方面的问题。

第一,我国法上的证券定义的扩展呈现出零散化和偶发性特征,"条块分割"和"条条分割"在不同程度上影响着我国证券定义的内容。在早期的证券实践中,上海市与深圳市最为活跃。1990年的《上海市证券交易管理办法》将政府债券、金融债券、公司(企业)债券、公司股票或新股认购权证书、投资信托受益凭证和经批准发行的其他有价证券纳入了证券范围;1991年的《深圳经济特区证券管理暂行办法》将股票、债券、新股认购权利证书、各种有价证券的价款缴纳凭证和其他有价证券纳入证券范围。这些地方对证券定义的实践,很多都先于国家层面的规定,并呈现出"条块分割"的特征。与此同时,我国证券定义的演进先天性地带着"条条分割"的烙印。例如,随着1997年中国银行间债券市场成立,"中央银行融资券""其他可用于办理回购业务的债券"登上了历史舞台,此后大量新的非金融企业债务融资工具,包括超短期融资券、中小企业集合票据、中期票据、定向工具、资产支持票据和项目收益票据等应运而生,使得我国债券市场出现了证监会的公司债券、发改委的企业债券和中国人民银行非金融企业债务融资工具"三足鼎立"的局面,这是"条条分割"的最好例证。

第二,我国法上的证券定义的规范依据模糊,这与我国证券市场发展的历史、模式、习惯和法治水平密切相关。我国证券市场从无到有,往往"摸石头过河",经常忽视证券产品的规范性和合法性问题。实践中,国务院下辖部门一直在积极拓展证券的定义,那么,这些以部门规章等形式规定的证券产品,是否现行《证券法》第2条规定的"国务院依法认定的其他证券"? 如果是,是否以国务院行政法规、决定、命令甚至规范性文件的名义出现,以及是否明确地认定其受我国《证券法》约束? 如果不是,是否会引发该证券产品合法性不足的质疑? 如果从类推的角度解释,对于我国《证券法》没有规定的证券,至少应该以法律和行政法规这种效力层级的规范作为创设依据,否则便不具备成为证券的合法性基础。因而,中国人民银行、证监会等部门以规章的形式创设的证券产品,是不是具有合法依据的证券产品,就值得讨论了。

第三,我国法上的证券定义的功能存在一定局限性。定义证券的作用首先在于为企业提供明确、合法的融资途径和手段,以免企业落入非法集资罪等刑事罪名中,而不是从兜底性全面监管的立场出发加以界定。随着市场经济的不断完善,证券市场为企业提供了更强大的融资途径,但证券定义的主要作用仍在于为市场主体提供特定的、合法的、明确的、规范的融资渠道。基于此,证券法律仅仅允许小部分成熟的融资工具进入证券市场,并将可能不合格的、高危的产品列入非法集资的范畴,体现了一种"法无授权即禁止"的监管政策。举例来说,1999年,广东和广西果园开发商发出广告,将果园分块出售、进行集资并许诺诸多回报。从本质上看,这不失为一种投资合同,本来可以适用证券法律予以调整,但我国的对策是予以行政禁止,最终将其定性为非法集资。事实证明,如果不能有效地扩展证券范围,在经济生活中,很多财富就不可能流通。很多资产只有证券化了,才能流动起来,才能更好地增值。

本章法考与考研练习题

一、名词解释

1. 有价证券

2. 证券投资基金

3. 存托凭证

二、简答题

1. 如何理解证券无纸化给证券定义所带来的挑战？

2. 我国《证券法》上"证券"范围扩大的法律边界如何划定？

3. 如何理解我国科创板的法律定位？

本章法考与考研练习题参考答案

第二章　证券法概述

[导语]

　　证券法的制度变迁有着独特的历史轨迹,厘清其产生动因和发展现状是研判证券法演进趋势的前提。证券法具有鲜明的特性和独立的调整对象,在立法宗旨和基本原则方面迥然有别于其他法律规范。只有深刻理解证券法的这些基础性问题,才能更好地把握证券法的具体制度规则。

　　本章对证券法的产生和发展、证券法的特性与调整对象、证券法的宗旨和基本原则等问题进行了阐释;学习重点主要是证券法的演进历史和证券法的"三公"原则。

第一节　证券法的产生与发展

一、国外证券立法概况

　　近代意义上的证券法起源于英国,英国国会于 1697 年颁布的《抑制不正当证券买卖防止投资风潮》法案是世界上第一个证券法案。著名的"南海事件"爆发后,英国于 1720 年通过了《泡沫法案》,禁止公司自行发售股票,导致长达一个多世纪的时间里英国股票市场陷于停滞,直到 1825 年该法案才被废止。1812 年,英国颁布了第一个证券交易所条例;1844 年,英国通过了公司法案,规定公司募集资金必须提交公开招股说明书,公开公司的资产和财务状况等,以保护公司投资者的利益。这些法律规范奠定了近代证券法的基础。1944 年,英国制定了《合股公司法》,开创了信息公开制度的先河。其他重要的证券立法还包括 1844 年的《证券交易所上市管理法》、1958 年的《反欺诈(投资)法》、1973 年的《公平交易法》、1988 年的《财务服务法》。1986 年,英国通过了《金融服务法》,对金融管理体制进行重大改革,引发了所谓的"金融大爆炸"。2000 年,英国通过了《金融服务与市场法》,为英国金融业设计了崭新的改革框架,成为英国历史上最重要的金融立法。[①] 该法是大一统的金融横向规制法,其中的"投资商品"包含存款、保险合同、集合投资计划份额、期权、期货以及

―――――――――――

① 邢海宝编著:《证券法学原理与案例教程》(第二版),中国人民大学出版社 2010 年版,第 10 页。

预付款合同等。

在美国,证券立法是从各州立法开始的,例如马萨诸塞州 1852 年制定了限制公用事业发行证券的法律。1911 年堪萨斯州首先制定了证券管理法律,各州纷纷效法。到 1933 年,除内华达州外,全美各州均有证券管理法律问世,这种州立的证券法被称为"蓝天法"。该说法源自一个早期的判例,用来批评一些投机商吹嘘的方案"像蓝天的尺寸一样没有现实的基础"。其立法特点是由政府严格把关,以防止欺诈行为,保护投资者的合法权益。[1] 1929 年股市大崩溃之后,美国《证券法》与《证券交易法》先后于 1933 年、1934 年通过,前者确立了信息公开原则,禁止以欺诈手段推销证券,后者进一步规范证券交易活动,确立由美国证券交易委员会作为证券监管机构,对证券发行实行注册制,至此美国证券市场进入了一个从混乱到有序的发展阶段。[2] 此外,其他重要的联邦证券法律还包括 1935 年的《公用事业控股公司法》、1939 年的《信托条款法》、1940 年的《投资公司法》和《投资顾问法》、1970 年的《证券投资者保护法》、1984 年的《内部交易制裁法》、1988 年的《内幕交易与证券欺诈施行法》、1990 年的《证券实施补充与股票改革法》。进入 21 世纪后,随着安然(Enron)和世通(WorldCom)丑闻爆发,证券市场危害投资者利益的欺诈行为受到高度关注,美国于是颁布了《2002 年公众公司会计改革和投资者保护法》[又称萨班斯—奥克斯利法案(Sarbanes-Oxley Act)],以纠正安然事件后爆发的连串上市公司会计丑闻,恢复投资者对股票市场的信心。随后,为进一步保护证券市场投资者的合法权益,美国颁布了《2010 年华尔街改革和金融消费者保护法案》。上述这些规范证券市场运行的法律,逐步完善了美国证券市场的法制,也维护了美国证券市场的稳定发展。

欧洲大陆国家一般没有专门的《证券交易法》,仅在《公司法》中规定一些相关条款。例如,德国没有集中统一的《证券法》,相关证券法律规范体现在《股份公司法》《投资公司法》等当中。2004 年,德国制定了《投资者保护改善法》,导入了"金融商品"概念,对"有价证券、金融市场商品以及衍生品交易等"作了界定,并通过修改《招股说明书法》导入投资份额的概念,将隐名合伙份额等纳入信息披露的对象范围。[3] 法国关于证券发行和证券交易所的规定散见于《公司法》《证券交易所法》以及《期货交易所法》等当中。值得关注的一个问题是,为了打破欧洲各国金融市场的壁垒,构建一个统一开放、自由竞争的金融工具批发及零售交易市场,欧盟委员会于 2004 年制定了《欧盟金融工具市场指令》(Markets in Financial Instruments Directive, Directive 2004/39/EC, MiFID),取代了欧盟于 1993 年颁布的《投资服务指令》(Investment Service Directive, No. 93/22/EC)。受此影响,日本与韩国也进行了立法变革。2006 年 6 月 14 日,日本通过了《金融商品交易法》,该法将之前的《证券交易法》《金融期货交易法》《投资顾问法》等法律融为一体,将"证券"的定义扩展为"金融商品"的概念,以有价证券与金融衍生品为基础,最大限度扩大了法律适用对象的范围。2007 年 7 月 3 日,韩国通过了《金融市场统合法》,导入了抽象概括主义的金融投资商品的概念,对按照金融商品设计的监管体系作了重大的修改、补充和创新。[4]

---

① 朱锦清:《证券法学》(第三版),北京大学出版社 2011 年版,第 96 页。
② 李爱君主编:《证券法教程》,对外经济贸易大学出版社 2014 年版,第 14~15 页。
③ 邢海宝编著:《证券法学原理与案例教程》(第二版),中国人民大学出版社 2010 年版,第 19 页。
④ 杨东:《金融服务统合法论》,法律出版社 2013 年版,第 250~251 页。

二、 我国证券法的历史回顾

我国证券市场的萌生最早可以追溯到19世纪,但有关证券方面的立法是从20世纪才开始的。1914年北洋政府时期颁布的《证券交易所法》是中国历史上第一部关于证券市场管理的法规,对当时比较混乱的证券交易市场起到了一定的规范和控制作用。1915年北洋政府又颁布了《证券交易所法施行细则》和有关附属法规,对证券交易活动作了进一步规定。1929年国民党政府颁布了《交易所法》并在1935年进行了修正,对交易所的设立、组织形式及监管制度进行了规定,是旧中国最为完善的一部证券法。① 这部法律后被国民党当局在我国台湾地区继续适用,并在此基础上逐渐发展演变成台湾地区现行的证券交易法律制度。②

新中国的证券法治建设严格说来应当是自改革开放后重新起步的。从1981年《国库券条例》的制定开始,我国证券法的立法走过了极为不平凡的历程,大致可以划分为五个阶段③:

第一阶段是分散对策性阶段,时间跨度是从改革开放初期到20世纪80年代末,这是我国证券市场萌芽发育,由分散市场向集中市场的过渡阶段。这一阶段的证券立法主要包括《国库券条例》和《企业债券管理暂行条例》以及一些零散和配套的部门规章、地方性法规,其中中国人民银行的行政规章占据了很大比重,在立法内容方面体现了国家对证券及证券市场所采取的允许试点、严格控制、逐步规范的做法,在立法形式方面表现为"一事一法"或"一券一法"。

第二阶段以上海和深圳两个地方的系统性立法为主导,是我国证券集中市场开始形成但尚具有地方区域性特征的阶段,时间跨度为1990年至1992年。以上海证券交易所和深圳证券交易所的相继成立为标志,全国统一的证券市场开始形成。1990年的《上海市证券交易管理办法》、1991年的《深圳市股票发行与交易管理暂行办法》和《深圳市证券机构管理暂行规定》、1992年的《深圳市上市公司监管暂行办法》是这一时期的主要证券立法。这些虽然都属于地方性法规,但立法的系统性和规范性有了很大提高,对全国的证券市场产生了重要影响。

第三阶段是中央集中进行系统性立法的阶段,时间跨度为1993年至1997年。证券集中市场初步形成后,国家对其实行统一立法的必要性凸显出来。1993年12月29日,第八届全国人大常委会第五次会议通过了《公司法》,设专章三节规定股份有限公司的股份发行、转让和上市。这一阶段的证券立法主要包括1993年的《股票发行与交易管理暂行条例》《企业债券管理条例》《证券交易所管理暂行办法》《禁止证券欺诈行为暂行办法》以及1994年的《国务院关于股份有限公司境外募集股份及上市的特别规定》等,其中的《股票发行与交易管理暂行条例》为《证券法》出台之前规范我国股票发行和交易活动的主要法规。这一阶段的证券立法层次明显提高,内容较为详实,证券市场规范体系的框架基本形成。

---

① 李东方主编:《证券法学》(第二版),中国政法大学出版社2012年版,第17页。
② 周友苏主编:《新证券法论》,法律出版社2007年版,第33页。
③ 陈甦主编:《证券法专题研究》,高等教育出版社2006年版,第33~37页。

第四阶段是证券法制定及全面修改前阶段,时间跨度为 1998 年至 2005 年。20 世纪 90 年代初证券集中市场形成后,我国开始酝酿制定证券法。从起草到表决通过,历时 6 年,易稿数十次,终于在 1998 年 12 月 29 日由第九届全国人大常委会第六次会议通过并正式颁布,1999 年 7 月 1 日起施行。这是新中国成立以来第一部按国际惯例、由国家最高立法机关而非由政府某个部门组织起草的证券法律,是对以往证券立法实践的全面总结。尽管这部法律带有"阶段性""过渡性"和"实验性"的特点,但其出台无疑是中国证券法治建设的里程碑,对中国的经济发展和改革开放产生了深远影响。当然,该法在实施过程中很快遇到了诸多挑战,特别是"全流通"问题、"分业"或"混业"经营问题、信用交易问题、主板与二板市场问题、上市门槛问题、保荐人制度问题、上市公司收购及大额交易问题、证券交易所的法律地位问题等不断涌现,因而要求修改《证券法》的呼声不绝于耳。

◎ **相关事例**

1998 年爆发的亚洲金融危机使国内对金融风险的重视程度大大提高,也成为加速制定和出台证券基本法律的主要动因。1998 年 12 月 29 日通过并于翌年 7 月 1 日施行的《证券法》确立了资本市场在我国经济发展中的法律地位,奠定了资本市场规范发展的基本法律框架,成为我国资本市场法律体系建立过程中的里程碑事件。这部法律的起草和出台是一个艰难的过程,是不断实践、不断探索的过程,也是境外法律制度移植与本土化的过程。在立法指导思想上,1992 年的全国人大会议在决定起草、制定《证券法》(起初称为《证券交易法》)时将指导思想确定为"参照国外立法的经验,根据中国证券市场发展实际情况,制定较为完善的《证券法》,以规范证券市场的操作和发展"。在《证券法》草案的拟订过程中,因我国资本市场刚刚起步,经验不足,《证券法》起草小组参阅了美国、英国、韩国、日本以及我国台湾地区、香港地区等境外市场大量的法律、法规,拟订工作提纲,并完成初步框架。此外,立法机关还通过举办国际研讨会、听取意见等多种形式全面吸收境外立法的先进经验,如 1993 年起草小组赴香港征求意见,1998 年召开证券立法国际研讨会为《证券法》提交审议做准备。在法律的制定程序上,《证券法》是新中国成立以来第一部按照国际通行的做法,由国家最高立法机构牵头组织的法律,是第一部由全国人大组织高校、主管部门和证券界的专家动员社会力量参与,而后提交全国人大审议的法律。在具体制度设计上,有关证券发行、证券交易、证券收购、证券经营机构、证券业协会、投资基金、证券交易所、证券服务机构、主管机构等方面的内容较多参考和吸纳了国际资本市场经几百年发展总结出来的较为成熟而通行的做法。可以说,1998 年的《证券法》在指导思想、制定过程、立法程序和正式内容等方面"整部移植了发达国家和地区的立法"。

第五阶段是证券法全面修改后的阶段,时间跨度为 2005 年至今。1998 年《证券法》出台的一个重要背景是东南亚金融危机,因而这部法律具有鲜明的"危机应对法"色彩,从某种意义上可以说是一部以风险防范为主线的证券市场管制法。在实施过程中,面对证券市场的深刻变化以及制度环境的根本转变,该法律的滞后性愈发明显,亟待增加其灵活性、适应性和前瞻性。2005 年 10 月 27 日,《证券法》建议表决稿在第十届全国人大常委会第十八次会议上交付表决,高票通过,历时两年多的《证券法》修订工作结出硕果。该次修订对证券市场的健康发展作出了一系列全局性和长远性的制度安排,具体表现在:一是完善和调整相关基本制度,为证券市场的创新和发展拓展了空间。具体体现在:证券衍生品、证券期货类产品以及融资融券交易在法律上得到了确认;调整了投资证券市场的限制性规定,对拓宽合规资金入市作了明确阐述;规定依法公开的证券可以在国务院批准的其他交易场所转让,为建立多层次资本市场奠定了法律基础。二是以维护客户资产安全和股东合法权利为重点,全面强化了对投资者合法权益的保护力度。修订后的法律明确规定,禁止任何单位和个人以任何形式挪用客户的资金和证券,非因客户本身的债务或法律规定的其他情形,不得查封、扣划或强制执行客户资金和证券;法律要求建立证券投资者保护基金制度,依法保护投资者的合法权益不受侵害;明确和细化了对投资者损害赔偿的民事责任制度。三是以完善机制和明确诚信责任为重点,健全了上市公司规范运作的基础。四是强化风险防范,对证券公司的经营行为做了严格和详实的规范。修订后的法律以风险控制为重点,明确了对证券公司内部控制制度的要求,制定了更为严格的证券公司业务分类标准,以增强监管的有效性。五是进一步完善证券发行和收购兼并制度,全面提升市场资源配置效率。修改后的法律,明确了公开和非公开发行证券的界限,拓展了企业融资的形式,为企业融资提供了多样化选择;提高发行审核透明度,建立了证券发行前公开披露信息制度,增加了社会公众的监督力度;由证券交易所行使上市审核权,提升了交易所的监管能力;取消了上市公司全面收购的限制性要求,促进市场资源的整合。六是完善监管执法机制和监管责任制度,强化执法权威和执法效率。①

◎　**相关事例**

　　在"新兴加转轨"的时代背景下,资本市场法律制度的完善程度总是落后于资本市场发展的速度,这已经成为一个不容置疑的经验事实。从 1998 年到 2005 年的 7 年间,我国的资本市场发生了翻天覆地的变化,《证券法》与现实的脱节日益明显,客观要求适时修法。尤其是在 2001 年加入 WTO 之后,我国资本市场融入国际资本市场的步伐明显加快,"与国际惯例接轨"成为《证券法》修订的内生性诉求,也似乎成了全球化时代不可争辩的合理性解释。2003 年成立的《证券法》修改起草组十分注重对国际经验的吸收和借鉴,如通过组织召开证券法国际研讨会邀请美国、德国、英国、韩国以及我国香港特别行政区的证券法律专家和国内相关专家进行专题研讨,对境外有关证券立法进行了比较研究,同时启动了世界银行/FIRST 资助的"证券法修改"技术援助项目,2005 年修订的《证券法》吸收和借鉴了技术援助项目提供的国际经验。在具体的制度设计上,2005 年修订的《证券法》被深深打上了法律移植的烙印,主要体现在:一是借鉴英国伦敦交易所的另类投资市场的经验,在总结先期经验的基础上,确立了保荐制度的合法地位;二是参照国际通行做法,引入了发行失败制度;三是参照美国以及我国台湾地区等的做法规定了投资者保护基金;四是借鉴了美国《萨班斯—奥克斯利法案》有关精神,强化了上市公司董事、监事、高管对上市公司信息披露的个人担保责任,规定了董事、监事、高管对

---

① 周正庆、李飞、桂敏杰主编:《新证券法条文解析》,人民法院出版社 2006 年版,序言第 3~4 页。

上市公司定期报告的确认制度;五是依照国际通行经验,确认证券交易所与上市公司之间属于民事关系。这里的"国际通行做法"以及"国际通行经验"主要以美国资本市场为样板,从这个意义上讲,法律移植语境下的"法律全球化"实质上指向的是"全球法律的美国化"。我国证券法的"美国化"现象,一方面源于美国证券法的制度优势及其全球化的"品牌效应";另一方面源于我国急于实现法律现代化以提升本国制度竞争力的诉求。值得注意的是,2005 年的《证券法》文本在不少制度设计上作了模糊处理,并没有给出明确的结论,这事实上为进一步的法律移植预留了制度空间。

2005 年《证券法》和《公司法》联动修改后,相关的配套立法工作也在紧锣密鼓地展开。如在证券发行制度规则方面,证监会制定或修订了《首次公开发行股票并上市管理办法》《证券发行与承销管理办法》和《中国证券监督管理委员会发行审核委员会办法》;在完善上市公司治理及收购、信息披露规则方面,证监会起草了《上市公司监督管理条例》和《上市公司独立董事条例》,制定或修订了《上市公司股权激励管理办法》《上市公司收购管理办法》《上市公司章程指引》以及《上市公司股东大会规则》。此外,在证券公司监管、发展壮大机构投资者、完善证券登记结算规则、落实投资者保护基金制度、完善行政执法程序等方面,证监会均起草、制定或修改了大量规范性文件,促进了证券市场法律制度体系的有机形成。[①]

随着我国经济形势的发展变化特别是资本市场的转型升级,《证券法》的再度修订成为必要。早在 2014 年,《证券法》修订就被列入立法工作规划。2015 年中下旬,第十二届全国人大常委会第十次会议审议了全国人大财经委员会提请审议的《证券法》修订草案,但由于遭遇"股灾"而陷于停滞。2017 年 4 月,在认真总结 2015 年股市异常波动经验教训的基础上,重新修改后的《证券法》修订草案提请全国人大常委会二审,主要包括证券发行注册制、监管机构执法权限与处罚力度升级、信息披露和投资者保护的专章规定、多层次资本市场的明确化等内容。2019 年 4 月,《证券法》修订草案进行了"三读",修订草案中新增了有关科创板注册制的特别规定等内容。2019 年 12 月 28 日,十三届全国人大常委会第十五次会议全体会议审议通过了《中华人民共和国证券法(修订草案)》,修订后的《证券法》于 2020 年 3 月 1 日起施行。本次证券法修订,历时 6 年,社会各方广泛关注并积极参与。原《证券法》一共 240 条,这次共修改 166 条、删除 24 条、新增 24 条,作了较大幅度的调整和完善。本次证券法修订,按照顶层制度设计要求,进一步完善了证券市场基础制度,体现了市场化、法治化、国际化方向,为证券市场全面深化改革落实落地,有效防控市场风险,提高上市公司质量,切实维护投资者合法权益,促进证券市场服务实体经济功能发挥,打造一个规范、透明、开放、有活力、有韧性的资本市场,提供了坚强的法治保障,具有非常重要而深远的意义。

本次证券法修订,系统总结了多年来我国证券市场改革发展、监管执法、风险防控的实践经验,在深入分析证券市场运行规律和发展阶段性特点的基础上,作出了一系列新的制度改革和完善:

一是全面推行证券发行注册制度。在总结上海证券交易所设立科创板并试点注册制的经验基础上,新证券法贯彻落实十八届三中全会关于注册制改革的有关要求和十九届四中

---

① 马庆泉、吴清主编:《中国证券史》(第二卷:1997—2007),中国金融出版社 2009 年版,第 437~439 页。

全会关于完善资本市场基础制度要求,按照全面推行注册制的基本定位,对证券发行制度进行了系统的修改和完善,充分体现了注册制改革的决心与方向。同时,考虑到注册制改革是一个渐进的过程,新证券法也授权国务院对证券发行注册制的具体范围、实施步骤进行规定,为有关板块和证券品种分步实施注册制留出了必要的法律空间。

二是显著提高证券违法违规成本。新证券法大幅提高对证券违法行为的处罚力度,如:对于欺诈发行行为,从原来最高可处募集资金 5% 的罚款,提高至募集资金的 1 倍;对于上市公司信息披露违法行为,从原来最高可处以 60 万元罚款,提高至 1000 万元;对于发行人的控股股东、实际控制人组织、指使从事虚假陈述行为,或者隐瞒相关事项导致虚假陈述的行为,规定最高可处以 1000 万元罚款;等等。同时,新证券法对证券违法民事赔偿责任也进行了完善,如规定了发行人等不履行公开承诺的民事赔偿责任,明确了发行人的控股股东、实际控制人在欺诈发行行为、信息披露违法行为中的过错推定责任、连带赔偿责任等。

三是完善投资者保护制度。新证券法设专章规定投资者保护制度,作出了许多颇有亮点的安排,包括:区分普通投资者和专业投资者,有针对性地作出投资者权益保护安排;建立上市公司股东权利代为行使征集制度;规定债券持有人会议和债券受托管理人制度;建立普通投资者与证券公司纠纷的强制调解制度;完善上市公司现金分红制度。尤其值得关注的是,为适应证券发行注册制改革的需要,新证券法探索了适应我国国情的证券民事诉讼制度,规定投资者保护机构可以作为诉讼代表人,按照"明示退出""默示加入"的诉讼原则,依法为受害投资者提起民事损害赔偿诉讼。

四是进一步强化信息披露要求。新证券法设专章规定信息披露制度,完善了信息披露制度,包括:扩大信息披露义务人的范围;完善信息披露的内容;强调应当充分披露投资者作出价值判断和投资决策所必需的信息;规范信息披露义务人的自愿披露行为;明确上市公司收购人应当披露增持股份的资金来源;确立发行人及其控股股东、实际控制人、董事、监事、高级管理人员公开承诺的信息披露制度等。

此外,新证券法在完善证券交易制度、取消相关行政许可、压实中介机构"看门人"职责、健全多层次资本市场体系、强化监管执法与风险防范、扩大证券法适用范围等方面均有不少突破。当然,本次修订也有一些不足之处,比如证券定义的扩大不够、证券发行制度缺乏足够的豁免安排等,有待下次修法予以解决。

第二节　证券法的特性与调整对象

一、　证券法的特性

关于证券法的特性,理论界素有争议,大概有四种典型观点:一是认为证券法是商事特别法;二是认为证券法是公司法的关系法或特别法;三是认为证券法属于经济法的组成部分;四是认为证券法属于行政法,与银行法、保险法等同属公法范畴。[①] 应该说,每一种观点

---

① 范健、王建文:《证券法》(第二版),法律出版社 2010 年版,第 38~41 页。

均有一定的合理性,同时也有偏颇之处,证券法实质上具有多维面向,其特性可以归纳为以下几点。

(一) 兼具行为法与组织法属性,以行为法为主

证券法调整的对象是证券发行、交易、服务与监管等活动产生的社会关系。证券法规定证券的发行、上市交易、信息披露等活动的基本规则,禁止内幕交易、操纵市场、披露虚假信息等交易行为,对证券监管机构的职权和行为规则进行了规定,并且对证券交易所、证券登记结算机构、证券业协会等特定证券市场主体的活动进行了具体的规定。从这个层面上看,证券法对证券市场的活动进行规范,具有行为法的特征。同时,证券法也对证券交易所、证券公司、证券登记结算机构、证券服务机构等组织的设立、职权等进行了相关规定,是对这些组织的结构即运行进行规范的法律,也具有一定的组织法属性。但是这些组织法只是原则性的规定,不构成证券法的主要内容。[1]

(二) 兼具任意法与强制法属性,以强制法为主

证券市场是市场经济的组成部分,证券活动也得依市场规律进行。证券法赋予证券发行人发行证券、选择承销商、决定承销的方式与期限等市场行为的自主选择权,尊重证券交易的自愿、自由与公平。这些都是调整市场上平等主体之间法律关系的任意性规范。但是,由于证券市场的风险性与专业性,证券法更多的是对证券市场行为进行一定的强制,如严格规定证券发行条件和审查程序,规定强制性的信息披露义务,禁止内幕交易和操纵市场等行为,规定特定人群的特殊义务等。"必须""应当""不得""禁止"等词汇出现于《证券法》大部分条文,这些命令式的肯定性规范以及禁止式的否定性规范构成了证券法的大部分内容,整个证券法也因此在很大程度上成了一部强制法。但需要注意的是,如果证券法中的强制性规范过多,会限制证券市场主体的自主权利,损害证券市场主体通过私法规范建立和平衡利益关系的机制,从而影响证券市场的选择功能,进而影响证券市场形成自发秩序的能力。[2]

(三) 兼具实体法与程序法属性,以实体法为主

证券法明确了证券活动中参与者的权利义务。具体而言,证券法规定了证券发行、证券交易过程中证券发行人和交易人的权利义务范围,包括:发行人要符合特定的条件、履行信息披露义务;禁止交易人从事内幕交易、操纵市场、传播虚假信息等。另外,证券法规定了证券服务提供者与接受者的权利义务内容,包括证券服务机构的禁止从事特定行为义务、勤勉尽责义务,以及证券公司承销证券的特定义务等。这些关于权利义务的规定都属于实体法规范。同时,证券法也对这些权利义务的实现规定了一些程序法规范,如证券发行程序、信息公开程序、上市公司收购程序、证券监管机构依法履行职权程序、证券公司和证券交易所的设立程序等。证券法中的程序性内容在证券法中主要是一些原则性的规定,具体的内容主要以行政法规或规章的形式表现出来。当前我国对于程序法的重视程度尚不够,许多具

---

① 冯果主编:《证券法》,武汉大学出版社 2014 年版,第 41 页。

② 陈甦主编:《证券法专题研究》,高等教育出版社 2006 年版,第 33~37 页。

体的规则和程序尚未完善,需要进一步加强。

(四)兼具国内法与国际法属性,以国内法为主

随着资金流动自由化与金融市场国际化,资金需求者不再为国界所限,在国际市场上寻求融资日益普遍化。同时,现代信息技术的高度发达和电脑设施的普及,使各国证券法普遍允许的证券全球化交易成为现实,证券制度的国际化趋势愈发明显。[①] 我国证券法主要规定了我国境内的证券发行、交易、服务和监管活动应遵循的规范。但与此同时,随着国际金融监管趋同化以及跨境上市的发展,我国的证券活动开始具有相当的国际因素。事实上,法律移植是我国证券法演进中的一条主线,在具体制度设计上,证券发行、证券交易、上市公司收购、证券经营机构、证券业协会、证券交易所、证券服务机构、证券监管体制机制等方面的内容较多参考和吸纳了国际资本市场经过几百年发展总结出来的较为成熟而通行的做法。法律移植之所以可行,主要是因为证券市场法律规范具有营利性、技术性和国际性的特点,其中的国际性源于资本带有天然的流动性,资本市场的主体与行为具有跨地域性,经济全球化将各国的资本市场紧密联系在一起,客观上导致各国资本市场的上市条件、信息披露、会计制度和法律适用的趋同化。[②] 此外,尽管存在诸多争议,但基于跨境上市产生的证券法境外适用等问题也开始备受关注。但是,不论证券法的国际因素如何变化和增长,都无法否认证券法的本质属于国内法的事实。

二、 证券法的调整对象

对于证券法的调整对象,学者持有不同观点。有学者认为证券法的调整对象是证券发行关系、证券交易关系和证券监管关系,而不包括证券服务关系。[③] 也有学者认为,证券法不仅调整证券发行关系、证券交易关系、证券服务关系和证券监管关系,还调整其他相关关系,即因其他证券相关活动而发生的关系,如证券公司因参加证券业协会基于自律规则相互间产生的关系、司法机关因处理证券违法犯罪行为而与行为人发生的关系等。[④] 本书认为,证券服务是独立于证券发行、证券交易和证券监管的证券市场行为,在证券市场上,证券服务内容和品种越来越多、地位越来越重要,不将中介机构提供证券服务所产生的法律关系纳入证券法的调整对象,显然是违反证券市场客观规律并且不利于维护证券市场有序发展的。至于证券公司参加行业协会的行为,实际上属于自律监管的范畴,因此可将其视作证券监管关系。据此,可以将证券法界定为调整证券发行、证券交易、证券服务和证券监管过程中发生的各种社会关系的法律规范的总称。据此,证券法的调整对象是证券发行关系、证券交易关系、证券服务关系和证券监管关系。

1. 证券发行关系

证券发行关系是指发行人因制作并出售证券而产生的法律关系。其中既包含发行人与核准机关之间的关系,也包含发行人与一级市场投资者之间的关系。证券发行关系可分为

---

① 李东方主编:《证券法学》(第二版),中国政法大学出版社 2012 年版,第 23 页。
② 邱润根:《证券市场国际化法律制度研究》,法律出版社 2013 年版,第 123~129 页。
③ 范健、王建文:《证券法》,法律出版社 2007 年版,第 46 页。
④ 周友苏:《新证券法论》,法律出版社 2007 年版,第 29 页。

证券募集关系和证券交付关系。前者是发行人因向投资者招募资金而形成的权利义务关系;后者是发行人因向投资者交付投资凭证而发生的权利义务关系。[①]

2. 证券交易关系

证券交易关系是指证券持有人与其他投资者之间因证券买卖或通过其他方式转让证券而形成的法律关系。证券交易关系的涵摄面较广,只要涉及证券转让,不管该转让是否支付对价,亦不论转让场所是场内还是场外,证券法都始终如一地对其进行调整,如证券质押关系、赠与关系、继承关系以及其他以证券为标的的交易关系。证券法通过规范证券交易关系,可以保障证券市场的稳定运行,维护投资者权益。

3. 证券服务关系

证券服务关系是指证券市场中介机构因向当事人提供服务而发生的权利义务关系。由于证券市场和证券活动具有专业性,往往需要专业机构提供专业服务,证券登记结算机构、信用评级机构、投资咨询机构、证券经纪机构、律师事务所、会计师事务所等都可以为证券活动提供相关的专业服务。证券服务的质量直接关系到证券市场的稳定,因此证券法也对证券服务关系进行调整,以确保证券服务的专业性、客观性。

4. 证券监管关系

证券监管关系是指证券监管机构因依法对证券市场其他主体及其活动进行监督管理而产生的权利义务关系。证券法一方面对监管机构进行授权,赋予其对证券市场及证券活动在授权范围内进行监督管理的权力;另一方面又对监管机构的权限进行相应的限制,以防范其监管权力的滥用。[②] 我国目前实行以中国证监会集中统一监管为主、以证券交易所和证券业协会自律监管为辅的证券监管体制。

第三节　证券法的宗旨与基本原则

一、 证券法的宗旨

证券法的宗旨,是证券法所要达到的直接目标或者需要完成的实质任务。1998 年,国际证监会组织提出了证券监管的三个目标:保护投资者,确保公正、有效和透明的市场,减少系统性风险。这实际上将保护投资者利益作为证券法的根本宗旨。我国《证券法》第 1 条规定:"为了规范证券发行和交易行为,保护投资者的合法权益,维护社会经济秩序和社会公共利益,促进社会主义市场经济的发展,制定本法。"本条是关于证券法立法宗旨的规定,内容上具有复合性,体现了证券法的直接目的与间接目的的统一。"规范证券发行和交易行为,保护投资者的合法权益"是证券法的直接目的,而其中的"规范证券发行和交易行为"又是实现"保护投资者的合法权益"的手段;"维护社会经济秩序和社会公共利益,促进社会主义市场经济的发展"是证券法的间接目的,是通过实现证券法的直接目的而实现的。可以看出,证券法的宗旨是一个有机整体,是统率整个证券法的灵魂,证券法的具体制度规范

[①]　叶林:《证券法》(第三版),中国人民大学出版社 2008 年版,第 28 页。

[②]　冯果主编:《证券法》,武汉大学出版社 2014 年版,第 24 页。

都应当基于这一宗旨而展开。

（一）规范证券发行和交易行为

证券发行与证券交易分别对应着一级市场和二级市场,构成了证券法的核心制度骨架。在证券发行和证券交易的过程中,投资者与筹资者之间、投资者之间以及投资者同与他们发生联系的诸多中介机构、服务机构、监管机构之间形成了错综复杂的权利义务关系。为了明确这些权利义务关系,定分止争,必须将证券发行和证券交易纳入严格的法律约束之下。证券法正是为证券的发行和交易确立具有普遍约束力的行为规则,从而使证券市场在法律轨道上规范有序运行。从某种意义上讲,证券法是一种普遍性的契约,其目的是在规范证券行为的前提下,最大化地减少证券行为中的交易成本。[1]

（二）保护投资者合法权益

投资者是证券市场稳健发展的基础,在证券市场主体中处于核心地位。投资者积极参与证券市场活动,直接推动了证券市场的发展与繁荣。一旦投资者的权益无法得到有效保护,投资者的信心将无法得到保证,这将给证券市场带来巨大的冲击。正所谓"皮之不存,毛将焉附",没有投资者的证券市场注定无法存续。因此,保护投资者的合法权益是各国证券法最重要的目的和任务,投资者保护原则也是证券法的根本原则。从《证券法》规定的制度内容看,信息披露制度、惩治操纵市场行为制度、打击内幕交易行为制度、归入权制度等都是为保护投资者的合法权益而设的,可以说,保护投资者的合法权益贯穿整个《证券法》。[2]需要说明的是,保护投资者的合法权益并不意味着不保护其他市场参与者的利益,也不等于取消或削弱其他市场参与者依法获得的权益,这两者是并行不悖的。

由于证券市场的特有性质,投资者尤其是个人投资者在市场上因为在资金、信息和技术等方面处于弱势地位,其合法权益容易受到侵害。为了维护证券市场的公平,维护投资者信心,确保证券市场稳定,需要对投资者进行偏重保护,以使证券市场各主体间能够形成良性的博弈结构,共同推动证券市场的发展。中国资本市场仍然是一个"新兴加转轨"的市场,市场体制机制还不完善,股权结构特殊,投资者结构以中小投资者为主,市场股权文化尚不成熟,不少投资者缺少系统的证券投资知识和经验,风险意识不强,承受风险能力相对较弱。因此,需要改进和完善投资者保护制度,逐步完善投资者权益保护的途径和方式,建立健全适应我国资本市场发展要求的投资者保护长效机制,促进资本市场稳定健康发展。[3]

（三）维护社会经济秩序和社会公共利益

在经济金融化的时代背景下,证券市场影响广泛,涉及广大投资者的切身利益,关系国民经济各行各业的健康发展。维护社会经济秩序和社会公共利益的宗旨,是证券法具有公法因素的反映。证券市场秩序是整个社会经济秩序的有机组成部分,证券市场无序的状态势必影响整个社会经济的有序运行。证券法利用各种途径和方法,加强对证券市场的监管,

---

① 耿法:《〈中华人民共和国证券法〉解读》,中国海关出版社 2006 年版,第 49 页。
② 陈界融:《证券发行法论》,高等教育出版社 2008 年版,第 26 页。
③ 冯果主编:《证券法》,武汉大学出版社 2014 年版,第 30～31 页。

让证券市场这个公众参与度极高的市场,在公众投资者及整个社会面前更加透明和公开,从而使社会公共利益得到最有力的保护。

(四)促进社会主义市场经济的发展

证券市场是社会主义市场经济的重要而具代表性的组成部分,证券市场的发展是社会主义市场经济发展的重要表现。证券法通过促进证券市场的发展,提高证券市场的效益,不仅有利于投资者权益的保护和实现,也有利于其他证券市场主体权益的保护和实现。因此,证券法的宗旨不应仅限于追求证券市场本身的秩序和发展,也应包括整个市场经济的秩序和发展。可以说,促进社会主义市场经济的发展是证券法的终极目的。

二、 证券法的基本原则

证券法的基本原则,是指证券法在调整证券关系时普遍适用的、体现证券法的性质和宗旨的、在证券立法和司法过程中坚持和遵循的基本准则。有学者根据《证券法》第一章总则中的规定,认为证券法的基本原则有:公开、公平、公正原则;平等、自愿、有偿、诚实信用原则;证券活动依法进行原则;分业经营、分业管理原则;国家统一监管和证券业自律管理、审计监督相结合的原则。[1] 也有学者认为应当将总则中的原则性规定与证券法的原则相区别,不能将原则性规定都视作证券法的原则,进而认为证券法的基本原则应包括公开、公平、公正和效率四项原则。[2] 还有学者认为证券法的基本原则包括公开、公平、公正、诚实信用、兼顾安全与效率五项原则。

本书认为,证券法的基本原则是蕴藏在证券法全部条文最深层次的最基本、最核心的精神,是所有证券法律制度的内核,是证券法律体系所遵循的独特的根本要求。平等、自愿、有偿、诚实信用、依法活动是民商法的基本原则,是所有交易行为都应遵循的基本要求,并非证券法所特有,没有必要专门作为证券法的基本原则加以说明。分业经营、分业管理只是作为监管制度的一种选择,在混业经营和统合监管的呼声日盛的背景下也可能发生变化,不具有稳定性和根本性,也不能将其作为证券法的基本原则。故本书认为证券法的基本原则主要有以下两个:

(一)"三公"原则

"三公"原则即公开、公平、公正原则,是证券法最基本、最核心的原则。我国《证券法》第3条开宗明义,规定"证券的发行、交易活动,必须遵循公开、公平、公正的原则"。

所谓公开,主要指信息公开,即证券发行者根据法定的要求和程序向证券监督管理机构和证券投资者披露可能影响证券价格的相关信息。公开是证券法的精髓之所在,是实现证券市场机制最为核心的手段。美国大法官布兰代斯(Brandeis)的名言"阳光是最好的消毒剂,灯光是最有效的警察"甚至被认为是美国1933年《证券法》的核心哲学。有学者认为,证券法的主要内容和根本目的就是在强制公开的同时促使公开内容真实全面,证券法上的

---

[1]　范健、王建文:《证券法》,法律出版社2007年版,第57~67页。

[2]　李东方:《证券法学》,中国政法大学出版社2007年版,第24页。

违法行为主要就是公开失真,具体包括公开信息的虚假、遗漏和误导。① 换言之,信息对于证券市场至关重要,信息披露制度构成了证券法最为核心的制度。根据有效市场假说,证券市场信息的传播能够引起证券价格的波动,在证券价格全面反映证券市场上的有用信息时,证券市场是有效率的。② 通过信息的公开,可以抑制信息不对称带来的套利行为,从而维护投资者利益以及证券市场的稳定,确保证券市场效率。因此,证券法要求发行人及相关当事人真实、准确、完整地披露与证券交易有关的各种信息,包括初期信息披露和持续信息披露,并且避免在信息披露中的虚假陈述、重大误导和遗漏。通过信息公开,可以使投资者获得更真实和充分的信息,更加了解投资对象,便于其进行投资决策。

所谓公平,是指权利、义务和责任在证券活动参加者中被合理地分配。公平原则首先要求证券活动参加者之间地位平等、权利义务对等,各类主体在同等条件下均能参加证券活动,不因自身经济实力或其他原因受到不合理排斥,每个适格主体均有进入市场参与交易的机会。证券活动的参加者可以在相同的规则下根据市场规则进行竞争,不受到存在差别的不合理待遇。公平原则还要求证券活动自愿有偿地进行,即证券活动的参与者得根据自己的意愿选择交易对象,自主进行证券市场行为。证券市场活动的进行亦应符合价值规律,证券价格正确反映实际价值,不存在不合理占有和剥夺他人财产和损害他人利益的情况。公平原则既要求形式上的公平,又要求实质上的公平。强调公平意味着彰显金融的社会功能,旨在促使证券市场参与者利用证券市场机制的合理设计和运行减少市场活动的负外部性,通过正向激励确保市场活动有利于社会整体福利。③

所谓公正,主要是指证券市场监管者必须没有偏私地正确履行其职责。这里的监管者既包括履行监管职能的自律监管组织、行政执法机关,也包括行使裁判权的司法机关。公正原则一方面要求市场监管者在执法和司法的过程中对监管对象一视同仁地给予公正对待,不存在偏袒或欺压的情况;另一方面也要求监管者在执法和司法的过程中确保权力运用的合理与合法,即权力的行使要有法律的授权,符合法律规定的程序,还应把握权力运用的边界,不随意滥用权力,不以权力代替市场规律,防范权力的过度扩张。证券市场的监管者要正确行使职权,确保证券市场环境的公正有序。证券市场是一个风险集中的市场,只有实行统一、公正的行为规则,公正地处理市场中产生的争执,公正地确定风险责任,公正地调整利益关系,才能保证证券市场的正常有序运行。

公开、公平、公正并非彼此独立,而有其内在的联系。首先,公平是公开和公正最终的目的。信息公开和公正执法都是为了维护证券市场的公平秩序。其次,公开是公平和公正的前提。阳光是最好的警察,只有公开证券市场信息和执法信息,才能确保证券活动公平进行,监督监管者公正执法。最后,公正是公开和公平的有力保障。监管者通过对证券市场活动进行有效监管,可以督促证券市场参加者及时完整地披露信息,推动证券市场的公平运行。总之,公开、公平、公正三者相互依存,相互补充,共同推动证券市场稳健、有效地运行。

(二) 安全与效率并重原则

《证券法》虽然没有在文本上明确安全与效率并重的原则,但其实质上已经成为证券立

---

① 朱锦清:《证券法学》(第三版),北京大学出版社 2011 年版,第 80 页。
② 胡昌生、熊和平、蔡基栋编著:《证券投资学》,武汉大学出版社 2002 年版,第 289 页。
③ 袁康:《金融公平的法律实现》,社会科学文献出版社 2017 年版,第 32 页。

法和司法的指导原则,并贯穿证券发行、上市、交易、收购及监管的各个方面。证券法作为调整证券市场运行活动的法律规范,需要在安全与效率两个价值目标中进行选择与调和。

安全是一切法律的基本价值取向。证券市场的安全是证券市场健康发展的重要标志,也是证券监管的重要目标,关系着整个经济的发展和社会的稳定。证券市场的安全主要是指证券财产的安全,以及证券制度和证券市场的稳定与正常运行。[1] 证券市场的安全要求减少和避免证券市场的波动和震荡,通过加强宏观经济的监控和调整化解系统性风险,通过具体的制度设置和证券市场监管防范操作风险、道德风险等非系统性风险。具体而言,市场主体应当建立科学的内部风险监控制度和登记结算制度,减少中介机构倒逼的风险,补偿风险造成的损失;监管机构应当实行合理、有效的监管制度,通过准入、禁入等监管方式有力维护证券市场秩序。此外,还应当建立和完善风险证券民事责任和证券纠纷仲裁、诉讼机制,使遭受损失的投资者能够得到及时公正的救济。[2]

效率是经济学上的概念,主要是指以较小的投入换取较大的收益,具体而言是指资源配置的有效性。追求效率是一切经济活动最本源的原则。证券市场的效率,要求证券活动以较低的交易成本取得较大的收益,证券市场各类资源的配置要实现帕累托最优。具体而言,是指降低证券市场的交易门槛,进一步提高开放程度,不断创新交易手段和产品类型,使市场参与者能够便利地进行证券活动,进一步降低证券活动的交易成本。提高效率是证券市场发展的根本要求和必然趋势。在我国,证券无纸化、电子化交易、网上信息披露等技术手段显著地降低了交易成本,提高了证券市场的效率。同时,证券法对于投资者资格、证券产品类型等限制的放松也对证券市场效率的提高起到了显著的作用。证券法的效率原则主要体现在两个方面:一是平等主体之间证券发行和证券交易活动的高效;二是证券监管的高效。

安全与效率对于证券市场都很重要,两者不可偏废。一个健康有序的证券市场必定既是安全的,又是有效率的。因此,单纯强调安全,或者仅仅看重效率都是不可取的。但是安全与效率的关系并不好把握,两者往往处于此消彼长的状态。这主要是因为监管当局未能把握好监管的程度,导致安全与效率无法调和。一旦加强监管,追求证券市场安全,则容易束缚证券活动的进行,降低证券市场效率;反之,一旦放松监管,追求证券市场效率,则容易导致创新泛滥和证券活动失范,危及证券市场安全。因此,证券法承担着一个重要的任务,就是将证券活动法定化、规范化,从而最大限度地平衡二者之间的关系,实现证券市场安全与效率的双赢局面。[3]

本章理论与实务探讨

证券法修改的基本理念[4]

对于证券法修改,一般认为存在两种思路:一种是以技术完善为主导,根据证券法实施

---

[1]　张忠军:《论金融法的安全观》,载《中国法学》2003 年第 4 期。
[2]　邢海宝编著:《证券法学原理与案例研究》(第二版),中国人民大学出版社 2010 年版,第 34 页。
[3]　冯果主编:《证券法》,武汉大学出版社 2014 年版,第 29~30 页。
[4]　陈甦、陈洁:《证券法的功效分析与重构思路》,载《环球法律评论》2012 年第 5 期。

经验以及中外制度比较，在保留证券法原有理念基础与制度架构的前提下，对证券法具体法律规范及其体系进行修改、补充和完善，这实际上属于集中力量"打制度补丁"的证券法修改方式；另一种是以理念转换为主导，根据证券市场的应有建构理念确定证券法的应有功能，根据证券法的应有功能确定其制度结构，全面立体地展开证券法体系结构与规范内容的再造过程，这实际上是在立法理念转换基础上进行制度重构的证券法修改方式。实践表明，后一种思路具有必要性与可行性。

　　根据我国证券市场的现实状态和发展趋势，证券法的修改应当秉持如下基本理念：一是建构能够充分发挥证券市场机制功能的制度体系，提高证券市场运行的有效性和证券法适用的有效性。二是鼓励和保障证券市场创新，包括交易品种、交易模式、组织结构的创新，提高证券市场的效率与效益，增强我国证券市场对投资者的可持续吸引力。三是提高保护投资者权益的有效性，为投资者的投资活动提供安全、公平和有效的市场制度环境，切实有效地保障和增强投资者的市场信心。四是提高证券市场监管效能，由行业监管与功能监管并重转变为功能监管为主、行业监管为辅，由全面监管向有效监管转型，降低市场监管成本，提高市场监管效益。五是充分发挥证券市场机制的系统效益，提高证券市场的自治能力，增强各种社会组织在规范证券市场秩序方面的角色功能。坚持这些证券法建构理念，通过对证券法全面适当的修改，就能真正构建一个既能推动市场创新又能有效控制风险，且能兼顾公平与效率的证券市场法律制度体系。

本章法考与考研练习题

一、名词解释

1. 混业经营

2. 自律监管

3. "三公"原则

二、简答题

1. 如何理解证券法与公司法的关系？

2. 如何理解证券法的性质？

3. 如何理解中国证券市场法律移植的特殊性？

本章法考与考研练习题参考答案

第二编　证券市场主体法律制度

第三章　证券公司制度

[导语]

从证券法律关系角度来看,证券公司处于核心地位。首先,证券公司是证券交易活动中最主要的参与者,直接参与各类证券的发行与交易活动;其次,证券公司是证券发行交易中最重要的中介机构,为投融资双方提供多样化的证券市场中介服务;第三,证券公司既是证券市场风险传导通道,也是防范与化解资本市场风险最重要的枢纽。因而,证券公司制度是证券法律制度重要的组成部分,处于证券法的关键位置。

本章着重讨论证券公司的概念与法律地位、证券公司的种类与业务范围、证券公司的设立、证券公司的基本业务规则以及证券公司的风险防范与处理机制等内容。本章的重点在于证券公司的设立条件,证券公司的种类、业务范围、业务规则以及风险防范与处理机制;本章的难点在于证券公司的业务规则。

第一节　证券公司概述

一、 证券公司的概念

在我国,证券公司是指依照公司法的规定,经证券监督管理机构批准设立的从事证券经营业务的有限责任公司或者股份有限公司。据中国证监会统计,截至 2019 年 7 月,全国共计有 131 家证券公司。其中,中外合资证券公司 11 家,在沪、深证券交易所上市的证券公司30 家。[①]

要清晰准确地认识与把握证券公司的概念,可从以下方面入手:

第一,证券公司的组织形式法定。在我国,证券商的组织形式采用公司制,并须经国务院证券监督管理机构批准。这种以法律明确规定证券商组织形式的立法模式,虽然在一定程度上限制了证券业务经营者选择其经营机构组织形式的自由,但有利于防范和化解证券

[①] 参见中国证券监督管理委员会官网 http://www.csrc.gov.cn/pub/zjhpublic/G00306205/201509/t20150924_284310.htm? keywords=证券公司,2020 年 10 月 15 日访问。

市场投资风险,也有利于保护投资者的合法权益。因而,限定证券经营者的组织形式,已成为各国证券立法之常例。例如在日本、韩国以及东南亚一些国家,证券经营机构就必须采用公司制形式。不过,比利时、丹麦等国允许设立个人独资或者合伙形式的券商;而英国、爱尔兰等国规定证券商不得为个人,但可以是合伙。[①]　显然,较之奉行有限责任原则的公司,无论是个人独资企业、合伙形式的证券商,抑或自然人作为证券商,都存在一定的经济上的风险,也存在一定的法律风险。前者主要集中于个人独资企业、合伙、自然人的经济能力、信用能力方面;后者则集中于无限责任所带来的交易不安定性。

第二,证券公司的业务范围限定。证券公司专门从事证券业务经营活动,并以此区别于其他类型的公司企业。法律之所以明确规定证券公司的经营业务范围,一是因为证券类金融产品与金融服务具有较强的专业性,须具备相应的资产支持、信用储备以及金融知识和经验能力;二是基于证券市场自身风险防范考虑,我国实行金融业——证券业、银行业、信托业以及保险业的分业经营体制[②],决定了证券公司与银行、信托、保险机构在业务分工上的基础性差异,区分限定金融机构的业务范围,就是实行分业经营体制的基础。此外,限定证券公司的业务范围,也是在法律上判定证券公司经营行为合法性的重要标准之一。

第三,证券公司须经证券业监督管理机构批准方能设立。这意味着,一方面,公司法、证券法规定了证券公司设立的实体法标准;另一方面,也明确了证券业监督管理机构须依公司法、证券法规定的标准审核申请人、发起人提出的设立申请是否符合要求。这些标准既是对申请人的要求,也是监管机构的行为标准。

二、 证券公司的法律地位

(一) 含义

所谓法律地位,通常是指主体在法律关系中所处的位置,具体表现为该主体享有权利和承担义务的资格。证券公司的法律地位,是指证券公司在证券发行、交易等法律关系中享有权利、承担义务的资格与状态。

在市场经济条件下,市场经济主体的法律地位平等。显而易见,在证券市场,证券公司与其他证券市场主体一样,也具有平等的法律地位。这种法律地位的平等性,一方面表现在所有的证券市场主体都具有独立的法律人格,不允许有超越法律的特权或者区别对待;另一方面体现在所有的证券市场主体在享有权利的同时,也要承担相应的义务,即权利和义务必须对等、匹配,法律不允许只享受权利而不承担义务,或者只承担义务不享受权利的证券市场主体存在。

(二) 辨识主体法律地位的多重角度

判断某一证券市场主体的法律地位,在宏观上主要看其法律人格,但在具体法律关系中,若仅以法律人格作为辨识主体法律地位的标准,往往过于笼统,难以区隔与明确不同主

---

① 顾功耘主编:《金融市场运行与法律监管》,世界图书出版公司 1999 年版,第 196~197 页。

② 我国《证券法》第 6 条规定:"证券业和银行业、信托业、保险业实行分业经营、分业管理,证券公司与银行、信托、保险业务机构分别设立。国家另有规定的除外。"

体在具体法律关系环境下的精准法律地位坐标,从而丧失确定法律地位的本意和作用。

从微观角度看,判断某一主体的法律地位,必须与该法律主体的权利能力与行为能力联系起来。例如,在证券公司从事不同业务时,其权利能力与行为能力所受的法律限制有所不同,其具体法律地位也会有所差异。证券公司的权利能力取决于证券公司之设立,证券公司的行为能力则受制于证券公司之业务范围与资质。[①]

(三)证券公司法律地位的取得

证券公司法律地位的取得,涉及以下问题:

首先,证券公司的证券市场平等主体地位,自证券公司依法设立并取得法人资格时,即可取得。换言之,凡依法设立并取得法人资格的证券公司,自成立时便具备了作为证券市场平等参与者的身份和地位,拥有依法参与证券市场交易活动的基本资格。

其次,证券公司能否获得特定证券交易活动之交易机会,仍有赖于监管机构对于此类证券交易活动是否规定了特别的业务准入或者市场准入限制,例如是否要求证券公司持有规定的牌照、具备特定资格与条件等。只有拥有相关牌照或资质,证券公司方可从事特定的证券业务。

最后,证券公司须主动申请取得特定法律地位。一方面,这是证券公司依法取得特定法律地位的程序性要求;另一方面,也赋予了证券监督管理机构以相应的行政许可权力。

(四)证券公司法律地位的丧失

一般而言,证券公司的法律地位因其法律人格的终止而丧失,如证券公司解散、证券公司章程规定的经营期限到期等。同时,证券公司亦得因违法行为而被监管机构(如市场监管机构、证券业监督管理机构等)撤销相应资格,导致其相应的法律地位丧失。[②]

此外,同一般民商事主体及经济法主体不得滥用其权利一样,法律也禁止证券公司滥用其法律地位,尤其是证券业务专营的法律地位,例如经营证券经纪业务、证券投资咨询业务、财务顾问业务、证券承销与保荐业务、证券融资融券业务、证券做市交易业务、证券自营业务以及其他证券业务的特殊资格,实施损害证券市场秩序与投资者权益的行为。

第二节 证券公司的种类与业务范围

一、证券公司的种类

证券公司的种类即证券公司的类型。依据不同的标准,证券公司可以有不同的划分,例如根据证券公司组织形式的不同,可以将证券公司分为有限责任公司形式的证券公司和股份有限公司形式的证券公司;根据证券公司业务范围的不同,可以将证券公司分为证券承销商、证券经纪商和证券自营商(见图3-1);根据证券公司注册地的不同,可以将证券公司分

---

① 有关这两部分的讨论,参见本章第二节、第三节之讨论。
② 有关证券公司法律地位的取得、丧失与证券市场准入的关系,参见本章第三节有关内容。

为本国证券公司、外国证券公司。

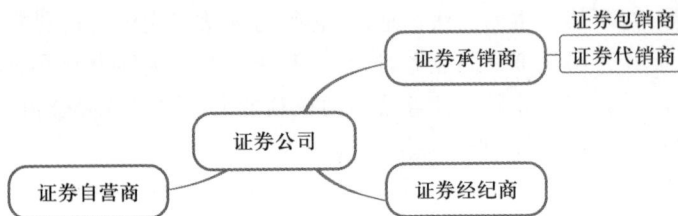

图 3-1 证券公司的种类

划分证券公司类型的意义在于:(1) 理论上有助于识别不同类型证券公司的权利能力与行为能力的差异,明定其法律人格与市场地位;(2) 实务上有助于投资者、交易相对人等迅速、准确地找到合作伙伴,达成交易;(3) 从监管角度来看,区分证券公司类型有助于监管机构实施高效、精准的监督管理。

(一) 证券承销商

证券承销商是经营代理证券发行业务的证券经营机构,其一般采取有限责任公司或者股份有限公司的形式设立并运作。在发行人向不特定社会公众发行证券时,依照法律、行政法规规定应当由证券公司承销的,发行人应当同证券公司签订承销协议,由证券公司代理证券发行活动,达到发行人的发行目的。在这一过程中,证券公司的证券承销商地位来源于其与发行人之间订立的承销协议。该协议在约定证券公司代理权利义务的同时,也赋予了证券公司证券承销商的法律地位。

根据证券承销商与发行人之间约定的承销方式的不同,证券承销商可以分为证券代销商、证券包销商。证券代销商是指证券公司代理发行人发行证券,在承销期结束时,将未售出的证券全部退还给发行人,自己不承担发行风险的证券承销商。证券包销商是指证券公司按照其与发行人订立的承销协议,将发行人的证券全部购入或者在承销期结束时将剩余证券全部自行购入的证券承销商。证券代销商与证券包销商的最大差异在于它们是否承担证券发行风险。按照一般的代理原理,代理人(证券承销商)系以被代理人(发行人)名义为特定民商事法律行为,最终的法律后果须由被代理人承担。在证券包销的情形下,在承销期限内完成的代理发行行为具有代理的属性;但发行期限结束而自行购入全部未发行部分的行为,就不应当视为一种代理关系,而属于一种附条件的买卖关系。换言之,这种情形下证券承销商购入未成功发行部分的证券的义务,不再是代理人的义务,而是一种附条件的购买义务。

(二) 证券经纪商

证券经纪商是直接代理客户从事证券买卖交易,并收取佣金的证券经营机构。证券经纪商是典型的证券市场中介机构,具有独立性、过渡性以及他益性的特征。

证券经纪商的独立性是证券市场选择的结果,证券市场的信息不均衡、资源稀缺、存在交易风险以及控制交易成本等具体因素,决定了并不是所有的发行人、投资人都能有效完成证券交易行为,而独立的证券经纪商能够有效地协助发行人、投资人获取交易信息、实现交易成本控制,并促进市场交易。

证券经纪商的过渡性意味着它是促成事物转化的中间状态,处于前因与后果之间,在法律上成功地将交易双方的权利义务连接起来,整体上扩展了市场交易的对象和范围,提高了不同主体之间形成交易的可能性。同时,它的存在也有助于防范证券交易风险的发生。

证券经纪商的他益性是指证券经纪商从事的经纪行为以他人利益最大化为目的。这并不是说证券经纪商之道德如何高尚,而是证券经纪商基于其自身利益最大化以及相关证券交易当事人共同利益最大化的考量。在这种类似"双赢"的格局中,代客买卖的证券经纪商一旦偏向当事人其中一方,势必打破这种"双赢"平衡机制,同时也会损及证券经纪商自身的利益。因此在交易活动中保持中立,积极寻求实现"双赢",才是证券经纪商最为明智的选择。实践证明,越成熟的市场经济体,就有越多的证券经纪商和越丰富的市场经纪服务产品。

(三) 证券自营商

证券自营商指证券公司自行投资买卖证券、独立承担风险,并从中获得差价收益或投资收益的证券经营机构。证券自营商从事证券自营业务活动时,以自己的名义和资产进行投资活动,理论上与一般的投资者并无本质差异。一方面,证券自营商须遵守证券市场交易规则,依法从事证券交易;另一方面,证券自营商也受证券法有关投资者保护规则的保护。

二、 证券公司的业务范围

(一) 证券经纪业务

证券经纪业务,即证券公司根据客户委托,代理客户买卖证券,并取得经营性收益的经营行为。证券经纪业务通常涉及客户(委托人)、证券经纪商、证券交易所以及证券交易对象等要素。客户与证券经纪商之间须订立证券交易委托合同。

在很大程度上,证券经纪业务的具体内容来源于证券经纪商与委托人/投资者之间订立的证券交易委托合同。通常,该合同包括但不限于以下主要条款:(1) 遵守国家有关法律、法规及交易所业务规则的承诺;(2) 投资风险揭示条款,即证券经纪商已向投资者揭示证券买卖的各类风险,而投资者亦表明证券经纪商已向其揭示证券买卖的风险;(3) 证券经纪商代理业务的范围和权限;(4) 指定交易或转托管有关事项;(5) 投资者开户所需证件及其有效性的确认方式和程序;(6) 委托、交收的方式、内容和要求;(7) 投资者交易结算资金及证券管理的有关事项;(8) 交易手续费、印花税及其他收费说明;(9) 证券经纪商对投资者委托事项的保密责任;(10) 投资者应履行的交收责任;(11) 违约责任及免责条款;(12) 争议的解决办法。

在法律关系上,证券公司通过与客户订立证券交易委托合同,代客户进行证券买卖,二者之间并非民事代理关系或者居间关系,而是行纪关系。

(二) 证券投资咨询业务

证券投资咨询业务,是证券公司根据投资者需求,以其专业知识、经验为投资者提供知识信息服务的业务活动。证券公司提供的咨询内容,并不代替投资者的投资决策和投资意思,仅为其投资决策提供知识、信息、经验方面的参考,证券公司不承担投资决策风险。

（三）与证券交易、证券投资活动有关的财务顾问业务

财务顾问业务是一个相对宽泛的概念,泛指证券公司、证券投资咨询机构、商业银行等金融服务机构根据客户委托,为客户在财务管理、投融资、兼并与收购、资产与债务重组、企业发展战略等经营活动中提供调查、咨询、分析、规划设计等与企业财务有关的一系列综合服务活动。与投资咨询业务相类似,证券公司为客户提供财务顾问业务,本质上是一种服务行为,具体权利义务须根据证券公司与客户订立的财务顾问合同予以确定。

（四）证券承销与保荐业务

证券承销是一种证券间接发行方式,是指证券公司根据承销协议,协助证券发行人销售其发行的有价证券的行为。在许多国家,证券承销并非公开发行证券的强制性要求,而是证券发行人自行选择的发行方式。在我国,除非法律、行政法规有特别规定,也由证券发行人自行选择发行方式。但实践中,向社会不特定公众公开发行证券通常会采用证券承销的方式。通过证券承销,可以解决发行人自身能力不足的问题,同时可以提高证券发行的效率。从具体的承销方式看,证券承销业务又可分为包销与代销两种。

保荐业务是发行人公开发行证券时,根据法律规定,聘请证券公司担任保荐人,由其负责证券发行的推荐和辅导,核实发行人发行文件中所载资料是否真实、准确、完整,协助发行人建立严格的信息披露制度,并承担风险防范责任的一类证券业务。根据我国《证券法》第10条的规定,发行人申请公开发行股票、可转换为股票的公司债券,依法采取承销方式的,或者公开发行法律、行政法规规定实行保荐制度的其他证券的,应当聘请证券公司担任保荐人。保荐人应当遵守业务规则和行业规范,诚实守信,勤勉尽责,对发行人的申请文件和信息披露资料进行审慎核查,督导发行人规范运作。

（五）融资融券业务

融资融券业务是指在证券交易所或者国务院批准的其他证券交易场所进行的证券交易中,证券公司向客户出借资金供其买入证券或者出借证券供其卖出,并由客户交存相应担保物的经营活动。根据交易标的的不同,融资融券交易可以细分为融资交易和融券交易两类。融资交易是投资者向证券公司借入资金,用于购买证券的融资活动。在这一过程中,证券公司向客户提供资金,是一种短期信贷产品,证券公司要承担信贷风险;而客户运用融入资金购买证券,则是一种投资行为,客户作为投资者须承担投资风险。融券交易则是客户向证券公司借入证券,予以卖出的证券交易活动。证券公司之所以自己不抛售证券,而将其拥有的证券出借给投资者供其销售,主要是基于证券公司对投资风险的综合衡量。

融资融券交易会在一定程度上放大证券市场的投资风险,当然也会在一定程度上繁荣市场交易活动、稳定股票价格,具有双刃剑的特点。因此,我国法律规定,融资融券交易须在证券交易所或者国务院批准的其他证券交易场所进行;同时,为防范交易风险,客户须向证券公司提供相应的担保,作为获取融资融券服务的前提。此外,为防范风险,证

券公司从事融资融券业务也必须满足一定的条件,取得相应的资质。这些条件具体包括:(1)证券公司治理结构健全,内部控制有效;(2)风险控制指标符合规定,财务状况、合规状况良好;(3)有经营融资融券业务所需的专业人员、技术条件、资金和证券;(4)有完善的融资融券业务管理制度和实施方案;(5)国务院证券监督管理机构规定的其他条件。

(六)证券做市交易业务

证券做市交易业务,简称做市业务,是指由证券公司充当做市商,向投资者提供交易证券的买卖价格,并按该价格接受投资者的买卖指令,以证券公司自有资金和证券与投资者进行交易的一种证券交易活动。一般认为,做市业务的核心就是证券公司作为做市商随时"扮演"证券交易另一半(交易对手)的角色,而不必等到买卖双方同时出现,从而"创造"交易或者"引领"交易价格。同时,做市业务有助于校正证券交易中存在的买卖指令不均衡现象,抑制证券价格操纵行为。因此,证券公司从事做市业务在一定程度上有助于提高证券市场的投资吸引力,有助于市场价格的稳定,确保市场平稳运行。

(七)证券自营业务

证券自营业务是证券公司以其自有资金和自己的名义,从事证券交易,为自己获取投资收益的业务活动。在这一定义中,字面上有三个"自",即"自己名义""自有资金""自己利益",但在这三个"自"背后,也暗含着"自主经营""自负赢亏""自担风险"。实际上,上述"自"的表述,都在肯定并强化一个事实:证券公司在从事自营业务时,就是一个独立的证券市场主体。

证券公司从事自营业务的范围限于买卖依法公开发行的股票、债券、权证、证券投资基金或者国务院证券监督管理机构认可的其他证券。根据《证券公司监督管理条例》《关于证券公司证券自营业务投资范围及有关事项的规定》及其附件《证券公司证券自营投资品种清单》来看,证券公司从事自营业务的范围具体包括:(1)已经和依法可以在境内证券交易所上市交易和转让的证券;(2)已经在全国中小企业股份转让系统挂牌转让的证券;(3)已经和依法可以在符合规定的区域性股权交易市场挂牌转让的私募债券,以及已经在符合规定的区域性股权交易市场挂牌转让的股票;(4)已经和依法可以在境内银行间市场交易的证券;(5)经国家金融监管部门或者其授权机构依法批准或备案发行并在境内金融机构柜台交易的证券。

(八)证券资产管理业务

证券资产管理业务是指证券公司接受资产所有权人的委托,由委托人将其资产交给证券公司,由证券公司为委托人提供理财服务的业务类型。我国《证券法》第120条第3款规定,证券公司经营证券资产管理业务的,应当符合《中华人民共和国证券投资基金法》等法律、行政法规的规定。

与专门从事特定不良资产处置的资产管理公司的资产管理业务不同,证券公司的资产管理业务并不局限于特定对象或者特定地域,资产管理业务的目的也不限于救助特定问题金融机构或者处置特定不良资产。整体来看,证券公司的资产管理业务具有以下特征:(1)综合性。证券公司提供的资产管理业务(简称"资管业务")通常包含证券经纪、证券投资咨询、证券交易代理、财务顾问等多项内容,是众多具体金融服务产品的有机组合,业务内容广泛,具有综合性特征。(2)营利性。现代资本市场条件下,证券公司根据委托人的需要量身定做,提供专业化、个性化资产管理产品和服务,在协助委托人取得稳定收益,有效防控投资风险的同时,谋求证券公司自身经营利润的最大化。正是证券公司资产管理业务的营利性特征,将其与具有一定公益性的政府资产管理救助计划区别开来,凸显其商业金融的本质。(3)信托性。由于资产管理业务的具体设计和流程不同,证券公司提供的资产管理产品的法律属性往往存在很大的差异。但就理念层面而言,大多数资产管理产品或者资产管理服务业务都或多或少地反映出信托的理念。在某一具体资产管理业务中,投资者基于对受托证券公司的信任,将其金融资产交由具有专业资质和能力的证券公司占有管理,最终由投资者自己或者其指定的受益人获取投资收益。这一过程,就是信托理念的具体运用。

◎　**相关事例**

在我国,从事商业性资产管理业务的金融机构并非仅有证券公司。根据 2012 年 7 月证监会颁布《期货公司资产管理业务试点办法》、2012 年 9 月证监会颁布的新版《基金管理公司特定客户资产管理业务试点办法》、2013 年 6 月 3 日证监会修订颁布的《证券公司客户资产管理业务管理办法》等规定,包括证券公司、期货公司、证券投资基金公司以及信托公司在内的诸多金融机构都可以提供资管产品,从事资产管理业务。

三、 证券公司与分业经营原则

所谓分业经营,是指银行业、证券业、信托业、保险业等金融各业,分别设立专门的经营机构,在各自领域内开展相应的金融业务活动,不得以各种形式兼营其他金融行业的业务。

分业经营原则是我国当前金融体制中的一项基本原则,为我国相关金融法律所确认。我国《证券法》第 6 条规定:"证券业和银行业、信托业、保险业实行分业经营、分业管理,证券公司与银行、信托、保险业务机构分别设立。国家另有规定的除外。"我国《保险法》第 8 条也明确规定:"保险业和银行业、证券业、信托业实行分业经营、分业管理,保险公司与银行、证券、信托业务机构分别设立。国家另有规定的除外。"两部不同的法律几乎用同样的文字、语序重申了同一条法律原则。我国《商业银行法》《信托法》虽无同样的法律条文再次重申分业经营原则,但就相关条文内容分析可知,现行《商业银行法》《信托法》也分别确立了分业经营原则,并在分业经营的前提下,各自确认商业银行与信托公司的业务范围。

就分业经营原则的内容及其实施来看,落实分业经营原则主要包括两个方面的内容:(1)不同行业的金融机构分别设立。金融各法(例如《商业银行法》《证券法》《信托法》《保险法》等)分别针对各自行业,规定了对应行业金融机构的具体设立标准。(2)各机构业务活动限于特定金融行业之内,不得逾越。

世界上最早的分业经营立法,被认为是 1933 年美国的《格拉斯·斯蒂格尔法案》

(Glass-Steagall Act)(亦称《1933 年银行法》)。该法首次以立法的方式,明确了在金融行业进行分业经营的制度安排,这种以金融机构主体身份差异化区分和以金融机构业务范围强制区隔的方式,虽于危机应对和实践操作有便利、快捷之优势,但人为设置行业隔离与壁垒的做法,除风险防范之外,并无经济上的必然理由,长期受到金融实务界以及理论界的诟病。随着金融市场的不断融合发展,美国、欧盟和日本等发达国家和地区渐次放弃分业经营原则,改采混业经营模式,已成金融业之大势所趋。

从监管角度来看,分业经营原则势必对应分业监管体制。在我国,就有所谓"一行两会"(即中国人民银行、中国证券监督管理委员会、中国银行保险监督管理委员会)的金融监管体系,具体履行分业监管职责。今后,从发展角度来看,随着金融各业之间的行业区分日渐模糊,分业经营模式将不断弱化,功能性监管将在不远的未来逐渐替代组织性监管,统一监管将日渐确立和成熟。

◎ **相关事例**

《1933 格拉斯·斯蒂格尔法》(Glass-Steagall Act,亦称《1933 年银行法》)系在 20 世纪 30 年代大萧条背景下,为防范与化解金融危机,美国国会通过立法将投资银行业务(证券业务)和商业银行业务(银行信贷业务)加以严格区分,禁止银行包销和经营公司证券,以避免证券业、银行业金融风险相互传递的联邦法律。因该法案系由民主党参议员卡特·格拉斯和众议员亨利·B.斯蒂格尔提出,故法案被冠名为《1933 格拉斯·斯蒂格尔法》。

在其后的半个多世纪里,《1933 格拉斯·斯蒂格尔法》为稳定美国和国际金融情势,防范与化解金融危机起到了历史性的作用。但同时,该法秉持的严格分业经营原则也在一定程度上限制了美国金融业的发展。因此,在临近 21 世纪的门槛前,《1933 格拉斯·斯蒂格尔法》的分业经营原则被不断地松动、分化和废止。1991 年,布什政府经过研究推出了《监管改革绿皮书》(Green Book)。1999 年,国会通过《金融服务现代化法案》[(Financial Services Modernization Act,亦称《格雷姆·里奇-比利雷法案》(Gramm-Leach-Bliley Act)],废除了《1933 格拉斯·斯蒂格尔法》中有关禁止银行控股公司拥有其他金融公司的规定,从成文法上拆除了银行、证券、保险等金融业之间分业经营的高墙,结束了美国长达 66 年之久的金融分业经营的历史。但《1933 格拉斯·斯蒂格尔法》确立的分业经营的精神种子,还在其他国家和地区的金融立法中继续存留。

第三节 证券公司的设立

一、 证券市场的准入规则

证券市场的准入包括主体资格的市场准入与经营业务的市场准入。一般来说,证券公司的设立与普通公司的设立并无二致,但证券市场的高度专业性与高风险性,使得证券公司的设立须先经国务院证券监督管理机构审查批准。证券监管机构就此所实施的一系列审查、批准、许可,即为证券市场主体资格的准入机制。除主体资格的准入审核外,证券公司在成立后,从事具体的证券经营业务还需获准业务经营资质,此即经营业务的市场准入。

(一) 证券公司设立的前置许可

证券公司的设立,是指发起人形成设立证券公司的共同意思,设法满足公司设立的法定条件,设置公司意思机关和内部机构,以期获取公司法律人格的一系列商事行为。

需要说明的是,公司法律人格的取得由公司登记机关依法确定,国务院证券监督管理机构并无审核决定是否授予申请机构法律人格之权力。但根据《证券法》第118条的规定,设立证券公司须经国务院证券监督管理机构批准,未经国务院证券监督管理机构批准,任何单位和个人不得以证券公司名义开展证券业务活动。同时,由于程序上中国证监会的审批在先,而公司登记机构的登记程序在后,于是常常给人以国务院证券监督管理机构拥有是否授予申请机构法人资格决定权的这样一种误解。实际上,国务院证券监督管理机构能够审核决定的,是申请人是否具备证券经营能力的资格,而公司登记机关的设立登记才是证券公司获取市场主体资格的标志。因此,在证券公司设立中,证券监督管理机构的审批是证券公司设立的前置条件,只有满足这一条件,证券公司的发起人才能向公司登记管理机关申请公司设立登记。

(二) 证券业务的特许经营

所谓特许经营,实际上包括两类:商业上的特许经营和公法上的特许经营。前者是指,特许人和受许人之间基于意思自治形成契约,特许人提供一种经许可的商业经营权,并在组织、训练、商品计划和管理上提供援助,从加盟者处获得回报的商业经营模式。后者则是指,基于公法上的限制性规定或者授权性规范,由国家机关审批核准特定经营者从事某种产品或者服务的特许经营。此类特许经营的外在表现就是政府审核批准机关发放各种"牌照",例如烟草制品、医药器械等商品的专营以及特定行业的市场准入等,经营者须持有"牌照"才能从事特定经营活动。

相较于商业上的特许经营,公法上的特许经营具有如下法律特征:(1) 许可方为特定国家机关,被许可方为特定市场参与者,各方之间法律地位不平等;(2) 公法上的特许经营的核心是对特定市场领域公共利益与市场秩序的维护,授予某一经营者特许经营权的标准,在于其是否具备维护上述公共利益与市场秩序的资质和条件;(3) 公法上特许经营的外在识别系统表现为经营者拥有特定的经营牌照,并通过在其经营场所展示其牌照的方式表明其从事特定经营活动的合法性;(4) 在绝大多数情况下,政府授予特定经营者从事某一公法上特许经营事业,并不以营利为目的,即使在市场经济条件下,政府亦不得动用公器,通过出让公共利益或者公共秩序换取额外的收益。

我国《证券法》第118条第2款明确规定:"未经国务院证券监督管理机构批准,任何单位和个人不得以证券公司名义开展证券业务活动。"《证券法》第120条亦采用列举的方式给出了证券业务的具体类型。同时,《国务院办公厅关于严厉打击非法发行股票和非法经营证券业务的有关问题的通知》也明确股票承销、经纪、证券投资咨询等证券业务由证监会依法批准设立的证券机构经营,未经证监会核准,其他任何机构和个人不得经营证券业务。上述规定即可被视为公法上证券业务特许经营的法律依据。

◎ **相关案例**

恒生公司、铭创公司、同花顺等公司非法经营证券业务案

据2015年9月2日中国证监会网站报道,证监会对杭州恒生网络技术服务有限责任公司(以下简称"恒生公司")、上海铭创软件技术有限公司(以下简称"铭创公司")、浙江核新同花顺网络信息股份有限公司(以下简称"同花顺公司")等分别进行调查发现:

恒生公司、铭创公司、同花顺公司开发具有开立证券交易子账户、接受证券交易委托、查询证券交易信息、进行证券和资金的交易结算清算等多种从事证券业务属性功能的系统。通过该系统,投资者不履行实名开户程序即可进行非法场外配资,从事证券交易。三家公司在明知客户经营方式的情况下,仍向不具有经营证券业务资质的客户销售系统、提供相关服务,获取非法收益,严重扰乱证券市场秩序。上述行为违反《证券法》的规定,构成非法经营证券业务的行为。证监会依法对三公司违法所得"没一罚三",并对相关责任人予以警告、罚款。

二、 证券公司的设立条件

设立证券公司必须具备以下条件:

(一) 具有公司章程

章程是公司的"宪法",规定了公司最基本的组织规则和行为规范。设立证券公司须有符合法律、行政法规规定的公司章程。公司章程的制定和章程的内容须根据《公司法》《证券法》《证券公司监督管理条例》以及《证券公司治理准则》的规定制定。证券公司章程应当包含以下重要条款:(1)证券公司的名称、住所;(2)证券公司的组织机构及其产生办法、职权、议事规则;(3)证券公司对外投资、对外提供担保的类型、金额和内部审批程序;(4)证券公司的解散事由与清算办法;(5)国务院证券监督管理机构要求证券公司章程规定的其他事项。

(二) 主要股东及公司实际控制人符合法定条件

证券公司作为金融企业的一种,其股东构成及资信情况直接关系到社会公众对该类金融企业的信任度,也关系到该类公司经营的规范化和专业化。从境外国家和地区的经验来看,证券公司的股东多为金融机构,这有利于丰富证券公司的管理经验,提升其服务水平及自身的经营绩效。在我国,为提高证券公司的质量,维护投资者的权益,证券法规定了证券公司主要股东及公司实际控制人的条件:一要具有良好的财务状况;二要具有

良好的诚信记录,最近三年无重大违法违规记录。

(三) 符合法律规定的实缴注册资本

设立证券公司,须有符合法律规定的注册资本。具体来讲:(1)经营证券经纪业务、证券投资咨询与证券交易和证券投资活动有关的财务顾问业务的证券公司,注册资本最低限额为人民币5000万元;(2)经营证券承销与保荐、证券融资融券、证券做市交易、证券自营以及其他证券业务之一的证券公司,注册资本最低限额为人民币1亿元;(3)经营证券承销与保荐、证券融资融券、证券做市交易、证券自营以及其他证券业务中两项以上的,注册资本最低限额为人民币5亿元。中国证监会根据审慎监管原则和各项业务的风险程度,可以调整注册资本最低限额,但不得少于上述规定的限额。

同时,证券公司的注册资本应当是实缴资本,要求公司在设立时必须一次性全额缴清。虽然自从2005年《公司法》修改后,对有限责任公司和发起设立的股份有限公司,公司法已经放宽出资缴纳限制,设立公司得采分期缴纳出资,尤其是2013年《公司法》的修改,对公司设立采取了纯粹的认缴制,但是《证券法》《证券公司监督管理条例》仍明确要求设立证券公司必须采用实缴资本制。这表明作为金融机构的证券公司与一般公司的不同,是防范金融风险的一项非常重要的制度安排。

(四) 董事、监事、高级管理人员、从业人员具有任职资格

证券公司董事、监事、高级管理人员应当正直诚实,品行良好,熟悉证券法律、行政法规,具有履行职责所需的经营管理能力。有下列情形之一的,不得担任证券公司的董事、监事、高级管理人员:(1)无民事行为能力或者限制民事行为能力;(2)因贪污、贿赂、侵占财产、挪用财产或者破坏社会主义市场经济秩序,被判处刑罚,执行期满未逾5年,或者因犯罪被剥夺政治权利,执行期满未逾5年;(3)担任破产清算的公司、企业的董事或者厂长、经理,对该公司、企业的破产负有个人责任,自该公司、企业破产清算完结之日起未逾3年;(4)担任因违法被吊销营业执照、责令关闭的公司、企业的法定代表人,并负有个人责任的,自该公司、企业被吊销营业执照之日起未逾3年;(5)个人所负数额较大的债务到期未清偿;(6)因违法行为或者违纪行为被解除职务的证券交易所、证券登记结算机构的负责人或者证券公司的董事、监事、高级管理人员,自被解除职务之日起未逾5年;(7)因违法行为或者违纪行为被吊销执业证书或者被取消资格的律师、注册会计师或者其他证券服务机构的专业人员,自被吊销执业证书或者被取消资格之日起未逾5年。此外,证券公司在任免董事、监事、高级管理人员时,应当报国务院证券监督管理机构备案。

证券公司从事证券业务的人员应当品行良好,具备从事证券业务所需的专业能力。有以下情形者,不得从事证券业务:(1)因违法行为或者违纪行为被开除的证券交易所、证券登记结算机构、证券服务机构、证券公司的从业人员和被开除的国家机关工作人员,不得招聘为证券公司的从业人员;(2)国家机关工作人员和法律、行政法规规定的禁止在公司中兼职的其他人员,不得在证券公司中兼任职务。

(五) 有完善的风险管理与内部控制制度

设立证券公司须有完善的风险管理与内部控制制度。这是证券公司为实现经营目标,

根据经营环境变化,对证券公司经营与管理过程中的风险进行识别、评价和管理的制度安排。完善的风险管理与内部控制制度应当符合健全、合理、制衡、独立的原则,以确保风险管理与内部控制的有效。证券公司所采取的风险管理机制应当覆盖证券公司的所有业务部门和人员,并且应当在各部门之间实现权责分明、相互制衡。其中,专门负责风险管理和内部控制制度的部门应当独立于公司的其他部门。

(六)有合格的经营场所、业务设施和信息技术系统

证券公司在设立时,应当具有与所从事业务相适应的办公场所、营业场所、电子信息处理系统、报价系统以及其他必要的经营场所和业务设施。这是证券公司开展业务的物质基础,也是保护交易安全、维护交易秩序所必不可少的基本条件。

(七)其他条件

除上述条件外,如果其他法律、行政法规和国务院证券监督管理机构另有关于证券公司设立的补充性规定或细化规定,应当同时遵守。

三、 证券公司的设立程序

(一)前置许可的申请与受理

正如前文所言,发起人设立证券公司,在向公司登记管理机关提出设立登记申请前,需事先取得证券监督管理部门的市场准入许可。根据我国现行法的规定,申请人应当向中国证监会提出设立申请,证监会应当自受理申请之日起 6 个月内,依照法定条件和法定程序并根据审慎监管原则进行审查,作出批准或者不予批准的决定,并通知申请人;不予批准的,应当说明理由。所谓的"审慎监管原则",是指证券监管机构对证券公司提出的,旨在防范和控制其经营风险,确保经营业务的稳健运行和客户资产安全的监管要求和标准,主要体现在风险管理、内部控制、资本充足率、资产质量、资产流动性等方面。

(二)公司设立登记

设立证券公司的申请获得中国证监会批准后,申请人应当在规定的期限内向公司登记机关申请设立登记,领取营业执照。

(三)取得经营证券业务许可证

证券公司应当自领取营业执照之日起 15 日内,向中国证监会申请经营证券业务许可证。未取得经营证券业务许可证的,证券公司不得经营证券业务。

四、 证券公司的变更与终止

(一)证券公司的变更

证券公司的变更,既包括主体的变更,例如公司的合并、分立等,也包括证券公司登记事项的变更,例如公司注册资本、法定代表人、住所等发生的变化。证券公司的变更,本质上属于公司自

治范畴的内部事项,根据公司章程,通常需要由公司股东(大)会作出。需注意的是,根据《证券法》第122条规定,证券公司变更证券业务范围,变更主要股东或者公司的实际控制人,合并、分立、停业、解散、破产的,除需要经公司股东(大)会通过外,还应当经国务院证券监督管理机构核准。这主要是因为上述事项的变更对公司股东、债权人以及公司客户的利益具有重要影响,为了保护交易安全,维护证券公司股东、债权人以及众多客户的利益,需要特殊的程序安排。

(二)证券公司的终止

证券公司在经营过程中,可能因为解散、破产等原因而终止法人资格,最终退出市场。实践中,证券公司终止的主要原因还是市场原因,即证券公司自身经营不善,导致经营风险加大,难以履行合同义务,不能清偿到期债务等。此外,证券公司在经营中出现重大风险或者违规经营,严重危害证券市场秩序、损害投资者利益的,也可能被国务院证券监督管理机构直接强制退出市场。

但是,与一般商事公司退出市场的方式不同,证券公司的终止,无论是自愿终止还是被动终止,都必须经国务院证券监督管理机构批准。此外,由于证券公司终止法人资格,会对证券市场以及证券公司的众多客户带来巨大影响,证券监督管理机构在决定对违法经营或者出现重大风险的证券公司进行撤销前,往往会采取一些缓冲措施。我国《证券法》第143条就规定,国务院证券监督管理机构可以对证券公司采取责令停业整顿、指定其他机构托管、接管或者撤销等监管措施。

在我国,自2004年始,已有闽发证券、大鹏证券等数十家高风险和严重违规的证券公司被关闭或托管。证券公司被托管后的出路一般有三个:一是证券公司恢复经营能力,继续开展证券经营业务活动;二是,证券公司无力回天,无法恢复经营能力,由国务院证券监督管理机构批准解散,并按照《公司法》规定的非破产清算的一般程序处置。第三,符合《企业破产法》规定的破产条件的,进入破产清算程序。

人民法院受理证券公司破产案件,适用普通破产程序,并需具备以下条件:(1)须经国务院证券监督管理机构批准;(2)证券类资产处置完毕;(3)个人债权和客户证券交易结算资金的处置工作基本完成;(4)证券公司的职工已经安置或有切实可行的职工安置方案;(5)在行政处置期间没有不当处置资产的情况;(6)公安机关专案组收缴的资产、账簿要移交;(7)地方政府要有维护社会稳定的方案;(8)报经最高人民法院批准。

◎ **相关案例**

2003年5月,珠海证券因违规经营,被中国证监会宣布吊销证券经营资格。其证券类资产被出售给了第一证券。证券类资产主要是指证券公司为维护客户证券经纪业务正常运行所必需的实物资产,包括但不限于交易系统、通信网络系统、办公设施及必需的交易席位等。证券类资产转让不是证券营业部的转让,更不是证券牌照和客户的转让。证券牌照属于行政许可事项,不能转让,客户在自愿选择的基础上可以转到其他证券机构,也可以接受安置。[1] 被处置证券公司业务许可被撤销,证券业务也应随之停止。

---

[1] 最高人民法院民事审判第二庭编:《金融案件审判指导》(增订版),法律出版社2018年版,第416页。

2003 年 9 月 11 日,珠海证券正式更名为珠海市珠证恒隆实业发展有限公司,经营方式由金融服务变更为开发投资。在这一过程中,珠海证券因被吊销或撤销了证券经营资格,不得再继续从事证券业务经营活动,但其法人资格并未消失,在变更相关事项后,仍可继续存续。

第四节　证券公司的业务规则

一、　基本业务规则

作为独立的市场经济主体,证券公司依法享有自主经营权,其合法经营不受任何人的干涉。同时,为维护投资者合法权益以及证券市场秩序,证券公司应当遵守下列业务经营规则:

(一)业务许可规则

在我国,证券公司经营证券业务应当经国务院证券监督管理机构核准,取得经营证券业务许可证。就此而言,证券公司经营之业务类型,须经中国证监会核准,非经核准从事之证券业务,即存非法之虞。

(二)证券业务分开办理规则

证券公司必须将其证券经纪业务、证券承销业务、证券自营业务、证券做市业务和证券资产管理业务分开办理,不得混合操作。这既是证券公司实施内部控制,防范公司与客户之间、不同客户之间利益冲突的需要,也是证券公司从事经营活动的业务准则之一。根据我国《证券法》第 206 条的规定,证券公司对其证券经纪业务、证券承销业务、证券自营业务、证券做市业务和证券资产管理业务,未分开办理、混合操作的,证券监督管理机构应责令改正,给予警告,没收违法所得,并处以违法所得 1 倍以上 10 倍以下的罚款;没有违法所得或者违法所得不足 50 万元的,处以 50 万元以上 500 万元以下的罚款;情节严重的,并处撤销相关业务许可;此外,对直接负责的主管人员和其他直接责任人员给予警告,并处以 20 万元以上 200 万元以下的罚款。

(三)证券账户开立、使用规则

投资者从事证券投资活动,须开立证券账户、结算账户两个账户,分别管理客户的投资证券以及客户的投资资金/收益,客户对其证券账户和结算账户内的证券、资金拥有所有者权利。一方面,投资者可以通过资金结算账户和证券账户,进行证券交易;另一方面,证券账户实时记载投资者所拥有证券及其变动情况,可借此认定股东身份。在证券账户的开立和使用中,应当注意以下几点:

1. 证券账户实名制规则

投资者委托证券公司进行证券交易,应当申请开立证券账户。证券登记结算机构应当按照规定以投资者本人的名义为投资者开立证券账户,即所谓"证券账户实名制"。证券公司为投资者开立账户,应当按照规定对投资者提供的身份信息进行核对。申请开立账户时,除国家另有规定外,投资者必须持有证明中国公民身份或者中国法人资格的合法证件,表明其真实身份,以便开户机关核验。证券账户实名制对开户申请人的中国公民或中国法人身份的强调,源于我国涉外投资以及外汇管理制度的限制,也受到国家之间跨国资本流动管制政策的限制。在实务操作中,证券公司受证券登记结算机构委托,为客户开立证券账户时,也应按照证券账户管理规则,对客户申报的姓名或者名称、身份的真实性进行审查。

◎　相关案例

毕忠玲、深圳市三维度科技有限公司合同纠纷案[①]

毕忠玲与深圳市三维度科技有限公司(以下简称"三维度公司")签订《投资合作协议》,并约定:(1)毕忠玲提供保证金500万元,三维度公司提供1500万元供毕忠玲使用,毕忠玲应向三维度公司支付资金占用费,费率为月利率1.25%。(2)三维度公司向毕忠玲提供股票操作账户,由毕忠玲对该账户资金进行日常投资交易操作;划定平仓线和警戒线,如账户资产净值触及相应预警线和平仓线,毕忠玲未按合同约定进行减仓和平仓,三维度公司有权进行账户交易,及时按照合同约定进行减仓、平仓和冻结部分资金使用权限。(3)收益属于毕忠玲,三维度公司收取账户管理费。二审法院审理认为,就该合同内容来看,合同名为投资合作协议,实为场外股票融资合同。合同内容违反了《证券法》(2014年修正)第80条、第122条、第142条、第166条第1款以及《证券公司监督管理条例》第28条关于股票账户实名制、禁止违法出借证券账户、禁止未经批准经营证券专营业务等相关规定,故二审法院终审认定该合同为无效合同。

2. 证券账户本人专用规则

投资者应当使用实名开立的账户进行交易。证券账户由本人专用,是证券账户实名制的应有之意。《证券法》第58条规定,任何单位和个人不得违反规定,出借自己的证券账户或者借用他人的证券账户从事证券交易。同时,证券公司亦不得将客户的资金账户(结算账户)、证券账户提供给他人使用。

◎　相关案例

朱炜明操纵市场非法获利案

2015年,上海证监局调查发现,原国开证券经纪人朱炜明利用其掌握、控制的亲属的证券账户事先购买了"利源精制""万马股份"等10只股票。随后,朱炜明利用其在上

---

①　参见深圳市中级人民法院民事判决书(2017)粤03民终13117号。

海电视台第一财经频道"谈股论金"栏目担任特邀嘉宾的身份,在节目中公开评价、预测上述股票,并在节目播出后的 3 个交易日内卖出,获利近 44 万元。调查同时发现,朱炜明在 2010 年 8 月 20 日起约 4 年内,通过其控制的亲属的证券账户进行证券投资交易,构成从业人员违法买卖股票行为,违法所得约 400 万元人民币。证监会依法对朱炜明上述违法行为作出行政处罚,对其采取终身证券市场禁入措施,同时移送公安机关处理。

3. 证券账户监管规则

首先,国务院证券监督管理机构有权查询当事人和与被调查事件有关的单位和个人的资金账户、证券账户和银行账户;对有证据证明已经或者可能转移或者隐匿违法资金、证券等涉案财产或者隐匿、伪造、毁损重要证据的,经国务院证券监督管理机构主要负责人批准,可以冻结或者查封。其次,证券交易所根据需要,可以对出现重大异常交易情况的证券账户限制交易,并报国务院证券监督管理机构备案。此外,税务、海关、公安、检察机关以及人民法院得依职权对有关账户进行查询、冻结、扣划。

(四) 客户管理与服务

1. 客户识别责任

证券公司向投资者销售证券、提供服务时,应当按照规定充分了解投资者的基本情况、财产状况、金融资产状况、投资知识和经验、专业能力等相关信息;如实说明证券、服务的重要内容,充分揭示投资风险;销售、提供与投资者上述状况相匹配的证券、服务。证券公司违反这一规定导致投资者损失的,应当承担相应的赔偿责任。同时,投资者在购买证券或者接受服务时,应当按照证券公司明示的要求提供上述真实信息。拒绝提供或者未按照要求提供信息的,证券公司应当告知其后果,并按照规定拒绝向其销售证券、提供服务。这一要求的目的,一方面在于从投资者识别开始防范投资风险;另一方面也是判断证券公司开展业务行为是否适当,并在未来纠纷发生时能否免责的重要依据。

2. 合同说明与风险提示

证券公司与客户签订证券交易委托、证券资产管理、融资融券等业务合同,应当事先指定专人向客户讲解有关业务规则和合同内容,并将风险揭示书交由客户签字确认。业务合同的必备条款和风险揭示书的标准格式,由中国证券业协会制定,并报国务院证券监督管理机构备案。

3. 信息沟通与保密义务

证券公司与客户间应进行及时的信息沟通。证券公司从事证券资产管理业务、融资融券业务,应当按照规定编制对账单,按月寄送给客户。证券公司与客户对对账单送交时间或者方式可以另行约定。此外,证券公司应当建立信息查询制度,保证客户在证券公司营业时间内能够随时查询其委托记录、交易记录、证券和资金余额,以及证券公司业务经办人员和证券经纪人的姓名、执业证书、证券经纪人证书编号等信息。客户认为有关信息记录与实际情况不符的,可以向证券公司或者证监会投诉。证券公司应当指定专门部门负责处理客户投诉;证监会应当根据客户的投诉,采取相应措施。

此外,证券公司应当妥善保存客户开户资料、委托记录、交易记录和与内部管理、业务经营有关的各项信息,任何人不得隐匿、伪造、篡改或者毁损。

（五）客户交易结算资金存放规则

证券公司客户的交易结算资金应当存放在商业银行,以每个客户的名义单独立户管理。证券公司不得将客户的交易结算资金和证券归入其自有财产。禁止任何单位或者个人以任何形式挪用客户的交易结算资金和证券。证券公司破产或者清算时,客户的交易结算资金和证券不属于其破产财产或者清算财产。非因客户本身的债务或者法律规定的其他情形,不得查封、冻结、扣划或者强制执行客户的交易结算资金和证券。

（六）向国务院证券监督管理机构报告规则

证券公司应当按照规定向证监会报送业务、财务等经营管理信息和资料。证监会有权要求证券公司及其主要股东、实际控制人在指定的期限内提供有关信息、资料。证券公司及其主要股东、实际控制人向证监会报送或者提供的信息、资料必须真实、准确、完整。

二、经纪业务规则

（一）证券买卖委托

1. 签订证券买卖委托书

经纪业务本质上是一种商事委托关系。因此,具体经纪业务规则也是从建立这种商事委托关系开始的。根据《证券法》第 132 条的规定,证券公司办理经纪业务时,须与委托人或客户订立证券买卖委托书,证券公司应当置备统一制定的证券买卖委托书,供委托人使用。由证券公司置备的证券买卖委托书,实际上就是一种格式委托合同,应当适用《合同法》关于格式条款解释的相关规则。此外,证券委托买卖关系也可以采取其他委托方式。通过网络通信方式委托的,必须作出委托记录,以明确投资人的委托意思和主要委托、授权事项。对于客户进行的委托,不论是否成交,委托记录都应当按照规定期限保存于证券公司。根据《证券法》的规定,保存期限不得少于 20 年。

2. 禁止全权委托

所谓全权委托,是指委托人将委托事项范围的所有权利交由受托人行使的一种委托方式。在证券业务委托场合,客户以投资获益为目的,委托证券公司代其买卖证券时,对买进或者卖出证券以及买卖证券的种类、数量、价格等所有交易有关事项不加限制,听凭证券公司代为决定的情形,即全权委托。就权利行使之实际效果而言,全权委托如同权利人让渡、放弃自己的全部权利,且自愿承担由此产生的所有法律后果。

虽然,从效率的角度看,全权委托赋予受托人形同权利人本人一般的处置权利,有助于委托目的的实现,但对受托人的道德操守、处理相关事务的能力等提出了更高的要求,一旦产生受托风险,即会对委托人造成极大的损失。而且,允许证券公司接受全权委托,还可能使证券公司有机会集合大量的资金和证券,进而发生操纵市场的嫌疑,因此,在委托证券买卖的场合,若允许全权委托,不仅不利于对委托人权益之保护,亦不利于维护证券市场的交易秩序。为此,我国现行《证券法》规定,证券公司办理经纪业务,不得接受客户的全权委托,否则,证券公司将会被证监会予以行政处罚,具体措施包括:责令改正,给予警告,没收违法所得,并处以违法所得 1 倍以上 10 倍以下的罚款;若没有违法所得或者违法所得不足 50 万元,则处以 50 万元以上 500 万元以下的罚款;情节严重的,并处撤销相关业务许可;此外,对直接负责的主管人员和其他直接责任人员给予警告,并处以 20 万元以上 200 万元以下的罚款。

在学者看来,限制全权委托是为了避免证券经纪商之业务实质上转化为证券投资信托之性质,逾越其法定业务范围,并阻止证券经纪商侵害投资人权益。[①] 假若委托人因长期外出(如出国定居、留学等)或自身情况不允许(如从事特定公职、服役以及身体罹患疾病等)等情形不能进行证券买卖,其完全可以通过信托方式处理相关证券买卖事务,而不需要通过全权委托进行。

需要说明的是,各国证券法对于全权委托并不都采用禁止模式。例如,美国历来允许全权委托。至于全权委托所带来的交易风险,美国则通过联邦证券交易委员会(SEC)设计的限制过度交易、适当性、禁止相应买卖、冷却期、限制卖空以及交易价格优先、时间优先、委托优先等规则来防范。日本也改变了禁止全权委托的做法,但《金融商品交易法》规定,证券公司经营证券承销、店头证券衍生性商品及全权委托业务,仍应先经核准。[②]

3. 诚信交易

证券公司接受证券买卖的委托,应当根据委托书载明的证券名称、买卖数量、出价方式、价格幅度等,按照交易规则代理买卖证券,如实进行交易记录;买卖成交后,应当按照规定制作买卖成交报告单交付客户。证券交易中确认交易行为及其交易结果的对账单必须真实,并由交易经办人员以外的审核人员逐笔审核,保证账面证券余额与实际持有的证券相一致。

4. 禁止私下委托

证券公司及其从业人员不得未经其依法设立的营业场所私下接受客户委托买卖证券。就其本质而言,私下接受客户委托,属于民事委托而非商事委托。原本在私权领域,权利主体得自由处置其民商事权利,但在证券经纪业务的场合,证券公司及其从业人员系以商事主体身份接受客户委托参与证券买卖交易,若允许私下接受委托,一则与其商事主体身份不符,二则有损正常的证券市场交易秩序。同时,对法律责任承担与责任追究而言,两种不同性质的证券委托亦产生不同的法律后果。因此,我国证券法禁止私下委托。

5. 不得违法承诺

在证券市场运行中,有些证券公司为了招揽客户,会预先对客户买卖证券的收益或赔偿买卖证券的损失作出承诺。这是证券法明令禁止的行为。从法律关系来看,证券公司接受客户委托,代客户进行证券交易时,客户是委托人,是法律后果的真正承受者,其在享有投资收益的同时必须承担投资损失的风险。证券公司仅是代客户进行证券交易,并从中收取服务佣金而已。从证券市场的安全和稳定发展来看,证券公司面临众多客户,如果每个投资者的投资损失都要由证券公司承担,证券公司根本无此能力,其必然总是处于赔付的高风险中,因为证券市场本身就是高风险的市场,如果证券公司经营缺乏安全性,那么整个证券市场将无法稳健和持续地发展。

(二) 证券经纪人

这里的证券经纪人特指拥有证券从业资格,受证券公司委托,代理证券公司进行客

[①]　华东政法大学课题组:《证券公司与证券服务机构法律制度完善研究》,载黄红元、徐明主编:《证券法苑》(第十卷),法律出版社 2014 年版。

[②]　华东政法大学课题组:《证券公司与证券服务机构法律制度完善研究》,载黄红元、徐明主编:《证券法苑》(第十卷),法律出版社 2014 年版。

户招揽、客户服务等业务活动的证券公司以外的自然人。证券公司与接受委托的证券经纪人之间应当订立委托合同,颁发证券经纪人证书,明确对证券经纪人的授权范围,并对证券经纪人的执业行为进行监督。证券经纪人应当遵守证券公司从业人员的管理规定,其在证券公司授权范围内的行为,由证券公司依法承担相应的法律责任;超出授权范围的行为,证券经纪人应当依法承担相应的法律责任。在执行业务时,证券经纪人应当在证券公司的授权范围内从事业务,并向客户出示证券经纪人证书。同时,证券经纪人只能接受一家证券公司的委托,进行客户招揽、客户服务等活动,且不得为客户办理证券认购、交易等事项。

需注意的是,证券经纪人与证券公司之间并非劳动关系,而是事务委托关系。是否存在劳动关系也是辨识该从业人员是否属于"证券公司以外的人"的标准。在证券公司日常经营过程中,还有一类"从业人员",即与证券公司订立劳动合同,建立劳动关系的"证券公司的内部人员",或者说"证券公司以内的人员",称为"证券公司的从业人员"。与证券经纪人依照委托合同确定法律责任不同,证券公司的从业人员在证券交易活动中,执行所属的证券公司的指令或者利用职务违反交易规则的,由所属的证券公司承担全部责任。

三、 自营业务规则

众所周知,证券公司的自营业务必须以自己的名义进行,不得假借他人名义或者以个人名义进行。证券公司必须使用自有资金和依法筹集的资金从事自营业务活动,不得将其自营账户借给他人使用。需要注意的是,即使在自营业务领域,证券公司从事相关业务亦须经证券监管机构批准,不过在以下场合,自营规则有其特殊性:

(一) 低风险业务资格豁免
证券公司将自有资金投资于依法公开发行的国债、投资级公司债、货币市场基金、央行票据等中国证监会认可的风险较低、流动性较强的证券,或者委托其他证券公司或者基金管理公司进行证券投资管理,且投资规模合计不超过其净资本 80% 的,无须取得证券自营业务资格。

(二) 子公司自营业务规则
首先,具备证券自营业务资格的证券公司可以设立子公司,从事《证券公司证券自营投资品种清单》所列品种以外的金融产品等投资。其次,为防范风险,证券公司不得为从事前述规定品种之外金融产品投资的子公司提供融资或者担保。

(三) 金融衍生产品的自营交易
具备证券自营业务资格的证券公司可以从事金融衍生产品交易,不具备证券自营业务资格的证券公司只能以对冲风险为目的,从事金融衍生产品交易。

(四) 自营账户管理
证券公司从事证券自营业务,必须以自己的名义进行,不得假借他人名义或者以个人名义进行;同时,证券公司也不得将其自营账户借给他人使用。

(五)禁止的自营业务行为

证券公司从事证券自营业务,不得有下列行为:(1)违反规定购买本证券公司控股股东或者与本证券公司有其他重大利害关系的发行人发行的证券;(2)违反规定委托他人代为买卖证券;(3)利用内幕信息买卖证券或者操纵证券市场;(4)其他法律、行政法规或者国务院证券监督管理机构禁止的行为。

四、 证券资产管理业务规则

(一)基本规则

证券公司的证券资产管理业务是指证券公司接受客户委托、使用客户资产进行投资,投资收益由客户享有,投资损失由客户承担,证券公司依照约定收取佣金性质的管理费用。就此而言,证券公司的证券资产管理业务与其经纪业务并无法律上的本质差异,均属委托行为。二者根本的差异在于委托交易的标的不同:经纪业务为一般证券买卖,通过二级市场进行;而资产管理业务,则限定于证券资产管理产品,大多通过单独之资产管理项目实现。因此,证券公司从事证券资产管理业务,应当与客户签订证券资产管理合同,约定投资范围、投资比例、管理期限及管理费用等事项。

根据《证券投资基金法》《证券公司监督管理条例》以及《证券公司客户资产管理业务管理办法》的规定,证券公司可以依法从事下列客户资产管理业务:为单一客户办理定向资产管理;为多个客户办理集合资产管理;为客户办理特定目的的专项资产管理。

(二)定向资产管理业务

证券公司为单一客户办理定向资产管理业务时,应对遵守如下业务规则:(1)证券公司应当与客户签订定向资产管理合同,通过专门账户为客户提供资产管理服务。(2)证券公司办理定向资产管理业务,接受单个客户的资产净值不得低于人民币100万元。(3)证券公司办理定向资产管理业务,由客户自行行使其所持有证券的权利,履行相应的义务。(4)证券公司将定向资产管理业务的客户资产投资于上市公司的股票,发生客户应当履行公告、报告、要约收购等法律、行政法规和中国证监会规定义务的情形时,证券公司应当立即通知有关客户,并督促其履行相应义务;客户拒不履行的,证券公司应当向证券交易所报告。(5)证券公司办理定向资产管理业务,应当保证客户资产与其自有资产、其他客户的资产相互独立,对不同客户的资产分别设置账户、独立核算、分账管理。(6)证券公司办理定向资产管理业务,应当将客户的委托资产交由负责客户交易结算资金存管的指定商业银行、中国证券登记结算有限责任公司或者中国证监会认可的证券公司等其他资产托管机构托管。

(三)集合资产管理业务

集合资产管理是指证券公司设立集合资产管理计划,与客户签订集合资产管理合同,将客户资产交由取得基金托管业务资格的资产托管机构托管,通过专门账户为客户提供资产管理服务。

证券公司办理集合资产管理业务,需要遵守如下业务规则:(1)只能接受货币资金形式的资产。(2)证券公司进行集合资产管理业务投资运作,在证券期货等交易所进行交易的,应当遵守交易所的相关规定;在证券交易所进行证券交易的,还应当通过专用交易单元进行;在交易所以外进行交易的,应当遵守相关管理规定。(3)证券公司办理集合资产管理业务,应当保证集合资产管理计划资产与其自有资产、集合资产管理计划资产与其他客户的资产、不同集合资产管理计划的资产相互独立,单独设置账户、独立核算、分账管理。(4)证券公司办理集合资产管理业务,应当将集合资产管理计划资产交由取得基金托管业务资格的资产托管机构托管。(5)集合资产管理计划应当面向合格投资者推广,合格投资者累计不得超过200人。合格投资者是指具备相应风险识别能力和承担所投资集合资产管理计划风险能力,且符合下列条件之一的单位和个人:个人或者家庭金融资产合计不低于100万元人民币;公司、企业等机构净资产不低于1000万元人民币。依法设立并受监管的各类集合投资产品视为单一合格投资者。(6)证券公司办理集合资产管理业务,不得违规将集合资产管理计划资产用于资金拆借、贷款、抵押融资或者对外担保等用途;不得将集合资产管理计划资产用于可能承担无限责任的投资。

(四)专项资产管理业务

证券公司为客户办理特定目的的专项资产管理业务,应当遵守如下业务规则:(1)签订专项资产管理合同,针对客户的特殊要求和基础资产的具体情况,设定特定投资目标,通过专门账户为客户提供资产管理服务。(2)证券公司应当充分了解并向客户披露基础资产所有人或融资主体的诚信合规状况、基础资产的权属情况、有无担保安排及具体情况、投资目标的风险收益特征等相关重大事项。(3)证券公司可以通过设立综合性的集合资产管理计划办理专项资产管理业务。

(五)禁止性规定

证券公司从事证券资产管理业务,不得有下列行为:(1)向客户作出保证其资产本金不受损失或者保证其取得最低收益的承诺;(2)接受一个客户的单笔委托资产价值,低于中国证监会规定的最低限额;(3)使用客户资产进行不必要的证券交易;(4)在证券自营账户与证券资产管理账户之间或者不同的证券资产管理账户之间进行交易,且无充分证据证明已依法实现有效隔离;(5)法律、行政法规或者国务院证券监督管理机构禁止的其他行为。

第五节　证券公司经营风险防范与处理机制

一、 证券公司经营风险概述

(一)经营风险的定义

证券公司经营风险,简称证券公司风险,是指在证券公司存续期间发生的,影响或者可能影响证券公司法律人格存续、生产经营能力维持、依法享有权利承担义务以及公司目的实现等事项的所有事件或者行为。就此而言,证券公司经营中风险无处不在、无时不在。导致证券公司陷入经营风险的原因多种多样,就类型而言,无非"天灾""人祸"两类。前者主要包括意外事件、不可抗力等,而后者则通常包括违约、侵权之行为。

需要注意的是,证券市场中的投资风险与本章所讲的"证券公司经营风险"并不是同一概念。前者是因证券交易价格波动形成的市场风险,投资者须自行承担投资损失的后果;后者则是证券公司基于特定证券业务活动,为委托人利益而负担的法律责任,所以在证券公司经营风险控制与防范中,可能承担风险的主体不仅包括证券公司自身,也间接包括委托人。

(二)经营风险的法律本质

从法律的角度来看,"风险"通常是指权利受到侵害或者权利不获实现的某种可能性。"风险"具有损害性、不确定性等特征。一旦这种可能性演变为现实,则形成法律上的侵害与损失,权利人得基于权利受到侵害或者不获实现的客观现实,要求加害者停止侵害直至予以赔偿。换言之,一旦不确定转化为确定,则"风险"就会演变成"损害",再无防范与化解之可能。

动态来看,"风险"势必导致既有法律关系所确定的权利义务平衡关系遭到破坏,平衡一旦打破,就需要修补或者重新建立新的平衡关系。例如在合同法上就有所谓"同时履行抗辩权""逾期违约""不安抗辩权"等制度设计存在,在物权法上也有所谓"物上请求权""排除妨害请求权"等规则来确保和维护上述平衡机制。

二、 证券公司经营风险防范机制

(一)内部风险防控

1. 注册资本要求

早在证券公司设立时,"有完善的风险管理与内部控制制度"和"有符合本法规定的公司注册资本"就是设立证券公司的重要条件,同时证券法赋予中国证监会在不少于法定限额的前提下,根据审慎监管原则和各项业务的风险程度,调整证券公司注册资本最低限额的权力。证券公司的注册资本不实行认缴制,必须实缴到位。如果股东有虚假出资、抽逃出资行为,证监会应当责令其限期改正,并可责令其转让所持证券公司的股权;在股东按照要求改正违法行为、转让所持证券公司的股权前,证监会可以限制其股东权利。

2. 净资本及其他风险控制指标

为确保证券公司的风险控制能力,中国证监会对证券公司的净资本和其他风险控制指标作出了详细规定。如果指标不符合规定,证监会将责令证券公司限期改正;逾期未改正,或者其行为严重危及证券公司的稳健运行、损害客户合法权益的,证监会可以区别情形,对证券公司采取下列措施:(1)限制业务活动,责令暂停部分业务,停止核准新业务;(2)限制分配红利,限制向董事、监事、高级管理人员支付报酬、提供福利;(3)限制转让财产或者在财产上设定其他权利;(4)责令更换董事、监事、高级管理人员或者限制其权利;(5)撤销有关业务许可;(6)认定负有责任的董事、监事、高级管理人员为不适当人选;(7)责令负有责任的股东转让股权,限制负有责任的股东行使股东权利。证券公司在对不合规的净资产和其他风险控制指标进行整改后,应向证监会提交报告,证监会验收后,对治理结构、合规管理、风险控制指标符合规定的,自验收完毕之日起 3 日内解除相关限制措施。

3. 禁止对外融资或者担保

证券公司除依照规定为其客户提供融资融券外,不得为其股东或者股东的关联人提供融资或者担保。

4. 业务隔离

证券公司应当建立健全内部控制制度,采取有效隔离措施,防范公司与客户之间、不同客户之间的利益冲突。证券公司必须将其证券经纪业务、证券承销业务、证券自营业务、证券做市业务和证券资产管理业务分开办理,不得混合操作。

5. 分支机构集中统一管理

证券公司应当对分支机构实行集中统一管理,不得与他人合资、合作经营管理分支机构,也不得将分支机构承包、租赁或者委托给他人经营管理。

6. 提取交易风险准备金

证券市场是一个高风险的市场,证券公司作为这一市场的主要参与者,其经营的安全性和稳定性不仅对自身非常重要,对于广大投资者的利益,以及整个证券市场的安全和稳定都至关重要。为了防范和化解市场风险,巩固证券公司自身的财产基础,更好地维护投资者利益,《证券法》规定证券公司应从每年的税后利润中提取交易风险准备金,用于弥补证券交易的损失。这种风险准备金的提取是证券公司的法定义务,不得自行意定免除;必须在税后利润中提取,不得税前提留;准备金必须用于弥补证券交易的损失,确保证券公司遇到经营风险时能够得到及时的资金补充,不得随意挪作他用。

7. 证券公司的董事、监事、高级管理人员的勤勉义务

在证券公司风险防控中,人的因素至关重要,尤其是证券公司的董事、监事、高级管理人员须尽职勤勉,履行职责。上述人员未能勤勉尽责,致使证券公司存在重大违法违规行为或者重大风险的,证监会可以撤销其任职资格,并责令公司予以更换。

(二) 证券投资者保护基金

设立证券投资者保护基金,可以视为一种证券公司外部的风险防范机制。这一做法也是境外资本市场发达国家和地区普遍建立的制度规则,其目的是防止证券公司破产导致投资者利益损失,使投资者丧失对证券市场的信心。早在 1970 年,美国就制定《证券投资者保护法》,并规定设立证券投资者保护协会,要求所有在证券交易所注册的投资银行都必须成为该协会的会员,并按照经营毛利的 5‰ 缴纳会费,建立保险基金,用于投资银行财务困难或破产时的债务清偿。我国在 2005 年 6 月 30 日,经国务院批准,中国证监会、财政部、中国人民银行联合发布了《证券投资者保护基金管理办法》,正式设立该项基金,并由专门的中国证券投资者保护基金有限责任公司来负责管理和运营。该基金的建立对于我国证券市场的发展非常必要:(1) 当证券公司出现财务危机、破产等重大风险时,可以弥补投资者的损失,稳定和增强投资者对我国证券市场的信心;(2) 有助于监测证券公司风险,并推动证券公司积极稳妥地化解和处置风险,防止证券公司个案风险引发系统性风险,维护证券市场的稳定。

根据《证券投资者保护基金管理办法》的规定,证券投资者保护基金的来源主要包括:

（1）上海、深圳证券交易所在风险基金分别达到规定的上限后,将交易经手费的20%纳入基金。（2）所有在中国境内注册的证券公司,按其营业收入的0.5%—5%缴纳基金;经营管理或运作水平较差、风险较高的证券公司,应当按较高比例缴纳基金。各证券公司的具体缴纳比例由基金公司根据证券公司风险状况确定后,报证监会批准,并按年进行调整。证券公司缴纳的基金在其营业成本中列支。（3）发行股票、可转债等证券时,申购冻结资金的利息收入。（4）依法向有关责任方的追偿所得和在证券公司破产清算中的受偿收入。（5）国内外机构、组织及个人的捐赠。（6）其他合法收入。

证券投资者保护基金的用途为:（1）证券公司被撤销、被关闭、破产或被证监会采取行政接管、托管经营等强制性监管措施时,按照国家有关政策规定对债权人予以偿付。（2）国务院批准的其他用途。当基金公司使用基金偿付证券公司债权人后,取得相应的受偿权,依法参与证券公司的清算。

三、　证券公司经营风险处置

证券公司应当按照审慎经营的原则,建立健全风险管理与内部控制制度,防范和控制风险。根据《证券法》《证券公司监督管理条例》以及《证券公司风险处置条例》的规定,证券公司违法经营或者出现重大风险,严重危害证券市场秩序、损害投资者利益的,中国证监会可以对该证券公司采取责令停业整顿、指定其他机构托管、接管或者撤销等监管措施。

（一）停业整顿、托管、接管、行政重组

1. 停业整顿

证券公司风险控制指标不符合有关规定,在规定期限内未能完成整改的,证监会可以责令证券公司停止部分或者全部业务进行整顿。停业整顿的期限不超过3个月。如果证券公司的经纪业务被责令停业整顿,证券公司在规定的期限内可以将其证券经纪业务委托给证监会认可的证券公司管理,或者将客户转移到其他证券公司,证券公司逾期未按照要求委托证券经纪业务或者未转移客户的,证监会应当将客户转移到其他证券公司。

2. 托管

证券公司有下列情形之一的,中国证监会可以对其证券经纪等涉及客户的业务进行托管:（1）治理混乱,管理失控;（2）挪用客户资产并且不能自行弥补;（3）在证券交易结算中多次发生交收违约或者交收违约数额较大;（4）风险控制指标不符合规定,发生重大财务危机;（5）其他可能影响证券公司持续经营的情形。

证监会决定对证券公司证券经纪等涉及客户的业务进行托管的,应当按照规定程序选择证券公司等专业机构成立托管组,行使被托管证券公司的证券经纪等涉及客户的业务的经营管理权。托管组自托管之日起履行下列职责:（1）保障证券公司证券经纪业务正常合规运行,必要时依照规定垫付营运资金和客户的交易结算资金;（2）采取有效措施维护托管期间客户资产的安全;（3）核查证券公司存在的风险,及时向证监会报告业务运行中出现的紧急情况,并提出解决方案;（4）证监会要求履行的其他职责。

托管期限一般不超过12个月。满12个月,确需继续托管的,证监会可以决定延长托管期限,但延长托管期限最长不得超过12个月。

被托管证券公司应当承担托管费用和托管期间的营运费用。证监会应当对托管费用和托管期间的营运费用进行审核。托管组不承担被托管证券公司的亏损。

3. 接管

符合前述托管条件,且情节严重的,中国证监会可以对该证券公司进行接管。证监会决定对证券公司进行接管的,应当按照规定程序组织专业人员成立接管组,行使被接管证券公司的经营管理权,接管组负责人行使被接管证券公司法定代表人职权,被接管证券公司的股东会或者股东大会、董事会、监事会以及经理、副经理停止履行职责。

接管组自接管之日起履行下列职责:(1) 接管证券公司的财产、印章和账簿、文书等资料;(2) 决定证券公司的管理事务;(3) 保障证券公司证券经纪业务正常合规运行,完善内控制度;(4) 清查证券公司财产,依法保全、追收资产;(5) 控制证券公司风险,提出风险化解方案;(6) 核查证券公司有关人员的违法行为;(7) 国务院证券监督管理机构要求履行的其他职责。

接管期限一般不超过 12 个月。满 12 个月,确需继续接管的,证监会可以决定延长接管期限,但延长接管期限最长不得超过 12 个月。

4. 行政重组

证券公司出现重大风险,但具备下列条件的,可以直接向中国证监会申请进行行政重组:(1) 财务信息真实、完整;(2) 省级人民政府或者有关方面予以支持;(3) 整改措施具体,有可行的重组计划。被停业整顿、托管、接管的证券公司,具备前述规定条件的,也可以向证监会申请进行行政重组。证券公司进行行政重组的方式主要包括注资、股权重组、债务重组、资产重组、合并或者其他方式。

相较托管、接管条件,行政重组的条件更为宽泛,对证券公司所在地行政资源的依赖更为明显。证监会应当自受理行政重组申请之日起 30 个工作日内作出批准或者不予批准的决定;不予批准的,应当说明理由。

行政重组期限一般不超过 12 个月。满 12 个月,行政重组未完成的,证券公司可以向证监会申请延长行政重组期限,但延长行政重组期限最长不得超过 6 个月。证监会对证券公司的行政重组进行协调和指导。

5. 停业整顿、托管、接管、行政重组中应当注意的有关事项

(1) 公告。中国证监会对证券公司作出责令停业整顿、托管、接管、行政重组的处置决定,应当予以公告,并将公告张贴于被处置证券公司的营业场所。处置决定包括被处置证券公司的名称、处置措施、事由以及范围等有关事项。处置决定的公告日期为处置日,处置决定自公告之时生效。

(2) 债权债务。证券公司被责令停业整顿、托管、接管、行政重组的,其债权债务关系不因处置决定而变化。

(3) 恢复经营。证券公司经停业整顿、托管、接管或者行政重组在规定期限内达到正常经营条件的,经证监会批准,可以恢复正常经营。

(4) 撤销业务许可。证券公司经停业整顿、托管、接管或者行政重组在规定期限内仍达不到正常经营条件,但能够清偿到期债务的,证监会依法撤销其证券业务许可。被撤销证券业务许可的证券公司应当停止经营证券业务,按照客户自愿的原则将客户安置到其他证券公司,安置过程中相关各方应当采取必要措施保证客户证券交易的正常进行。被撤销证券

业务许可的证券公司有未安置客户等情形的,证监会可以比照撤销证券公司的规则,成立行政清理组,清理账户、安置客户、转让证券类资产。

(5)对证券公司直接负责的董事、监事、高级管理人员和其他直接责任人员可以采取如下限制措施:通知出境入境管理机关依法阻止其出境;申请司法机关禁止其转移、转让或者以其他方式处分财产,或者在财产上设定其他权利。

(二)撤销

与撤销证券业务许可不同,撤销证券公司系监管机构依照行政职权剥夺证券公司法律人格的行政行为。被撤销证券公司的股东会或者股东大会、董事会、监事会以及经理、副经理停止履行职责。

1. 撤销的条件

(1)直接撤销条件。证券公司同时有下列情形的,中国证监会可以直接撤销该证券公司:① 违法经营情节特别严重、存在巨大经营风险;② 不能清偿到期债务,并且资产不足以清偿全部债务或者明显缺乏清偿能力;③ 需要动用证券投资者保护基金。

(2)未达标撤销。证券公司经停业整顿、托管、接管或者行政重组在规定期限内仍达不到正常经营条件,并且有前述直接撤销条件中②或者③规定情形的,证监会应当撤销该证券公司。

2. 行政清理

中国证监会撤销证券公司,应按照规定程序选择律师事务所、会计师事务所等专业机构成立行政清理组,对该证券公司进行行政清理。行政清理期间,行政清理组负责人行使被撤销证券公司法定代表人职权。行政清理期间,被撤销证券公司的股东不得自行组织清算,不得参与行政清理工作。

行政清理组履行下列职责:(1)管理证券公司的财产、印章和账簿、文书等资料;(2)清理账户,核实资产负债有关情况,对符合国家规定的债权进行登记;(3)协助甄别确认、收购符合国家规定的债权;(4)协助证券投资者保护基金管理机构弥补客户的交易结算资金;(5)按照客户自愿的原则安置客户;(6)转让证券类资产,即证券公司为维持证券经纪业务正常进行所必需的计算机信息管理系统、交易系统、通信网络系统、交易席位等资产;(7)证监会要求履行的其他职责。

行政清理期间,被撤销证券公司的证券经纪等涉及客户的业务,由证监会按照规定程序选择证券公司等专业机构进行托管。

证券公司的债权债务关系不因其被撤销而变化。自证券公司被撤销之日起,证券公司的债务停止计算利息。

行政清理组应当在具备证券业务经营资格的机构中,采用招标、公开询价等公开方式转让证券类资产。证券类资产转让方案应当报证监会批准。行政清理组不得转让证券类资产以外的资产,但经证监会批准,易贬损并可能遭受损失的资产或者确为保护客户和债权人利益的其他情形除外。行政清理组不得对债务进行个别清偿,但为保护客户和债权人利益的下列情形除外:(1)行政清理组请求对方当事人履行双方均未履行完毕的合同所产生的债务;(2)为维持业务正常进行而应当支付的职工劳动报酬和社会保险费用等正常支出;(3)行政清理组履行职责所产生的其他费用。

证券公司设立或者实际控制的关联公司,其资产、人员、财务或者业务与被撤销证券公司混合的,经证监会审查批准,纳入行政清理范围。

行政清理期限一般不超过12个月。满12个月,行政清理未完成的,证监会可以决定延长行政清理期限,但延长行政清理期限最长不得超过12个月。

(三) 破产清算和重整

1. 破产清算

证券公司被依法撤销、关闭时,有《企业破产法》第2条规定情形,即"不能清偿到期债务,并且资产不足以清偿全部债务或者明显缺乏清偿能力的",在行政清理工作完成后,证监会或者其委托的行政清理组可依照《企业破产法》的有关规定,向人民法院申请对被撤销、关闭的证券公司进行破产清算。

2. 重整

证券公司有《企业破产法》第2条规定情形的,证监会可以直接向人民法院申请对该证券公司进行重整。此外,证券公司或者其债权人依照《企业破产法》的有关规定,也可以向人民法院提出对证券公司进行破产清算或者重整的申请,但应当依照《证券法》的规定报经中国证监会批准。

本章理论与实务探讨

证券公司从业人员买卖证券制度

现实中,证券公司从业人员买卖股票的行为屡禁、屡罚不止。关于国内证券市场是否放开证券公司从业人员买卖证券限制的问题,一直备受争议。实务界一直认为,大多数证券公司从业人员一般很难获得核心内幕信息,并且缺乏实践经验的证券公司从业人员难以为投资者提供具有针对性、说服力的投资建议。学界有观点认为,全面禁止证券公司从业人员买卖证券制度的合法性、合理性和实效性,都值得重新审视;而有条件地允许证券公司从业人员买卖证券,从立法、监管和市场角度,都能获得支持。那么,是否有必要放开对证券公司从业人员买卖证券的限制呢?

从境外发达资本市场的法律实践来看,并不绝对禁止证券公司从业人员买卖证券。境外对证券公司从业人员买卖证券的规制模式,大致可分为两种,即以美国、德国为代表的立法监管模式和以英国、我国香港特别行政区为代表的自律监管模式。美国的法律法规体系并没有禁止证券公司从业人员买卖证券,其规制证券公司从业人员买卖证券的具体制度主要包括证券机构内部监管制度、内幕交易禁止制度、个人交易信息报告和披露制度、违规交易制度。英国没有在成文法中专门对证券公司从业人员买卖证券作出明确规制,主要由所属公司依据民法、刑法、信托法、证券法等相关机制对证券公司从业人员个人交易行为进行约束,其主要内容是禁止内幕交易和针对基金从业人员的禁止利益冲突交易。我国香港特别行政区规制证券公司从业人员买卖证券的具体法律制度主要包括内部监控制度、禁止利益冲突交易制度、禁止内幕交易制度。上述发达资本市场的制度都体现了以下几个共性:一是不强制禁止证券公司从业人员买卖证券;二是主要着眼于防范内部交易和利益冲突;三是监管机构充分利用证券公司监管;四是在贯彻机构监管的条件下,实行或者间接实行申报制度。2019 年修订的《证券法》对于证券公司从业人员仍然以禁止交易为原则、以许可交易为例外,即禁止证券公司从业人员买卖股票或其他股权性质的证券,但对实施股权激励的证券公司作了除外规定,允许该情形下的从业人员按照监管规定持有股票或其他股权性质的证券。在我国今后《证券法》的不断完善中,是否放开对证券公司从业人员买卖证券的限制,并以具体制度规制此类交易行为,还需要理论界与实务界的深入研究。

本章法考与考研练习题

一、名词解释

1. 证券公司

2. 证券包销商

3. 证券经纪商

4. 融资融券业务

二、不定项选择题

1. 某证券公司从事的下列行为中,不为证券法所禁止的是( )。

A. 王某委托该证券公司在 11 月 28 日买进某上市公司股票 1000 股,该证券公司看到该股票涨情较好,为了让王某赚更多的钱,为王某买进了 2000 股

B. 向自己的客户推荐某上市公司的股票,使客户下定决心买进该公司股票

C. 因某股票市场行情非常好,为了让客户多赚钱,在客户不知情的情况下为客户买进大量股票,结果使客户赚取了巨额利润

D. 挪用客户账户上的资金

2. 国务院证券监督管理机构应当自受理证券公司设立申请之日起( )内,依照法定条件和程序并根据审慎监管原则进行审查,作出批准或者不予批准的决定,并通知申请人。

A. 30 日　　　　　B. 60 日　　　　　C. 3 个月　　　　　D. 6 个月

3. 某证券公司的工作人员王某在执行公司指令时违反交易规则,对其责任承担说法正确的是( )。

A. 由王某承担责任

B. 由王某与证券公司承担连带责任

C. 由证券公司承担全部责任

D. 由王某与证券公司承担共同责任

4. 对于下列有关证券交易的问题,应该给予否定回答的有( )。

A. 股票交易是不是只能在证券交易所进行

B. 证券交易能不能以期货方式进行

C. 证券公司向客户融资进行证券交易是否为法律所禁止

D. 证券交易所自主调整交易收费标准是否违法

5. 对于投资者保护基金,下列说法正确的有( )。

A. 由证券公司从每年的税后利润中提取

B. 由证券公司缴纳的资金及其他依法筹集的资金组成

C. 用于弥补证券交易的损失

D. 其规模以及筹集、管理和使用的具体办法由国务院规定

6. 证券公司的下列行为属于《证券法》禁止的有(　　)。

A. 为客户买卖证券提供融资融券服务

B. 有偿使用客户的交易结算资金

C. 将自营账户借给他人使用

D. 接受客户的全权委托

7. 证券公司可以经营的业务有(　　)。

A. 证券经纪业务

B. 证券投资咨询业务、证券自营业务

C. 与证券交易、证券投资活动有关的财务顾问

D. 证券承销与保荐业务、证券资产管理业务

8. 下列属于《证券法》禁止的证券交易行为的是(　　)。

A. 发起人在公司成立之日起 3 年内转让其所持股票

B. 公司董事、监事、经理在任职期间内转让本公司股票

C. 为股票发行出具审计报告的专业人员在该股票承销期内买卖该种股票

D. 为上市公司出具法律意见书的律师在该文件公开后 5 日内买卖该公司股票

9. 某证券公司在业务活动中实施了下列行为,其中违反《证券法》规定的是(　　)。

A. 经股东会决议为公司股东提供担保

B. 为其客户买卖证券提供融资服务

C. 对其客户证券买卖的收益作出不低于一定比例的承诺

D. 接受客户的全权委托,代理客户决定证券买卖的种类与数量

10. 证券公司从事自营业务可以交易的证券,除已经和依法可以在境内证券交易所上市交易和转让的证券外,还包括(　　)。

A. 已经和依法可以在符合规定的区域性股权交易市场挂牌转让的私募债券

B. 已经在全国中小企业股份转让系统挂牌转让的证券

C. 已经和依法可以在境内银行间市场交易的证券

D. 已经在符合规定的区域性股权交易市场挂牌转让的股票

三、简答题

1. 简述证券公司章程的主要条款。

2. 简述证券公司经营风险处置的主要类型。

3. 简述证券买卖委托交易的基本规则。

4. 简述证券公司从事证券资产管理业务的禁止性规定。

四、论述题

1. 论述证券业务特许经营。

2. 论述证券公司的法律地位及其取得。

五、案例分析题

杨某在亚中证券股份有限公司(简称"亚中证券")开户,从事股票交易。其间,杨某曾向亚中证券借款 300 万元,已还 130 万元,尚欠 170 万元。双方就 170 万元欠款约定,借款

期限为 1 年,自 2007 年 5 月 23 日起计息,月息为 15‰。至 2008 年 6 月 16 日,杨某分四次偿还亚中证券共计 146 万元。2008 年 6 月 19 日和 22 日,亚中证券以杨某尚欠其借款为由,未经杨某同意,出售杨某持有的 AB 股份 48 000 股、AC 股份 5 800 股,从上述出售的股票价款中扣除了 538 360 元以抵偿杨某尚欠其的本金和利息。

（1）杨某与亚中证券之间的股票交易代理行为是否合法？为什么？

（2）亚中证券能否出售杨某账户内的证券用以抵偿欠款？为什么？

（3）亚中证券与杨某之间是否存在融资融券关系？为什么？

本章法考与考研练习题参考答案

[**导语**]

　　2019 年修订的《证券法》的亮点之一是致力于建立健全多层次资本市场体系:将证券交易场所划分为证券交易所、国务院批准的其他全国性证券交易场所、按照国务院规定设立的区域性股权市场等三个层次;明确非公开发行的证券可以在上述证券交易场所转让;授权国务院制定有关全国性证券交易场所、区域性股权市场的管理办法等。在我国的多层次资本市场中,证券交易所是主要的组织者、服务提供者和一线监管者。2019 年《证券法》的修订及注册制全面推行使得我国证券交易所的职责、定位正在发生深层次变化。

　　本章的重点包括证券交易所的概念、职责、分类、组织结构及业务规则,我国多层次资本市场的法律制度。本章的难点是我国证券交易所的制度选择、自律管理体制的完善以及注册制下交易所的职责定位问题。

第一节　证券交易所概述

一、 证券交易所的概念与特征

　　证券交易所是为证券集中交易提供场所和设施,组织和监督证券交易,实行自律管理的法人。其特征主要包括如下几点:

(一) 多种市场功能

　　我国证券交易所具有筹集资金、促进交易流动性、价格发现、资源配置等多种基本功能。具体包括:提供证券交易场所、设施和技术保障;形成与公告价格;制定上市和交易规则;组织、监督交易活动,维护交易秩序;提供和管理证券交易信息、提升信息披露质量等。通过以上功能的发挥,证券交易所可以降低证券交易成本,促进资本市场的流动性,降低信息不对称、增强市场交易信用;也可以将广泛的社会闲散资金吸引到证券投资上来,为企业融资和国家经济发展提供所需资金。

（二）双重市场地位

证券交易所在资本市场中同时具有监管者和被监管者的双重身份。一方面,证券交易所是证券市场第一线的组织者,为市场主体提供集中交易场所、组织证券交易、实行自律管理,是市场的管理者,具有法定的监督管理权限。我国证券交易所的自律管理带有准行政权力的特征,是一种强制性的管理行为。另一方面,证券交易所作为特殊的市场主体,也要接受政府证券监管机构的监管,其章程的制定和修改、法定代表人的任免及规则制定等,都要受到国务院证券监督管理机构的监管。证券交易所的这种双重身份,使其在市场上能够承上启下,发挥桥梁和纽带作用。①

（三）法人属性

我国证券法对证券交易所的性质采取了"功能描述"方法,规定证券交易所是"实行自律管理的法人"②。首先,证券交易所属于法人。根据《民法典》第 57 条的规定,所谓法人,是具有民事权利能力和民事行为能力,依法独立享有民事权利和承担民事义务的组织。具备法人资格及具有相应的民事权利能力和行为能力,是证券交易所能够在资本市场上参与各种法律关系、开展多种行为、享有权利并承担义务的制度基础。其次,证券交易所具有自律管理属性。证券交易所基于法律规定、监管部门的授权及上市协议等,有权对证券市场的相关主体及交易行为进行第一线的监督管理,以维护证券市场交易秩序、促进市场效率的提高。所谓自律管理,就是通过内部组织机制的运行,规范其成员的行为,实现团体内的秩序,主要体现为自我规范、自我约束、自我管理和自我发展。证券交易所的自律管理是证券市场监管体系的重要组成部分。

我国《证券法》第 96 条第 1 款规定:"证券交易所、国务院批准的其他全国性证券交易场所为证券集中交易提供场所和设施,组织和监督证券交易,实行自律管理,依法登记,取得法人资格。"该款赋予证券交易所和国务院批准的其他全国性证券交易场所的自律法人地位,明确了其组织和监督证券交易的职责。目前,我国证券市场有两家证券交易所,即 1990 年 12 月 19 日开业的上海证券交易所(以下简称"上交所")和 1991 年 7 月 3 日开业的深圳证券交易所(以下简称"深交所")。经过多年的快速成长,两家证券交易所已发展成为拥有股票、债券、基金、衍生品等多门类交易品种,市场结构较为完整的场内交易市场;拥有了高效稳健运行的交易系统及基础通信设施;形成了确保证券市场规范有序运作的自律监管体系。

二、　证券交易所的类型

按照组织形式的不同,可以将证券交易所分为会员制证券交易所和公司制证券交易所。

（一）会员制证券交易所

会员制证券交易所是指由会员组成的、不以营利为目的的证券交易所。早期的证券交

---

① 　罗培新、卢文道等:《最新证券法解读》,北京大学出版社 2006 年版,第 167 页。
② 　叶林:《证券法》(第四版),中国人民大学出版社 2013 年版,第 265 页。

易所均采取此种形式。

早期的证券交易所都是由证券经纪人自发设立的会员制组织。这种组织形式源自西方社会的行会传统：同一行业的成员组成一个行业组织，制定行业标准，实行行业自治，从而扩大市场份额，最终形成独占。在交易所经营处于垄断地位时，会员制的组织方式对市场参与者而言交易成本最小，会员可通过互助组织控制服务价格。纽约证券交易所（简称"纽交所"）的历史就折射出这样的发展轨迹。1790年，美国政府为战争筹款发行了价值8 000万美元的政府债券，美国证券市场由此起步。其后，经纪商们逐渐认识到，结成一个互助型的组织并对交易收取统一的费用，将有助于市场的统一和维护行业的共同利益。1792年，24名经纪人和交易商签署的"梧桐树协议"就是纽交所的雏形，而这24个人就是纽交所的第一批会员。纽交所最初是会员们为便利交易、维护共同利益而自愿发起的互助型组织，只有会员才能进入市场交易，会员之间遵守共同的游戏规则，共同维护市场秩序、改善交易条件、保持行业的利润水平。

会员制交易所的本质是一种基于维护行业利益自发产生的自律管理的民间组织。在1929年"大萧条"之前，美国政府并未直接介入对证券市场的管理。纽交所根据自己的章程制定规则并对市场活动实施监管，交易所甚至在1923年成立了反欺诈局，打击证券欺诈行为。直到30年代经济危机过后，美国才陆续出台了《证券法》和《证券交易法》，并成立了法定监管机构——证券交易委员会（SEC）对证券市场实施统一管理。美国证券交易委员会非常重视发挥纽交所的监管功能。在SEC的定义下，证券交易所始终是作为自律监管组织（SRO）的法律形态存在的。

在我国，上交所和深交所制定的交易所章程第3条均将自身定位为"为证券集中交易提供场所和设施，组织和监督证券交易，实行自律管理的会员制法人"①。所谓会员，就是指经国家有权部门批准设立、具有法人资格，依法可以从事证券交易及相关业务并取得上海、深圳证券交易所会籍的境内证券经营机构。会员在证券市场上的主要职能是连接证券供求双方，参与证券流通业务，发挥中介职能。只有具备会员资格的证券经营机构才能在证券交易所进行场内交易；投资者也只有通过会员才能进行证券买卖。

（二）公司制证券交易所

公司制证券交易所是指由股东出资组建并通常以营利为目的的证券交易所。

早期的证券交易所均采取会员制形式，20世纪中期以后，证券交易所开始向公司制转变。1971年，纽交所根据纽约州《非营利公司法》注册成为一家非营利公司。为了强化公众投资者及上市公司在交易所治理中的角色，交易所原有的管理人大会也改组成有外部人士参加的董事会，正式以公司制形式运作。但从其本质来看，虽然纽交所实行了股份制，但其股东只能是会员，交易所则是非营利的公司组织，它依然保持了会员制证券交易所的基本特征，并不是实质意义上的公司制证券交易所。但这一情况在20世纪90年代后发生了重大变化。

---

① 对于我国证券交易所会员制的性质，学者们有不同的解读。具体内容参见冷静：《法定自律组织还是法律法规授权组织：新形势下证券交易所及其一线监管性质辨》，载黄红元、卢文道主编：《证券法苑》（第二十三卷），法律出版社2017年版。

　　随着经济全球化的进程,全球证券交易所开始了一场治理结构方面的深刻变革。1993年瑞典斯德哥尔摩交易所实行公司化改制,改革的核心目标是采纳股份制的所有权模式和管理结构,把交易所塑造成一个"以客户和盈利为导向"的商业机构,使交易所的利益和市场参与者的利益达到统一,并按照客户的要求提供产品和服务,作出快速反应。自此,越来越多的证券交易所从传统的会员制,或形式上的公司制、实质上的会员制改革为真正意义上的公司制交易所。证券交易所通过放开所有者范围限制、允许交易所股份自由转让、交易所本身成为上市公司等措施,从治理结构上真正转变为公司制。2006年3月8日,纽交所集团公司股票在自家交易所挂牌上市,标志着纽交所结束了200多年非营利性机构的历史,转为营利性上市公司。纽交所集团公司由三部分组成,分别是纽约证券交易所有限公司、纽约证券交易所市场公司及纽约证券交易所监管公司。其中,纽约证券交易所有限公司继承原来的纽交所而成为在美国注册的全国性交易所,而纽约证券交易所市场公司和监管公司则作为纽约证券交易所有限公司的全资子公司,分别承担交易所业务和监管职责。截至2008年年底,世界证券交易所联合会(WFE)51家成员交易所中有75%实施了盈利导向的公司治理结构改革。

(三) 会员制证券交易所与公司制证券交易所的区别

1. 成员构成及决策机制不同

　　会员制证券交易所的会员通常以取得会员资格的证券公司为限,交易所重大决策由会员按照"一人一票"的平等决策机制投票产生。公司制证券交易所的股东主要由证券公司、信托公司及商业银行等金融机构组成,重大决策由股东按照"一股一票"的资本多数决机制投票产生。公司制证券交易所内部成员的构成更加多元化,决策机制更符合现代企业制度的治理要求,这些特点会给交易所的内部决策、自身定位、业务拓展、开放创新、并购重组在制度上提供更好的保障。

2. 内部组织机构的设置不同

　　证券交易所内部组织机构的设置直接关系到其功能的发挥。公司制证券交易所采取公司法中的"三会"设置,即股东会、董事会和监事会,有助于把现代企业制度的治理理念和规则制度引入证券交易所的内部治理中来,使交易所的决策、执行及监督机制更加规范和科学。会员制证券交易所则一般设立会员大会、理事会和监事会三个机构,通过各部门之间的协同合作实现其基本功能。在相当长的一段时期里,我国的证券交易所并未设立监事会,设立的是各种专业委员会。2017年,为了强化证券交易所的一线监管职能、规范市场秩序、防范化解市场风险和保障广大中小投资者合法权益,中国证监会对《证券交易所管理办法》进行修订。修订的主要内容之一就是:完善交易所内部治理结构,增设监事会并进一步明确会员大会、理事会、监事会、总经理的职权。2019年《证券法》第102条对原《证券法》第106条进行了修改,规定"实行会员制的证券交易所设理事会、监事会。"2020年3月20日,与证券法的修改相呼应,中国证监会对《证券交易所管理办法》再次进行修订,规定实行会员制的证券交易所设会员大会、理事会、总经理和监事会。

3. 是否以营利为目的不同

　　是否以营利为目的是公司制证券交易所和会员制证券交易所的核心差异。《民法典》第87条第1款规定:"为公益目的或者其他非营利目的成立,不向出资人、设立人或者会员分配所取得利润的法人,为非营利法人。"据此,宜将法人的设立目的以及是否向成员分配利润作为区分营利与非营利的关键。

证券交易所收取的费用主要包括公司上市费用、证券交易费用、会员费、席位费等。其中,上市费用是指上市证券的发行人按照证券交易所的业务规则,就其证券上市向证券交易所缴纳的费用;席位费是指证券交易所会员按照证券交易所章程、业务规则向证券交易所缴纳的交易席位使用费。证券交易所资金的支出则主要用于保证交易所的正常运转。交易所的收支相抵后,可能出现盈余。对于盈余如何进行处分,这是公司制证券交易所与会员制证券交易所的重要区别。一般而言,公司制证券交易所的股东能够从公司的盈余中得到投资回报,这也是其能够不断吸引外部投资者加入并发展壮大的原因之一。会员制证券交易所不以营利为目的,其积累归会员所有,其权益由会员共同享有,但在交易所存续期间,不得分配给会员,而主要用于保证交易所的正常运行、场所和设施的改善以及积累。

三、 证券交易所的公司制发展趋势与我国的制度选择

(一) 证券交易所公司制发展趋势的成因及实证分析

公司制证券交易所与会员制证券交易所在当今已经呈现出不同的发展趋势。公司制已经成为越来越多的证券交易所的选择。以欧盟区的改革经验为例,包括德国、法国等国证券交易所在内的公司制改革被认为能够从以下三个方面直接改善交易所的绩效,增强交易所的市场竞争力:(1) 公司制改革改变了交易所决策的机制,提高了交易所对市场和客户需求变化的反应速度。(2) 公司制改革使交易所在技术投资、产品创新、市场营销等方面的力度得到加强。(3) 通过公司制改革,可以将对交易所未来发展具有十分重要作用的市场参与者和战略投资者纳入股东的队伍,使之与交易所的利益一致化。[1]

一直有观点认为,证券交易所采取公司制可能影响交易所的公益性质和监管质量。首先,一个高效、公平和透明的证券市场对公众利益至关重要,良好运作的交易所应具有公益性,证券交易所的效益不应体现在自己的盈利水平上,而应反映在整个证券市场交易的安全和迅捷上。证券交易所的职能定位应该以公益性为优先原则,强调对社会公共利益的维护,而不是自身的微观利益。非营利性的会员制证券交易所能够更好地实现这一点。其次,证券交易所一旦实现了公司化尤其是上市以后,其营利的内在需求确实有可能妨碍监管职能的实现,公司制证券交易所的市场监管者和市场经营者的双重身份也极有可能引发两者之间的目标冲突。实践经验证明,公司制证券交易所会导致以下风险:交易所为了追求更多的利润,会减少在监管方面的投入;为了吸引尽可能多的公司在本所上市,公司制证券交易所有可能通过降低上市门槛等方法放松监管;当某些客户对交易所的收入贡献很大时,或当调查一些非常活跃的证券交易可能会影响交易费收入时,交易所可能不愿意对这些客户或异常证券交易行为采取严厉措施。

在我国香港特别行政区,根据香港联交所与香港证监会双方签署的《上市事宜谅解备忘录》,证监会是发行审核监管权力的源头,联交所的权力来自证监会的转授。香港证监会

---

[1]　冯薇:《公司制席卷全球主权交易所》,载《中国证券报》2002 年 6 月 11 日。转引自万建华主编:《证券法学》,北京大学出版社 2013 年版,第 232 页。

通过监督联交所是否依法行使审核权间接地履行证券发行上市的监管职能,同时其拥有法定的调查及执法权,并保留核准决定的最终否决权。在证券发行实践中,联交所起主导作用,证监会一般不对证券发行进行实质干预,仅对公司的信息披露进行原则性的形式审核。但对于港交所这种兼任上市公司和上市审批者的双重身份,会否导致利益冲突的问题,一直存在巨大争议。伦敦证券交易所的公司制改革中就对此类担心作出了回应。传统上,伦敦证券交易所对股票上市拥有实质审核权,并为此对申请人的盈利能力、行业前景、管理水平等提出要求。2000 年 6 月,伦敦证券交易所正式由会员制改为公司制,向纯粹的商业机构转变,并于 2001 年 7 月上市。在伦敦证券交易所改制为股份公司后,其地位被认为已经不适合继续承担上市审核的职责。因此,财政部同意伦敦证券交易所的提议,自 2000 年 5 月 1 日起将上市审核权转移至金融服务局(FSA)。[①]

不过,也有观点认为,证券交易所采取公司制并不会妨碍其监管职责的发挥,且能够全面提升其服务质量。纽交所前任主席理查得·A. 格拉索(Richard A. Grasso)就认为,公司化反而会强化交易所监管声誉的绝对必要性。随着交易途径的发展与竞争的日益激烈,强有力的监管将是纽交所区别于其他竞争者的特点之一。纽交所公司在监管上的投资,不仅不会影响纽交所作为一家营利性上市公司的生存能力,反而会增强交易所的品牌价值,提高它在全球范围内的竞争力。这也将对其他市场的竞争者产生溢出效应,促使它们加强自律,强化市场对资本市场公正性的信赖。[②]

需要指出的是,交易所之间不断增强的市场竞争,将如何影响交易所的自律管理?竞争之于交易所的自律管理,起的是促进作用还是阻碍作用?证券交易所是基于长期声誉考量加强监管还是基于利益机会主义放松监管?这些疑问尚需理论界的进一步研究及实践验证。[③]

(二)我国证券交易所的制度选择

在经济全球化的背景下,我国的会员制证券交易所一直承受着国外公司制证券交易所日益增强的竞争压力。应该承认,我国证券交易所成立之初,在市场经济体制尚未确立、公开性资本市场刚刚萌芽的时代背景下,沪深交易所实行会员制是符合当时市场条件的唯一选择。但是随着我国资本市场的逐步完善以及经济全球化的发展,我国证券市场的对外开放程度必将越来越高,证券交易所承受的外部竞争压力越来越大。在新形势下,对于会员制证券交易所是否符合未来市场竞争与经济发展的需要,确实有必要进行全面考量。

2005 年《证券法》将原"证券交易所是提供证券集中竞价交易场所的不以营利为目的的法人"中的"不以营利为目的"文字删除,2019 年《证券法》第 96 条第 3 款规定:"国务院批准的其他全国性证券交易场所的组织机构、管理办法等,由国务院规定。"这些立法工作都为证券交易所可能进行的公司化改制预留了法律空间。相关的探索与改革一直在进行中。2006 年 9 月成立的中国金融期货交易所采取的就是公司制,由上海期货交易所、郑州商品交易所、大连商品交易所、上海证券交易所和深圳证券交易所共同发起设立。2013 年正式

① 《英国的发行与上市审核制度》,载中国证券监督管理委员会官网 http://www.csrc.gov.cn/pub/newsite/ztzl/xgfxtzgg/xgfxbjcl/201307/t20130702_230164.html,2020 年 7 月 2 日访问。

② 王京、滕必焱编著:《证券法比较研究》,中国人民公安大学出版社 2004 年版,第 318 页。

③ 卢文道:《证券交易所自律管理论》,北京大学出版社 2008 年版,第 109、120 页。

运营的全国中小企业股份转让系统(又称"新三板")是经国务院批准,依据证券法设立的全国性证券交易场所,也是我国第一家公司制运营的证券交易场所,全国中小企业股份转让系统有限责任公司为其运营机构。

第二节　证券交易所的设立与组织管理

一、　证券交易所的设立

(一)各国立法体例

依据政府权力对于证券交易所设立的介入程度不同,可以把各国对设立证券交易所的管理体制分为三类。

第一类是特许制,即证券交易所的设立须经过国家相关部门核准同意后方可进行。世界上大部分国家采取特许制,如日本等国。在日本历史上,设立证券交易所必须取得大藏省的特许。政府机构对证券交易所的规章制度有核批权,如果认为不当,有权命令交易所修改。2001年,大藏省改制为财务省和金融厅,原由大藏省担负的金融制度规划设计事务改由金融厅负责。金融厅成为内阁的直属机构,开始承担全部金融相关制度设计、检查监督等职能。

第二类是承认制。承认制是指立法承认现存证券交易所的合法性,赋予其法人资格,承认其自治自律权的设立体制。[①] 这主要以采用自律管理原则的英国为代表。在很长的一段时间里,英国政府没有专门审批交易所的机构,交易所只要得到证券交易所协会的承认即可设立。英国的证券交易所协会由在交易所大厅内从事营业的证券经纪商和自营商组成,管理伦敦和英国其他6个地方性交易所交易大厅内的业务,实际上负责整个英国证券业的管理。不过,2000年6月14日,英国《金融服务与市场法》通过,正式成为管理英国金融市场的主要法律。金融服务监管局成立并独立行使金融监管职权。自此,英国证券市场开始逐渐由自律监管型向政府监管型过渡。2011年2月,基于"次贷危机"引发的对金融监管体制的反思,英国政府发布《金融监管新框架:建立更强大系统》,取消金融服务监管局,该部门被拆分为审慎监管局和金融行为监管局,并成立金融政策委员会。

第三类为登记注册制。登记注册制主要以美国为代表,登记注册机关是证券交易委员会(SEC)。根据美国联邦证券立法的规定,证券交易所除因交易量过少、经证券交易委员会豁免者外,都必须依法登记并向SEC提交注册书和其他有关文件。证券交易委员会对材料进行形式审核,认为交易所的组织、规章制度符合法律规定的,准许注册设立。

(二)我国证券交易所的设立制度

证券交易所是资本市场的中心枢纽。从我国的国情出发,证券交易所的数量应当由国家予以一定控制,不能盲目发展,否则既容易出现重复建设、资源浪费的问题,又可能导致交易场所间的不良竞争,难以形成规范统一的证券市场,并产生监管失控的风险。因此,我国

---

① 罗培新、卢文道等:《最新证券法解读》,北京大学出版社2006年版,第168页。

证券交易所和其他全国性证券交易场所的设立采取的是特许审批制度。证券交易所、国务院批准的其他全国性证券交易场所的设立、变更和解散由国务院决定。证券交易所必须在其名称中标明"证券交易所"字样，其他任何单位或者个人不得使用证券交易所或者近似的名称。

《证券法》第99条第2款规定："设立证券交易所必须制定章程。证券交易所章程的制定和修改，必须经国务院证券监督管理机构批准。"在证券交易所的设立及运营中，交易所章程是最重要的基础性文件。证券交易所章程应当包括下列事项：设立目的；名称；主要办公及交易场所和设施所在地；职能范围；会员的资格和加入、退出程序；会员的权利和义务；对会员的纪律处分；组织机构及其职权；理事、监事、高级管理人员的产生、任免及其职责；资本和财务事项；解散的条件和程序；其他需要在章程中规定的事项。

二、　组织结构

我国的证券交易所实行会员制，设会员大会、理事会、总经理和监事会。各部门各司其职、相互配合，共同履行证券交易所的各项职能。进入21世纪以来，我国证券交易所也面临各种新的机遇和挑战。2017年，中国证监会对《证券交易所管理办法》进行了修订，从完善证券交易所内部治理结构和促进证券交易所进一步履行一线监管职责、充分发挥自律管理作用两方面予以修改完善。修订的主要内容包括：(1) 完善交易所内部治理结构，增设监事会并进一步明确会员大会、理事会、监事会、总经理的职权；(2) 突出交易所自律管理属性，明确交易所依法制定的业务规则对证券交易活动的各参与主体具有约束力；(3) 强化交易所对证券交易活动的一线监管职责，明确交易所对于异常交易行为、违规减持行为等的自律管理措施；(4) 强化交易所对会员的一线监管职责，建立健全证券交易所以监管会员为中心的交易行为监管制度，进一步明确会员的权利义务；(5) 强化证券交易所对证券上市交易公司的一线监管职责，要求证券交易所对证券上市公司的信息披露、停复牌等履行自律管理职责；(6) 进一步完善证券交易所在履行一线监管职责、防范市场风险中的手段措施，包括实时监控、限制交易、现场检查、收取惩罚性违约金等。2019年《证券法》对证券交易所的机构设置、人员任职资格等条款又进行了进一步的修订与完善。2020年《证券交易所管理办法》也对交易所组织结构的部分规则进行了相应的调整，有利于交易所在日常工作中积极应对市场形势变化，组织和监督证券交易，防范市场风险，保护投资者合法权益。

（一）会员的相关规定

1. 会员资格的取得与终止

我国证券交易所的会员包括会员和特别会员两种形式。证券交易所接纳的会员应当是经批准设立并具有法人地位的境内证券经营机构。境外证券经营机构设立的驻华代表处，经申请可以成为证券交易所的特别会员。我国证券交易所实行间接交易原则，投资者本人不能直接参与证券的交易。投资者应当与证券公司签订证券交易委托协议，并在证券公司实名开立账户，以书面、电话、自助终端、网络等方式，委托该证券公司代其买卖证券。《证券法》第105条规定，进入实行会员制的证券交易所参与集中交易的，必须是证券交易所的会员。证券交易所不得允许非会员直接参与股票的集中交易。

会员资格的取得是证券公司进场交易的前提。申请人要成为证券交易所会员需具备一定的条件,并向证券交易所提出申请,经证券交易所理事会批准后,方可成为该所会员。如上海证券交易所章程规定,申请成为本所会员,须同时具备下列条件:(1)经批准设立、具有法人地位的境内证券经营机构;(2)具有良好信誉和经营业绩;(3)组织机构和业务人员符合中国证监会和本所规定的条件,符合本所对内部管理制度、技术系统及风险防范提出的各项要求;(4)承认并遵守本所章程和业务规则,按规定缴纳会员费用;(5)本所要求的其他条件。

会员如出现下列事由之一,会员资格将被终止:(1)会员提出终止资格申请,并经交易所理事会批准;(2)会员法人实体解散、被撤销、被责令关闭、被撤销全部证券业务许可或者被依法宣告破产;(3)不符合交易所章程规定的会员条件;(4)不能继续履行正常的交易及交收义务;(5)被交易所作出取消会员资格的纪律处分;(6)应当终止会员资格的其他情形。

2. 会员的权利与义务

会员享有下列权利:(1)参加会员大会;(2)选举权和被选举权;(3)对交易所事务的建议权和表决权;(4)进入交易所市场从事证券交易及接受交易所提供的服务;(5)对交易所事务和其他会员的活动进行监督;(6)取得并转让会员席位,但应当保留至少一个会员席位;(7)其他相应的权利。

会员承担下列义务:(1)遵守有关法律、行政法规和部门规章,依法开展证券经营活动;(2)遵守交易所章程、业务规则,执行交易所决议;(3)建设符合规定的交易相关技术系统,完备、清晰、准确地保存客户交易终端数据,完善合规与内部风险控制制度;(4)对自身及客户交易行为进行监督和管理,防范违规交易行为和交易异常风险;(5)履行对交易所市场的交易及交收义务;(6)对客户进行适当性管理,开展投资者教育,妥善处理客户交易纠纷与投诉,保护投资者的合法权益;(7)维护交易市场的稳定发展;(8)按规定缴纳各项经费和提供有关信息资料;(9)接受交易所的监管;(10)交易所规定的其他义务。

(二)会员大会

在会员制证券交易所中,会员大会是证券交易所的最高权力机构。会员大会行使下列职权:(1)制定和修改证券交易所章程;(2)选举和罢免会员理事、会员监事;(3)审议和通过理事会、监事会和总经理的工作报告;(4)审议和通过证券交易所的财务预算、决算报告;(5)法律、行政法规、部门规章和证券交易所章程规定的其他重大事项。

会员大会每年召开1次,由理事会召集,理事长主持。会员大会应当有2/3以上的会员出席,其决议须经出席会议的会员过半数表决通过。会员大会结束后10个工作日内,证券交易所应当将大会全部文件及有关情况向中国证监会报告。

(三)理事会

证券交易所设立理事会。理事会是证券交易所的决策机构,行使下列职权:(1)召集会员大会,并向会员大会报告工作;(2)执行会员大会的决议;(3)审定总经理提出的工作计划;(4)审定总经理提出的年度财务预算、决算方案;(5)审定对会员的接纳和退出;(6)审定取消会员资格的纪律处分;(7)审定证券交易所业务规则;(8)审定证券交易所上市新的证券交易品种或者对现有上市证券交易品种作出较大调整;(9)审定证券交易所收费项目、收费标准及收费管理办法;(10)审定证券交易所重大财务管理事项;(11)审定证券交易所重大风险管理和处置事项,管理证券交易所风险基金;(12)审定重大投资者教育和保护工作事项;(13)决定高级管理人员的聘任、解聘及薪酬事项,但中国证监会任免的除外;(14)会员大会授予和证券交易所章程规定的其他职权。

证券交易所理事会由 7—13 人组成,其中非会员理事人数不少于理事会成员总数的1/3,不超过理事会成员总数的1/2。理事每届任期 3 年。会员理事由会员大会选举产生,非会员理事由中国证监会委派。

理事会设理事长 1 人,副理事长 1—2 人。总经理应当是理事会成员。理事长是证券交易所的法定代表人。理事长负责召集和主持理事会会议。理事长因故临时不能履行职责的,由理事长指定的副理事长或者其他理事代其履行职责。理事长不得兼任证券交易所总经理。

理事会会议至少每季度召开 1 次。会议须有 2/3 以上理事出席,其决议应当经出席会议的 2/3 以上理事表决同意方为有效。理事会决议应当在会议结束后两个工作日内向中国证监会报告。

(四)总经理

证券交易所设总经理 1 人。总经理在理事会领导下负责证券交易所的日常管理工作。总经理因故临时不能履行职责的,由总经理指定的副总经理代其履行职责。证券交易所的总经理、副总经理、首席专业技术管理人员每届任期 3 年。总经理由中国证监会任免,副总经理按照中国证监会相关规定任免或者聘任。

总经理行使下列职权:(1)执行会员大会和理事会决议,并向其报告工作;(2)主持证券交易所的日常工作;(3)拟订并组织实施证券交易所工作计划;(4)拟订证券交易所年度财务预算、决算方案;(5)审定业务细则及其他制度性规定;(6)审定除取消会员资格以外的其他纪律处分;(7)审定除应当由理事会审定外的其他财务管理事项;(8)理事会授予的和证券交易所章程规定的其他职权。

(五)监事会

监事会是证券交易所的监督机构,行使下列职权:(1)检查证券交易所财务;(2)检查证券交易所风险基金的使用和管理;(3)监督证券交易所理事、高级管理人员执行职务行为;(4)监督证券交易所遵守法律、行政法规、部门规章和证券交易所章程、协议、业务规则以及风险预防与控制的情况;(5)当理事、高级管理人员的行为损害证券交易所利益时,要求理事、高级管理人员予以纠正;(6)提议召开临时会员大会;(7)提议召开临时理事会;(8)向会员大会提出提案;(9)会员大会授予和证券交易所章程规定的其他职权。

证券交易所监事会人员不得少于 5 人,其中会员监事不得少于两名,职工监事不得少于两名,专职监事不得少于 1 名。监事每届任期 3 年。会员监事由会员大会选举产生,职工监事由职工大会、职工代表大会或者其他形式民主选举产生,专职监事由中国证监会委派。证券交易所理事、高级管理人员不得兼任监事。

监事会至少每 6 个月召开一次会议。监事长、1/3 以上监事可以提议召开临时监事会会议。监事会决议应当经半数以上监事通过。监事会决议应当在会议结束后两个工作日内向中国证监会报告。

理事会、监事会根据需要设立专门委员会。各专门委员会的职责、任期和人员组成等事项,由证券交易所章程具体规定。各专门委员会的经费应当纳入证券交易所的预算。

三、 对交易所的管理与监督

为了保证证券交易所合法合规地履行职责、防范可能出现的各种利益冲突及潜在风险,我国法律专门制定了针对交易所的管理与监督规则。

第一,为了确保证券交易所切实履行法定职责,《证券交易所管理办法》规定,证券交易所不得直接或者间接从事以下业务:新闻出版业;发布对证券价格进行预测的文字和资料;为他人提供担保;未经中国证监会批准的其他业务。另外,证券交易所不得以任何方式转让其依法取得的设立及业务许可。

第二,对证券交易所工作人员的任职资格实行严格管理。具体规定包括:(1)证券交易所的从业人员应当正直诚实、品行良好、具备履行职责所必需的专业知识与能力。因违法行为或者违纪行为被开除的证券交易场所、证券公司、证券登记结算机构、证券服务机构的从业人员和被开除的国家机关工作人员,不得招聘为证券交易所的从业人员。(2)有《公司法》第146条规定的情形或者下列情形之一的,不得担任证券交易所理事、监事、高级管理人员:犯有贪污、贿赂、侵占财产、挪用财产罪或者破坏社会经济秩序罪,或者因犯罪被剥夺政治权利;因违法行为或者违纪行为被解除职务的证券交易场所、证券登记结算机构的负责人,自被解除职务之日起未逾5年;因违法行为或者违纪行为被解除职务的证券公司董事、监事、高级管理人员,自被解除职务之日起未逾5年;因违法行为或者违纪行为被吊销执业证书或者被取消资格的律师、注册会计师或者其他证券服务机构的专业人员,自被吊销执业证书或者被取消资格之日起未逾5年;担任因违法行为被吊销营业执照的公司、企业的法定代表人并对该公司、企业被吊销营业执照负有个人责任的,自被吊销营业执照之日起未逾5年;担任因经营管理不善而破产的公司、企业的董事、厂长或者经理并对该公司、企业的破产负有个人责任的,自破产之日起未逾5年;法律、行政法规、部门规章规定的其他情形。

第三,对证券交易所工作人员的行为操守实行严格管理。具体包括:(1)证券交易所的理事、监事、高级管理人员对其任职机构负有诚实信用的义务。证券交易所的总经理离任时,应当按照有关规定接受离任审计。(2)证券交易所的总经理、副总经理未经批准,不得在任何营利性组织、团体和机构中兼职。证券交易所的非会员理事、非会员监事及其他工作人员不得以任何形式在证券交易所会员公司兼职。(3)证券交易所的理事、监事、高级管理人员及其他工作人员不得以任何方式泄露或者利用内幕信息,不得以任何方式违规从证券交易所的会员、证券上市交易公司获取利益。(4)证券交易所的理事、监事、高级管理人员及其他工作人员在履行职责时,遇到与本人或者其亲属等有利害关系情形的,应当回避。

第四,证券交易所应当建立健全财务管理制度,收取的各种资金和费用应当严格按照规定用途使用,不得挪作他用。证券交易所可以自行支配的各项费用收入,应当首先用于保证其证券交易场所和设施的正常运行并逐步改善。实行会员制的证券交易所的财产积累归会员所有,其权益由会员共同享有,在其存续期间,不得将其财产积累分配给会员。国家审计机关依法对证券交易场所进行审计监督。

第五,证券交易所应接受中国证监会的监督管理。具体包括:(1)中国证监会有权要求证券交易所提供证券市场信息、业务文件以及其他有关的数据、资料。(2)中国证监会有权要求证券交易所对其章程和业务规则进行修改。(3)中国证监会有权对证券交易所业务规则制定与执行情况、自律管理职责的履行情况、信息技术系统建设维护情况以及财务和风险管理等制度的建立及执行情况进行评估和检查。中国证监会开展上述评估和检查,可以采取要求证券交易所进行自查、要求证券交易所聘请中国证监会认可的专业机构进行核查、中国证监会组织现场核查等方式进行。(4)中国证监会依法查处证券市场的违法违规行为时,证券交易所应当予以配合。(5)证券交易所涉及诉讼或者证券交易所理事、监事、高级管理人员因履行职责涉及诉讼或者依照法律、行政法规、部门规章应当受到解除职务的处分时,证券交易所应当及时向中国证监会报告。

第三节　证券交易所的职责与业务规则

一、　我国证券交易所的职责

我国《证券法》第 99 条第 1 款规定:"证券交易所履行自律管理职能,应当遵守社会公共利益优先原则,维护市场的公平、有序、透明。"证券交易所存在的基本价值是创造公开、公平、公正的市场环境,保证证券市场的正常、高效运行。在证券交易所产生之初,证券交易所主要承担两个相互交融的职能——服务和自治。证券交易所产生的初衷就是证券从业者希望建立一个自我管理、自我服务、自我教育、自我保护的稳定组织。在资本市场中,最能体现市场自我管理和协调机制的组织就是证券交易所。

随着资本市场的发展,证券交易所的监管职能日益凸显出来。证券交易所不仅应当是运营良好的交易平台,还应是优秀的自律监管者。国际证监会组织(IOSCO)提出,"保护投资者""确保市场公平、有效和透明"和"减少系统性风险"是证券监管的三大目标。交易所作为市场自律监管主体,具有天然的一线监管优势,能灵活、快速地响应市场变化,及时打击违法违规行为,全面保护投资者合法权益,有效保障市场公平、规范、稳定运行。我国的证券交易所组织和监督证券交易,实施自律管理,应当遵循社会公共利益优先原则,以保护投资者权益为宗旨,以不发生系统性风险为底线,维护市场的公平、有序、透明。

对于证券交易所这样一个公共管理与服务机构而言,其职能与职责是高度统一的,证券交易所的职能就是其应承担的职责和应具备的功能。具体而言,我国的证券交易所承担以下职能:

(一)提供证券交易的场所、设施和服务

证券交易所设置交易场所。交易场所由交易主机、交易大厅、交易席位、报盘系统及相关的通信系统等组成。交易主机通过报盘系统接受申报指令,撮合成交,并将交易结果发送给交易所会员。申报指令由会员以有形席位报盘或无形席位报盘方式进入交易主机。交易席位是指证券交易所向证券商等会员和特别会员提供的在交易大厅设置的用于报盘交易的

终端或用于交易的电脑远程通信端口。前者称为有形席位,后者称为无形席位。有形席位报盘申报指令由会员通过设在交易大厅内的交易席位输入交易主机;无形席位报盘申报指令由会员经其柜台系统处理后,通过无形席位报盘系统自动输送至交易主机。设置交易大厅的,会员通过其派驻在交易大厅的交易员进行有形席位报盘。证券交易所市场内的证券交易采用电子竞价交易方式,所有上市交易证券的买卖均须通过电脑主机进行公开申报竞价,由主机按照价格优先、时间优先的原则自动撮合成交。证券交易所的场所和设施的现代化程度,直接关系到其基本功能的发挥。通过多年努力,我国两家证券交易所技术设施的科技水平已经进入世界先进行列。

(二)制定和修改证券交易所的业务规则

在证券交易所从事证券交易,应当遵守证券交易所依法制定的业务规则。这些业务规则主要包括上市规则、交易规则、会员管理规则等。后文将就此职能进行详细论述,此处不赘。

(三)证券发行及上市的审核、决定证券终止上市和重新上市、决定停牌及复牌

1. 证券发行的审核

全面推行注册制是 2019 年《证券法》修订的核心内容之一。《证券法》第 21 条第 1、2款规定:"国务院证券监督管理机构或者国务院授权的部门依照法定条件负责证券发行申请的注册。证券公开发行注册的具体办法由国务院规定。按照国务院的规定,证券交易所等可以审核公开发行证券申请,判断发行人是否符合发行条件、信息披露要求,督促发行人完善信息披露内容。"这一立法正式授权交易所对证券的公开发行申请进行审核,意味着我国证券交易所的职责与定位正在发生深层次变革。

2. 证券上市的审核

海外资本市场证券发行与上市审核制度的基本经验是:发行审核或注册大多由政府主管机关执行,而上市审核则是交易所的当然权力。在证券市场发展的初期,我国实行发行审核与上市审核一体化的体制,证监会同时拥有发行审核和上市审核两项权力。证监会执行的股票发行审核标准与上市审核标准基本相同。发行股票的公司只要通过了中国证监会的发行审核,在申请上市阶段就不会存在法律上的障碍。这一做法在 2005 年《证券法》修订中发生了较大转变。2005 年《证券法》取消了中国证监会对证券上市的行政许可,将证券上市审核权界定为证券交易所的法定职权。该法第 48 条第 1 款规定,申请证券上市交易,应当向证券交易所提出申请,由证券交易所依法审核同意,并由双方签订上市协议。2019 年《证券法》延续了这一规定。我国法律将股票和公司债券上市审核权授予证券交易所,对于充分发挥证券交易所自律管理职能,推进多层次资本市场体系建设具有十分重要的意义。

3. 终止上市的决定

原《证券法》第 58 条对终止上市的情形作出具体规定,该条款在 2019 年《证券法》中被取消。2019 年《证券法》第 48 条规定:"上市交易的证券,有证券交易所规定的终止上市情形的,由证券交易所按照业务规则终止其上市交易。证券交易所决定终止证券上市交易的,应当及时公告,并报国务院证券监督管理机构备案。"这一修改意味着 2019 年《证券法》坚持市场化导向与监管权力下放的原则,将终止上市的适用情形及规则交由交易所负责制定。

需要强调的是,基于全面提升退市效率、打造"进退有序、优胜劣汰"的市场生态的考虑,2019年《证券法》删去了原《证券法》第55条和第60条,即取消了股票和公司债券的暂停上市制度,对于不再符合上市条件的证券,由证券交易所按照业务规则直接终止其上市交易。

4. 重新上市的决定

《上海证券交易所股票上市规则》规定,上市公司的股票被终止上市后,其终止上市情形已消除,且同时符合下列条件的,可以向证券交易所申请重新上市:(1)公司股本总额不少于人民币5 000万元。(2)社会公众股持有的股份占公司股份总数的比例为25%以上;公司股本总额超过人民币4亿元的,社会公众股持有的股份占公司股份总数的比例为10%以上。(3)公司及董事、监事、高级管理人员最近3年无重大违法行为,财务会计报告无虚假记载。(4)最近3个会计年度净利润均为正数且累计超过人民币3000万元,净利润以扣除非经常性损益前后较低者为计算依据。(5)最近3个会计年度经营活动产生的现金流量净额累计超过人民币5000万元;或者最近3个会计年度营业收入累计超过人民币3亿元。(6)最近一个会计年度经审计的期末净资产为正值。(7)最近3个会计年度的财务会计报告均被会计师事务所出具标准无保留意见的审计报告。(8)最近3年主营业务没有发生重大变化,董事、高级管理人员没有发生重大变化,实际控制人没有发生变更。(9)保荐机构经核查后发表明确意见,认为公司具备持续经营能力。(10)保荐机构经核查后发表明确意见,认为公司具备健全的公司治理结构、运作规范、无重大内控缺陷。(11)本所规定的其他条件。

证券交易所上市委员会对股票重新上市申请进行审议,作出独立的专业判断并形成审核意见。证券交易所根据上市委员会的审核意见,作出是否同意公司股票重新上市的决定。

5. 停牌及复牌的决定

股票的停牌和复牌是资本市场中的一项常见情形。停复牌制度具有保证投资者公平获取信息、防控内幕交易、防止股价异常波动等功能。但股票停复牌与投资者的交易权乃至整个市场秩序直接关联,需要谨慎行使,更不得滥用。上市公司应当审慎办理停复牌业务,符合规定事由方可申请停牌,还应当合理确定停牌时点和时长,尽可能压缩停牌时间,不得随意停牌、无故停牌或者拖延复牌时间。为减少停牌随意性、防范滥用停牌情形的发生,结合实践情况,《证券法》第110条规定:"上市公司可以向证券交易所申请其上市交易股票的停牌或者复牌,但不得滥用停牌或者复牌损害投资者的合法权益。证券交易所可以按照业务规则的规定,决定上市交易股票的停牌或者复牌。"这一规定有助于优化交易监管,确保公平交易。

（四）提供非公开发行证券转让服务

《公司债券发行与交易管理办法》(以下简称《管理办法》)于2015年1月15日正式公布实施,取代了施行七年多的《公司债券发行试点办法》。《管理办法》拓展了债券的发行方式。《管理办法》第3条规定,公司债券可以公开发行,也可以非公开发行。第26条规定,非公开发行的公司债券应当向合格投资者发行,不得采用广告、公开劝诱和变相公开方式,每次发行对象不得超过200人。非公开发行的公司债券为资本市场中需要资金的企业提供了更多的融资渠道,其高风险、高收益的特点也可以满足不同风险偏好的投资者的需求。

为适应交易所上市品种日渐丰富、种类多样的现实及完善证券交易所市场服务监管职能,2017年修订《证券交易所管理办法》时增加"提供非公开发行证券转让服务"的新内容,为交易所给私募债等非公开发行债券的转让提供服务等活动提供法律依据。2018年,上海和深圳证券交易所分别颁布《非公开发行公司债券挂牌转让规则》及相关文件,对非公开发行公司债券转让程序、投资者适当性管理、信息披露、持有人保护机制等方面予以规范,形成全面系统的私募债券业务规则。

(五)组织和监督证券交易

证券交易所有权组织和监督管理证券交易活动。证券交易所负有维护证券市场正常运行的重要职责,主要表现在以下方面:

1. 价格形成机制

我国目前证券交易所的价格形成机制主要包括集中竞价交易和大宗交易两种方式。

(1)集中竞价交易。我国证券交易所主要采用公开的集中竞价交易方式,并按价格优先、时间优先的原则竞价撮合成交。交易所只接受会员的限价申报。会员应当按照接受客户委托的先后顺序向交易主机申报。申报指令应当包括证券账号、证券代码、买卖方向、数量、价格等内容,并按交易所规定的格式传送。价格优先原则为:较高价格买进申报优先于较低价格买进申报,较低价格卖出申报优先于较高价格卖出申报。时间优先原则为:买卖方向、价格相同的,先申报者优先于后申报者;先后顺序按交易主机接受申报的时间确定。买卖申报经交易主机撮合成交后,交易即告成立。符合各项规定达成的交易于成立时生效,买卖双方必须承认交易结果,履行清算交收义务。对于因不可抗力、非法侵入交易系统等原因造成严重后果的交易,交易所可以认定为无效。违反有关规则,严重破坏证券市场正常运行的交易,交易所有权宣布取消交易,由此造成的损失由违规交易者承担。

(2)大宗交易。大宗交易是指单笔交易规模远大于市场平均单笔交易规模的交易。针对大宗交易建立的不同于正常规模交易的交易制度被称为大宗交易制度,即以正常规模交易的交易制度为基础,对大宗交易的撮合方式、价格确定和信息披露等方面采取特殊的处理方式。其特点包括:首先,大宗交易是"场外协商、场内撮合"的交易方式。大宗交易中的投资者不用将自己的买卖报价分割成小额报价分步执行,而可以通过一个大的报价一次性完成交易,这显著节省了机构投资者的交易成本。其次,大宗交易不纳入指数计算,成交量则在收盘后计入该证券成交总量。每笔大宗交易的成交量、成交价及买卖双方于收盘后单独公布。这就使得大宗交易在正常的交易时间中对股价不会有任何影响,减小了市场波动。

2. 技术性停牌和临时停市措施

《证券法》第111条针对证券市场上可能出现的突发事件制定了相应的应急规则。内容包括:(1)因不可抗力、意外事件、重大技术故障、重大人为差错等突发性事件影响证券交易正常进行时,为维护证券交易正常秩序和市场公平,证券交易所可以按照业务规则采取技术性停牌、临时停市等处置措施,并应当及时向国务院证券监督管理机构报告。所谓技术性停牌,是指上市公司的股票临时停牌、中止交易的行为。证券交易所可以视情况和上市公司的申请予以技术性停牌。所谓临时停市,是指证券交易所在其例行交易时间内停止所有证券交易的行为。(2)对异常交易的取消权。技术性停牌和临时停市等措施偏向事后监管,而在异常交易发生后,如何对异常结果进行补救,《证券法》也给予了正面回应:因突发性事件导致证券交易结果出现重大异常,按交易结果进行交收将对证券交易正常秩序和市场公平造成重大影响的,证券交易所按照业务规则可以采取取消交易、通知证券登记结算机构暂缓交收等措施,并应当及时向国务院证券监督管理机构报告并公告。(3)证券交易所对其依照《证券法》第111条规定采取措施所造成的损失,不承担民事赔偿责任,但存在重大过错的除外。

◎　**相关案例**

2000年3月16日,虹桥机场可转换公司债券(以下简称"机场转债")在上交所首日挂牌交易。按当时的交易规则,债券上市交易首日不前置集合竞价,不设涨跌幅限制。同时,为防范交易风险,规定卖出申报价格不得低于即时揭示价的2%,买入申报价格不得高于即时揭示价的2%。由此,在无即时成交价的情况下,最先进入交易主机的一笔有效申报将被交易系统作为即时成交价显示。

当日9:30机场转债开盘交易,一笔1.88元的买入申报最先进入交易主机,该笔价格随即在"即时成交价"位置显示出来。随后少数投资者误以为该债券已将100元面值拆细为1元面值,实行拆细交易,便以1.88元的价格申报卖出2手,于是9时30分21秒产生了1.88元的开盘价。一些中小投资者受此开盘价误导,认为是拆细交易,纷纷以1元左右的价位进行委托申报。进行正常申报的投资者,由于其报价超过了1.88元之2%的价格波动幅度,报单反被前端控制系统弹回。上交所通过即时监控系统发现此异常交易情况,迅即采取警示措施,使交易在5分钟内恢复正常。据统计,此次异常交易共涉及737个账户,其中卖出账户670个,多为中小投资者,买入67个;交易债券7175手,面值717.5万元。

上述异常交易发生后,低价卖出债券的投资者要求交易所采取措施。上交所随后决定对机场转债异常交易期间发生的交易实行暂缓交收,并着手通过交易所会员争取买入方从公平角度出发,放弃交收或者按照债券百元面值进行交收。经过协调,绝大多数账户所有人同意放弃交收或者按照百元面值进行交收,但仍有极少部分的买入方坚持按照成交价交收。在协调无效的情况下,引发了诉讼。2004年9月,机场转债投资者陈有烈将上交所和中国证券登记结算有限公司上海分公司诉至法院,要求两被告交付其于2000年3月16日按每张1.20元买入的1000张机场转债。该案一审判决驳回了原告的诉讼请求,原告上诉后,二审维持了原判。

3. 实时监控和限制交易

《证券法》规定,证券交易所对证券交易实行实时监控,并按照国务院证券监督管理机构的要求,对异常的交易情况提出报告。证券交易所根据需要,可以按照业务规则对出现重大异常交易情况的证券账户的投资者限制交易,并及时报告国务院证券监督管理机构。

证券交易所应当加强对证券交易的风险监测,出现重大异常波动的,证券交易所可以按照业务规则采取限制交易、强制停牌等处置措施,并向国务院证券监督管理机构报告;严重影响证券市场稳定的,证券交易所可以按照业务规则采取临时停市等处置措施并公告。

4. 设立证券交易所风险基金

证券交易所风险基金是指为弥补证券交易所重大经济损失,防范与证券交易所业务活动有关的重大风险事故,保证证券交易活动正常进行而设立的专项基金。其目的在于防范和化解与证券交易所业务活动有关的重大风险事故,避免因上述不确定因素造成我国证券市场的动荡,以保证证券交易活动正常进行,保证证券市场的快速有序发展。这一基金的存在既有助于提高证券公司、证券交易所和证券结算机构的信誉,也将增强证券投资者的信心。该基金来源主要包括证券交易所收取的交易经手费、证券交易所收取的席位年费、证券交易所收取的会员费、新股申购冻结资金利差的账面余额、违规会员的罚款、罚息收入。上述各项费用来源中,除了对违规会员的罚款和罚息收入外,其余均只提取相关收入的一定比例。该基金由证券交易所理事会管理,以专户方式全部存入国有商业银行,存款利息全部转入基金专户。一旦基金被动用,证券交易所应当向有关责任方追偿,追偿款转入该基金。

5. 建立交易技术系统

证券交易所应当建立符合证券市场监督管理和实时监控要求的技术系统,并设立负责证券市场监管工作的专门机构。证券交易所应当保障交易系统、通信系统及相关信息技术系统的安全、稳定和持续运行。

6. 对违法违规行为采取自律监管措施或者纪律处分

(1)证券交易所应当按照章程、协议以及业务规则的规定,对违法违规行为采取自律监管措施或者纪律处分,履行自律管理职责。

(2)证券交易所应当在业务规则中明确自律监管措施或者纪律处分的具体类型、适用情形和适用程序。证券交易所采取纪律处分的,应当依据纪律处分委员会的审核意见作出。纪律处分决定作出前,当事人按照业务规则的规定申请听证的,证券交易所应当组织听证。市场参与主体对证券交易所作出的相关自律监管措施或者纪律处分不服的,可以按照证券交易所业务规则的规定申请复核。

(3)证券交易所应当设立复核委员会,依据其审核意见作出复核决定。证券交易所应当和其他交易所、登记结算机构、行业协会等证券期货业组织建立资源共享、相互配合的长效合作机制,联合依法监察证券市场违法违规行为。

(六)对会员进行监管

我国法律规定,具有中国证券监督管理委员会认可的证券经营资格的机构,经交易所审核批准后方可成为证券交易所的会员。会员只有在交易所办理席位开通手续后,才能进行证券交易,交易所也只接受会员的买卖报价申请。这些规定充分说明,我国的证券交易所对证券公司的市场准入发挥着关键的作用,这也是大多数国家证券法的通例。在日常监管方面,2017年《证券交易所管理办法》修订的内容之一就是"强化交易所对会员的一线监管职责,建立健全证券交易所以监管会员为中心的交易行为监管制度,进一步明确会员的权利义务"。证券交易所建立以监管会员为中心,与行为监管、公司监管为一体的自律监管体系,对于提升行业的自律性,促进资本市场的规范度、透明度与交易效率都具有重要意义。2020年,《证券交易所管理办法》再次被修订,进一步优化了交易所对会员的监管规则。

证券交易所有权对会员进行监管,主要内容如下:

第一,会员管理规则的制定权。证券交易所的会员种类、会员资格及权利义务由证券交易所章程和业务规则规定。证券交易所会员应当接受证券交易所的监管,并主动报告有关问题。

第二,会员资格与交易席位管理。证券交易所有权决定接纳或者开除会员,并应当在决定后的5个工作日内向中国证监会报告。证券交易所会员应当至少取得并持有一个席位。交易席位代表会员在证券交易所拥有的权益,是会员享有交易权限的基础。会员取得了交易席位后才能从事实际的证券交易业务。证券交易所会员可以向证券交易所提出申请购买席位,也可以在证券交易所会员之间转让席位。席位不得用于出租和质押。

第三,证券交易所应当对交易单元实施严格管理,设定、调整和限制会员参与证券交易的品种及方式。交易单元是指证券交易所会员取得席位后向证券交易所申请设立的、参与证券交易所证券交易与接受证券交易所监管及服务的基本业务单位。交易单元是交易权限的技术载体,会员参与交易及会员权限的管理通过交易单元来实现。会员参与证券交易的,应当向证券交易所申请设立交易单元。经证券交易所同意,会员将交易单元提供给他人使用的,会员应当对其进行管理。会员不得允许他人以其名义直接参与证券的集中交易。具体管理办法由证券交易所规定。

第四,证券交易所应当制定技术管理规范,明确会员交易系统接入证券交易所以及运行管理等技术要求,督促会员按照技术要求规范运作,保障交易及相关系统的安全稳定。证券交易所为了防范系统性风险,可以要求会员建立和实施相应的风控系统和监测模型。

第五,证券交易所应当按照章程、业务规则的规定,对会员遵守证券交易所章程和业务规则的情况进行检查,并将检查结果报告中国证监会。证券交易所可以根据章程、业务规则要求会员提供与证券交易活动有关的业务报表、账册、交易记录和其他文件资料。

第六,证券交易所应当建立会员客户交易行为管理制度,要求会员了解客户并在协议中约定对委托交易指令的核查和对异常交易指令的拒绝等内容,指导和督促会员完善客户交易行为监控系统,并定期进行考核评价。会员管理的客户出现严重异常交易行为或者在一定时期内多次出现异常交易行为的,证券交易所应当对会员客户交易行为管理情况进行现场或者非现场检查,并将检查结果报告中国证监会。会员未按规定履行客户管理职责的,证券交易所可以采取自律监管措施或者纪律处分。

第七,证券交易所应当按照章程、业务规则对会员通过证券自营及资产管理等业务进行的证券交易实施监管。证券交易所应当按照章程、业务规则要求会员报备其通过自营及资产管理账户开展产品业务创新的具体情况以及账户实际控制人的有关文件资料。

第八,证券交易所应当督促会员建立并执行客户适当性管理制度,要求会员在向客户推荐产品或者服务时充分揭示风险,并不得向客户推荐与其风险承受能力不符的产品或者服务。

第九,会员出现违法违规行为的,证券交易所可以按照章程、业务规则的规定采取暂停受理或者办理相关业务、限制交易权限、收取惩罚性违约金、取消会员资格等自律监管措施或者纪律处分。

(七) 对证券服务机构为证券上市、交易等提供服务的行为进行监管

投资咨询机构、财务顾问机构、资信评级机构、资产评估机构、会计师事务所、律师事务所等专业服务机构,经国务院证券监督管理机构和有关主管部门批准,有权从事证券服务业务。以上机构在证券市场上对弥补信息不对称、保护投资者合法权益承担着重要职能。根

据《证券交易所管理办法》及上海和深圳证券交易所章程的规定,我国证券交易所有权依法对证券服务机构为证券上市、交易等提供服务的行为进行监管。证券交易所有权根据业务规则的规定,对违规的证券服务机构实施口头或者书面警示、约见谈话、要求限期改正、通报批评、公开谴责、向相关主管部门出具监管建议函等自律监管措施或者纪律处分。将证券服务机构界定为证券交易所的监管对象的举措是我国证券法强化交易所一线监管职能、丰富交易所一线监管手段的具体体现。

(八) 管理和公布市场信息

从产生初期,证券交易所就认识到,为了保持投资者的信心,必须对市场参与主体的信息披露进行有效监管,以保证证券市场的信息披露质量。证券交易所应当保证投资者有平等机会获取证券市场的交易行情和其他公开披露的信息。因此,证券交易所承担着重要的信息披露管理义务。主要内容包括:

1. 依法公布证券交易行情

《证券法》第 109 条规定,证券交易所应当为组织公平的集中交易提供保障,实时公布证券交易即时行情,并按交易日制作证券市场行情表,予以公布。公布证券交易即时行情的权力由证券交易所依法享有。未经证券交易所许可,任何单位和个人不得发布证券交易即时行情。

证券交易所应当就其市场内的成交情况编制日报表、周报表、月报表和年报表,并及时向社会公布。证券交易所应当妥善保存证券交易中产生的交易记录,并制定相应的保密管理措施。交易记录等重要文件的保存期不少于 20 年。

证券交易所对市场交易形成的基础信息和加工产生的信息产品享有专属权利。未经证券交易所同意,任何单位和个人不得基于商业目的使用;经许可使用交易信息的机构和个人,未经证券交易所同意,不得将该信息提供给其他机构和个人使用。

2. 监管会员的信息管理

证券交易所应当要求并督促会员妥善保存与证券交易有关的委托资料、交易记录、清算文件等,并建立相应的查询和保密制度。证券交易所可以根据章程、业务规则要求会员提供与证券交易活动有关的业务报表、账册、交易记录和其他文件资料。证券交易所应当按照章程、业务规则要求会员报备其通过自营及资产管理账户开展产品业务创新的具体情况以及账户实际控制人的有关文件资料。

3. 监管上市公司的信息披露

这方面的职责主要包括:证券交易所应当按照章程、协议以及业务规则,督促证券上市交易公司及相关信息披露义务人依法披露上市公告书、定期报告、临时报告等信息披露文件。证券交易所对信息披露文件进行审核,可以要求证券上市交易公司及相关信息披露义务人、上市保荐人、证券服务机构等作出补充说明并予以公布,发现问题应当按照有关规定及时处理,情节严重的,报告中国证监会。

发行人、证券上市交易公司及相关信息披露义务人等出现违法违规行为的,证券交易所可以按照章程、协议以及业务规则的规定,采取通报批评、公开谴责、收取惩罚性违约金、向相关主管部门出具监管建议函等自律监管措施或者纪律处分。

4. 交易所自身的信息报告或披露

这一义务主要包括以下三方面内容:(1) 常规信息报告义务。证券交易所应当履行下列报告义务:证券交易所经具有证券从业资格的会计师事务所审计的年度财务报告,该报告应于每一财政年度终了后3个月内向中国证监会提交;关于业务情况的季度和年度工作报告,应当分别于每一季度结束后15日内和每一年度结束后30日内向中国证监会报告;法律、行政法规、部门规章及其他相关规定中规定的报告事项;中国证监会要求报告的其他事项。(2)重大事项下的随时报告义务。遇有重大事项,证券交易所应当随时向中国证监会报告。此处所称重大事项包括:发现证券交易所会员、证券上市交易公司、投资者和证券交易所工作人员存在或者可能存在严重违反法律、行政法规、部门规章的行为;发现证券市场中存在产生严重违反法律、行政法规、部门规章行为的潜在风险;证券市场中出现法律、行政法规、部门规章未作明确规定,但会对证券市场产生重大影响的事项;执行法律、行政法规、部门规章过程中,需由证券交易所作出重大决策的事项;证券交易所认为需要报告的其他事项;中国证监会规定的其他事项。(3)特定事项下的报告及公告义务。遇有以下事项之一的,证券交易所应当随时向中国证监会报告,同时抄报交易所所在地人民政府,并采取适当方式告知交易所会员和投资者:发生影响证券交易所安全运转的情况;证券交易所因不可抗力导致停市,或者为维护证券交易正常秩序采取技术性停牌、临时停市等处理措施。

(九)开展投资者教育和保护

从全球资本市场发展经验看,金融市场发展始终伴随着创新、监管、风险控制和投资者保护,保护投资者合法权益是资本市场建设发展的永恒主题。近年来,我国的证券交易所始终把保护投资者合法权益特别是中小投资者合法权益放在突出位置,从发行上市到市场监管,从风险控制到投资者教育,积极营造市场"三公"环境,努力保护投资者的合法权益。

在信息不对称的资本市场中,服务教育是引导投资者进行自我保护的最有效途径,再强的外部保护也无法完全替代投资者的自我保护。我国证券交易所以"培育合格的市场投资者"为中心,以"加强制度建设,强化适当性管理"和"服务市场发展,做好产品推广与风险揭示"为重点开展投资者教育与保护工作,逐步建立完善了"与市场参与者沟通机制、投教培训资源共享机制、系统有关机构协同机制、社会重要平台合作机制、各类媒体信息传播机制"等机制,将之作为开展投资者教育与保护工作的重要依据。

(十)法律、行政法规规定的以及中国证监会许可、授权或者委托的其他职能

证券交易所的职权范围及监管权力的来源既可以是法律、行政法规的规定,也可以是中国证监会的行政许可、授权或者委托,还可以是证券交易所制定的章程和规则。这三类权力来源不是简单的并列关系。证券交易所的章程和规则应当通过备案或批准程序获得官方的认可和支持,从而获得对市场的法定强制力和约束力,国家法律、行政法规则往往直接采纳交易所章程和规则的内容,或者吸收其中的合理内容来提升相关规则的法律效力。①

二、 科创板的设立与上海证券交易所职责的变化

2018年11月,中国政府宣布在上海证券交易所创建科创板,旨在"服务于符合国家战

---

① 叶林:《证券法》(第四版),中国人民大学出版社2013年版,第268页。

略、突破关键核心技术、市场认可度高的科技创新企业"。2019年1月28日,中国证监会发布了《关于在上海证券交易所设立科创板并试点注册制的实施意见》;随后,上海证券交易所颁布了《上海证券交易所科创板股票上市规则》等多份针对科创板的业务规则。

科创板的推出使得上海证券交易所(以下简称"上交所")的职责发生了重大变化。在科创板的注册制试点改革中,上交所负责科创企业的发行及上市审核,中国证监会对股票发行进行注册,并对上交所审核工作进行监督。具体改革内容如下。

1. 上交所负责科创板发行及上市审核

该职责具体包括:(1)上交所制定科创板的审核标准、审核程序等规则,报证监会批准。上交所受理企业公开发行股票并上市的申请,审核并判断企业是否符合发行条件、上市条件和信息披露要求。(2)上交所的审核实行以信息披露为中心的发行审核制度。审核工作主要通过提出问题、回答问题方式展开,督促发行人完善信息披露内容。上交所成立由相关领域科技专家、知名企业家、资深投资专家等组成的科技创新咨询委员会,为发行上市审核提供专业咨询和政策建议,必要时可对申请发行上市的企业进行询问。(3)上交所按照规定的条件和程序,作出同意或者不同意发行人股票公开发行并上市的审核意见。同意发行人股票公开发行并上市的,将审核意见、发行人注册申请文件及相关审核资料报送中国证监会履行发行注册程序;不同意发行人股票公开发行并上市的,作出终止发行上市审核决定。(4)上交所参与审核的人员,不得与发行人有利害关系,不得直接或间接与发行人有利益往来,不得持有发行人的股票,不得私下与发行人接触,切实防范以权谋私、利益输送等违法违纪行为。(5)上交所出具同意在科创板发行上市的审核意见,不表明上交所对发行上市申请文件及所披露信息的真实性、准确性、完整性作出保证,也不表明上交所对该股票的投资价值或者投资者的收益作出实质性判断或者保证。

上交所在信息披露审核中,重点关注以下几个方面内容:(1)发行人的信息披露是否达到真实、准确、完整的要求,是否符合招股说明书内容与格式准则的要求;(2)发行上市申请文件及信息披露内容是否包含对投资者作出投资决策有重大影响的信息,披露程度是否达到投资者作出投资决策所必需的水平;(3)发行上市申请文件及信息披露内容是否一致、合理和具有内在逻辑性;(4)发行上市申请文件披露的内容是否简明易懂,是否便于一般投资者阅读和理解。

2. 证监会负责科创板股票发行注册

上交所审核通过后,将审核意见及发行人注册申请文件报送证监会履行注册程序。注册工作按证监会制定的程序进行。发行注册主要关注交易所发行上市审核内容有无遗漏,审核程序是否符合规定,以及发行人在发行条件和信息披露要求的重大方面是否符合相关规定。中国证监会认为存在需要进一步说明或者落实的事项的,可以要求交易所进一步问询。中国证监会在20个工作日内对发行人的注册申请作出同意注册或者不予注册的决定。

3. 证监会对上交所审核工作进行监督

具体包括:(1)证监会督促上交所建立内部防火墙制度,发行上市审核部门与其他部门隔离运行,防范利益冲突。(2)证监会持续追踪发行人的信息披露文件、上交所的审核意见,定期或不定期对上交所审核工作进行抽查和检查,落实对上交所审核工作的监督问责机制。(3)证监会督促上交所提高审核工作透明度,审核过程和审核意见向社会公开,减少自由裁量空间。

2019 年,在总结上交所设立科创板并试点注册制的经验基础上,《证券法》贯彻落实十八届三中全会关于注册制改革的有关要求和十九届四中全会完善资本市场基础制度要求,按照全面推行注册制的基本定位,对证券发行制度做了系统的修改完善。注册制的全面推行意味着证券交易所将在今后的资本市场中承担越来越重要的监督管理职责。

三、 业务规则制定权

《证券法》第 115 条规定:"证券交易所依照法律、行政法规和国务院证券监督管理机构的规定,制定上市规则、交易规则、会员管理规则和其他有关业务规则,并报国务院证券监督管理机构批准。在证券交易所从事证券交易,应当遵守证券交易所依法制定的业务规则。违反业务规则的,由证券交易所给予纪律处分或者采取其他自律管理措施。"这一规定赋予了证券交易所通过制定规则和实施纪律处分对市场进行监管的权力。证券交易所行使制定业务规则的权限时应该秉持"不与上位法冲突"的原则,自觉维护国家法制统一、市场统一和政令统一。

证券交易所制定或者修改业务规则,应当符合法律、行政法规、部门规章对其自律管理职责的要求。证券交易所制定或者修改下列业务规则时,应当由证券交易所理事会通过,并报中国证监会批准:证券交易、上市、会员管理等业务规则;涉及上市新的证券交易品种或者对现有上市证券交易品种作出较大调整;以联网等方式为非本所上市的品种提供交易服务;涉及证券交易方式的重大创新或者对现有证券交易方式作出较大调整;涉及港澳台及境外机构的重大事项;中国证监会认为需要批准的其他业务规则。

证券交易所制定的业务规则对证券交易业务活动的各参与主体具有约束力,具体内容如下。

(一) 上市规则

证券交易所应当制定证券上市规则。其内容包括:(1) 证券上市的条件、程序和披露要求;(2) 信息披露的主体、内容及具体要求;(3) 证券停牌、复牌的标准和程序;(4) 终止上市、重新上市的条件和程序;(5) 对违反上市规则行为的处理规定;(6) 其他需要在上市规则中规定的事项。

(二) 交易规则

证券交易所应当制定具体的交易规则。其内容包括:(1) 证券交易的基本原则;(2) 证券交易的场所、品种和时间;(3) 证券交易方式、交易流程、风险控制和规范事项;(4) 证券交易监督;(5) 清算交割事项;(6) 交易纠纷的解决;(7) 暂停、恢复与取消交易;(8) 交易异常情况的认定和处理;(9) 投资者准入和适当性管理的基本要求;(10) 对违反交易规则行为的处理规定;(11) 证券交易信息的提供和管理;(12) 指数的编制方法和公布方式;(13) 其他需要在交易规则中规定的事项。

(三) 会员管理规则

证券交易所应当制定会员管理规则。其内容包括:(1) 会员资格的取得和管理;(2) 席位与交易单元管理;(3)与证券交易业务有关的会员合规管理及风险控制要求;(4)会员客户交易行为管理、适当性管理及投资者教育要求;(5)会员业务报告制度;(6)对会员的日常管理和监督检查;(7)对会员采取的收取惩罚性违约金、取消会员资格等自律监管措施和纪律处分;(8)其他需要在会员管理规则中规定的事项。

(四)其他相关规则

随着我国资本市场改革的进一步深化,证券市场的交易规模越来越大,交易品种逐渐丰富,证券交易所的职能更趋多元化,面临的问题越来越多,其监管手段和措施会愈加丰富,证券交易所的规则制定权也会相应增强。我国证券交易所制定的有关证券交易等的业务规则普遍适用于全国各地的会员、上市公司和投资者。处于证券市场一线的交易所依法制定并公布相关规则,既可以缓解立法的滞后性,及时有效地填补资本市场发展中的空白,也可以在一定程度上回应市场对自律监管的权威性、独立性及主动性不足的担忧。

第四节   其他全国性证券交易场所和区域性股权市场

一、场外交易概述

多层次资本市场是对现代资本市场复杂形态的一种表述,是资本市场有机联系的各要素总和,具有丰富的内涵。根据交易的场所,多层次资本市场可以分为交易所市场和场外市场;根据发行和资金募集方式,可以分为公募市场和私募市场;根据交易品种,可以分为以股票债券为主的基础产品市场和期货及衍生品市场。同一个市场内部也包含不同的层次。同时,多层次资本市场的各个层次并不是简单平行、彼此隔离的,而是既相互区分又相互交错并不断演进的。资本市场的多层次特性还体现在投资者结构、中介机构和监管体系的多层次,交易定价、交割清算方式的多样性,它们与多层次市场共同构成一个有机平衡的金融生态系统。[①]

2019年《证券法》将证券交易场所划分为证券交易所、国务院批准的其他全国性证券交易场所、按照国务院规定设立的区域性股权市场等三个层次,场外交易的法律地位获得立法确认。场外交易又称柜台交易,是指在证券交易所以外的场所进行的证券交易。场外交易的历史早于证券交易所的产生。在国外,随着证券交易所市场核心地位的确立,场外交易市场不仅没有消亡,反而也走向了繁荣。场外交易为各种品质的证券提供了一个流通的平台,有效弥补了主板市场价值取向的单一性,并保证了交易的多样性和流动性。

与证券交易所的证券交易相比,场外交易有自己的特点:(1)没有固定的交易场所。证券交易所为证券交易提供一个集中、固定的有形或无形的交易场所,场外交易的交易场所则存在分散性和多样性,这固然给投资者的投资带来了极大的方便,但也为场外交易的监管工作带来风险。(2)场外交易市场中的证券种类复杂,品质良莠不齐。股份有限公司的制度设计就是以股票的流动为前提的,对于任何一个股份有限公司的股东而言,当然存在股票能

---

① 肖钢:《健全多层次资本市场体系》,载《人民日报》2014年1月22日,第7版。

够被自由买入或卖出的期待。因此,场外交易市场满足了股票本身应具有的流动性要求,但这也使场外交易市场的系统性风险比场内市场要大。(3)交易方式的多样性。场外交易中,证券的买卖除了通过集中竞价方式完成交易外,还有其他多种方式,如协议转让、做市商交易等。其中的集中竞价方式能够很好地实现证券交易的流动性,其他方式则存在效率不高或成本较大的缺陷。从目前的发展情况来看,全国性的场外交易市场也在努力推广集中竞价交易方式,并将其他交易方式作为有效补充。

场外交易市场的重要意义在于:(1)它可以为中小企业以及高新技术企业提供重要的直接融资渠道。中小企业的生存与发展直接关系到一个国家的投资、就业、经济增长乃至社会稳定等重要问题,但中小企业融资又是一个世界性的难题,在我国尤其如此。证券交易所的发行和上市门槛是相当高的,普通中小企业难以达到这些标准。场外交易市场的市场准入门槛通常比较低,能够有效地缓解中小企业所面临的融资难题。(2)场外交易市场可以用来进行各种形式和品质的证券交易,以有效弥补场内市场的功能缺陷。它既可以为金融创新品种,如风险投资、资本证券化等,提供发行和流通的场所;又可以为一些资本市场的遗留问题,如从交易所退市的股票等,提供重新交易的机会。这也符合资本市场应有的鼓励创新、保证流动性等基本功能。(3)场外交易可以完善我国证券市场的结构层次,为不同的投资主体提供差异化的市场选择。在一个多层次的资本市场体系中,各个市场间相互竞争,让信用在市场竞争中积聚起来,投资者、券商、发行人通过比较,选择可靠性高、交易成本低的市场,最终实现优胜劣汰和资源的优化配置。

二、 国务院批准的其他全国性证券交易场所

(一)全国中小企业股份转让系统的概念与定位

全国中小企业股份转让系统(简称"全国股转系统",又称"新三板")是经国务院批准,依据证券法设立的继上交所、深交所之后第三家全国性证券交易场所,也是我国第一家公司制运营的证券交易场所。

"新三板"是相对于"旧三板"而言,并由"旧三板"发展而来的。2001年6月,经中国证监会批准,中国证券业协会开展了代办股份转让工作,并发布《证券公司代办股份转让服务业务试点办法》,代办股份转让服务业务正式启动。该业务起初是为了解决被清理的原全国证券交易自动报价系统(简称"STAQ")和全国电子交易系统(简称"NET")的公司流通股转让问题,后来成为上市公司退市后的股票交易场所,业界称之为"旧三板"市场。2006年后,中关村园区高科技公司进入代办股份转让系统挂牌,使其功能得以扩展,具有了为优质企业提供融资和挂牌转让股份的功能。2013年1月,为推动全国性场外交易市场发展,全国中小企业股份转让系统有限责任公司(简称"全国股转公司")成立,专门负责运营全国股转系统,业界称之为"新三板"市场。这一市场的建立对解决我国资本市场长期存在的"堰塞湖"现象非常重要,使亟待融资的大量中小企业与诸多投资者手中的大量资金实现了对接,有助于推动投资者与企业之间的直接融资。

目前,全国股转系统主要为创新型、创业型、成长型中小微企业发展服务,境内符合条件的股份公司均可通过主办券商申请挂牌,公开转让股份,进行股权融资、债权融资、资产重组等。全国股转公司的主要职能包括:提供证券交易的技术系统和设施;制定和修改全国股转

系统业务规则;接受并审查股票挂牌及其他相关业务申请,安排符合条件的公司股票挂牌;组织、监督证券交易及相关活动;对挂牌公司及其他信息披露义务人进行监管;对主办券商等全国股转系统参与人进行监管;管理和公布全国股转系统相关信息;中国证监会批准的其他职能。根据国务院的安排,中国证监会对"新三板"履行监管职责。

我国《证券法》第96条第1、2款规定:"证券交易所、国务院批准的其他全国性证券交易场所为证券集中交易提供场所和设施,组织和监督证券交易,实行自律管理,依法登记,取得法人资格。证券交易所、国务院批准的其他全国性证券交易场所的设立、变更和解散由国务院决定。"据此,全国股转系统与证券交易所市场具有同样的法律地位与功能属性。两者的主要区别在于服务对象不同、交易制度不同和投资者适当性管理制度不同三方面。在服务对象方面,全国股转系统主要为创新型、创业型和成长型中小微企业提供资本市场服务;而交易所市场主要服务于成熟企业。在交易制度方面,全国股转系统设计了协议转让、做市转让及竞价转让等灵活多样的方式;而交易所市场主要提供竞价转让和大宗交易协议转让等标准化的方式。在投资者适当性管理制度方面,全国股转系统实行比交易所市场更为严格的制度,而普通投资者是可以进入交易所市场进行证券投资的。

(二) 主要规则

1. 分层管理制度

"新三板"市场采取"基础层——创新层——精选层"的三层市场结构,符合不同条件的挂牌公司分别纳入不同市场层级管理。通过分层,全国股转公司在各市场层级实行差异化的投资者适当性标准、股票交易方式、发行融资制度,以及不同的公司治理和信息披露等监督管理要求。全国股转公司针对各市场层级分别揭示证券交易行情、展示信息披露文件,为各市场层级挂牌公司提供差异化服务。

基础层定位于企业规范,在匹配基本融资交易功能和较高的投资者适当性要求的基础上实施底线监管,体现"新三板"市场对于中小企业的包容性;创新层定位于企业培育,在挂牌公司满足分层标准的基础上匹配较为高效的融资交易功能,帮助企业抓住发展机遇期做大做强;精选层定位于企业升级,要求挂牌公司通过公开发行提升公众化水平,并在匹配高效融资交易制度的同时对标上市公司从严监管,使"新三板"在服务企业的发展周期覆盖面上实现了有效拓展,符合中国证监会、证券交易所和全国股转公司有关规定的精选层挂牌公司,可以直接向证券交易所申请上市交易。

"新三板"上的挂牌公司在发展阶段、股本规模、股东人数、市值、经营规模和融资需求等方面存在明显的差异,进行分层管理,通过差异化的制度安排,有助于实现更为精准的服务与监管,降低投资者的信息收集成本。

2. 投资者适当性管理制度

投资者适当性管理制度是"新三板"市场的重要基础制度,为市场平稳发展和各项制度创新提供有力保障。与不同层级的市场风险与制度安排相匹配,精选层、创新层和基础层的投资者准入资产标准分别为100万元、150万元和200万元,法人机构、合伙企业以实收资本、实收股本或实缴出资总额计算,自然人以开通权限前10个交易日日均证券资产计算。

3. 交易规则

"新三板"的股票交易可以采取协议交易方式、做市交易方式、竞价交易方式以及中国证监会批准的其他交易方式。其中,精选层股票采取竞价交易方式,经中国证监会批准,精选层可以引入做市商机制;基础层、创新层股票可以采取做市交易方式或集合竞价交易方式进行交易。

4. 信息披露规则

信息披露制度是"新三板"市场的基础性制度之一。精选层公司的披露要求总体上比照上市公司,在三个市场层级中最为严格,应当披露年度报告、半年度报告、季度报告、业绩预告等,而创新层和基础层公司的信息披露要求可相应简化。"新三板"通过差异化安排,在满足监管要求、投资者需求的基础上,尽量降低创新层、基础层公司的年报信息披露负担,实现不同层级公司的披露内容与对应层级的公司特征以及投资者需求相匹配。

三、 区域性股权市场

(一) 区域性股权市场的概念与定位

区域性股权市场是为其所在省级行政区域内中小微企业证券非公开发行、转让及相关活动提供设施与服务的场所。区域性股权市场是主要服务于中小微企业的私募股权市场,是多层次资本市场体系的重要组成部分,是地方人民政府扶持中小微企业政策措施的综合运用平台,也是重要的地方性金融基础设施。

区域性股权市场与全国股转系统是不同的市场。全国股转系统是国务院批准设立、纳入中国证监会监管的全国性证券市场,是公开市场,挂牌公司准入和持续监管纳入中国证监会非上市公众公司监管范围,股东人数可超 200 人;在交易方式上可以选择连续、标准化交易。而区域性股权市场是多层次资本市场的组成部分,属于非公开市场,由省级地方政府设立,交易采取非公开、非标准、非连续方式进行。

(二) 主要规则

为规范区域性股权市场的发展,2017 年,国务院办公厅印发了《关于规范发展区域性股权市场的通知》。随后,中国证监会专门出台了《区域性股权市场监督管理试行办法》,对区域性股权市场的主要运行规则进行了规范。

1. 监管体制

作为省级行政区域(含计划单列市)内唯一的地方性证券交易场所,区域性股权市场由所在地省级人民政府按规定实施监管,并承担相应风险处置责任。省级人民政府根据相关金融政策法规,在职责范围内制定具体实施细则和操作办法,建立健全监管机制。省级人民政府指定地方金融监管部门承担对区域性股权市场的日常监督管理职责,依法查处违法违规行为,组织开展风险防范、处置工作。中国证监会及其派出机构对地方金融监管部门的区域性股权市场监督管理工作进行指导、协调和监督,对市场规范运作情况进行监督检查,对市场风险进行预警提示和处置督导。地方金融监管部门与中国证监会派出机构应当建立区域性股权市场监管合作及信息共享机制。

2. 市场运营机构

区域性股权市场运营机构负责组织区域性股权市场的活动,对市场参与者进行自律管理,保障市场规范稳定运行。运营机构由省级人民政府实施管理并予以公告,同时向证监会备案。未经公告并备案,任何单位和个人不得组织、开展区域性股权市场相关活动。

3. 交易规则

具体包括:(1) 在区域性股权市场发行或转让证券的,限于股票、可转换为股票的公司债券以及国务院有关部门按程序认可的其他证券,不得违规发行或转让私募债券。(2) 不得采用广告、公开劝诱等公开或变相公开方式发行证券,不得以任何形式非法集资。(3) 不得采取集中竞价、做市商等交易方式进行证券转让,投资者买入后卖出或卖出后买入同一证券的时间间隔不得少于 5 个交易日。(4) 除法律、行政法规另有规定外,单只证券持有人累计不得超过法律、行政法规规定的私募证券持有人数量上限。(5) 在区域性股权市场进行有限责任公司股权融资或转让的,不得违反相关规定。(6) 区域性股权市场不得为所在省级行政区域外的企业私募证券或股权的融资、转让提供服务。

4. 合格投资者制度

区域性股权市场上的合格投资者应是依法设立且具备一定条件的法人机构、合伙企业,金融机构依法管理的投资性计划,以及金融资产不低于 50 万元人民币且具有 2 年以上金融产品投资经历或 2 年以上金融行业及相关工作经历的自然人。当事人不得通过拆分、代持等方式变相突破合格投资者标准或单只私募证券持有人数量上限。

5. 分类分层管理

区域性股权市场根据企业资质类型和自身意愿为企业提供挂牌、展示、纯托管等不同类别的服务,运营机构应根据国务院及相关部门的规定明确相应的条件和要求,严格区分挂牌、展示、纯托管等服务类型。运营机构可制定具体标准,对不同资质的挂牌企业实施分层管理,按不同层级实施差异化的信息披露。

本章理论与实务探讨

证券交易所自律监管的司法介入问题

作为证券市场的组织者和一线监管者,证券交易所处于市场矛盾的中心,随时面临各种诉讼风险。一些资本市场发展比较成熟的国家一般对以自律监管为基础和渊源、以专业性和及时性为特征的交易所监管行为,建立了诉讼阻隔机制,尽量避免司法权的直接介入。2005 年 1 月 25 日,最高人民法院发布《关于对与证券交易所监管职能相关的诉讼案件管辖与受理问题的规定》(以下简称《规定》)。该《规定》部分确立了交易所自律管理行为相对不可诉原则,即投资者对交易所履行监管职责过程中对证券发行人及其相关人员、证券交易所会员及其相关人员、证券上市和交易活动作出的不直接涉及投资者利益的行为提起的诉讼,人民法院不予受理。

从境外的制度经验来看,建立诉讼阻隔机制是交易所自律管理内在本质的客观要求,是交易所自律管理基本特征的客观要求,也是合理化解交易所自律管理法律风险的客观要求。可以说,形成有效的自律管理诉讼阻隔机制、确立合理的司法审查范围、构建有利于交易所履行自律管理职责的司法环境,是当前交易所自律管理法制建设中的一个重要环节。具体而言,在相关案件实体审理中,应当坚持"合法性审查为主,合理性审查为辅"原则。交易所自律管理活动是一项复杂的自治行为,法官很难根据自己的判断和事后的认识,对交易所自律管理行为或者措施的合理性予以正确判断。需要审查的是交易所的自律管理是否违反了法治原则,包括:(1)是否平等对待每个被监管对象,是否对同样问题予以同样或者相似的处理。(2)交易所作出决定者与管理事项是否存在利害关系,是否给予被监管对象申辩的机会等。(3)交易所作出决定,是否将调查的事实记录在案,是否仅仅根据传闻证据作出决定。(4)对监管对象的处理,是否有正式的书面决定并列明裁决事实、裁决理由、裁决意见。[①]此外,在评判交易所是否应当对自律管理行为承担民事责任尤其是损害赔偿责任时,学者建议可借鉴美国的"民事责任绝对豁免原则",严格限制交易所因履行自律管理职责而承担民事责任之标准。

2019 年推出的科创板改革中,上交所负责科创板股票的发行上市审核。上交所审核行为的性质应当如何界定? 是自律监管行为,还是具体行政行为,或者其他性质的行为? 与中国证监会的发行审核行为相比,上交所的审核行为在性质、法律效力上有哪些差异? 这一行为是否具有可诉性? 不服审核决定的申请人能否寻求司法救济? 这些问题还需要进一步认真研究。

公司制证券交易所利益冲突防范机制的构建

如何治理证券交易所公司制改制所引发的利益冲突,促使交易所履行法定的自律监管职责,维护证券市场的公平公正,是公司制证券交易所制度建设的最大难题之一。2004 年11 月,美国证券交易委员会(SEC)公布了一份有关自律组织公司治理的规则提议。其内容主要包括:(1)加强董事会的独立性。要求交易所董事会的大部分成员必须是独立董事,董事会主要委员会的成员必须全部由独立董事组成。(2)对交易所所有权结构的要求。如要求证券交易所禁止任何经纪商或证券商会员拥有交易所或者交易所设施20%以上的所有权或者投票权。(3)强化交易所的报告义务和信息披露义务。如要求证券交易所进一步向SEC 提交并公开披露有关交易所治理、监管方案、财务、所有权结构以及其他事项。(4)加强 SEC 对交易所履行监管职责的监督。如要求证券交易所就监管方案的特定问题以电子版的形式向 SEC 提供季度和年度的报告。[②]

本章法考与考研练习题

一、名词解释

1. 证券交易所

2. 会员制证券交易所与公司制证券交易所

3. 全国中小企业股份转让系统

4. 区域性股权市场

二、不定项选择题

1. 下列选项中,属于证券交易所的监管职能的是( )。

[①]　最高人民法院立案庭课题组:《证券交易所自律管理中的司法介入》,载新浪财经 http://finance.sina.com.cn/stock/t/20080410/02212134,2021 年 1 月 21 日访问。相关内容还可参阅徐明、卢文道编著:《判例与原理:证券交易所自律管理司法介入比较研究》,北京大学出版社 2010 年版。

[②]　谢增毅:《证券交易所组织结构和公司治理的最新发展》,载《环球法律评论》2006 年第 2 期。

A. 对证券交易活动进行管理

B. 对证券发行进行管理

C. 对上市公司进行管理

D. 对会员进行管理

2. 关于证券交易所,下列表述正确的是( )。

A. 会员制证券交易所从事业务的盈余和积累的财产可按比例分配给会员

B. 证券交易所总经理由理事会选举产生并报国务院证券监督管理机构批准

C. 证券交易所制定和修改章程应报国务院证券监督管理机构备案

D. 证券交易所的设立和解散必须由国务院决定

3. 根据我国现行法律规定,证券交易所的总经理由( )任免。

A. 证券业协会　　　　　　　　B. 国务院证券监督管理机构

C. 证券交易所会员大会　　　　　D. 证券交易所理事会

4. 以下关于证券交易所的说法中错误的是( )。

A. 未经证券交易所许可,任何单位和个人不得发布证券交易即时行情

B. 证券交易所根据需要,可以对出现重大异常交易情况的证券账户限制交易,并及时报告国务院证券监督管理机构

C. 实行会员制的证券交易所的财产积累归会员所有,其权益由会员共同享有,在其存续期间,不得将其财产积累分配给会员

D. 证券交易所依照证券法律、行政法规制定上市规则、交易规则、会员管理规则和其他有关规则,并报国务院证券监督管理机构备案

5. 对证券交易所作出的不予上市交易、终止上市交易决定不服的,可以向( )申请复核。

A. 人民法院　　　　　　　　　　B. 中国证监会

C. 仲裁机关　　　　　　　　　　D. 证券交易所设立的复核机构

6. 因发生突发性事件影响证券交易正常进行时,证券交易所可以采取( )措施。

A. 政策性停牌　　　B. 技术性停牌　　　C. 临时停市　　　　D. 休市

7. 以下( )是我国证券交易所的决策机构。

A. 会员大会　　　　B. 理事会　　　　C. 监事会　　　　D. 总经理办公会

8. 以下( )是我国证券交易所的法定代表人。

A. 理事长　　　　　B. 总经理　　　　C. 董事长　　　　D. 监事长

9. 证券交易所有权制定的交易规则可以涉及( )。

A. 证券交易的基本原则

B. 交易纠纷的解决

C. 对违反交易规则行为的处理规定

D. 投资者准入和适当性管理的基本要求

三、简答题

1. 简述证券交易所风险基金的概念及管理规则。

2. 简述我国证券交易所对证券交易的组织和监管职能。

3. 简述"新三板"的分层管理制度。

四、论述题

1. 分析海外证券交易所公司制改革趋势产生的原因及对我国的借鉴意义。

2. 如何理解科创板注册制试点改革中上海证券交易所与中国证监会之间的职责分工？

五、案例分析题

郑某于 2014 年 12 月 30 日至 2015 年 1 月 8 日期间,数日采用预埋单方式委托证券公司买入某上市公司股票,其报价排序均为第一,但均未买到该只股票。2015 年 1 月 18 日,郑某向上海证券交易所申请公开"上述期间券商接受报价,券商申报买入该股票的顺序及数量",申请公开信息的用途为了解券商是否委托及委托时间,了解申报未成交的原因。2015 年 1 月 22 日,上海证券交易所电话答复不向申请人提供相关信息。郑某认为,交易所拒绝公开相关信息缺乏法律依据,遂请求中国证监会责令交易所公开相关信息。

中国证监会经过复议,认定:被申请人上海证券交易所履行组织证券集中交易的职能不属于《政府信息公开条例》规定的法律、法规授权管理公共事务的职能,申请人所请求公开的信息不属于《政府信息公开条例》所规定的政府信息,被申请人电话答复申请人的行为亦不属于具体行政行为。因此,本复议申请不符合《行政复议法实施条例》规定的受理条件,裁定驳回申请人郑某的行政复议申请。

郑某不服以上答复和裁定,向人民法院提起行政诉讼。在其后的一审、二审和终审中,法庭争议的焦点有两个:一是证券交易所是否属于行政诉讼中的适格被告;二是郑某所申请的信息是否属于政府信息公开的范围。

你认为本案应该如何判决？为什么？

本章法考与考研练习题参考答案

第五章　证券登记结算机构制度

[**导语**]

　　本章主要介绍证券登记结算机构法律制度,不仅涉及证券登记结算机构的自身设置与内部治理,也涉及证券登记结算机构的业务活动。就证券登记结算机构本身而言,它与证券交易所、证券公司、证券服务机构以及发行人、上市公司、投资者等共同构成证券市场主体,并以其业务的专业性、独立性和综合性在证券交易过程中起到中介纽带乃至风险防控阻隔的作用。因此,在本章相关问题的研讨中,既要注意证券登记结算机构作为证券经营机构的市场主体属性,更要兼顾其作为市场纽带的中介作用。

　　本章主要讲述了证券登记结算机构的概念与特征,证券登记结算机构的设立、职能、风险防范及业务管理规则。本章的学习重点是证券登记结算机构的特征、作用、职能、结算风险及防范措施。本章的学习难点是证券的存管与过户、上市证券的清算和交收、结算风险防范措施。

第一节　证券登记结算机构概述

一、　证券登记

　　按照《证券登记结算管理办法》的规定,证券登记是指证券登记结算机构接受证券发行人的委托,通过设立和维护证券持有人名册,确认证券持有事实的行为。凡载于持有人名册或簿记者,即为证券持有人,享有证券所有者权利。

　　与一般动产不同的是,证券可以表现为实物形态——实物证券,也可以表现为记载于特定名册、账簿内的财产性权利数据信息。因此,传统的不动产、动产财产权利宣示制度都不能满足证券交易、交付的特殊要求。尤其是随着金融产品形态的不断发展,实物证券日渐减少,现代证券大多体现为记载于持有人账户内的证券持有或者权利状态信息。就此而言,现在的证券登记已经演变成证券权利信息的记载。

　　从证券交易过程来看,证券登记处于证券买卖合同的履行阶段,即证券买卖合同生效后,买卖双方须实际履行交付证券和给付价款的义务。其中交付证券的合同义务,就需要通过证券登记来实现。具体来讲,就是通过建立并维护(及时变更登记)证券持有人名册或相关簿记的方式,确保名册与簿记所记载的权利归属、权利状态等信息与真实权利人及权利状态一致。名册簿记登记与变更必须同时满足真实性与准确性的要求,而要达到这一目标,非证券登记行为、登记内容以及登记程序法定不可。

与证券登记相似的有证券托管和证券存管两个概念。所谓证券托管,是指证券公司接受客户委托,代其保管证券并提供代收红利等服务的业务行为;而证券存管,则是指证券登记结算机构接受证券公司委托,集中保管证券公司的客户证券和自有证券,并提供代收红利等权益维护服务的业务行为。证券托管与证券存管都是建立在委托代理关系基础之上,在完成具体托管、存管事务的同时,为整个证券交易和证券市场提供中介服务,提升证券交易的便利与安全。二者的差异,一方面在于委托主体与受托主体的差异;另一方面则是委托形式的差异,即托管是委托人对受托人的直接委托,而存管可以视为委托人通过证券公司对证券登记结算机构的转委托。

二、 证券结算

结算,是指清算和交收。清算,是指按照确定的规则计算证券和资金的应收应付数额的行为;交收,是指根据确定的清算结果,通过转移证券和资金履行相关债权债务的行为。显然,清算与交收互为因果目的,如同一枚硬币的双面,不可分割。

无论是证券结算抑或资金结算,隐含的共同前提是:用于结算的财产须为具有同一内容、同一表现形式、适用同一交易规则的货币资金、标准化金融产品或者金融合约。

证券买卖交易中,证券、资金均需清算与交收。需注意的是,证券交收与证券登记并不是同一概念,证券交收是卖出证券一方的契约义务,证券交收义务的履行以完成证券登记为标记;未进行证券交收,则意味着证券交收违约。例如在出现客户证券交收违约的场合,证券公司可以将相当于证券交收违约金额的资金暂不划付给该客户。但在未完成证券登记的场合,并不一定意味着证券卖出方未履行证券交收义务,不一定形成交收违约。

三、 证券登记结算机构的概念和特征

(一) 证券登记结算机构

证券登记结算机构是为证券交易提供集中登记、存管与结算服务,不以营利为目的的法人。与证券交易所、证券公司、证券服务机构相同,证券登记结算机构也是证券市场主体,为发行人、上市公司和投资者从事证券交易提供帮助与服务,在法定交易场所,通过正规券商以及交易辅助商完成证券交易活动,是现代资本市场融资活动与民间金融融资活动的重要区别之一。

(二) 证券登记结算机构的特征
1. 不以营利为目的

证券登记结算机构不以营利为目的。这意味着其为证券交易提供集中登记、存管与结算服务,以完成特定服务/业务为行为指向,而不具有营利属性。这也是《证券法》第 147

条、《证券登记结算管理办法》第8条中都以"职能""职责",而非"业务"或者"经营范围"来表述相关行为的原因所在。

同时,证券登记结算机构的非营利性特征,也将证券登记结算机构与证券交易所、证券公司、证券服务机构区别开来。除了证券公司必须采用公司形式,且具有明确的营利属性之外,《证券法》中并未明确证券交易所、证券服务机构是否具有营利属性。例如关于证券交易所,现行《证券法》第96条第1款、第99条第1款只是将证券交易所定位为:为证券集中交易提供场所和设施,组织和监督证券交易,实行自律管理的法人。就我国目前证券交易所的组织模式来看,其为会员制,属非营利法人。对于证券服务机构,《证券法》第160条也仅强调从事证券投资咨询服务业务,应当经国务院证券监督管理机构核准,未经核准,不得为证券的交易及相关活动提供服务;会计师事务所、律师事务所以及从事资产评估、资信评级、财务顾问、信息技术系统服务的证券服务机构,从事证券服务业务,应当报国务院证券监督管理机构和国务院有关主管部门备案,但是并未明示上述服务机构是否具有营利属性。不过就上述机构的业务范围与运行机制来看,往往具有一定的营利性特质。

2. 具有法人资格

法人是具有民事权利能力和民事行为能力,依法独立享有民事权利和承担民事义务的组织。通常情况下,法人应以其全部财产独立承担民事责任。在我国《民法典》第一编第三章"法人"中,法人被分为营利法人、非营利法人和特别法人等类型。营利法人是指以取得利润并分配给股东等出资人为目的成立的法人;非营利法人则是为公益目的或者其他非营利目的成立,不向出资人、设立人或者会员分配所取得利润的法人;特别法人则是指机关法人、农村集体经济组织法人、城镇农村的合作经济组织法人、基层群众性自治组织法人。结合上述证券登记结算机构的非营利性分析,证券登记结算机构是经依法登记,不以营利为目的,取得法人资格的服务机构,属非营利法人。

3. 业务的专门性与法定性

提供集中登记、存管与结算服务,既是证券登记结算机构的职责范围,也是证券登记结算机构的业务特征所在。证券登记结算机构业务的专门性,是就其业务目标和特点而言的。登记结算业务以完成特定证券资金交付交割为目标,须依据特定标准、程序,采取特定方法才能实施,而非任何人仅凭自愿即可为之。证券登记结算机构的法定性,是针对登记结算市场准入以及业务范围而言的,从事证券登记结算业务存在市场准入的门槛,包含一整套严格的资格、资质限制,任何人非经许可不得从事证券登记结算业务。

四、 我国证券登记结算机构的发展

2001年3月30日,经中国证监会批准,中国证券登记结算有限责任公司(以下简称"中国结算")设立,上海、深圳证券交易所分别持有公司50%的股份。值得注意的是,中国结算是依据《公司法》《证券法》设立的不以营利为目的的企业法人。依据《公司法》的规定,该公司设股东会、董事会、监事会和经营管理层,下设上海、深圳、北京三家分公司及中国证券登记结算(香港)有限公司、中证期证券期货业信息基地开发建设有限公司两家全资子公司。2001年10月1日起,上海证券交易所、深圳证券交易所承担的证券登记结算业务全部划归中国结算承担,形成了全国集中统一运营的证券登记结算体制。

中国结算的业务主要包括：（1）为上海证券交易所、深圳证券交易所及全国中小企业股份转让系统公司全部上市或挂牌的证券提供登记、清算和交收服务；（2）为上海证券交易所、深圳证券交易所上市的股票期权等金融衍生品提供清算、交收服务；（3）为沪港通等跨境证券交易提供登记、存管、清算、交收服务；（4）为内地发行的开放式基金产品、证券公司资产管理产品及陆港基金互认产品提供登记、清算、交收及托管服务；（5）为中国证券金融公司转融通业务提供登记结算服务；（6）为中国金融期货交易所上市国债期货提供实物交割服务；（7）为非上市公众公司提供集中登记存管服务；（8）为境外上市公司（主要在香港）非境外上市股份提供集中登记存管服务；（9）为债券在证券交易所市场与银行间市场流动提供转托管（转登记）服务。

中国结算对登记结算系统参与者提供的服务主要包括：（1）为上市公司等证券发行人提供持有人名册、证券权益派发、网络投票、股权激励和员工持股计划等服务。（2）通过电子化证券簿记系统为证券持有人设立证券账户，提供登记、存管服务及证券交易后的证券交收服务。（3）为结算参与人设立担保和非担保资金交收账户，为证券、金融衍生品交易提供清算、交收服务。（4）为公募、私募基金发行人提供基金资产的托管服务。

随着我国多层次资本市场的建立，各地也开始设立地方性登记结算机构。地方性资本市场所交易的金融产品的品种较为多样宽泛，并不限于证券类产品，因此，地方性登记结算机构的名称中往往并不包含"证券"字样。例如，江苏交易场所登记结算有限公司（2014年1月16日成立）就是专门为大宗商品、权益类交易场所提供登记结算服务的登记结算公司；广州商品清算中心股份有限公司（2015年4月20日成立）主要为交易场所、互联网金融公司、电子商务平台等提供服务；青岛场外市场清算中心有限公司（2015年9月9日成立）则服务于青岛财富管理中心，为青岛市的各类场外交易市场提供统一登记、资金管理、资金清算等服务。本书主要以全国性的登记结算机构为阐述对象。

第二节　证券登记结算机构的设立

一、设立证券登记结算机构的原因和作用

（一）设立证券登记结算机构的原因

设立统一的证券登记结算机构主要基于以下几方面的原因：

第一，证券市场及证券类金融产品的自身需要。首先，证券市场是一个较为开放、自由的市场，证券市场交易规模大、交易频繁，如果没有统一的证券登记结算机构存在，将很难确保证券类金融产品的结算交收及时完成，从而影响证券市场整体的运作。其次，就证券类金融产品本身的特点来看，脱离了纸质等实物媒介的证券交易，必须依托于特定的证券或者资金账户才能实现证券产品的买卖交易，没有证券登记结算机构的配合，基本无法完成金融产品的买卖交易。

第二，证券市场和金融产品交易效率的需要。证券市场效率越高，融资功能就越强，资金使用成本也会因规模效应而降低。集中统一的证券登记结算机构能够为市场提供标准化的结算交收服务，这种标准化服务降低了个别谈判和约定带来的交易成本，使得相关结算交

收更为便捷。

第三,为证券交易提供中立规则的需要。首先,证券登记结算机构具有中立属性,在性质上属于非营利法人,具有法律地位上的独立性,或说非从属性。在证券交易中,证券登记结算机构为买卖双方持续、平等地提供证券和资金结算交收服务,自己不参与证券买卖关系,不是证券交易当事人,在整个证券市场中保持一个相对中立的参与者角色;其次,证券登记结算机构持续性地提供专业、独立的结算交收服务,为结算交收双方提供一套中立的"规则系统"。这里所说的"规则系统",并非严格意义上的法律规则,特指在市场经济交易体系中,由特定中介机构提供的服务标准、服务规则以及相应的自律性约束机制。

(二) 设立证券登记结算机构的作用

总体而言,设立证券登记结算机构的作用在于以下几点:

第一,确立证券市场及证券交易必需的专业结算交收主体。在多层次资本市场体系中,证券登记结算机构不止一家,而是依据多层次资本市场,分级、分区域、分产品设立专门的、有针对性(有专门服务对象和证券交易产品)的证券登记结算机构。例如,我国在中国证券登记结算有限公司之外,还有多家区域性、地方性证券登记结算公司存在,如江苏交易场所登记结算有限公司、广州商品清算中心股份有限公司、青岛场外市场清算中心有限公司以及天津商品交易清算所有限公司等。

第二,健全证券市场基础设施,提升证券市场的完备性。证券登记结算机构本身就是证券市场的重要组成部分,各类证券登记结算机构的设立,不仅有助于实现交易、资金管理、结算交收环节的严格分离,确保证券买卖双方尤其是投资者利益的实现,也有助于提升整个国内金融市场交易条件、交易技术,保障证券交易更为高效、安全地进行,提高证券市场在市场经济体系中的作用和地位。

第三,为证券登记、托管和结算提供安全、有效和快捷的服务;同时,为市场提供规则系统,促进规则系统的健全与统一,有效实现市场自治与自律监管。在统一规则系统下,既服务市场,也监督市场,积极保障投资者的证券和资金安全,有效防范和化解各类结算交收风险,维护投资者的合法权益。

二、 我国证券登记结算机构的设立条件

根据《证券法》第145条第2款规定,设立证券登记结算机构必须经中国证监会批准。《证券登记结算管理办法》第7条规定,不仅证券登记结算机构的设立必须经中国证监会批准,证券登记结算机构的解散也必须经中国证监会批准。

根据《证券法》第146条的规定,设立证券登记结算机构,应当具备以下条件:(1) 具有自有资金。现行法律规定不少于人民币2亿元。(2) 具备硬件设施条件。即具有证券登记、存管和结算服务所必需的场所和设施。(3) 国务院证券监督管理机构规定的其他条件。例如《证券登记结算管理办法》第10条规定,证券登记结算机构的章程,需要经中国证监会批准;董事长、副董事长、总经理和副总经理的任免也需要中国证监会批准。因此,在设立证券登记结算机构时,必须有经批准的章程,有经批准的拟任董事长、副董事长、总经理和副总

经理的名单等。此外,证券登记结算机构的名称中还应当标明"证券登记结算"字样,既便于明确业务范围,又可禁止其他机构使用同样或类似名称。

需要说明的是,无论《证券法》还是《证券登记结算管理办法》,均未强制性要求证券登记结算机构采用公司制,在有关表述中也有相应规定。例如,在证券登记结算机构的"自有资金"部分就没有使用"注册资金"字样,在"章程"部分也没有使用"公司章程"字样。但实践中,无论是全国性的证券登记结算机构,还是地方性的登记结算机构,大多采用有限责任公司形式。

第三节 证券登记结算机构的职能

从字面意义来看,"职能"就是"职责"与"能力"的合称。从法律用语的角度来看,"职能"通常与公法上的权力与义务相联系。在证券登记结算业务中,证券登记结算机构是不以营利为目的的私法人,并不具有公法人格,是证券市场的主体之一,但其在市场中又起到了一定的监督作用,因而,证券登记结算机构具有相应的自治、自律属性。具体来讲,证券登记结算机构具有以下职能:

一、 证券账户的设立

(一)证券账户概述

1. 概念

证券账户是指证券登记结算机构为投资者设立的,用于准确记载投资者所持的证券种类、名称、数量及相应权益和变动情况的账册,是认定股东身份的重要凭证,具有证明股东身份的法律效力。在我国,根据《证券登记结算管理办法》第19条第2款的规定,能够开立证券账户的投资者主要包括:中国公民、中国法人、中国合伙企业、符合规定的外国人及法律、行政法规、中国证监会规章规定的其他投资者。在这里,"投资者"与"证券持有人"可以理解为同一概念,二者的细微差别在于:投资者系依其实施投资行为来定义;而证券持有人则依其是否取得、拥有相应证券权利来定义。

通常情况下,证券持有人所拥有的证券应当记录在证券持有人本人的证券账户内,但《证券登记结算管理办法》第18条允许存在例外,即"依据法律、行政法规和中国证监会的规定,证券记录在名义持有人证券账户内的,从其规定"。这里出现了"名义持有人"与"真实持有人"之分。名义持有人是指受他人指定并代表他人持有证券的机构。原则上,证券账户记载奉行"真实持有"与"本人记载"原则,即谁持有证券就应记载于其本人的证券账户之内,这也是证券账户实名规则及"真实持有"的意义所在。"名义持有人"仅可以作为例外存在,且必须符合法定条件和记载条件与程序。此时,证券登记结算机构为履行职责,可以要求名义持有人提供其名下证券权益拥有人的相关资料。这里的"证券权益拥有人"往往就是证券的真实持有人。

2. 类型

证券账户存在的目的在于实现证券、资金的划付与交收。根据开立人的不同,账户可以

分为两大类(见图 5-1):

第一类是证券登记结算机构为办理多边交收业务开立的账户,包括:(1)证券集中交收账户,用于办理结算参与人与证券登记结算机构之间的证券划付;(2)资金集中交收账户,用于办理结算参与人与证券登记结算机构之间的资金划付;(3)专用清偿账户,用于存放结算参与人交收违约时证券登记结算机构暂未交付、扣划的证券和资金。

第二类是结算参与人向证券登记结算机构申请开立的账户,包括:(1)用于证券交收的结算参与人证券交收账户。对于同时经营自营业务以及经纪业务或资产管理业务的结算参与人,其证券交收账户又包括自营证券交收账户和客户证券交收账户。(2)用于资金交收的结算参与人资金交收账户。同样,对于同时经营自营业务以及经纪业务或资产管理业务的结算参与人,其资金交收账户又分为自营资金交收账户和客户资金交收账户。(3)证券处置账户。由结算参与人向证券登记结算机构申请开立,用于存放客户交收违约时,证券公司暂不交付给客户的证券。

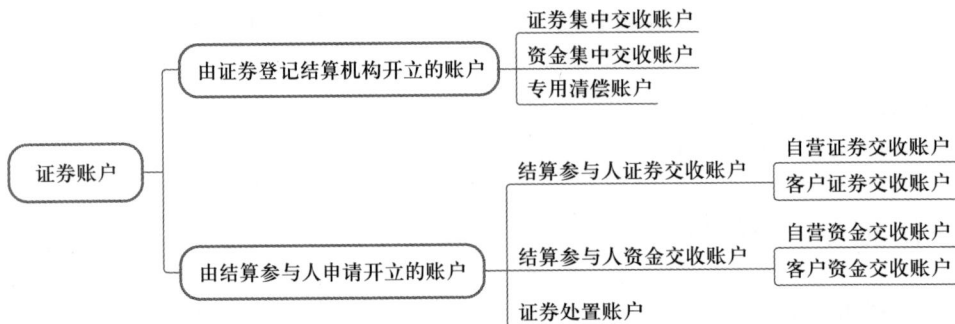

图 5-1　证券账户的类型

(二)开立申请

投资者委托证券公司进行证券交易,应当申请开立证券账户。投资者应当向证券登记结算机构提出开立证券账户申请,并保证其提交的开户资料真实、准确、完整。

(三)账户开立

证券登记结算机构应当按照规定,以投资者本人的名义为投资者开立证券账户,保证证券账户的真实性。同时,为投资者开立证券账户,应当遵循方便投资者和优化配置账户资源的原则。具体来讲,可以采用以下两种方式:

(1)直接开立。即由证券登记结算机构直接为投资者开立证券账户。

(2)委托开立。即证券登记结算机构委托证券公司代为开立证券账户。证券公司代理开立证券账户,应当向证券登记结算机构申请取得开户代理资格。证券公司代理开立证券账户,应当根据证券登记结算机构的业务规则,对投资者提供的有效身份证明文件原件及其他开户资料的真实性、准确性、完整性进行审核,并妥善保管相关开户资料,保管期限不得少于 20 年。

(四)账户保密

证券公司、证券登记结算机构以及证券交易所必须依法为客户开立的账户信息保密,应予以保密的信息既包括客户的自然信息,如客户姓名、住址、联系方式等,也包括账户内证券资金划付、交收等财务信息。证券登记结算机构对客户账户的保密义务,本质上属于一种私法上的义务,与其承担的协助法院、检察院、公安机关、海关、税务以及中国证监会等公权力机关查询相关账户信息的义务并不矛盾。

二、 证券的托管和过户

（一）证券的托管

1. 托管的概念

托管是指投资者委托证券公司,代其保管证券并提供代收红利等权益维护服务的行为。证券公司应当采取有效措施,保证其托管证券的安全,禁止挪用、盗卖。

2. 证券交易、托管与结算协议及其必备条款

投资者买卖证券,应当与证券公司签订证券交易、托管与结算协议。鉴于证券交易、托管均须直接委托证券公司办理,而结算亦须通过证券公司转委托给证券登记结算机构办理,基于交易便捷考虑,通常投资者会与证券公司签订一揽子协议,将证券交易、托管与结算等诸事项均委托给证券公司代为办理。

值得注意的是,证券登记结算机构,应当制定和公布证券交易、托管与结算协议中与证券登记结算业务有关的必备条款,其中应当包括但不限于以下内容:

（1）交收责任条款。证券公司根据客户的委托,按照证券交易规则提出交易申报,根据成交结果完成其与客户的证券和资金的交收,并承担相应的交收责任;客户应当同意集中交易结束后,由证券公司委托证券登记结算机构办理其证券账户与证券公司证券交收账户之间的证券划付。

（2）回购交易中的质押与质押权利行使条款。实行质押式回购交易的,投资者和证券公司应当按照业务规则的规定向证券登记结算机构提交用于回购的质押券。投资者和证券公司之间的债权债务关系不影响证券登记结算机构按照业务规则对证券公司提交的质押券行使质押权。

（3）违约发生时的特别处理权条款。客户出现资金交收违约时,证券公司可以委托证券登记结算机构将客户净买入证券划付到其证券处置账户内,并要求客户在约定期限内补足资金。客户出现证券交收违约时,证券公司可以将相当于证券交收违约金额的资金暂不划付给该客户。

3. 变更托管机构

客户（投资者）要求证券公司将其持有证券转由其他证券公司托管,即变更托管机构的,证券公司应当依据证券交易所及证券登记结算机构有关业务规则予以办理,不得拒绝。但有关法律、行政法规和中国证监会规章另有规定的除外。

（二）证券的过户

证券过户,是指证券登记结算机构根据已经达成的交易指令,将作为交易标的的证券从原持有人账户划付、交收于买入方证券账户的登记结算行为。

在一个完整的证券交易过程中,证券公司根据投资者的委托,按照证券交易规则提出交

易申报,参与证券交易所场内的集中交易,并根据成交结果承担相应的清算交收责任;证券登记结算机构根据成交结果,按照清算交收规则,与证券公司进行证券和资金的清算交收,并为证券公司客户办理证券的登记过户手续,完成整个交易过程(见图5-2)。就此而言,证券过户就是每一证券交易过程的最后一个环节。

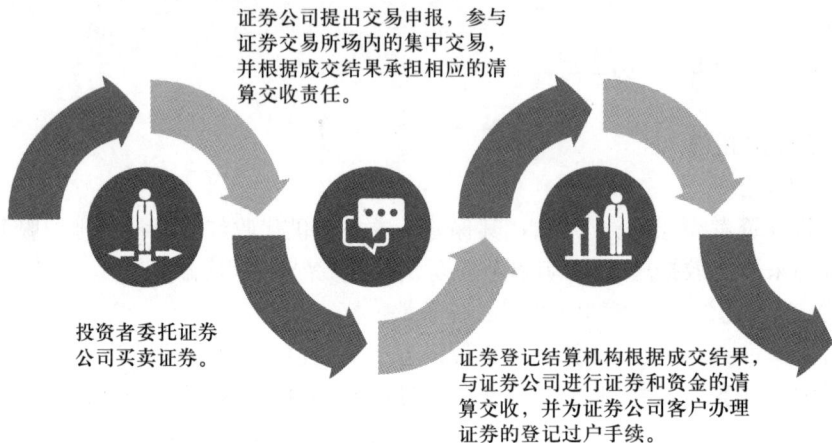

图 5-2   证券交易的过程

证券登记结算机构应当保证证券持有人名册和登记过户记录真实、准确、完整,不得隐匿、伪造或者毁损。

三、 证券持有人名册登记

(一) 登记规则

证券登记结算机构应当根据证券账户的记录,确认证券持有人持有证券的事实,办理证券持有人名册的登记。就此而言,证券账户记录在先,而持有人名册登记在后。二者不仅分属两个不同阶段,也涉及不同法律性质的账簿文件:前者是证券账户记录,后者是持有人名册。

(二) 登记结算机构的双重功能

《证券法》第151条第1款规定:"证券登记结算机构应当向证券发行人提供证券持有人名册及有关资料。"第3款规定:"证券登记结算机构应当保证证券持有人名册和登记过户记录真实、准确、完整,不得隐匿、伪造、篡改或者毁损。"上述规定赋予了证券登记结算机构两项职能:一是证明投资者持有证券;二是进行持有人名册登记。

在上市公司发行股票的场合,这种持有人名册登记就是上市公司股东名册登记。证券登记结算机构可以很方便地直接将所有投资者的名字记载在上市公司的股东名册上。在计算机的运作下,依据交易结果变更股东名册也并不是一件复杂的事情。①

---

① 彭冰:《中国证券法学》(第二版),高等教育出版社2007年版,第247页。

（三）初始登记与变更登记

1. 初始登记

初始登记是指证券公开发行后,证券发行人向证券登记结算机构提交已发行证券的持有人名册及其他相关资料,证券登记结算机构据此办理证券持有人名册的登记活动。在初始登记阶段,证券发行人应当保证其所提交资料的合法、真实、准确、完整。基于证券登记结算机构的中立属性,证券登记结算机构不承担由于证券发行人原因导致证券持有人名册及其他相关资料有误而产生的损失和法律后果。

2. 变更登记

变更登记是证券在证券交易场所交易后,证券登记结算机构根据证券交易的交收结果办理的证券持有人名册的登记。只要进行有效的证券交易,势必改变持有人的权利状态,也就必须及时变更登记事项,维护持有人权益;同时,证券登记结算机构也负有保证证券持有人名册和登记过户记录真实、准确、完整的义务,不得隐匿、伪造或者毁损持有人名册。

此外,证券以协议转让、继承、捐赠、强制执行、行政划拨等方式转让的,证券登记结算机构应根据业务规则变更相关证券账户的余额,并相应办理证券持有人名册的变更登记。

证券因质押、锁定、冻结等原因导致其持有人权利受到限制的,证券登记结算机构应当在证券持有人名册上标记。

（四）证券登记结算机构的相关义务

证券登记结算机构应当按照业务规则和协议定期向证券发行人发送其证券持有人名册及有关资料。

证券发行人或者其清算组等终止证券登记及相关服务协议的,证券登记结算机构应当依法向其交付证券持有人名册及其他登记资料。

四、上市证券交易的清算和交收

（一）结算参与人资格取得

结算参与人是经证券登记结算机构核准,有资格参与集中清算交收活动的证券公司或其他机构。结算参与人本身不是证券登记结算机构,但其实际参与证券交易清算交收活动,多为具有营利性目的的证券公司等机构。结算参与人通过相应的证券账户与资金账户参与证券与资金的清算交收,为本人或被代理人完成证券清算交收活动。

与一般民商事交易中参与人自主决定是否参与到某一法律关系中不同,在证券登记结算的场合,结算参与人须以具备参与人资格为前提。参与人资格不以公权机构授予或者公法行为为前提,而通过与不以营利为目的的证券登记结算机构订立契约的方式取得。具体而言,证券公司参与证券和资金的集中清算交收活动,应当向证券登记结算机构申请取得结算参与人资格,与证券登记结算机构签订结算协议,明确双方的权利义务。没有取得结算参与人资格的证券公司,应当与结算参与人签订委托结算协议,委托结算参与人代其进行证券和资金的集中清算交收活动。

（二）结算银行

在资金划付环节,证券登记结算机构应当选择符合条件的商业银行作为结算银行,办理资金划付业务。结算银行的条件,由证券登记结算机构制定。从商业银行角度来看,商业银行是专门从事存贷款业务,并为储户提供结算等中间业务的金融机构,其办理结算业务也需要取得相应的牌照。显然,证券登记结算机构对结算银行的选择,并不是针对一般资金结算业务市场准入而言的,仅限于证券登记结算环节。当然,对于此种层层设置市场门槛的做法,理论与实务界有不同看法:支持的观点认为,此举有助于证券清算交收的安全进行;反对者则从市场管制的必要性角度对其有所质疑。

（三）分级结算制度

分级结算制度是指在进行证券和资金结算时,证券登记结算机构负责办理其与结算参与人之间的集中清算交收;而结算参与人负责办理其与客户之间的清算交收。

分级结算制度的作用在于:(1)形成证券登记结算机构与结算参与人之间,以及结算参与人与客户之间两个不同的法律关系,每一法律关系中的主体、客体和内容均有所不同。跨越连接两级结算台阶的结算参与人,由登记结算机构与客户直接进行清算交收,不仅在法律上存在障碍,在实务操作中也变得不太可能。(2)形成风险隔离机制,使得登记结算机构、结算参与人与客户之间形成以契约责任为基础的相互检查机制,最大限度地避免清算交收错误的发生。(3)分级结算制度的核心是将不可控制的投资者信用风险转化为可控制的证券公司信用风险,由证券公司代替投资者承担证券交易的第一位履约责任。[1]

为便于分级结算实现,证券登记结算机构应当设立证券集中交收账户和资金集中交收账户,用于办理与结算参与人的证券和资金的集中清算交收。结算参与人应当申请开立证券交收账户和资金交收账户,用于办理证券和资金的交收。

（四）多边净额结算

1. 多边净额结算的含义

多边净额结算,是指证券登记结算机构将每个结算参与人所有达成交易的应收应付证券或资金予以冲抵轧差,计算出每个结算参与人的应收应付证券或资金的净额,再按照应收应付证券或资金的净额与每个结算参与人进行交收。

这一过程中包括两类、三方主体:第一类是居中主持多边净额结算的证券登记结算机构,其地位由《证券法》第158条、《证券登记结算管理办法》以及多边净额结算协议赋予。因其同时作为所有买方和卖方的交收对手,故又被称为"中央对手方""共同对手方"[2]。在证券登记结算机构进行的证券或资金冲抵轧差中,可以或者已经冲抵的部分属于债务之抵销,并产生相应法律后果;而未冲抵、抵销之部分,即应收应付净额,应及时交收履行。第二

---

①　彭冰:《中国证券法学》(第二版),高等教育出版社2007年版,第252页。

②　共同对手方,是指在结算过程中,同时作为所有买方和卖方的交收对手,并保证交收顺利完成的主体。

类是参与证券或资金结算交收的结算参与人双方。

2. 货银对付原则

采取多边净额结算方式时,证券登记结算机构应当根据业务规则作为结算参与人的共同对手方,按照货银对付原则,以结算参与人为结算单位办理清算交收。这里的货银对付原则,是指证券登记结算机构与结算参与人在交收过程中,仅在资金交付时给付证券、在证券交付时给付资金。也就是俗话说的"一手交钱、一手交货""同时履行,钱货两清"。我国《证券法》第 158 条第 2 款明确了这一原则:"证券登记结算机构为证券交易提供净额结算服务时,应当要求结算参与人按照货银对付的原则,足额交付证券和资金,并提供交收担保。"为确保货银对付的顺利实现,该条第 3 款进而规定:"在交收完成之前,任何人不得动用用于交收的证券、资金和担保物。"

3. 多边净额结算协议的主要内容

证券登记结算机构与参与多边净额结算的结算参与人签订的结算协议应当包括下列内容:(1)对于结算参与人负责结算的证券交易合同,该合同双方结算参与人向对手方结算参与人收取证券或资金的权利,以及向对手方结算参与人支付资金或证券的义务一并转让给证券登记结算机构;(2)受让上述权利和义务后,证券登记结算机构享有原合同双方结算参与人对其对手方结算参与人的权利,并应履行原合同双方结算参与人对其对手方结算参与人的义务。

（五）集中交收各阶段各方权利义务

1. 集中交收前

结算参与人应当向客户收取其应付的证券和资金,并在结算参与人证券交收账户、结算参与人资金交收账户留存足额证券和资金。结算参与人与客户之间的证券划付,应当委托证券登记结算机构代为办理。

2. 集中交收过程中

证券登记结算机构应当在交收时点,向结算参与人收取其应付的资金和证券,同时交付其应收的证券和资金。交收完成后不可撤销。结算参与人未能履行应付证券和资金交收义务的,不能取得相应的资金和证券。对于同时经营自营业务以及经纪业务或资产管理业务的结算参与人,如果其客户资金交收账户资金不足,证券登记结算机构可以动用该结算参与人自营资金交收账户内的资金完成交收。

3. 集中交收后

结算参与人应当向客户交付其应收的证券和资金。结算参与人与客户之间的证券划付,应当委托证券登记结算机构代为办理。

此外,证券登记结算机构应当在结算业务规则中,对结算参与人与证券登记结算机构之间的证券和资金的集中交收期限,以及结算参与人与客户之间的证券和资金的交收期限,分别作出规定。结算参与人应当在规定的交收期限内完成证券和资金的交收。

（六）清算错误处理与损失承担

因证券登记结算机构的原因导致清算结果有误的,结算参与人在履行交收责任后可以要求证券登记结算机构予以纠正,并承担结算参与人遭受的直接损失。

五、 其他服务业务

除上述业务类型外,证券登记结算机构还可提供如下服务:(1)受发行人的委托派发证券权益。值得注意的是,证券登记结算机构在银行开设的结算备付金等专用存款账户、新股发行验资专户内的资金,以及发行人拟向投资者派发的债息、股息和红利等,只能按业务规则用于已成交的证券交易的清算交收,不得被强制执行。(2)办理有关的查询、信息服务。(3)国务院证券监督管理机构批准的其他业务。

第四节　证券登记结算机构的风险防范及业务管理

一、 结算风险及其类型

(一)结算风险的概念

结算风险,是证券登记结算风险的简称。在证券交易中,无论是证券、资金的登记,还是证券、资金的清算与交收,都可能面临各种风险。所谓"风险",在法律上经常表现为某种权利不获实现的可能性。在证券登记结算场合,亦存有多种给付义务不履行、金钱债权不获实现之可能性,易言之,亦有诸多证券登记结算风险存在。

如果要给结算风险下一个定义的话,可以表述为:结算风险系指在证券登记、清算、交收过程中,证券登记结算机构、结算参与人所面临的各种权利不获实现的可能性。结算风险一旦发生,可能导致证券买卖交易失败,证券无法实现有效交割;在资金交收的场合,也会发生买卖资金无法及时转入权利人账户等情形。

(二)结算风险的类型

采用不同的标准,可以对结算风险进行不同的类型划分:

1. 登记结算人为操作风险与技术故障风险

登记结算操作风险是指因登记、清算及交收行为错误导致的风险类型。具体可以进一步划分为人为操作风险与技术故障风险。前者如登记结算机构、结算参与人对客户本人的识别错误、误操作等人为错误导致的风险;后者则是鉴于互联网网络技术、通信技术在登记结算活动的广泛运用,由纯粹的技术故障、设备瑕疵等引发的操作风险。

2. 登记风险、清算风险与交收风险

根据风险发生的阶段,可以分为登记风险、清算风险及交收风险。登记风险,即证券过户登记过程中发生的风险;清算风险,主要是指登记结算机构在办理清算业务过程中发生的各类风险;交收风险,是指在证券、资金交割过程中发生的各类风险。值得注意的是,交收风险中若仅涉及证券的过户登记部分,便与登记风险别无二致。

3. 登记结算机构风险与结算参与人风险

登记结算机构风险,主要是指登记结算机构内部治理、制度安排、流程设计以及人员管理等问题导致的结算风险。结算参与人风险则是指,因结算参与人未履行法定或者结算协议约定的义务而导致的结算风险。区分登记结算机构风险与结算参与人风险,旨在预防不同类型风险,厘清各自应当承担的法律责任。

4. 市场风险、道德风险与法律风险

所谓市场风险,是指市场规律导致市场要素变化,进而对证券清算交收活动产生的不确定影响。市场风险具有规律性、规模性、传递性的特征。市场风险的规律性特征使得市场风险存在被预见的可能①;市场风险的规模性特征又体现为单一市场主体难以凭一己之力将其克服或预防;市场风险的传递性特征则使市场风险从个别主体扩散到不特定的其他市场主体,蔓延到相关市场领域,甚至演变成系统性风险。

所谓"道德风险",是指行为人的机会主义行为给他人造成的不确定影响。其包含两个要素:(1) 行为人仅以满足自身利益最大化为目的;(2) 行为人的行为对他人造成不利影响。简言之,道德风险就是因行为人的自私行为产生的风险。需说明的是,并非所有的道德风险均可以构成法律上的侵权或者违约,但道德风险的确是造成侵权或者违约的重要原因。作为交易相对人,需注意交易对手方是否存在道德风险的可能,并据以采取相应的预防与补救措施;而从行为人角度看,需注意自己的行为可能对他人造成的侵害,尽量减少、避免实施有悖道德的市场行为。

所谓法律风险,是指法律规则设计、法律实施以及法律适用给市场主体带来的不确定影响。常见的有,法律规则变动导致对同一问题产生不同影响,例如,证券清算交收规则的变化可能会影响到对证券买卖合同是否履行的判定;在成文法系国家,法院独立依循法律文本作出裁判,往往难以避免出现"同案不同判"的风险。从某种意义上,法律风险也可以被视为制度成本,影响制度成本的因素很多,除了公平性之外,稳定性、透明度等都是影响制度成本的重要因素。

需注意的是,结算风险的发生往往是多因一果。实践中,由单一因素导致的结算风险并不常见。例如,很多操作风险的背后,常常与登记结算机构的流程设置、人员素质等因素密切相关。从多因一果的角度来看,意味着诸多结算风险多为混合过错的结果;于法律责任的承担角度而言,则意味着个人责任、机构责任的清晰辨别和分担。

二、 证券登记结算风险防范措施

针对不同类型的结算风险,自当采取不同的风险防范措施。若站在业务风险角度考虑,则结算风险防范与业务规则之间存在较大的竞合关系。换言之,结算机构在多大程度上遵守业务规则,也就意味着在多大程度上对结算风险进行了有效的预防与控制。现行《证券

---

① 有观点认为市场风险不具有"规律性"特征,所谓"规律性"与风险的本质定义不符。的确,就微观层面而言,风险当然没有所谓"规律性"可循,否则就不是风险。但就宏观角度而言,风险依然具有一定的"规律性",这种规律性是市场属性的自然显现。同时,正是基于对这种宏观规律性的认识,人们才得以建构相应的风险防范机制,甚至上升为法律规范,从制度上防范和化解这些风险。所以,宏观风险可以通过制度设计防范和化解;而对于微观风险,则往往通过合同法、侵权法等事后风险救济机制解决。本书也正是在此意义上使用"规律性"的。

法》第 152 条所规定的三项业务规范,都是有关证券登记结算机构结算风险防范的基本要求。①　而《证券登记结算管理办法》第七章"风险防范和交收违约处理"中更加细化和明确了证券登记结算机构的风险防范和控制措施。

(一) 总体风险防范和控制措施

具体来讲,证券登记结算机构应当采取下列措施:(1) 制定完善的风险防范制度和内部控制制度;(2) 建立完善的技术系统,制定由结算参与人共同遵守的技术标准和规范;(3) 建立完善的结算参与人和结算银行准入标准和风险评估体系;(4) 对结算数据和技术系统进行备份,制定业务紧急应变程序和操作流程。

(二) 证券登记结算机构与证券交易所的风险防控协作

第一,证券登记结算机构应当与证券交易所相互配合,建立证券市场系统性风险的防范制度。就此而言,证券登记结算风险实际上是证券市场系统性风险的组成部分,只有登记结算机构与交易所有效协作,方能形成防范风险的合力。

第二,证券登记结算机构应当与证券交易所签订业务合作协议,明确双方的权利义务。这是由登记结算机构与交易所的平等法律地位决定的,二者之间无论在主体地位还是业务活动方面都不存在公权力意义的隶属关系,而是一种平等协作关系。

(三) 证券登记结算机构与结算参与人的结算风险防控与承担

1. 结算风险共担原则

证券登记结算机构应当按照结算风险共担原则,组织结算参与人建立证券结算互保金,以便在结算参与人交收违约时保障交收的连续进行。证券结算互保金的筹集、使用、管理和补缴办法,由证券登记结算机构在业务规则中规定。

2. 交收担保

证券登记结算机构可以视结算参与人的风险状况,采取要求结算参与人提供交收担保等风险控制措施。结算参与人提供交收担保的具体标准,由证券登记结算机构根据结算参与人的风险程度确定和调整。

证券登记结算机构应当将结算参与人提交的交收担保物与其自有资产隔离,严格按结算参与人分户管理,不得挪用。

3. 证券结算备付金

结算参与人可以在其资金交收账户内,存放证券结算备付金用于完成交收。证券登记结算机构应当将结算参与人存放的结算备付金与其自有资金隔离,严格按结算参与人分户管理,不得挪用。

(四) 质押品保管库

证券登记结算机构应当对质押式回购实行质押品保管库制度,将结算参与人提交的用

---

① 《证券法》第 152 条规定:"证券登记结算机构应当采取下列措施保证业务的正常进行:(一) 具有必备的服务设备和完善的数据安全保护措施;(二) 建立完善的业务、财务和安全防范等管理制度;(三) 建立完善的风险管理系统。"

于融资回购担保的质押券转移到质押品保管库。

（五）不得被强制执行的情形

证券登记结算机构收取的下列资金和证券，只能按业务规则用于已成交的证券交易的清算交收，不得被强制执行：（1）证券登记结算机构收取的证券结算风险基金、证券结算互保金，以及交收担保物、回购质押券等用于担保交收的资金和证券；（2）证券登记结算机构根据《证券登记结算管理办法》设立的证券集中交收账户、资金集中交收账户、专用清偿账户内的证券和资金以及根据业务规则设立的其他专用交收账户内的证券和资金；（3）结算参与人证券交收账户、结算参与人证券处置账户等结算账户内的证券以及结算参与人资金交收账户内根据成交结果确定的应付资金；（4）根据成交结果确定的投资者进入交收程序的应付证券和资金；（5）证券登记结算机构在银行开设的结算备付金等专用存款账户、新股发行验资专户内的资金，以及发行人拟向投资者派发的债息、股息和红利等。

（六）证券登记结算机构的证券质押贷款申请

证券登记结算机构可以根据组织管理证券登记结算业务的需要，按照有关规定申请授信额度，或将专用清偿账户中的证券用于申请质押贷款，以保障证券登记结算活动的持续正常进行。

三、 证券结算风险基金

（一）证券结算风险基金的目的和使用范围

为避免出现结算风险，垫付相关损失，法律要求证券登记结算机构设立证券结算风险基金。证券结算风险基金用于垫付或者弥补违约交收、技术故障、操作失误、不可抗力造成的证券登记结算机构的损失。

（二）基金的筹集与管理

证券结算风险基金从证券登记结算机构的业务收入和收益中提取，并可以由结算参与人按照证券交易业务量的一定比例缴纳。证券结算风险基金应当存入指定银行的专门账户，实行专项管理，其筹集、管理办法，由中国证监会规定。

（三）追偿

证券登记结算机构以证券结算风险基金赔偿后，应当向有关责任人追偿。

四、 其他外部风险防控措施

除上述专门性登记结算风险防控措施外，下列措施也在一定程度上起到了风险防控作用：

（一）账户管理措施

为客户开立证券账户是证券登记结算机构的基本职能之一。证券登记结算机构在账户管理中,应严格执行《证券法》第58条的规定,即禁止任何单位和个人违反规定,出借自己的证券账户或者借用他人的证券账户从事证券交易。

(二) 从业人员行为规范

证券登记结算机构的从业人员在任期或者法定限期内,不得直接或者以化名、借他人名义持有、买卖股票或者其他具有股权性质的证券,也不得收受他人赠送的股票或者其他具有股权性质的证券。任何人在成为前述人员时,其原已持有的股票或者其他具有股权性质的证券,必须依法转让。

证券登记结算机构及其从业人员,在证券交易活动中不得作出虚假陈述或者信息误导。

本章理论与实务探讨 ───────────○

证券回购案件中的法律关系

证券回购纠纷案件中存在两种法律关系:一种为证券公司与投资者之间的法律关系,另一种为证券公司与证券登记结算公司之间的法律关系。对于在审判实践中,如何看待这两种法律关系问题,存在争议。第一种观点认为,两种法律关系有相对独立性。应明确证券公司与证券登记结算公司承担各自的职责、责任,分别处理。第二种观点认为,不能孤立地看客户与证券登记结算公司之间的法律关系,这类案件的起因是客户起诉证券公司,连带认为证券登记结算公司处置了客户的证券,侵犯了客户的财产所有权,具有事实上的牵连关系,不宜简单地割裂处置。①

间接持有和直接持有制度②

按照实际股票持有人是否直接将自己的名称登记在股东名册上,可将股票的持有分为直接持有和间接持有。

直接持有,即持有人本人实名持有,持有人的名称被直接登记在股东名册上,持有人发生变动时,亦须在股东名册上作相应的变更记载。而在间接持有的场合,股东名册上并不登记实际股票持有人的名称,而是登记实际股票持有人所委托的代理机构的名称(即名义持有人),名义持有人代表实际股票持有人享有股票上的权利。间接持有制度的好处是可以减少股东名册变更的次数,从而减少结算成本。

间接持有股票尽管可以节约成本,但由于登记在股东名册上的只是名义持有人,实际股票持有人除了登记在其委托的代理机构(中介机构)的账册上,并没有其他手段可以彰显自己对股份的权益。由此,在间接持有制度下,如何保护实际股票持有人的权益,并使得实际股票持有人可以有效发挥这些权益的功能,就成为法律必须解决的一个问题。美国《统一商法典》在第八章创设了一种新的概念,即所谓的"证券权益"来解决这个问题。证券权益被用来指称通过中介机构持有证券头寸的人对该中介机构

────────────

① 参见最高人民法院民事审判第二庭编:《金融案件审判指导》(增订版),法律出版社2018年版,第387页。

② 参见廖凡:《证券客户资产风险法律问题研究》,北京大学出版社2005年版,第46~53页。

及其财产所享有的一揽子权利。

本章法考与考研练习题

一、名词解释

1. 证券登记

2. 多边净额结算

3. 结算参与人

4. 结算风险

二、不定项选择题

1. 证券登记结算机构与结算参与人在交收过程中,在资金交付时给付证券、在证券交付时给付资金,这种交收方式称为(　　)。

A. 一级结算规则

B. 分级结算规则

C. 货银对付规则

D. 集中统一交付规则

2. 关于各类结算资金和证券及提供的交收担保物品,正确的做法是(　　)。

A. 结算参与人应当按照货银对付的原则,足额交付证券和资金,并提供交收担保

B. 在交收完成之前,任何人不得动用用于交收的证券、资金和担保物

C. 结算参与人未按时履行交收义务的,证券登记结算机构有权按照业务规则处理提供的担保

D. 证券登记结算机构按照业务规则收取的各类结算资金和证券,必须存放于专门的清算交收账户,只能按业务规则用于已成交的证券交易的清算交收,不得被强制执行

3. 对于我国的上市交易证券的登记结算,正确的说法是(　　)。

A. 实行一级结算规则

B. 实行二级结算规则

C. 证券登记结算机构负责办理与证券公司之间的结算事务

D. 证券公司负责办理与投资者之间的结算事务

4. 不属于证券登记结算机构职能的是(　　)。

A. 提供融资融券服务

B. 证券账户的设立、证券的托管和过户

C. 证券持有人名册登记、证券交易所上市证券交易的清算和交收

D. 受发行人的委托派发证券权益

5. 以下表述正确的是(　　)。

A. 证券登记结算机构应当妥善保存登记、存管和结算的原始凭证及有关文件和资料,保存期限不得少于20年

B. 证券公司应当妥善保存登记、存管和结算的原始凭证及有关文件和资料,保存期限不得少于20年

C. 证券公司应当妥善保管投资者提供的有效身份证明文件及其他相关开户资料,保管期限不得少于20年

D. 证券登记结算机构应当妥善保管投资者提供的有效身份证明文件原件及其他相关

开户资料,保管期限不得少于 20 年

6. 能够向证券登记结算机构申请开立证券账户的投资者包括(   )。

A. 中国公民 B. 中国法人

C. 中国合伙企业 D. 符合规定的外国人

7. 中国证监会认为必要时,可以委托会计师事务所、资产评估机构对(   )进行审计监督。

A. 证券交易所 B. 证券公司

C. 证券登记结算机构 D. 证券监督管理机构

8. 下列人员属于证券交易内幕信息知情人的是(   )。

A. 保荐人、承销的证券公司的有关人员

B. 证券交易所的有关人员

C. 证券登记结算机构的有关人员

D. 证券服务机构的有关人员

9. 对于下列(   )事项,证券登记结算机构应当报中国证监会批准。

A. 证券登记结算机构章程的制定和修改

B. 董事长、副董事长、监事长、监事、总经理和副总经理的任免

C. 证券登记结算机构的证券账户管理规则的制定和修改

D. 证券登记结算机构结算参与人管理规则的制定和修改

10. 关于证券结算风险基金,下列表述正确的是(   )。

A. 证券结算风险基金由证券交易所与证券登记结算机构共同设立

B. 证券结算风险基金用于垫付或者弥补因违约交收、技术故障、操作失误、不可抗力造成的证券登记结算机构的损失

C. 证券结算风险基金由结算参与人按照证券交易业务量的一定比例缴纳

D.证券登记结算机构以证券结算风险基金赔偿后,应当向有关责任人追偿

三、简答题

1. 简述证券登记结算机构的特征。

2. 简述货银对付原则。

3. 简述分级结算原则及其作用。

4. 简述结算风险的类型。

四、论述题

1. 论述证券登记与不动产登记制度的异同。

2. 论述证券登记结算风险防范措施。

五、案例分析题

A 企业是 C 村社区委员会 1990 年出资设立的集体所有制企业。1992 年 10 月,A 企业以 10 万元购买 B 公司限售法人股 5 万股。此后历经数年转送股,截至 2017 年 9 月 30 日已持有共计 122 958 股。1997 年 7 月 1 日,A 企业注销,企业所有债权债务归 C 村社区委员会。2007 年 8 月 6 日,B 公司股权分置改革方案获通过,据此机构类限售股经支付相应对价后即可上市交易,为此 C 村社区居委会多次与 B 公司协商办理股票确权、过户事宜,但 B 公司坚称 C 村并非依法登记之股东 A 企业,不予办理,遂拖延至今。

请回答下列问题：

（1）C村社区委员会是否享有相关股票权利？为什么？

（2）人民法院作出确权裁判后，应如何办理证券变更登记？

本章法考与考研练习题参考答案

第六章　证券服务机构制度

[导语]

　　证券服务机构属于证券辅助商。若无证券服务机构襄助,即无便捷、效率、安全、稳健之证券发行与交易的达成。显然,证券服务机构存在的必要性源于证券发行、交易活动本身的专门性、规范性以及风险性特质,其运行功能的发挥不仅涉及投资人利益保护,更涉及整个证券市场交易秩序之维护。

　　本章主要阐述了证券服务机构的概念与法律特征、证券服务机构的业务准入、证券投资咨询机构、证券资信评级机构、财务顾问机构、资产评估机构、会计师事务所、律师事务所等证券服务机构的主要职责。本章的重点在于证券服务机构的法律特征、勤勉义务,证券投资咨询机构和证券资信评级机构的业务规则;本章的难点在于证券服务机构的职责与法律责任。

第一节　证券服务机构概述

一、证券服务机构的概念

　　证券服务机构是指为证券发行、交易活动提供证券投资咨询、资产评估、资信评级、财务顾问、法律服务、信息技术系统服务等专门服务活动的专业机构。具体包括投资咨询机构、财务顾问机构、资信评级机构、资产评估机构、会计师事务所、律师事务所等。准确理解证券服务机构的含义,须把握以下几点:

　　首先,证券服务机构以提供专门性证券服务为前提。确认某一机构是否属于证券服务机构,要看它能否持续提供证券服务活动。以业务不同确定相关机构是否具有证券服务机构的主要作用在于法的适用。现代证券法为证券服务机构量身定做了需要遵守的专门规则系统,无论于这些机构的日常经营,还是监管机构的监督管理行为而言,都需要专门遵守。

　　其次,证券服务机构属于证券辅助商。与证券公司一样,证券服务机构也是证券市场正常运行必不可少的重要组成部分。所不同者,证券服务机构并不直接参与证券发行、交易活动,而仅为证券发行、交易提供相关专门服务。这与证券公司协助发行人发行或承销证券、保荐以及作为经纪商协助投资者进行证券交易的行为存在根本差异。有鉴于此,证券服务机构亦被视为证券辅助商,而非证券固有商。

最后,证券服务机构的组织形式具有多样性,既包括公司形式(如证券投资咨询公司、财务顾问公司等),也包括合伙企业形式(如律师事务所等)。实践中,律师事务所通常采用"特殊普通合伙"的组织形式。根据我国《合伙企业法》第55条规定,以专业知识和专门技能为客户提供有偿服务的专业服务机构,可以设立为特殊的普通合伙企业。特殊普通合伙企业中的合伙人须依照《合伙企业法》第57条的规定,按照是否存在主观故意或者重大过失来确定如何承担相应的法律责任。[①]

二、证券服务机构的法律特征

(一)证券服务机构的公共性

证券服务机构的公共性,是指证券服务机构在为客户提供各类证券发行、交易服务的同时,对整个证券市场存在一种普遍影响,或者正外部性影响。证券服务机构在其提供服务、自身治理运作过程中,必然会对投资者、发行人以及其他证券市场主体的权利、义务作出调适与作用。这一影响的正当性,在很大程度上来源于社会成员对其的普遍信任。同时,这一属性也将证券服务机构与其他以营利为目的的公司企业区别开来。

(二)证券服务机构的非垄断性

与政府机构提供公共服务的垄断性特质不同,证券服务机构所从事的证券发行、交易服务具有非垄断性特点,即证券服务机构及其服务活动可以被其他相同或类似服务机构取代。具体来看,一方面,法律没有赋予证券服务机构证券发行、交易事务独占管理权;另一方面,市场化的新型服务方式层出不穷,证券服务机构不可能做到服务的垄断。

(三)证券服务机构的中立性

证券服务机构的中立性,亦称公正性或者独立性,是指证券服务机构在从事证券发行、交易服务过程中,依法从事专业证券服务活动,并承担相应的法律责任,不受任何人干预。具体表现为:一方面,证券服务机构的内部运行完全自主,有独立的运行机制和机构;另一方面,证券服务机构对外自主经营,自担风险,自负盈亏,依法承担法律责任。

(四)证券服务机构的自律性

所谓证券服务机构的自律性,是指其在提供发行、证券交易服务过程中,所依循的自我约束、自我管理、对自己行为负责的特性。该特性可以参见本书有关证券服务机构业务规则的讨论,其中对证券服务机构的谨慎诚实、勤勉尽责、同一问题一致、执业回避、业务隔离与防火墙制度以及业务禁止等规则,都是证券服务机构自律经营的底线,不得逾越。

[①] 《合伙企业法》第57条规定:"一个合伙人或者数个合伙人在执业活动中因故意或者重大过失造成合伙企业债务的,应当承担无限责任或者无限连带责任,其他合伙人以其在合伙企业中的财产份额为限承担责任。合伙人在执业活动中非因故意或者重大过失造成的合伙企业债务以及合伙企业的其他债务,由全体合伙人承担无限连带责任。"

三、证券服务机构的业务准入

对证券服务机构设立业务准入制度，是世界各国或各地区证券立法的通例。在我国，从事证券投资咨询服务业务，应当经国务院证券监督管理机构核准；未经核准，不得为证券的交易及其他相关活动提供服务。从事其他证券服务业务，应当报国务院证券监督管理机构和国务院有关主管部门备案。

证券服务机构的业务准入，是相对于市场主体准入的一个概念。换言之，市场准入，包括主体准入和业务准入两个方面。前者，由市场管理部门确认；后者，则由具体业务资质管理部门确认。

四、证券服务机构的勤勉义务

（一）证券服务机构勤勉义务的概念

证券服务机构勤勉义务，是指证券服务机构为证券的发行、交易及其他相关活动提供服务时，应当勤勉尽责、恪尽职守，按照相关业务规则向投资人、委托人或者客户提供专业服务。勤勉义务可以追溯到罗马法中的勤谨注意义务，其因包含勤奋工作、忠于职守、尽到责任，而被视为一种至高美德。至今，在诸多部门法律中都有关于勤勉义务的规定，例如《公司法》对公司的董事、高级管理人员就有勤勉义务的明确要求。

在证券服务机构业务领域，负有勤勉义务的证券服务机构主要包括从事证券投资咨询、资产评估、资信评级、财务顾问等业务的机构，会计师事务所、律师事务所，以及为信息技术系统服务的证券服务机构等。

证券服务具有专业性特点，证券服务机构提供证券服务，应当以是否提供了符合专业标准的服务来判断证券服务机构是否履行了勤勉义务。具体来看，证券服务机构履行勤勉义务应当以行业公认的诚实、谨慎和尽责的态度，以相关业务规则、行业规范和职业道德为标准，向投资人、委托人或者客户提供相应服务。实务中，主要涉及两点：（1）证券服务机构对其服务范围内的事项负有勤勉义务；（2）证券服务机构应提供证据证明其已切实做到了勤勉尽责。

（二）证券服务机构勤勉义务的范围和内容

证券服务机构提供证券服务的范围涵盖证券的发行、交易等证券业务各个环节，因此，证券服务机构的勤勉义务贯穿上述各个环节。

证券服务机构为市场和客户提供证券服务的内容主要表现为制作、出具审计报告、资产评估报告、财务顾问报告、资信评级报告或者法律意见书等文件，因此证券服务机构应当勤勉尽责，对所依据的文件资料内容的真实性、准确性、完整性进行核查和验证。

（三）证券服务机构违反勤勉义务的法律责任

勤勉尽责是证券服务机构的积极作为义务，未勤勉尽责则是一种消极事实状态。在我国，判断证券服务机构是否因违反勤勉义务而承担法律责任时，应采用过错责任原则。具体

包含以下含义:

第一,证券服务机构对其制作、出具的文件有虚假记载、误导性陈述或者重大遗漏等过错,且这种过错给他人造成了损失的,证券服务机构应当与发行人、上市公司承担连带赔偿责任。

第二,如果证券服务机构能够证明自己没有上述过错,则无须承担连带赔偿责任。即除非证券服务机构提供证据证明自己已经尽到了勤勉义务,否则法律将认定证券服务机构未能勤勉尽责,而应承担连带赔偿责任。

◎ **相关案例**

银信评估未勤勉尽责案

2014年5月至10月,银信资产评估有限公司(简称银信评估)在对深圳市保千里电子有限公司的股东全部权益价值进行评估时,未勤勉尽责,存在未对相关协议给予适当关注并实施有效评估程序、评估底稿收集不完整等违反《资产评估准则》的行为,所出具的《评估报告》存在误导性陈述。

2018年11月,证监会依法对银信评估及相关责任人员作出行政处罚。

第二节　证券投资咨询机构

一、证券投资咨询机构概述

(一)证券投资咨询及其形式

证券投资咨询是指证券投资咨询机构或者从业人员接受投资人委托,为投资人提供证券、期货投资分析、预测或者建议等直接或者间接有偿咨询服务的活动。可见,证券投资咨询活动是对证券市场、个别证券的信息收集汇总、归纳分析并提出相应投资建议的一种经营性服务行为。在我国,一般包括以下几种形式:(1)接受投资人或者客户委托,提供证券、期货投资咨询服务;(2)举办有关证券、期货投资咨询的讲座、报告会、分析会等;(3)在报刊上发表证券、期货投资咨询的文章、评论、报告,以及通过电台、电视台等公众传播媒体提供证券、期货投资咨询服务;(4)通过电话、传真、电脑网络等电信设备系统,提供证券、期货投资咨询服务;(5)中国证监会认定的其他形式。

(二)证券投资咨询机构的概念

证券投资咨询机构是专门从事证券投资咨询业务的证券服务机构。实践中,证券投资咨询机构多采用有限责任公司或者股份有限公司的形式。

在我国,证券投资咨询机构须经国务院证券监督管理机构核准方可从事证券投资咨询业务。换言之,仅具备专业知识能力,并不能使机构获得业务上的合法性,证券投资咨询机构须具备相应资格,取得执业/营业资质后,方得从事相关投资咨询业务活动。

二、证券投资咨询机构的从业条件、业务范围和申请审批

(一) 从业条件

在我国,申请证券、期货投资咨询从业资格的机构,应当具备下列条件:

第一,分别从事证券、期货投资咨询业务的机构,有 5 名以上取得证券、期货投资咨询从业资格的专职人员;同时从事证券和期货投资咨询业务的机构,有 10 名以上取得证券、期货投资咨询从业资格的专职人员;其高级管理人员中,至少有 1 名取得证券或者期货投资咨询从业资格。

需注意的是,这里特别区分了"分别从事"与"同时从事"证券和期货投资咨询业务两种不同情形。其中"分别从事"应理解为"仅从事其中之一者";"同时从事"则指兼营证券和期货投资咨询业务。不过,仅以咨询业务方向(证券咨询、期货咨询)确定从业专职人员的最低数量,虽然便于监管机构明确从业标准,但从投资咨询机构从业能力角度考虑,未免显得简单。若结合投资咨询机构之业务数量、从业人员之从业能力、咨询服务之技术分析与科技含量以及服务团队实力来综合判断,更易于提升投资咨询机构管理与业务服务水准。

第二,有 100 万元人民币以上的注册资本。自 2013 年《公司法》修订,取消法定最低注册资本限制以来,金融机构成为固守最低注册资本限制的最后堡垒之一。

第三,有固定的业务场所和与业务相适应的通信及其他信息传递设施。此项要求属于金融基础设施建设之范畴,与未来宏观金融体系之健全、稳固密切相关;于微观而言,金融基础设施之健全,则与金融机构服务能力及抵御金融风险能力密切相关。

第四,有公司章程。鉴于证券投资咨询机构须采用《公司法》规定之公司形式,无论有限责任公司还是股份有限公司,公司章程乃设立公司之必备要件。但若仅以"公司章程"之有无作为从业条件,似不具有从业意义上之特殊价值,因此,要求在公司章程中有关于从事证券投资咨询业务之具体规定,或更具合理性。

第五,有健全的内部管理制度。

第六,具备中国证监会要求的其他条件。

(二) 业务范围

与前文所述证券投资咨询机构投资咨询的形式类似,证券投资咨询机构的业务范围主要包括以下几类:(1) 提供证券、期货投资咨询服务;(2) 举办有关证券、期货投资咨询的讲座、报告会、分析会等;(3) 在报刊上发表证券、期货投资咨询的文章、评论、报告;(4) 中国证监会认定的其他形式。

2015 年 1 月 19 日,中国证券业协会发布《关于拓宽证券投资咨询公司业务范围的通知》,专门就证券投资咨询公司的业务范围作出了调整:(1) 证券投资咨询公司在向中国证监会备案后可在全国股转系统开展公司挂牌推荐、做市业务。(2) 证券投资咨询公司可以开展私募业务,包括开展私募投资基金管理业务和在机构间私募产品报价与服务系统开展私募证券业务。值得注意的是,这只是在特定范围内有限度的业务范围拓展,具有行业自律属性。从发展的角度来看,为进一步促进资本市场健康发展,推进证券投资咨询公司与证券公司、基金管理公司、期货公司等交叉持牌,放宽证券、期货投资咨询机构的业务范围应为大

势所趋。

（三）申请审批程序

1. 提出申请

申请人向所在地中国证监会派出机构提出申请,派出机构经审核同意后,提出初审意见。

2. 中国证监会审批

中国证监会派出机构将初审同意的申请文件报送中国证监会,经中国证监会审批后,向申请人颁发业务许可证,并将批准文件抄送中国证监会派出机构。

3. 业务许可公告

中国证监会以公告形式向社会公布获得业务许可的申请人的情况。

三、证券投资咨询机构业务规则

（一）合法运用信息

第一,证券投资咨询机构及其投资咨询人员,应当完整、客观、准确地运用有关信息、资料向投资人或者客户提供投资分析、预测和建议,不得断章取义地引用或者篡改有关信息、资料;引用有关信息、资料时,应当注明出处和著作权人。

第二,证券投资咨询机构及其投资咨询人员,不得以虚假信息、市场传言或者内幕信息为依据向投资人或者客户提供投资分析、预测或建议。

第三,证券经营机构、期货经纪机构编发的供本机构内部使用的证券、期货信息简报、快讯、动态以及信息系统等,只能限于本机构范围内使用,不得通过任何途径向社会公众提供。

第四,经中国证监会注册的公开发行股票的公司的承销商或者上市推荐人及其所属证券投资咨询机构,不得在公众传播媒体上刊登其为客户撰写的投资价值分析报告。

（二）实名咨询与充分风险说明义务

证券投资咨询人员在报刊、电台、电视台或者其他传播媒体上发表投资咨询文章、报告或者意见时,必须注明所在证券、期货投资咨询机构的名称和个人真实姓名,并对投资风险作出充分说明。

（三）同一问题一致

同一问题一致,是指证券投资咨询机构就同一问题向不同客户提供的投资分析、预测或者建议应当一致。

拥有自营业务的证券经营机构在从事超出本机构范围的证券投资咨询业务时,就同一问题向社会公众和其自营部门提供的咨询意见应当一致,不得为了使自营业务获利而误导社会公众。

（四）执业回避

证券投资咨询机构及其执业人员在与自身有利害冲突的情况下,应当进行执业回避:

第一,经中国证监会注册的公开发行证券的企业的承销商或上市推荐人及其所属的证券投资咨询机构和证券投资咨询执业人员,不得在公众传播媒体上刊登或发布其为客户撰写的投资价值分析报告,也不得以假借其他机构和个人名义等方式变相从事前述业务。

第二,证券公司的自营、受托投资管理、财务顾问和投资银行等业务部门的专业人员在离开原岗位后的 6 个月内不得从事面向社会公众开展的证券投资咨询业务。

第三,证券投资咨询机构或其执业人员在知悉本机构、本人以及财产上的利害关系人与有关证券有利害关系时,不得就该证券的走势或投资的可行性提出评价或建议。

第四,中国证监会根据合理理由认定的其他可能存在利益冲突的情形。

(五)信息披露

证券投资咨询机构或其执业人员在预测证券品种的走势或对投资证券的可行性提出建议时,应当进行相应的信息披露。

第一,证券投资咨询机构或其执业人员在预测证券品种的走势或对投资证券的可行性提出建议时,应明确表示在自己所知情的范围内,本机构、本人以及财产上的利害关系人与所评价或推荐的证券是否有利害关系。

第二,证券投资咨询机构需在每逢单月的前 3 个工作日内,将本机构及其执业人员前两个月所推荐的证券在推荐时和推荐后 1 个月所涉及的相关情况,向注册地的中国证监会派出机构提供书面备案材料。

第三,证券投资咨询机构需在每逢单月的前 3 个工作日内,将本机构及其执业人员前两个月向其特定客户提供的买卖具体证券建议的情况和向公众提供的买卖具体证券建议的情况向注册地的中国证监会派出机构提供书面备案材料。

(六)业务隔离与防火墙制度

证券公司应当建立起研究咨询业务与自营、受托投资管理、财务顾问和投资银行等业务之间的"防火墙"和相应的管理制度,从事面向社会公众开展的证券投资咨询业务的人员必须专职在研究咨询部门工作,并由所在机构将其名单向中国证监会和机构注册地的中国证监会派出机构备案。

专业证券投资咨询机构应当建立起研究咨询业务与财务顾问等证券类业务之间的"防火墙"和相应的管理制度,应当在业务、财务、人员、营业场所等方面与其关联企业分离。从事面向社会公众开展的证券投资咨询业务的人员必须专职在研究咨询部门工作,并由所在机构将其名单向中国证监会和机构注册地的中国证监会派出机构备案。

(七)业务禁止

根据《证券法》第 161 条的规定,证券投资咨询机构及其从业人员从事证券服务业务不得有下列行为:(1)代理委托人从事证券投资;(2)与委托人约定分享证券投资收益或者分担证券投资损失;(3)买卖本证券投资咨询机构提供服务的证券;(4)法律、行政法规禁止的其他行为。有上述所列行为之一,给投资者造成损失的,应当依法承担赔偿责任。

四、会员制证券投资咨询业务的特殊管理规则

会员制证券投资咨询业务,是指证券投资咨询机构,通过招揽会员,向会员提供证券投资信息以及分析、预测或者咨询意见,并取得收入的咨询服务方式。

(一)会员制证券投资咨询机构

开展会员制证券投资咨询业务的投资咨询机构(简称"会员制机构"),必须具备证券投资咨询业务资格。同时,会员制机构必须具备中国证券业协会会员资格,按照协会制定的自律规则开展业务,接受协会的自律监管。

根据我国的现行规定,会员制机构实收资本不得低于 500 万元;每设立 1 家分支机构,应追加不低于 250 万元的实收资本。

(二)业务报备

拟开展会员制证券投资咨询业务的机构,应在开展业务 15 个工作日前向注册地中国证监会派出机构、分支机构所在地中国证监会派出机构报备。在履行完报备程序之前,会员制机构及其分支机构不得开展会员制证券投资咨询业务。报备材料包括但不限于公司实收资本情况、业务模式及规划、人员情况、业务操作流程、合同范本、与媒体签订的合作协议、专用银行存款账户及开户相关协议、风险控制措施、客户投诉处理方案以及提供投资咨询服务的电话、邮箱、传真、短信平台及网址等。

(三)管理制度

从事会员制证券投资咨询业务的证券投资咨询机构应建立完善的业务规则、工作流程、客户服务管理、合规性控制、投诉处理及业务人员行为规范等内部规章制度;应与会员签订权利义务明晰、风险揭示充分并具备法律效力的合同,尤其是加强会员制证券投资咨询业务风险揭示,帮助客户全面了解会员制证券投资咨询业务,加强对客户的投资者教育。

(四)不得招收异地会员

会员制机构只能在注册地及分支机构所在的省、自治区、直辖市招收会员,超出此范围的会员为"异地会员",不得招收。

(五)股权结构与最终控制关系

会员制机构应当具有清晰的股权结构和最终控制关系,禁止通过控制或共同控制多家机构开展会员制证券投资咨询业务;5%以上股权发生变更及实际控制人发生变更的,会员制机构应自变更之日起 5 个工作日内向注册地中国证监会派出机构书面报告。

五、证券投资咨询广播电视节目的特殊管理规则

针对证券投资咨询机构存在借助媒体明示或暗示投资收益、传播虚假信息、误导甚至欺

诈投资者的现象,2006 年 9 月 15 日中国证监会、国家广播电影电视总局发布《关于规范证券投资咨询机构和广播电视证券节目的通知》,采取了以下具体管理措施:

(一)证券节目开办审批

广播电台、电视台开办证券节目的,应符合原国家广电总局批准的节目设置范围。咨询机构只能参与经国家有关部门批准的广播电视播出机构开办的证券节目。

(二)对口业务资格

广播电台、电视台不得准许证券投资咨询机构工作人员以广播电视从业者身份从事采访活动。参与广播电视证券节目的咨询机构和节目分析师必须具备证券投资咨询相关资格;证券节目编辑、记者、主持人、播音员应具有广播电视相关从业资格。

(三)审查与管理

广播电台、电视台应加强对证券节目的审查与管理,节目内容必须符合广播电视节目管理规定、证券投资咨询相关法律法规、行业自律规范以及证券监管部门的管理要求和标准;不得宣传过往荐股业绩、产品、咨询机构和人员的能力,不得传播虚假、片面和误导性信息;不得在证券节目中播出客户招揽内容。未履行报备程序并取得当地中国证监会派出机构同意,咨询机构不得在证券节目中播出电话、传真、短信及网址等联络方式。

证券节目须以显著、清晰的方式进行风险提示,公示(公告)相关机构全称及业务资格证书号码、参与节目的执业人员姓名及执业证书号码。

六、"荐股软件"业务管理规则

近年来,以"荐股软件"①名义从事非法证券投资咨询的活动日益频繁。为规范荐股行为,保护投资者合法权益,需要对利用"荐股软件"提供证券投资咨询业务的活动进行特殊规范:

(一)销售或提供"荐股软件"行为的性质

向投资者销售或者提供"荐股软件",并直接或者间接获取经济利益的,属于从事证券投资咨询业务,应当经中国证监会许可,取得证券投资咨询业务资格。未取得证券投资咨询业务资格,任何机构和个人不得利用"荐股软件"从事证券投资咨询业务。

(二)利用"荐股软件"应遵守证券投资咨询规则

利用"荐股软件"从事证券投资咨询业务,应当遵循客观公正、诚实信用原则,不得误

---

① 所谓"荐股软件",是指具备下列一项或多项证券投资咨询服务功能的软件产品、软件工具或者终端设备:(1)提供涉及具体证券投资品种的投资分析意见,或者预测具体证券投资品种的价格走势;(2)提供具体证券投资品种选择建议;(3)提供具体证券投资品种的买卖时机建议;(4)提供其他证券投资分析、预测或者建议。具备证券信息汇总或者证券投资品种历史数据统计功能,但不具备上述第(1)项至第(4)项所列功能的软件产品、软件工具或者终端设备,不属于"荐股软件"。

导、欺诈客户，不得损害客户利益。除应遵守《证券法》《证券、期货投资咨询管理暂行办法》《证券投资顾问业务暂行规定》等法律法规外，还应当符合下列各项有针对性的监管要求：（1）将"荐股软件"销售（服务）协议格式、营销宣传、产品推介等材料报住所地中国证监会派出机构和中国证券业协会备案。（2）遵循客户适当性原则，制定了解客户的制度和流程，对"荐股软件"产品进行分类分级，并向客户揭示产品的特点及风险，将合适的产品销售给适当的客户。

（三）投资者教育与客户权益保护

证券投资咨询机构利用"荐股软件"从事证券投资咨询业务，应当在合同签订、产品销售、服务提供、客户回访、投诉处理等各个业务环节，加强投资者教育和客户权益保护。证券投资咨询机构应当主动告知客户本机构及执业人员的证券投资咨询业务资格及查询方式；客观、准确地告知客户"荐股软件"的作用，全面揭示"荐股软件"存在的局限性和纠纷解决方式；主动向客户提示非法证券投资咨询活动的风险和危害。

◎　**相关案例**

李伟坚市场禁入案

2008年6月11日，中国证监会发布市场禁入决定书（［2008］14号），依法决定对李伟坚采取市场禁入措施。

经查明，2006年1月，大摩投资广州分公司在明知其总公司青岛市大摩投资咨询有限公司已被暂缓通过年检，在该期间招收新会员违反有关管理规定的情况下，采取签订合同、提供短信咨询服务等方式，招收新会员76名，收取会员费29.11万元（其中，收取异地会员会费19.15万元）。2006年4月6日，大摩投资广州分公司向中国证券监督管理委员会广东监管局报送《关于青岛市大摩投资咨询有限公司广州分公司整改落实情况的说明》，隐瞒了其上述招收新会员的事实，报送了含有虚假陈述的文件。

李伟坚是大摩投资广州分公司的负责人，直接提供个人银行账户用于收取会费，并在违法违规行为中起组织、决定作用，是上述违法违规行为的主要责任人员。

大摩投资广州分公司招收异地会员的行为违反了中国证监会《会员制证券投资咨询业务管理暂行规定》第6条的规定；向监管部门报送包含虚假陈述内容的文件的行为构成了《证券、期货投资咨询管理暂行办法》第33条第1项所述的违法行为，同时违反了《证券法》第161条第1款第4项的规定，构成了《证券法》第213条第3款所述证券服务机构违反证券法的行为，且情节严重。鉴于李伟坚是上述违法违规行为的主要责任人员，依据《证券法》第221条和《证券市场禁入规定》第3条及第5条的规定决定对李伟坚采取5年市场禁入措施。

第三节　证券资信评级机构

一、证券资信评级与评级对象

（一）证券资信评级的概念

证券资信评级,即证券评级,是指拥有资信评级资质的专门机构,对作为评级对象的证券产品以及证券的发行人、上市公司、非上市公众公司、证券公司、证券投资基金管理公司等的财产质量、信用状况、风险可能以及履约能力等进行专业分析评价与类别区分的综合性服务行为。

在美国,20世纪初就已经先后成立了多家证券评级机构。目前,全球两家著名的证券评级公司——穆迪公司和标准普尔公司就是依照美国1940年《投资顾问法》第203条设立的。有意思的是,这两家证券评级机构是依照投资咨询公司的标准注册登记的,这从一个侧面说明了资信评级业务是从一般的投资咨询业务中逐渐分离出来,进而成为一类专门的、独立的证券服务业务类型的。

（二）证券资信评级的评级对象

在我国,证券资信评级的评级对象既包括证券类金融产品本身,也包括相关市场主体。具体包括:(1)依法审核发行的债券、资产支持证券以及其他固定收益或者债务型结构性融资证券;(2)在证券交易所上市交易的债券、资产支持证券以及其他固定收益或者债务型结构性融资证券,国债除外;(3)上述证券的发行人、上市公司、非上市公众公司、证券公司、证券投资基金管理公司;(4)中国证监会规定的其他评级对象。

二、证券资信评级机构及其业务条件

（一）证券资信评级机构

证券资信评级机构是依法设立的专门从事证券资信评级业务的市场主体。证券资信评级机构通过向证券市场提供有偿的证券评级服务,在其获取经营收益的同时,有助于厘清市场混乱信息,确保投资信息对称。这是一个双赢的局面:对证券发行人而言,有助于其成功发行证券,实现融资目的;对投资者而言,则有助于其识别、衡量投资风险与投资价值,作出理性投资判断。就此而言,证券评级机构是一个承担特殊社会责任的社会中介服务机构,它虽不直接从事证券的发行与交易,但可通过向证券市场和投资者提供某一证券的信用等级评定结果,来影响并引导各方权益趋于公平与平衡,同时挤压市场中的信息偏在现象,鼓励理性投资,确保市场安定。

此处,需注意"资产评估机构"与"资信评级机构"的差异。虽然二者均属于证券法上所讲的"证券服务机构",但前者系针对不同类型资产的价值进行货币化评价的专门证券服务机构;而后者特指对证券、相关主体等评级对象的信用状况进行评级的专门市场机构。

（二）资信评级机构的从业条件

在我国原《证券法》规则体系下，从事证券市场资信评级业务，实行的是业务许可制。即资信评级机构从事证券市场资信评级业务，应当向中国证监会申请取得证券评级业务许可。未取得该业务许可，任何单位和个人不得从事证券资信评级业务。但 2019 年《证券法》修订后，对此进行了改革。资信评级机构开展评级业务，只需向中国证监会备案即可。

根据现行规定，从事证券资信评级业务的机构需要满足如下条件：（1）具有中国法人资格，实收资本与净资产均不少于人民币 2000 万元；（2）符合条件的高级管理人员①不少于 3 人，具有证券从业资格的评级从业人员不少于 20 人，其中具有 3 年以上资信评级业务经验的评级从业人员不少于 10 人，具有中国注册会计师资格的评级从业人员不少于 3 人；（3）具有健全且运行良好的内部控制机制和管理制度；（4）具有完善的业务制度，包括信用等级划分及定义、评级标准、评级程序、评级委员会制度、评级结果公布制度、跟踪评级制度、信息保密制度、证券评级业务档案管理制度等；（5）最近 5 年未受到刑事处罚，最近 3 年未因违法经营受到行政处罚，不存在因涉嫌违法经营、犯罪正在被调查的情形；（6）最近 3 年在税务、市场监管、金融等行政管理机关，以及自律组织、商业银行等机构无不良诚信记录；（7）中国证监会为保护投资者、维护社会公共利益规定的其他条件。

三、业务规则

证券资信评级机构（简称"证券评级机构"）从事证券资信评级业务（简称"证券评级业务"），应当遵循独立、客观、公正的原则。同时，对同一类评级对象评级，或者对同一评级对象跟踪评级，应当采用一致的评级标准和工作程序。具体来讲，应当遵循以下规则：

（一）业务信息公开

证券评级机构应当在向国务院证券监督管理机构备案后，将其信用等级划分及定义、评级方法、评级程序报中国证券业协会备案，并通过中国证券业协会网站、本机构网站及其他公众媒体向社会公告。

信用等级划分及定义、评级方法和评级程序有调整的，应当及时备案、公告。

（二）利害关系业务禁止

证券评级机构与评级对象存在以下利害关系的，不得受托开展证券评级业务：（1）证券评级机构与受评级机构或者受评级证券发行人为同一实际控制人所控制；（2）同一股东持

---

① 2007 年 8 月 24 日中国证监会颁布的《证券市场资信评级业务管理暂行办法》（证监会令第 50 号）第 8 条规定："资信评级机构负责证券评级业务的高级管理人员，应当具备下列条件：（一）取得证券从业资格；（二）熟悉资信评级业务有关的专业知识、法律知识，具备履行职责所需要的经营管理能力和组织协调能力，且通过证券评级业务高级管理人员资质测试；（三）无《公司法》《证券法》规定的禁止任职情形；（四）未被金融监管机构采取市场禁入措施，或者禁入期已满；（五）最近 3 年未因违法经营受到行政处罚，不存在因涉嫌违法经营、犯罪正在被调查的情形；（六）正直诚实，品行良好，最近 3 年在税务、工商、金融等行政管理机关，以及自律组织、商业银行等机构无不良诚信记录。境外人士担任前款规定职务的，还应当在中国境内或者香港、澳门等地区工作不少于 3 年。"

有证券评级机构、受评级机构或者受评级证券发行人的股份均达到 5% 以上;(3) 受评级机构或者受评级证券发行人及其实际控制人直接或者间接持有证券评级机构股份达到 5% 以上;(4) 证券评级机构及其实际控制人直接或者间接持有受评级证券发行人或者受评级机构股份达到 5% 以上;(5) 证券评级机构及其实际控制人在开展证券评级业务之前 6 个月内买卖受评级证券;(6) 中国证监会为保护投资者、维护社会公共利益认定的其他情形。

(三) 证券评级业务的回避

为保护投资者权益,维护社会公共利益,证券评级机构评级委员会委员及评级从业人员在开展证券评级业务期间有下列情形之一的,应当回避:(1) 本人、直系亲属持有受评级机构或者受评级证券发行人的股份达到 5% 以上,或者是受评级机构、受评级证券发行人的实际控制人;(2) 本人、直系亲属担任受评级机构或者受评级证券发行人的董事、监事和高级管理人员;(3) 本人、直系亲属担任受评级机构或者受评级证券发行人聘任的会计师事务所、律师事务所、财务顾问等证券服务机构的负责人或者项目签字人;(4) 本人、直系亲属持有受评级证券或者受评级机构发行的证券金额超过 50 万元,或者与受评级机构、受评级证券发行人发生累计超过 50 万元的交易;(5) 中国证监会认定的足以影响独立、客观、公正原则的其他情形。

(四) 业务流程

1. 设立业务项目组

证券评级机构开展证券评级业务,应当成立项目组,项目组组长应当具有证券从业资格且从事资信评级业务 3 年以上。项目组对评级对象进行考察、分析,形成初评报告,并对所依据的文件资料内容的真实性、准确性、完整性进行核查和验证。

2. 确定信用等级

证券评级机构建立评级委员会制度,由评级委员会对项目组提交的初评报告进行审查,作出决议,确定信用等级。

3. 信用等级复评

证券评级机构应当建立复评制度。证券评级机构接受委托开展证券评级业务,在确定信用等级后,应当将信用等级告知受评级机构或者受评级证券发行人。受评级机构或者受评级证券发行人对信用等级有异议的,可以申请复评一次。

证券评级机构受理复评申请的,应当召开评级委员会会议重新进行审查,作出决议,确定最终信用等级。

4. 信用评级结果公布

证券评级机构应当建立评级结果公布制度。评级结果应当包括评级对象的信用等级和评级报告。评级报告应当采用简洁、明了的语言,对评级对象的信用等级作出明确解释,并由符合规定的高级管理人员签字。资信评级报告应当真实、准确、完整,不得有虚假记载、误导性陈述或者重大遗漏,给他人造成损失的,除能够证明自己没有过错的以外,证券评级机构应当与发行人、上市公司承担连带赔偿责任。

（五）跟踪评级

证券评级机构应当建立跟踪评级制度。证券评级机构应当在对评级对象出具的首次评级报告中,明确规定跟踪评级事项。在评级对象有效存续期间,证券评级机构应当持续跟踪评级对象的政策环境、行业风险、经营策略、财务状况等因素的重大变化,及时分析该变化对评级对象信用等级的影响,出具定期或者不定期跟踪评级报告。

（六）异议评级结果同时公布

受评级机构或者受评级证券发行人对其委托的证券评级机构出具的评级报告有异议,另行委托其他证券评级机构出具评级报告的,原受托证券评级机构与现受托证券评级机构应当同时公布评级结果,这就是所谓"非单一性"评级。一般认为,证券评级机构的单一,容易导致对证券评级的偏差,而使投资者以及客户失去选择的余地,通过设立多家证券评级机构,形成业务竞争关系或将有助于资信评级更为准确、客观、可靠。

（七）证券评级业务信息保密与业务档案管理

证券评级机构应当建立证券评级业务信息保密制度。对于在开展证券评级业务活动中知悉的国家秘密、商业秘密和个人隐私,证券评级机构及其从业人员应当依法履行保密义务。

证券评级机构应当建立证券评级业务档案管理制度。业务档案应当包括受托开展证券评级业务的委托书、出具评级报告所依据的原始资料、工作底稿、初评报告、评级报告、评级委员会表决意见及会议记录、跟踪评级资料、跟踪评级报告等。业务档案应当保存到评级合同期满后 5 年,或者评级对象存续期满后 5 年。业务档案的保存期限不得少于 10 年。

第四节　其他证券服务机构

市场中介机构的出现,将市场化交易模式和行为提升到了一个新的境界:从供求双方"为了需求而交易"演变为"为了交易而交易",交易本身已经成为一种巨大的需求。在市场经济条件下,凡有交易发生之处,几乎都有相应的市场中介机构存在。

在证券服务机构中,除前述证券投资咨询机构、证券评级机构外,还有财务顾问、资产评估机构、会计师事务所、律师事务所等其他证券服务机构。证券服务机构的多样性,一方面反映出证券发行、交易过程的复杂性和专业性特点,另一方面也反映出证券服务市场的升级、细分趋势。同时,随着区块链、云计算以及人工智能技术在金融科技与法律科技领域的不断推广,证券服务领域的技术性必将日新月异,而相关制度设计与法律问题亦值得深入研究和思考。

一、财务顾问机构

（一）财务顾问概述

财务顾问是一个相对宽泛的概念,泛指证券公司、证券投资咨询机构、商业银行等金融服务机构根据客户委托,为客户在财务管理、投融资、兼并与收购、资产与债务重组、企业发展战略等经营活动中提供调查、咨询、分析、规划设计等与企业财务有关的一系列综合服务活动。实践中,财务顾问活动主要集中于上市公司并购重组领域,主要为上市公司的收购、重大资产重组、合并、分立、股份回购等对上市公司股权结构、资产和负债、收入和利润等具有重大影响的并购重组活动提供交易估值、方案设计、专业意见等专业服务。本部分对财务顾问机构的阐述也主要以上市公司并购重组业务为例展开。

(二) 财务顾问机构的独立性

担任上市公司财务顾问,须保持独立性,不得与上市公司存在利害关系。具体来看,存在下列情形之一的,不得担任财务顾问:(1) 持有或者通过协议、其他安排与他人共同持有上市公司股份达到或者超过 5%,或者选派代表担任上市公司董事;(2) 上市公司持有或者通过协议、其他安排与他人共同持有财务顾问的股份达到或者超过 5%,或者选派代表担任财务顾问的董事;(3) 最近 2 年财务顾问与上市公司存在资产委托管理关系、相互提供担保,或者最近一年财务顾问为上市公司提供融资服务;(4) 财务顾问的董事、监事、高级管理人员、财务顾问主办人或者其直系亲属有在上市公司任职等影响公正履行职责的情形;(5) 在并购重组中为上市公司的交易对方提供财务顾问服务;(6) 与上市公司存在利害关系、可能影响财务顾问及其财务顾问主办人独立性的其他情形。

(三) 财务顾问机构的职责

财务顾问机构从事上市公司并购重组财务顾问业务,应当履行以下职责:(1) 尽职调查。即接受并购重组当事人的委托,对上市公司并购重组活动进行尽职调查,全面评估相关活动所涉及的风险。(2) 提供对策建议。即就上市公司并购重组活动向委托人提供专业服务,帮助委托人分析并购重组相关活动所涉及的法律、财务、经营风险,提出对策和建议,设计并购重组方案,并指导委托人按照上市公司并购重组的相关规定制作申报文件。(3) 规范化辅导。即对委托人进行证券市场规范化运作辅导,使其熟悉有关法律、行政法规和中国证监会的规定,充分了解其应承担的义务和责任,督促其依法履行报告、公告和其他法定义务。(4) 发表专业意见。即在对上市公司并购重组活动及申报文件的真实性、准确性、完整性进行充分核查和验证的基础上,依据中国证监会的规定和监管要求,客观、公正地发表专业意见。(5) 申报材料答复。即接受委托人的委托,向中国证监会报送有关上市公司并购重组的申报材料,并根据中国证监会的审核意见,组织和协调委托人及其他专业机构进行答复。(6) 持续督导。即根据中国证监会的相关规定,持续督导委托人依法履行相关义务。(7) 中国证监会要求的其他事项。

◎ **相关案例**

案例一:

2016 年 2 月,云南证监局在日常监管中发现:在沈机集团拟向紫光卓远转让昆明机床股份过程中,昆明机床、沈机集团未披露"3 个月自动解除"等协议生效条件和特殊条款,紫光卓远未完整披露协议的生效条件,信息披露存在重大遗漏;且沈机集团、紫光卓远未按照规定披露沈机集团回购昆明机床资产的股份转让补充协议。中德证券作为紫光卓远聘请的财务顾问,为自己撰写的《详式权益变动报告书》出具了核查意见和声明,未勤勉尽责,导致未发现紫光卓远信息披露存在重大遗漏。为此,证监会对中德证券作出没收业务收入 300 万元,并处以 300 万元罚款的处罚。

案例二:

国信证券作为华泽钴镍恢复上市的保荐机构和重大资产重组财务顾问,在核查上市公司关联方非经营性占用资金和应收票据,以及利用审计专业意见等方面未勤勉尽责,未对华泽钴镍及下属企业大额资金变化、应收票据快速增减等异常情况进行必要关注,未履行必要核查程序,未对审计专业意见进行必要的审慎核查,导致未能发现华泽钴镍关联方非经营性占用资金和采用无效票据入账掩盖资金占用的事实,在其出具的保荐材料及相关报告中存在虚假记载、重大遗漏。

证监会依法对国信证券保荐业务违法违规案作出处罚,责令其改正,给予警告,没收业务收入 100 万元,并处以 300 万元罚款,对其直接负责的主管人员龙飞虎、王晓娟给予警告,并分别处以 30 万元罚款;对国信证券并购重组财务顾问业务违法违规行为作出处罚,责令其改正,没收业务收入 600 万元,并处以 1800 万元罚款,对其直接负责的主管人员张苗、曹仲原给予警告,并分别处以 10 万元罚款。

二、资产评估机构

(一)资产评估机构的概念

资产评估机构是指依法设立,取得资产评估资格,从事资产评估业务的机构。其在组织形式上可以采取合伙制,也可以采取公司制。资产评估机构的业务范围主要包括单项资产评估、资产组合评估、企业价值评估、其他资产评估以及相关的咨询业务等。

(二)资产评估机构的股东

资产评估机构的合伙人或者股东应当具备下列条件:(1)持有注册资产评估师证书;(2)取得注册资产评估师证书后,近 3 年连续专职从事资产评估业务;(3)成为合伙人或股东前 3 年内,未因评估执业行为受到行业自律惩戒或者行政处罚。此外,合伙制资产评估机构的首席合伙人和公司制资产评估机构的法定代表人应当由该机构持有注册资产评估师证书的执行合伙事务的合伙人或者股东担任。

(三)资产评估机构的分支机构

资产评估机构分支机构是指资产评估机构依法在异地设立的从事资产评估业务的机构。分支机构的民事责任由设立该分支机构的资产评估机构承担。分支机构的名称应当采用"资产评估机构名称+分支机构所在地行政区划名+分所(分公司)"的形式。

◎   **相关案例**

立信会计师事务所、北京中同华资产评估有限公司未勤勉尽责案

立信会计师事务所在为大智慧开展 2013 年年报审计业务中未勤勉尽责，未执行必要审计程序，未获取充分适当的审计证据。

北京中同华资产评估有限公司在大智慧下属公司股东权益价值评估过程中，违反多项执业准则规定，包括以预先设定的价值作为评估结论、评估结论存在具有重要影响的实质性遗漏、未披露评估期间发生的重大事项、未对现金等实施有效的评估程序、评估报告出具日期早于内部审核日期等。

两家中介机构未勤勉尽责，所制作、出具的文件有虚假记载、误导性陈述或者重大遗漏。证监会依法没收上述机构相关业务收入，并分别处以违法所得 3 倍金额的罚款。

三、律师事务所

证券市场是一个高风险市场。为保护投资者合法权益，维护证券市场秩序，需要律师发挥职业技能，对证券发行、上市和交易的合法合规提供专业化服务，发挥有效的社会监督角色。

律师事务所参与证券市场业务，主要通过出具法律意见书的方式进行。根据现行证券法律制度规定，涉及下列事项时，需要律师事务所出具专业的法律意见书：（1）首次公开发行股票并上市；（2）上市公司发行证券及上市；（3）上市公司收购、重大资产重组及股份回购；（4）上市公司召开股东大会的法律见证；（5）上市公司实行股权激励计划；（6）境内企业直接或间接到境外发行证券、将其证券在境外上市交易；（7）证券投资基金的募集、证券公司集合资产管理计划的设立；（8）公司债券、证券衍生品种的发行及上市；（9）中国证监会规定的其他情形。

律师事务所及负责具体业务的律师在从事证券法律业务活动时，应当勤勉尽责，对于所出具的法律意见书承担法律责任。如果法律意见书中有虚假记载、误导性陈述或者重大遗漏，给投资者造成损失，应当与发行人承担连带责任，除非能证明自己没有过错。除上述民事责任外，证券监督管理机构、司法行政管理机关、律师协会等也会对违法违规的律师事务所以及相关律师作出处罚，严重的甚至可能承担刑事责任①。

◎   **相关案例**

欣泰电气欺诈发行，主办律所诉中国证监会案

2017 年 6 月 23 日，丹东欣泰电气收到深圳证券交易所《股票终止上市的决定》，后该公司股票被证券交易所摘牌。2017 年 6 月 27 日，中国证监会对欣泰电气主办律师事

---

①   这里的刑事责任主要是指《刑法》第 229 条所规定的提供虚假证明文件罪、出具证明文件重大失实罪。

务所北京市东易律师事务所作出行政处罚决定书,认为该律师事务所在为该公司首次公开发行股票并在创业板上市提供法律服务的过程中,未勤勉尽责,违反证券法及相关规定,出具含虚假记载的文件,责令该律师事务所改正,没收业务收入 90 万元,并处以 180 万元罚款。律师事务所不服上述处罚决定,遂将证监会起诉至法院。2018 年 3 月 15 日,北京市第一中级人民法院公开开庭审理了该案,并作出了判决,认为北京市东易律师事务所及其律师郭立军、陈燕殊相关违法行为成立,中国证监会作出的行政处罚并无不当,驳回了三原告的诉讼请求。

四、会计师事务所

会计师事务所是注册会计师执行业务的工作机构。会计师事务所可以采用普通合伙、特殊普通合伙或者有限责任公司形式。在证券市场,会计师事务所从事的业务主要是对证券发行人、证券经营机构和证券交易场所进行会计报表审计、净资产验证及其他相关专业服务。其中,最主要的是对证券发行人的财务状况、经营业绩提供独立、客观、公正的专业意见,以保证证券审核机构、公众投资者能够获得真实可靠的证券发行人财务信息,进而进行客观审核和科学决策。

会计师事务所及注册会计师在从事证券业务的过程中,应勤勉尽责,严格遵守并执行国家的财务会计制度,客观、真实地反映证券发行人等主体的财务状况,不得出具虚假不实的财务会计报告,否则,应承担法律责任。在具体的责任认定与承担方面,与上述律师事务所基本相同,此处不赘。

◎ **相关案例**

利安达会计师事务所违法违规案

2014 年 5 月,福建金森林业股份有限公司开展并购福建连城兰花股份有限公司部分股权的工作,利安达会计师事务所作为审计机构,违反《审计准则》规定,未勤勉尽责,为其出具虚假审计报告。为此,证监会依法没收利安达会计师事务所业务收入并处罚款。2016 年 8 月,证监会与财政部作出暂停利安达会计师事务所(特殊普通合伙)承接新的证券业务并责令限期整改的处理决定。

本章理论与实务探讨

市场中介服务机构与政府的关系

人们对于市场中介服务机构与政府关系的认识是一个循序渐进的过程:最早认为市场中介服务机构只服务于市场经济,后来逐渐发现市场中介服务机构的作用和影响力显然超过了市场的范畴,是处于政府与公司或企业之间,起沟通、连接作用,承担特定的服务、协调、监督、管理职能的具有相对独立法律地位的社会组织。

通常,政府通过税收向每个纳税人收取公共产品和服务的费用,是社会公共产品与公共服务的主要提供者。但政府在向社会提供公共产品的同时,也依法享有强大的行政权力,可以轻易地通过公权的行使来强制推行自己的施政理念和目标,从而有意无意地忽略自己公共产品和服务提供者的角色,而强调其社会事务管理者的角色。而市场中介服务机构恰恰具有压缩政府职能的功能:市场中介服务机构不断拓宽服务领域的努力,与政府提供公共服务往往形成竞争甚至冲突。一般而言,在这种竞争与冲突中,基于主权在民以及财政预算等方面的考虑,政府一般都会选择退出竞争,从而将有关社会公共管理服务职能让渡给市场中介服务机构,政府的职能被压缩到审批等范围。这在减轻政府负担的同时,也促进了市场中介服务机构的发展。

本章法考与考研练习题

一、名词解释

1. 证券服务机构

2. 同一问题一致

3. 会员制投资咨询业务

4. 证券资信评级

二、不定项选择题

1. 证券服务机构因其制作、出具的文件有虚假记载、误导性陈述或者重大遗漏,给他人造成损失的,应当(　　　)。

A. 无论有无过错,均应当承担赔偿责任

B. 与委托人承担连带赔偿责任,但是能够证明自己没有过错的除外

C. 有过错的,应当承担赔偿责任

D. 应当承担部分赔偿责任

2. 信息披露义务人的信息披露资料存在虚假记载,致使投资者在证券交易中遭受损失的,(　　　)应当负连带赔偿责任。

A. 发行人的控股股东、实际控制人、董事、监事、高级管理人员和其他直接责任人员

B. 保荐人、承销的证券公司及其直接责任人员

C. 出具相关项目可行性研究报告的投资咨询机构

D. 出具法律意见书的律师事务所

3. 下列关于证券服务机构从事相关业务表述正确的是(　　　)。

A. 证券服务机构应当勤勉尽责、恪尽职守,按照相关业务规则为证券的交易及相关活动提供服务

B. 证券服务机构从事证券投资咨询服务业务,应当经国务院证券监督管理机构核准

C. 证券服务机构从事其他证券服务业务,应当报国务院证券监督管理机构和国务院有关主管部门备案

D. 证券服务机构从事其他证券服务业务,应当报国务院证券监督管理机构备案,无须

向国务院有关主管部门备案

4.中国证监会认为有必要时,可以委托(　　)对证券公司的财务状况、内部控制状况、资产价值进行审计或者评估。

A.证券登记结算机构

B.证券资信评级机构

C.会计师事务所

D.资产评估机构

5.下列关于证券服务机构客户信息资料的保存义务表述正确的是(　　)。

A.证券服务机构应当妥善保存客户委托文件、核查和验证资料、工作底稿

B.证券服务机构应当妥善保存与质量控制、内部管理、业务经营有关的信息和资料

C.任何人不得泄露、隐匿、伪造、篡改或者毁损客户信息和资料

D.证券服务机构保存客户信息资料的期限不得少于10年,自业务委托结束之日起算

6.下列关于某证券投资咨询公司的业务范围表述正确的有(　　)。

A.可以提供现场证券、期货投资咨询服务

B.可以开展私募业务,包括开展私募投资基金管理业务和在机构间私募产品报价与服务系统开展私募证券业务

C.不得公开举办有关证券、期货投资咨询的讲座、报告会、分析会

D.在向中国证监会备案后可在全国股转系统开展公司挂牌推荐、做市业务

7.证券投资咨询机构及其从业人员从事证券服务业务,(　　)。

A.不得代理委托人从事证券投资

B.不得与委托人约定分享证券投资收益或者分担证券投资损失

C.不得买卖本证券投资咨询机构提供服务的证券

D.实施法律禁止的行为,给投资者造成损失的,应当依法承担赔偿责任

8.荐股软件是指(　　)的软件产品、软件工具或者终端设备。

A.提供涉及具体证券投资品种的投资分析意见,或者预测具体证券投资品种的价格走势

B.提供具体证券投资品种选择建议

C.提供具体证券投资品种的买卖时机建议

D.仅具备证券信息汇总或者证券投资品种历史数据统计功能,但不具备提供投资分析、预测或者建议

9.证券公司从事上市公司并购重组财务顾问业务,应当具备以下(　　)条件。

A.实缴注册资本和净资产不低于人民币500万元

B.财务顾问主办人不少于5人

C.控股股东、实际控制人在公司申请从事上市公司并购重组财务顾问业务资格前1年未发生变化,信誉良好且最近3年无重大违法违规记录

D.有证券从业资格的人员不少于20人,其中,具有从事证券业务经验3年以上的人员不少于10人,财务顾问主办人不少于5人

10.下列关于证券投资咨询业务行为的表述正确的是(　　)。

A.证券投资咨询机构及其执业人员不得参加媒体等机构举办的荐股"擂台赛"、模拟证

券投资大赛或类似的栏目或节目

B. 证券投资咨询机构及其执业人员有权拒绝媒体对其所提供的稿件进行断章取义、做有损原意的删节和修改,并自提供之日起将其稿件以书面形式保存3年

C. 预测证券市场、证券品种的走势或者就投资证券的可行性进行建议时需有充分的理由和依据,不得主观臆断

D. 证券投资分析报告、投资分析文章等形式的咨询服务产品不得有建议投资者在具体证券品种上进行具体价位买卖等方面的内容

三、简答题

1. 简述证券评级机构的内部治理结构。

2. 简述证券服务机构的法律特征。

3. 简述证券服务机构的勤勉义务。

4. 简述独立财务顾问的独立性。

四、论述题

1. 论述证券评级机构的业务基本原则。

2. 论述证券服务机构的勤勉义务。

五、案例分析题

D证券投资公司共招收客户9268人,其中通过电话声讯点卡业务招收异地客户4622人,收取会费金额为2298.1万元。后因该业务涉嫌变相从事会员制业务被当地证监局要求停止。随后,D公司在向证监局报送的业务自查整改报告、投资咨询机构年检报告以及会员制业务情况报告中,对年度会员制业务规模、异地会员数量以及会费收入等进行了虚假陈述。

请问:D公司存在哪些违法违规行为?并说明理由。

本章法考与考研练习题参考答案

第七章　证券业协会制度

[**导语**]

　　中国证券业协会是全国性证券业自律组织,是非营利性社会团体法人。协会接受业务主管单位(中国证监会)和社团登记管理机关(民政部)的业务指导和监督管理。作为政府与证券行业间的桥梁和纽带,中国证券业协会承担着行业自律管理、维护会员合法权益、维护正当竞争、促进证券市场稳定发展的重要职责。

　　本章主要讲述了证券业协会的概念、性质、功能、职责、会员制度及协会内部管理等基本内容。本章的重点是证券业协会的性质、功能、职责与内部管理问题;本章的难点是证券业协会自律功能的实现以及证券业协会职责的完善。

第一节　证券业协会的功能、性质与职责

一、证券业协会的自律功能

(一)证券业协会自律管理的国际经验

　　世界各国的证券监管都包含着自律力量和他律力量等各种主体的共同参与。它们根据自己的立场和职能定位来防范证券市场中的各种风险,推动证券市场发展。但由于社会经济、文化背景以及历史传统的不同,各国监管体制的重心也有所不同。相对而言,英国和美国较为重视发挥证券业协会、证券交易所等市场主体的自律与自治功能。

　　英国的证券市场在很长一段时间内都以自律监管为主,直到 20 世纪 80 年代末才有了类似于美国证券交易委员会的证券监管机构。在此之前,管理机构主要包括英格兰银行、英国证券交易所协会、英国企业收购与合并问题专门小组、英国证券业理事会。其中,英格兰银行作为中央银行,并不参与证券市场的直接管理,只是根据金融政策的需要,对证券发行具有审批权。其他三个机构都是自律组织:证券交易所协会由在交易所大厅从事营业的证券经纪商和营业商组成,管理伦敦和英国其他 6 个地方交易所大厅的业务,实际上负责整个英国证券业的基本管制;企业收购与合并问题专门小组于 1968 年由参加"伦敦城工作小组"的 9 个专业协会发起组成,目的是起草关于管制企业收购的规则;证券业理事会是 1978

年根据英格兰银行的提议成立的自我管制机构,是一个私人组织,由 10 个以上的专业协会的代表组成,这一机构长期在英国的自我管制体系中占有中心地位。[1]

2000 年英国通过了《金融服务与市场法》。根据该法,英国成立了统一的监管机构——金融服务监管局(Financial Services Authority,简称 FSA)。该法明确了 FSA 对金融市场的权力、义务与责任,统一了监管标准。根据该法,英格兰银行、证券和期货局、投资管理监管组织、私人投资监管局等机构的职能都并入了 FSA。同时,它还承继了三个自律组织的一系列管理职能,并取得了财政部保险司对保险业的监管职能,成为整个英国金融业唯一的监管部门。2013 年,FSA 的职能被拆分,分别由金融行为监管局和审慎监管局行使。这一时期,英国证券市场的自治色彩开始削弱。但即便如此,FSA 前主席霍华德·戴维斯(Howard Davies)仍这样评价本国证券业的自律体系:"大家定规矩,大家来遵守,这就是自律的基本模式。毕竟,英国的证券市场是世界上最为古老的证券市场,一套完善的自律监管体系经历了数百年的市场磨合与考验。因此,英国基本上可以依靠自律性组织去完成市场的监管任务。"

与英国相比,美国在 1933 年联邦证券立法通过以后,其政府监管色彩一直较为浓厚。不过,美国也比较尊重证券交易所、行业协会的自治功能,在加强政府监管的同时,依然承认市场优先和自律优先的原则。在美国,证券交易委员会往往并不直接对经纪商和自营商进行监管,而是由这些券商成立各种自律组织,由证券交易委员会规范监管自律组织及其制定的市场行为规则,再由这些自律组织监管他们的会员。

(二) 自律管理的优点与不足

1985 年 1 月,英国公布了"联合王国全能服务"白皮书,英国议会确认自律型管理模式具有如下优点:(1) 它为充分的投资保护与竞争、创新的市场相结合提供了最大的可能性;(2) 它不仅让证券交易商参与制定与执行证券市场管理条例,而且鼓励模范地遵守这些条例,这样的市场管理将更有效;(3) 能够自己制定和执行管理条例的私营机构,与靠议会变更管理条例的机构相比,在经营上具有更大的灵活性,立法机关制定的法律强调稳定性,即使要修改,其修改程序比较复杂,时间也会拖很长,而自律机关不必受这一问题的困扰;(4) 证券交易商对现场发生的违法行为有充分的准备,并且能够对此作出迅速而有效的反应。

当然,自律管理体制也存在不少缺陷需要弥补:(1) 自律型管理通常把重点放在市场的有效运转和保护行业会员的经济利益上,可能因此降低对投资者权益的保障。(2) 管理者本身与所监管的行业存在千丝万缕的联系,缺乏独立性的立场,难以保证监管的公正性。(3) 缺乏立法及司法体制作后盾,使自律规范在强制力上有所欠缺。自律机构对违反自律规范事件之调查举证,缺乏政府直接行政监督之强制力,故在实行上往往遭遇困难,致使自律规范之功能发挥有其先天之界限。[2]

(三) 我国的实践

目前世界各国证券监管的发展趋势是政府职能部门的集中监管与行业的自律管理彼此

---

① 白钦先主编:《发达国家金融监管比较研究》,中国金融出版社 2003 年版,第 258 页。

② 林国全:《证券交易法研究》,中国政法大学出版社 2002 年版,第 319 页。

尊重、相互协调、功能互补并且高度融合。我国证券市场的发展,一直都是行政权力推动的结果。证券市场存在与发展的基础都是政府权力,自律性规范仅作为国家强制性规范的附属规则发挥作用。这种特殊的体制与传统,使得我国证券业协会对政府监管机构形成天然的依赖。[1] 近年来,随着经济体制改革的深入发展,我国证券市场的监管体制正在向着市场化、多元化的方向演变。我国证券监管体制中既包含政府部门的监管,也包含证券市场中各种组织的自律和自治,中国证券业协会、中国证券投资基金业协会、中国期货业协会、上市公司协会和证券交易所等自治力量在资本市场中的主动性、重要性、独立性都在逐步增强,各个组织积极实现行业自律,协调行业关系,提供行业服务,促进行业发展。

中国证券业协会成立于 1991 年 8 月 28 日。在中国证券市场的起步阶段,协会在普及证券知识、开展国际交流以及提供行业发展信息等方面做了大量服务工作。自成立以来,协会团结和依靠全体会员,切实履行"自律、服务、传导"三大职能,在推进行业自律管理、反映行业意见建议、改善行业发展环境等方面做了相应的工作,发挥了行业自律组织的应有作用。

协会接受业务主管单位(中国证监会)和社团登记管理机关(民政部)的业务指导和监督管理。协会内部的最高权力机构是由全体会员组成的会员大会,理事会为其执行机构。中国证券业协会实行会长负责制。截至 2020 年 12 月,协会共有会员 473 家,其中法定会员138 家、普通会员 256 家、特别会员 79 家,共有观察员 390 家。[2]

二、中国证券业协会的概念与性质

中国证券业协会(Securities Association of China)是依据《中华人民共和国证券法》和《社会团体登记管理条例》的有关规定设立的全国性证券业自律组织,是非营利性社会团体法人。

中国证券业协会的法律性质包括三个方面:(1)协会属于行业自律组织。协会成立的主要目的是组建一个行业自律机构,成为政府与证券行业间的桥梁和纽带。证券业协会是我国证券业最重要的自律性组织之一,依法履行自我管理、自我教育以及为会员服务的各种法定职责。(2)协会属于非营利法人。《民法典》第87条规定:"为公益目的或者其他非营利目的成立,不向出资人、设立人或者会员分配所取得利润的法人,为非营利法人。非营利法人包括事业单位、社会团体、基金会、社会服务机构等。"中国证券业协会成立的目的不在于营利,协会也不向会员进行利益分配,会员对于协会收益没有请求权。(3)协会属于社会团体法人。《民法典》第90条规定:"具备法人条件,基于会员共同意愿,为公益目的或者会员共同利益等非营利目的设立的社会团体,经依法登记成立,取得社会团体法人资格;依法不需要办理法人登记的,从成立之日起,具有社会团体法人资格。"《民法典》按照法人设立目的和功能的不同,采取了营利法人、非营利法人、特别法人的一级分类;继而把非营利法人分为事业单位法人、社会团体法人、基金会法人及社会服务机构法人等。这一分类方法有助于厘清证券业协会的法律性质。

---

[1]　叶林:《证券法》(第四版),中国人民大学出版社 2013 年版,第 284 页。

[2]　数据来源:中国证券业协会官网 http://www.sac.net.cn/ljxh/xhjj/,2021 年 1 月 2 日访问。

◎　**相关案例**

　　证券业协会的法律性质及其自律管理行为的法律性质应当如何界定？自律管理对象应当如何申请司法救济？这些问题一直存在争议。

　　2017 年，北京市发展和改革委员会对中国证券业协会在组织证券业从业人员资格考试中涉嫌滥用行政权力排除、限制竞争的问题进行了调查。就此出具的行政处罚文件指出，中国证券业协会是依据《证券法》和《社会团体登记管理条例》的有关规定设立的证券业自律性组织，属于非营利性社会团体法人，接受中国证监会和民政部的业务指导和监督管理，是法律、法规授权的具有管理公共事务职能的组织。协会仅为考生提供"某某支付"这一唯一的报名费用支付工具，使得作为消费者的考生必须与"某某支付"之间形成资金支付结算服务关系，破坏了提供资金支付结算服务的经营者之间的公平竞争环境，从而损害了消费者和其他经营者的利益。该行为涉嫌违反《反垄断法》第 32 条"行政机关和法律、法规授权的具有管理公共事务职能的组织不得滥用行政权力，限定或者变相限定单位或者个人经营、购买、使用其指定的经营者提供的商品"的规定。

　　2016 年，在李某某诉中国证券业协会对其所作注销证券经纪人资格行为一案中，人民法院认为，中国证券业协会作为根据《证券法》的相关规定，在国家对证券发行、交易活动实行集中统一监督管理的前提下设立的证券业自律组织，负有对证券业从业人员进行从业资格考试、执业证书发放、执业注册登记以及组织或者办理证券经纪人的证书印制与后续职业培训的法定职责。审理此案的两级人民法院均依据《行政诉讼法》作出判决。

　　在以上案例中，司法机关和行政执法部门均将中国证券业协会界定为《行政许可法》《行政处罚法》等法律规定的"法律、法规授权的具有管理公共事务职能的组织"，并由此将中国证券业协会作为行政诉讼中的适格被告进行处理，这有助于解释中国证券业协会自律管理行为的合法性、正当性，也能够较好地解决相关的司法诉讼路径及相对人合法权益的救济等问题。

三、中国证券业协会的宗旨与职责

　　中国证券业协会的宗旨是：遵守国家宪法、法律、法规和经济方针政策，遵守社会道德风尚，坚持中国共产党的领导，在国家对证券业实行集中统一监督管理的前提下，进行证券业自律管理；发挥政府与证券行业间的桥梁和纽带作用；为会员服务，维护会员的合法权益；维护证券业的正当竞争秩序，促进证券市场的公开、公平、公正，推动证券市场的健康稳定发展。

　　根据新时期资本市场发展的需要，2019 年《证券法》对中国证券业协会的职责进行了相应的调整，删去了原《证券法》第 8 条[①]，增加了协会督促证券行业履行社会责任、引导行业

---

　　① 原《证券法》第 8 条规定，在国家对证券发行、交易活动实行集中统一监督管理的前提下，依法设立证券业协会，实行自律性管理。

创新发展的职责和督促会员开展投资者教育和保护活动,维护投资者合法权益等职责。《证券法》第 166 条规定:"证券业协会履行下列职责:(一)教育和组织会员及其从业人员遵守证券法律、行政法规,组织开展证券行业诚信建设,督促证券行业履行社会责任;(二)依法维护会员的合法权益,向证券监督管理机构反映会员的建议和要求;(三)督促会员开展投资者教育和保护活动,维护投资者合法权益;(四)制定和实施证券行业自律规则,监督、检查会员及其从业人员行为,对违反法律、行政法规、自律规则或者协会章程的,按照规定给予纪律处分或者实施其他自律管理措施;(五)制定证券行业业务规范,组织从业人员的业务培训;(六)组织会员就证券行业的发展、运作及有关内容进行研究,收集整理、发布证券相关信息,提供会员服务,组织行业交流,引导行业创新发展;(七)对会员之间、会员与客户之间发生的证券业务纠纷进行调解;(八)证券业协会章程规定的其他职责。"

第二节　中国证券业协会的会员与内部管理

一、协会会员的类型与资格管理

(一)会员的类型

根据《中国证券业协会章程》的规定,中国证券业协会会员由单位会员构成。协会会员应当符合下列条件:(1)拥护本章程;(2)符合法律、法规规定并从事证券市场相关业务;(3)协会要求的其他条件。

协会根据需要对会员进行分类管理。协会会员分为法定会员、普通会员、特别会员。法定会员是指经中国证监会批准设立的证券公司。普通会员是指依法从事证券市场相关业务的证券投资咨询机构、证券资信评级机构、证券公司私募投资基金子公司、证券公司另类投资子公司等机构。特别会员是指证券交易所、金融期货交易所、证券登记结算公司、证券投资者保护基金公司、融资融券转融通机构,各省、自治区、直辖市、计划单列市的证券业自律组织,依法设立的区域性股权市场运营机构,以及协会认可的其他机构。

另外,协会还设置了观察员。依法从事证券市场相关业务的信用增进机构、债券受托管理人、网下机构投资者、境外证券类驻华代表处、律师事务所、会计师事务所、期货公司、财务公司、信托公司、保险公司、商业银行、支付公司、金融资产管理公司等机构均可申请加入协会,成为观察员。

(二)会员资格的管理

关于证券业协会会员的资格管理,国际上通行的做法有两种:一种是自愿入会,即是否加入证券业协会由会员自主决定,美国采取这种做法;另一种是强制入会,即不论会员是否同意,法律规定必须入会。我国采取的是自愿入会与强制入会相结合的办法:证券公司作为法定会员,其入会属于强制入会;证券公司以外的普通会员、特别会员及观察员则实行自愿入会、退会自由。

在具体的会员资格管理上,主要包括:(1)会员入会实行注册管理。申请加入协会,申请机构应提交下列文件:申请书(应载明申请机构的名称、法定住所等,并承诺拥护协会章程);按协会要求填写的会员登记表;经营业务许可证复印件、法人营业执照(或法人登记证)复印件或其他法定资格文件;协会要求的其他文件。(2)协会日常办事机构审核申请机构所提交的申请文件,对符合入会条件的,报会长办公会审议通过后,进行会员注册登记并向申请机构发放会员证书。(3)会员设会员代表一名,代表其在协会履行职责。会员代表应当是会员法定代表人或主要负责人。会员更换会员代表,须向协会书面报告。经会长办公会确认后,继任会员代表可以接替该会员在协会的理事或监事职务。该会员代表担任会长、副会长、监事长、副监事长的,继任会员代表须经理事会或监事会选举通过,方能继任相应职务。(4)会员发生合并、分立、终止等情形的,其会员资格相应变更或终止。(5)除法定会员外的其他类别会员可以自愿退会。会员退会应向协会提交书面申请,并交回会员证书。除法定会员外的其他类别会员,无正当理由连续两年不缴纳会费或不参加协会组织的任何活动的,视为自动退会;法定会员有前述情形的,协会将给予纪律处分。(6)除法定会员外的其他类别会员如有严重违法违规或违反协会章程的行为,协会可取消其会员资格。(7)观察员入会、退会,参照会员相关规定执行。

二、会员、观察员的权利与义务

会员、观察员享有下列权利:(1)法定会员和普通会员享有选举权、被选举权和审议权、表决权,特别会员享有审议权、表决权,观察员可享有审议权;(2)要求协会维护其合法权益不受损害的权利;(3)通过协会向有关部门反映意见和建议的权利;(4)对协会给予的纪律处分有听证、陈述和申辩的权利;(5)参加协会举办的活动和获得协会服务的权利;(6)对协会工作的批评、建议和监督权;(7)会员大会决议规定的其他权利。

会员、观察员履行下列义务:(1)遵守协会的章程、自律规则、行业标准和业务规范;(2)执行协会的决议;(3)维护协会的声誉;(4)积极参加协会组织的活动,完成协会交办的工作;(5)向协会反映情况,按规定提供有关资料;(6)按规定缴纳会费,会员应根据《中国证券业协会会费收缴办法》的规定及时、足额缴纳会费,入会费应在入会注册登记后15个工作日内缴纳,年会费应按照协会通知要求的时间缴纳;(7)服从协会的监督与管理,接受协会的检查与协调;(8)会员大会决议规定的其他义务,如会员应按照协会要求定期或不定期向协会报送业务和财务信息,接受协会根据自律管理需要组织的检查、考评。

三、协会的自律措施

证券业协会对自律管理对象采取自律措施是推动证券业诚信建设的重要手段。2020年7月,中国证券业协会对《中国证券业协会自律措施实施办法》进行了修订,明确规定了自律措施,主要内容如下。

(一)自律管理对象

自律管理对象包括协会会员(以下简称"会员")、证券业从业人员(以下简称"从业人员")。

（二）自律措施

自律措施包括自律管理措施和纪律处分。

自律管理措施是协会针对较轻违规行为采取的自律措施。对从业人员实施的自律管理措施包括:谈话提醒;要求提交书面承诺;要求参加合规教育;警示;责令改正;责令所在机构给予处理;协会规定的其他自律管理措施。对会员实施的自律管理措施包括:谈话提醒;要求提交书面承诺;要求参加合规教育;警示;责令改正;责令进行合规检查;暂不接受备案或注册;协会规定的其他自律管理措施。

纪律处分是协会针对较重违规行为采取的自律措施。对从业人员实施的纪律处分包括:行业内通报批评;公开谴责;暂停执业;停止执业。对会员实施的纪律处分包括:行业内通报批评;公开谴责;暂停或者取消协会授予的业务资格;暂停会员权利;取消会员资格。

（三）实施自律措施应当遵循的原则

1. 惩教结合

坚持宽严相济、惩戒与教育相结合,引导督促自律管理对象自我纠正、自我完善、自我提高。

2. 依据正确

实施自律措施应当以公布的授权规定、自律规则或业务规范为依据。没有依据的,不得实施自律措施。

3. 程序规范

严格遵守相关程序规定,保障自律管理对象陈述、申辩、听证、复议等权利。

4. 归责适当

合理区分个人责任与机构责任,主要责任与次要责任,直接责任与管理责任、监督责任,做到归责适当。

5. 过罚相当

坚持实事求是、依法依规、客观公正,综合考量违规性质、危害后果、社会影响、过错程度等主客观因素,做到事实清楚、证据确凿、过罚相当。

四、组织机构

（一）会员大会

会员大会是证券业协会的最高权力机构和意思形成机关,由全体会员组成。会员大会的职权是:制定和修改章程;审议理事会工作报告和财务报告;审议监事会工作报告;选举和罢免会员理事、监事;决定会费收缴标准;决定协会的合并、分立、终止;决定其他应由会员大会审议的事项。

会员大会须有 2/3 以上会员出席,其决议须经到会会员 2/3 以上表决通过。制定和修改章程以及决定协会的合并、分立、终止,其决议须经 2/3 以上会员表决通过。

会员大会每 4 年至少召开 1 次,理事会认为有必要或由 1/3 以上会员联名提议时,可召开临时会员大会。

（二）理事会

理事会是会员大会的执行机构和协会的意思表达机关,在会员大会闭会期间领导协会开展日常工作,对会员大会负责。理事会的职权是:(1)筹备召开会员大会,向会员大会报告工作和财务情况;(2)贯彻、执行会员大会的决议;(3)审议通过自律规则、行业标准和业务规范;(4)选举或罢免协会会长、副会长、常务理事,聘任秘书长;(5)在会员大会闭会期间,罢免不履职理事;(6)决定专业委员会的设立、注销和更名;(7)聘任各专业委员会主任委员、副主任委员;(8)提请召开临时会员大会;(9)审议协会年度工作报告和工作计划;(10)审议协会年度财务预算和决算;(11)审议会长办公会提请审议的各项议案;(12)决定其他应由理事会审议的重大事项。另外,《中国证券业协会章程》的解释权归理事会。

理事会由会员理事和非会员理事组成。会员理事来自会员理事单位,而要成为会员理事单位需要满足下列条件:(1)在会员中具有代表性;(2)诚实信用,规范经营;(3)具有社会责任感和行业使命感,在行业中有一定的影响力和号召力;(4)会员大会要求的其他条件。会员理事作为会员理事单位的会员代表,需要具有良好的证券金融实践经验,热爱和支持协会工作,最近3年没有受到中国证监会行政处罚或协会自律处分,满足会员大会规定的其他条件。非会员理事则由中国证监会委派,人数不超过理事总数的1/5。协会理事的任期均为4年,可连选连任。

理事会每年至少召开1次会议,既可采用现场方式,也可采用视频或通信方式召开。常务理事会认为有必要或1/3以上理事联名提议时,可召开理事会临时会议。

理事会会议须有2/3以上理事出席,其决议须经到会理事2/3以上表决通过。监事会成员列席理事会会议。

（三）常务理事会

协会设常务理事会,由理事会选举产生。常务理事会对理事会负责,在理事会闭会期间,行使上述理事会职权中除第1、4、5、12项外的其他职权。

常务理事会每半年至少召开1次会议,既可采用现场方式,也可采用视频或通信方式召开。会长办公会认为有必要或1/3以上常务理事联名提议时,可召开常务理事会临时会议。

常务理事会会议须有2/3以上成员出席,其决议须经到会常务理事会成员2/3以上表决通过。监事长、副监事长列席常务理事会会议。

（四）监事会

协会设监事会,是协会工作的监督机构,由全体会员监事组成。会员监事来自会员监事单位。担任会员监事单位和会员监事的条件,与担任会员理事单位和会员理事的条件相同。需要说明的是,为了使监事会能够更好地发挥监督理事会的功能,协会的监事与理事不得相互兼任。

监事会设监事长、副监事长,由监事会在当选的监事中选举产生。监事长、副监事长、监事任期4年,可连选连任。担任协会监事长、副监事长需具备下列条件:(1)坚持党的路线、方针、政策,政治素质好;(2)具有5年以上证券相关工作经历,在业内有较大影响和良好声望;(3)身体健康,具有完全民事行为能力;(4)热爱协会工作;(5)年龄不超过70岁;

（6）会员大会要求的其他条件。

监事会的职权是：(1) 监督协会章程、会员大会各项决议的实施情况并向会员大会报告；(2) 监督理事会的工作；(3) 选举和罢免监事长、副监事长；(4) 在会员大会闭会期间，罢免不履职监事；(5) 监督协会的会费收取及财务预决算执行情况；(6) 决定其他应由监事会审议的事项。

监事会每年至少召开 1 次会议，既可采用现场方式，也可采用视频或通信方式召开。监事长认为有必要或 1/3 以上监事联名提议时，可召开监事会临时会议。监事会会议须有2/3以上成员出席，其决议须经到会监事会成员 2/3 以上表决通过。

（五）协会会长与会长办公会

协会实行会长负责制，会长为协会法定代表人，协会法定代表人不兼任其他社团组织的法定代表人。协会设会长 1 名，专职副会长和兼职副会长若干名。会长、专职副会长由中国证监会提名，兼职副会长从会员理事中遴选，由理事会选举产生。协会根据需要设秘书长 1 名、副秘书长若干名。秘书长、副秘书长协助会长、副会长工作。协会会长、副会长、秘书长的任职资格和条件与监事长、副监事长相同。

协会设会长办公会，由会长、专职副会长、秘书长、副秘书长组成。协会监事长、副监事长、党委委员可列席会长办公会。

会长办公会行使以下职权：(1) 执行会员大会、理事会、常务理事会决议；(2) 提请召开常务理事会临时会议；(3) 审议行业自律规则、协会年度工作计划和财务预决算，交理事会或常务理事会决定；(4) 决定协会日常工作重大事项；(5) 制订协会内部管理制度；(6) 拟订协会日常办事机构的设置，报中国证监会批准；(7) 提请罢免理事、监事资格；(8) 审议并决定会员、观察员资格；(9) 提名各专业委员会主任委员、副主任委员，聘任各专业委员会委员；(10) 会员大会、理事会、常务理事会授予的其他职权。

协会会长行使下列职权：(1) 召集和主持理事会、常务理事会会议、会长办公会；(2) 主持协会日常办事机构工作；(3) 组织实施协会的年度工作计划、财务预决算；(4) 聘任副秘书长，提请理事会聘任秘书长；(5) 代表协会签署有关重要文件；(6) 理事会、常务理事会授予的其他职权。

（六）专业委员会

协会根据工作需要，可设立专业委员会。专业委员会是协会的组成部分，按照章程规定的宗旨和业务范围，在协会授权范围内开展活动。专业委员会由会员、观察员单位代表和相应专业领域的行业专家组成。专业委员会的委员构成应当符合专业性、积极性、代表性和均衡性要求。

截至 2020 年 11 月，中国证券业协会已经设立了投资业务委员会、证券投资咨询机构委员会、国际战略委员会、合规管理委员会、自律检查委员会等 23 个专业委员会，基本覆盖了协会会员的核心业务和综合管理职能。专业委员会是中国证券业协会履行"自律、服务、传导"三大职能的重要组织形式，也是会员为行业做事的平台。作为一个重要的交流、议事和办事机构，专业委员会履行以下职责：(1) 草拟自律规则、专业标准，评估实施效果，并提出修改建议；(2) 调查、收集、整理并反映行业动态、意见和建议；(3) 对行业难点、热点问题进行专题研究;(4) 设计执业检查方案、工作底稿,对执业检查中发现的重大问题提供专业意见;(5) 促进行业交流与合作;(6) 协助组织行业培训,设计培训课程,提供师资;(7) 总结、宣传行业实践;(8) 中国证监会或中国证券业协会授权或委托的其他职责。

五、协会的财务与资产管理

中国证券业协会不以营利为目的,协会经费必须用于协会章程规定的业务范围和事业发展,不在会员中分配。证券业协会的经费来源包括:(1) 会费;(2) 政府资助、社会捐赠;(3) 在核准的业务范围内开展活动或提供服务的收入;(4) 利息收入;(5) 其他合法收入。协会经费开支则主要用于:(1) 组织各项活动、会议的经费;(2) 编辑、印刷有关资料、刊物的经费;(3) 常设办公机构的办公经费及其他经费开支;(4) 拨付协会下设机构经费;(5) 对本行业及协会工作作出特殊贡献的团体、个人的奖励;(6) 其他正当开支。

任何单位、个人不得侵占、私分和挪用协会的资产。协会建立严格的财务管理制度,保证会计资料合法、真实、准确、完整。协会配备具有专业资格的会计人员,会计人员不得兼任出纳。会计人员依法进行会计核算,实行会计监督。会计人员调离岗位时,必须与继任人员办清交接手续。协会的资产管理必须执行国家规定的财务管理制度,接受会员大会、监事会和国家有关部门的监督。资产来源于政府拨款或者社会捐赠、资助的,必须接受审计机关的监督,并将有关情况以适当方式向社会公布。

协会换届或更换法定代表人之前必须接受财务审计。协会日常办事机构应向理事会、监事会和会员大会报告经费收支情况。

六、章程的修改程序

中国证券业协会章程是由中国证券业协会会员大会制定的对所有会员具有约束力的书面文件,内容涉及协会的名称、概念、宗旨、职责、会员管理、组织机构、财务管理、终止规则等重大事项。中国证券业协会章程由会员大会制定,报国务院证券监督管理机构备案,自民政部核准之日起生效。

中国证券业协会章程是协会组建过程中最重要的基础文件和基本条件,是协会进行自律自治管理的重要法律依据之一,是确立协会组织机构及相关法律关系的基本准则,是依法确立协会会员的权利义务的自治性文件,是中国证券业协会的行动指南和公开性的社团规章。

对协会章程的修改,须报中国证监会和民政部预审通过后,再交由理事会和会员大会审议。协会修改后的章程,须在会员大会通过后 15 个工作日内报中国证监会审查,经同意后,报民政部核准。

七、终止程序及终止后的财产处理

协会完成宗旨、自行解散或由于分立、合并等原因需要注销的,由理事会或常务理事会提出终止动议。协会终止动议须经会员大会表决通过,并报中国证监会审查同意。

协会终止前,须在中国证监会指导下成立清算组织,清理债权债务,处理善后事宜。清算期间,不开展清算以外的活动。协会经民政部办理注销登记手续后即终止。协会终止后的剩余财产,在中国证监会和民政部的监督下,按照国家有关规定,用于与协会宗旨相关的事业。

本章理论与实务探讨

中国证券业协会与先行赔付制度的构建

2015年11月,中国证监会对新股发行制度进行了完善,重要内容之一就是要求保荐机构自行承诺先行赔付,目的在于有效落实中介机构责任,遏制欺诈发行行为,强化对投资者的保护。中国证监会指出,先行赔付本质上是一种便利投资者获得经济赔偿的替代性制度安排,对于投资者因欺诈发行等严重违法行为而遭受的损失,由承担保荐责任的保荐机构基于其事先的自律承诺先行赔付投资者,并取得向发行人依法追偿的权利。同时,中国证监会强调,基于先行赔付的自律措施定位,按程序由中国证券业协会制定专门的制度规则。先行赔付正在成为中国证券业协会在推进多元化纠纷解决机制建设过程中,推动证券经营机构通过主动和解方式化解与投资者的群体性纠纷的一种积极尝试。

在2017年的欣泰电气案件中,中国证券业协会牵头中国证券投资者保护基金有限责任公司、深圳证券交易所和兴业证券等机构成立了"欣泰电气欺诈发行投资者先行赔付工作协调小组",为先行赔付做了大量工作,并按照各自的职责分工帮助适格投资者充分利用交易平台和资金结算渠道,在短时间内完成赔付金额确认、和解承诺函签署、赔付资金划转工作。

2019年《证券法》在之前实践经验和理论探讨的基础上,正式确立了先行赔付制度。不过,关于这一制度的运行,目前还存在不少疑问:(1)该制度的基础要素设计尚存若干疑问。例如,如何确定先行赔付制度的责任主体?该制度的启动条件如何设计?由谁决定是否启动?资金来源如何解决?符合什么条件的投资者可以主张优先赔付?赔付范围如何确定?中国证券业协会及投资者保护基金在此项工作中应当承担怎样的职责?赔付方案由谁确定,如何确定?如何让赔付方案做到公开透明?如何设计配套的听证程序?(2)先行赔付制度的法律性质如何界定?它与司法诉讼之间是什么关系?在赔付方案生效前的规定期间,若有投资者对赔付方案不满,如何主张权利?先行赔付方案如何与司法诉讼有效对接?先行赔付完毕后,对于损失没有得到全部赔偿的部分,投资者可否另行主张?

本章法考与考研练习题

一、名词解释

1. 中国证券业协会

2. 自律管理措施与纪律处分

二、不定项选择题

1. 中国证券业协会的最高权力机构是( )。

A. 会员大会　　　　　　　　　　B. 社员大会

C. 理事会　　　　　　　　　　　D. 监事会

2. 可以成为中国证券业协会特别会员的是(　　)。

A. 证券公司另类投资子公司　　　B. 证券登记结算机构

C. 证券投资咨询机构　　　　　　D. 证券资信评级机构

3. 证券业协会终止前,须在(　　)指导下成立清算组织,清理债权债务,处理善后事宜。

A. 人民法院　　　　B. 中国证监会　　　　C. 民政部　　　　D. 财政部

4. 以下关于中国证券业协会的说法正确的是(　　)。

A. 实行会长负责制

B. 接受中国证券监督管理委员会和民政部的业务指导和监督管理

C. 应当对会员与客户之间发生的证券业务纠纷进行调解

D. 负责组织开展证券业国际交流与合作,代表中国证券业加入相关国际组织

5. 以下从事证券市场相关业务的机构可以申请加入中国证券业协会成为观察员的是(　　)。

A. 信用增进机构　　　　　　　　B. 债券受托管理人

C. 网下机构投资者　　　　　　　D. 融资融券转融通机构

6. 证券业协会终止的,终止后的剩余财产,应在(　　)监管下进行处分。

A. 中国证监会　　　B. 财政部　　　C. 民政部　　　D. 人民法院

三、简答题

1. 中国证券业协会的会员主要包括哪些种类?

2. 中国证券业协会的会员、观察员享有哪些权利?

四、论述题

1. 论述中国证券业协会的性质及职责。

2. 论述中国证券业协会的组织机构及主要职权。

五、案例分析题

2015 年,马某委托王某进行证券投资,王某则通过大海证券公司某营业部买卖股票。一年后,马某的资金遭受严重损失。马某发现,王某账户的多笔证券交易系通过 IP 私有地址进行。由此他认为,该营业部存在多次违规操作买卖证券的欺诈行为,应就其欺诈行为承担赔偿责任。马某遂提起诉讼并主张,根据中国证券业协会《证券公司证券营业部信息技术指引》第 42 条的规定,禁止客户将自备计算机接入证券营业部网络。鉴于 IP 私有地址只能限于内部网络在企业内部使用这一特性,前述交易是该营业部在内部通过其私有地址发出指令并成交,属违规交易。鉴于 MAC 地址与网卡、网卡与电脑的一一对应性,上述事实说明该营业部既通过营业部私人地址,又通过其他公共网络地址违规进行了多笔证券交易操作。中国证券业协会制定的《证券公司证券营业部信息技术指引》作为该协会制定的自律规则及义务规范,对各会员均具有法律拘束力。大海证券公司作为中国证券业协会的会员应遵守《证券公司证券营业部信息技术指引》第 38 条、第 42 条规定的禁止客户自备电脑接入证券营业部网络、保留证券营业部系统运维日志不少于 2 年的法定义务,证券营业部负有向客户提供登录源 IP 地址的法定义务,但大海证券公司始终未就此提供任何有效证据,应

承担举证不能的败诉责任。因此,鉴于大海证券公司某营业部违规操作已严重侵害了马某的合法权益,属于《证券法》(2014年修正)第79条规定的情形,应当承担赔偿责任。

本案的核心争议是证券公司是否负有提供客户登录源IP地址的法定义务以及中国证券业协会所制定的行业规范的法律效力问题。你认为本案应该如何判决?为什么?

本章法考与考研练习题参考答案

第三编　证券发行与交易法律制度

第八章 证券发行制度

[**导语**]

    证券发行是发行人创设证券及证券权利的过程,也是一种复杂的法律行为。证券发行是最重要的证券法律事实。只有通过证券发行,才能使企业获得所需要的投资,使投资者手中的货币成为资本。证券发行还是证券交易的前提,只有合法发行的证券才能进行证券交易,使投资者能够在证券交易市场上将证券转卖并实现收益。证券发行涉及发行类型、证券承销、证券保荐等一系列证券法上的重要制度,是证券法的核心制度。

    本章主要讲述了证券发行的概念和意义、证券发行的保荐、证券发行的审核、股票和债券发行的条件和程序以及证券承销等基本内容。本章的学习重点是证券发行的概念和性质、股票和债券发行的条件与程序;本章学习的难点是证券发行的保荐制度、审核制度和证券承销制度。

第一节 证券发行制度概述

一、证券发行的概念与特征

(一) 证券发行的概念

关于证券发行的概念,学界见仁见智。有的学者认为证券发行是指符合条件的公司或政府以筹集资金为直接目的,向社会公众或特定投资者以同一条件销售股票或债券的行为。有的学者认为证券发行是指经批准符合条件的证券发行人,按照一定程序将有关证券发售给投资者的行为。有的学者则认为证券发行是一个整体概念,包含公司初次申请发行证券、初次发行证券的公司申请挂牌上市、已上市公司发行新股等行为。还有学者认为证券发行是指证券集资决策、证券发行制度、证券发行活动和证券发行管理的总和。从不同学者的各种表述来看,证券发行的概念基本可以归纳为两类,即广义的证券发行和狭义的证券发行。广义的证券发行包含了所有与证券发行有关的事项,如募集、制作、交付、直接销售或委托证券经营机构承销等。持此观点的学者较多。而狭义的证券发行是指符合条件的证券发行人依照法定的程序做成证券并交付给投资者的行为。即认为证券发行是在投资者对发行人的要约作出承诺后①,证券发行人为了履行义务而做成证券并交付的单方法律行为。持此观点的学者将发行前的合意行为,即证券发行人与投资者之间的要约与承诺排除在外。

我国《证券法》和《公司法》均没有对证券发行的概念进行明确的界定。根据相关的立法实践,不难发现我国采广义的证券发行概念。本书认为,狭义的证券发行概念有失偏颇,广义的证券发行概念更能体现证券发行的实质。证券发行应当包括证券募集和证券交付两个环节。其中,证券募集是指符合条件的证券发行人以筹集资金、设立公司等为目的,向投资者发出的一种要约或要约邀请。证券交付则是指证券发行人为了履行义务做成证券并向认购成功的投资者交付的行为。具体来说,证券发行是指符合条件的证券发行人基于特定目的,依照法律规定的程序以同一条件向投资者要约出售代表一定权利的资本证券的行为。其中,证券发行人包括公司、政府、金融机构以及其他企业法人;特定目的包括公司设立、转换经营机制、改变资本结构、国家建设等。

(二) 证券发行的特征

为了更好地理解证券发行的概念,有必要仔细分析证券发行的特征。根据《证券法》的相关规定及市场实践,证券发行具有以下几方面特征:

1. 证券发行的主体应当具备法定资格

通常情况下,证券的公开发行涉及广大投资者的切身利益,因此,证券立法对有关发行主体的资格条件作出了严格的规定,只有符合法定条件的证券发行人才能成为适格的公开发行主体。比如,《证券法》第 9 条规定:"公开发行证券,必须符合法律、行政法规规定的条件,并依法报经国务院证券监督管理机构或者国务院授权的部门注册。未经依法注册,任何单位和个人不得公开发行证券。证券发行注册制的具体范围、实施步骤,由国务院规定。"与此类似,《证券投资基金法》《企业债券管理条例》《公开募集证券投资基金运作管理办法》等有关证券法律法规分别对发行证券投资基金份额、企业债券等的主体作出了特定资格要求。

2. 证券发行的客体具有特殊性

证券是一类特殊的金融商品,因此证券发行是特殊商品的发行。在我国,依《证券法》发行的证券主要包括股票、公司债券、存托凭证以及国务院依法认定的其他证券。正因为证券发行的客体具有特殊性,法律对其发行作了特别规定,如《证券法》第 33 条规定:"股票发行采用代销方式,代销期限届满,向投资者出售的股票数量未达到拟公开发行股票数量百分之七十的,为发行失败。发行人应当按照发行价并加算银行同期存款利息返还股票认购人。"而一般商品的发行则无此类严格限制,也不存在发行失败的问题。

3. 证券发行必须依照法定的程序进行

证券发行隐含了较大的投资风险,为了有效克服信息不对称等问题,最大限度地保障投资者利益,各国证券法均要求证券发行必须依法定程序进行。证券发行人应当严格遵守与证券发行有关的程序,确保发行的公开、公平和公正。例如,《证券发行与承销管理办法》专

---

① 证券发行人对投资者发出的可能是要约,也可能是要约邀请。在具体实践中,应当根据《民法典》关于"要约"和"要约邀请"的具体规定来确定证券发行人行为的性质。通常情况下,证券发行人向特定主体定向发行证券,可被视为要约;向不特定公众发布募集文件可被视为要约邀请。投资者申购是要约,发行人发出确认通知是承诺。

门针对如何申请证券发行、如何选择销售方式、如何披露信息以及相应的法律后果等问题作出了明确规定。《证券法》第 26 条第 1 款也规定:"发行人向不特定对象发行的证券,法律、行政法规规定应当由证券公司承销的,发行人应当同证券公司签订承销协议。证券承销业务采取代销或者包销方式。"除此之外,证券发行还应当遵守证券交易所和证券登记结算机构制定的有关规则。

4. 证券发行以筹集资金为主要目的

融资方式可以分为直接融资和间接融资两种,证券发行是主要的直接融资方式。在大多数情况下,证券发行人以筹集资金为目的发行证券。但不可否认,证券发行还可以达到其他目的,如提高自有资本比率、改善财务结构、调整股权结构、满足上市要求、巩固公司经营权等。《上海证券交易所权证管理暂行办法》第 2 条规定,权证发行人发行权证的目的是授予发行对象一定的选择权,其可以在规定期间内或特定到期日按约定价格向发行人购买或出售标的证券,或以现金结算方式收取结算差价。由此可见,筹集资金仅是证券发行的基本或主要目的。

二、证券发行的性质

对于证券发行的性质,学术界尚有争议,主要存在契约说、单独行为说和折中说三种学说[1]。

(一) 契约说

契约说认为,证券权利因证券制作人(即发行人)与证券受取人(投资者或认购人)之间订立授受证券的契约而成立,而授受契约是一种要物契约,证券交付时该契约才生效,故证券发行具有契约性质。根据订立契约的目的不同,契约说又存在两种认识:一种认为订立契约是为了投资者的利益;另一种认为订立契约是为了证券发行人和承销机构的利益。

(二) 单独行为说

单独行为说认为证券发行是一种单独法律行为,证券权利因证券制作人制作和交付证券而成立。根据在单独行为中究竟应关注发行人制作证券还是发行人交付证券,单独行为说又可分为创造说和交付说。创造说强调证券权利因制作证券而生效,证券一经制作完成即产生证券权利;交付说认为发行人仅做成证券尚不发生证券发行的效力,必须交付证券,发行行为才生效[2]。

(三) 折中说

折中说认为,证券权利有两个发生基础,即发行人制作完成证券以及发行人与证券受取人之间存在交付契约。

本书认为,应当根据证券发行的概念来理解证券发行的性质。如前所述,证券发行是指

---

[1] 叶林主编:《证券法教程》,法律出版社 2010 年版,第 116 页。
[2] 李东方主编:《证券法学》,中国政法大学出版社 2007 年版,第 47 页。

符合条件的证券发行人依照法律规定的程序向投资者发售并交付代表一定权利的资本证券的行为,包括募集和交付两个环节。证券募集是指证券发行人基于特定的目的向投资者发出的一种要约或要约邀请,投资者根据需要作出相应的回应,双方就授受证券达成协议。此过程是一种双方法律行为,符合契约说的理论。而证券交付则是指证券发行人为了履行义务做成证券并向投资者交付的行为。此为单方法律行为,是对证券募集结果的一种书面确认,起到证明和宣示的作用。因此,证券发行行为包含了合意行为和单独行为,不应当将两者割裂开来。

三、证券发行的种类

依据不同的标准,可以对证券发行进行多种分类。

(一) 股票发行、债券发行、存托凭证发行、国务院依法认定的其他证券发行

依据证券品种不同,可以将证券发行分为股票发行、债券发行、存托凭证发行、国务院依法认定的其他证券发行。

股票发行是指股份有限公司以筹集资金或进行股利分配为目的,依照法律规定的程序向社会公众或特定投资者发行股票的行为。股票发行是各国证券法规范的重点,是证券发行最基本的类型。

债券发行是指发行人以借贷资金为目的,依照法律规定的程序发行到期还本付息的债权凭证的行为。依照发行主体的不同,债券发行还可以分为政府债券发行、金融债券发行、公司债券发行、企业债券发行等。

存托凭证发行是指存托人在中国境内发行的代表境外基础证券权益的有价证券的行为。2018年中国证监会专门出台了《存托凭证发行与交易管理办法(试行)》,我国2019年《证券法》修订首次将存托凭证明确纳入证券法的调整范围,以规范存托凭证的发行和交易行为。

国务院依法认定的其他证券发行是指发行人依照法定的程序和条件向投资者发行除股票、公司债券、存托凭证以外的国务院依法认定的有价证券的行为,包括国务院或国务院授权机构依法认定的证券,例如企业债券、金融债券等。

(二) 公开发行和非公开发行

依据发行对象不同,可以将证券发行分为公开发行和非公开发行。

公开发行又称公募,是指发行人向不特定对象发行证券或向特定对象发行证券累计超过200人的行为。我国《证券法》第9条第2款规定:"有下列情形之一的,为公开发行:(一)向不特定对象发行证券;(二)向特定对象发行证券累计超过二百人,但依法实施员工持股计划的员工人数不计算在内;(三)法律、行政法规规定的其他发行行为。"公开发行是最普遍的发行方式,涉及范围广泛,发行人能够进行大规模筹资,保证较高的发行成功率,但也隐藏着较大的市场风险,因此,各国证券立法都对公开发行有严格的条件限制。我国《证券法》规范的重点就是证券的公开发行。

非公开发行又称私募,是指发行人向一定范围内的特定投资者发行证券的行为。《证

券法》并没有对非公开发行的条件和程序进行规定,只是要求非公开发行证券不得采用广告、公开劝诱和变相公开方式。证券的非公开发行是对公开发行的一种补充,有效拓展了投资者的融资渠道,满足了不同的筹资要求。私募发行人多为资金实力雄厚的股份有限公司、银行等,其发行对象主要包括专业机构投资者、公司的利益关联人、内部人员。非公开发行涉及的对象范围较窄,其发行条件和程序也相对简化,一般不需要经过有关部门批准,发行成本相对较低。

(三) 直接发行和间接发行

依据是否通过中介机构,可以将证券发行分为直接发行和间接发行。

直接发行是指发行人不通过证券承销机构,而由自己承担股票发行的一切事务和发行风险,直接向认购者销售股票的方式[①]。直接发行费用较低,发行人能够控制发行全过程,并根据需要调整发行策略,但对发行人的信誉度、专业性要求较高,且需要自行承担较大的发行风险。在现代社会,科技的不断发展以及网络技术的逐步推广,为直接发行创造了便利条件。

间接发行是指由证券承销机构代理出售证券、募集资金的一种方法。证券发行主体不用自己办理一切发行事务,可以将事务委托给中介机构,并支付一定的手续费。由于证券承销机构有大量的专业人员、丰富的信息资料、充足的发行渠道,因而大大降低了发行人的负担,发行人通过支付相应的费用提高发行成功率,节约有限资源用于经营活动。间接发行通常采用代销或包销的方式进行。所谓代销,是指证券承销机构作为发行人的代理人代为销售证券,在承销期满时将剩余证券退还给发行人的间接销售方式。所谓包销,是指证券承销机构将发行人的证券按照协议全部购入或者在承销期结束时将售后剩余证券全部购入的承销方式。间接发行是各国普遍采用的发行方式。我国《证券法》也规定,发行人向不特定对象发行的证券,法律、行政法规规定应当由证券公司承销的,应采取间接发行模式,并由发行人与证券公司签订承销协议。

(四) 设立发行和增资发行

依据发行目的不同,可以将证券发行分为设立发行和增资发行。

设立发行又称首次发行,是指发行人以设立公司为目的发行股票的行为。在不同的资本制度下,设立发行有着不同的要求。具体而言:法定资本制要求一次性发行全部股份并认足公司章程规定的资本总额;授权资本制仅要求认足或缴足资本总额的一部分,剩余部分授权董事会根据需要和市场状况随时发行;折中资本制则要求股东在公司设立时认购资本总额的法定比例数额。我国《公司法》区分两种设立方式即发起设立和募集设立作出不同的规定:发起设立要求一次性发行、全部认足,但可以分期缴纳出资;而募集设立要求一次性发行、全部认足并缴足。

增资发行又称新股发行、再次发行,是指已成立的股份公司为了增加公司资本或改变股权结构而追加发行股票的行为,包括向原股东配售股票、派送股票以及向社会公众或特定对象发售新股。公司因为生产经营的需要,通过发行新股的方式在资本市场上追加融资,能够

---

① 李龙主编:《证券法》,华东理工大学出版社2015年版,第13页。

有效缓解资金压力,改变股权分布结构,使公司保持正常运转。

（五）平价发行、折价发行、溢价发行、中间价发行

依据发行价格与票面金额的关系,可以将证券发行分为平价发行、折价发行、溢价发行和中间价发行。

平价发行也称面额发行,是指证券发行价格等于票面金额的发行方式。债券在多数情况下采用平价发行。

折价发行是指证券发行价格低于票面金额的发行方式。折价发行所筹集的资金总额低于股票面值总额。我国实行的是法定资本制,因此不允许股票折价发行。

溢价发行是指证券发行价格高于票面金额的发行方式。根据我国《公司法》的相关规定,溢价发行所筹集的资金超过票面值总额的部分即溢价款,应当列入公司的资本公积金。

中间价发行是指证券发行价格按照票面金额和市场价格来确定,取其中间值作为发行价格的发行方式。

◎　**相关案例**[①]

五洋建设欺诈发行公司债券案

五洋建设集团股份有限公司(简称"五洋建设")为了符合公司债券公开发行条件,在编制用于公开发行公司债券的 2012 年至 2014 年年度财务报表时,违反企业会计准则,通过将所承建工程项目应收账款和应付款项"对抵"的方式,虚减企业应收账款和应付账款,导致上述年度少计提坏账准备、多计利润。2015 年 7 月,五洋建设在不具备公司债券公开发行条件的情况下,以通过上述财务处理方式编制的虚假财务报表申请公开发行公司债券,于 2015 年 7 月骗取公司债券公开发行审核许可,并于 2015 年 8 月和 2015 年 9 月分两期向合格投资者公开发行公司债券 8 亿元和 5.6 亿元。五洋建设上述行为构成《证券法》(2014 年修正)第 189 条第 1 款所述"发行人不符合发行条件,以欺骗手段骗取发行核准"的行为。2015 年 11 月,五洋建设以前述 2013 年、2014 年年度虚假财务文件分别向上海证券交易所、深圳证券交易所申请非公开发行公司债券,并向合格投资者披露了相应的债券募集说明书,且于 2015 年 12 月和 2016 年 4 月非公开发行 1.3 亿元和 2.5 亿元公司债券。对此,中国证监会认定五洋建设存在以下欺诈发行和信息披露违法行为:(1)五洋建设以虚假申报文件骗取公开发行公司债券核准;(2)五洋建设非公开发行公司债券披露的文件存在虚假记载。2018 年 7 月,中国证监会依法对五洋建设及相关责任人员作出行政处罚。

---

① 参见《2018 年证监稽查 20 起典型违法案例》,载中国证券监督管理委员会官网 http://www.csrc.gov.cn/pub/newsite/jcj/aqfb/201901/t20190116_349889.html,2020 年 10 月 11 日访问。

第二节　证券发行保荐

一、保荐制度概述

保荐制度又称保荐人制度,是指发行人公开发行证券时,根据法律规定应当聘请保荐人负责证券发行的推荐和辅导,核实发行人发行文件中所载资料是否真实、准确、完整,协助发行人建立严格的信息披露制度,并承担风险防范责任的制度。结合我国立法和实践,证券发行保荐制度贯穿于发行全过程,保荐人依法履行职责促使发行人持续履行义务。我国《证券法》第 10 条用成文法形式明确了保荐制度的法律地位。该条规定:"发行人申请公开发行股票、可转换为股票的公司债券,依法采取承销方式的,或者公开发行法律、行政法规规定实行保荐制度的其他证券的,应当聘请证券公司担任保荐人。保荐人应当遵守业务规则和行业规范,诚实守信,勤勉尽责,对发行人的申请文件和信息披露资料进行审慎核查,督导发行人规范运作。保荐人的管理办法由国务院证券监督管理机构规定。"这一规定明确了我国证券发行保荐制度的适用范围,易言之,并不是所有证券的发行都必须采用保荐制度。

二、保荐人的资格

我国实行"双重"保荐制度,保荐机构和保荐代表人都要承担保荐职责。将保荐责任落实到保荐代表人个人,有利于进一步强化保荐的责任追究机制。[①] 对于保荐人的资格,《证券发行上市保荐业务管理办法》(以下简称为《管理办法》)作出了具体规定,明确了严格的准入资格要求。

(一)保荐机构的资格

证券公司申请保荐机构资格,应当具备下列条件:(1)注册资本不低于人民币 1 亿元,净资本不低于人民币 5000 万元;(2)具有完善的公司治理和内部控制制度,风险控制指标符合相关规定;(3)保荐业务部门具有健全的业务规程、内部风险评估和控制系统,内部机构设置合理,具备相应的研究能力、销售能力等后台支持;(4)具有良好的保荐业务团队且专业结构合理,从业人员不少于 35 人,其中最近 3 年从事保荐相关业务的人员不少于 20人;(5)保荐代表人不少于 4 人;(6)最近 3 年内未因重大违法违规行为受到行政处罚;(7)中国证监会规定的其他条件。

符合条件的证券公司向中国证监会提出资格申请后,证监会经过审查,作出核准与否的决定。证券公司经核准取得保荐业务资格后,应当持续符合上述条件。保荐机构因重大违法违规行为受到行政处罚的,证监会撤销其保荐业务资格;不再具备上述其他条件的,证监会可以责令其限期整改,逾期仍然不符合要求的,证监会撤销其保荐业务资格。

---

① 林发新主编:《证券法》,厦门大学出版社 2007 年版,第 102 页。

（二）保荐代表人的资格

证券保荐代表人是品行良好、具备组织实施保荐项目专业能力的自然人。个人申请保荐代表人资格,应当具备下列条件:(1) 熟练掌握保荐业务相关的法律、会计、财务管理、税务、审计等专业知识;(2) 最近 5 年内具备 36 个月以上保荐相关业务经历,最近 12 个月持续从事保荐相关业务;(3) 最近 3 年未受到证券交易所等自律组织的重大纪律处分或者中国证监会的行政处罚、重大行政监管措施。

中国证券业协会制定保荐代表人自律管理规范,组织非准入型的水平评价测试,保障和提高保荐代表人的专业能力水平。

三、保荐人在证券发行中的职责

根据《管理办法》的规定,保荐人应当建立健全制度体系以保证保荐工作的顺畅运行,确实担负起调查核实发行人发行证券的合法性的职责。保荐人的职责可以分为以下四个方面:

1. 对发行人的发行前辅导

《管理办法》第 18 条规定,在证券发行前,保荐机构应当对发行人进行辅导,对发行人的董事、监事、高级管理人员、持有 5% 以上股份的股东和实际控制人(或者其法定代表人)进行系统的法规知识、证券市场知识培训,使其全面掌握发行上市、规范运作等方面的有关法律法规和规则,知悉信息披露和履行承诺等方面的责任和义务,树立进入证券市场的诚信意识、自律意识和法制意识。但该《管理办法》并没有对辅导期间作出明确规定。保荐机构辅导工作完成后,应由发行人所在地的证监会派出机构进行辅导验收。

2. 审慎核查发行资料并作出独立判断,依法出具推荐文件

保荐机构推荐发行人证券发行,应当遵循诚实守信、勤勉尽责的原则,按照中国证监会对保荐机构尽职调查工作的要求,对发行人进行全面调查,充分了解发行人的经营状况及其面临的风险和问题。保荐机构应当确信发行人符合法律、行政法规和中国证监会的有关规定,方可推荐其证券发行。保荐机构决定推荐发行人证券发行的,可以根据发行人的委托,组织编制申请文件并出具推荐文件。

对发行人申请文件、证券发行募集文件中有证券服务机构及其签字人员出具专业意见的内容,保荐机构可以合理信赖,对相关内容应当保持职业怀疑、运用职业判断进行分析,存在重大异常、前后重大矛盾,或者与保荐机构获得的信息存在重大差异的,保荐机构应当对有关事项进行调查、复核,并可聘请其他证券服务机构提供专业服务;对发行人申请文件、证券发行募集文件中无证券服务机构及其签字人员专业意见支持的内容,保荐机构应当获得充分的尽职调查证据,在对各种证据进行综合分析的基础上对发行人提供的资料和披露的内容进行独立判断,并有充分理由确信所作的判断与发行人申请文件、证券发行募集文件的内容不存在实质性差异。

保荐机构推荐发行人发行证券,应当向证券发行审核机构提交发行保荐书、保荐代表人专项授权书以及其他与保荐业务有关的文件。

3. 公开承诺及配合发行审核工作

保荐机构推荐发行人证券发行或者上市,表明保荐机构认可发行人的条件符合法律规

定,信息披露真实、准确、完整。这种表态将对公众投资者的判断产生影响。为了确保保荐机构依法履行职责,《管理办法》要求保荐机构在提交的发行保荐书中,应当就下列事项作出承诺:(1)有充分理由确信发行人符合法律法规及中国证监会有关证券发行的相关规定;(2)有充分理由确信发行人申请文件和信息披露资料不存在虚假记载、误导性陈述或者重大遗漏;(3)有充分理由确信发行人及其董事在申请文件和信息披露资料中表达意见的依据充分合理;(4)有充分理由确信申请文件和信息披露资料与证券服务机构发表的意见不存在实质性差异;(5)保证所指定的保荐代表人及本保荐机构的相关人员已勤勉尽责,对发行人申请文件和信息披露资料进行了尽职调查、审慎核查;(6)保证保荐书、与履行保荐职责有关的其他文件不存在虚假记载、误导性陈述或者重大遗漏;(7)保证对发行人提供的专业服务和出具的专业意见符合法律、行政法规、中国证监会的规定和行业规范;(8)自愿接受证监会采取的监管措施;(9)证券发行审核机构规定的其他事项。

与此同时,保荐机构提交发行保荐书后,应当配合证券发行审核机构的审核工作,组织发行人及证券服务机构对审核机构提出的问题进行答复,对审核中涉及的特定事项进行尽职调查或核查,指定保荐代表人与审核机构进行专业沟通并接受质询。

◎ **相关案例**①

2004年7月9日,作为深圳证券交易所中小企业板首批上市公司之一的江苏琼花高科技股份有限公司(以下简称"江苏琼花"),上市仅10个交易日就曝出中小企业板首例丑闻:江苏琼花上市前在其招股说明中隐瞒了三笔金额合计为3555万元的国债投资。这三笔投资的合作方均为问题公司,三笔投资均有不同程度的损失。由于江苏琼花上市前故意隐瞒国债委托投资事宜,违反了《公司法》《证券法》及中国证监会有关的信息披露规定,深圳证券交易所对江苏琼花进行了公开谴责。

本案发生后,首先需要考虑的问题就是,江苏琼花的上市保荐人事先是否尽到了保荐之责?推荐江苏琼花上市的保荐机构是福建省闽发证券有限公司(以下简称"闽发证券"),负责具体保荐工作的是闽发证券保荐代表人张睿和吴雪明。早在2001年5月份之前,江苏琼花就开始接受闽发证券的股票发行上市辅导,江苏琼花三笔委托投资都发生在闽发证券承担其股票发行上市辅导之后。江苏琼花的保荐机构和保荐代表人应当对公司情况进行全面了解和监督。但直到上市,保荐人都未对此作出过任何说明。事发后,闽发证券的两位保荐代表人称对此并不知情。这一说辞难以成立。除了表白"不知情",作为保荐人之一的吴雪明还曾提到,由于自己对国债的交易规则、交易方式不甚清楚,对公司国债投资风险有所疏忽,没有深入调查。这就引出了投资者的另一个质疑:闽发证券的这两位保荐人有没有尽到保荐责任?他们的专业能力是否值得信任?

本案未经司法程序,但是,对于江苏琼花招股说明书涉嫌虚假记载和重大遗漏的问题,中国证监会立案稽查,并决定自2004年7月9日起3个月内不受理江苏琼花签字保荐代表人张睿、吴雪明推荐的项目。至此,在证券市场中小企业板块闹得沸沸扬扬的"琼花事件"暂告一段落。

---

① 李智、吴民许主编:《新编证券法案例教程》,中国民主法制出版社2008年版,第97页。

第三节　证券发行审核

证券发行审核是建立正常的市场秩序、维护证券市场稳定的重要措施之一,是指证券主管机关通过审核发行申请人提供的资料,依法作出是否准予发行决定的行为。基于立法理念的不同,证券发行审核制度主要包括三种:审批制、核准制和注册制。审批制是在额度管制下采用行政办法推荐发行人,由证券监督管理机构对申请发行证券的公司进行实质性审查,决定其能否发行证券的审核制度;核准制也称实质管理主义,是指证券发行不再受到国家发行指标和行政推荐的限制,但发行人必须符合法律规定的实质条件,并经证券主管机关实质审查核准方可发行证券的制度;注册制又称申报制,是指发行人按照法律规定向证券主管机关提交与发行有关的文件,通过主管机关的形式审查后即可发行证券的制度。我国的证券发行审核制度经历了从审批制到核准制再到注册制的转变。根据 2019 年《证券法》的规定,公开发行证券,必须符合法律、行政法规规定的条件,并依法报经国务院证券监督管理机构或者国务院授权的部门注册,未经依法注册,任何单位和个人不得公开发行证券。

一、审批制

我国的证券市场建立于计划经济向市场经济转型的时期,因此,当时的证券发行监管具有浓厚的行政色彩,实行审批制。在实际操作中,审批制又包含了两个阶段:一是额度管理阶段。1992 年,我国明确提出股票发行实行规模控制。1993 年额度制正式实施。其主要做法是,国务院证券监督管理部门根据国民经济发展需要及资本市场实际情况,先确定总额度,然后根据各个省级行政区域和行业在国民经济发展中的地位和需要进一步分配总额度,再由省级政府或行业主管部门来选择和确定可以发行股票的企业。二是指标管理阶段,即"总量控制、限报家数",是指由国务院证券监督管理部门确定在一定时期内应发行上市的企业家数,然后向省级政府和行业管理部门下达股票发行家数指标,省级政府和行业管理部门在上述指标内推荐预选企业,证券主管部门对符合条件的预选企业同意其上报发行股票正式申报材料并审核。[①]

在审批制下,上市企业规模小并担负着为地方脱贫解困的任务。同时,由于发行指标稀缺,必然导致严重的寻租行为,由此产生了政府决定证券供给、市场决定需求的局面,扭曲了证券市场上的供求关系。此外,审批制从企业的选择到发行上市的整个过程都透明度不高,市场的自律功能得不到有效发挥,无法保证上市公司质量。

二、核准制

由于审批制存在一系列严重的问题,明显阻碍了资本市场的发展,因此,1999 年《证券法》将发行监管制度改为核准制,规定"国务院证券监督管理机构依照法定条件负责核准股

---

① 范健、王建文:《证券法》(第二版),法律出版社 2010 年版,第 102 页。

票发行申请"。核准制采取由主承销商推荐、发行审核委员会表决、证监会核准的办法,不再需要发行指标和行政推荐,企业能否上市取决于自身的质量。其最初的实现形式是自2001年开始实行的"通道制",即证券主管机关向各综合类券商下达可推荐拟公开发行股票的企业家数,主承销商以其2000年承销的项目数为基数可获得2—8个通道,新的综合类券商可获得2个通道数。这一政策较好地保证了发行质量,但带有平均主义的色彩,证券发行承销业务中的优胜劣汰机制难以在较大范围内发生作用。同时,由于通道有限,给较小的企业融资增加了困难。为了在现有框架内最大限度发挥核准制的作用,促使中介机构担负起对发行人的筛选和督导责任,我国于2004年正式引入保荐制度,自2005年1月1日起废止了"通道制"。

核准制主要有以下几个特点:

第一,在核准制下,发行证券并非发行人固有的权利,它更多地体现为政府机构的审核、筛选和授权。有学者认为,注册制下的证券发行权是一种商事权,而核准制下的证券发行权是一种特许权。

第二,在核准制下,发行人除了要进行信息披露,还必须在主体资格、财务状况、盈利能力等方面满足法律规定的实质要件。证券监管机构审核发行人的申请材料,除了要关注发行人是否按照法律的要求进行了信息披露,更要审核其是否满足法律规定的各项实质要件。

第三,核准制的本质是由政府机构对证券发行人进行筛选,立法者希望借由政府机构的筛选,尽量从源头杜绝"垃圾股""垃圾债券"的产生,以确保发行人资质优良,发行的证券具有投资价值。如果说注册制的理念是任何公司原则上都可以发行证券,那么核准制的理念便是只有好的公司才可以发行证券。

三、注 册 制

在我国特殊的市场环境下,对证券发行实行实质审核导致了比较严重的问题,如发行审核效率低下、市场定价机制失灵、中介机构作用丧失、妨碍多层次市场体系的发展等,因此,高度市场化的注册制应该成为我国发行审核制度的发展方向。企业是多种多样的,无论是大公司还是小公司,无论是"景气"行业的公司还是"不景气"行业的公司,都有合理的融资需求,好的或一般的资产都应该获得进入资本市场进行定价、融资的机会。因此,我国应该加快多层次资本市场的建设,设立多层次的证券交易场所,通过不同的发行条件区分不同的企业,从而逐步放松行政管制,为实施注册制提供有利条件。2019年上海证券交易所(以下简称"上交所")设立科创板,并试点注册制。在此基础上,2019年《证券法》全面推行了证券发行注册制度。这是深化资本市场改革的重要安排。

注册制主要有以下几个特点:

第一,在注册制之下,通过发行证券直接融资是发行人固有的权利,并非证券监管机构的特别授权。例如,就股票而言,任何股份有限公司都有权公开发行股票,公开发行股票并非证券监管机构授予的、少数公司才能享有的特权。

第二,在注册制之下,法律未设定发行人在财务状况、盈利能力、公司治理、商业模式等方面应当满足的特定条件,发行人只要按照规定公开了相关资料,便可发行证券。至于发行能否成功,发行的是"绩优股"还是"垃圾股",发行的是"金边债券"还是"垃圾债券",证券监管机构既不负责也不干预。换言之,证券监管机构事先不对发行人的品质和证券的投资价值进行判断和筛选,强调依靠市场机制发现和配置风险收益。

第三,注册制的核心是信息披露。尽管发行证券是发行人固有的权利,但考虑到资本市场天然存在信息不对称的问题,要对发行人发行证券的权利予以适当的规范,即发行人发行证券应以依法披露相关信息为前提,从而为投资者的投资决策提供依据。发行人应当保证所披露的信息真实、准确、完整,证券承销商等中介机构应当对发行人披露信息的真实性、准确性、完整性进行核查,并就信息披露质量进行担保。

从我国《证券法》对注册制的相关规定来看,主要包括如下几方面内容:

(1)国务院证券监督管理机构或者国务院授权的部门依照法定条件负责证券发行申请的注册。需说明的是,在注册制下,仍需对发行人的申请文件进行审核,审核机构可以是注册机构本身,也可以是国务院规定的证券交易所等机构。在审核内容上,主要是判断发行人是否符合发行条件以及信息披露要求,督促发行人完善信息披露内容,以确保发行信息的真实、准确、完整,彰显注册制"以信息披露为核心"的要求。至于发行人所发行证券是否有投资价值和潜力,则在所不问,留给投资者自行判断。从目前我国上海证券交易所科创板的注册制改革来看,在发行审核流程上,主要包括证券交易所的审核和证监会的注册两个环节:证券交易所审核通过后,将审核意见及发行人注册申请文件报送证监会进行注册。证监会在 20 天内作出是否同意注册的决定。如果证监会认为存在需要进一步说明或者落实的事项,可以要求证券交易所进一步问询;认为证券交易所对影响发行条件的重大事项未予关注或者证券交易所的审核意见依据明显不充分,可以退回证券交易所补充审查。

(2)国务院证券监督管理机构或者国务院授权的部门应当自受理证券发行申请文件之日起 3 个月内,依照法定条件和法定程序作出予以注册或者不予注册的决定,发行人根据要求补充、修改发行申请文件的时间不计算在内。不予注册的,应当说明理由。

(3)国务院证券监督管理机构或者国务院授权的部门对已作出的证券发行注册的决定,发现不符合法定条件或者法定程序,尚未发行证券的,应当予以撤销,停止发行。已经发行尚未上市的,撤销发行注册决定,发行人应当按照发行价并加算银行同期存款利息返还证券持有人;发行人的控股股东、实际控制人以及保荐人,应当与发行人承担连带责任,但是能够证明自己没有过错的除外。股票的发行人在招股说明书等证券发行文件中隐瞒重要事实或者编造重大虚假内容,已经发行并上市的,国务院证券监督管理机构可以责令发行人回购证券,或者责令负有责任的控股股东、实际控制人买回证券。

证券发行注册制对推动经济高质量发展、推进资本市场的市场化改革具有重大意义。注册制反映了市场经济的自由性、主体活动的自主性,以及政府管理经济的规范性与效率性价值取向。但需说明的是,注册制的顺利施行需要不断提升监管手段和监管技术,提高持续监管能力,并增加违法行为成本,以建立良好的法治、市场和诚信环境。

◎　**相关案例**①

2019 年 7 月 8 日,上海证券交易所(以下简称"上交所")官网显示,北京木瓜移动科

---

① 《科创板 IPO 现首例主动撤单　审核"问出"木瓜移动四大疑点》,载《上海证券报》2019 年 7 月 9 日,第 1 版。

技股份有限公司(以下简称"木瓜移动")审核状态变更为"终止审核"。上交所发布消息称,日前对木瓜移动及其保荐人提出的撤回发行上市申请进行了审核,按相关规则规定,同意其申请,依法决定终止其科创板发行上市审核。上交所表示,撤回发行上市申请,是申报企业的自主判断和正常行为,上交所予以尊重。

从2019年3月29日科创板上市申请获受理,到7月8日终止审核,木瓜移动在科创板的"考试"进程持续了101天。其间,公司历经两轮问询,累计回复"89问"。翻阅公司两轮问询"答卷"不难发现,审核问询的重点已展示出公司在核心技术先进性、业务模式、持续经营能力和信息披露方面的四大疑点。据上交所介绍,6月28日,经过两轮审核问询和回复,上交所审核中心召开审核会议,对木瓜移动发行上市申请形成审核报告,拟提交上市委员会审议,并发函要求发行人和保荐人提交招股说明书上会稿。7月4日,公司及保荐人提交了撤回发行上市申请。对此,上交所经过审核,决定终止其科创板发行上市审核。

在市场人士看来,这正昭示了注册制下问询式审核的威慑力——以信息披露为中心,以"充分、一致、可理解"为准绳进行审核。同时,审核问答不仅是丰富信息披露内容的互动过程,也是震慑欺诈发行,便利投资者在信息充分情况下作出投资决策的监管过程。注册制下的发行上市审核,将对发行人及其保荐机构给予最具穿透力的市场检验。

第四节　股票发行条件与程序

一、股票发行的内涵

股票是最主要的证券品种,指的是股份有限公司签发的证明股东按照其所持有的股份享有权利的书面凭证。股票发行是证券发行最基本的形式。我国《公司法》和《证券法》都对股票发行的基本准则进行了规定。所谓股票发行,是指符合条件的股份有限公司,基于特定的目的依照法定程序以同一条件向投资者发售并交付股票的行为。股票的发行人只能是股份有限公司,包括拟设立的股份有限公司和已成立的股份有限公司。《首次公开发行股票并上市管理办法》第8条规定,发行人应当是依法设立且合法存续的股份有限公司。经国务院批准,有限责任公司在依法变更为股份有限公司时,可以采取募集设立方式公开发行股票。

二、股票发行的类型

依据发行状况的不同,股票发行可以分为多种形式。依据发行时间的不同,可以分为公司设立时发行和公司成立后发行。前者是指股份有限公司在设立时,为筹集公司的注册资本所进行的股票发行;后者是指股份有限公司为扩大公司资本而进行的股票发行。依据发行对象的不同,可以分为公开发行和非公开发行。其中,股票公开发行依据是否为首次,又可以分为首次公开发行和再次公开发行。

无论是哪一种股票发行形式,均要求严格遵守法律规定的条件和程序,同次发行的同种股票应当具有同等的权利,不管是普通投资者还是机构投资者,其发行条件和价格应当保持一致,并且根据我国《公司法》的规定,发行价格不得低于票面金额。新股发行应注意以下问题:一是股票定价要进一步市场化;二是强化买方对卖方的约束力;三是在风险明晰的情况下,兼顾各方面的利益,尤其是小投资者的利益。

三、股票发行的条件

不同种类的股票发行需要满足不同的条件。如前所述,现阶段我国规范股票发行的法律法规将股票的发行区分为设立发行和新股发行以及公开发行和非公开发行。为了更清晰地把握股票发行的条件,下面将分别予以阐述。

（一）公司设立时发行股票的条件

依据我国《公司法》的规定,股份有限公司的设立分为发起设立和募集设立两种。发起设立是指由发起人认购公司应发行的全部股份而设立公司,属于非公开发行形式,只需满足《公司法》关于股份有限公司设立的一般条件即可;募集设立则是指由发起人认购公司应发行股份的一部分,其余股份向社会公开募集或者向特定对象募集而设立公司,属于公开发行的范畴。我国《证券法》第 11 条第 1 款规定:"设立股份有限公司公开发行股票,应当符合《中华人民共和国公司法》规定的条件和经国务院批准的国务院证券监督管理机构规定的其他条件……"

基于上述规定可知,募集设立股份有限公司应当具备下列条件:(1)发起人应当为 2 人以上 200 人以下,并且半数以上在中国境内有住所;(2)除法律、行政法规另有规定外,发起人认购的股份不得少于公司股份总数的 35%;(3)有符合法定要求的公司章程、公司名称、住所,建立符合股份公司的组织机构等;(4)依据法律、行政法规规定设立公司必须报经批准的,应当取得主管部门的批准文件;(5)与商业银行签订代收股款协议、与证券公司签订承销协议;(6)符合经国务院批准的证券监督管理机构规定的其他条件。但目前,证监会并未出台相关具体规则,在实践中也几乎不存在股份有限公司设立时便公开发行股票的情形。

（二）公司成立后发行股票的条件

股份有限公司成立后,根据生产经营的需要,扩充公司资本的行为称为发行新股。新股发行可以采取公开发行和非公开发行两种形式,前者指股份公司向社会公众发行,后者指股份公司向特定对象发行。

其中,由于首次公开发行新股(initial public offerings,简称 IPO)具有较强的专业性、技术性,涉及众多投资者的利益,关系到证券市场的稳定,成为各国证券法规制的重点。在我国,根据《证券法》第 12 条的规定,IPO 应当满足以下条件:(1)具备健全且运行良好的组织机构;(2)具有持续经营能力;(3)最近 3 年财务会计报告被出具无保留意见审计报告;(4)发行人及其控股股东、实际控制人最近 3 年不存在贪污、贿赂、侵占财产、挪用财产或者破坏社会主义市场经济秩序的刑事犯罪;(5)经国务院批准的国务院证券监督管理机构规定的其他条件。相比修订前《证券法》第 13 条①规定的公开发行条件,修订后的法律明确了以下几点:(1)在我国对证券发行改采注册制之后,第 12 条规定的条件即股份有限公司 IPO 的法定条件,是注册制下审核的标准。(2)修订后的法律将审核条件中的“具有持续盈利能力,财务状况良好”改为比较中性的“具有持续经营能力”。这一修改极为重要,改变了原核准制下审核机构对企业盈利状况和盈利能力的实质判断,至于该企业今后是否有盈利能力和投资价值,则交由投资者判断。(3)将“财务会计文件无虚假记载”修改为“被出具无保留意见审计报告”,这对于审核机构而言更容易作出判断,也更有利于充分发挥会计师事务所等证券市场专业服务机构的力量。(4)增强了对发行人及其控股股东、实际控制人的诚信要求。

需要说明的是,由于我国存在多层次的资本市场结构,在不同市场,有关首次公开发行股票条件的规定又有所不同。从现行制度体系来看,涉及 IPO 的文件主要有国务院证券监督管理委员会颁布的《首次公开发行股票并上市管理办法》《创业板首次公开发行股票注册管理办法(试行)》《科创板首次公开发行股票注册管理办法(试行)》等。由于我国《证券法》对注册制的推行并非一步到位,而是分步实施,因而存在一个过渡期。目前,有关科创板和创业板的注册制规则已经出台并实施,但主板市场的规则还未明确。由于主板是证券交易所的主要交易板块,影响力也最为广泛,因而,下面以《首次公开发行股票并上市管理办法》为对象,从五个方面对计划在交易所主板上市的 IPO 发行条件进行阐释。

1. 主体资格要求

IPO 发行主体包括两类:一是依法设立且合法存续的股份有限公司;二是经国务院批准,有限责任公司在依法变更为股份有限公司时,可以采取募集设立方式公开发行股票。此外,发行人的主体要件还应满足:(1)自股份有限公司成立后,持续经营时间应当在 3 年以上,但经国务院批准的除外;(2)注册资本已足额缴纳;(3)主要资产不存在重大权属纠纷;(4)生产经营符合法律、行政法规和公司章程的规定,符合国家产业政策;(5)最近 3 年内主营业务和董事、高级管理人员没有发生重大变化,实际控制人没有发生变更;(6)股权清晰,控股股东和受控股股东、实际控制人支配的股东持有的发行人股份不存在重大权属纠纷。

2. 独立性要求

IPO 发行主体应在资产、人员、财务、机构和业务上具有独立性,主要包括:(1)具有完整的业务体系和直接面向市场独立经营的能力;(2)发行人的总经理、副总经理、财务负责人和董事会秘书等高级管理人员不得在关联企业中兼职;(3)建立独立的财务核算体系,能够独立作出财务决策;(4)建立健全内部经营管理机构,独立行使经营管理职权;(5)业务应当独立于控股股东、实际控制人及其控制的其他企业等。

3. 规范运行的要求

发行主体的规范运行对证券市场以及投资者利益保护至关重要,具体体现在如下几方面:(1)已经依法建立健全股东大会、董事会、监事会、独立董事、董事会秘书制度,相关机构

---

① 《证券法》(2014 年修正)第 13 条第 1 款规定:“公司公开发行新股,应当符合下列条件;(一)具备健全且运行良好的组织机构;(二)具有持续盈利能力,财务状况良好;(三)最近三年财务会计文件无虚假记载,无其他重大违法行为;(四)经国务院批准的国务院证券监督管理机构规定的其他条件。”

和人员能够依法履行职责;(2)董事、监事和高级管理人员已经了解与股票发行上市有关的法律法规,知悉上市公司及其董事、监事和高级管理人员的法定义务和责任;(3)董事、监事和高级管理人员符合法律、行政法规和规章规定的任职资格;(4)内部控制制度健全且被有效执行,能够合理保证财务报告的可靠性、生产经营的合法性、营运的效率与效果;(5)公司章程中已明确对外担保的审批权限和审议程序,不存在为控股股东、实际控制人及其控制的其他企业进行违规担保的情形;(6)有严格的资金管理制度,不得有资金被控股股东、实际控制人及其控制的其他企业以借款、代偿债务、代垫款项或者其他方式占用的情形。

4. 财务会计制度的要求

IPO发行主体应当具有健康的财务会计制度:(1)资产质量良好,资产负债结构合理;(2)具有有效的内部控制机制;(3)会计基础工作规范,财务报表的编制符合企业会计准则和相关会计制度的规定,对相同或者相似的经济业务,选用一致的会计政策;(4)完整披露关联方关系并按重要性原则恰当披露关联交易,关联交易价格公允;(5)依法纳税,各项税收优惠符合相关法律法规的规定;(6)不存在重大偿债风险,不存在影响持续经营的担保、诉讼以及仲裁等重大或有事项;(7)申报的文件符合法定要求等。

5. 募集资金运用的要求

募集资金运用的要求主要包括:(1)原则上应当用于主营业务;(2)除金融类企业外,募集资金使用项目不得为持有交易性金融资产和可供出售的金融资产、借予他人、委托理财等财务性投资,不得直接或者间接投资于以买卖有价证券为主要业务的公司;(3)募集资金数额和投资项目应当与发行人现有生产经营规模、财务状况、技术水平和管理能力等相适应;(4)募集资金投资项目应当符合国家产业政策、投资管理、环境保护、土地管理以及其他法律、法规和规章的规定;(5)董事会应当对募集资金投资项目的可行性进行认真分析,确信投资项目具有较好的市场前景和盈利能力,有效防范投资风险,提高募集资金使用效益;(6)募集资金投资项目实施后,不会产生同业竞争或者对发行人的独立性产生不利影响;(7)建立募集资金专项存储制度,募集资金应当存放于董事会决定的专项账户。

四、 股票发行的限制

为保护投资者利益,《证券法》第14条对股票发行的限制进行了原则性规定:"公司对公开发行股票所募集资金,必须按照招股说明书或者其他公开发行募集文件所列资金用途使用;改变资金用途,必须经股东大会作出决议。擅自改变用途,未作纠正的,或者未经股东大会认可的,不得公开发行新股。"对此,《上市公司证券发行管理办法》进行了更为严格、具体的规定。根据该规定,上市公司存在以下情况之一的,不得公开发行股票:(1)本次发行申请文件有虚假记载、误导性陈述或重大遗漏;(2)擅自改变前次公开发行证券募集资金的用途而未作纠正;(3)上市公司最近12个月内受到过证券交易所的公开谴责;(4)上市公司及其控股股东或实际控制人最近12个月内存在未履行向投资者作出的公开承诺的行为;(5)上市公司或其现任董事、高级管理人员因涉嫌犯罪被司法机关立案侦查或涉嫌违法违规被中国证监会立案调查;(6)严重损害投资者的合法权益和社会公共利益的其他情形。

五、股票发行的程序

股票发行不仅需要满足一定的条件,还必须遵循法定的程序。

(一) 设立股份有限公司公开发行

1. 准备程序

发起人应签订发起人协议,明确各自在公司设立过程中的权利和义务;制定公司章程;认购公司应发行股份的35%,并聘请资产评估机构、会计师事务所、律师事务所等中介机构对其财务状况、资产状况等有关事项进行评估;制作招股说明书;与证券公司签订承销协议,与商业银行签订代收股款协议。

2. 申请与保荐程序

发起人在联合中介机构完成必备文件后,应当按照法律规定的方式向证券发行审核机构递交募股申请,并报送下列文件:公司章程;发起人协议;发起人姓名或者名称,发起人认购的股份数、出资种类及验资证明;招股说明书;代收股款银行的名称及地址;承销机构名称及有关的协议。依法聘请保荐人的,还应当报送保荐人出具的发行保荐书。法律、行政法规规定设立公司必须报经批准的,还应当提交相应的批准文件。发行人向证券发行审核机构报送的公司募集设立申请文件,必须真实、准确、完整。为证券发行出具有关文件的证券服务机构和人员,必须严格履行法定职责,保证其所出具文件的真实性、准确性、完整性。

3. 预披露程序

预披露制度有效地拓宽了社会监督渠道,提高了发行审核的透明度,有助于防范发行人采取虚假手段骗取发行上市资格。《证券法》第20条规定:"发行人申请首次公开发行股票的,在提交申请文件后,应当按照国务院证券监督管理机构的规定预先披露有关申请文件。"也就是说,无论证券发行审核机关是否允许公开发行,申请人均应当预先披露有关申请文件。

4. 注册程序

《证券法》第21、22条规定,国务院证券监督管理机构或者国务院授权的部门依照法定条件负责证券发行申请的注册。按照国务院的规定,证券交易所等可以审核公开发行证券申请,判断发行人是否符合发行条件、信息披露要求,督促发行人完善信息披露内容。国务院证券监督管理机构或者国务院授权的部门应当自受理证券发行申请文件之日起3个月内,依照法定条件和法定程序作出予以注册或者不予注册的决定,发行人根据要求补充、修改发行申请文件的时间不计算在内。不予注册的,应当说明理由。在股票发行中,负责发行注册的应当是国务院证券监督管理机构。

5. 公告招股说明书并制作认股书程序

发起人向社会公开募集股份,必须公告招股说明书,并制作认股书。认股书应当载明招股说明书载明的事项,由认股人填写认购股数、金额、住所,并签名、盖章。认股人按照所认购股书缴纳股款。

招股说明书应当附有发起人制定的公司章程,并载明下列事项:发起人认购的股份数;每股的票面金额和发行价格;无记名股票的发行总数;募集资金的用途;认股人的权利、义务;本次募股的起止期限及逾期未募足时认股人可以撤回所认股份的说明。

6. 股票发售和交付程序

发起人向社会公开募集股份,应当由依法设立的证券公司承销,签订承销协议。同时,发起人应当同银行签订代收股款协议。代收股款的银行应当按照协议代收和保存股款,向缴纳股款的认股人出具收款单据,并负有向有关部门出具收款证明的义务。发行股份的股款缴足后,必须经依法设立的验资机构验资并出具证明。

7. 召开创立大会并申请设立登记程序

发起人应当自股款缴足之日起 30 日内主持召开公司创立大会。创立大会由发起人、认股人组成,且应有代表股份总数过半数的发起人、认股人出席方可举行。创立大会行使下列职权:审议发起人关于公司筹办情况的报告;通过公司章程;选举董事会成员;选举监事会成员;对公司的设立费用进行审核;对发起人用于抵作股款的财产的作价进行审核;发生不可抗力或者经营条件发生重大变化直接影响公司设立的,可以作出不设立公司的决议。创立大会作出的决议,必须经出席会议的认股人所持表决权过半数通过。创立大会结束后 30 日内,董事会应当向公司登记机关报送相关文件,申请设立登记。符合设立条件的,由公司登记机关核发《企业法人营业执照》。

发行的股份超过招股说明书规定的截止日期尚未募足的,或者发行股份的股款缴足后,发起人在 30 日内未召开创立大会的,认股人可以按照所缴纳股款并加算银行同期存款利息,要求发起人返还。

(二) 股份有限公司首次公开发行新股的程序

1. 股东大会决议

我国《公司法》规定,股份有限公司发行新股应当依照公司章程的规定,由股东大会对下列事项作出决议:新股种类及数额;新股发行价格;新股发行的起止日期;向原有股东发行新股的种类及数额。

2. 申请与保荐程序

股份有限公司首次公开发行新股,应当报送募股申请和下列文件:公司营业执照;公司章程;股东大会决议;招股说明书或者其他公开发行募集文件;财务会计报告;代收股款银行的名称及地址。依法实行承销的,应报送承销机构名称及有关协议;依法聘请保荐人的,还应当报送保荐人出具的发行保荐书。

3. 注册程序

这一环节与募集设立股份公司公开发行股票的程序相同。即申请人应当向证券交易所报送上述申请文件和材料,由交易所对申请文件的齐备性、一致性、可理解性进行审核,并出具审核意见;交易所出具同意的审核意见后,应将审核意见及发行人的申请材料报送中国证监会,由中国证监会注册。

4. 正式发行

股票发行注册后,发行人应当公告招股说明书并制作认股书,由发行人委托的证券经营机构承销证券,代收股款的银行则按照协议代收和保存股款,实施股票发行。

（三）上市公司发行新股程序的特别规定

根据国务院证券监督管理机构 2020 年修订的《上市公司证券发行管理办法》,上市公司发行新股应遵循以下程序:

1. 决议

上市公司申请发行新股,董事会应当依法就下列事项作出决议,并提请股东大会批准:本次证券发行的方案;本次募集资金使用的可行性报告;前次募集资金使用的报告;其他必须明确的事项。

股东大会就发行新股作出的决定,至少应当包括下列事项:本次发行新股的种类和数量;发行方式、发行对象及向原股东配售的安排;定价方式或价格区间;募集资金用途;决议的有效期;对董事会办理本次发行具体事宜的授权;其他必须明确的事项。

股东大会就发行新股事项作出决议,必须经出席会议的股东所持表决权的 2/3 以上通过,向本公司特定股东及其关联人发行新股的,股东大会就发行方案进行表决时,关联股东应当回避。上市公司就发行新股事项召开股东大会的,应当提供网络或者其他方式为股东参加股东大会提供便利。

2. 申请与审核

上市公司申请发行新股,应当由保荐人保荐,并向中国证监会申报。保荐人应当按照中国证监会的有关规定编制和报送发行申请文件。

中国证监会依照下列程序审核发行新股的申请:(1) 收到申请文件后,在 5 个工作日内决定是否受理;(2) 中国证监会受理后,对申请文件进行审核;(3) 中国证监会作出核准或者不予核准的决定。新股发行申请未获核准的上市公司,自中国证监会作出不核准的决定之日起 6 个月后,可再次提出发行申请。

3. 股票发售和交付股票

自中国证监会核准发行之日起,上市公司应在 12 个月内发行新股;超过 12 个月未发行的,核准文件失效,须重新经中国证监会核准后方可发行。上市公司发行新股前发生重大事项的,应暂缓发行,并及时报告中国证监会。该事项对本次发行条件构成重大影响的,发行新股的申请应重新经过中国证监会核准。

上市公司公开发行新股,应当由证券公司承销;非公开发行新股,发行对象均属于原前 10 名股东的,可以由上市公司自行销售。

4. 信息披露

上市公司公开发行新股,应当按照中国证监会规定的程序、内容和格式,编制公开募集新股说明书或者其他信息披露文件,依法履行信息披露义务。上市公司应当保证投资者及时、充分、公平地获得法定披露的信息,信息披露文件使用的文字应当简洁、平实、易懂。中国证监会规定的内容是信息披露的最低要求,凡对投资者投资决策有重大影响的信息,上市公司均应充分披露。

第五节　公司债券的发行

一、公司债券发行的条件

公司债券发行是指公司以借贷资金为目的,依照法定的程序向投资者发售并交付在一定期限内还本付息的有价证券的行为。我国《证券法》在调整范围上明确列举了股票和公司债券,这一方面是因为两者发行条件和程序相似,另一方面也体现了公司债券的重要地位。现阶段我国对发行公司债券进行规范的主要是《公司法》《证券法》《上市公司证券发行管理办法》和《公司债券发行与交易管理办法》。其中,2019年《证券法》对公司债券的发行予以删改和增补,使得有关规定更好回应资本市场的发展现状。

（一）一般公司债券发行的条件

根据《证券法》第15条的规定,公开发行公司债券,应当符合下列条件:(1) 具备健全且运行良好的组织机构;(2) 最近3年平均可分配利润足以支付公司债券1年的利息;(3) 国务院规定的其他条件。根据我国法律的规定,公司债券发行主体的范围较股票发行主体的范围广泛,凡满足上述条件的公司均可发行公司债券。相较原《证券法》第16条规定的公司债券发行条件,2019年《证券法》大量删减了相关要求,如对公司净资产的要求、对所筹集资金投向符合国家产业政策的要求、对债券的利率不得超过国务院限定的利率水平的要求,体现了更加市场化的特点。

除上述积极条件外,《公司债券发行与交易管理办法》对公司债券发行条件进行了补充性规定,主要涉及消极条件方面,即存在下列情形之一的,不得公开发行公司债券:(1) 最近36个月内公司财务会计文件存在虚假记载,或公司存在其他重大违法行为;(2) 本次发行申请文件存在虚假记载、误导性陈述或者重大遗漏;(3) 对已发行的公司债券或者其他债务有违约或者迟延支付本息的事实,仍处于继续状态;(4) 严重损害投资者合法权益和社会公共利益的其他情形。

如果公司已经公开发行过公司债券,计划再次发行公司债券筹资,《证券法》为了保护投资者利益,规定出现下列情形之一的,不得再次公开发行:(1) 对已公开发行的公司债券或者其他债务有违约或者延迟支付本息的事实,且仍处于继续状态;(2) 违反《证券法》规定,改变公开发行公司债券所募资金的用途。根据2019年《证券法》的要求,公开发行公司债券所筹集的资金应按照公司债券募集办法所列资金用途使用;如果要改变资金用途,则必须经债券持有人会议作出决议。同时,公开发行公司债券所募集的资金不得用于弥补亏损和非生产性支出。

（二）可转换公司债券发行的条件

在我国《公司法》上,可转换公司债券属于公司债券的范畴,是结合了股票和债券特点的新型证券形式。所谓可转换公司债券,是指发行公司依照法定程序发行,在一定期限内依据约定的条件可以转换为公司股份的公司债券。可转换公司债券对推动证券市场的活跃具有良好作用,但对于发行公司来说是一把双刃剑,因此,我国将其发行主体限于上市公司。作为一种兼具双重属性的特殊公司债券,其发行除了满足一般公司债券发行的条件和公开发行股票的条件外,根据《上市公司证券发行管理办法》的规定,还应当具备以下条件:(1)最近3个会计年度加权平均净资产收益率平均不低于6%。扣除非经常性损益后的净利润与扣除前的净利润相比,以低者作为加权平均净资产收益率的计算依据。(2)本次发行后累计公司债券余额不超过最近一期末净资产额的40%。(3)最近3个会计年度实现的年均可分配利润不少于公司债券1年的利息。(4)可转换公司债券的期限最短为1年,最长为6年,每张面值100元。利率由发行公司与主承销商协商确定,但必须符合国家的有关规定。(5)委托具有资格的资信评级机构进行信用评级和跟踪评级。资信评级机构每年至少公告1次跟踪评级报告。(6)约定保护债券持有人权利的办法,以及债券持有人会议的权利、程序和决议生效条件。(7)提供担保,但最近一期末经审计的净资产不低于人民币15亿元的公司除外。

二、公司债券发行的程序

(一)形成决议或决定

公司债券发行属于有关公司经营发展的重大事项,根据《公司法》有关董事会、股东会或股东大会职权的规定,董事会在制订发行方案后要呈交股东会或股东大会作出决议。对于不设股东会的国有独资公司,则由国有资产监督管理机构行使相应职权,作出是否发行公司债券的决定。根据《公司债券发行与交易管理办法》第11条的规定,发行公司债券,发行人应当依照《公司法》或者公司章程相关规定对以下事项作出决议:(1)发行债券的数量;(2)发行方式;(3)债券期限;(4)募集资金的用途;(5)决议的有效期;(6)其他按照法律法规及公司章程规定需要明确的事项。发行公司债券,对增信机制、偿债保障措施作出安排的,也应当在决议事项中载明。

如果上市公司决定发行可转换公司债券,则股东大会作出的决议至少应包括下列事项:(1)本次发行债券的种类和数量;(2)发行方式、发行对象;(3)募集资金用途;(4)决议的有效期;(5)对董事会办理本次发行具体事宜的授权;(6)债券利率;(7)债券期限;(8)担保事项;(9)回售条款;(10)还本付息的期限和方式;(11)转股期;(12)转股价格的确定和修正。

(二)发行前准备

作出发行公司债券的决议或决定后,公司应当制作债券募集办法,载明法律规定的基本信息,同时委托证券承销机构提供咨询服务和事务性服务。前者包括债券发行可行性分析,涉及债券的期限、利率、偿还方式等;后者包括帮助办理债券募集宣传、编写发行说明书等。

(三)申请与审核

依据《证券法》第16条的规定,申请公开发行公司债券,应当向国务院授权的部门或者国务院证券监督管理机构报送下列文件:(1)公司营业执照;(2)公司章程;(3)公司债券募集办法;(4)国务院授权的部门或者国务院证券监督管理机构规定的其他文件。依照法律规定聘请保荐人的,还应当报送保荐人出具的发行保荐书。发行人报送的证券发行申请文件,应当充分披露投资者作出价值判断和投资决策所必需的信息,内容应当真实、准确、完整。为证券发行出具有关文件的证券服务机构和人员,必须严格履行法定职责,保证其所出具文件的真实性、准确性和完整性。加重发行人和证券服务机构的信息责任有利于保护投资者的利益。

《证券法》在 2005 年确立了公司债券发行的核准制,由国务院授权部门依照法定条件负责核准公司债券的发行申请。2019 年《证券法》实施注册制后,公司债券的发行也采用注册制的审核机制。依据我国现行公司债券发行管理规定,公开发行公司债券应当依法经中国证监会或者国家发展和改革委员会注册。其中,依法由证监会负责作出注册决定的公开发行公司债券申请,由证监会指定的证券交易所负责受理、审核;依法由国家发展和改革委员会负责作出注册决定的公开发行公司债券申请,由国家发展和改革委员会指定的机构负责受理、审核。证监会指定的证券交易所等机构、国家发展和改革委员会指定的机构按照规定受理、审核公开发行证券申请,主要通过审核问询、回答问题方式进行审核,督促发行人完善信息披露内容,并根据审核情况提出同意发行或终止审核的意见。证监会、国家发展和改革委员会收到有关机构报送的审核意见、发行人注册申请文件及相关审核资料后,履行发行注册程序。同股票注册发行的要求一样,证监会或国家发展和改革委员会应当自受理证券发行申请文件之日起 3 个月内,依照法定条件和法定程序作出予以注册或者不予注册的决定,发行人根据要求补充、修改发行申请文件的时间不计算在内。不予注册的,应当说明理由。

（四）公告公司债券募集办法

发行公司债券的申请经国务院授权部门注册后,在公司债券发行前,应当公告公司债券募集办法,载明下列主要事项:公司名称;债券募集资金的用途;债券总额和债券的票面金额;债券利率的确定方式;还本付息的期限和方式;债券担保情况;债券的发行价格、发行的起止日期;公司净资产额;已发行的尚未到期的公司债券总额;公司债券的承销机构。发行公司债券的信息依法公开前,任何知情人不得公开或者泄露该信息。

（五）制作公司债券

制作公司债券是公开发售前的必要准备,公司以实物券方式发行公司债券的,必须在债券上载明公司名称、债券票面金额、利率、偿还期限等事项,并由法定代表人签名,公司盖章。发行可转换为股票的公司债券,应当在债券上标明"可转换公司债券"字样,并在公司债券存根簿上载明可转换公司债券的数额。

（六）公开发售

上述步骤完成后,发行公司就可以公开销售公司债券。认购人应当填写应募书,并按规定缴纳公司债券款项。为了明确公司债券的持有情况,《公司法》第 157 条明确规定,公司应当置备公司债券存根簿。发行记名公司债券的,应当在公司债券存根簿上载明下列事项:(1) 债券持有人的姓名或者名称及住所;(2) 债券持有人取得债券的日期及债券的编号;(3) 债券总额、票面金额、利率、还本付息的期限和方式;(4) 债券的发行日期。发行无记名公司债券的,应当在公司债券存根簿上载明债券总额、利率、偿还期限和方式、发行日期及债券的编号。另外,《公司债券发行与交易管理办法》第 22 条规定,公开发行公司债券,可以申请一次核准,分期发行。自中国证监会核准发行之日起,发行人应当在 12 个月内完成首期发行,剩余数量应当在 24 个月内发行完毕。在公司债券发行采取注册制后,该规定原则上仍可适用。

◎ **相关案例**①

　　2015 年 11 月,发行人中国城市建设控股集团有限公司(以下简称"中城建公司")发布《募集说明书》,在全国银行间债券市场发行永续债。持有人景顺长城基金管理有限公司(以下简称"景顺长城公司")以中城建公司在募集期隐瞒部分信息、在履约过程中评级下降、未及时披露相关信息,且以行为表明不履行还本付息义务为由,要求解除双方合同关系,并主张偿还本金及利息。一审法院判决支持景顺长城公司诉讼请求。二审维持原判。

　　永续债是指不规定到期期限,债权人不能要求发行人清偿本金,但可按期取得利息的一种有价证券。与普通债券相比,其最大的特点是无固定到期日、发行人可递延支付利息并有权决定是否行使赎回权。该特点导致持有人在救济途径上较为被动,故应强化发行人信息披露义务。披露募集资金用途变更、发行人控股股东变更、资产转让、定期财务报表等信息,属于企业重大事项信息披露的最低要求,而中城建公司多次未按约披露信息,且涉案债券信用等级由发行时的 AA+级下调至 C 级,直接影响投资者判断及信心,导致涉案债券缺乏市场流通性。

　　本案判决体现了法院对新类型金融产品的深度理解。其从《合同法》相关规定出发,综合分析发行人怠于履行信息披露义务、相关评级下降等因素,结合永续债持有人的投资目的和获利方式,认为足以影响持有人出卖债券获益的可能性,从而认定发行人构成根本违约,支持了持有人诉请。本案判决对于维护债券市场稳定、保护投资者权益具有重要意义。

第六节　证券承销

一、证券承销的含义与方式

(一)证券承销的含义

　　依据是否通过中介机构,证券发行可以分为直接发行和间接发行。直接发行是指发行人自己办理发行事宜;间接发行则是委托中介机构销售证券。与发行人直接向投资者发行证券的方式不同,证券承销是一种间接发行方式,是指证券经营机构根据承销协议,协助证

---

① (2017)沪 0101 民初 13670 号民事判决书。

券发行人销售其发行的有价证券的行为。在许多国家,证券承销并非公开发行证券的强制性要求,而是证券发行人自行选择的发行方式。在我国,凡向社会不特定公众公开发行证券,必须采用证券承销的方式。证券承销引入了专门办理承销业务的证券经营机构,在发行人与投资者之间建立了中间环节,解决了发行人自身能力不足的问题,实现了分工的具体化。由于证券承销是证券发行所采用的最为重要的方式,且具有较强的专业性、技术性,涉及范围广泛,存在较大的风险,各国证券立法对证券承销都作出了严格的规定。我国《证券法》明确规定,发行人向不特定对象发行证券的,应当与依法设立的证券公司签订承销协议。承销协议是规定发行人和承销人双方在承销中的权利义务关系的合同。只有合法取得证券承销资格的证券公司才能从事证券承销业务,并且必须按照法律规定的程序运作。

证券承销制度主要用来调整发行人与承销商之间的关系,但实际上涉及发行人、承销商及投资者之间的复杂关系。承销商在证券承销中起着桥梁作用,将发行人和投资者的目标很好地结合起来。通过承销商,发行人达到了融资的目的,投资者达到了获取投资机会的目的,承销商则通过在承销过程中收取佣金和获取利差来实现自己的经营目标。

（二）证券承销的方式

证券公司承销证券,应当依照《证券法》第 26 条的规定采用代销或者包销方式。上市公司非公开发行股票未采用自行销售方式或者上市公司配股的,应当采用代销方式。由此可见,代销和包销是两种基本的证券承销方式。此外,对于数量特别巨大的证券发行,还可采取承销团承销方式。

1. 证券代销

证券代销也称"尽力之承销",是指证券公司代发行人发售证券,在承销期结束时,将未售出的证券全部退还给发行人的承销方式。即证券公司根据承销协议尽力推销发行人的证券,承销期满后将未售出的证券退还给发行人,证券公司不承担发行风险。可见,代销是一种代理关系,承销商作为发行人的推销者,不垫资金,销售证券所得的全部价金收入归发行人所有,发行人另行向承销人支付佣金。这种制度安排下,证券公司获得的报酬相对较少,发行人必须承担发行失败或者发行成功后收回剩余证券、所需资金无法及时募足的风险。发行人为了降低发行风险,往往会在代销合同中特别约定,承销商应采取各种必要措施,促使证券发行获得最大认购数量。对于那些信誉好、知名度高的企业,由于其证券容易被社会公众所接受,采取代销方式降低发行成本不失为一个合适的选择。

根据《证券法》第 33 条之规定,股票发行采用代销方式,代销期限届满,向投资者出售的股票数量未达到拟公开发行股票数量 70% 的,为发行失败,发行人应当按照发行价并加算银行同期存款利息返还股票认购人。可见,代销方式下,若出售股票未达到一定数额,发行人需承担发行失败的后果,因此,发行人一般会努力避免采取代销的方式。但中国证监会2018 年修订的《证券发行与承销管理办法》规定,上市公司非公开发行股票未采用自行销售方式或者上市公司配股的,应当采用代销方式,扩大了证券代销方式的适用范围。

2. 证券包销

证券包销是指证券公司将发行人的证券按照协议全部购入或者在承销期结束时将售后剩余证券全部自行购入的承销方式。在证券包销中,承销商与发行人商定发行底价,签订包销协议书,然后组织力量在证券市场以某种方式进行销售。采用包销方式的,证券公司须承担发行风险,因而,收取的承销费用相对较高。在这种制度安排下,发行人可以通过向证券公司全部或部分出售证券,迅速筹集大量资金,无须承担发行风险。一些社会知名度低且缺乏发行经验的企业大都青睐此种方式,借助信誉度高且有众多客户群的证券公司销售证券。因此,证券包销方式在我国证券市场上适用范围较为广泛。

对于发行人来说,证券包销的弊端在于发行费用高昂,且发行人不能独占溢价发行的"溢价"。对于承销商来说,包销一般获利丰厚,但风险很大。包销不仅要求承销商在证券定价研究和投资人询价机制上十分成熟,而且要求承销商必须具有非常发达的营销网络。证券包销具体分为全额包销和余额包销两种方式。

全额包销是指证券公司按照协议规定的条件以自有资金购入发行人的全部证券,再以自己的名义向投资者销售所购证券的方式。具体地说,在全额包销中,证券发行人与证券公司不再是委托代理关系,而是买卖关系,即证券公司作为买方先行全部购入发行人发行的证券,然后证券公司自行向投资者销售,未销售的自行解决,不能退还给发行人。发行人得到价金,其集资活动即告结束,而承销人可能承担被套牢的风险。这种发行方式使得发行人彻底转移了风险,要求证券公司具有较强的经济实力、专业水平和销售经验。承销商在签订包销协议前必须做好调查工作和可行性研究,确信在向发行人购入证券之后能够顺利将这些证券销售出去,才能在协议上签字。承销商之所以愿意采用全额包销的方式,主要原因在于其对成功发行证券有良好预期,且自身拥有较好的支付能力和风险承担能力。此外,面临激烈竞争的证券承销市场,受高额承销收益驱使,承销商有时也不得不冒一定的市场风险。

余额包销,也称为助销,是指证券公司按照协议在规定的承销期届满后,将未售出的证券全部买入的方式。余额包销实质上是代理和全额包销的结合,证券公司先行代理发行人发售证券,之后全额购入承销期内未能售出的证券。由于证券公司承担部分发行风险,余额包销的承销费用较全额包销低,且能保证实现证券发行总额的目标,是我国证券发行实践中最主要的承销方式。

3. 承销团承销

《证券法》第30条规定:"向不特定对象发行证券聘请承销团承销的,承销团应当由主承销和参与承销的证券公司组成。"可见,证券承销还存在承销团承销的方式。承销团承销也称联合承销,是指两个或两个以上的证券承销机构签订承销团协议组成承销团,依据承销协议共同完成证券销售的方式。主承销商是代表承销团与发行人签订承销协议的证券公司,负责组织承销工作,一般由竞标或协商方式确定。承销团适用于数量特别巨大的证券发行。一个承销商往往不愿或不能单独承担发行风险,就组织一个承销团,由一个或数个承销商为主承销商,联合多个金融机构共同完成发行任务,共同分担发行风险,并分摊发行费用。承销团承销既可适用于证券代销,也可适用于证券包销。采用这种承销方式,可以增强资金实力,实现承销机构之间的优势互补以及相互制约,还可以扩大销售网点,有利于迅速销售证券。

《证券发行与承销管理办法》对承销团承销作了详细规定。证券发行依照法律、行政法规的规定应当由承销团承销的,组成承销团的承销商应当签订承销团协议,由主承销商负责组织承销工作;证券发行由两家以上证券公司联合主承销的,所有担任主承销商的证券公司应当共同承担主承销责任,履行相关义务;承销团由3家以上承销商组成的,可以设副主承销商,协助主承销商组织承销活动。承销协议和承销团协议可以在发行价格确定后签订。主承销商应当设立专门的部门或者机构,协调公司投资银行、研究、销售等部门共同完成信息披露、推介、簿记、定价、配售和资金清算等工作。

承销的证券总数需要在承销团成员间分摊。分摊的具体办法是由各成员根据自己的承销能力自报,主承销商根据自报数量,可知由多少家证券公司组成承销团完成承销任务,然后考虑各家证券公司的信誉及合作关系,最终确定承销团成员。承销团成员确定后,主承销商应负责与其他承销商签订分销协议,明确承销团各成员的权利和义务,包括各成员推销证券的数量和获得的报酬、承销团及其合同的终止期限。主承销商的承销份额一般比普通成员大,工作量也多,所以最终得到的报酬也比普通成员多。主承销商的报酬包括其自己承销的那部分证券的承销酬金和担任主承销商的酬金两部分。

二、证券承销法律关系

证券承销涉及三方当事人之间的法律关系,且不同的承销方式有着不同的法律关系,承销商在发行人与投资者之间起着连接作用。

(一)证券代销中的法律关系

在证券代销中,发行人与承销商之间是一种委托代理关系,发行人是委托人,承销商是代理人。承销商接受发行人的委托,根据承销协议代理买卖发行人发行的证券,应尽力销售,但其本身不负全部售出证券的担保责任。因此,在发行人与承销商之间并不发生证券所有权转移问题。证券发行人与投资者之间则为买卖关系,投资者直接从发行人处取得证券的所有权,承销商仅起媒介作用。发行人与承销商之间的权利义务取决于《民法典》中关于委托代理关系的法律规定和承销协议的特别约定。

(二)证券包销中的法律关系

全额包销的过程可以分为两个阶段:一是证券公司以自有资金全额购入发行人发行的证券,发行人是所发行证券的唯一卖方,证券公司是唯一买方,发行人将全部证券一次性出售给证券公司。二是证券公司以自己的名义将购入的证券出售给投资者,此时投资者是所发行证券的唯一买方,证券公司是唯一卖方。因此,在证券全额包销过程中,存在两个买卖法律关系。

余额包销的过程同样可以分为两个阶段:一是在承销期内,发行人与承销商之间的法律关系为委托代理关系,发行人与投资者之间是买卖关系。二是承销期满后,承销商从发行人处购入未售出的证券,此时两者之间的法律关系为买卖关系,而承销商出售所购入的证券的行为使其与投资者之间形成了新的买卖关系。

三、证券承销协议

(一)证券承销协议的概念及特征

证券承销协议,是指证券发行人与证券承销商就证券承销的有关内容所达成的明确双方权利义务关系的书面协议。证券承销协议是证券承销制度的核心问题,是发行人与承销商建立证券承销关系的基础性文件。

证券承销协议具有以下法律特征:

1. 证券承销商必须具备特定主体资格

证券承销商应当为依法设立、具有相应证券承销资格的证券经营机构。在我国,证券商的组织形式只能是证券公司。证券公司必须在证券监管机构核准或者许可的范围内,从事证券承销业务。

2. 证券承销协议是书面要式合同

证券承销协议必须采取书面形式,不得采取口头或者其他形式。证券承销协议应当记载法律、法规以及证券监管机构要求记载的事项。证券承销协议经双方当事人签署后,须提交证券监管机构批准和备案。

3. 证券承销协议以依法注册发行证券为生效要件

证券承销协议的生效除应具备合同的生效要件外,还应具备发行人获准发行证券这一要件。依我国《证券法》的规定,股票承销协议在股票发行申请前订立,因此,在证券监督管理机构或国务院授权的部门审核同意之前,证券承销协议不发生效力。

4. 证券承销协议不得违反国家强制性规定

现行法律对证券承销协议的个别特殊条款进行了限制性规定。例如,《证券法》第31条第1款规定,证券的代销、包销期限最长不得超过90日。第32条规定,股票发行采取溢价发行的,其发行价格由发行人与承销的证券公司协商确定。对于这些限制性规定,协议双方当事人必须遵守。

(二)证券分销协议的概念及特征

证券分销,是指在采取承销团承销时,承销团成员接受主承销商的委托,向投资者发售某一证券的特殊承销方式。证券分销协议,是指承销团成员根据承销团协议所达成的,在承销团成员内部分配代发行证券及相应权利义务的书面协议。

证券分销协议属于特殊的证券承销协议,除具有承销协议的一般特征外,还具有以下法律特征:

1. 证券分销协议是承销团成员之间签订的特殊承销协议

证券分销协议由主承销商与分销商签订,而非由证券发行人与承销商签订。

2. 证券分销协议以承销团协议生效为生效要件

承销团成员通常会在承销团协议磋商期间磋商分销协议,并在签订承销团协议的同时签订分销协议,这就使分销协议的生效以承销团协议的生效为前提。

四、证券承销商的权利与义务

证券承销本质上是承销商与发行人之间的合同法律关系,除享有一般合同的权利义务外,承销商还因其特殊地位受到法律的特殊规制。

（一）超额配售选择权

超额配售选择权是发行人授予主承销商的一项选择权,获此授权的主承销商可以根据市场认购情况,在证券发行上市后的 30 日内,按同一发行价格向投资者超额发售一定比例(通常在 15% 以内)的证券,该超额部分证券的发行,视为该次发行的一部分。超额配售选择权赋予主承销商一定的调控市场能力,尤其在以接近市价的价格发行证券时,对促使证券发行后保持证券价格稳定具有优势。在超额发行证券时,超过部分的证券发行将使主承销商的销售费用相应增加。在证券的市场价格低于发行价格时,主承销商可以市价从市场中购买证券,而以发行价将其分配给认购者,且其所使用的资金为超额发售证券所获资金。主承销商在未动用自有资金的情况下,通过行使超额配售选择权,可以平衡市场证券的供求关系,达到稳定市场价格的目的。

在我国的证券承销制度中,超额配售选择权也得到了认可。《证券发行与承销管理办法》规定:"首次公开发行股票数量在 4 亿股以上的,发行人和主承销商可以在发行方案中采用超额配售选择权。"从目前实践来看,我国证券发行中也逐渐出现了主承销商行使超额配售选择权的行为。

（二）禁止从事不正当竞争

为规范证券公司承销行为,现行《证券法》规定,证券公司在承销业务中不得有下列行为:(1) 进行虚假的或者误导投资者的广告宣传或者其他宣传推介活动;(2) 以不正当竞争手段招揽承销业务;(3) 其他违反证券承销业务规定的行为,如捏造、散布虚假事实贬损其他证券公司,暗中给发行人的工作人员回扣等。上述这些行为违反了证券市场的公平原则,严重影响了正常的证券发行秩序,应予以禁止。

（三）核查发行文件

募集文件不仅是发行人获得公开发行资格的重要因素,更是投资者进行理性投资的依据,因此,负责证券承销业务的专业服务机构应当严格审查募集文件的真实性、准确性、完整性。我国《证券法》第 29 条第 1 款明确要求:"证券公司承销证券,应当对公开发行募集文件的真实性、准确性、完整性进行核查。发现有虚假记载、误导性陈述或者重大遗漏的,不得进行销售活动;已经销售的,必须立即停止销售活动,并采取纠正措施。"违反该核查义务的证券公司,应当承担相应的法律责任。

（四）禁止为本公司预留承销证券

证券承销商在承销过程中应尽力销售,维护投资者的公平认购权。为此,我国《证券法》第 31 条第 2 款明确禁止证券公司在承销证券时为本公司预留所代销的证券或预先购入并留存所包销的证券,如故意囤积或截留、缩短承销期、减少销售网点、以自己名义和账户购买等。实践中,如果证券公司借用他人账户购买其包销的证券,同样应纳入预留证券的范畴进行规制。

◎ **相关案例**

2011 年长江证券股份有限公司（以下简称"长江证券"）准备增发新股，与作为主承销商的东方证券股份有限公司（以下简称"东方证券"）签订了包销方式的承销协议。该协议约定，本次发行将由主承销商东方证券牵头组成承销团，以余额包销方式承销。

在长江证券股票市场价跌破发行价，普通投资者不愿以高出市场价 5% 的发行价购入新股时，主承销人东方证券本应包销全部证券余额，但此时，发行人长江证券与东方证券协商，修改包销的证券余额。这表面上是双方基于自愿对承销协议的修改，但实质上，已经损害了证券市场的诚信，使投资者对证券市场丧失投资信心。这一缩减包销行为涉嫌违反《证券法》《证券发行与承销管理办法》的规定，也直接损害了参与增发股份的一般投资者权益。当参与长江证券增发的一般投资者得知主承销人在承销期满后未尽其包销义务时，却不能享有反悔权、要求退回其参与增发所购买的股份，显然有失公平。因此，如果许可发行人与承销人在承销期满后削减或豁免承销人的包销义务，会严重损害一般证券投资者的合法权益，损害证券市场良好的运行秩序，此种行为理应予以禁止。

本章理论与实务探讨

我国证券发行注册制改革下的修订图景

自 2013 年国务院建议启动修法至 2019 年 12 月修订通过，《证券法》修订草案历经"六年三读"，既经历股市异常波动打击，又受挫于各方观点冲突与分歧。此次修订中最为耀眼之变化应为证券发行注册制的最终确立。

受市场经济体制初建与东南亚经济危机影响，我国证券法制定之初带有浓厚的行政管制色彩，如证券发行与上市的计划控制[①]。随着我国经济体制改革向纵深发展，修改证券法以适应、促进证券市场发展成为新议题。2005 年至 2014 年证券法经多次修正，一定程度上放宽了行政约束，以适应证券市场的阶段性要求，但仍无法满足资本市场对完备市场机制的需要。随着股票发行注册制的引入、发展与落地，《证券法》修改被赋予新内涵。

首先，发行注册制对证券法修改提出新方向。我国股票公开发行注册制与核准制之争几乎贯穿证券市场发展历程，其背后是政府与市场的关系这一宏观且庞杂命题。随着对政府与市场关系认识的不断深入、经济体制改革的不断深化，我国不断调整政府与市场关系，在证券法领域表现为证券公开发行管理体制逐渐呈现市场化与去管制化趋势。如 2005 年由政府主导的证券发行"配额制"转变为证券法确立的"核准制"，2013 年党的十八届三中全会首次明确提出"推进股票发行注册制改革"，2019 年注册制试行于科创板，充分体现了我国证券法修改对注册制改革的坚持，直至 2019 年 12 月《证券法》修订，对注册制全面予以认可。可以说，注册制改革的逻辑与证券法修改逻辑具有高度一致性，即在证券发行机制

---

① 陈甦、陈洁：《证券法的功效分析与重构思路》，载《环球法律评论》2012 年第 5 期。

中减少行政干预①,促使证券法的改革市场化和去管制化。

其次,发行注册制提出证券法修改新要求。注册制改革的核心是整体改造。基于父爱主义哲学对股票发行上市进行实质审核和价值判断的审核制模式,将股票发行审核权在监管机关与市场机制间重新分配,使前者定位于形式性审查,后者致力于实质性审查,以实现行政监管与市场自律监管的有机结合,同时在证券法中规定套配信息披露制度与民事赔偿诉讼机制等,兼顾股票发行市场化与对投资者利益的保护②。依此逻辑,发行注册制不仅要修改股票发行审核主体、内容、程序等要素性机制,更需在市场化、去管制化方向指导下建立、发展注册制生态系统的市场配套制度,涉及完善信息披露、监管定位变革、市场主体责任归位、健全民事赔偿机制、提高证券执法能力等。2019 年《证券法》的修订对此均作出了回应,专设了"信息披露"一章,完善了民事赔偿制度与诉讼救济机制,提升了证券违法行为成本并加大了执法力度等。

最后,发行注册制提出证券法修改新定位。注册制的意义不仅在于股票发行采"实质审核"或"形式审核"本身,更在于监管机构正视自身定位③,超越"审不审""审多久""审什么"等证券发行管理制度间的差异性问题,立足我国证券市场现实情况与迫切需求,通过监管者自我权力约束激发市场活力④。换言之,注册制改革需要证券监管机关明确自身定位,将监管重点集中于信息披露质量,避免在发行审核上市事项上"全权包办",缩小实质审核范围,将实质审核权下放给证券交易所,充分发挥交易所的一线监管权能⑤,发挥市场机制的作用。

总之,随着资本市场的纵深发展,《证券法》的不断完善需要注重行政管控与市场机制平衡。应在注册制改革下,明确监管机构定位,减轻行政约束力度,实现监管放权、分权;同时,在完善信息披露制度基础上加强市场自律,实现市场的增权、扩权。

我国存托凭证(CDR)发行制度的完善

2019 年《证券法》的修订正式将存托凭证(CDR)纳入证券的范畴。中国证监会在《关于开展创新企业境内发行股票或存托凭证试点的若干意见》(以下简称"《若干意见》")中对创新企业境内存托凭证发行的制度构建予以了规定。可以说,中国存托凭证制度解决了所有港股、中概股、双重股权结构公司、VIE 结构公司回归 A 股市场的难题,制度弹性非常大。

《若干意见》对存托凭证发行主要规定了两类标准:一是普通标准;二是特殊标准。首先,创新企业在境内发行存托凭证应符合股票发行的条件;试点红筹企业在境内发行以股票为基础证券的存托凭证应符合证券法关于股票发行的基本条件。其次,创新企业在境内发行存托凭证还应当符合下列要求:一是股权结构、公司治理、运行规范等事项可适用境外注册地公司法等法律法规规定,但关于投资者权益保护的安排总体上应不低于境内法律要求;

---

①　唐应茂:《我国离注册制还有多远——兼论推进我国股票发行注册制改革的措施》,载《上海金融》2014 年第7 期。

②　雷星晖、柴天泽:《股票发行注册制改革:利益衡平之下的监管分权和配套建制》,载《经济问题》2016 年第10 期。

③　王啸:《我们需要什么样的注册制》,载《上海证券报》2013 年 11 月 20 日,第 A5 版。

④　李文莉:《证券发行注册制改革:法理基础与实现路径》,载《法商研究》2014 年第 5 期。

⑤　杨峰:《我国实行股票发行注册制的困境与路径分析》,载《政法论丛》2016 年第 3 期。

二是存在投票权差异、协议控制架构或类似特殊安排的,应于首次公开发行时,在招股说明书等公开发行文件显要位置充分、详细地披露相关情况,特别是风险、公司治理等信息,以及依法落实保护投资者合法权益规定的各项措施。

尽管上述规定明确了存托凭证的发行条件,但是,在我国现行证券法框架内,推进存托凭证的发展还面临外汇管制、信息披露、市场监管等诸多制度性障碍。

首先,由于我国实行外汇管制政策,资本难以在基础证券与存托凭证之间实现自由转换。换言之,境外发行人通过存托凭证在境内募集到的资金很难自由地兑换出境,这就极大地降低了 CDR 市场的流动性。所以,未来还须在考虑 CDR 与基础股票转换中可能出现的跨境资金流动对汇率和外汇收支冲击的前提下,对相关制度进行顶层设计。

其次,信息披露制度还需完善。《若干意见》只简单规定了基础证券发行人应承担起信息披露义务,对其具体的信息披露义务的展开机制并没有作出相应的规定。基础证券发行人披露的相关信息是影响存托凭证价格的关键因素,其虽然参与存托凭证的发行,但并非存托凭证的发行人,并不当然地属于信息披露义务人。若要将其纳入信息披露的范围,必须由法律法规作出特殊规定[1]。

最后,在境内外监管协调制度上还需完善。由于存托凭证的发行涉及两个不同的法域,这就可能导致监管上的冲突或者空白,境内和境外的市场监管机构之间很难有效协调合作,所以需要相应的监管协调机制。此外,在信息披露制度上也存在境内外协调问题,不同的证券市场,其交易时间、信息披露的频率和要求均有所不同,故需要监管机构之间的配合与协调。

本章法考与考研练习题

一、名词解释

1. 证券公开发行

2. 证券直接发行

3. 证券间接发行

二、不定项选择题

1. 赢鑫投资公司业绩骄人。公司拟开展非公开募集基金业务,首期募集 1000 万元。李某等老客户知悉后纷纷表示支持,愿意将自己的资金继续交其运作。关于此事,下列选项正确的是( )。

A. 李某等合格投资者的人数可以超过 200 人

B. 赢鑫投资公司可在全国性报纸上推介其业绩及拟募集的基金

C. 赢鑫投资公司可用所募集的基金购买其他的基金份额

D. 赢鑫投资公司就其非公开募集基金业务应向中国证监会备案

2. 顺昌有限责任公司等五家公司作为发起人,拟以募集方式设立一家股份有限公司。关于公开募集程序,下列表述正确的是( )。

A. 发起人应与依法设立的证券公司签订承销协议,由其承销公开募集的股份

---

[1] 何海峰、杨文尧天:《创新企业境内发行存托凭证制度:框架、突破与留白》,载《财会月刊》2018 年第 22 期。

B. 证券公司应与银行签订协议,由该银行代收所发行股份的股款

C. 发行股份的股款缴足后,须经依法设立的验资机构验资并出具证明

D. 由发起人主持召开公司创立大会,选举董事会成员、监事会成员与公司总经理

3. 依据我国《证券法》的规定,关于证券发行的表述,下列选项正确的是(　　)。

A. 所有证券必须公开发行,不得采用非公开发行的方式

B. 发行人可通过证券承销方式发行,也可由发行人直接向投资者发行

C. 只有依法正式成立的股份有限公司才可发行股票

D. 国有独资公司均可申请发行公司债券

4. 为扩大生产规模,筹集公司发展所需资金,鄂神股份有限公司拟发行总值为 1 亿元的股票。对此,下列说法符合《证券法》规定的是(　　)。

A. 根据需要可向特定对象公开发行股票

B. 董事会决定后即可径自发行

C. 可采取溢价发行方式

D. 不必将股票发行情况上报证券监管机构备案

5. 下列关于证券的发行保荐和上市保荐的说法,不正确的是(　　)。

A. 同次发行的证券,其发行保荐和上市保荐应当分别由两家保荐机构承担

B. 保荐机构依法对发行人申请文件、证券发行募集文件进行核查,向中国证监会、证券交易所出具保荐意见

C. 证券发行的主承销商可以由保荐机构担任

D. 证券发行的主承销商可以由其他具有保荐机构资格的证券公司与保荐该证券发行的保荐机构共同担任

三、简答题

1. 简述证券发行审核的概念和性质。

2. 简述证券发行审核的基本类型。

3. 简单评价我国的证券发行审核制度。

4. 简述我国证券发行保荐人的资格。

5. 我国证券发行保荐人的保荐职责分为哪几类?

6. 简述我国证券发行保荐制度与承销制度的区别。

7. 简述债券发行的条件。

8. 简述证券承销的法律关系及其性质。

9. 简述超额配售选择权。

10. 简述承销商的法定义务。

本章法考与考研练习题参考答案

第九章　证券上市制度

[导语]

　　证券能否上市交易直接影响到证券流通性的强弱。在我国，申请证券上市应当满足证券交易所规定的上市条件，并向交易所提出申请，由交易所依法审核。但政府债券比较特殊，它由交易所根据国务院授权部门的决定安排上市交易。

　　本章主要讲述了证券上市的概念及意义、证券上市的标准、证券上市的程序、证券退市制度等基本内容。本章的学习重点是证券上市的概念和意义、证券上市的标准、证券上市的程序；本章学习的难点是证券退市制度。

第一节　证券上市的概念及意义

一、证券上市的概念与分类

（一）证券上市的概念

　　证券上市有广义和狭义之分。广义的证券上市是指已发行的证券依照法定的条件和程序在证券交易所或其他法定交易场所进行交易的行为。其中，"已发行的证券"包括公开发行的证券和非公开发行的证券，交易可以在证券交易所进行（场内交易），也可以在其他法定的交易场所进行（场外交易），因此，广义的证券上市的概念外延较广。而狭义的证券上市是指公开发行的证券依法在证券交易所挂牌进行集中竞价交易的行为。此概念外延较窄，既不包括非公开发行的证券的挂牌交易，也不包括场外交易市场的证券交易。我国《证券法》以及学界和实务界一般采取狭义说，即公开发行的证券在依法设立的证券交易所上市交易的行为称为证券上市。

　　证券上市是连接证券发行和证券交易的中间环节，其目的在于进入证券交易所挂牌交易。非依法发行的证券不得买卖，但依法发行的证券并不必然都能进入证券交易所进行场内交易。在符合法定条件的前提下，公开发行的证券必须经过一系列程序才能进入证券交易所挂牌交易。由此可见，证券发行、证券上市与证券交易是行为发生的不同阶段：证券发行是基础，证券上市是进入交易所交易的前提，而证券交易又是证券上市的结果和证券发行的延续。

在上市证券中,股票是最重要的组成部分,此外还包括公司债券、政府债券、投资基金份额、存托凭证等。2019 年《证券法》第 2 条第 1~3 款规定:"在中华人民共和国境内,股票、公司债券、存托凭证和国务院依法认定的其他证券的发行和交易,适用本法;本法未规定的,适用《中华人民共和国公司法》和其他法律、行政法规的规定。政府债券、证券投资基金份额的上市交易,适用本法;其他法律、行政法规另有规定的,适用其规定。资产支持证券、资产管理产品发行、交易的管理办法,由国务院依照本法的原则规定。"由此可见,根据证券品种的不同,证券上市所适用的法律、行政法规也各不相同,主要是《证券法》《公司法》《证券投资基金法》《国库券条例》和其他法律、行政法规。但是对于上市证券的发行人不能简单地统称为上市公司,根据《公司法》的规定,上市公司是一个法定概念,仅指股票在证券交易所上市交易的股份有限公司。

(二) 证券上市的分类

依据不同的标准,证券上市可以分为不同的种类。

1. 依据证券品种的不同,证券上市可以分为股票上市、债券上市、存托凭证上市、证券投资基金份额上市和证券衍生品种上市

由于股票只能由股份有限公司发行,因此股票上市的申请人也只能是股份有限公司。股票上市又可分为 A 股上市、B 股上市、H 股上市、N 股上市等[①]。

债券上市中,根据债券种类的不同,又可分为公司债券上市、政府债券上市、企业债券上市等。

存托凭证上市是由存托凭证发行人向证券交易所提出申请,将其发行的存托凭证在交易所挂牌交易的行为。

证券投资基金份额上市可以分为封闭式基金份额上市、开放式基金份额上市等。

证券衍生品种上市可以分为资产支持证券上市、权证上市等。不同的证券品种上市应当遵循不同的条件和程序,并符合证券交易所制定的规则。

2. 依据上市程序的不同,证券上市可以分为授权上市和认可上市

授权上市也称核准上市,是指证券交易所根据证券发行人的申请,按照法定的条件和程序核准的证券上市。[②] 在授权上市制度下,证券交易所要对证券发行人的申请材料进行严格的资格审查,对于不符合上市条件的申请,交易所有权拒绝。我国《证券法》第 46 条第 1款规定:"申请证券上市交易,应当向证券交易所提出申请,由证券交易所依法审核同意,并由双方签订上市协议。"通常情况下,在证券交易所的证券上市主要是授权上市。

认可上市也称豁免上市、安排上市,是指公开发行的证券经证券交易所认可,无须履行审核程序,即可进入证券交易所挂牌交易的方式。这种上市方式主要适用于信用等级高的特殊证券,如政府债券。《证券法》第 46 条第 2 款规定:"证券交易所根据国务院授权的部门的决定安排政府债券上市交易。"这表明在我国,政府债券的上市无须经过证券交易所审

---

① A 股是由我国境内的公司发行,供境内投资者以人民币认购和交易的股票。B 股是以人民币标明面值,以美元或港币认购,在境内证券交易所上市交易的股票。H 股是注册地在境内、上市地在香港的外资股。N 股是在境内注册、在纽约上市的外资股。

② 叶林主编:《证券法教程》,法律出版社 2010 年版,第 193 页。

核,只需国务院授权部门决定安排即可。

3. 依据首次公开发行后是否立即上市,证券上市可以分为"直通车"式上市与非"直通车"式上市[1]

"直通车"式上市是指证券发行人在公开发行证券的同时,已经确定证券上市的近期计划,并在招股说明书中就上市情况作出必要说明,发行结束后在较短时间内申请证券上市的方式。因为该种方式中,证券公开发行与上市时间间隔很短,甚至几乎同步进行,所以称为"直通车"式。

非"直通车"式上市是指证券发行人在公开发行证券后,另选日期申请证券上市的方式。采用这种方式,证券发行人只是在招募文件中说明未来证券上市的可能性,但没有具体的近期上市计划。

4. 依据上市的地点不同,证券上市可以分为第一上市和第二上市

第一上市是指证券发行人将其发行的证券在某一证券交易所首次挂牌交易的方式。在我国,证券在上海证券交易所和深圳证券交易所挂牌交易的,均属于第一上市。

第二上市是相对于第一上市而言的,是指证券发行人的证券在获准第一上市后,又在另一个证券交易所挂牌交易的方式。只有当某种证券同时在两个以上证券交易所上市时,才存在第一上市和第二上市的区分,第一上市和第二上市是并存的概念,唯有存在第二上市时,才有第一上市。[2]

5. 依据上市的国家或地区不同,证券上市可以分为境内上市和境外上市

境内上市是指证券发行人将公开发行的证券在境内证券交易所挂牌交易的方式。凡在我国上海证券交易所和深圳证券交易所挂牌交易的,都属于境内上市。从数量上看,境内上市是主要的证券上市方式。

境外上市是指证券发行人将其发行的证券在境外的证券交易所挂牌交易的方式。由于我国实行"一国两制",在香港联合交易所上市的证券,纳入境外上市管理。无论是境内上市还是境外上市,都应当遵循我国现行有关法律的规定。

二、 证券上市的特点

(一)证券上市是连接证券发行和证券场内交易的必要环节

有时候,人们习惯将证券发行与证券上市合称为"证券发行与上市";有时则将证券上市与证券交易合称"证券上市与交易"。这些说法都表明了证券上市与证券发行、证券交易的密切关系。证券发行和证券交易是证券法中最重要的两大法律事实,而证券上市则是连接证券发行和证券场内交易的必要环节。证券发行是国家从监管角度采取的证券市场准入制度,只有符合证券发行条件的证券,才有可能在证券交易所上市并进行交易;而证券上市则是证券交易所本身采用的市场准入制度。能够在证券交易所内挂牌交易的证券,不仅应当符合证券发行条件,还要符合证券交易所的上市条件。所以,证券上市是不可或缺的、连接证券发行和证券场内交易的环节。

[1] 周友苏主编:《新证券法论》,法律出版社2007年版,第192页。
[2] 叶林主编:《证券法教程》,法律出版社2010年版,第194页。

（二）证券上市是完整的法律制度

证券上市是一个完整的制度,包括证券上市的条件和程序、证券退市以及证券上市的保荐制度等,而不是指"上市"这个特定的行为。证券上市制度主要是从证券交易所角度对已经发行的证券进行监管,证券符合条件的,允许其在证券交易所进行交易;不符合条件的,则采取退市制度。因此,与证券发行一样,证券上市制度在体系上也属于证券市场的准入和退出机制,是成熟证券市场必要的法律制度。

（三）证券上市的条件因证券类型和证券市场的不同而有区别

证券类型多样,不同类型的证券,如股票、公司债券、证券衍生品种,需满足不同的上市条件;并且,证券上市的市场不同,要求也不尽相同。我国的两大证券交易所分别设定了不同的上市交易板块:上海证券交易所主要包括主板市场以及 2019 年新增设的科创板市场;深圳证券交易所除主板市场外,还设立了中小企业板市场和创业板市场。证券交易所内不同层次的市场板块,体现了我国证券市场的多层次性,以满足不同企业的上市需求。因此,无论是国务院证券监督管理机构还是两大证券交易所,都分别针对主板市场、创业板市场、科创板市场制定了不同的上市标准和条件。

（四）证券上市必须满足相关的信息披露要求

证券的发行及交易活动,必须坚持公开、公平、公正的原则。证券上市作为连接证券发行和证券场内交易的枢纽,必须实行严格的信息披露制度。目前,我国两大证券交易所均对股票、公司债券上市规定了具体的信息披露要求。证券上市必须满足这些要求。

三、 证券上市的意义

证券上市是沟通证券发行和证券场内交易的桥梁,不仅促进了证券交易市场的活跃,也促进了证券发行市场的壮大,对于证券发行人、证券投资者以及证券监督管理机构都具有重要的意义。

（一）有利于提高证券发行人的信誉和知名度

对于证券发行人来说,首先,证券上市必须符合法律规定的一系列条件,证券交易所要对申请上市公司的资本额、财务状况、资本分配及发展前景等诸多方面进行严格审查,这在一定程度上是对公司经营能力、管理水平以及发展前景等多方面的肯定,有利于树立公司的形象,提高公司的地位;其次,证券上市也能引起社会的特别关注,使社会公众将公司名称、产品及证券联系起来,加深公众印象,公司也能够根据信息披露制度,通过电视广播、互联网等各种媒介不断向社会发布公司相关信息,从而提高公司的影响力和发行人的知名度。

（二）有利于增强发行人的融资能力和运行能力

股份有限公司是大规模资金的长期需求者,证券上市可以更广泛地吸引社会投资,形成多元化资本结构。证券上市后形成的市价是对公司业绩的一种评价,为公司的进一步筹资提供了更多的机会,开拓了吸引社会资金的融资渠道,为今后的发展提供保障。此外,证券上市后,公司在广大投资者的监督下必须按照法律的规定进行规范经营,其法人治理结构必须符合上市公司的治理标准,促进公司不断提高管理能力和运行质量,提高经济效益。

(三)有利于保障证券投资者的利益

证券上市首先有利于提高证券的流通性,减少投资风险,证券投资者可以通过简便、快捷的方式转让证券,从而为潜在的投资者提供便利的投资机会,刺激投资的积极性;其次,证券投资者可以根据公布的各种信息对公司进行筛选,选择经营业绩和发展前景良好的证券,具有更为灵活的投资选择权;最后,证券交易所实行集中竞价交易方式,有利于形成公正合理的价格,保障投资者的投资利益。

(四)有利于证券监督管理机构的监管

根据证券法的规定,证券发行人在证券上市后必须履行持续的信息披露义务,定期公布经营业绩,其实质就是将公司置于公众投资者和证券监管机构的监督之下。证券获准上市前,只能在场外交易市场交易。场外交易缺乏严格的监管和公开竞争的价格形成机制,证券交易难免出现无序化并引起较高的投资风险。而在政府监管机构和证券交易所的监管下,证券上市交易实现了安全与高效的最佳结合,实现了交易价格的公开性和竞争性。证券监督管理机构根据公开的信息对证券发行人的经营情况进行监督,比较容易发现市场问题并及时加以解决,从而降低管理成本,提高监管效率。

第二节 证券上市的标准

我国《证券法》颁布实施二十多年以来,共经历5次修改。其中,在2004年、2013年和2014年进行了三次修正,在2005年和2019年进行了两次修订。2005年国家对《公司法》和《证券法》进行同步修订时,为了合理划分两部法律的调整范围,将原《公司法》规定的证券上市条件全部移入《证券法》之中,以使证券法律体系更规范和科学。

2019年12月28日,全国人民代表大会常务委员会修订并通过了《证券法》,将原《证券法》第50条中股票上市交易的条件以及第57条中债券上市交易的条件予以删除,并在新法的第47条第1款明确规定:"申请证券上市交易,应当符合证券交易所上市规则规定的上市条件。"易言之,今后证券上市交易的标准将完全由交易所自己制定,法律不再作强制性规定。但由于证券上市毕竟会影响市场上不特定的公众投资者利益,进而影响投资者对证券市场的信心,因此,2019年《证券法》要求证券交易所制定的上市条件中,应当对发行人的经营年限、财务状况、最低公开发行比例和公司治理、诚信记录等提出要求。

一、 股票上市的标准

目前,除深圳证券交易所针对创业板制定了《深圳证券交易所创业板股票上市规则》外,上海证券交易所和深圳证券交易所还未就其他板块的股票上市制定最新的上市标准。

目前两大交易所遵循的主要还是 2019 年修订的《上海证券交易所股票上市规则》《上海证券交易所科创板股票上市规则》以及《深圳证券交易所股票上市规则》。上海证券交易所、深圳证券交易所各自设定了不同的交易板块,上海证券交易所设有主板和科创板,深圳证券交易所设有主板、中小企业板和创业板。不同的板块服务于不同类型的企业,满足不同企业的融资和交易需求,所体现的交易规则和交易风险各有不同。因而,两个交易所分别针对不同类型的板块制定了不同的上市条件。

(一)上市标准的基本要求

从目前上海证券交易所和深圳证券交易所的交易规则来看,无论在哪个板块上市,均需满足下列基本条件:

1. 股票已经公开发行

对于公开发行股票的条件和基本程序,本书在第八章"证券发行制度"中已经作了阐述,此处不赘。总体而言,发行条件包括:(1)主体资格标准,即必须是依法设立且合法存续的股份有限公司;(2)独立性标准;(3)规范运行标准,即有完善的治理机制和内部控制制度;(4)财务会计标准,即资产质量良好,会计制度和财务报表编制规范。

2. 公司股本总额达到最低要求

这是对上市公司资本数额的要求,其目的是保证上市证券达到足够的数量,有潜在的交易量,满足证券市场对证券流通性的要求。

3. 公司股权结构具有公众性

只有股权结构足够分散、持股人数众多,方可在证券市场上产生足够的交易量,进而促进证券市场价格发现功能和资源配置功能的发挥;同时,持股分散也有利于防止证券市场上的操纵行为。

4. 诚信经营,财务规则符合要求

企业自身经营是否诚信、财务制度是否规范均直接关涉证券投资者的切身利益。如果公司有财务造假行为,会直接影响投资者对公司的投资价值判断,因而,健全的财务会计制度、诚实守信的合规经营和信息披露制度对于拟在证券交易所上市的股票发行人而言,都是最基本的要求。

(二)不同市场的具体上市要求

1. 主板和中小企业板的上市标准

根据《上海证券交易所股票上市规则》《深圳证券交易所股票上市规则》的要求,发行人首次公开发行股票后申请其股票在交易所上市的,应当符合下列条件:(1)股票经中国证监会批准已公开发行;(2)公司股本总额不少于人民币 5000 万元;(3)公开发行的股份达到公司股份总数的 25% 以上;公司股本总额超过人民币 4 亿元的,公开发行股份的比例为 10% 以上;(4)公司最近 3 年无重大违法行为,财务会计报告无虚假记载;(5)证券交易所要求的其他条件。

对于中小企业板的上市标准和条件,按照深圳证券交易所上市规则的规定,适用该所主板上市的标准和条件。

2. 创业板上市标准

创业板主要目的是促进高成长的新型创新公司特别是高科技公司筹资并进行资本运作,为成长型新技术企业创造融资平台。创业板市场在发行条件、交易系统、上市标志、交易规则等方面与主板市场都有差异,尤其是在上市标准上,由于创业板企业具有规模小的特点,其上市要求明显低于主板。根据《深圳证券交易所创业板股票上市规则》的规定,发行人申请股票在本所上市,应当符合下列条件:(1)符合中国证监会规定的创业板发行条件,如对发行人经营期限和组织机构的要求、对发行人财务会计制度及信息披露的要求、对发行人内部控制制度的要求、对发行人业务完整性以及独立持续经营能力的要求、对发行人生产经营符合法律与行政法规的规定并符合国家产业政策的要求、对发行人及其控股股东、实际控制人、董事、监事和高级管理人员诚信经营的要求,等等;(2)发行后公司股本总额不少于3000万元;(3)公开发行的股份达到公司股份总数的25%以上;公司股本总额超过4亿元的,公开发行股份的比例为10%以上;(4)市值及财务指标符合本规则规定的标准;(5)本所规定的其他上市条件。

3. 科创板上市标准

科创板的定位是面向世界科技前沿、面向经济主战场、面向国家重大需求,优先支持符合国家战略,拥有关键核心技术,科技创新能力突出,主要依靠核心技术开展生产经营,具有稳定的商业模式,市场认可度高,社会形象良好,具有较强成长性的企业。根据《上海证券交易所科创板股票上市规则》的要求,发行人申请在本所科创板上市,应当符合下列条件:(1)符合中国证监会规定的发行条件。(2)发行后股本总额不低于人民币3000万元。(3)公开发行的股份达到公司股份总数的25%以上;公司股本总额超过人民币4亿元的,公开发行股份的比例为10%以上。(4)市值及财务指标符合该规则规定的标准。(5)该所规定的其他上市条件。

在科创板上市的企业主要是发展势头良好的科技创新企业,主要处于发展的成长期。科技创新虽然为企业带来了很好的发展机遇,但也带来了较高的经营风险。为保护科创板市场的公众投资者,上海证券交易所专门就科创板企业的市值及财务指标进行了明确规定和要求。即发行人申请在科创板上市,市值及财务指标应当至少符合下列标准中的一项:(1)预计市值不低于人民币10亿元,最近两年净利润均为正且累计净利润不低于人民币5000万元,或者预计市值不低于人民币10亿元,最近1年净利润为正且营业收入不低于人民币1亿元;(2)预计市值不低于人民币15亿元,最近1年营业收入不低于人民币2亿元,且最近3年累计研发投入占最近3年累计营业收入的比例不低于15%;(3)预计市值不低于人民币20亿元,最近1年营业收入不低于人民币3亿元,且最近3年经营活动产生的现金流量净额累计不低于人民币1亿元;(4)预计市值不低于人民币30亿元,且最近1年营业收入不低于人民币3亿元;(5)预计市值不低于人民币40亿元,主要业务或产品需经国家有关部门批准,市场空间大,目前已取得阶段性成果。医药行业企业需至少有一项核心产品获准开展二期临床试验,其他符合科创板定位的企业需具备明显的技术优势并满足相应条件。上述规定中的净利润以扣除非经常性损益前后中的低者为准,所称净利润、营业收入、经营活动产生的现金流量净额均指经审计的数值。

此外,还需特别说明的是,科创公司在我国首开表决权差异化的治理机制。所谓表决权差异化,是指上市公司股东所持有的股权根据不同的股权类型享有不同的表决权。在该类公司中,发行人依据《公司法》规定发行股份时,在一般规定的普通股份之外,还发行拥有特别表决权的股份(以下简称特别表决权股份)。每一特别表决权股份拥有的表决权数量大于每一普通股份拥有的表决权数量,其他股东权利与普通股份相同。通常拥有特别表决权股份的股东往往是公司的主要经营管理者。由于该制度打破了一股一权的原则性安排,在表决权机制上对于公众投资者有一定风险,为保护投资者利益,增强投资者对于该类企业的投资信心,上海证券交易所对实施差异化表决权安排的发行人设定了特有的上市条件,即市值及财务指标应当至少符合下列标准中的一项:(1) 预计市值不低于人民币 100 亿元;(2) 预计市值不低于人民币 50 亿元,且最近 1 年营业收入不低于人民币 5 亿元。

另外,需要指出的是,对于营业收入快速增长,拥有自主研发的国际领先技术,在同行业竞争中处于相对优势地位的尚未在境外上市的红筹企业,允许其在科创板发行股票或存托凭证并上市,但该类企业的市值及财务指标应当至少符合下列标准之一:(1) 预计市值不低于人民币 100 亿元;(2) 预计市值不低于人民币 50 亿元,且最近 1 年营业收入不低于人民币 5 亿元。

◎　**相关案例**[①]

欣泰电气欺诈上市

2015 年 5 月,中国证监会辽宁监管局对欣泰电气进行现场检查,发现欣泰电气可能存有财务数据虚假记载等违法行为。2015 年 7 月,中国证监会对欣泰电气立案调查,此时欣泰电气上市仅 1 年半时间。2016 年 7 月 8 日,中国证监会正式向欣泰电气及相关责任人作出《行政处罚决定书》和《市场禁入决定书》。经中国证监会查明认定:欣泰电气在 IPO 申请文件及上市后的相关年度财务数据上存在虚假记载,不符合《证券法》规定的首次公开发行并上市条件,并以欺骗手段骗取发行上市,构成欺诈发行。通过造假手段成功上市后,欣泰电气并无"悔改"之意,在相关定期报告中均存在虚假信息披露情形。为掩盖应收账款余额过大与持续盈利能力较差等问题,欣泰电气采用的财务造假方式主要有两种:一是通过自制银行进账单、付款单和银行流水,伪造报告期收回账款,并在报告期后进行对冲;二是由董事长温德乙对外向第三方借款,将所借价款在财务上冲减应收款项,在报告期后将其转出归还出借方,以降低报告期应收账款余额。

欣泰电气的造假行为因符合《证券法》及《深圳证券交易所创业板股票上市规则(2014 年修订)》第 13.1.1 条规定的欺诈发行或者重大信息披露违法情形,中国证监会对欣泰电气及其 17 名现任或时任董监高及相关人员给予警告并处以罚款;对欣泰电气实际控制人、董事长温德乙,时任总会计师刘明胜采取终身证券市场禁入措施;对欣泰电气的保荐人及主承销商兴业证券给予警告,没收保荐费用和承销股票所得,并处以罚款;同时,决定将欣泰电气及相关人员涉嫌欺诈发行及其他涉嫌刑事犯罪的案件及证据材料移送公安机关。最终,欣泰电气也因欺诈发行而被强制退市,并成为我国证券市场上因欺诈发行被退市的第一案。

---

① 资料来源:中国证监会[2016]84 号行政处罚决定书。

二、 公司债券上市的标准

（一）普通公司债券上市的标准

根据《上海证券交易所公司债券上市规则》以及《深圳证券交易所公司债券上市规则》的规定,公司债券发行人拟在上海证券交易所或深圳证券交易所申请公司债券上市交易,应当符合下列基本条件:

1. 债券经有权部门审核并依法完成发行

根据我国《证券法》第 15 条、第 16 条的规定,公开发行公司债券需要满足法定基本条件:具有健全且运行良好的组织机构;最近 3 年平均可分配利润足以支付公司债券 1 年的利息;国务院规定的其他条件。满足上述条件后,发行人还须向国务院授权的部门或者国务院证券监督管理机构报送申请公开发行的文件,经审核同意后,方可进行公司债券的公开发行。

2. 债券持有人符合交易所投资者适当性管理规定

这主要是针对面向合格投资者公开发行的债券而言的。发行人应当在发行前根据相关法律、行政法规、部门规章、规范性文件、证券交易所上市规则及其他规则的规定,明确交易机制和投资者适当性安排。

3. 证券交易所规定的其他上市条件

需说明的是,目前上海证券交易所和深圳证券交易所规定的公司债券上市标准中,均要求公司债券上市需符合《证券法》规定的上市条件。但由于 2019 年《证券法》修订时已经将该条删除,且明确规定证券的上市条件应由证券交易所自行制定,因此,原《证券法》规定的公司债券上市条件已不再适用。但是,在实践中,证券交易所基于对投资者的保护以及对公司债券市场流通性因素的考量,肯定会对拟上市交易的公司债券的期限、公司债券的实际发行额等具体指标提出要求。

（二）可转换公司债券上市的标准

可转换公司债券虽属于公司债券的一种,但实为债权与股权的结合,其赋予了公司债权人在一定期间内依据约定条件,将所持公司债券转换为公司股份的权利。是否选择转换由公司债券持有人决定,一旦其选择转换,相当于公司增加股本,因此,在证券法中,对于可转换公司债券的规制经常与对新股发行的规制类似。因为这一特殊性质,上海证券交易所与深圳证券交易所在规范可转换公司债券的上市条件时,均将其放入股票上市规则中予以明确。在科创板股票上市规则中,上海证券交易所甚至明确规定,可转换公司债券的上市参照适用关于股票的有关规定。

从目前《上海证券交易所公司股票上市规则》《深圳证券交易所公司股票上市规则》的基本规定来看,上市公司申请可转换公司债券在证券交易所上市交易,通常需要符合下列条件:(1) 可转换公司债券的期限为 1 年以上;(2) 可转换公司债券实际发行额不少于人民币 5000 万元;(3) 申请上市时仍符合法定的可转换公司债券发行条件。

第三节　证券上市程序

2019 年《证券法》不仅取消了原法关于证券上市的实质条件要求,而且删去了原法中有关上市程序的规定,这意味着如同上市条件一样,上市的程序性规则也将由证券交易所自己制定。从法律层面讲,同简化证券上市的标准一样,法律在证券上市的程序性规定上也进行了"放权"。

一、 股票上市的具体程序

根据《上海证券交易所股票上市规则》(2019 年修订)、《上海证券交易所科创板股票上市规则》、《深圳证券交易所股票上市规则》(2019 年修订)、《深圳证券交易所创业板股票上市规则》(2020 年修订)的规定,股票上市程序总体上应遵循下列规则:

1. 上市申请

申请证券上市交易,应当向证券交易所提出申请。由于政府债券是证券交易所根据国务院授权部门的决定安排上市交易,所以无须履行申请审核程序。申请股票上市交易的公司应当根据所选择的证券交易所的要求报送申请材料。

通常情况下,申请股票上市交易应当向证券交易所报送的文件包括:(1) 上市申请书;(2) 证监会同意注册的决定;(3) 申请股票上市的董事会和股东大会决议;(4) 公司章程;(5) 公司营业执照;(6) 依法经会计师事务所审计的公司最近 3 年的财务会计报告;(7) 上市公告书;(8) 法律意见书和上市保荐书;(9) 最近一次的招股说明书;(10) 首次公开发行结束后,会计师事务所出具的验资报告;(11) 首次公开发行结束后发行人全部股票已经中国证券登记结算有限责任公司上海分公司或深圳分公司(以下简称中国结算公司)托管的证明文件,(12) 证券交易所上市规则规定的其他文件,例如公开发行前已发行股份持有人所持股份已在中国结算公司锁定的证明文件,董事、监事和高级管理人员持有本公司股份的情况说明及承诺书,发行人拟聘任或者已聘任的董事会秘书的有关资料,控股股东和实际控制人承诺函,首次公开发行后至上市前,按规定新增的财务资料和有关重大事项的说明等。

2. 上市审核

目前我国证券上市主要采取"直通车"式的方式,虽然这种方式的公开发行和上市交易时间间隔很短,但依然是两个相互独立的环节,不能混为一谈。我国《证券法》在 2005 年修订时,就已经将证券上市由国务院证券监督管理机构核准或其授权证券交易所核准改为直接由证券交易所核准,赋予了证券交易所独立的上市核准权,使其真正担负起监督管理证券上市交易的责任。

目前,上海证券交易所与深圳证券交易所分别设立了上市委员会,其中两家交易所还根据科创板的特色专门设立了科创板上市委员会和创业板上市委员会,对于股票发行人的上市申请进行审议,作出独立的专业判断并形成审核意见,再由交易所根据上市委员会的审核意见,作出是否同意上市的决定。对于审核时间,除科创板、创业板规定为收到发行人上市申请文件后 5 个交易日外,上海证券交易所和深圳证券交易所对主板和中小企业板均规定:

交易所在收到发行人提交的上市申请文件后 7 个交易日内,作出是否同意上市的决定并通知发行人;出现特殊情况时,证券交易所可以暂缓作出是否同意上市的决定。为保护发行人的利益,对于证券交易所作出的不予上市交易决定不服的,发行人可以向证券交易所设立的复核机构申请复核。

3. 签订上市协议

股票上市申请获得证券交易所核准后,公司应当与证券交易所签订上市协议,以明确双方权利义务关系,确保上市公司承诺遵守证券交易所的业务规则。上市协议从本质上来说是一种合同,但协议内容是预先确定的,基本不允许更改,体现了国家对私法领域的干预,证券交易所可以在协议中增加其认为需要明确的内容。在我国,上市协议的签订应当符合《证券交易所管理办法》规定的要求,协议内容应当包括:(1)上市证券的品种、名称、代码、数量和上市时间;(2)上市费用的收取;(3)证券交易所对证券上市交易公司及相关主体进行自律管理的主要手段和方式,包括现场和非现场检查等内容;(4)违反上市协议的处理,包括惩罚性违约金等内容;(5)上市协议的终止情形;(6)争议解决方式;(7)证券交易所认为需要在上市协议中明确的其他内容。

4. 上市信息披露

上市信息披露是股票上市的最后也是非常重要的一个程序。当股票上市交易申请经证券交易所审核同意后,签订上市协议的公司应当在规定的期限内公告股票上市的有关文件,并将该文件置备于指定场所供公众查阅。根据目前上海证券交易所和深圳证券交易所的上市规则要求,发行人应当于其股票上市前 5 个交易日内,在指定媒体或者本所网站上披露下列文件:(1)上市公告书;(2)公司章程;(3)上市保荐书;(4)法律意见书;(5)证券交易所要求的其他文件。上述文件应当备置于公司住所,供公众查阅。

在上述文件中,上市公告书是上市公司按照证券法规和证券交易所业务规则的要求,在其证券上市交易申请被核准后、上市前,就其公司自身情况及证券上市的有关事宜向社会公众予以披露的法律文件。上市公告书所披露的事项主要包括发行人概况,股票发行与股本结构,董事、监事、高级管理人员及核心技术人员,同业竞争与关联交易,财务会计资料,以及其他可能对发行人有较大影响的重要事项。

需要强调的是,发行人在提出上市申请期间,未经证券交易所同意,不得擅自披露与上市有关的信息。

二、上市中的保荐制度

我国原《证券法》要求,申请股票、可转换为股票的公司债券或者法律、行政法规规定实行保荐制度的其他证券上市交易,应当聘请具有保荐资格的机构担任保荐人。虽然该规定被 2019 年《证券法》删除,但基于保荐人在证券发行和交易中的重要作用,证券交易所很可能在自己的交易规则中保留上市保荐的要求。

所谓上市保荐,是指具有保荐资格的保荐人对证券上市活动进行推荐和辅导,对所推荐的发行人披露的信息进行核实并承担信用担保责任,以督导发行人在申请证券上市及上市后交易中规范运作的制度。该制度源于英国,英国伦敦证券交易所率先在其所属的"衍生投资市场"实行保荐制度。该市场的保荐制度采取终身制,上市公司在任何时候都必须聘请一名在证券交易所注册的人为保荐人,以保证其持续地遵守市场规则,增强投资者的信心。当公司成功上市后,保荐人的工作就转为指导和督促其持续遵守监督规则,按照要求履行信息披露义务。[1]

在我国,保荐人在证券上市中的职责主要包括:

(1)辅导职责。即对发行人,发行人的董事、监事和高级管理人员,持有5%以上股份的股东,以及实际控制人进行证券上市制度的培训,使其全面准确了解和掌握证券上市规则。

(2)审慎核查职责。即保荐机构应当依据诚实守信、勤勉尽责的原则,对证券发行人进行全面调查,充分了解证券发行人的经营状况和风险。同时,保荐机构应结合尽职调查过程中获得的信息对证券服务机构及其签字人员出具的专业意见进行审慎核查,对发行人提供的上市申请资料和披露的内容进行独立判断。

(3)依法推荐职责。即在审慎核查的基础上,保荐机构一旦依法推荐发行人证券上市,表明其认可发行人符合证券交易所规定的上市条件和标准,信息披露真实、准确、完整。如事后发行人所披露的信息被认定有虚假,保荐机构将承担法律责任,除非其能够证明自己没有过错。

(4)上市后持续督导职责。即证券上市后,保荐机构仍将督导发行人履行有关上市公司规范运作、信守承诺和信息披露等义务。针对各个发行人的不同情况,确定持续督导的内容,主要包括:① 督导发行人有效执行并完善防止控股股东、实际控制人、其他关联方违规占用发行人资源的制度;② 督导发行人有效执行并完善防止其董事、监事、高级管理人员利用职务之便损害发行人利益的内控制度;③ 督导发行人有效执行并完善保障关联交易公允性和合规性的制度,并对关联交易发表意见;④ 持续关注发行人募集资金的专户存储、投资项目的实施等承诺事项;⑤ 持续关注发行人为他人提供担保等事项,并发表意见;⑥ 中国证监会、证券交易所规定及保荐协议约定的其他工作。

对于上市后持续督导的时间,证券交易所根据各个交易板块的不同进行了不同的规定。对于首次公开发行股票并在主板上市的,持续督导的期间为证券上市当年剩余时间及其后2个完整会计年度;主板上市公司发行新股、可转换公司债券的,持续督导的期间为证券上市当年剩余时间及其后1个完整会计年度;首次公开发行股票并在创业板上市的,持续督导的期间为证券上市当年剩余时间及其后3个完整会计年度;创业板上市公司发行新股、可转换公司债券的,持续督导的期间为证券上市当年剩余时间及其后2个完整会计年度;首次公开发行股票并在创业板上市的,持续督导期内保荐机构应当自发行人披露年度报告、中期报告之日起15个工作日内在中国证监会指定网站披露跟踪报告,对关联交易、募集资金的专户存储和投资项目的实施、为他人提供担保等事项,进行分析并发表独立意见。发行人临时报告披露的信息涉及募集资金、关联交易、委托理财、为他人提供担保等重大事项的,保荐机构应当自临时报告披露之日起10个工作日内进行分析并在中国证监会指定网站发表独立意见。

持续督导的期间自证券上市之日起计算。持续督导期届满,如有尚未完结的保荐工作,保荐机构应当继续完成。保荐机构在履行保荐职责期间未勤勉尽责的,其责任不因督导期间届满而免除或者终止。

---

[1]　吴弘主编:《证券法教程》(第二版),北京大学出版社2017年版,第79页。

三、 公司债券上市的具体程序

同股票一样,公司债券的上市也必须遵循相应的法定程序。根据《上海证券交易所公司债券上市规则》(2018 年修订)、《深圳证券交易所公司债券上市规则》(2018 年修订)的相关规定,公司债券上市总体上应遵循下列规则:

1. 上市申请

与申请股票上市一样,申请公司债券上市也应当向证券交易所报送相关文件,主要包括以下文件:(1)债券上市申请书;(2)有权部门审核同意债券发行的文件;(3)发行人有权机构作出的申请债券上市的决议;(4)公司章程;(5)公司营业执照复印件;(6)债券募集说明书、财务报告和审计报告、资信评级报告、法律意见书、债券持有人会议规则、受托管理协议、担保等增信措施文件(如有)、发行公告等债券发行文件;(7)上市公告书;(8)债券实际募集数额的证明文件;(9)证券交易所要求的其他文件,例如深圳证券交易所要求的承销机构关于债券在申请上市时是否符合上市条件的明确意见。

申请可转换为股票的公司债券上市交易,还应当报送保荐人出具的上市保荐书。

2. 上市审核

根据上海证券交易所和深圳证券交易所的公司债券上市规则,证券交易所在收到完备的债券上市申请文件后,在 5 个交易日内作出是否同意上市的决定。

债券发行人在提出上市申请至其债券上市交易前,发生重大事项,发行人及承销机构应当及时报告交易所,承销机构应当按规定进行核查并出具核查意见。重大事项导致可能不再符合上市条件的,证券交易所根据相关规定重新决定是否同意上市。为保护债券发行人的利益,对于证券交易所作出的不予上市交易的决定不服的,债券发行人可以向证券交易所设立的复核机构申请复核。

3. 签订上市协议

公司债券上市申请依法经证券交易所审核同意后,公司应当与证券交易所签订上市协议,明确双方权利、义务和自律管理等有关事项。证券交易所应当及时安排债券上市,其程序与申请股票上市相同。

4. 上市信息披露

公司债券上市交易申请经证券交易所审核同意后,签订上市协议的公司应当在规定的期限内公告公司债券募集说明书、上市公告书等有关文件,并将上市公告书、审核同意文件及有关申请文件置备于指定场所供公众查阅。申请债券上市的公司必须依照法律的规定保证其所公告的文件内容真实、完整。但是,债券发行人的信息披露只能发生在证券交易所审核同意其上市后,在提出上市申请至债券上市交易前,未经证券交易所同意,不得擅自披露与债券上市有关的信息。

第四节　证券退市制度

证券退市是指当上市公司出现法定情形时,由证券交易所依法永久性地停止其证券上市交易的制度。一旦证券退市,证券发行人即丧失上市公司资格,因此也称为终止上市。证券终止上市后,即使终止上市情形消除,发行人也不能申请恢复上市,而只能依照上市程序申请重新上市。

我国 2014 年《证券法》对于股票退市和公司债券退市都有较为全面的规定,而 2019 年《证券法》仅在第 48 条第 1 款原则性地规定“上市交易的证券,有证券交易所规定的终止上市情形的,由证券交易所按照业务规则终止其上市交易”,删去了原《证券法》规定的关于股票和公司债券退市的具体情形。这与证券上市规则交由证券交易所自主制定相一致,授予了证券交易所应有的自治。

此外,需要强调的是,2019 年《证券法》修订时,立法者基于打造“进退有序、优胜劣汰”的市场生态、全面提升退市效率的考虑,删去了原《证券法》第 55 条和第 60 条的规定,即取消了股票和公司债券的暂停上市制度。也就是说,我国证券市场将不再有暂停上市和恢复上市制度,对于不再符合上市条件的证券,将由证券交易所按照业务规则直接终止其上市交易。

一、 股票退市

股票退市是指上市公司因出现法定情形而被证券交易所决定取消股票挂牌交易资格,或向证券交易所申请主动终止上市的情况。在实践中也叫“终止上市”或“摘牌”。

股票退市可分为强制退市与主动退市。强制退市是指当上市公司出现法定情形时,由证券交易所决定终止其股票上市交易。主动退市是指上市公司出现法定情形时,可以向证券交易所申请终止其股票上市交易。

(一) 股票退市的情形

1. 强制退市的法定情形

2019 年《证券法》第 48 条规定:“上市交易的证券,有证券交易所规定的终止上市情形的,由证券交易所按照业务规则终止其上市交易。证券交易所决定终止证券上市交易的,应当及时公告,并报国务院证券监督管理机构备案。”即 2019 年《证券法》不再规定法定的强制退市情形,而由证券交易所制定终止上市的规则。

根据目前上海证券交易所和深圳证券交易所的股票上市规则,能够引起强制退市的情形主要包括:(1) 上市公司的净利润、净资产、营业收入、审计意见类型不符合法律规定的上市情形;(2) 上市公司的财务会计报告中有重大差错或者虚假记载;(3) 上市公司年度报告、中期报告的披露不符合法律规定的上市要求;(4) 上市公司股票的累计成交量不符合法律规定的上市情形;(5) 上市公司股票的收盘价不符合法律规定的上市情形;(6) 上市公司的股东数量不符合法律规定的上市情形;(7) 上市公司的股本总额不符合法律规定的上市情形;(8) 上市公司的股权分布不符合法律规定的上市情形;(9) 上市公司被依法强制解散;(10) 上市公司被法院宣告破产;(11) 上市公司出现重大违法行为;(12) 证券交易所认定的其他情形。

2. 主动退市的情形

根据上海证券交易所和深圳证券交易所的上市规则,上市公司出现如下情形时,可以向证券交易所申请主动终止上市:(1)上市公司股东大会决议主动撤回其股票在证券交易所的交易,并决定不再在交易所交易;(2)上市公司股东大会决议主动撤回其股票在证券交易所的交易,转而申请在其他交易场所交易或转让;(3)上市公司向所有股东发出回购全部股份或部分股份的要约,导致公司股本总额、股权分布等发生变化不再具备上市条件;(4)上市公司股东向所有其他股东发出收购全部股份或部分股份的要约,导致公司股本总额、股权分布等发生变化不再具备上市条件;(5)上市公司股东外的其他收购人向所有股东发出收购全部股份或部分股份的要约,导致公司股本总额、股权分布等发生变化不再具备上市条件;(6)上市公司因新设合并或者吸收合并,不再具有独立主体资格并被注销;(7)上市公司股东大会决议公司解散;(8)中国证监会和证券交易所认可的其他主动终止上市情形。

(二)股票退市的程序

根据《上海证券交易所股票上市规则》与《深圳证券交易所股票上市规则》规定,股票退市应当遵循规定的程序。具体而言:

1. 股票强制退市的程序

(1)证券交易所决定。证券交易所上市委员会对股票终止上市事宜进行审议,作出独立的专业判断并形成审核意见。证券交易所在法定期间,根据上市委员会的审核意见,作出是否终止股票上市的决定。对于证券交易所作出的终止上市交易的决定不服的,上市公司可以向证券交易所设立的复核机构申请复核。

(2)证券交易所通知、公告与备案。证券交易所在作出终止股票上市的决定之日后两个交易日内,通知公司并发布相关公告,同时报中国证监会备案。

(3)公司退市信息披露。公司应当在收到证券交易所关于终止其股票上市的决定后及时披露股票终止上市公告。股票终止上市公告应当包括以下内容:终止上市的股票种类、简称、证券代码以及终止上市的日期;终止上市决定的主要内容;终止上市后公司股票登记、转让和管理事宜;终止上市后公司的联系人、联系地址、电话和其他通信方式;中国证监会和证券交易所要求披露的其他内容。

(4)退市整理期。证券交易所公告对上市公司股票作出终止上市的决定之日后的5个交易日届满的下一交易日起,公司股票进入退市整理期。退市整理期的交易期限为30个交易日。在退市整理期间,公司股票进入证券交易所风险警示板交易。

(5)摘牌。公司股票进入退市整理期交易的,证券交易所在退市整理期届满后5个交易日内对其予以摘牌,公司股票终止上市。公司股票未进入退市整理期交易的,证券交易所在公告公司股票终止上市决定之日起5个交易日内对其予以摘牌,公司股票终止上市。

(6)退市后的去向与重新上市。被强制退市的上市公司股票应统一在全国中小企业股份转让系统设立的专门层次挂牌转让。被强制退市的上市公司股票在证券交易所规定的间隔期届满后,可以向其选择的证券交易所提出重新上市的申请。退市公司申请重新上市的,应当召开股东大会,对申请重新上市事项作出决议,并须经出席股东大会的股东所持表决权的2/3以上通过。

2. 股票主动退市的程序

(1)上市公司的内部决策程序。退市对公司、股东乃至债权人的权益都会产生重大影响,因此,上市公司作出退市的决定应当严格履行内部决策程序。上市公司拟决定其股票不再在证券交易所交易,或者转而申请在其他交易场所交易或者转让的,应当召开股东大会作出决议,并经出席会议的股东所持表决权的 2/3 以上以及出席会议的中小股东所持表决权的 2/3 以上通过,即实行分类表决且均须绝对多数通过。这里的中小股东特指上市公司的董事、监事、高级管理人员以及单独或合计持有上市公司 5% 以上股份的股东以外的股东。在召开股东大会前,上市公司应当充分披露退市原因及退市后的发展战略,包括并购重组安排、经营发展计划、重新上市安排等。独立董事应当针对上述事项是否有利于公司长远发展和全体股东利益充分征询中小股东的意见,在此基础上发表独立意见。独立董事意见应当与股东大会通知一并公布。上市公司应当聘请财务顾问为主动退市提供专业服务、发表专业意见并予以披露。全面要约收购上市公司股份、实施以上市公司为对象的公司合并、上市公司全面回购股份以及上市公司自愿解散,应当按照上市公司收购、重组、回购等监管制度及公司法律制度严格履行程序。

(2)上市公司的退市申请及公告。上市公司应向证券交易所提出主动终止上市的申请,并提交以下文件:主动终止上市申请书;董事会决议及独立董事意见;股东大会决议;主动终止上市的方案;主动终止上市后去向安排的说明;异议股东保护的专项说明;财务顾问出具的关于公司主动终止上市的专项意见;律师出具的关于公司主动终止上市的专项法律意见;证券交易所要求的其他材料。上市公司应当在向证券交易所提出申请后,及时发布相关公告。

(3)证券交易所的决定与公告。证券交易所在收到上市公司提交的主动终止上市申请文件之日后 5 个交易日内,作出是否受理的决定并通知公司。在受理该申请之日后的 15 个交易日内,证券交易所上市委员会对此进行审议,重点从保护投资者特别是中小投资者权益的角度,在审查上市公司决策程序合规性的基础上,作出独立的专业判断并形成审核意见。证券交易所根据上市委员会的审核意见,作出是否终止股票上市的决定。交易所在作出终止股票上市的决定之日后 2 个交易日内通知公司并发布相关公告。

(4)上市公司的公告与信息披露。上市公司在退市前应当及时、准确、完整地持续披露其股票可能终止上市交易的提示性公告。公司应当在收到证券交易所关于终止其股票上市的决定后,按照规定及时披露股票终止上市公告。

(5)摘牌。主动退市股票不进入退市整理期交易,证券交易所在公告公司股票终止上市决定之日起 5 个交易日内对其予以摘牌,公司股票终止上市。

(6)证券交易所报告。证券交易所在作出同意或者不同意上市公司主动退市决定之日起 15 个交易日内,以及上市公司退出市场交易之日起 15 个交易日内,将上市公司主动退市的情况报告中国证监会(此部分上海证券交易所与深圳证券交易所程序差别较大,此处以上海证券交易所程序为例)。

(7)退市后的去向与重新上市。主动退市的公司可以选择在证券交易场所交易或者转让股票,或者依法作出其他安排。主动退市的公司可以随时向其选择的证券交易所提出重新上市的申请。申请重新上市的股东大会决议要求与强制退市相同。

二、 公司债券退市

公司债券退市就是取消公司债券在证券交易所挂牌交易的资格。

（一）公司债券退市的情形

同股票的退市相同,2019 年《证券法》删除了公司债券的法定退市情形,交由证券交易所自行制定规则。而现行的上海证券交易所和深圳证券交易所关于公司债券终止上市的规定都较为简单,仅原则性规定"债券发生《证券法》及本所业务规则规定的终止债券上市交易情形的,本所可以终止其上市交易"。在《证券法》已删除了公司债券终止上市的法定情形后,就需要证券交易所进行相对细化的规则完善。

从实践来看,公司债券终止上市交易主要基于如下情形:(1) 债券到期;(2) 公司有重大违法行为,经查实后果严重;(3) 未按照公司债券募集办法履行义务,经查实后果严重;(4) 公司情况发生重大变化不符合公司债券上市条件;(5) 公司债券所募集资金不按照核准的用途使用,在限期内未能消除;(6) 公司最近 2 年连续亏损,在限期内未能消除;(7) 公司解散或被宣告破产。

此外,《上海证券交易所股票上市规则》与《深圳证券交易所股票上市规则》还规定了可转换公司债券的法定退市情形,也是参照股票退市的法定情形制定的。

（二）公司债券退市的程序

我国《证券法》及上海证券交易所和深圳证券交易所的债券上市规则均未对公司债券的退市程序作出明确、详细的规定,仅在两个交易所的股票上市规则中,对可转换公司债券规定了退市程序,即除非另有规定,其终止上市事宜参照股票终止上市的有关规定执行。

为防止公司债券被强制退市时,发行人的利益受到侵害,根据《证券法》第 49 条的规定,对于证券交易所作出的终止上市交易的决定不服的,公司债券发行人可以向证券交易所设立的复核机构申请复核。

本章理论与实务探讨

上市公司退市中中小投资者保护

在上市公司退市中,中小投资者通常是利益受损最严重的主体。上市公司退市包括主动退市和强制退市。两种退市下的中小投资者保护存在共性问题,如信息不对称、投资者损失的责任承担、损失赔偿等。另外,强制退市中,中小投资者权益侵害还来自管理层的侵害;主动退市中则存在退市决策中中小投资者投票权和股份回购权保护不足、退市中知情权保护不足、退市后股份权益保护不足等问题。

综观纽约证券交易所、纳斯达克证券交易所、东京证券交易所、联合证券交易所的上市公司退市制度,均在退市标准、程序、审批主体等方面体现出了保护中小投资者利益的取向。在主动退市方面,1979 年 8 月美国证券交易委员会制定了 13e-3 规则,从信息披露的角度对上市公司私有化制定了审查规则,包括规则 13e-3(rule 13e-3)及披露表 13e-3(schedule 13e-3)。其中,披露表 13e-3 中的第 6、7、8、9 项对退市后安排作出了严格要求,以保障公平性。另外,在美国上市公司主动退市的司法实践中,无论审查标准为何,司法审查的目的都是要给控股股东和中小股东创造平等对话的机会,使中小股东可以作出自由而理性的判断。

为了保护上市公司退市中中小投资者的利益,有观点认为我国应当完善现行赔付机制,提高投资者赔付权益;明确各方赔付责任,完善投资者权益保护机制;建立并执行有效的内控制度;强化信息披露的监管。另外,为保护主动退市中中小投资者权益不受侵害,还需要完善异议回购请求权标准、完善实质审查制度、引入证券集团诉讼制度、建立特别委员会制度等。我国 2019 年《证券法》第 90~95 条关于投资者保护机构功能的确定以及代表人诉讼制度的引入,都将发挥保护中小投资者权益的功能,期待这些制度对于今后上市公司退市中中小投资者的利益维护起到积极作用。

本章法考与考研练习题

一、名词解释

1. 证券的核准上市

2. 证券的注册上市

3. 退市

二、不定项选择题

1. 上市公司主动申请终止上市,应当履行的程序包括( )。

A. 公司董事会决议通过

B. 必须召开股东大会作出决议,并经出席会议的股东所持表决权的 2/3 以上通过

C. 必须召开股东大会作出决议,并经过出席会议的股东所持表决权的 2/3 以上通过,同时,须经过出席会议的中小股东所持表决权的 2/3 以上通过

D. 应当聘请财务顾问为主动退市提供专业服务、发表专业意见并予以披露

2.《证券法》要求证券交易所制定的上市条件中,应当对发行人的( )事项提出要求。

A. 经营年限

B. 财务状况

C. 最低公开发行比例和公司治理

D. 诚信记录

三、简答题

1. 简述证券上市的意义。

2. 简述股票上市的标准。

3. 简述股票上市的程序。

4. 简述上市中的保荐。

5. 简述股票退市的程序。

本章法考与考研练习题参考答案

第十章　证券交易法律制度

［导语］

　　证券交易是证券市场发展非常重要的组成部分,证券交易市场与证券发行市场关系密切、相互依存,共同构成了证券市场的基本结构。它既是投资者获取收益或规避风险的最主要方式,也是实现资本市场资源优化配置的基本路径。

　　本章主要讲述了证券交易的概念与特点、证券交易中的法律关系、证券交易的方式以及主要类型、证券交易的限制规则等基本内容。本章的学习重点是证券交易中的法律关系、证券交易方式、证券交易的主要类型、证券交易的限制规则;本章的学习难点是集中竞价交易、融资融券交易、短线交易与归入权。

第一节　证券交易概述

一、证券交易的概念

　　证券交易是指证券持有人依照证券交易规则将证券有偿转让给受让人的法律行为。通过证券交易形成的证券交易市场又称为“二级市场”。证券交易是证券转让的基本形式,是投资者基于自由意志将证券权益进行有偿转让,受让人支付相应对价的活动。实践中,广义的证券转让既包括交易这种有偿方式,也包括赠与、继承、划拨等无偿方式。但由于证券交易是证券转让的最主要形式,也是证券转让中最常见、风险最集中的行为,成为证券法的主要调整对象。

　　证券交易是证券市场发展非常重要的组成部分。对于投资者而言,证券交易是投资者获取收益或规避风险的最主要方式。通常情况下,投资者尤其是中小投资者购买证券的主要目的并不在于控制和管理公司,而是从发行人那里获取证券收益,实现资本增值,或者根据市场行情将证券适时转让,从低买高卖中赚取差价。可以说,规范的证券交易能够使投资者认购的证券通过交易变为现金,既可以获取投资收益,又可以逃离投资风险。如果缺乏证券交易市场,证券在发行后不能有偿转让,投资者就会丧失认购证券的积极性,最终导致证券市场无法发展。因此,对投资者而言,证券的生命力就在于流通性和变现性。除上述对投资者的作用外,就社会经济发展而言,证券交易还有利于实现社会资源的优化配置。证券交易形成的证券市场具有证券价格的发现功能,通过价格发现机制,引导投资者的投资方向,带动社会资金由效益差的行业或企业流向效益相对较好的行业或企业,实现社会资源的优化配置。

作为"二级市场",证券交易市场与证券发行市场(即"一级市场")的关系非常密切,二者相互依存,共同构成了证券市场的基本结构。发行市场的核心功能在于创设证券权利。发行结束后,投资者依法取得证券权利,然后便可进入二级市场,进行证券交易。两个市场的区别在于:(1)证券发行主要发生在发行人与投资者之间,发行人为了筹集运营资金而向投资者募集资金,投资者为了获取收益将资金交付发行人,形成发行人的资产;而证券交易则主要发生在投资者与投资者之间("发行人回购""库藏股出售"等特殊情形除外),是投资者之间为了赚取差价或者规避风险进行的证券权利的有偿转让,证券交易数量、交易价格与发行人无关。(2)证券发行时的发行价格确定,所有投资者都是按照既定的发行价格认购证券;而证券交易的价格是不断变化的,投资者根据证券交易的实时价格进行交易,价格并不完全相同。两者的密切关系在于,证券发行市场是交易市场的基础,没有证券发行,证券交易便无从产生;但证券交易对证券发行也有显著影响,某种程度上,证券交易市场的供求状态会直接影响证券发行市场的需求;交易市场的价格决定着发行市场的一般价格水平和发行条件;交易市场的容量和流动性决定着发行市场的规模。

二、 证券交易的特点

证券交易的实质就是有关证券的买卖行为,但由于其交易标的的特殊性,在交易对象、交易规则、交易效力、交易场所等方面均存在一定的特殊性。

(一)证券交易的对象是依法发行的有价证券

不同于一般的商品买卖,证券交易的标的是有价证券中的资本证券,是一种金融商品,其价值体现在证券所代表的财产权利,而不是证券本身。不同性质的资本证券体现的法律关系不同:股票代表的是股东对公司的股权投资关系,股票交易的结果便是股权转让;公司债是持有人对公司享有的债权凭证,体现的是持有人与公司的债权债务关系,因而,公司债的转让实际上就是债权让与。无论是股票还是公司债,其价值都不在于股票或债券自身,而在于其所代表的权益。

为规范证券交易行为,保护证券投资者权益,能够在证券市场上交易的有价证券必须是依法发行的证券。根据现行法律规定,股票、公司债券等证券的发行要符合一定的条件和程序,不符合这些条件的发行是非法发行,所发行的证券是无效的,对这种证券的买卖不受法律保护。此外,能够在证券市场上进行交易的证券,除了必须是依法发行的证券外,还必须是已经交付给投资者的证券,即已发生权利的转移,明确权利归属。在目前普遍实行无纸化证券的情况下,证券交付不需要通过实物进行,都是通过记账方式完成的。

（二）证券交易需要遵守特定的交易规则

尽管证券交易本质上是买卖行为,但由于交易标的的特殊性,证券交易逐渐形成了自身独特的交易规则。如委托交易规则、指令规则、成交规则、清算交割规则等,以满足证券交易对安全和效率的特殊需求。交易双方必须严格依照交易规则进行交易,行为才能有效。以集中竞价交易为例,在这种交易方式下,买卖双方并不亲自签订协议,而是由证券公司根据投资者的委托向交易系统提出交易申报,交易系统按照价格优先、时间优先的规则自动撮合交易,完成投资者间的证券买卖。

正是基于证券交易的特殊性,在特定情况下,为保护证券交易的安全和公平,合同法中的一些基本规则或原理可能会被证券法排除适用。例如证券经纪业务中的全权委托行为,如果以合同法的规则来判断,其符合合同自由和意思自治的原则,应当有效。但是,按照证券市场的运行机制,证券公司与其客户之间的全权委托,可能会使证券公司持有大规模的资金和证券,或者将受托资金集中于某种股票,连续交易、操纵市场价格,或者与其自营的证券进行交易,损害投资者利益,证券法对此予以了严格禁止。再如,证券交易规则在交易者内心效果意思和外在表示行为上,更为关注外在表示行为,这也是商法中的外观主义在证券法中的具体体现。只要买卖双方按照交易规则完成了全部交易程序,证券交易即告完成,不能随便以重大误解、显失公平等理由,否认该交易的效力。即使在证券交易中,投资者因为证券公司违背其交易指令进行交易而遭受损失,也只能要求证券公司承担赔偿责任,而不能改变已经发生的证券交易行为和交易结果。对此,我国《证券法》第117条也进行了明确规定,即除非出现法定情形,按照依法制定的交易规则进行的交易,不得改变其交易结果。

◎　**相关案例**

2006年1月4日,日兴花旗集团(Nikko Citigroup)的一名职员出于个人投资目的,打算买进2股日本制纸集团股份,却将该公司每股50万2000日元的股价误以为每股502日元,因此将订单增加了1000倍至2000股。以当日的股价计算,该买单总值约10亿日元(860万美元)。根据该公司的员工交易准则,公司职员可以进行个人股票交易,但必须经过公司的法律部门确认该交易并不违反内部交易规则。但公司有关部门没有依照员工交易准则进行适当确认,最终形成了该错误订单。虽然下单的职员很快意识到这一错误,立即挂出一笔1998股的卖单,但只有小部分股份找到了买家。发生错单事件当日,日本制纸集团股价大涨8.1%至51万日元,为2005年3月以来的最高收盘价位。

该事件说明,即使证券投资者在交易过程中存在违规行为或差错,只要其系根据依法制定的交易规则进行交易,交易结果通常也不得改变。

（三）证券交易必须在法定的交易场所进行

根据我国《证券法》的规定,公开发行的证券,应当在依法设立的证券交易所上市交易或者在国务院批准的其他全国性证券交易场所交易。非公开发行的证券,可以在证券交易所、国务院批准的其他全国性证券交易场所、按照国务院规定设立的区域性股权市场转让。其中,证券交易所属于典型的集中交易市场,是在一定的场所、规定的时间,按既定的规则集中买卖证券;其他全国性证券交易场所目前主要是指以全国中小企业股份转让系统(即"新三板")为代表的交易市场;而区域性股权市场主要是为特定区域未上市企业提供股权转让、债券转让和融资服务的交易场所。这一规定也体现了我国多层次资本市场的建设和发展。对于公开发行的证券,因涉及人数众多,影响范围较广,为保护投资者的合法权益,保证其流动性,应当在依法设立的证券交易所上市交易或者在国务院批准的其他全国性证券交易场所交易;同时,针对非公开发行的证券,现行法律也提供了多元化的交易途径,以增强其流动性。

三、 证券交易中的法律关系分析

证券交易本质上是投资者相互之间以证券为标的物的买卖合同关系。这种交易可能通过协议方式完成,也可能通过集中竞价交易方式完成。如果采协议方式,则由买卖双方投资者直接谈判和磋商,法律关系相对简单;但是,若采集中竞价交易方式,法律关系就相对复杂。因为在集中竞价交易机制下,投资者(除非是交易所会员)不能直接参与交易,而必须委托证券交易所的会员也就是证券商代其进行交易,买卖双方的投资者并不直接接触,甚至双方都不知道彼此究竟是谁,与投资者在证券交易中直接接触的只有其委托的证券商,这就形成了投资者与证券商之间的委托关系。因此,在证券交易中,对于最典型的集中竞价交易而言,投资者除了会与交易相对人形成证券买卖关系外,还会与证券商产生委托法律关系。

关于投资者(即客户)与证券商之间的法律关系性质,学界形成了三种不同观点,即代理说、居间说与行纪说。

代理说认为,证券商与客户之间是一种代理关系,即证券商接受客户的委托,在客户确定的代理权限内为客户进行证券买卖。目前,我国在证券法律法规的制定中,采用了"代理"的表述。例如,《证券法》第133条第1款规定:"证券公司接受证券买卖的委托⋯⋯按照交易规则代理买卖证券,如实进行交易记录;买卖成交后,应当按照规定制作买卖成交报告单交付客户。"实践中,各证券公司在与客户订立的委托协议里也认为,其接受客户委托买卖证券的业务是"代理业务"。

居间说认为证券商与客户之间的法律关系是居间关系。居间是指居间人为委托人报告签订合同的机会或充当签订合同的媒介,一旦合同签订,由委托人支付给居间人报酬的法律关系。居间的特征是居间人处于中介人地位,不直接介入委托人与第三人合同中,居间人并非委托人的代理人,不能以任何一方的名义或者以自己的名义订立合同。换言之,居间人仅为合同的双方当事人提供交易信息或者进行交易斡旋。但在证券交易中,证券商不仅向客户提供交易信息,更重要的是需要亲自参与到证券交易中。在交易所的集中竞价系统里,证券商以自己的名义代客户进行证券交易,这显然不是居间关系的应有之意。

行纪说主张证券商与客户之间的法律关系为行纪。行纪是指行纪人以自己的名义为委托人从事贸易活动,委托人支付报酬的法律关系。行纪合同的特点在于,它由三方当事人和两个合同组成,即委托人与行纪人之间的委托合同以及行纪人与第三人之间的买卖合同;同时,行纪人与第三人交易行为的法律后果首先归属于名义上的交易相对人即行纪人,再归属于真正的交易相对人即委托人。只有二者相互结合才能构成完整的行纪关系。在证券交易中,证券商与客户的关系符合行纪关系的上述特点,即证券商作为行纪人接受客户委托,以自己的名义为委托人进行证券交易,并收取佣金,该交易的法律后果先由证券商直接承担,再最终归属于委托人。根据集中竞价交易的基本规则,证券商在接受客户委托后,以自己名义从事证券买卖,在证券交易系统中并不显示委托客户;在证券交易结束后,证券商也以自己的名义通过清算系统与证券交易所指定的登记结算机构履行一级清算手续,再与客户进行二级清算和过户。此外,在证券交易过程中,证券商享有行纪人的介入权,即对于综合类的证券商而言,其不但可以从事证券经纪业务,还可以从事证券自营业务,可以与自己的客户进行交易。在整个交易结束后,客户应当向证券商支付报酬。可见,客户与证券商之间的法律关系应当被认定为行纪关系。

第二节　证券交易的方式

随着证券市场的发展,证券交易的方式日益多元和丰富,主要包括集中竞价交易、协商交易、大宗交易、做市商交易、回购交易等。其中,证券交易所主要采取的是集中竞价交易的方式,当然,如果单笔交易的规模超过市场平均单笔交易量,就可能会采用大宗交易方式;而在场外交易中,交易方式相对更为灵活,既可以采取集中竞价交易,也可以采取协商交易、做市商交易等其他交易方式。

一、集中竞价交易

集中竞价交易,是指在证券交易市场内,所有参与证券买卖的各方当事人公开报价,按照价格优先、时间优先的原则撮合成交的证券交易方式。目前,各国的证券交易所大多采用集中竞价交易方式。

为体现交易的公平性,集中竞价交易遵循两个基本规则,即价格优先、时间优先。所谓价格优先,是指出价高的买方优于出价低的买方,出价低的卖方优于出价高的卖方;所有买入的有效委托按照报价由高到低排列,所有卖出的有效委托按照报价由低到高排列,卖方序列中出价最低的与买方序列中出价最高的成交。时间优先是指在同等价格情况下,以最先出价者优先成交,如交易方更改申报,原申报的时间顺序自然撤销,依更改后报出的时间排列。在运用计算机系统进行交易时,按照计算机接受的时间顺序进行排序。

(一)集中竞价的具体方式

根据我国上海证券交易所和深圳证券交易所的交易规则,集中竞价又分为集合竞价和连续竞价。

1. 集合竞价

集合竞价,是指对在规定时间内接受的买卖申报一次性集中撮合的竞价方式。集合竞价又可分为开盘集合竞价与收盘集合竞价。

(1)开盘集合竞价。按照现行上海证券交易所和深圳证券交易所的交易规则,每个交易日的 9:15~9:25 为开盘集合竞价时间。在此时间段,证券交易所主机只接受买卖申报而不成交,在正式开市前一瞬间,由电脑交易系统对全部有效委托进行集中撮合处理,并形成一个作为成交价的基准价格,此即当日开盘价格。此时,成交价格(即开盘价)的确定原则是:① 在有效价格范围内选取成交量最大的价位;② 高于成交价格的买进申报与低于成交价格的卖出申报全部成交;③ 与成交价格相同的买方或卖方至少一方全部成交。有两个以上申报价格符合上述条件的,以未成交量最小的申报价格为成交价格;仍有两个以上符合上述条件的,上海证券交易所取其中间价为成交价,深圳证券交易所取距前收盘价最近的价位为成交价。集合竞价的所有申报都以同一基准价格成交。集合竞价阶段未成交的部分,自动进入连续竞价。如果集合竞价阶段未能形成符合上述条件的基准价格,则开盘价格在其后进行的连续竞价中产生,连续竞价的第一笔成交价格为该证券当日的开盘价。

(2)收盘集合竞价。每个交易日的 14:57~15:00 为收盘集合竞价时间,以产生收盘价。收盘集合竞价不能产生收盘价的,以当日该证券最后一笔交易前一分钟所有交易的成交量加权平均价(含最后一笔交易)为收盘价,当日无成交的,以前日收盘价为当日收盘价。

2. 连续竞价

连续竞价,是指对买卖申报逐笔连续撮合的竞价方式。在集合竞价结束后,证券交易所开始当日的正式交易。根据上海证券交易所和深圳证券交易所的交易规则,每个交易日的 9:30~11:30 以及 13:00~14:57 为连续竞价时间,按照价格优先和时间优先的撮合成交规则确定每笔交易的具体价格。连续竞价时,成交价格的确定原则为:(1)最高买入申报价格与最低卖出申报价格相同的,以该价格为成交价格;(2)买入申报价格高于即时揭示的最低卖出申报价格的,以即时揭示的最低卖出申报价格为成交价格;(3)卖出申报价格低于即时揭示的最高买入申报价格的,以即时揭示的最高买入申报价格为成交价格。在申报价格相同的情况下,按时间顺序使先申报者成交。如果所有买入委托的报价均低于卖出委托的报价,则继续排队,等待新的委托报价,以此形成连续性的竞价撮合交易机制。一旦买卖申报经交易主机撮合成交后,交易即告成立并生效,除非出现法定情形,买卖双方必须承认交易结果,履行清算交收义务。成交结果以交易所交易主机记录的成交数据为准。

(二)集中竞价交易的程序

1. 开户

证券投资者在从事证券买卖前,应开设证券账户和资金账户。这是证券交易的前提。证券账户用于记录投资者持有的证券种类和数量。开立证券账户应当向证券交易所指定的证券登记结算机构提出申请。资金账户用于存放投资者买入证券所需的资金和卖出证券取得的价款。在证券交易完成时,只需通过两个账户的划拨即可完成结算,不必实物交付。在我国,开立证券交易账户必须遵守实名制原则。

2. 委托

根据集中竞价交易规则,投资者不得直接进入交易系统进行证券交易,而必须委托证券商代其进行证券买卖。因此,委托便是投资者授权证券商进行证券买卖的意思表示。当投资者计划进行证券交易时,需要先向其开户的证券商发出以某种价格买进或卖出一定数量的某种证券的委托,然后由证券商以自己的名义将该指令输入证券交易所的交易系统,帮助投资者完成交易。在具体的委托方式上,根据投资者发出的价格指令不同,又可分为限价委托与市价委托。限价委托是指投资者委托证券商按其限定的价格买卖证券,证券商必须按限定的价格或低于限定的价格申报买入证券;按限定的价格或高于限定的价格申报卖出证券。市价委托是指投资者委托证券商按市场价格买卖证券。两种方式各有利弊。限价委托有可能为投资者争取到更大的利益,但需要等待市价与限价的匹配,成交速度可能较慢;而市价委托则具有快速成交的优势,但缺点在于因为交易价格是随行就市,因而最终成交价完全由市场决定,投资者无法控制,具有不确定性。此外,根据上海证券交易所和深圳证券交易所的交易规则,除非在集合竞价的特定阶段,投资者在委托指令发出后成交前可以撤销委托。

3. 申报与竞价

申报是指受托证券商向证券交易所交易主机发送证券买卖指令的行为。证券商在接受客户委托后,应及时将交易指令向交易所系统申报。但并非所有的申报都是有效申报。如果某种证券的交易价格有涨跌幅限制,则该种证券在当日任何时点的成交价不得超过前一交易日收盘价的一定幅度。如果投资者委托的申报价格超过该幅度限制即为无效申报。竞价即通过多个证券买卖当事人的竞争,根据价格优先、时间优先规则撮合交易,这是集中竞价交易的关键环节。

4. 成交

通过集中竞价交易,证券商相互之间就某只证券的交易价格、交易数量达成一致,成立证券买卖合同。该合同成立即有效,买卖双方必须承认交易结果,履行清算交收义务,除非有法定的异常交易情况,否则任何一方不得反悔。

5. 清算与交割

清算是指各证券商与证券交易所的清算机构(我国为中国证券登记结算有限公司)对同一证券的买卖数量和金额依据“中央结算净额交收”原则进行结算和抵销,仅就其差额进行交收。也就是说,清算发生在证券商与作为证券交易中央对手方的清算机构之间。清算机构依据“场内成交单”记载的各证券商买卖证券的种类、数量和价格计算各证券公司应收应付的价款在相抵后的净额以及应收应付的各种证券在相抵后的差额,并编制当日的清算交割表。各证券商核对无误后,在各证券公司的清算账户进行划转。证券交易所一般实行“T+0”规则,以一个开市日作为一个清算期,在当日交易收市后及时清算。交割则是指投资者与其委托的证券商之间根据成交确认书进行的证券和现金交收。目前,我国上海证券交易所、深圳证券交易所实行的主要是“T+1”规则,即成交后下一个营业日交割。

6. 过户

过户是指证券由证券转让人向证券受让人转移所有权的过程,也是证券交易的最后一个环节。我国证券实行集中保管和无纸化交易,每个投资者都有自己的证券账户,所以证券过户采用的是记账式过户的方式。买入证券的,在交易完成后,在其证券账户内增加该证券数量;卖出证券的,则相应减少该证券账户内的某只证券数量。在我国,证券交易过户手续由中国证券登记结算有限公司完成,其负责办理证券持有人名册的登记。

(三) 集中交易的特殊规制——程序化交易

程序化交易主要是应用计算机和现代化网络系统,按照预先设置好的交易模型和规则,在模型条件被触发的时候,由计算机瞬间完成组合交易指令,实现自动下单的一种电子化交易方式。[1] 我国《证券法》将其界定为"通过计算机程序自动生成或者下达交易指令"的行为。在欧美等资本市场发达的国家,得益于技术进步,程序化交易方式日益成熟且被广泛运用。在我国,程序化交易尚处于发展初期。2010 年中国金融期货交易所推出沪深 300 股指期货合约后,程序化交易快速发展。2013 年 8 月 16 日,"光大证券乌龙指"事件引起了市场和监管机构对程序化交易的警惕。

客观来看,程序化交易以程序算法取代交易员,具有两方面优势:(1) 相较交易员,程序化交易处理信息分析数据更快、更准确,并且能够避免受到人类情绪等非理性因素的干扰;(2) 程序化交易能够大幅提高交易员的生产力,具有优化价格、隐匿下单、简化操作方式以及提高交易速度等特点。[2] 在传统交易方式下,一次交易只能买卖一种证券,而程序化交易则可以借助计算机系统在一次交易中同时买卖一揽子证券。根据美国纽约证券交易所的规定,任何一笔同时买卖 15 只及以上股票的集中性交易都可以被视为程序化交易。

当然,程序化交易在促使证券交易更加便利、更加精准的同时,也带来了更大的风险。错误的策略算法、软件漏洞、硬件故障、操作失误以及不可预测的市场条件都有可能导致程序化交易系统出现故障,进而对市场造成巨幅波动,并引发系统性风险。[3] 因此,我国《证券法》第 45 条规定,实施程序化交易,应当符合中国证监会的规定,并向证券交易所报告,不得影响证券交易所系统安全或者正常交易秩序。

二、协议转让

协议转让是指投资者通过私下协商方式与交易相对人达成的证券交易。实践中,协议转让方式可以适用于非上市的证券交易、上市公司的协议收购、转让双方存在实际控制关系或均受同一控制人控制的交易、外国投资者战略投资上市公司涉及的股份转让等情形。

协议转让与集中竞价交易相比,主要有如下特点:(1) 交易模式不同。协议转让是"一对一"的协商,交易双方往往需要面对面进行谈判;而集中竞价是"多对多"的交易,由交易系统自动撮合,交易双方均不能直接进入交易系统,往往互不知晓。(2) 交易价格的确定方式不同。协议转让的价格是买卖双方私下谈判和博弈的结果,是由双方当事人自由协商确定的;而集中竞价交易的价格是交易系统按照"时间优先、价格优先"的规则自动撮合形成的,而且如果证券的交易价格设有涨跌幅限制的话,还必须遵守该价格限制,否则,所提出的交易申报会被认为是无效申报,也就无法成交。(3) 交易结果的效力判断标准不同。在协议转让中,转让双方需要遵守证券法、公司法、民法典等规定,如果违反相关法律、行政法规的强制性规定,可能被认为无效;而在集中竞价交易下,除非有法定的异常交易情形,否则只要是按照交易规则达成的交易,交易结果不得改变,买卖双方必须履行清算交收义务。

需要说明的是,如果协议转让的是上市公司的股份,仍需要证券交易所及其指定的登记结算机构的介入方可最终完成。2006 年,上海证券交易所、深圳证券交易所和中国证券登记结算有限责任公司联合发布了《上市公司流通股协议转让业务办理暂行规则》。根据该

---

①　叶伟:《我国资本市场程序化交易的风险控制策略》,载《证券市场导报》2014 年第 8 期。

②　徐文鸣、张玉美:《新〈证券法〉、程序化交易和市场操纵规制》,载《财经法学》2020 年第 3 期。

③　叶伟:《我国资本市场程序化交易的风险控制策略》,载《证券市场导报》2014 年第 8 期。

规则,协议转让需要证券交易所对股份转让双方当事人提出的股份转让申请进行合规性确认;登记结算公司负责办理与股份转让相关的股份查询和过户登记业务;当事人需要遵守证券法中信息披露、上市公司收购等制度规则。由于协议转让是转让双方当事人直接进行的交易,故而可以由当事人直接向证券交易所提出转让申请,直接向登记结算公司提出过户申请,无须委托交易所的会员(即证券商)办理。

三、 大宗交易

大宗交易是指单笔证券买卖申报达到证券交易所规定的数额时,该笔证券买卖由证券交易所按照特殊交易方式成交。从境外证券市场的发展来看,大宗交易机制产生的主要原因是:既要满足投资者尤其是机构投资者的大额交易需要,又要保持证券市场的稳定,防止大额交易给证券市场带来的冲击。研究表明,大宗交易会对市场上的证券价格产生明显影响:大宗买进将导致市场价格上涨,而大宗卖出又将导致市场价格下跌。因此,当证券市场出现大额交易订单时,就不能再按照通常的交易方式进行交易,必须设立特殊的交易机制和交易系统。尤其是近年来,随着机构投资者的发展以及证券市场兼并、收购的日益频繁,大宗股权的转让迫切需要市场提供安全快捷的通道。借鉴境外的制度经验,我国上海证券交易所和深圳证券交易所都专门建立了大宗交易的制度规则。

虽然大宗交易本质上也属于协议转让,但其又有自身特点:

1. 大宗交易有证券交易所规定的单笔交易数量的基本要求,只有达到该要求,才可以适用大宗交易规则

例如,根据我国《上海证券交易所交易规则》的规定,下列情况下可以采用大宗交易方式:(1) A股单笔买卖申报数量不低于 30 万股,或者交易金额不低于 200 万元人民币;(2) B股单笔买卖申报数量不低于 30 万股,或者交易金额不低于 20 万美元;(3) 基金大宗交易的单笔买卖申报数量不低于 200 万份,或者交易金额不低于 200 万元人民币;(4) 债券及债券回购大宗交易的单笔买卖申报数量不低于 1000 手,或者交易金额不低于 100 万元人民币。

2. 大宗交易有成交价格的限制

根据《上海证券交易所交易规则》的规定,在大宗交易中,有价格涨跌幅限制的证券,成交申报价格由买卖双方在当日价格涨跌幅限制范围内确定;无价格涨跌幅限制的证券,成交申报价格由买卖双方在前收盘价格的上下 30%或当日已成交的最高、最低价格之间自行协商确定。提出固定价格申报的,买卖双方可按当日竞价交易市场收盘价格或者当日全天成交量加权平均价格进行申报。

3. 大宗交易有特殊的申报机制和专门的交易系统

大宗交易的申报包括意向申报和成交申报。按照《上海证券交易所交易规则》的规定,意向申报指令应包括证券账号、证券代码、买卖方向等内容。意向申报中是否明确交易价格和交易数量,由申报方决定。意向申报应当真实有效。申报方价格不明确的,视为至少愿以规定的最低价格买入或最高价格卖出;数量不明确的,视为至少愿以大宗交易单笔买卖最低申报数量成交。买方和卖方根据大宗交易的意向申报信息,就大宗交易的价格和数量等要素进行议价协商。当意向申报被会员接受(包括其他会员报出比意向申报更优的价格)时,

申报方应当至少与一个接受意向申报的会员进行成交申报。成交申报应当向证券交易所专门的大宗交易系统提出。

4. 证券大宗交易的结果需经证券交易所确认

证券买卖双方达成协议后,应当向交易所交易系统提出成交申报,申报的交易价格和数量必须一致。通常情况下,大宗交易的成交申报、成交结果一旦经过证券交易所确认,不得撤销或变更,证券交易双方必须承认交易结果、履行清算交收义务。

需要说明的是,大宗交易结果不纳入证券交易所即时行情和指数的计算,因而不影响证券交易指数。但是,成交量在大宗交易结束后计入该证券成交总量。

四、 做市商交易

做市商交易是指在证券市场上,由具备一定实力和信誉的证券经营者作为特许交易商,持续性地向投资者报出特定证券的买卖价格(即双向报价),并在该价位上接受投资者的买卖要求,以其自有资金和证券保证及时与投资者进行证券买卖的交易方式。这些维持双向买卖交易的证券经营者即为做市商,其主要通过买卖报价的适当差额来弥补其所提供服务的成本,并实现一定的利润。该交易制度起源于传统的场外交易市场,目前仍是国际证券市场上普遍存在的一种证券交易方式。我国也明确认可该交易机制。例如,《全国中小企业股份转让系统股票转让细则》就对做市商交易方式进行了明确规定。

做市商又可分为竞争性做市商和垄断性做市商。前者是指同一只证券有两家以上的做市商;后者则指一只证券仅由一家做商承担做市职责。在垄断性做市商制度下,做市商为某只证券单独做市,该证券所有交易也都通过该做市商完成;而在竞争性做市商制度下,做市商必须为客户委托份额进行竞争,以扩大市场份额,增加做市利润。目前,我国《全国中小企业股份转让系统股票转让细则》规定,挂牌股票采取做市转让方式的,须有 2 家以上从事做市业务的主办券商(即做市商)为其提供做市报价服务,因此,我国目前新三板认可的是竞争性做市商制度。

做市商交易的功能主要体现在如下几方面:(1)活跃市场,维持或增强证券市场的流动性,满足公众投资者的投资需求。在交易中,证券商不间断地发布有效的买、卖两种报价,并且在该价格下接受投资者发出的证券买卖指令,充当流动性提供者。因此,做市商制度又被称双边报价制度、报价驱动交易制度。(2)稳定市场运行。由于做市商有双向报价的义务,如果价差定得过高,会降低市场投资者与其交易的热情,无法促成交易,也就降低了做市商赚取价差的盈利。所以,做市商会促使报价接近股票内在价值,进而起到了稳定价格的作用。(3)可以更好地发现企业价值。做市商制度有利于甄选具有良好价值的企业,因为如果挂牌公司选择做市方式转让,那么推荐其挂牌的证券商有义务为其提供流动性服务,这必然迫使证券商发挥专业优势对挂牌公司进行风险评估,给予公司合理的估值和定价,更倾向于选择具有高成长性的优质企业。

在做市商交易方式下,做市商以其自有资金和证券与投资者进行证券交易,投资者的证券交易对象并非投资者,而是做市商。因此,要成为做市商必须具备以下条件:(1)具有良好的资金实力,可以满足投资者的交易需要。做市商连续双向报价,面对市场上符合价格的申报,做市商必须即时成交。而短期内,市场上证券的买卖具有一定的流向性,做市商可能要面临存货或资金方面的压力,故而,其必须具备良好的资金实力。(2)具有管理证券库存的能力,以降低库存证券的风险。(3)要有良好的专业能力,尤其是估值能力、报价能力以及对市场供需的分析能力。如果做市商报价过高于企业价值或双边报价的价差过高,投资者会降低交易热情,减少交易活动;当然,如果做市商的报价过低或双边报价价差过低,又会损坏其自身收益。

五、　回购交易

证券回购交易是指证券持有人在卖出证券的同时,与买方签订回购协议,承诺在约定的期限以约定的价格购回同笔证券的交易行为。在证券回购中,还有逆回购的情形,即资金持有人在支付资金购入一笔证券的同时,与卖方签订回购协议,承诺在约定期限以约定的价格将同笔证券反售于卖方的交易行为。逆回购本质上也是回购,两者的差异仅在于回购由哪方当事人提出。可见,回购交易包含二次交易行为,即对某只证券的初始购买或出售行为,以及之后进行的反向交易行为。

证券回购交易由于事先确定价格,能够较好地控制市场风险,因此,对于证券出让方来讲,如果其认为未来该证券的市场行情较好,但短期又需要融入资金,可以以较低的成本获取短期资金;对于证券买入方来讲,则可以改善资产结构,通过事先的回购期限和回购价格的约定,防止证券价格下跌带来的市场风险,获取证券回购带来的收益。买卖双方基于上述利益驱动,创造出了证券回购交易机制。

依据我国现行制度规定,实施证券回购交易的情形主要是债券。而债券回购又可分为质押式回购和买断式回购两种。所谓质押式回购,是指交易双方以债券为质押标的所进行的短期资金融通业务,即正回购方(资金融入方)在将债券出质给逆回购方(资金融出方)融入资金的同时,双方约定在将来某一指定日期由正回购方按照约定回购利率计算的资金额向逆回购方返还资金,逆回购方向正回购方返还原出质债券的融资行为;所谓买断式回购,是指债券持有人在将一笔债券卖出的同时,与买方约定在未来某一日期,再由卖方以约定价格从买方购回该笔债券的交易行为。

第三节　证券交易的主要类型

从证券交易的历史考察可以发现,证券市场的交易类型经历了从单一的现货交易到期货交易、期权交易、融资融券交易等多种交易类型不断衍生和并存的发展过程。在此过程中,证券交易的形式不断创新,法律关系也日趋复杂。

一、　证券现货交易

现货交易,又称即期交易,是指证券交易双方以其实际持有的证券或资金进行交易,成交后即时清算交割证券和价款的交易方式。这是证券交易中最常见的交易方式,具有如下特点:

1. 交易双方持有现实的价款和证券

成交后，买方必须持有现款并即时支付；同时，卖方所转让的也必须是实有证券，必须在交割时向买方转移证券权利。

2. 及时清算

清算由证券交易所指定的清算机构进行。目前，我国实行的是"中央清算、净额交收"原则。"中央清算"又称"中央对手方清算"，本质上是以中央对手方为核心的多边清算机制，其核心功能是降低双边结算的对手方风险和传染风险，提供市场流动性，保证证券结算的顺利进行。因此，中央对手方也是所有交易对手的担保方，承担交易的信用风险。"净额交收"又称"差额清算"，是指在一个清算期（一般以一个交易日为一个清算期）中，对每个证券公司价款的清算只计其各笔应收应付款相抵后的净额，对证券的清算只计每一种证券应收应付后的净额，以降低交易结算成本，提高结算效率。这也是商法中的交互计算制度在证券法中的具体适用。具体到我国，各证券公司在清算机构即中国登记结算有限责任公司都设有清算账户，清算机构只需在核对交割数量后，在各证券公司的清算账户，根据净额，进行证券和资金划拨即可。需要注意的是，在清算价款时，同一清算期内发生的不同种类证券的买卖价款可以合并计算，但不同清算期发生的价款不能合并计算；清算证券时，只有在同一清算期内的同种证券才能合并计算。

3. 现货交易必须在短时间内实物交割

现货交易的最初含义是"一手交钱、一手交货"。然而，证券的现货交易与一般商品的现货交易有所不同。证券现货交易是在交易成交后较短的时间内进行交割，即卖方将证券交付买方，买方同时将款项交付卖方。在证券现货交易中，成交和交割之间存在一定的时间间隔。所以，证券现货交易并非当场的现货交易，而是将成交与交割分离开来。成交与交割间隔的时间应当依照证券交易所规定的日期加以确定。为了防止两者间隔时间过长，影响交割的安全性和效率，在习惯上，交割日期可采用当日交割、次日交割和例行交割。当日交割，也称"T+0"交割，即在成交当日进行交割；次日交割，称为"T+1"交割，即在成交后下一个营业日办理交割；例行交割，是依证券交易所确定的营业日交割，例如成交后 5 个营业日内交割。我国上海证券交易所和深圳证券交易所目前执行的主要是"T+1"交割规则，即证券公司与投资者应当在成交后的下一个营业日办理交割事宜；如果下一个营业日恰逢法定休假日，交割日期顺延至该法定休假日开始后的第一个营业日。

相对于其他证券交易方式而言，现货交易的出卖人必须持有证券，购买人必须持有货币，成交日与交割日相对较近，交割风险相对低，安全程度高，可以较好地满足人们投资与变现的需要，还可以避免或减少证券欺诈等行为，因而是各国证券交易的主要形式。

二、　证券期货交易

（一）证券期货交易的概念与特点

证券期货交易是金融期货交易的主要类型，是指证券交易的双方当事人达成协议后，按协议中规定的价格在未来的一个日期进行交割和清算。与证券现货交易不同，在证券期货交易中，买卖双方签订合约后并不即时交付款项或交付证券，只有到了规定的交割日，买方才需交付货款，卖方才需交付证券。

证券期货交易的功能表现在三方面：

第一，套期保值、降低风险。套期保值是指利用证券期货合约为现货市场上的证券交易进行保值，以期未来某一时间在证券现货市场上买进或卖出证券时，能够通过在证券期货市场卖出或买进相同数量的该证券合约补偿和冲抵因现货市场价格变动所带来的实际价格风险。简言之，就是投资者在期货市场和现货市场上同时进行数量相同、方向相反的证券买卖活动，转移证券在现货市场中的价格波动风险，降低投资风险。

第二，具有价格发现功能。期货交易双方通过持续、公开的竞价，使期货价格基本上能反映某种证券的供求关系以及合理的价格水平。

第三，具有活跃交易的功能。证券期货为投资者提供了新的投资对象，有利于调动闲散资金，活跃市场交易。由于期货合约的价格波动，交易者可以利用价差赚取风险利润。预测期货价格上涨时，就先买入后卖出冲抵，做多头交易；预测期货价格下跌时，就先卖出后买入冲抵，做空头交易。投资者基于获利的冲动，会提升交易的流动性。但是，证券期货交易不涉及实体证券转移，且采取保证金交易形式，具有信用交易功能，因而交易风险较大。

证券期货交易具有如下几方面的特点：

第一，证券期货交易的标的是标准化的证券期货合约，而非实物证券。证券期货合约是证券期货交易的买卖对象，是由期货交易所统一制定的、规定在将来某一特定的时间和地点交割一定数量证券的标准化合约。例如，买卖双方于某日签订证券买卖合约而于 90 日后履约的交易就是期货交易。在期货交易中，未来交割时，交易价格按照期货合约中的约定价格计算，而不是按照交割时的市场价格计算。

第二，作为一种远期交易，证券期货交易的交割时间相对较长，且最后进行实物交割的比例很小。期货合约的期限通常比较长，有些期货合约的期限可能长达数月甚至 1 年。交易双方在达成期货合同时，通常无意等到指定日期来临时实际交割证券资产，而是在买进期货合约后履行期到来前，向他人出售期货合约，以避免在交割日期来临时进行实物交割。

第三，证券期货交易的目的不在于取得实物证券，而是转移价格风险或赚取风险利润。在证券期货交易中，买卖双方都以预期价格的变动为基础进行交易，具有明显的投机性。买方通常并不真正购买证券，而期望在交割期到来之前股票价格上升，便可高价卖出与原交割期期限相同的远期证券，从中赚取差价；卖方手中也不一定持有相应证券，在交割期截止之前，往往期望证券价格下跌，便可低价买进与原交割期期限相同的远期证券，冲销原卖出的期货合约，并赚取价差利润。这种情况下的期货交易就是买卖双方为避免证券价格变动的风险而进行的证券期货买卖。

第四，证券期货交易不以投资者持有现实的资金和证券为交易要件，只要交付法定比例的保证金即可，因而属于典型的信用交易。

（二）证券期货交易的特殊规则

由于期货交易存在高风险性，为保护投资者合法权益以及整个期货市场的稳定发展，我国《期货交易管理条例》以及相关的规范性文件对期货交易设定了特殊的交易规则。期货交易包括商品期货交易和金融期货交易，而证券期货交易又属于金融期货交易的主要类型，因而这些特殊规制对于证券期货交易也同样适用。具体而言，这些特殊规则主要包括如下几点：

1. 保证金交易规则

在期货交易中,任何一个交易者都必须按照其所买卖期货合约价值的一定比例缴纳少量资金,作为其履行期货合约的财力担保,然后才能参与期货合约的买卖,并视价格变动情况确定是否追加资金。这就是期货交易的保证金制度。期货交易保证金分为会员保证金和客户保证金。前者是期货交易所向具有会员资格的期货经纪公司收取的保证金;后者是期货经纪公司向客户收取的保证金。客户保证金的收取比例由期货经纪公司自主规定,但通常不得低于期货交易所向会员收取的交易保证金。客户缴纳的保证金属于客户所有,期货经纪公司除依法为客户向期货交易所交存保证金、进行交易结算外,严禁挪作他用。保证金规则是期货市场最显著的特点之一,体现了期货市场运行的高效率,但也蕴含了期货交易的高风险。在期货市场中,保证金比例的设定需要考虑市场效率与风险管理之间的平衡,是规范期货市场有序发展的关键所在。目前,我国期货市场实行的保证金比例是 10%,即期货交易者可以用面值 10% 的保证金从事该面值所显示金额的证券期货交易。

2. 持仓限额与大户报告规则

持仓限额是指在期货交易中,期货交易所规定的会员或者客户对某一合约单边持仓的最大数量。同一客户在不同会员处开仓交易的,其在某一合约单边持仓合计不得超出该客户的持仓限额。持仓限额主要是根据不同期货品种及合约的具体情况和市场风险情况制定和调整的。其主要目的在于防范操纵市场价格的行为,并防止市场风险过度集中于少数投资者。大户报告是与持仓限额紧密相关的另外一个控制交易风险的规则。根据大户报告规则,当会员或客户持仓达到交易所规定的数量时,必须向交易所申报,报告的内容包括客户的开户情况、交易情况、资金来源、交易动机等,以便交易所审查大户是否有过度投机和操纵市场行为以及大户的交易风险等。

3. 涨跌停板规则

即期货合约在一个交易日中的成交价格不能高于或低于以该合约上一交易日结算价为基准的某一涨跌幅度,超过该幅度范围的报价将被视为无效申报,不能成交。因而,涨跌停板实质上是该合约每日价格的最大波动幅度限制。该制度的目的在于,有效减缓和抑制突发事件和过度投机对期货价格的冲击,防止期货市场价格的剧烈波动,维护市场的稳定。

4. 当日无负债结算规则

即期货交易所应当在交易当日收市时,及时将结算结果通知其所有的交易会员并与其完成无负债结算,随后,交易会员应当根据期货交易结算结果再与客户进行结算,并应当将结算结果按照与客户约定的方式及时通知客户。若结算后,保证金账户上的金额低于保证金比例要求,客户必须在规定时限内及时追加保证金,或对所持有的期货合约进行平仓至满足保证金规定要求为止。该制度的目的就在于尽量减小期货市场杠杆交易带来的高风险。投资者必须计算出为满足当日无负债结算可能需要的资金,并在整个投资期间准备相应动态的现金流,这就提高了对投资者资金流动性的要求;对市场而言,这有助于避免资金信用风险。

5. 强制平仓规则

即当交易所会员或客户的交易保证金不足且未在规定时间内补足,或者会员或客户的持仓量超出规定的限额,或者会员或客户存在违规行为时,交易所为了防止风险进一步扩大,对其持有的未平仓合约进行强制性平仓的制度。其中,最为常见的是因交易保证金不足而发生的强行平仓。依据该规则,当交易所会员的保证金不足时,会员未在交易所规定的时间内追加保证金或者自行平仓的,交易所应当将该会员的合约强行平仓,由此发生的费用和损失由该会员承担;当客户保证金不足时,未在期货公司规定的时间内及时追加保证金或者自行平仓的,期货公司应当将该客户的合约强行平仓,由此产生的费用和损失由该客户承担。

三、证券期权交易

证券期权交易又称"选择权交易",是指证券交易当事人为保障或获得证券价格波动利益,约定在一定的时间内有权以特定价格买进或卖出指定证券的交易。简言之,证券期权交易是交易双方约定在未来期间从事证券买进或不买进、卖出或不卖出的选择权交易。期权购买者在支付约定数额的费用后即拥有了在约定期间内以特定价格买卖证券的选择权,其可以行权也可以放弃,是否进行买卖由其根据市场行情而定,若其放弃该项权利,损失的也只是购买期权所花费的支出。

作为一种交易策略,证券期权交易是一种有效的风险管理工具。其优点在于:(1)对投资者而言,购买期权不必像证券现货交易或证券期货交易那样被局限在某一具体的交易价位上,而可以随时根据市场行情变化,灵活决定是否进行证券买卖,从而有效控制风险,降低交易损失。如果市场走势与自己的预测相同,投资者可以通过行权来获益;如果相反,也可以放弃权利,不进行证券买卖,损失的也仅仅是期权购买费。(2)对市场而言,期权交易有价格发现的功能。众多交易者的自由竞价使得期权交易成为建立均衡价格的一种有效方式。该方式可以反映投资者预期的未来某一时期证券的合理价值,帮助投资者作出更有效率的投资决策。

证券期权交易与证券期货交易完全不同,二者具有明显区别:(1)交易标的不同。证券期权交易的标的是未来约定期间买入或卖出证券的选择权;证券期货交易的标的则是期货合约,是未来某一时期买入或卖出证券的协议。(2)权利与义务的对称性不同。在证券期权交易中,买方支付交易价款后,即取得买卖或不买卖证券的选择权,而不必承担义务,但只要买方依据期权合约提出交易请求,卖方必须履行而不得拒绝;而在证券期货交易中,交易双方的权利义务对等,在期货合约规定的交割日,双方应当进行实物交割,任何一方都有权要求对方履约,同时也负有向对方履约的义务,如果不愿实际交割,则必须在有效期内对冲。(3)交易的法律后果不同。在证券期权交易中,法律后果表现为买方行使买卖证券的选择权,而非证券本身权利的转移;但在证券期货交易中,法律后果则体现为到期日应交割证券,除非在到期日之前,期货合约已被转让。(4)收益与风险不同。在证券期权交易中,对买方而言,风险是有限的,是其放弃行使权利时为购买该选择权而支付的对价,但如果其对证券市场的行情分析正确,选择行使权利时,可能获得的收益却是无限的;对卖方而言,恰恰相反,其收益是有限的,即从买方收取的期权费,但一旦买方选择行权,可能遭受的损失却是无限的。而在证券期货交易中,在对冲或到期交割前,价格的变动必然使其中一方盈利、另一方亏损,盈利或亏损决定于价格变动的幅度,因此双方的收益与风险都是无限的。

证券期权交易以期权为交易标的,主要可以分为三种类型:看涨期权交易、看跌期权交易、双向期权交易。

看涨期权交易又称为"买入权期权",是指期权购买者有权在未来某一时间,以事先确定的价格,向期权出售者购买约定数量的证券;如果期权购买者提出购买要求,期权卖出方应按照约定向对方卖出标的证券。这是购买者基于对某一证券未来价格趋于上涨的判断而买入的一种权利。买方购进期权后,当证券市价高于协议价格与期权费用之和时,期权购买者就可以按协议规定的价格和数量购买证券,然后按市价出售,或转让买进期权,获取利润;当证券市价低于协议价格时,期权购买者就可能放弃买进证券,同时,承担购买期权的费用损失。

看跌期权交易又称"卖出期权交易",是指购买者有权在规定的时间内,按事先确定的价格向期权出售者卖出一定数量的某种证券;如果期权购买者提出卖出请求,期权出售者有义务以此价格买入标的证券。这是购买者基于对某一证券未来价格趋于下跌的判断而卖出的一种权利。因为在卖出期权有效期内,当证券价格下跌到一定程度后,期权购买者行使期权才能获利。而且,如果该证券行情看跌,卖出期权费上涨时,投资者也可以直接卖掉期权,赚取前后期权费的差价。但是,如果该证券价格没有下降反而上升,期权购入方将会放弃行使该选择权,并承担购买期权的费用损失。

双向期权交易是指,购买者获得在未来某一时期内按照约定价格买入或不买入以及卖出或不卖出一定数量证券的权利。即投资者在期权交易中,同时购得看涨期权和看跌期权,并且在有效期内,一项选择权的行使不妨碍另一选择权的行使。其作用在于,当投资者预测证券市场价格将会出现大幅度的波动,但不能确认是上升还是下降时,获得双向交易的机会,增加盈利的可能性。当然,这种交易支付的费用自然也较多。

四、融资融券交易

（一）融资融券交易的概念和类型

融资融券交易,又称"保证金交易",是指当投资者计划交易的证券数量和价款数量超过其实际持有的证券或资金数额时,投资者凭借自己提供的保证金和信誉,向证券经纪人申请借入资金或证券,用以完成交易的方式。融资融券交易属于典型的证券信用交易。从域外证券市场发展来看,美国、日本等比较成熟的证券市场都允许进行融资融券交易。我国在2005年修订《证券法》时,也明确允许证券公司为客户买卖证券提供融资融券服务,但是应当按照国务院的规定并经证监会批准。2006年6月中国证监会发布了《证券公司融资融券业务试点管理办法》(2011年修订),2006年8月上海和深圳两家证券交易所也相继发布了《融资融券交易试点实施细则》。2006年6月,中国证监会发布了《证券公司融资融券业务试点管理办法》;2006年8月,上海和深圳两家证券交易所相继发布《上海证券交易所融资融券交易试点实施细则》《深圳证券交易所融资融券交易试点实施细则》。在经过多年的实践后,2015年中国证监会颁布了正式的《证券公司融资融券业务管理办法》,2019年上海证券交易所与深圳证券交易所也分别就各自的融资融券交易规则进行了修订,颁布了新的《上海交易所融资融券交易实施细则》《深圳证券交易所融资融券交易实施细则》。在上述法律法规的指引下,融资融券交易已经逐渐发展成为我国证券市场的主要交易方式之一。

融资融券的具体交易形式有两种,即融资交易与融券交易。融资交易又称"买空",是指投资者提供一定数量的货币作为保证金,由证券商为投资者垫付部分交易资金以购买证券,待投资者卖出证券或被强制平仓后,以其得到的金额来支付融资本息和费用。通常情况下,融资是当投资者看涨市场,打算买进证券却没有足够资金时,借钱买入证券,所以也称为"保证金多头交易"。在融资交易中,投资者借钱买进的证券必须作为融资担保存放于证券商处,如果未来证券价格上涨,投资者可卖出标的证券,在还完证券商的借款本息及相关费用后,即可获利;但如果证券价格下跌,造成担保物价值降低而达不到维持保证金的水准,客户应当在规定期限内补缴维持保证金,否则证券商有权处理作为担保物的证券。融券交易又称"卖空",是指投资者在未实际持有证券的情况下,向证券商借入一定数量的证券,并约定在未来规定的期限内,再买入同种类证券用以偿还所借证券,并支付一定费用的交易方式。如果证券价格呈现下跌走势,投资者就可以在先卖后买的过程中获利。也就是说,融券是当投资者看跌市场,计划卖出证券而手头又无现券时,借入证券来卖出,因而又称为"保证金空头交易"。在融券交易中,客户卖出证券所得价款不能提取,必须留存于证券商处作为融券的担保。如果卖出的证券价格上涨,客户也必须追加保证金。一旦约定期限届满,无论证券价格是否下跌,客户都必须偿还证券,除非该证券被暂停交易。

(二) 融资融券交易的利弊分析

融资融券交易的优点在于:(1) 对投资者而言,可凭借信用获得资金或证券,用较少的本金或证券赚取更多的利润,满足了扩大投资的需求,提高了投资者的资金利用率,丰富了投资者的投资渠道,使投资者在证券市场既可做多获利,也可做空获利。(2) 对于证券商而言,能够通过融资融券业务为投资者提供信用,赚取息费收入,并因提供信用使证券交易量增大而获得更多的佣金,还可实现证券商的业务类型升级,扩大客户资源。(3) 对于证券市场而言,由于融资融券采用保证金交易形式,在杠杆的作用下,既降低了投资者的交易成本又扩大了市场规模,增加了证券市场的总供给和总需求,客观上有利于提高市场的流动性。同时,融资融券还有助于形成合理的证券市场价格,当证券价格过度上涨时,"卖空者"预期股价会下跌,便提前融券卖出证券,增加了股票的供应,可以促使价格回落;反之,在证券价格过度下跌时,"买空者"需要补进,通过融资买入证券,增加了购买需求,可以促使价格回升,这就使得证券的供求趋于均衡,有利于形成合理的证券流通价格。(4) 在我国,对于整个金融市场而言,融资融券还可以起到联通货币市场和资本市场的作用。从境外金融市场发展趋势来看,从分业走向混业是一个基本趋势。但在我国,目前仍然实行的是分业经营、分业管理。为促进融资融券业务的发展,我国专门设立了从事转融通业务的中国证券金融股份有限公司,将货币市场上的资金引入资本市场,有助于打破两个市场的割裂状态。

当然,融资融券交易也蕴含着较大的风险:(1) 对于投资者而言,其凭借保证金扩大交易规模,用较少的资金或者证券进行大量的交易,刺激了冒险和投机心理,若其对证券价格的行情判断有误,则会损失巨大。(2) 对于证券商而言,随着融资融券业务规模和客户数量不断增大,其承担的客户信用风险积聚。此外,其还承担着资金和证券的流动性风险、业务管理风险以及市场的系统性风险。(3) 对于证券市场而言,也存在信用扩张过度、投机盛行、市场虚假繁荣等危险,如果控制不力,可能推动市场泡沫的形成,甚至可能增大金融体系的系统性风险。因此,对于融资融券交易应当建立严格的制度,以防范信用机制引发的风险。

（三）融资融券交易的特点

1. 融资融券交易是一种信用交易

信用交易通常包括如下几方面内涵：（1）一方以偿还为条件，向对方转移商品（包括货币）的所有权或者所有权权能；（2）在一方的先行转移与另一方的相对偿还之间，存在一定的时间差；（3）一方之所以先行实施转移行为，是因为其信任对方有依约偿还的诚意和能力。简言之，所谓信用，就是"买"与"卖"之间的延迟。当债权人不要求债务人即时结清时，实际上就是债权人赋予了债务人一定的信用。① 融资融券交易显然符合信用交易的上述要素。

2. 融资融券交易中投资者与证券商的法律关系具有复合性

在融资融券交易中，投资者除了同现货交易一样，需要委托证券商代其进行证券交易，与证券商形成法律上的行纪关系外，还需要通过向证券商借入资金或证券来完成买空或卖空交易，从而与证券商形成法律上的借贷关系。因此，融资融券交易制度的着眼点不仅在于证券买卖，还在于证券公司与客户之间的借贷关系，后者是融资融券交易制度的关键。

3. 融资融券交易是一种必设担保的交易

融资融券交易之所以被称为"保证金交易"，就在于它是一种必须设置担保的交易，投资者必须交付一定数额的保证金（资金或证券均可）才能实施该交易。正如上述分析指出的，融资融券交易尽管能够为投资者、证券商、证券市场乃至金融市场带来积极效应，但杠杆交易所蕴含的高风险又可能给投资者、证券商以及证券市场带来极大的损失，为了控制和防范这些风险，投资者在从事融资融券交易时，必须向证券商缴纳一定的保证金。可以说，担保机制是融资融券交易能够安全、持续运行的核心所在。

（四）融资融券交易的基本规则

1. 证券商必须具备业务资质

由于融资融券交易在给证券商带来利润的同时，也蕴含着较大风险，我国证券监管部门专门规定了证券商从事融资融券业务的资质条件，只有满足这些要求，取得业务资格，证券商方可开展融资融券业务。这些资质条件主要包括具有经营证券经纪业务资格、治理结构健全、内部控制有效、财务状况良好、已制定切实可行的融资融券业务试点实施方案和内部管理制度、具备开展融资融券业务试点所需的专业人员、技术系统等。

2. 证券公司应与客户签订融资融券合同

合同应满足如下基本要素：融资融券的额度、期限、利率、利息的计算方式；保证金比例、维持担保比例、可冲抵保证金的证券种类及折算率、担保债权范围；追加保证金的通知方式与追加期限；客户清偿债务的方式、证券公司对担保物的处分权；融资买入证券与融券卖出证券的权益处理；违约责任；纠纷解决途径；其他事项。

3. 严格实施保证金制度

进行信用交易的投资者必须在证券商处开立保证金账户，存入保证金，才能进行融资融券交易。保证金又称为初始保证金，作为担保标的，可以是现金，也可以是证券。客户缴纳

---

① 程胜：《选择与发展：我国资本市场中的证券融资融券交易制度》，华东政法大学 2008 年博士学位论文。

保证金是其从事融资融券交易的前提。保证金的数量必须维持一定的比例或最低数额,投资者只能在法定的比例范围内获得信用。在融资融券合同履行过程中,如果投资者融资所购证券的市场价值下降到一定程度,证券商有权要求投资者提高保证金数额,即追加保证金,否则证券商可以抛售证券收回贷款。

4. 证券商作为出借方享有担保的特别权利

融资融券交易的核心约束在于,根据合同约定,在合同期限到来时或市场波动发生时,融资融券的出借方可以对担保物享有强制平仓或处分的权利。除投资者应缴纳初始保证金外,其融资买入的证券与融券卖出所得的价款也当然地成为担保物。证券商应当将收取的客户保证金以及客户融资买入的全部证券和融券卖出所得全部价款,分别存放在客户信用交易担保证券账户和客户信用交易担保资金账户,作为对该客户融资融券所生债权的担保。证券商逐日计算客户缴存的担保物价值与所欠债务的比例,当该比例低于约定的担保比利时,应当通知客户在约定的期限内补缴担保物。如果客户未按期缴足担保物或者到期未偿还债务,证券公司可以按照约定处分其担保物。

◎　**相关案例**

2012年4月23日,王伯信(甲方)与华泰证券公司(乙方)签订《融资融券业务合同》。其中约定:乙方逐日计算甲方提交的担保物价值,并计算其维持担保比例,甲方的维持担保比例不得低于130%,当甲方维持担保比例低于130%时,乙方有权按照本合同约定方式通知甲方自通知之日(T日)起至下一个交易日(T+1日)证券交易所收盘前追加担保物或自行平仓,甲方追加担保物或自行平仓后的维持担保比例不得低于150%;甲方未按照本合同约定及时追加担保物、自行平仓,或追加担保物、自行平仓后维持担保比例未达到150%时,乙方有权根据本合同约定采取强制平仓措施。2015年7月7日,王伯信信用账户收市维持担保比例为1:1.1842,因其维持担保比例已低于130%,华泰证券公司通过王伯信在《融资融券业务合同》留存的电话联系方式告知其至下一个交易日证券交易所收盘前应当追加担保物或自行平仓,以保证维持担保比例不得低于150%。2015年7月8日,王伯信信用账户收市维持担保比例为1:1.149,华泰证券公司再次通过王伯信在《融资融券业务合同》留存的电话联系方式告知下一个交易日将对其名下信用账户采取强制平仓措施。2015年7月9日9时52分许,华泰证券公司对王伯信名下信用账户采取强制平仓措施,强制平仓王伯信所持股票哈高科(600095)30 000股、上海九百(600838)21 000股、津滨发展(000897)4400股。之后,王伯信将华泰证券公司诉至法院,请求依法判令被告返还原告被强制平仓的上述股票。南京市秦淮区人民法院审理后认为,王伯信与华泰证券公司签订的《融资融券业务合同》系双方真实意思表示,合法有效,双方当事人应按照合同的约定履行各自的义务,驳回王伯信全部诉求。

5. 融资融券的偿还

(1)投资者融资买入证券的,应当以卖券还款或者直接还款的方式偿还向证券商借入的资金。如果以直接还款方式偿还,按照其与证券商之间的约定进行;如果以卖券方式还款,投资者应通过其信用证券账户委托证券商卖出证券,结算时投资者卖出证券所得资金必须优先偿还向证券商的融资借款,直接划转至证券商融资专用账户。

（2）投资者融券卖出的,应当以买券还券或者直接还券的方式偿还向证券商融入的证券。以直接还券方式偿还证券的,按照其与证券商之间的约定以及登记结算机构的有关规定办理;以买券还券方式偿还的,投资者应通过其信用证券账户委托证券公司买入证券,结算时登记结算机构直接将投资者买入的证券划转至证券公司融资专用证券账户。特殊情况下,融券卖出的证券暂停交易的,可以按照约定以现金等方式偿还向证券商融入的证券。

第四节　证券交易的限制规则

证券交易是高收益、高风险的投资活动,为了保证证券交易有序开展,维护资本市场的公开、公平、公正,应当对证券交易加以必要限制以及适当监管。

一、 转让期限有限制性规定的证券，限定期内禁止买卖

我国《证券法》第 36 条第 1 款规定:"依法发行的证券,《中华人民共和国公司法》和其他法律对其转让期限有限制性规定的,在限定的期限内不得转让。"这一限制主要包括以下几种情形:

（一）对发起人所持股份的转让限制

通常情况下,发起人既是公司主要股东,也是公司经营宗旨的设计者和执行者,对公司的成立以及成立初期公司的经营管理具有重要影响。基于这一考虑,应当要求发起人对公司及其业绩承担相应的责任。发起人如果在公司上市后快速转让所持股份,很可能出现发起人利用内幕信息进行证券交易或者利用创办公司进行非法投机的情形,进而损害其他股东及社会公众的利益。因此,为了保证公司成立后一段时期能顺利经营,对发起人转让股份设置一定的限制期限,具有合理性。这样可以将发起人利益与其他股东利益以及公司利益结合为一体,并促使发起人对公司的经营认真负责。当然,这个限制的时间必须合理,如果限制时间过长,也会妨碍资本的流动性。我国《公司法》第 141 条第 1 款规定:发起人持有的本公司股份,自公司成立之日起一年内不得转让。

（二）对公司董事、监事、高级管理人员持有本公司股份的转让限制

对于公司董事、监事、高级管理人员是否一定需要持有本公司股份,各国的规定不同。有的国家要求上述人员在任职期间必须拥有公司股份,以便将其自身利益与公司利益紧密相连,形成利益共同体;有的国家则不做特殊要求。我国属于后者。尽管我国法律不要求董事、监事、高级管理人员任职以持有本公司股份为条件,实际上上述人员持有本公司股份的情况非常普遍。董事、监事、高级管理人员作为公司事务的高级管理者,往往拥有对公司重大经营事项的建议权、决定权和执行权,比普通投资者更了解公司,甚至可以直接决定公司经营事务。如果任由其随意转让股份,难免出现道德风险,引发其自身利益与公司利益的冲

突,并诱发内幕交易,因此,有必要适当限制上述人员转让股份的行为。此外,对董事、监事、高级管理人员建立限制交易机制,还可以强化其与公司之间的利益关联机制,为其戴上"金手铐",使其恪尽职守为公司服务,增进公司和股东的利益。

为此,我国《公司法》第141条第2款规定:"公司董事、监事、高级管理人员应当向公司申报所持有的本公司的股份及其变动情况,在任职期间每年转让的股份不得超过其所持有本公司股份总数的百分之二十五;所持本公司股份自公司股票上市交易之日起一年内不得转让。上述人员离职后半年内,不得转让其所持有的本公司股份。公司章程可以对公司董事、监事、高级管理人员转让其所持有的本公司股份作出其他限制性规定。"为了强化这种行为监管,《证券法》第36条第2款特别强调,上市公司董事、监事、高级管理人员转让其持有的本公司股份的,不得违反法律、行政法规和国务院证券监督管理机构关于持有期限、卖出时间、卖出数量、卖出方式、信息披露等规定,并应当遵守证券交易所的业务规则。此外,《证券法》第44条还对上市公司董事、监事、高级管理人员的短线交易行为进行了严格禁止。

◎　相关案例

王海鹏、王治军、王某、王某太、任某华是累计持有深圳市美盈森环保科技股份有限公司(以下简称美盈森)5%以上股份的股东。王海鹏是美盈森的董事长兼总经理,持股44.71%(截至2015年3月31日),王治军、王某与其分别是兄弟、兄妹关系,王某太、任某华与其分别是父子、母子关系。根据《上市公司收购管理办法》第83条第2款,可认定王海鹏、王治军、王某、王某太、任某华是一致行动人。2013年7月25日至2015年1月22日期间,王海鹏、王治军、王某、王某太、任某华通过证券交易所系统以大宗交易方式累计减持"美盈森"76 523 500股,占美盈森总股本的12.52%。证监会认为,2014年7月25日,当一致行动人累计减持"美盈森"达到总股本的5%时,王治军、王海鹏没有在履行报告和披露义务前停止卖出"美盈森",而是继续违反法律规定在限制转让期减持"美盈森"。中国证监会调查后认为,上述行为违反了《证券法》(2014年修正)第38条"依法发行的股票、公司债券及其他证券,法律对其转让期限有限制性规定的,在限定的期限内不得买卖"及第86条第2款"投资者持有或者通过协议、其他安排与他人共同持有一个上市公司已发行的股份达到百分之五后,其所持该上市公司已发行的股份比例每增加或者减少百分之五,应当依照前款规定进行报告和公告。在报告期限内和作出报告、公告后二日内,不得再行买卖该上市公司的股票"的规定,构成《证券法》(2014年修正)第193条第2款所述的违法行为。

(三) 对特定股东转让股票的限制

证券法对特定股东转让股票的限制主要有四类:(1) 公司公开发行股份前的股东,其地位类似于发起人,为保护广大公众投资者的利益,对其所持有的公司公开发行股份前的股份转让,也需要予以一定期限的限制。据此,《公司法》第142条第1款规定,公司公开发行股份前已发行的股份,自公司股票在证券交易所上市交易之日起1年内不得转让。(2) 股票上市后,上市公司向特定对象非公开发行的股票。根据《上市公司证券发行管理办法》第38条的规定,上市公司非公开发行的股票"自发行结束之日起,六个月内不得转让;控股股东、实际控制人及其控制的企业认购的股份,十八个月内不得转让"。(3)持有某一上市公司股份5%以上即属于公司大股东,该类股东在二级市场买卖上市公司股份时,不得进行短线交易,否则,所得收益归属于公司,即公司享有归入权。《证券法》第44条规定,持有上市公司、股票在国务院批准的其他全国性证券交易场所交易的公司的股份达5%以上的股东,将其持有的该公司的股票在买入后6个月内卖出,或者在卖出后6个月内又买入,由此所得收益归该公司所有。但是,证券公司因包销购入售后剩余股票而持有5%以上股份的,或者有国务院证券监督管理机构规定的其他情形的,不受6个月时间限制。(4)对上市公司收购者的限制。为防止假借收购操纵市场,同时保证上市公司其他股东的知情权和公平交易权,《证券法》第75条规定,在上市公司收购中,收购人持有的被收购的上市公司的股票,在收购行为完成后的18个月内不得转让。

《证券法》第36条第2款特别强调,上市公司持有5%以上股份的股东、实际控制人、首次公开发行前持有上市公司股份的股东以及上市公司向特定对象发行股份的股东,转让其持有的本公司股份的,不得违反法律、行政法规和国务院证券监督管理机构关于持有期限、卖出时间、卖出数量、卖出方式、信息披露等规定,并应当遵守证券交易所的业务规则。

二、 证券从业人员买卖证券的禁止或限制

(一) 禁止特定人员持有和买卖股票或其他具有股权性质的证券

依据《证券法》第40条规定,禁止持股人员的范围主要包括:(1)证券交易场所、证券公司和证券登记结算机构的从业人员;(2)证券监督管理机构的工作人员;(3)法律、行政法规规定禁止参与股票交易的其他人员。

依据我国现行法律规定,上述人员禁止从事下列行为:(1)禁止直接持有、买卖股票或其他具有股权性质的证券。即不得以自己名义直接持有和买卖,无论是购买、受赠、继承,还是以其他方式获得,也无论是有偿取得还是无偿取得,都属于禁止之列。(2)禁止间接持股。即不得以化名或借用他人名义持有或买卖股票或其他具有股权性质的证券。(3)禁止任职前持股状况的延续。上述人员在任职前,原来已经合法持有的股票或者其他具有股权性质的证券必须在任职时依法转让,否则将导致其非法持有股票。

考虑到证券公司毕竟是商事主体,为激励员工更好地为公司服务,很可能会实施股权激励计划或员工持股计划,如果对证券公司从业人员持有任何股票或其他具有股权性质的证券都进行绝对禁止,势必会影响和打击员工的工作积极性。为此,2019年《证券法》明确了一个除外适用规则,即实施股权激励计划或者员工持股计划的证券公司的从业人员,可以按照国务院证券监督管理机构的规定持有、卖出本公司股票或者其他具有股权性质的证券。

◎　相关案例

慕韬自2004年5月起任职于东北证券股份有限公司(以下简称"东北证券"),2012年5月至2015年1月在东北证券稽核审计部担任总经理,2013年12月担任东北证券职

工监事。李某系綦韬直系亲属,其证券账户于 2010 年 11 月 17 日开立于国信证券长春解放大路营业部,对应的第三方存管银行账户为同名交通银行账户,上述账户资金主要来源于綦韬。"李某"证券账户从 2010 年 11 月 17 日开户至 2014 年 10 月 10 日,由綦韬实际控制和使用,账户的交易由綦韬决策并实施,委托下单电话为綦韬平时使用的手机号及其办公室电话。中国证监会调查后认为,綦韬行为违反了《证券法》(2014 年修正)第 43 条的规定,即证券公司从业人员在任职期间不得借他人名义持有、买卖股票,构成《证券法》(2014 年修正)第 199 条所述的违法行为,决定没收綦韬违法所得 700 402.86 元,并处以 700 402.86 元的罚款。

(二) 限制特定证券服务机构和人员买卖证券

证券服务机构和人员不属于法律禁止持有和买卖证券的人员。但是,在证券市场上,为特定证券发行出具专业文件,或者为发行人及其控股股东、实际控制人、收购人、重大资产交易方出具专业文件的证券服务机构和人员,因其与发行人、发行人控股股东或实际控制人、收购人、重大资产交易方存在密切关系,很可能掌握普通投资者难以掌握的内幕信息,如果任由其买卖证券,极易造成证券市场上的不公平交易,故应对其买卖该证券行为加以限制。

从实践来看,这些证券服务机构主要包括会计师事务所、律师事务所、资产评估机构、资信评级机构、财务顾问机构等。由于该限制性规定的立法目的在于防止证券服务机构和人员因参与证券服务而获取内幕信息,进而从事不公平的证券交易,因而可以说,凡是参与到证券发行活动或者为发行人及其控股股东、实际控制人、收购人、重大资产交易方出具专业文件活动中的证券服务机构和人员都应属于被限制之列。

对于限制交易的时间,立法基于服务对象和内容的不同,进行了不同的制度设计。这里首先需要说明的是,证券信息的时效性很强,当证券信息失去时效性时,相关人员买卖证券不仅不会损害公众投资者利益,反而会提升市场交易的活跃度,因此,对于证券服务机构及其人员买卖证券并非全面和永久禁止。这就需要在限制与自由间进行利益平衡,进而作出合理的制度安排。目前,我国《证券法》第 42 条区分两种情况予以规定:(1) 为证券发行出具审计报告或者法律意见书等文件的证券服务机构和人员,在该证券承销期内和期满后 6 个月内,不得买卖该证券。(2) 为发行人及其控股股东、实际控制人,或者收购人、重大资产交易方出具审计报告或者法律意见书等文件的证券服务机构和人员,自接受委托之日起至上述文件公开后 5 日内,不得买卖该证券。实际开展上述有关工作之日早于接受委托之日的,自实际开展上述有关工作之日起至上述文件公开后 5 日内,不得买卖该证券。

三、 国有企业买卖股票的特殊要求

我国法律对于国有企业买卖上市公司股票的行为经历了一个由禁止到允许的发展过程。最初的《证券法》明确规定"国有企业和国有资产控股的企业,不得炒作上市交易的股票";2005 年《证券法》修订时,对此予以解禁,规定"国有企业和国有资产控股的企业买卖上市交易的股票,必须遵守国家有关规定"。2019 年《证券法》修订时,该制度的基本规则没有改变,只是在对国有企业的类型表述上更为明确,并且与 2008 年通过的《企业国有资产

法》进行了术语呼应,即将国有企业外延界定为"国有独资企业、国有独资公司、国有资本控股公司"三类。其中,国有独资企业是依据《全民所有制工业企业法》设立的企业,国有独资公司是依据《公司法》设立的企业,二者尽管都是"国有独资",但所依据的法律、所遵循的公司治理机制都明显不同,因而被并列为两类。其实,在《企业国有资产法》中还有一类企业是"国有资本参股公司",但由于在该类企业中,国有出资方不具有对公司的控制地位,本质上不应当属于国有企业,该类公司在资产管理、交易机制上,也不用遵守国有企业的特殊管理程序。

国有企业是独立的法律主体,拥有独立的法人财产权和经营自主权,允许其参与上市公司股票交易活动,有利于国有资产的保值增值,也有利于提升交易活跃度,促进资本市场的流通性。当然,由于国有企业毕竟不同于民营企业,其特殊的产权性质、复杂的委托代理关系,都使得国有企业在参与上市公司股票交易时,应当遵守国家的特别规定。这些规定不仅包括证券法方面的规则,还包括公司法尤其是企业国有资产法方面的管理规则,例如《企业国有资产交易监督管理办法》《上市公司国有股权监督管理办法》等。

◎　**相关案例**

　　2009 年 9 月 10 日,云南红塔集团有限公司(性质为国有企业,以下简称"云南红塔")与陈发树签订了《股份转让协议》,约定云南红塔将其持有的占云南白药集团总股本 12.32% 的股份全部转让给陈发树,并在协议第 30 条约定,转让协议自签订之日起生效,但须获得有权国资监管机构的批准同意后方能实施。2012 年 1 月 17 日,中烟总公司作出《关于不同意云南红塔集团有限公司转让所持云南白药集团股份有限公司股份事项的批复》,载明"不同意本次股份转让"。依据该批复意见,云南中烟公司和红塔集团公司也作出了不同意股份转让的相关批复。2011 年 12 月 21 日,陈发树向云南高院起诉,请求确认《股份转让协议》合法有效并判令云南红塔全面继续履行,确认云南红塔构成违约并赔偿截至争议股份过户时陈发树继续遭受的其他损失。本案历经二审。在二审判决中,最高人民法院认为案件所涉《股份转让协议》依法属于应当办理批准手续的合同,在协议未得到有权机关批准的情况下依法应认定不生效。在《股份转让协议》不生效的情形下,陈发树要求云南红塔继续履行《股份转让协议》并承担违约责任的主张缺乏合同依据,因而不予支持。

四、 保守客户信息及相关商业秘密

(一)保守客户信息

随着科技的发展,个人金融数据所包含的财产价值不断提升。而与此同时,客户在接受金融服务的过程中,信息也在被不断地非法泄露,合法权益日益受到严重侵害。近年来,个人金融数据保护一直受到立法者和金融监管部门的重点关注。在个人金融数据的界定中,所包含的信息范围也越来越广泛,不仅指客户的账户信息,还包括个人身份信息、个人财产信息、个人信用信息、个人金融交易信息、衍生信息以及金融机构在与个人客户建立业务关系过程中获取、保存的其他个人信息。

正是基于对"个人金融信息"理解的不断丰富和深化,我国《证券法》在 2019 年修订时,对之前的相关法律条文进行了修改与完善。2014 年《证券法》第 44 条规定:"证券交易所、证券公司、证券登记结算机构必须依法为客户开立的账户保密。"2019 年《证券法》第 41 条第 1 款则规定:"证券交易场所、证券公司、证券登记结算机构、证券服务机构及其工作人员应当依法为投资者的信息保密,不得非法买卖、提供或者公开投资者的信息。"这里有三个明显的改变:(1) 用"投资者的信息"代替了"账户"。这就契合了前面所阐述的目前理论界和实务界对于"个人金融信息"的外延范畴理解。(2) 扩大了义务主体,即证券交易场所、证券公司、证券登记结算机构、证券服务机构及其工作人员。用"证券交易场所"代替"证券交易所"符合此次《证券法》修改对于证券交易场所的规定,即不仅指证券交易所,还包括以新三板为代表的其他全国性证券交易场所,以及区域性股权市场,这些交易场所和交易系统都会掌握客户的证券信息。证券服务机构在提供专业服务的过程中,也会获得投资者的相关投资信息,当然也应纳入义务主体范畴。(3) 增加保密义务的内容,包括不得非法买卖、提供或者公开等。

从境外国家和地区关于个人金融数据的保护经验来看,2019 年《证券法》规定得更为周密和严格。具体措施包括:(1) 经营者收集个人金融信息时,应当遵循合法、正当、必要原则,按照法律法规要求和业务需要进行信息收集,不得收集与业务无关的信息,且要获得金融消费者(即"客户")的明示授权或同意;(2) 经营者不得从非法渠道获取个人信息以及非法存储个人金融信息;(3) 经营者使用个人金融信息时,应当符合收集该信息的目的,不得超出金融消费者明确授权或同意的使用范围和具体情形,并不得出售个人金融信息或者向本金融业经营者以外的其他机构和个人提供个人金融信息;(4) 除非事先征得金融消费者的授权或同意,个人金融信息原则上不得共享、转让;(5) 经营者在收集、保存、使用以及向外提供金融消费者个人信息的过程中,应当采取有效措施,加强对金融消费者个人金融信息的保护,确保信息安全,防止信息被遗失、毁损、泄露或者篡改;(6) 经营者的工作人员应当对业务过程中知悉的个人金融信息予以保密,不得非法使用、复制、存储、泄露、出售个人金融信息,并应就此作出书面保密承诺。这些经验都值得我国在今后进行具体制度细化和完善时予以借鉴。

(二) 保护商业秘密

商业秘密是不为公众所知悉、具有商业价值并经权利人采取相应保密措施的技术信息、经营信息等商业信息。其关乎企业的竞争能力,对企业的发展至关重要。一旦企业的商业秘密被泄露,很可能给企业带来巨大的经济损失。这也是在实践中有些企业的经营规模和治理能力已经达到上市标准,却不愿选择上市的原因。这些企业会担心,在证券公开发行和上市的过程中,基于法定程序的需要,证券公司、会计师事务所等证券服务机构、证券交易场所、证券登记结算机构等诸多证券市场主体,都会得知自己的经营信息和技术信息,这些信息一旦被泄露,将得不偿失。我国 2005 年《证券法》主要强调了国务院证券监督管理机构工作人员不得泄露所知悉的有关单位和个人的商业秘密,但是对证券交易场所、证券公司、证券登记结算机构、证券服务机构等证券市场主体及其工作人员没有明确限定。为此,2019 年《证券法》第 41 条予以了制度补充。

五、 合理收费规则

证券交易收费是指有权的收费机构依照法律、行政法规和其他收费规则,向证券交易参与者收取费用的行为。其在性质上属于服务性收费,而非国家税收。证券交易的收费直接影响证券交易人的投资成本,费用过高或过低都不利于证券市场的发展,因此我国《证券法》第43条规定:"证券交易的收费必须合理,并公开收费项目、收费标准和管理办法。"

从目前的规定看,我国证券交易费用主要包括以下三项:(1)发行人需支付的上市费用。(2)投资者需支付的开户费、委托手续费、佣金、过户费等。其中,佣金是指投资者在证券买卖成交之后,按照成交金额的一定比例支付给证券公司的费用,此项费用由证券公司经纪佣金、证券交易所手续费及证券交易监管费等组成;过户费是指投资者在证券交易完成后,买卖双方为变更股权登记所支付的费用,属于证券登记结算机构的收入,一般由证券公司代收。(3)证券商需支付的会员席位费,即证券商进入证券交易所从事自营或者经纪业务应向证券交易所支付的有关费用。

需要说明的是,投资者在进行证券交易时,还需缴纳印花税。但其在性质上不属于费用,而是国家税收,是国家根据税法规定,在证券买卖成交后,对双方投资者按照规定税率分别征收的税金。

六、 大额持股权益披露规则与慢走规则

大额持股权益披露规则是证券法中公开原则的具体体现,也是规范证券交易制度的重要机制。该规则是指投资者或其一致行动人在一个上市公司中拥有的权益达到法定比例,以及其后的股份增减符合法定比例时,应当在规定期限内报告并披露其持股状况的制度。慢走规则是指,投资者及其一致行动人拥有权益的股份达到一个上市公司已发行股份的法定比例后,其拥有权益的股份占该上市公司已发行股份的比例每增加或者减少法定比例时,在法定期限内不得再行买卖该上市公司股票。上述规则的理由在于,大额持股往往是公司收购的前兆,强制要求大额持股人负有信息披露义务,可以减弱信息不对称;同时,慢走规则可以控制大额持股人的股份交易节奏,使中小投资者及时了解和注意到公司大股东的变化和控制权转移的潜在可能,在充分知悉信息的基础上,进行理性投资。我国《证券法》第63条对大额持股权益披露规则与慢走规则进行了明确规定,本部分内容将在第十一章"上市公司收购法律制度"第三节进行详细阐述。

七、 短线交易的归入权

短线交易归入权制度源于美国1934年制定的《证券交易法》。该法在第16(b)条规定了短线交易归入制度,目的是"以'粗略而实际的方法',在不问其等有无不当利用基于其职务或地位取得其公司内部资讯而进行有价证券买卖交易之前提下,使董事、监察人、经理与大股东等公司内部人无法保有其在短期内反复买卖其所属公司发行有价证券所得之利益,借此间接防止有损一般投资人对证券市场公平性、公正性之信赖,但不易证明之违法内部人

交易的发生,以维护证券市场之健全发展"①。简言之,该制度的建立就是为了预防公司内部人的道德风险,阻吓内幕信息知情人,使其丧失短线交易收益,从而预防或抑制内幕交易行为的发生,对内幕交易起到"事前吓阻"的作用。该制度在美国产生后,日本、韩国以及我国台湾地区等也纷纷予以借鉴。我国在1993年4月国务院发布的《股票发行与交易管理暂行条例》中就引进了短线交易归入权制度,并在以后的证券立法中进行了不断发展。

(一) 短线交易的内涵

短线交易通常是指上市公司内部人在法定期间内对该上市公司的证券买入后再行卖出,或者卖出后再行买入的行为。在我国,根据2019年《证券法》第44条之规定,短线交易是指上市公司、股票在国务院批准的其他全国性证券交易场所交易的公司持有5%以上股份的股东、董事、监事、高级管理人员,将其持有的本公司的股票或者其他具有股权性质的证券在买入后6个月内卖出,或者在卖出后6个月内又买入的行为。

短线交易与内幕交易存在密切联系。短线交易制度设计的初衷就是为了预防内幕交易,并且从违法行为的表现看,短线交易行为在实践中可能会与内幕交易行为相互交织,发生竞合,如内部人在实施短线交易时利用了内幕信息。但二者也存在以下区别:(1)短线交易的主体仅限于公司的内部人,即上市公司、股票在国务院批准的其他全国性证券交易场所交易的公司持有5%以上股份的股东、董事、监事、高级管理人员;而内幕交易的"内幕人"范围比较广泛。(2)短线交易的行为强调的是短期内对所持本公司股票或其他具有股权性质的证券的反方向操作,即先买入后卖出或先卖出后买入;而内幕交易无此要求。(3)短线交易的认定并不要求内部人使用内幕信息;而内幕交易的认定必须是内幕人利用内幕信息或泄露内幕信息。(4)短线交易的责任认定采取无过错责任原则;而内幕交易往往采取过错责任原则。(5)对于内部人短线交易所获得的利益,公司享有归入权;内幕交易无此规定,但内幕交易侵害投资者利益时,内幕交易责任人应对投资者承担民事赔偿责任。

(二) 我国短线交易的构成要件

1. 主体要件

哪些人应当被列入短线交易的规制范畴? 从短线交易制度的立法目的来看,其主要是为了预防内幕交易,起到"事前吓阻"的作用,因此短线交易要规制的主体应当是最有可能知道公司内幕信息的人。公司的董事、监事和高级管理人员往往最先知晓企业的内部信息,甚至他们本身就是信息的决策者,如果允许他们随意买卖本公司的股票或其他具有股权性质的证券,很容易发生道德风险,即利用所掌握的信息优势进行交易,从中获利,损害其他投资者利益。有实证研究也证明,上市公司高管的短线交易行为确实能使其获得超额收益。②除此之外,持有一个公开发行股份公司已发行股份5%的股东,实际上属于公司大股东,通常能够快速、充分了解公司经营的相关信息,与其他投资者相比,往往也具有信息优势地位,对这类主体买卖本公司股票或其他具有股权性质的证券予以限制具有合理性。

在明确将上述主体作为规范对象后,随之面临的问题是,如何认定上述主体是否持有本

---

① 林国全:《"证券交易法"第一五七条短线交易归入权之研究》,载《中兴法学》第45期。

② 曾亚敏、张俊生:《上市公司高管违规短线交易行为研究》,载《金融研究》2009年第11期。

公司股票或其他具有股权性质的证券？是强调必须以自己名义持有（即"名义持有"），还是说，无论以自己名义还是他人名义，只要其能够实际控制该证券账户即可认定为持有（即"实际持有"）？从境外的立法例来看，美国、日本、韩国以及我国台湾地区在短线交易主体的认定上，均采取了"实际持有"的标准。我国在 2019 年《证券法》的修订中，也实现了由"名义持有"向"实际持有"的制度转变。2005 年《证券法》对于短线交易主体只规定董事、监事、高级管理人员、持有上市公司股份 5% 以上的股东；而 2019 年《证券法》加入了"实际持股"的规定，即将上述主体的配偶、父母、子女持有的以及利用他人账户持有的股票或者其他具有股权性质的证券全部计算在内。这一制度变化非常必要。如果对于间接持股不予以合并计算，将很容易导致"短线交易"的制度设计目的落空，因为无论是大股东，还是董事、监事、高级管理人员都极易利用他人账户持有和买卖股份，以规避监管。

此外，我国 2019 年《证券法》还将短线交易的规制，从上市公司扩展到了以"新三板"为代表的经国务院批准的其他全国性证券交易场所，有利于规范"新三板"交易市场的公平和公正，规范"新三板"挂牌公司大股东、董事、监事、高级管理人员的证券交易行为。

在短线交易主体制度的设计中，确立合理的除外适用规则十分必要。我国《证券法》第 44 条规定，证券公司因购入包销售后剩余股票而持有 5% 以上股份以及有国务院证券监督管理机构规定的其他情形的，可以不受短线交易的制度约束。这一规定具有合理性。对于证券公司而言，其之所以持有 5% 的股份，是因为未能卖出包销股票，是基于承销协议而产生的义务，这与短线交易主体的谋利目的完全不同，应当除外适用。至于其他情形，借鉴美国等资本市场成熟国家的经验，则主要针对机构投资者。机构投资者的业务规模远高于普通的个人投资者，若对机构投资者也给予短线交易的限制，将给其业务经营带来不合理的约束，不利于其发展。

2. 客体要件

从境外的制度规定来看，短线交易针对的客体不仅仅是公司股票，还包括其他具有股权性质的证券。在美国，短线交易的对象是股权证券。根据美国 1934 年《证券交易法》的规定，股权证券是指任何股票或类似的证券。在韩国、日本以及我国台湾地区也有类似的规定。我国在 2019 年《证券法》修订之前，短线交易的客体仅限于股票，修订后将其范围扩大至除股票外的"其他具有股权性质的证券"，弥补了该制度的不足。从实践来看，这些"其他具有股权性质的证券"主要包括可转换公司债、附认股权公司债、认股权证等。

3. 行为要件

短线交易的行为必须是一组方向相反的买进和卖出行为，即"先买再卖"或"先卖再买"，并且所针对的必须是董事、监事、高级管理人员以及持股 5% 以上大股东所持有的本公司股票或其他具有股权性质的证券，否则不构成短线交易。至于交易方式，则在所不问。无论是集中竞价交易方式，还是大宗交易方式，抑或协议转让方式等均可。

4. 期间要件

短线交易是相对于长期投资而言的。我国《证券法》对于短线交易的期间要求与境外主要国家或地区的规定一样，为 6 个月。即受短线交易规制的主体对本公司股票进行的买入再卖出或卖出再买入的行为间隔不得少于 6 个月，否则即构成短线交易。这种 6 个月的期间规定是一种纯粹的立法技术设计，体现了商法的技术性特点，便于法律适用。

综上，对于短线交易的认定，需要综合分析主体要件、客体要件、行为要件以及期间要件。至于是否需要考虑主观要件,通说认为不需要。对于短线交易一般采用客观标准说,不探究行为人主观上是否有过错,只要客观上实施的行为符合短线交易的构成要件,即可认定构成短线交易。因而,在法律责任的归责原则上,对于短线交易采取的是无过错责任原则。

◎ **相关案例**

2017年2月15日至2017年2月17日,何文潮作为神州数码信息服务股份有限公司(以下简称"神州信息")的副总经理,操作霍尔果斯汇庆天下股权投资管理合伙企业证券账户卖出神州信息股票151 000股,成交金额3 066 661元(扣除税费和佣金)。2017年2月17日至2017年2月20日,何文潮操作陆有香证券账户买入神州信息股票151 000股,成交金额3 123 119元(扣除税费和佣金)。中国证监会大连证监局认为,上述行为符合《证券法》(2014年修正)第47条"上市公司董事、监事、高级管理人员、持有上市公司股份百分之五以上的股东,将其持有的该公司的股票在买入后六个月内卖出,或者在卖出后六个月内又买入,由此所得收益归该公司所有,公司董事会应当收回其所得收益"的规定,构成短线交易,决定对何文潮给予警告,并处以3万元罚款。

(三)归入权的概念及性质

归入权是指公司依法享有的、将短线交易主体所得利益收归公司所有的权利。归入权是短线交易行为的法律后果。在美国、韩国、日本以及我国台湾地区一般都将该权利与短线交易一并予以规定。我国在《证券法》第44条也明确规定,短线交易的收益归该公司所有。

对于归入权的法律性质,目前理论界有三种不同观点,即"形成权说""请求权说""形成权兼具请求权说"。"形成权说"认为,归入权的行使不要求公司对短线交易的收益享有所有权,即归入权不以基础权利为前提,只要公司作出利益归入的单方意思表示,即可改变董事、监事、高级管理人员和大股东短线交易行为的后果,不以董事、监事、高级管理人员和大股东的为或不作为为要件。"请求权说"认为,公司与短线交易人之间构成债权债务关系,公司有权主张短线交易人返还短线交易的收益。在理论上,请求权必须以某种基础法律关系为存在前提。该观点认为,短线交易的形成基础就是公司董事、监事、高级管理人员和大股东买卖本公司股票而发生的交易关系,短线交易利益为该交易关系的结果;而且,只有公司向短线交易主体提出请求,公司才能取得短线交易的利益。"形成权兼具请求权说"认为,归入权在性质上兼具形成权与请求权特征,如果仅有形成权性质而不具有请求权性质,则归入权无法实施,因此当归入权在执行上遭到拒绝时,该权利就转化为请求权,由公司请求短线交易主体进行给付。在上述三种观点中,"形成权说"相对更为合理,更符合立法者直接否定短线交易人取得违法收益的初衷,能更好地发挥"事前吓阻"内幕交易的作用。

(四)归入权的收益计算

一般来说,归入权中的收益不是指交易人客观上获得了多少利润,而是通过一定的计算方法获得的计算结果。为了达到短线交易规则预先阻却内幕交易的目的,境外国家或地区对短线交易收益的计算多采用"最高卖价减最低买价"的惩罚性计算方法,即将法定期间内最高卖出价与最低买入价进行匹配,次高卖出价与次低买入价进行匹配,直至全部匹配完成。这种计算方法的结果往往大于短线交易人的实际交易收益,体现出了对短线交易行为的惩罚。这一方法是 1943 年美国第二巡回法院在 *Smolowe v. Delendo Corp.* 案中确立的,随后被美国法院普遍采用,并一直被认为是计算短线交易收益的正确方法,可以最大限度地计算出短线交易收益,达到短线交易制度的目的。我国《证券法》对短线交易收益的计算方法未作明确规定,实践中不乏采用实际收益归入的计算方法,但这起不到对短线交易人的惩罚作用,因而,理论上较多认同的还是上述源自美国的"最高卖价减最低买价法"。[1] 在我国的证券监管实践中,这一方法也开始逐步得到认可和适用。

(五)归入权的行使方法

归入权的行使主体是公司,董事会是公司的执行机关,因此,理应由董事会代表公司行使归入权。但很多情况下,从事短线交易的恰恰就是公司董事,因此,也就可能会出现公司董事会怠于行使归入权的情况。此时,为了切实维护公司利益,应当设计出补充行权方式。对此,我国《证券法》第 44 条规定,当出现短线交易时,公司董事会应当收回公司所得收益。公司董事会不收回的,股东有权要求董事会在 30 日内执行。公司董事会未在上述期限内执行的,股东有权为了公司的利益以自己的名义直接向人民法院提起诉讼。如此,便建立了短线交易中的股东代表诉讼制度。与《公司法》第 151 条规定的"股东代表诉讼"相似,证券短线交易中的股东代表诉讼也有前置程序的要求,即"公司董事会不按照第一款规定执行的,股东有权要求董事会在三十日内执行",只有当董事会未在上述期间内执行的,股东方可提起代表诉讼。这也是防止股东滥诉,提倡由公司自主处理自身事务的制度体现,毕竟公司才是真正的利益受损者。但是,此处的股东代表诉讼与《公司法》第 151 条规定相比,也有明显不同,即对股东持有股份的数量和时间未作特别限制。

此外,为了促使公司董事积极履行职责,维护公司的合法权益,《证券法》第 44 条还从加大董事法律责任的角度,倒逼董事尽职履责,即公司董事会不按法律规定执行归入权的,负有责任的董事需要依法承担连带责任。

◎　相关案例

2019 年 3 月 5 日,诺力智能装备股份有限公司(以下简称"诺力股份")披露了《诺力股份董事、监事、高级管理人员减持股份计划公告》。2019 年 6 月 28 日至 2019 年 7 月 4 日,公司非独立董事、高级管理人员钟锁铭通过集中竞价方式以最低价格17.26 元/股、最高价格 17.84 元/股,累计减持公司股份共计 209 900 股,约占公司总股本的0.0784%。2019 年 12 月 3 日,钟锁铭又因混淆账户误操作购买了公司股票 19 400 股,最低成交价格 17.54 元/股、最高成交价格 17.57 元/股,成交总金额 340 809 元。经调查核实:钟锁铭上述增持行为非主观故意,系混淆账户导致的误操作;同时,该账户交易期间不是公司股票交易的敏感期,不存在因获悉内幕信息而交易公司股票的情况,亦不存在

---

[1]　曾洋:《修补还是废止?——解释论视野下的〈证券法〉第 47 条》,载《环球法律评论》2012 年第 5 期。

利用短线交易谋求利益的目的。钟锁铭于 2019 年 6 月 26 日至 2019 年 12 月 3 日期间买入公司股份合计 19 400 股,成交金额合计为 340 809 元,以 2019 年 6 月 26 日至 2019 年 12 月 3 日期间的最高卖出价 17.84 元/股和最低买入价 17.54 元/股作为参考,计算所得收益为(17.84 元/股−17.54 元/股)×19 400 股＝5 820 元。根据《证券法》(2014 年修正)第 47 条及《上海证券交易所股票上市规则》的相关规定,钟锁铭因误操作买入公司股票的行为在客观上构成短线交易,上述收益归上市公司所有。

本章理论与实务探讨

证券交易异常情况的处置

证券交易异常情况是证券市场的一种非正常状态。近年来,各个国家和地区的主要证券交易所经常遭遇交易异常情况。2005 年东京证券交易所先后发生了"交易中断事件"以及"J-COM 大规模错误订单事件",2010 年美国华尔街发生了"闪电崩盘"事件,紧接着日本大阪证券交易所又曝出"德意志证券乌龙指事件"。在我国,证券交易异常情况也时有发生,如 2000 年的"机场可转债事件"、2007 年的"ST 亚星对价事件"等。由于交易异常情况的发生会对正常交易活动产生极大的破坏力,对证券市场的参与者和市场秩序产生不利影响,因而必须及时处理和有效规制。

实践中,根据交易异常情况发生的原因、机理、过程、性质的不同,可将引发证券交易异常的情形大致分为不可抗力、意外事件、技术故障以及重大差错。这里的重大差错主要是指在证券业务实施、流程衔接、操作运行等环节,由于人为原因导致信息传递失真,从而使证券交易价格、交易数量等严重违背交易者的真实意图。

对于证券交易异常情况的处理,证券交易所为了维护证券交易的正常秩序和市场公平,通常可以采取技术性停牌、临时停市、取消交易、暂缓交收等处置措施。从境外的制度经验来看,取消交易制度又可分为依职权取消交易和依申请取消交易。证券交易所依职权取消交易,主要考虑这对保证正常的交易确有必要或交易不符合交易所正常交易的要求,再或者交易以不符合市场情况的价格达成。而依申请取消交易时,申请人必须在规定时间内依据交易所规定的形式提出,由交易所决定。我国 2019 年《证券法》虽然已经将取消交易措施纳入,但相关的具体规则还有待完善。

由于对证券交易市场进行自律监管是证券交易所的核心职责之一,面对证券交易中出现的各种异常情况,交易所负有及时处置的义务。在此过程中,只要交易所没有重大过错,对于上述措施造成的相关主体的利益损失,证券交易所不负法律责任,尤其是民事赔偿责任。①

短线交易与内幕交易竞合的法律适用

如果公司内部人实施短线交易时利用了内幕信息,则构成了短线交易与内幕交易的竞

---

① 本部分内容参见顾功耘:《证券交易异常情况处置的制度完善》,载《中国法学》2012 年第 2 期。

合,此时应如何处理?是依照短线交易的法律规范将其收益归入该上市公司,还是依照内幕交易的法律规范没收其违法所得并对投资者的损失予以民事赔偿?学界对此有不同观点。有学者认为,鉴于两类行为侵害的客体不同,导致的法律责任有别,又鉴于两类行为导致的民事权利主体有异,应当区分两类法律责任而定。就民事责任而言,两项民事责任相互独立,同时承担;就公法责任而言,采取孰重原则,即按照内幕交易行为的公法责任予以追究。① 但也有观点认为,应当按照内幕交易来处理。因为短线交易具有阻却知情人进行内幕交易的功能,即通过将其收益归入上市公司使得短线交易人丧失从事该交易的冲动,而不必深究其是否利用了内幕信息;但是,一旦确认短线交易同时符合内幕交易的构成要件,则表明短线交易立法目的落空,没有起到有效的阻止作用,此时内幕交易成立,应当适用有关内幕交易的法律规范予以处置,从而有效保护投资者的合法权益,符合《证券法》的立法宗旨。② 通过考察证券短线交易的立法目的,适用内幕交易予以规制可能更为合理。

本章法考与考研练习题

一、名词解释

1. 集中竞价交易

2. 做市商交易

3. 证券期权交易

4. 慢走规则

5. 归入权

二、不定项选择题

1. 以下属于我国场外交易市场的有(　　　)。

A. 新三板

B. 科创板

C. 商业银行柜台交易市场

D. 全国银行间债券市场

2. 根据我国相关法律规定,以下表述错误的有(　　　)。

A. 依据我国现行制度规定,实施证券回购交易的主要是债券

B. 我国目前"新三板"认可的是垄断性做市商制度

C. 证券大宗交易的结果需经证券交易所确认

D. 大宗交易没有成交价格的限制

3. 短线交易与内幕交易密切联系但又有所区别,对此,以下说法正确的是(　　　)。

A. 从立法目的来看,短线交易制度主要是为了预防内幕交易,起到"事前吓阻"的作用

B. 短线交易的责任认定采取过错责任原则;而内幕交易往往采取无过错责任原则

C. 短线交易的主体仅限于公司的内部人;而内幕交易的"内幕人"范围更广

D. 对于内幕交易获得的利益,公司享有归入权;短线交易侵害投资者利益时,行为人承

---

① 刘俊海:《现代证券法》,法律出版社 2011 年版,第 217 页。

② 曾洋编著:《证券法学》,南京大学出版社 2008 年版,第 202 页。

担民事赔偿责任

4. 根据《证券法》的规定,某上市公司的下列人员中,不得将其持有的该公司的股票在买入后 6 个月内卖出,或者在卖出后 6 个月内又买入的有( )。

A. 董事会秘书

B. 监事会主席

C. 财务负责人

D. 副总经理

三、简答题

1. 简述一级市场与二级市场的区别。

2. 简述场外市场的特征。

3. 简述集中竞价交易的原则。

4. 简述做市商交易的功能。

5. 简述证券期货交易的特点。

6. 简述证券期权交易与证券期货交易的区别。

四、论述题

作为典型的证券信用交易,融资融券具有哪些优点与风险?

五、案例分析题

某股份有限公司于 2016 年 6 月于上海证券交易所上市。2017 年以来,公司发生了下列事项:

(1) 2017 年 5 月,非独立董事陈某将所持公司股份 25 万股中的 2 万股卖出;2018 年 3 月,非独立董事王某将所持公司股份 11 万股中的 24 000 股卖出;非独立董事杨某因出国定居,于 2017 年 7 月辞去职务,并于 2018 年 3 月将其所持公司股份 5 万股全部卖出。

(2) 监事赵某于 2017 年 4 月 9 日以均价 8 元/股价格购买 5 万股公司股票,并于 2017 年 9 月 10 日由于错误操作将上述股票以均价 16 元/股价格全部卖出。

(3) 2017 年 5 月 12 日,公司发布年度报告。为该公司年报出具审计报告的注册会计师孙某于同年 5 月 20 日购买该公司股票 1 万股。

根据本题所述内容,分别回答下列问题:

(1) 陈某、王某和杨某卖出所持公司股票的行为是否符合法律规定?分别说明理由。

(2) 赵某买卖公司股票的行为是否符合法律规定?说明理由。

(3) 孙某买入公司股票的行为是否符合法律规定?说明理由。

本章法考与考研练习题参考答案

第十一章　上市公司收购法律制度

[导语]

    上市公司收购是收购人通过收购上市公司依法发行的有表决权股份,获得或加强对上市公司控制权的行为。上市公司收购具有优化资源配置、通过控制权降低公司管理层代理成本的积极作用,但也可能产生损害股东尤其是中小股东利益的消极效果。因此,证券立法需要对上市公司收购行为进行必要的规制。

    本章主要讲述了上市公司收购的概念与法律特征、上市公司收购的类型划分、上市公司收购制度的立法原则、大额持股权益披露制度及慢走规则、要约收购制度、协议收购制度以及上市公司反收购制度。本章的学习重点是上市公司收购制度的立法原则、大额持股权益披露制度及慢走规则、要约收购制度以及上市公司反收购制度;本章的学习难点是大额持股权益披露制度及慢走规则、要约收购的具体规则及法律后果、上市公司反收购决策权的归属及反收购的主要措施。

第一节　上市公司收购概述

一、上市公司收购的概念与法律特征

(一) 上市公司收购的概念

    上市公司收购是指收购人通过收购上市公司发行在外的有表决权证券,获得或加强对该公司的控制权的行为。在上市公司收购中,上市公司是被收购的目标公司,收购人购买上市公司股份的主要目的在于获得对上市公司的控制权,而非仅仅取得资本增值,因而,"上市公司收购"的实质是对上市公司控制权的收购。

    在理解上市公司收购概念时,应将其与企业兼并、公司合并、资产重组、表决权征集等相区别。

    上市公司收购不同于企业兼并。企业兼并是一个相对广义的概念,是指企业在发展过程中,为增强竞争能力,扩大企业规模,购买其他企业的产权,使其他企业丧失法人资格或虽

不丧失法人资格但改变其投资主体的行为。如果兼并的结果是使其他法人丧失主体资格，则与"吸收合并"同义；如果其他法人主体资格仍在，但其投资主体发生了变化，则"上市公司收购"可以归入，因为收购行为完成后，目标公司仍然保持其法律主体地位，只是控股股东发生了变化。

上市公司收购不同于公司合并。公司法中的公司合并是指两个或两个以上的公司通过订立合并协议，共同组成一个公司的法律行为，包括吸收合并和新设合并两种。吸收合并是将一个或一个以上的公司并入另一个公司，被并入的公司解散，法人资格消失，接受合并的公司继续存在，法人资格存续，并办理变更登记手续；新设合并是两个或两个以上的公司以消灭各自的法人资格为前提而合并组成一个新的公司，原有公司的法人资格均消灭，新建公司办理设立登记，取得法人资格。公司合并与上市公司收购的区别比较明显：(1)上市公司收购的主体是收购人与目标公司的股东，本质上是上市公司股东相互之间的股权交易行为；而公司合并的法律关系主体是公司自身。(2)上市公司收购不涉及公司的法人主体资格问题，即使收购人全部收购了上市公司的股份，上市公司也只是丧失上市资格，但法人主体资格仍然存在；而公司合并的，至少一家被合并公司丧失法人资格。

上市公司收购与资产重组也存在明显差异。资产重组是指企业资产的拥有者、控制者与企业外部的经济主体进行的，对企业资产的分布状态或设在企业资产上的权利进行重新组合、调整、配置的过程。资产重组主要包括股权转让、兼并收购、资产置换、资产剥离等类型。资产重组与上市公司收购在实施主体、行为目的、行为方式以及行为后果方面都存在不同。

上市公司收购与表决权征集也应进行区分。表决权征集是公司股东为了在公司特定事项上控制或者支配公司，或者为改组公司董事会进而调整公司经营策略，征集其他股东的授权，并代理授权股东行使投票权的行为。征集表决权可能达到与上市公司收购相同或者类似的效果，即通过征集表决权控制公司事务。然而，表决权征集和上市公司收购毕竟属于不同概念，体现了不同的法律关系。表决权征集中，征集人和授权股东之间本质上是委托代理关系，在表决权征集过程中，授权股东在签署委托书时，应对委托书中列明的待表决事项作出明确的书面表态，此时，征集人应当忠实于授权股东的意志，在股东大会上进行表决，不得越权行使表决权，也不得违背授权股东的意志行使表决权。因而，即使通过表决权征集，征集人获得控制权，也只针对委托书范围内的特定事项；而通过收购上市公司，收购人所获得的控制权是基于其股东身份，在资本多数决原则下，控股股东对公司事务的控制权是持续的和稳定的。

(二)上市公司收购的法律特征

1. 上市公司收购的主体包括投资者及其一致行动人

上市公司收购在本质上是上市公司股东之间的股权交易行为，因而上市公司收购主体即上市公司的投资者。立法对于上市公司投资者收购上市公司一般没有特别限制。无论是自然人还是法人，无论是目标公司股东还是目标公司董事、监事、高级管理人员均可成为上市公司收购人。目前，我国《上市公司收购管理办法》仅对收购人做了消极条件要求，即有下列情形之一的，不得收购上市公司：收购人负有数额较大债务，到期未清偿，且处于持续状态；收购人最近3年有重大违法行为或者涉嫌重大违法行为；收购人最近3年有严重的证券市场失信行为;收购人为自然人的,存在《公司法》第 146 条规定情形;法律、行政法规规定以及中国证监会认定的不得收购上市公司的其他情形。

为规范上市公司收购行为,保护目标公司股东尤其是中小股东的合法权益,在规范上市公司收购行为,计算收购人的持股量时,各国立法往往都将"一致行动人"一并纳入。所谓"一致行动",是指投资者通过协议、其他安排,与其他投资者共同扩大其所能够支配的一个上市公司股份表决权数量的行为或者事实。一致行动人应当合并计算各自所持有的股份。投资者计算其所持有的上市公司股份时,应当包括登记在其名下的股份和登记在其一致行动人名下的股份。

2. 上市公司收购的目的是获取对目标公司的控制权

上市公司收购的目的是买入目标公司依法发行的有表决权的股份,以获得对目标公司的控制权,实现对目标公司的管理和控制。"控制"可以分为绝对控制和相对控制。前者是指持有目标公司多数表决权,即超过 50% 的有表决权的股份;后者则是指公司股权相对较为分散,没有持股超过 50% 的绝对控股股东,但是存在持有量相对较多的股东,进而能够对公司形成一定的控制。关于相对控制所需的持股数量,各国或地区的法律规定不尽相同。我国法律规定的比例是 30%,这也是我国上市公司收购制度中强制要约收购的触发点。实践中,对于上市公司"控制权"的认定比较灵活。例如,我国《上市公司收购管理办法》就规定,有下列情形之一的,应认定为拥有上市公司控制权:(1)投资者为上市公司持股 50% 以上的控股股东;(2)投资者可以实际支配上市公司股份表决权超过 30%;(3)投资者通过实际支配上市公司股份表决权能够决定公司董事会半数以上成员选任;(4)投资者依其可实际支配的上市公司股份表决权足以对公司股东大会的决议产生重大影响;(5)中国证监会认定的其他情形。当然,实践中,由于各个上市公司的情况不同,对上市公司控制权的判断,应综合股权结构状况、关联关系、担任公司董事人数、对股东大会的影响力等因素综合考量。

3. 上市公司收购的客体是目标公司发行在外的有表决权股份

上市公司收购以取得目标公司的控制权为目标,在"资本多数决"原则下,收购人只有掌握了多数有表决权股份才能实现对公司的控制。因此,上市公司收购的对象是代表公司资本份额和股东权利的股份,且是有表决权的股份。否则,收购人将无法在股东大会上行使表决权,也就不能实现其收购的目的。正因为此,我国 2019 年《证券法》才将"上市公司收购"部分中的权益披露规则、慢走规则、强制要约收购规则等进行了修改和完善,均采用了"有表决权股份"的表述。例如,第 63 条第 1 款规定:"通过证券交易所的证券交易,投资者持有或者通过协议、其他安排与他人共同持有一个上市公司已发行的有表决权股份达到百分之五时,应当在该事实发生之日起三日内,向国务院证券监督管理机构、证券交易所作出书面报告,通知该上市公司,并予以公告。在上述期限内不得再行买卖该上市公司的股票,但国务院证券监督管理机构规定的情形除外。"

二、 上市公司收购的分类

(一)直接收购与间接收购

依据收购人是否以直接购买目标公司的有表决权股份并成为公司股东的方式进行收购,上市公司收购可分为直接收购与间接收购。

直接收购是指收购人直接买入上市公司发行的有表决权股份,从而获得该上市公司控制权的收购。收购人本身就是上市公司股东。

间接收购是指收购人虽不是上市公司股东,但通过投资关系、协议、其他安排导致其实际拥有权益的股份达到上市公司已发行股份的一定比例,从而获得该上市公司控制权的收购。因此,间接收购本质上是上市公司的实际控制人通过其控制的股东或其他安排来实现对上市公司的控制。实践中,间接收购的方式主要有:直接收购大股东股权,取得对上市公司大股东的控制权;对上市公司的母公司增资扩股,取得控制权;与上市公司大股东合资成立新公司,并由新公司控股上市公司,且收购方在新公司中处于控股股东地位;上市公司的控股股东将自己持有的上市公司股权托管给收购方,由其代为行使权利。可见,在间接收购中,收购人不需要成为上市公司的股东,不会引发上市公司股东及股东结构的变化,而是通过控制上市公司的母公司、控股股东等方式实现对上市公司的实际控制,因而,具有间接性和隐蔽性特点。也正是因为间接收购的透明度低,目标公司及其中小股东难以获得相关信息,收购人的收购和控制行为很难被监管,容易造成上市公司及其股东的权益受损,因此,需要对间接收购行为进行规制。在我国,《上市公司收购管理办法》设专章规定了间接收购制度,要求按照直接收购的规则进行权益披露,并适用相同的具体制度。

(二) 自愿收购与强制收购

依据收购要约的发出是基于收购人自愿还是基于法律的强制性规定,上市公司收购可分为自愿收购与强制收购。

自愿收购是指投资者在达到强制要约收购触发点之前,以私下协议的方式或自愿向目标公司全体股东发出收购要约的方式进行的收购。

强制收购是指当投资者持有一个上市公司已发行的有表决权股份达到法定比例时,继续购入该公司股份,法律强制要求其向该上市公司全体股东发出收购要约的收购方式。因此,强制收购就是指强制要约收购,其目的在于使目标公司的中小股东有机会与控制股东一起分享控制权溢价,当然,这同时增加了收购方的收购成本。

(三) 要约收购与协议收购

依据收购要约的接收对象是否特定,上市公司收购可分为要约收购与协议收购。

要约收购,也称"公开要约收购",是收购人向目标公司全体股东发出要约,表明愿意购买其所持有的目标公司全部或部分股权,进而获得对目标公司的控制权的收购。收购人的要约具有一对多的特点。

协议收购,也称"特定要约收购",是收购人与上市公司特定股东通过私下协商的形式,达成股权转让协议,取得该部分股份,进而获得对目标公司控制权的收购。协议收购显然具有一对一的特点。通常,协议收购主要发生在目标公司股权较为集中,尤其是存在控股股东的情况下。此时,收购人只需与该控股股东达成受让股权的协议,即可获得对该公司的控制权。协议收购与要约收购的另一个显著不同在于,要约收购的条件对所有股东是相同的,但协议收购是一对一谈判,股份出让方可以提出自己的要求和条件,收购方可以基于自身的需要和实力与对方进行协商。

（四）全面收购与部分收购

依据收购人计划收购的目标公司股份数量,上市公司收购可以分为全面收购与部分收购。

全面收购是指收购人收购目标公司的全部股份,意图将目标公司转变为其一人公司的收购;部分收购是指收购人仅收购目标公司的一定比例或者数量的股份的收购。

（五）友好收购与敌意收购

依据收购行为是否获得目标公司管理层的支持,上市公司收购可分为友好收购与敌意收购。尽管上市公司收购是收购人向目标公司股东购买其所持股份的行为,目标公司管理层对于股东是否出让股权并无决策权,但管理层可以通过引导、建议甚至采取反收购防御措施等方式对股权收购的实施效果产生重要影响。

友好收购是指收购人的收购行为获得目标公司管理层支持的收购。在这种收购中,目标公司管理层往往会通过引导、建议等方式,积极劝导目标公司股东向收购人出售股份。

敌意收购是指目标公司的管理层拒绝与收购方合作,对收购持反对和抗拒态度的收购。这种收购往往发生在目标公司对收购不知情甚至不同意的情况下。由于收购人与目标公司处于对立状态,管理层常常采取反收购措施阻碍收购的顺利完成。

◎   **相关案例**

> 2015 年夏天开始,以宝能集团为中心的资本集团(以下简称"宝能系")大量买入万科 A 股,成为万科第一大股东,持股比例巅峰时达到了 25.4%。2015 年 12 月 17 日,在北京万科的内部会议上,万科管理层明确表示,不欢迎宝能系成为万科第一大股东,也不欢迎宝能系收购万科。理由在于:宝能系信用不够。"宝万之争"由此爆发。对万科管理层来说,宝能是一个"门口的野蛮人",这种收购属于敌意收购。万科对宝能的敌意收购采取了一系列的反击措施,如停牌、吸引新股东加入、工会诉讼与股东公开举报等。最终,深圳地铁集团通过与万科原股东(华润集团、恒大集团)签署股权转让协议,持股 29.38%,超过宝能系成为万科第一大股东。

（六）现金收购、换股收购与混合收购

依据收购人支付收购对价的不同形式,上市公司收购可分为现金收购、换股收购与混合收购。

现金收购是指收购人以现金作为支付给目标公司股东的对价的收购行为。通常,目标公司股东倾向于流动性好、变现性强的现金收购。

实践中,收购人在资金周转不畅、非现金资产优良的情况下可能会采取非现金收购,以避免大量现金流出的财务压力。在收购中,非现金对价是股权的,称为换股收购;综合采取了现金与非现金两种方式的,则称为混合收购。

(七) 横向收购、纵向收购与混合收购

依据收购方和目标公司是否处于同一行业,上市公司收购可分为横向收购、纵向收购与混合收购。

横向收购是指收购人与目标公司处于同一行业的企业之间的收购行为;纵向收购是指生产过程和经营环节相互衔接或者具有上下游纵向协作关系的企业之间的收购行为;混合收购是指横向收购和纵向收购相结合的收购行为。

三、 上市公司收购的价值分析

关于上市公司收购对经济发展的影响,理论界一直存有争议,并形成了两种截然不同的观点:

(一) 收购价值肯定论

该观点认为,上市公司收购能产生如下几方面的良性效益:(1) 促进市场资源的优化配置,产生协调效益。在证券交易机制下,收购人通过收购目标公司的股权,获得对目标公司的控制,有利于实现收购人与目标公司的资源整合。横向收购能产生规模效应,降低单位产品的生产成本;纵向收购能降低企业间的交易成本,提升社会资源的优化和高效利用。(2) 促进上市公司治理的不断完善,提升公司的经营管理水平。上市公司收购常常会对目标公司管理层形成强大压力,因为一旦收购成功,收购人往往会改组目标公司管理层。为避免失去公司控制权,上市公司的控股股东、实际控制人和经营层通常会积极履职,努力改善公司治理,提升公司的经营业绩,最终实现投资者利益最大化。这也就是公司控制权市场理论假说所认为的,某一目标公司之所以面临要约收购尤其是敌意收购,往往是由于公司管理层存在严重问题,因而使该目标公司的管理层被替换本身就是一件具有效率的事情。正如有学者所主张的:"收购是一个有效制约经营管理层的工具。如果经营管理层失误,使得公司的证券价值低于其'真正'价值,更好的经理就会收购该经营欠佳的公司,自己掌权,实现公司的'真正'价值,收购制度的存在使公司的财产得到更高效的使用。同时,由于存在收购风险,经营层就会为避免它而改善经营。这就是收购的制约效应,每个人都将从中获益。"[1]

(二) 收购价值否定论

该观点认为,上市公司收购会产生如下的弊端:(1) 容易形成市场垄断。竞争机制是市场经济最基本的运行机制,是商品经济发展中优胜劣汰的基本手段,也是实现社会资源有效流动的基本方式。而上市公司收购,尤其是横向收购,在形成规模经济效益的同时,很可能产生垄断,抑制竞争机制的发挥。(2) 可能造成证券市场的股价波动,影响证券市场的公平交易秩序。上市公司收购往往是收购人短期内大量购入目标公司发行在外的股份,这往往会引起公司股票价格的明显波动;同时,由于收购行为对上市公司的经营活动有重大影响,

---

[1]　Frank Easterbrook & Daniel Fischel,"The Proper Role of a Target's Management in Responding to a Tender Offer", *Harvard Law Review*,94(1981),p.1161.

常常还伴随着内幕交易、操纵市场等欺诈投资者的行为,从而影响证券市场公平的交易秩序。加之,如果收购人所出的收购价格不公平,还会极大地损害目标公司中小股东的合法权益。

(三) 我国立法的价值选择

由上述分析可知,上市公司收购既可以实现资源优化配置,促进规模经济效应,但也可能导致垄断,限制市场的充分竞争;既能从外部对公司管理层起到约束作用,也有可能损害股东利益,尤其是中小股东利益。基于这种利弊兼有的客观现实,立法者应对上市公司收购保持一个中立的立场,将上市公司收购规则设计成既不促进也不阻止;既允许收购也承认合理的反收购;既要通过上市公司收购优化市场资源配置,并把竞争机制引入公司管理层,也要严格规范收购行为,无论对收购人还是对收购目标公司的控制股东、董事会都应设计严格的行为规范,平衡保护收购活动中各方当事人的利益,尤其是处于弱势地位的中小股东利益。

第二节　上市公司收购制度的立法原则

立法原则是法律制定的基本出发点,是立法应当遵循的方向和准则,凝结了法的精神实质,体现了法的特质、理念和价值追求。如上分析,上市公司收购可能带来多重效果,有利有弊。为了发挥上市公司收购的积极效应,同时将其消极作用降到最低,立法需要对上市公司收购行为进行专门规定,并以下面三个基本原则为统领进行具体制度设计。

一、 目标公司股东平等待遇原则

基于公司股东地位平等原则的要求,在上市公司收购中,目标公司所有股东都应当被公平对待,属于同一类别的股东必须获得同等待遇。作为目标公司的股东,无论其持股数额多少,均有权平等参与收购、接受要约。这一原则是上市公司收购的根本原则,也是各国上市公司收购制度的核心,其法律旨趣在于维护公司股东间的实质平等。可以说,上市公司收购中,目标公司股东平等待遇原则就是为了实现股东间实质性的机会平等,禁止持有股份数额不同导致股东间的不平等待遇,这也是公平正义法律理念的具体体现。[①] 在英国《并购守则》中,非常重要的一项原则就是"受要约公司的同一等级的股东必须与被要约者同等对待"。

这一原则在我国上市公司收购制度中也得到了诸多体现。例如,强制要约收购制度要求:收购人已经持有30%目标公司有表决权的股份,并继续收购公司股份的,应当向全体股东公开发出收购要约,且要约中提出的各项收购条件,适用于被收购公司的所有股东;如果目标公司发行了不同种类股,对同一类股份持有人应提供相同的要约条件;如果是部分要约收购,目标公司股东承诺出售股份的总数超过收购人拟购买的股数的,收购人应按比例从所

---

① 陈忠谦:《上市公司收购若干法律问题》,中国政法大学 2004 年博士学位论文。

有接受要约的目标公司股东手中购买股份。

二、 保护中小股东利益原则

保护中小股东利益是证券法律制度设计的关键。由于上市公司收购的目的是实现对目标公司的控制，一旦收购成功，控制权发生转移，便会对目标公司经营管理产生重大影响。在此过程中，大股东掌握着多数股份，有较大的话语权，在信息获取方面具有明显优势，同时，其本身就可基于控制权与收购人进行溢价谈判或者实施反收购措施，自身利益可以得到有效维护。而中小股东恰恰相反，面对收购人的收购，处于明显劣势：一方面，在信息获取上，其滞后于大股东和公司管理层；另一方面，即使获得了相关信息，由于专业性不足，加上公司股份高度分散，基于成本或投机心理的考虑，中小股东也会怠于行使权益，难以采取集体行动。因此，在上市公司收购中，目标公司大股东有能力决定收购行为的发展，而中小股东处于弱势地位，成为真正需要保护的对象。

保护中小股东利益的制度主要体现在如下几方面：（1）保护目标公司中小股东在上市公司收购中的公平交易权，如强制要约收购制度、部分要约收购中按比例收购制度、强制购买剩余股份制度等。（2）强调上市公司收购中控股股东的信义义务，明确"不得滥用控制权"，尤其是控股股东在抵御外部收购行为、实施反收购措施时，不得利用控制权或者话语权侵害中小股东的权益。（3）规范上市公司收购中目标公司管理者的忠实义务和勤勉义务。例如，董事会应如实向公司股东提供关于上市公司收购的分析意见并予以公告；董事会应采取合理的反收购措施，禁止目标公司管理层以自身利益为出发点，为维持自己在公司的地位，对收购人的收购设置不合理的障碍，进而损害目标公司股东的利益；当存在公司管理层收购时，目标公司独立董事应当以公司名义聘请独立财务顾问，就本次收购出具专业意见并予以公告；在要约收购期间，被收购公司的董事不得辞职。

三、 收购信息公开原则

信息披露制度是证券市场的基石。收购信息公开原则是证券市场公开原则的发展和具体化。在上市公司收购中，收购人与目标公司中小股东之间的信息不对称，而分散的中小股东之间又难以进行信息沟通，缺乏与收购者谈判的能力；同时，在目标公司的大股东、经营者与中小股东之间，信息获取时间的差异极易诱发内幕交易和操纵市场，扰乱证券市场公平的交易秩序。因而，需要将证券市场的信息披露义务人从证券发行人扩展至收购人，要求收购人及时、充分地披露有关收购的重要信息，从而使目标公司股东尤其是中小股东能够作出理性的投资决策。

该原则实际上也是目标公司股东平等待遇原则和保护中小股东利益原则的进一步体现。一旦上市公司收购信息公开，所有股东均可公平获得收购资料，了解收购条件，而不论其持股数额多少，这是信息获取机会的平等。同时，由于大股东本身相较于中小股东具有信息优势，在收购事项发生时，处于弱势的中小股东权益容易被侵害。此时，收购信息充分、及时地公开有利于改变中小股东信息弱势地位，使其有充足的时间作出投资分析和决策，起到保护中小股东权益的作用。

我国在上市公司收购中也极为重视收购信息的公开,并规定了收购人、上市公司及其董事会的信息披露义务。首先,收购人负有信息披露义务。例如,权益披露规则要求投资者在持股达到一定规模时,需要披露持股者的详细情况、持股变动情况、收购资金来源、一致行动人的情况及合并持股数等;协议收购中,在协议达成后,应公告协议内容;要约收购中,需要将收购要约的详细内容充分披露。其次,上市公司在面临收购时也同样负有信息披露义务。根据我国《证券法》的规定,上市公司收购属于可能对公司股票价格产生较大影响的事件,上市公司应当立即将该重大事件的有关情况向国务院证券监督管理机构和证券交易所报送临时报告并予以公告,说明事件的起因、目前的状况和可能产生的法律后果。最后,目标公司的董事会还应当就收购事项作出专门报告并进行披露。因为上市公司收购中,目标公司中小股东的专业性和经验都不足,其尽管知悉了收购要约的内容,但对收购信息缺乏足够的分析和判断能力,从而直接影响到投资决策的准确性。此时,目标公司董事会作为公司的管理者,应为公司股东尤其是中小股东提供专业指导。因此,许多国家的收购制度都对目标公司董事会规定了信息公开义务。我国《上市公司收购管理办法》第 32 条规定:"被收购公司董事会应当对收购人的主体资格、资信情况及收购意图进行调查,对要约条件进行分析,对股东是否接受要约提出建议,并聘请独立财务顾问提出专业意见。在收购人公告要约收购报告书后 20 日内,被收购公司董事会应当公告被收购公司董事会报告书与独立财务顾问的专业意见。收购人对收购要约条件做出重大变更的,被收购公司董事会应当在 3 个工作日内公告董事会及独立财务顾问就要约条件的变更情况所出具的补充意见。"

第三节　大额持股权益披露制度及慢走规则

一、　大额持股权益披露制度概述

大额持股权益披露制度,也称为"权益公开规则",是证券法中公开原则的具体体现,也是规范上市公司收购行为的重要机制。该制度是指,投资者或其一致行动人在一个上市公司中拥有的权益达到一定比例以及其后的股份增减符合法定比例时,应当在规定期限内报告并披露其持股状况。

该制度的理论基础在于,大额持股往往是公司收购的前兆,使投资者负有披露义务,可以减弱信息的不对称,使中小投资者及时了解和注意到公司控制权转移的可能,预先判断公司今后可能发生的经营管理变化,了解大额持股人对上市公司今后发展的计划与建议,从而对所持上市公司股份进行重新估价,使投资者在充分掌握信息的基础上自主作出投资判断,增强投资决策的理性。同时,对于上市公司而言,权益披露能够使其及时掌握收购人的收购信息,避免突发性收购对公司股东和管理层产生的负面影响,保护公司的稳定和持续经营;对于资本市场而言,则有利于发挥价格发现功能。虽然一定比例的股权变化不一定会导致上市公司控制权的现实转移,却表明了控制权转移的可能性,这种可能性会对目标公司股票的市场供求关系造成影响,也会影响各方投资者对目标公司未来资产价值的判断,进而影响目标公司的股票价格。可见,大额持股权益披露制度在上市公司收购中具有重要意义和价值。从世界范围看,其作为一项提高市场透明度、促进市场效率、优化上市公司治理、防范操纵市场与内幕交易、保护公众投资者利益的制度安排,已经为主要资本市场法域普遍采用。①

二、　大额持股权益披露义务人

在证券交易中,只有投资者自己最清楚其持股情况,知悉自己所持上市公司股份是否达到法律要求的披露触发点,因而,大额持股权益披露义务人首先当然是投资者。

但实践中,投资者为了规避信息披露义务,降低收购成本,常常通过各种私下安排,联合他人共同行动,分散购买目标公司的股份,而每个收购主体购买的目标公司股份又都低于信息披露的法定要求比例,从而既能逃避信息披露义务又能逐步收购上市公司。如果立法对此不进行规制,大额持股权益披露制度在实际操作中将产生极大的制度漏洞。对此,各国和地区立法进行了相应的规则完善,扩大了信息披露义务人的范围,将这些联合在一起的人视为一个整体,合并计算各自所持有的目标公司的股份数量。这便是"一致行动人"概念的确立。美国、英国、我国香港特别行政区的证券立法对"一致行动人"均有界定。从各国和地区的规定来看,"一致行动人"的范围非常广泛,既包括关联人,也包括基于协议采取一致行动的非关联人。

我国《证券法》在1998年最初制定时,并无"一致行动人"的概念,将上市公司收购的信息披露义务主体限定为直接以自己名义持有上市公司股份的投资者。2005年《证券法》修订,正式引入了"一致行动"和"一致行动人"制度,并将上市公司收购信息披露义务主体由直接持股的投资者扩张到"通过协议、其他安排与他人共同持有一个上市公司已发行的股份"的投资者,弥补了该制度在法律层面的缺失。随之,《上市公司收购管理办法》对"一致行动人"的认定情形进行了细化,增强了其可操作性。2019年《证券法》修订,再次从立法上对"一致行动人"的内涵进行了准确限定,即"通过协议、其他安排与他人共同持有一个上市公司已发行的有表决权股份"的投资者。"有表决权股份"这一限定符合上市公司收购意在取得或加强公司控制权的基本思想。

需要强调的是,对于"一致行动人"的认定,应注重各行为人的主观性,即形式上各自独立的行动人具有收购同一上市公司的共同目标、共同利益和共同战略。这种主观性的判断主要基于行动人的意思表示。这种意思表示可以是明示的,比如行为人之间有明确的共同收购上市公司的协议,也可以是推定的,例如行为人具有关联关系,其实际控制人是同一个法人或自然人。根据我国《上市公司收购管理办法》规定,如无相反证据,投资者有下列情形之一的,为一致行动人:(1)投资者之间有股权控制关系;(2)投资者受同一主体控制;(3)投资者的董事、监事或者高级管理人员中的主要成员,同时在另一个投资者担任董事、监事或者高级管理人员;(4)投资者参股另一投资者,可以对参股公司的重大决策产生重大影响;(5)银行以外的其他法人、其他组织和自然人为投资者取得相关股份提供融资安排;(6)投资者之间存在合伙、合作、联营等其他经济利益关系;(7)持有投资者30%以上股份的自然人,与投资者持有同一上市公司股份;(8)在投资者任职的董事、监事及高级管理人

---

① 张子学:《完善我国大额持股披露制度的若干问题》,载张育军、徐明主编:《证券法苑》(第五卷上),法律出版社2011年版。

员,与投资者持有同一上市公司股份;(9)持有投资者 30% 以上股份的自然人和在投资者任职的董事、监事及高级管理人员,其父母、配偶、子女及其配偶、配偶的父母、兄弟姐妹及其配偶、配偶的兄弟姐妹及其配偶等亲属,与投资者持有同一上市公司股份;(10)在上市公司任职的董事、监事、高级管理人员及其前项所述亲属同时持有本公司股份的,或者与其自己或者其前项所述亲属直接或者间接控制的企业同时持有本公司股份;(11)上市公司董事、监事、高级管理人员和员工与其所控制或者委托的法人或者其他组织持有本公司股份;(12)投资者之间具有其他关联关系。

凡是被认定为实施一致行动的一致行动人,以各个一致行动人合并计算的持股比例作为其履行法定义务的判断标准。投资者在计算其所持有的股份数额时,应当既包括登记在其名下的股份,也包括登记在其一致行动人名下的股份。在实施上市公司收购过程中,一致行动人应共同履行信息披露义务。当然,为了提高信息披露效率,一致行动人可以书面约定由其中一人作为指定代表负责统一编制信息披露文件,并同意授权指定代表在信息披露文件上签字、盖章。但是,各信息披露义务人应当对信息披露文件中涉及其自身的信息承担责任;对信息披露文件中涉及的与多个信息披露义务人相关的信息,各信息披露义务人对相关部分承担连带责任。

> ◎ **相关案例**
>
> 2014 年,上海游久游戏股份有限公司(以下简称"游久游戏")前身上海爱使股份有限公司通过发行股份及支付现金方式,购买刘亮、代琳、大连卓皓贸易有限公司持有的游久时代(北京)科技有限公司 100% 股权。2014 年 11 月,公司为前述重大资产重组而发行的股份在上海证券交易所上市,刘亮与代琳分别成为公司第二和第三大股东,持股比例分别为 10.28%、9.31%,其中代琳放弃所持有的 30 000 000 股股份在重组完成后 36 个月内所对应的表决权、提名权、提案权,其持有公司有表决权股份占公司总股本的 5.70%。2015 年 1 月 18 日,双方登记结婚,但未进行信息披露,直至 2016 年 1 月 12 日,游久游戏发布《关于上海证券交易所问询函回复的公告》,首次对外公开披露上述事项。事后,二人被中国证监会上海证监局认定为形成一致行动关系,在合计持有公司股份比例达 19.59%、合计持有公司有表决权股份占公司总股本的 15.99% 后,未按《证券法》第 86 条以及《上市公司收购管理办法》第 14 条、第 15 条的规定履行信息披露义务,构成了《证券法》第 193 条所述"发行人、上市公司或者其他信息披露义务人未按照规定披露信息"的违法行为,决定对刘亮、代琳给予警告,并分别处以 30 万元罚款。

三、 权益披露的触发点

权益披露的触发点是法律设定的投资者及其一致行动人在持有上市公司股份达到一定比例及此后增减达到一定幅度就应负有信息披露义务的数值。权益披露触发点的设计是大额持股权益披露制度的关键,境外主要国家和地区的证券法均对此作出了规定。

权益披露触发点的具体设定需要立法者在目标公司投资者保护与鼓励上市公司收购之

间进行利益权衡。触发点设定较高,有利于收购行为的实施,但不利于向目标公司及其他投资者发出警示,使其无法及时获取公司控制权变动情况,进而影响资本市场的公开与透明;而触发点设定较低,又容易过早暴露投资者收购意图,引起竞争性收购或者目标公司管理层反收购措施的阻遏,增加收购成本和收购难度,影响收购机制的发挥。也就是说,大额持股比例的触发点越低,披露期限越短,对投资者的保护就越有利,但会增加收购成本,收购所能发挥的市场资源配置作用以及通过控制权市场对公司管理层产生制衡的作用就会削弱,不利于收购的进行;反之,则有利于收购方,不利于目标公司及其他投资者。

对权益披露触发点的规定,包括初始比例的规定以及持股变动比例的规定。各国家或地区根据本国或本地区上市公司股份的分散状况以及对上市公司收购所持有的态度不同,在综合考虑披露对股价的影响、披露的成本、披露的必要性以及交易效率等因素的基础上,作了不同的设计。例如,美国《证券交易法》第13(d)条规定:持有上市公司股份达5%以及其后每增持或减持1%时应予报告、公告。韩国关于披露义务触发点的规定与美国的规定相同。欧盟《透明度指令》规定的首次披露触发点为5%,但持有上市公司表决权股份达5%后每增持或减持5%才会再触发披露义务。英国、德国、西班牙、瑞士等国均规定投资者持有上市公司股份达3%即触发首次披露义务,但对于后续披露触发点的规定各国则有差异:英国《披露与透明度规则》要求每增持或减持1%时应通知目标公司并向监管机构申报;德国《证券交易法》规定投资者持有超过或低于3%、5%、10% 15%、20%、25%、30%、50%或75%以上表决权的应予披露;瑞士证券法则规定持有上市公司达到、超过或低于5%、10%、15%、20%、25%、33.33%、50%或66.66%表决权的投资者应予披露。①

目前,我国《证券法》第63条规定的大额持股披露的触发点有三种情况,并根据不同的触发点,设计了有针对性的报告、通知、公告以及限制交易规则。具体而言:

(1)投资者持有或者通过一致行动人共同持有一个上市公司已发行的有表决权股份达到5%时,应当在该事实发生之日起3日内编制权益变动报告书,向国务院证券监督管理机构、证券交易所提交书面报告,通知该上市公司,并予以公告。在上述期限内不得再行买卖该上市公司的股票,但国务院证券监督管理机构规定的情形除外。

(2)投资者持有或者通过一致行动人共同持有一个上市公司已发行的有表决权股份达到5%后,其所持该上市公司已发行的有表决权股份比例每增加或者减少5%,应当在该事实发生之日起3日内编制权益变动报告书予以报告和公告。在该事实发生之日起至公告后3日内,不得再行买卖该上市公司的股票,但国务院证券监督管理机构规定的情形除外。

(3)投资者持有或者通过一致行动人共同持有一个上市公司已发行的有表决权股份达到5%后,其所持该上市公司已发行的有表决权股份比例每增加或者减少1%,应当在该事实发生的次日通知该上市公司,并予以公告。

此处还需说明的是,根据我国现行《上市公司收购管理办法》的规定,收购人进行权益披露不受股份获得方式的限制。收购人无论通过证券交易所的证券交易,还是通过协议转让方式,抑或是通过行政划转或者变更、执行法院裁定、继承、赠与等方式,只要拥有权益的股份达到法定比例,甚至收购人虽不是上市公司股东,但通过投资关系、协议、其他安排导致其实际拥有权益的股份达到或者超过一个上市公司已发行股份法定比例的,都应当依照大

额持股权益披露规则进行持股信息披露。

四、大额持股权益披露的内容

权益披露制度的目的在于提醒市场投资者存在收购的可能性,因此,披露内容以持股人持股目的及是否有进一步增持的计划为核心。在披露内容上,各国和地区的规定虽不尽一致,但对持股意图必须加以披露的做法则是一致的。例如,美国证券监管机构 SEC 制定的上市公司信息披露表格 13D 规定,申报人公开的事项主要包括:(1)申报人的身份、背景、住所、国籍等;(2)用于购买证券的资金数量及来源;(3)购买证券的目的,以及对目标公司运营或公司结构作出重大改变的计划或安排;(4)申报人持有的股份数量;(5)与任何第三人就目标公司证券所达成的任何契约、安排或协议。日本《金融商品交易法》第 27 条之 23 要求,持股 5% 的投资者必须在 5 日内向内阁总理大臣提交包含持股比例、收购资金相关事项、持股目的以及内阁办公室条例规定的其他事项等信息的报告书。

相比而言,我国《证券法》对大额持股信息披露的内容要求较低,尤其是并未要求持股人披露其持股目的。现行《证券法》第 64 条规定,大额持股权益披露应当包括下列内容:(1)持股人的名称、住所;(2)持有股票的名称、数额;(3)持股达到法定比例或者持股增减变化达到法定比例的日期、增持股份的资金来源;(4)在上市公司中拥有有表决权的股份变动的时间及方式。可见,我国《证券法》并未要求披露持股意图。这是一个明显的制度缺失。因为了解大额持股人的持股意图,对于目标公司其他股东判断大额持股人未来的行为以及未来公司的资产价值和股份价值具有重要作用,进而可以就是否继续持有目标公司股份作出理性决策。值得肯定的是,《证券法》的这一缺漏在《上市公司收购管理办法》中得到了补正。《上市公司收购管理办法》对大额持股披露的内容进行了细化和明确,并以 5%、20% 和 30% 为界,对不同的持股比例作出不同的披露内容要求,进而将权益披露文件分为简式权益变动报告书和详式权益变动报告书。

(一)简式权益变动报告书

简式权益变动报告书是一种内容相对简化的权益披露文件。《上市公司收购管理办法》第 16 条规定,投资者及其一致行动人不是上市公司的第一大股东或者实际控制人,其拥有权益的股份达到或者超过该公司已发行股份的 5%,但未达到 20% 的,编制包括下列内容的简式权益变动报告书:(1)投资者及其一致行动人的姓名、住所;投资者及其一致行动人为法人的,其名称、注册地及法定代表人。(2)持股目的,是否有意在未来 12 个月内继续增加其在上市公司中拥有的权益。(3)上市公司的名称、股票的种类、数量、比例。(4)在上市公司中拥有权益的股份达到或者超过上市公司已发行股份的 5% 或者拥有权益的股份增减变化达到 5% 的时间及方式、增持股份的资金来源。(5)在上市公司中拥有权益的股份变动的时间及方式。(6)权益变动事实发生之日前 6 个月内通过证券交易所的证券交易买卖该公司股票的简要情况。(7)中国证监会、证券交易所要求披露的其他内容。

但是,投资者及其一致行动人为上市公司第一大股东或者实际控制人,其拥有权益的股份达到或者超过一个上市公司已发行股份的 5%,但未达到 20% 的,还应当披露详式权益变动报告书规定的内容。

（二）详式权益变动报告书

详式权益变动报告书的内容相对详细。《上市公司收购管理办法》第 17 条规定,投资者及其一致行动人拥有权益的股份达到或者超过一个上市公司已发行股份的 20% 但未超过 30% 的,应当编制详式权益变动报告书,除须披露简式权益变动报告书规定的信息外,还应当披露以下内容:(1) 投资者及其一致行动人的控股股东、实际控制人及其股权控制关系结构图。(2) 取得相关股份的价格、所需资金额,或者其他支付安排。(3) 投资者、一致行动人及其控股股东、实际控制人所从事的业务与上市公司的业务是否存在同业竞争或者潜在的同业竞争,是否存在持续关联交易;存在同业竞争或者持续关联交易的,是否已做出相应的安排,确保投资者、一致行动人及其关联方与上市公司之间避免同业竞争以及保持上市公司的独立性。(4) 未来 12 个月内对上市公司资产、业务、人员、组织结构、公司章程等进行调整的后续计划。(5) 前 24 个月内投资者及其一致行动人与上市公司之间的重大交易。(6) 不存在本办法第 6 条规定的情形。(7) 能够按照本办法第 50 条的规定提供相关文件。

此外,前述投资者及其一致行动人为上市公司第一大股东或者实际控制人的,还应当聘请财务顾问对上述权益变动报告书所披露的内容出具核查意见,但国有股行政划转或者变更、股份转让在同一实际控制人控制的不同主体之间进行、因继承取得股份的除外。

五、 慢走规则

慢走规则是指投资者及其一致行动人拥有权益的股份达到一个上市公司已发行股份的法定比例后,其拥有权益的股份占该上市公司已发行股份的比例每增加或者减少法定比例时,在法定期限内不得再行买卖该上市公司股票。其与大额持股权益披露制度密切相关。大额持股权益披露制度是慢走规则的基础,慢走规则是大额持股权益披露制度的延伸。

设置"慢走规则"的目的在于如下三方面:(1) 即使投资者在达到权益公开标准后进行了权益披露,也要给目标公司及其股东一定的考虑期,通过控制投资者大量买卖上市股份的节奏,放缓收购进程,让目标公司的其他股东尤其是中小股东以及目标公司管理层有充分的时间来接收和分析信息,进而作出理性的判断和投资决策;(2) 当投资者及其一致行动人已经持有上市公司大额持股披露所要求的股权比例时,已经属于公司大股东,其大额的增持或减持行为将对该公司股票价格产生明显影响,适当控制其买卖节奏,有利于避免股市价格的剧烈波动,维护市场的稳定;(3) 有助于防止上市公司大股东滥用持股优势或资金优势,操纵证券市场,实现对投资者的保护。

当然,慢走规则在控制大额持股人的股份交易节奏时,应当设定合理的限制交易期,尤其是限制期限不应过长,否则会对上市公司收购进程产生严重阻碍。例如,导致股价上涨,提高收购者后续取得股份的成本;引发其他潜在的收购竞争者;激发目标公司的警觉采取反收购措施;等等。因此,在确定慢走期限时,应当考虑收购人与目标公司及其他股东的利益平衡。

目前,我国《证券法》第 63 条规定的慢走规则主要适用于两种场合:(1) 投资者持有或通过一致行动人共同持有一家上市公司已发行的有表决权股份达到 5% 时,应当在该事实发生之日起 3 日内作出报告、通知和公告,在该期限内不得再行买卖该上市公司的股票。

（2）投资者持有或通过一致行动人共同持有一家上市公司已发行的有表决权股份达到 5%后，所持该上市公司已发行的有表决权股份比例每增加或者减少 5%，除应在该事实发生之日起 3 日内作出报告、通知和公告外，在该事实发生之日至公告后 3 日内，不得买卖该种股票。除非国务院证券监督管理机构有特殊的规定。

六、 违反大额持股权益披露制度及慢走规则的法律后果

虽然证券法规定了大额持股权益披露制度以及慢走规则，但是投资者及其一致行动人往往不愿进行披露。这是因为，频繁地披露会导致收购方的收购计划被曝光，引起股价上涨或收购竞争，提升收购成本，延缓收购进度；此外，有的投资者出于掩盖操纵市场等不法行为的目的更加不愿披露。上述原因使得实践中，违反大额持股权益披露制度以及慢走规则的案件频发。

（一）对违反大额持股权益披露制度的处罚

对于投资者未及时披露的行为，证券监督管理机构一般按照违反信息披露义务的行为对其予以处罚。《证券法》在第 197 条明确规定：信息披露义务人未按照证券法规定报送有关报告或者履行信息披露义务的，责令其履行信息披露义务；信息披露义务人报送的报告或者披露的信息有虚假记载、误导性陈述或者重大遗漏的，应更正或补充披露，以达到信息披露所要求的真实、准确、完整等标准。此外，证券监督管理机构还有权对违法者给予警告并处以罚款；对于直接负责的主管人员和其他直接责任人员也应给予警告并处罚款。

（二）违反慢走规则的证券交易行为有效

投资者购入上市公司有表决权的股份达到 5%，但违反慢走规则，继续购入股份的，往往会引起上市公司大股东的强烈反对，认为这些投资者侵害了他们的知情权、交易机会权、反收购权，要求证券监督管理机构责令投资者抛售违反慢走规则所购入的股票，或者诉至法院，请求法院判决后续的证券交易行为无效。类似的纠纷在实践中并非鲜见。

对于投资者违反慢走规则所从事的证券交易行为是否有效，一直存在两种观点。主张无效的观点认为，这种行为违反了《证券法》第 63 条对投资者在特定期限内"不得再行买卖该上市公司的股票"的强制性规定，而根据原《合同法》第 52 条的规定，"违反法律、行政法规的强制性规定"的合同无效。但是，这一观点也受到了诸多质疑。证券交易属于典型的商事交易，在判断证券交易行为的效力时，必须考虑证券交易自身的特点，而不能简单套用以民事规范为主要立法基础的原《合同法》。尤其是，通过证券交易系统进行的证券交易具有强烈的不特定性和涉公众性，买卖双方委托证券商通过证券交易系统撮合交易，双方当事人都无法知晓对方的确定身份。一旦某笔证券交易被认定为无效，不但难以找到确定的交易相对人，而且会直接影响到证券市场整体交易的安全，证券交易的稳定性和连续性都会遭到破坏。正是为了保障证券交易秩序，维护证券交易安全和资本市场稳定，我国《证券法》第 117 条才明确规定，除了不可抗力、意外事件、重大技术故障、重大人为差错等突发性事件造成的异常交易情况，按照依法制定的交易规则进行的交易，不得改变其交易结果。因此，违反慢走规则的证券交易行为应为有效。

（三）违反慢走规则所持股份的表决权应当受限

虽然说投资者违反慢走规则在禁止交易期间所从事的证券交易行为有效,其仍然可以持有所购入的股份,但投资者毕竟违反了法律规定,侵害了立法所保护的法益,即资本市场中其他投资者的知情权,如果不对违法者进行必要的惩罚,慢走规则将会形同虚设,制度目的也会落空。

在具体的惩罚措施上,目前我国学界和立法者普遍认可的是表决权限制规则,即对投资者违反慢走规则所取得的上市公司有表决权的股份,限制其表决权行使。通过限制表决权可以阻止投资者参与公司决策,无法将其自身意志通过股东大会的表决机制转化为公司意志,使其参与公司治理及获取公司控制权的目的落空。实践中,违反慢走规则与违反大额持股权益披露规则常常同时发生,这种行为在法律性质上属于侵权行为,即侵犯了上市公司及其股东以及证券市场其他投资者的知情权,使这些主体不能及时了解可能发生的上市公司收购情形,进而损害其合法权益。而收购的主要目的在于获得控制权,能够使违法者逐步取得和加强控制权的有效方式就是享有表决权,限制违反慢走规则所取得的股份的表决权相当于遏制了违法收购目的的实现,属于合理的处罚方式。对此,美国、德国、法国、韩国以及我国台湾地区等国家和地区也有类似的处罚措施和规定,即通过限制或剥夺表决权的方式对以控制上市公司为目的的违规增持行为予以制裁。[①] 例如,德国《证券交易法》第28条规定,违反持股通知义务的,在未履行通知义务期间,表决权不存在;因故意或重大过失违反通知义务的,表决权不存在的期间延长6个月。韩国《资本市场法》第150条规定,未依据本法第147条(大量持有股份等状况的报告)第1款、第3款和第4款的规定进行报告者,在总统令规定的期间内,对于超过表决权发行股份总额5%的违反份额,不得行使表决权。

总之,限制表决权有利于实现大额持股权益披露制度以及慢走规则的立法目的,对于试图获取上市公司控制权而违规增持的投资者而言,这种限制合理且必要。我国2019年《证券法》第63条对此也及时进行了完善,明确规定,违反大额持股权益披露制度和慢走规则买入的上市公司有表决权的股份,在买入后的36个月内,对该超过规定比例部分的股份不得行使表决权。

◎ **相关案例**

在"上海兴盛实业发展(集团)有限公司诉王斌忠、黄长印及第三人上海新梅置业股份有限公司证券欺诈责任纠纷案"中,原告上海兴盛实业发展(集团)有限公司(以下简称"兴盛公司")持有上海新梅置业股份有限公司(以下简称"上海新梅")股份比例为11.19%,被告王斌忠实际控制15个账户形成账户组进行证券买卖。账户组在合计持有新梅公司股票首次超过5%以及在合计持有新梅公司股票10.02%时,均未按照《证券法》的规定对超比例持股情况进行及时报告和公告。另外,上述账户组中6家公司共同

---

① 赵子毅:《比例原则视角下大额持股披露规则的解释论》,载蒋锋、卢文道主编:《证券法苑》(第二十五卷),法律出版社2018年版;姚蔚薇:《违反证券交易大额持股披露及慢走规则的民事责任探析》,载黄红元、卢文道主编:《证券法苑》(第二十卷),法律出版社2017年版。

签署了《一致行动人协议》，也未及时予以披露。因上述违法行为，账户组实际控制人王斌忠被中国证监会宁波证监局予以行政处罚。随后，兴盛公司向人民法院提起诉讼，请求法院确认自该账户组持有新梅公司股票首次达到 5% 之日起，各被告购买新梅公司股票的交易行为无效；依法强制各被告抛售持股到达 5% 之日及后续购买并持有的新梅公司已发行股票（即超出 5% 部分），所得收益赔偿给新梅公司；各被告在持有新梅公司股票期间，均不得享有股东权利，包括但不限于表决权（提案权和投票权）等各项权利或权能。

法院审理认为，被告王斌忠通过其实际控制的各被告的证券账户，按照证券交易所的交易规则，通过在交易所集合竞价的方式公开购买了新梅公司的股票，其交易方式本身并不违法。根据我国《证券法》（2014 年修正）第 120 条的规定，按照依法制定的交易规则进行的交易，不得改变其交易结果。因此，即使证券投资者在交易过程中存在违规行为，只要其系根据依法制定的交易规则进行的交易，交易结果仍不得改变，因此，对于本案被告持股的合法性，法院予以确认。对于是否应当限定被告的股东权利的问题，法院审理认为，在认定该交易行为有效的前提下，持股被告的股东权利是否应当受限，关系到被告是否已经完成了被责令改正的违法行为。本案中，被告在接到行政处罚通知后，按要求缴纳了罚款并履行了信息披露义务，截至案件审理时，相关证券监督管理部门并未进一步责令被告改正其他违法行为要求其补充信息披露，因而，不能认定被告的改正行为未完成。基于此，对于原告要求限制被告行使股东权利的诉讼请求不予支持。此案后续进行了二审，最终以原被告和解并撤诉告终。

我国 2019 年《证券法》第 63 条第 4 款实际上是专门针对类似案件所作的规定，就违规增持的股票是否拥有股东权利这一立法空白进行了弥补，即"违反第一款、第二款规定买入上市公司有表决权的股份的，在买入后的三十六个月内，对该超过规定比例部分的股份不得行使表决权"。

第四节　要约收购制度

一、要约收购制度概述

（一）要约收购的概念及特点

要约收购是上市公司收购的基本形式，是收购人公开向目标公司所有股东发出收购要约，按照要约中的价格、期限等条件购买目标公司的全部或部分股份，以期获得或者巩固目标公司控制权的行为。由于要约收购容易造成股价大幅波动，也容易引发内幕交易、操纵市场等损害投资者利益和危害证券市场交易秩序的行为，各国证券立法都将要约收购作为公司收购制度的重点予以规制。

要约收购具有如下几方面特点：

1. 公开性

这体现在两个方面:(1) 要约收购由收购人公开面向上市公司所有股东发出收购要约；(2) 要约收购的信息必须公开,能够为投资者、目标公司以及证券监督管理机构知悉。

2. 目标公司股东平等性

对于收购人来说,目标公司的所有股东都应当被同等对待。收购要约的相对人是上市公司的所有股东,而不能只针对个别股东发出,收购要约的条件适用于上市公司的所有股东,此即"全体持有人规则"。当然,如果上市公司发行了不同种类的股份,可以设定不同的收购条件,但持有同类股份的股东应当被同样对待。

3. 期限性

收购要约需要规定一个期限,既能让目标公司的股东尽快决定是否出售其手中的股票,又方便收购人作出收购计划和方案。

4. 要式性

收购要约应为书面形式,并记载与收购直接相关的各种内容,如收购人基本情况、目标公司的名称、预定收购的股份数量、收购期限与价格等。收购人发出收购要约前,应事先向证券监督管理机构和证券交易所报告上市公司要约收购报告书,并予以公告,否则,不得发出收购要约。

(二) 要约收购的分类

1. 自愿要约收购和强制要约收购

自愿要约收购,是指收购人在没有达到法律要求强制要约收购标准的情况下,直接向目标公司的所有股东公开发出要约,邀请所有股东按要约规定的条件出售其股票,以取得对目标公司的控制权。与强制要约收购不同,自愿要约收购不是证券法的强制要求,而是收购人的自愿行为。自愿要约收购也不同于协议收购,协议收购是秘密、私下进行的,面向特定股东,而自愿要约收购是公开的,面向所有股东。

强制要约收购,是指投资者持有一个上市公司已发行的有表决权股份达到法定最低比例,继续购入该公司股份的,法律强制要求其向该上市公司全体股东发出收购要约的收购方式。

2. 全面要约收购与部分要约收购

全面要约收购是指投资者依法向目标公司所有股东发出收购上市公司全部股份的要约的收购。部分要约收购是指收购人向目标公司所有股东发出收购上市公司部分股份的要约的收购。

对于部分要约收购,理论界一直存在不同的认识。支持者认为,部分要约收购相对于全面要约收购来说更为经济,更有利于公司控制权的转移。反对者则认为,部分要约收购对目标公司股东不利,可能造成目标公司股东的不公平。我国在 2005 年《证券法》修改之前,仅承认全面要约收购,以便全体股东都有机会退出目标公司,但这增加了收购人的财务负担,抑制了上市公司的收购活动。2005 年《证券法》修改时,对此进行了修改:允许收购人根据自己的持股需要、经济能力以及战略规划,自由选择收购目标公司的全部股份或者部分股份;同时,为了平等保护目标公司全体股东的合法权益,贯彻股东平等的理念,要求收购人向目标公司全体股东发出部分收购要约时,当目标公司股东承诺出售的股份数额超过预定收购的股份数额时,收购人应当按比例进行收购。这样既降低了收购人取得目标公司控制权的财务负担,有利于资源的优化配置,又平等保护了目标公司所有股东。

3. 初始要约收购和竞争性要约收购

初始要约收购是指最初提出要约收购的收购人发出的收购要约;竞争性要约收购是指在初始要约发出后,其他投资者向同一上市公司所有股东发出的收购要约。初始要约收购和竞争性要约收购存在竞争关系。竞争性要约出现后,法律允许初始要约方有限度地变更要约期限和初始要约内容,并有义务在法定期限内作出提示性公告,接受初始要约的股东有权撤回部分或全部预售承诺。

二、 要约收购的具体规则

(一) 收购要约的主要内容

收购要约是收购人向目标公司所有股东公开发出的,愿意按照要约中的条件购买目标公司股东所持有的目标公司股份的意思表示。从境外国家和地区的立法规定来看,收购要约主要包括收购目的、计划收购的股份数量、要约价格、要约期间等内容。收购要约尽管体现的是收购人的意志,应尊重其意思自治,但由于上市公司收购涉及目标公司及其所有股东,在上市公司收购立法中,强制性的制度倾向和趋势较为明显。

1. 收购价格

收购价格是收购要约的核心要素。基于意思自治的考量,收购价格主要体现的是收购人对目标公司及其股份的市场价值判断,应由收购人自由决定。因此,绝大多数国家和地区的证券立法并不具体规定要约价格。但是,考虑到在收购中,目标公司中小股东处于劣势地位,收购人为了顺利完成收购,往往给予大股东更优惠的条件,而这些优惠是中小股东无法享有的,因此,也有些国家和地区的立法者希冀在自由定价的基础上限定要约收购的最低价格,以对中小股东进行倾斜保护。例如,英国《并购守则》规定,要约的条件至少应该和要约开始前 3 个月内的股票的最高价格一样。我国香港特别行政区《公司收购及合并准则》第 26 条规定,收购价格必须不少于收购人和其一致行动人在过去 6 个月中购买这种股票曾经支付的最高价格。在我国,《证券法》并未对要约价格作出特别要求,但是《上市公司收购管理办法》体现了对中小股东倾斜保护的思想,规定了收购要约的最低价格,即收购人进行要约收购的,对同一种类股票的要约价格,不得低于要约收购提示性公告日前 6 个月内收购人取得该种股票所支付的最高价格。要约价格低于提示性公告日前 30 个交易日该种股票的每日加权平均价格的算术平均值的,收购人聘请的财务顾问应当就该种股票前 6 个月的交易情况进行分析,说明是否存在股价被操纵、收购人是否有未披露的一致行动人、收购人前 6 个月取得公司股份是否存在其他支付安排、要约价格的合理性等。

2. 收购期限

收购期限是收购要约从生效之日起到失效之日止的期间。同收购价格一样,收购期限原本也应由收购人决定,遵循其意思自治,但为了使目标公司股东有充分的时间考虑是否接受收购要约,进而作出理性的投资决策,立法者会规定收购要约的最短期限;同时,为了防止收购期限过长,造成收购成本过高以及目标公司经营不稳定,立法者又会规定收购的最长期限。因而,收购人通常只能在法定的最短收购期限和最长收购期限之间确定一个具体期限。

多数国家和地区的收购立法都对此有所规定。我国《证券法》规定的要约期限是不少于 30 日,并不超过 60 日。

(二) 收购要约的变更与撤销

收购要约的变更,是指收购要约生效后,要约人作出的改变要约内容的意思表示。由于收购要约确定的收购期限不得低于法定最低期限,基于契约的不完全理论,在该期限内,很可能出现收购人在制定收购要约时未曾预料到的情况,一旦这些特定事项发生,应当给予收购人改变原收购要约内容的权利。最典型的情况就是,出现收购的竞争对手,引发竞争性要约收购,此时,应当允许初始收购人改变收购要约的条件。但问题是,收购要约公告后即生效,一旦目标公司股东接受了该要约,作出承诺,要约人就应受到约束,不得单方面随意修改要约内容;而且,收购要约的内容是目标公司股东分析、判断和决策的依据,收购要约内容发生变化会直接牵涉目标公司股东的切身利益。因而,立法需要对收购人修改收购要约的行为进行严格管理和必要限制,主要体现在如下几方面:(1) 收购者变更收购要约的实质内容时,不得降低收购价格、减少预定收购股份数额或者缩短收购期限。(2) 基于“股东平等原则”以及“最高价格规则”,修改后的收购要约适用于目标公司的所有股东,要约人应对所有出售股份的股东适用变更后的价格,无论该股东是在变更前接受要约,还是在变更后接受要约;当目标公司存在种类股时,同类股份应适用同样的收购条件。(3) 修改收购要约应在收购期满前的法定时间内进行。我国目前规定的是收购要约期满前 15 天内,收购人不得变更收购要约,除非出现竞争性要约。(4) 修改后的收购要约应当及时公告,进行信息披露。

收购要约的撤销,是指收购要约生效后,目标公司股东作出承诺前,要约人取消收购要约,使其丧失法律效力的意思表示。在证券市场上,一旦收购人发出收购要约,将收购要约予以公告,就会对目标公司的股份价格产生重要影响,如果允许收购人随意撤销收购要约,极易诱发收购人以收购名义操纵证券市场,扰乱证券市场的正常交易秩序。因此,为防止出现市场操纵行为,保护目标公司股东的合法权益,应当不允许收购人撤销收购要约。

(三) 收购要约的信息披露

信息披露是证券法的核心制度。由于上市公司收购会对目标公司股票的供求关系产生重要影响,直接关涉目标公司股票价格,同时,收购要约中的内容和条件对目标公司及其股东具有重要意义,是其投资决策的基本判断依据,因而,为维护上市公司收购秩序和交易公平,收购要约的信息披露成为各国上市公司收购立法的规制重点。

收购要约披露属于信息事先公开。进行要约收购时,收购人应当事先以公开的方式提出收购要约。依照《证券法》第 66 条的规定,收购人发出收购要约,必须公告上市公司收购报告书,就收购人的名称、住所、收购人关于收购的决定、被收购的上市公司名称、收购目的、收购股份的详细名称和预定收购的股份数额、收购期限、收购价格、收购所需资金额及资金保证、公告上市公司收购报告书时持有被收购公司股份数占该公司已发行的股份总数的比例等事项进行准确、完整、充分、及时的披露。此外,我国《上市公司收购管理办法》对于要约收购报告书还规定了更为严格的披露要求,包括:此次收购对上市公司的影响;收购人与上市公司之间的同业竞争情况、关联交易情况;未来 12 个月对上市公司资产、业务等进行调整的计划;公告前 24 个月内与上市公司之间的重大交易,公告前 6 个月买卖被收购公司股票的情况;等等。

（四）财务顾问制度

财务顾问制度是指在上市公司收购、重大资产重组、合并、分立、股份回购、发行股份购买资产等对上市公司股权结构、资产和负债、收入和利润具有重大影响的活动中,由具备财务顾问业务资格的证券公司、证券投资咨询机构、其他财务顾问机构提供交易估值、方案设计、出具专业意见等服务的制度安排。虽然该制度会增加上市公司收购成本,影响收购效率,但在我国资本市场还不成熟,有关上市公司收购的技术规则还不完善、实践经验还不丰富的情况下,通过确立财务顾问制度,借助专业中介服务机构的力量对收购行为进行事前把关、事中跟踪和事后持续督导,形成市场的自我约束机制,有利于提升上市公司收购质量。同时,市场专业机构对上市公司收购业务的介入,还可以减轻证券监管机构的监管压力,提升监管效率、优化监管效果。

我国现行的财务顾问制度主要规定在《上市公司收购管理办法》和《上市公司并购重组财务顾问业务管理办法》中。根据《上市公司收购管理办法》的规定,无论是上市公司收购人还是被收购的目标公司董事会(或者独立董事)都应当聘请独立的财务顾问,且双方所聘请的财务顾问不得存在利害关系或关联关系;收购人不聘请财务顾问,不得进行收购活动;同时,财务顾问应当勤勉尽责,保持独立,保证其所制作和出具文件的真实、准确和完整。

收购人聘请的财务顾问主要履行以下职责:对收购人的相关情况进行尽职调查;全面评估被收购公司的财务和经营状况,帮助收购人分析收购所涉及的法律、财务、经营风险,就收购方案所涉及的收购价格、收购方式、支付安排等事项提出对策建议等;对收购人进行证券市场规范化运作的辅导;对收购人申报文件内容的真实性、准确性、完整性进行充分核查和验证,对收购事项客观、公正地发表专业意见;接受收购人委托,向中国证监会报送申报材料,并进行相应答复;在收购完成后 12 个月内,持续督导收购人依法行使股东权利,切实履行承诺或者相关约定。

被收购的目标公司董事会或独立董事所聘请的财务顾问主要对收购的公正性和合法性发表专业意见,并就收购人是否具备主体资格,收购人的实力及本次收购对被收购公司经营独立性和持续发展可能产生的影响,被收购公司的财务状况,收购价格、收购要约是否公平与合理,以及被收购公司社会公众股股东接受要约的建议等事项进行说明分析并发表意见。

（五）收购人要约期限内证券交易的限制

收购人要约期限内证券交易的限制主要是指,收购人采取要约收购的,在要约期限内,不得卖出被收购公司的股票,也不得采取要约规定以外的形式和超出要约的条件买入被收购公司的股票。收购人发出收购要约后,要约即发生法律效力,在要约期限内,其只能接受目标公司其他股东的承诺,如果其可以随意卖出或以其他价格买入目标公司股票,极易发生对目标公司股票价格的操纵,扰乱证券市场的正常交易秩序。同时,如果收购人通过集中竞价交易,买入的股份价格高于其发出的收购要约中的价格,就会对承诺接受收购要约的股东造成损害;而如果收购人在发出收购要约后,又与其他少数股东私下协议转让股份,对于广大中小股东也不公平。因此,基于保护目标公司股东尤其是中小股东利益的考虑,禁止收购人以收购要约以外的方式和超出要约条件的方式买入目标公司股票。

在境外,美国、日本及我国台湾地区都有类似规定。英国立法则稍有不同,其允许收购人在要约收购期限内,通过集中交易市场或协议方式收购股份,使收购人可以灵活运用各种收购方式取得控制权,但《并购守则》同时规定了两个限制性条件,以间接保障收购条件的统一性:如果收购人或其一致行动人在要约期限内,在高出要约价格之上以其他方式获得股份,则收购人有义务修改要约并提高要约价格;同时,任何人或任何一组一致行动人的收购交易必须在第二天依据规定进行信息披露。我国采取的是绝对禁止模式,即《证券法》第70条所规定的:采取要约收购方式的,收购人在收购期限内,不得卖出被收购公司的股票,也不得采取要约规定以外的形式和超出要约的条件买入被收购公司的股票。

三、 要约收购的程序

关于要约收购的程序,《证券法》规定得比较原则,具体的操作规则主要体现在《上市公司收购管理办法》中,主要包括如下步骤:

第一,编制收购报告书并进行提示性公告。以要约方式收购上市公司股份的,收购人应当编制要约收购报告书,聘请财务顾问,通知被收购公司,同时对要约收购报告书摘要作出提示性公告。

第二,公告要约收购报告书。

第三,被收购公司尽职调查。被收购公司董事会应当对收购人的主体资格、资信情况及收购意图进行调查,对要约条件进行分析,对股东是否接受要约提出建议,并聘请独立财务顾问提出专业意见。被收购公司董事会作出的报告书与独立财务顾问的专业意见应当在规定期限内对外公告。

第四,预受与收购。"预受"是指在要约有效期内,被收购公司股东同意接受收购要约的意思表示。"预受"尽管是目标公司股东接受收购要约的一种承诺,但其与一般合同中的承诺效力稍有不同。在通常的合同订立中,一旦承诺作出并生效后,合同即成立,受要约人不得再撤回承诺。但在上市公司收购中,为了保护目标公司股东权益,避免其因匆忙作出决定而遭受损失,或者当出现竞争性要约时,能够使已接受收购要约的股东有机会重新作出选择,以获得更高溢价,赋予接受了收购要约的股东撤回承诺的权利。在资本市场比较成熟的国家,例如美国、英国、日本,其证券法均规定了受要约人在一定条件下可以撤回承诺。我国《证券法》虽没有规定"预受"制度,但《上市公司收购管理办法》对此进行了明确规定,即在要约收购期限届满3个交易日前,预受股东可以委托证券公司办理撤回预受要约的手续,以便更好地保护目标公司股东的权益。但需要说明的是,预受的意思表示尽管可以撤回,但并非没有任何效力。同意接受收购要约的预受股东,应当委托证券公司办理预受要约的相关手续,收购人应当委托证券公司向证券登记结算机构申请办理预受要约股票的临时保管,证券登记结算机构临时保管的预受要约的股票,在要约收购期限内不得转让。

收购期限届满,发出部分要约收购的收购人应当按照收购要约约定的条件购买被收购公司股东预受的股份,预受的股份数量超过预定收购数量时,收购人应当按照同等比例收购;若收购人发出的是全面要约收购,则应当按照收购要约约定的条件购买被收购公司股东预受的全部股份。收购期限届满后3个交易日内,接受委托的证券公司应当向证券登记结算机构申请办理股份转让结算、过户登记手续,解除对超过预定收购比例的股票的临时保管。

第五,收购结束报告与公告。收购行为完成后,收购人应当在 15 日内将收购情况报告国务院证券监督管理机构和证券交易所,并予以公告。

四、 要约收购的法律后果

上市公司要约收购期限届满,收购行为可能成功,也可能失败,由此会产生不同的法律后果。具体如下:

(一)维持上市资格

收购人实施收购的目的在于取得或加强对目标公司的控制权,而通常并不会使上市公司丧失上市资格。收购行为完成,被收购公司的股权分布仍然符合证券交易所规定的上市交易要求的,不影响被收购公司的上市资格。

(二)终止上市交易

收购行为完成后,被收购公司的股权分布不符合证券交易所规定的上市条件的,该上市公司的股票应当在证券交易所终止上市交易。之所以对上市公司的股权分布提出要求,是因为目标公司的股权过度集中,股票的流通性不足,容易引起市场操纵,不利于证券市场的稳定。

(三)强制收购人受让

当收购行为引起被收购公司的股权分布不符合证券交易所规定的上市条件而被终止上市时,仍持有被收购公司股份的其他股东,有权按照收购要约约定的同等条件,向收购人出售股票,收购人必须予以收购。此时,余额股东享有的是强制性出售权。一旦其行使该权利,收购人必须按收购要约的同等条件受让,无权拒绝。对收购人而言这是义务,且是法定的收购要约期满后的特殊义务。该制度的目的在于保护少数股东的利益,因为被收购公司一旦被终止上市,股份的流动性就会受到极大影响,少数股东所持有的目标公司的股份无论是价值还是变现能力都会受到巨大冲击,而这种股份流动性丧失所带来的负效应是收购人的行为造成的,所以,余额股东有权要求收购人以收购要约的同等条件购买其所持股票。

(四)变更企业形式

收购行为完成后,如果被收购公司不再具备公司法规定的股份有限公司条件,就应依法变更企业形式。我国现行《公司法》规定,股份有限公司的发起人不得少于 2 人。收购人发起全面收购,且最终取得目标公司全部股份的,被收购公司应当依法变更公司的组织形式,由股份有限公司改为一人有限责任公司。

(五)注销公司、变更股票

根据《证券法》第 76 条的规定,收购行为完成后,收购人与被收购公司合并,并将该公司解散的,被解散公司的原有股票由收购人依法更换。根据《公司法》的规定,公司合并如果采取的是吸收合并,那么被吸收的公司应当进行注销,注销后丧失法人主体资格;同时,被吸收公司的全部资产包括债权债务都由继续存续的公司继承。基于该规定,如果收购行为完成后,收购人吸收合并目标公司,应当注销目标公司,同时,依法变更被合并公司的原有股票。当然,严格意义来说,吸收合并行为并不属于收购行为的范畴,而是收购行为完成后,收购方对被收购企业的一种商业安排。

(六) 收购失败

当收购期限届满,被收购公司股东不愿出售所持股份,并导致收购人实际买入的股份数低于法律规定的最低股份比例时,可称为收购失败。目前,我国《证券法》和《上市公司收购管理办法》均未对收购失败作出规定,更未规定收购失败后的法律后果。只是在 1993 年国务院发布的《股票发行与交易管理暂行条例》第 51 条第 1 款中规定:"收购要约期满,收购要约人持有的普通股未达到该公司发行在外的普通股总数的 50% 的,为收购失败;……"近些年,随着我国证券市场的不断成熟,我国对《股票发行与交易管理暂行条例》中的诸多制度都进行了修改和完善,但对于收购失败制度却一直没有涉及。但是,境外证券立法大多认为,收购失败说明收购人资金不足、缺乏实力,或者表明了目标公司股东对收购者的不信任,因此,通常规定收购失败后,目标公司接受要约的股东有权撤销承诺,并要求收购人返还股票,并规定收购人在一定时间内不得再次发起收购。例如,英国《并购守则》规定,一次要约失败后,要约人在 12 个月内不能再次进行类似的要约或相关的购买股份权益活动。德国《证券收购法案》也规定,收购失败或联邦金融监管局禁止公布要约的,收购方在 1 年之内不得提出新的要约。我国香港特别行政区《公司收购及合并准则》中也有类似的规定。可见,对收购失败而言,有两个制度非常必要:(1) 接受要约的股东有权撤销承诺;(2) 禁止收购人在一定时间内再次发起收购,以减轻目标公司可能面临的被不断收购的状态,维持其正常发展。如果收购失败后再次频繁地发生收购与反收购,很可能影响市场稳定,并引发证券操纵或过度投机。

(七) 收购人转让收购股份的限制

我国《证券法》第 75 条规定,在上市公司收购中,收购人持有的被收购的上市公司股票,在收购行为完成后的 18 个月内不得转让。这是为了防止收购人通过大量买卖目标公司股份,操纵上市公司的股价,也是为了维持上市公司经营的稳定性。

五、 强制要约收购制度

(一) 强制要约收购制度的理论之争

强制要约收购是指当投资者持有或通过一致行动人共同持有一个上市公司已发行的有表决权股份达到法定比例,继续进行收购时,法律强制要求其依法向目标公司的全体股东发出公开收购要约的制度。

强制要约收购制度最早由英国制定。20 世纪 70 年代初期,英国的《并购守则》第 9 条对强制要约收购制度进行了规定,即若收购人及其一致行动人受让上市公司股份,从而持有上市公司有表决权股份超过 30%,或已持有超过 30% 而低于 50% 的有表决权股份而继续增持时,收购人应向上市公司全部其他股东发出全面要约,收购其他全部剩余股份。此后,强制要约收购制度逐渐被许多国家借鉴。但是,该制度也受到很多争议。支持者认为,强制要约收购制度是证券法中公平原则的体现,尤其保护了处于弱势地位的中小股东的权益,使得中小股东在公司控制权发生转移时,能够与控股股东享有平等的退出机会以及平等的交易价格,从而分享收购溢价。其背后进一步的理论支撑在于,中小股东投资上市公司,很大程度上是基于对原控股股东及其所选任管理者经营能力的信任,如果公司控制权发生转移,当初的投资基础就发生了变化,此时,就应当允许中小股东以平等的机会和价格退出公司。但反对者认为,强制要约收购会产生高昂的收购成本,很可能阻却潜在的收购者进行收购,影响收购行为给证券市场带来的积极效应,且控股股东本身就有权获得高溢价,从鼓励并购的角度看,没有必要采用强制要约收购制度。

理论上的争议导致各国和地区对强制要约收购制度的态度不一。2004年欧盟实施了《要约收购指令》,要求所有欧盟成员国采用强制要约收购制度。此外,澳大利亚、俄罗斯、新加坡、南非、瑞士、加拿大、日本等国亦采用了此项制度。但是,以美国为代表的一些国家则不采用该制度。在美国,收购方不需要向剩余股东购买剩余股权,当上市公司控制权发生转移时,非控股股东无权参与本次股权交易并分享收购溢价。[1] 在我国,《证券法》自1999年开始即对此予以规定,并不断修改和发展。

(二)强制要约收购的触发条件

通常强制要约收购义务的发生以收购人持有目标公司股份,且在公司股东大会上的表决权能够达到特定比例为条件。根据我国《证券法》第65条和第73条的规定,强制要约收购的触发条件有两个:(1)通过证券交易所的证券交易,投资者持有或者通过协议、其他安排与他人共同持有一个上市公司已发行的有表决权股份达到30%;或者,通过协议收购方式,收购人收购或者通过协议、其他安排与他人共同收购一个上市公司已发行的有表决权股份达到30%。(2)投资者继续进行收购。

当上述两个条件同时满足时,收购人就应当依法向该上市公司所有股东发出收购上市公司全部或者部分股份的要约。收购人在取得30%的有表决权股份之前没有义务进行强制要约收购;此外,收购人虽然取得了30%的有表决权股份,但其不再继续购买股票的,也没有义务进行强制要约收购。也就是说,承担强制要约收购法定义务的条件应该是"30%＋1股"。

(三)强制要约收购的豁免

如上所述,强制要约收购的最大弊端在于加重了收购人的收购成本,可能会抑制收购活动,无法发挥上市公司收购的积极作用。为了趋利避害,承认强制要约收购的国家和地区,大多在注重投资者平等保护的基础上,进行了各方利益平衡,规定了特定情形下的强制要约收购豁免制度。尤其是,现实中有些控制权变动对中小股东而言是"无害"的,但在形式上达到了强制要约收购的触发条件,因而,无论在立法目的上还是在立法技术上都应当予以豁免。一旦得到豁免,收购人在实施触发法定要约收购的增持行为时,就能够被免除发出收购

---

① 薛人伟:《论中国强制要约收购制度之合理性——从法经济学视角分析》,载《中外法学》2019年第5期。

要约的义务。例如,英国《并购守则》规定可以豁免的情形有:(1) 新证券的发行(须经非关联股东批准);(2) 贷款担保的执行;(3) 对陷入财务危机的公司进行的紧急挽救;(4) 无意疏忽;(5) 合计持有 50%以上表决权股份的股东书面拒绝要约,或 50%以上表决权的股份由一人持有;(6) 赋予无表决权股份表决权。在上述六种情形下,并购监管委员会一般会豁免收购者的强制要约收购义务。

在我国,《证券法》第 73 条虽规定可以豁免收购人的强制要约收购义务,但未明确豁免的具体情形。《上市公司收购管理办法》对此予以了明确:

(1) 收购人可以向证监会提出免于以要约方式增持股份的典型情形包括:① 收购人与出让人能够证明本次股份转让在同一实际控制人控制的不同主体之间进行,未导致上市公司的实际控制人发生变化;② 上市公司面临严重财务困难,收购人提出的挽救公司的重组方案取得该公司股东大会批准,且收购人承诺 3 年内不转让其在该公司中所拥有的权益;③ 证监会为适应证券市场发展变化和保护投资者合法权益认定的其他情形。

(2) 投资者可以向证监会提出免于发出要约的典型情形包括:① 经政府或者国有资产管理部门批准进行国有资产无偿划转、变更、合并,导致投资者在一个上市公司中拥有权益的股份占该公司已发行股份的比例超过 30%;② 因上市公司按照股东大会批准的确定价格向特定股东回购股份而减少股本,导致投资者在该公司中拥有权益的股份超过该公司已发行股份的 30%;③ 证监会为适应证券市场发展变化和保护投资者合法权益的需要认定的其他情形。

此外,《上市公司收购管理办法》还规定了投资者免于提交豁免申请,自动豁免的一些情形。

◎　相关案例

2018 年 5 月 17 日,江中药业股份有限公司(以下简称"江中药业")实际控制人江西省国有资产监督管理委员会与华润医药集团有限公司签署了《华润医药集团有限公司战略重组江中集团合作协议》。随后,华润医药集团有限公司通过其全资子公司华润医药控股有限公司对江中集团进行增资,增资后成为持有江中集团 51%股权的控股股东;而江中集团为上市公司江中药业的控股股东,持有上市公司已发行股份的 43.03%。因此,华润医药控股有限公司通过江中集团间接持有江中药业的股份超过江中药业已发行股份的 30%,从而触发了全面要约收购义务。

第五节　协议收购制度

一、协议收购的概念与特点

协议收购,也称"特定要约收购",是指收购者与上市公司特定股东通过私下协商的形式,与该股东达成股权转让协议,取得该部分股份,进而获得目标公司控制权的收购。在我国目前的上市公司收购中,由于上市公司股权结构相对集中,协议收购成为一种常用的收购方式。由于这种收购是私下直接协商进行的,故可以降低收购成本,且不会因为大额交易引起股价波动,有利于证券市场的稳定。但是,协议收购在信息公开、机会均等、交易公平等方面又具有局限性。

与要约收购相比,协议收购具有如下几方面的特点:

(一) 交易对象的特定性

要约收购面向目标公司所有股东发出收购要约;而协议收购仅针对目标公司的少数特定股东,由收购人自行选择要约对象。

(二) 协议内容的自主性

要约收购中,为保护中小股东的权益,强制性规则较多,尤其在要约价格、要约期限、要约的修改等方面。而协议收购可以较好地体现收购人的意思自治,例如在收购价格上,可以与公开的二级市场的价格产生较大偏离,并非一定要随行就市,只要协议双方同意即可,此外也没有法定最低期限的要求。

(三) 协议签订过程的隐秘性

要约收购必须公开要约,目标公司的所有股东都有权依据要约条件选择是否承诺;而协议收购则由收购人私下与特定股东进行协商,签订股权收购协议,从而取得对上市公司的控制权。

(四) 协议履行的高效性与低成本性

要约收购的交易程序比较繁琐,期限长,收购成本较高;而协议收购的交易程序与法律规制相对简单,交易费用较低,收购人可以较快完成交易,获得对目标公司的控制权。

二、 协议收购的基本规则

(一) 协议收购中的信息披露

信息披露是上市公司收购的基本原则之一。但是如上所述,协议收购恰恰具有隐秘性。从协议签订来看,尽管其只是收购人与目标公司特定股东之间的股权转让合同,但收购协议的履行会导致上市公司控制权的变化,而这种变化将会对上市公司未来的经营业绩以及公司的股票价格产生重大影响,从而影响到上市公司其他股东以及证券市场投资人的利益,因此,收购协议也应当进行准确、完整、及时的公开,以保证目标公司其他股东以及证券市场公众投资者的知情权。正是基于这一考虑,我国《证券法》第71条规定,当收购协议达成后,收购人必须在3日内将该收购协议向国务院证券监督管理机构、证券交易所作出书面报告,并予以公告。在公告之前不得履行收购协议。

(二) 协议收购向强制要约收购的转化

依据我国《证券法》第73条的规定,采取协议收购方式的,收购人收购或者通过协议、其他安排与他人共同收购一个上市公司已发行的有表决权股份达到 30% 时,继续进行收购的,应当依法向该上市公司所有股东发出收购上市公司全部或者部分股份的要约,除非获得国务院证券监督管理机构的豁免。

(三)协议收购的基本程序

我国《证券法》对协议收购作了明确规定,但内容比较原则和抽象。相对而言,《上市公司收购管理办法》的规定比较详细,更具可操作性。总体而言,协议收购的基本程序如下:(1)收购人与目标公司特定股东签订协议。(2)收购协议的报告和公告。(3)当协议收购的有表决权股份数量超过 30% 的法定比例时,发出收购要约或申请豁免要约收购。(4)协议收购的有表决权的股份数量未超过 30%,或者虽然超过但被允许豁免要约收购的,可履行收购协议。但收购人只有在依法办理公告手续后,方可履行。为了使收购协议能够顺利履行,协议双方可以临时委托证券登记结算机构保管协议转让的股票,同时,将资金存放于指定的银行。(5)报告及公告。协议收购行为完成后,收购人应当在 15 日内将收购情况报告国务院证券监督管理机构和证券交易所,并予以公告。

第六节 上市公司反收购的法律规制

反收购是指目标公司管理层为了防止公司控制权转移而采取的旨在预防或挫败收购人收购目标公司的行为。在我国,1993 年 9 月宝安集团收购上海延中实业案被认为是我国反收购的雏形案件;1998 年大港油田收购爱使股份案则是我国第一个真正意义上的反收购案件;进入 21 世纪以来,我国收购与反收购事件不断增多,发生频率不断增大。在反收购实务中,"毒丸计划"、分期分级董事会、董事提名权限制、"白衣骑士"等多种反收购措施不断出现,但在制度层面,我国《证券法》并未对上市公司的反收购制度进行规定,《上市公司收购管理办法》虽有一些隐约涉及,但制度供给明显不足,亟须立法予以完善。

一、上市公司反收购的规制理念

目标公司进行反收购是否具有合理性?是否应对目标公司的反收购行为进行限制或规制?对于上述问题,不同的学者有不同的观点,也直接影响了立法对于上市公司反收购的规制理念。

对反收购持肯定说的观点主要基于如下理由:(1)有利于目标公司的长远利益和发展。在上市公司收购中,收购人往往在目标公司经营效果不显著、股价被低估时启动收购,虽然这种收购可能给股东提供一个高于市场价格的收购价格,使股东在短期内获益,但由于公司价值总体上被低估,收购结果其实不利于股东的长期利益。而如果允许目标公司进行反收购,目标公司管理层将免受短期内被收购的压力,使其更加关注公司的长期发展,避免管理层出现短视经营行为,不至于为提升公司股价而采取不可持续的公司经营战略。(2)有利于公司与经营管理层之间关系的长期稳定,并可以鼓励管理层提升经营绩效。如果管理层能正确运用反收购措施,在保护公司利益的同时保护自己利益,则可能更加有利于激励管理层履行对公司的勤勉义务和忠实义务,让管理层更倾向于投资符合公司长远利益的投资项目,最终提升公司的经营业绩。(3)有利于发挥"商业判断"的专业优势。通常情况下,公司管理层具有丰富的商业经验,其对收购人进行的收购可以从专业角度进行商业判断,在判断收购人的收购方案是否合理,以及在决定是否采取反收购措施时,可以对公司及其股东的整体利益进行充分考量。从长远来看,如果抵制收购方的敌意收购,可以让公司及股东获得比短期收益更多的收益,那么反收购并非不可。

对反收购持否定说的观点则认为:(1)敌意收购往往与目标公司经营能力与经营水平有密切关系,在公司经营不善的情况下,公司收购对股东来说,既可以减少代理成本,又可以获得高额溢价。(2)反收购往往是管理层为了维护自己的利益作出的,却使股东失去了获得高溢价的机会。在公司收购中,一旦收购行为完成,控制权发生转移,目标公司管理层往往被更换,此时,作为"理性人"的管理层很可能出于保护自己职务和对公司控制地位的考虑,进行反收购,而反收购措施的实施无疑会提高收购方的收购成本,降低收购可能性,进而可能减少目标公司股东获得溢价的机会。(3)反收购不利于市场资源的优化配置。在资本市场上,公司收购有助于优胜劣汰,由于存在被收购的潜在压力,目标公司经营者必须努力提高公司经营绩效,进而提升公司股价,以减少被收购的可能性。而反收购将会抑制收购积极价值的发挥,影响市场资源利用的效率。

从上述肯定说和否定说的主要观点来看,反收购其实是一把双刃剑,其既可能提升公司未来发展的长远利益,维护股东的长期利益,同时又有可能因为对收购设置障碍,减少了股东转让股份、获得溢价的机会。然而,就像收购行为本身利弊参半一样,对反收购的作用也不应片面判断。立法者和监管者应当对其保持一个客观和中立的立场。因为反收购本身无所谓好与坏,反收购的各方当事人都有各自的利益诉求,且各种利益诉求都有各自的合理性,因而,每个反收购案件都需要根据客观情况进行具体分析,综合平衡和判断。单纯地肯定反收购而支持目标公司管理层,或者单纯地否定反收购而支持收购者,都会以偏概全。因此,采用中立的态度比较客观。例如,在资本市场相对发达的美国,证券监管机构对反收购采用的也是中立立场。美国的州法、州法院判决和公司法学者对收购防御措施的评价可以反映出这一观点:(1)法律允许目标公司管理层为了保护公司政策或促进股东利益最大化而采取收购防御措施;(2)法律应根据不同的收购防御措施,给予不同的评价;(3)目标公司管理层在采用收购防御措施时存在潜在利益冲突;(4)目标公司管理层对收购防御措施的采用,如果可以证明不违反忠实义务,该行为则应受商业判断规则的保护。[1]

二、 上市公司反收购决策权的归属

从境外立法来看,各国对上市公司反收购的决策权配置主要形成了两种模式:

(一)股东大会决定模式

英国是这种模式的代表。英国《并购守则》第 7 项基本原则规定,目标公司的董事会不得在未经公司股东大会批准的情况下,就公司事务采取一切行动,以使要约收购受到阻碍。

---

① 　杨飞翔:《公司收购防御规则研究——控股股东代理成本分析视角》,华东政法大学 2017 年博士学位论文。

在该模式下,目标公司的反收购决策权由股东大会享有,管理层(董事会)只起到辅助作用。《并购守则》要求此时目标公司董事会应当遵循"不挫败原则",以确保控制权市场能够形成对管理层的有效约束,进而更换不称职的管理层,减少代理成本,同时能够尊重股东对所持股份的自由处分权。当然,此时目标公司董事会并非完全无所作为,其可以在向股东提供的信息中详细陈述本次收购中公司的利害得失,劝说有关部门将该次收购提交给垄断与兼并委员会;或者寻找收购竞争者,为股东寻求更好的收购价格。除英国外,"不挫败原则"也影响到了欧盟的《要约收购指令》。《要约收购指令》第9条规定了目标公司董事会的中立义务,即除非获得股东大会预先授权,公司董事会不得从事除寻找竞价要约人以外的任何可能使收购受到阻挠的行为,尤其是不得发行股票以长期阻挠收购人获得对目标公司的控制权。

股东大会决定模式主要基于如下几个因素的考虑:(1)公司是股东投资的工具,其目的在于为股东追求利益,实现资本增值,而公司控制权的归属对于公司经营绩效具有至关重要的影响,当公司面临控制权争夺时,是否实施反收购,理应由公司股东通过股东大会决策。(2)公司收购行为会引发股东与公司管理层的利益冲突,为防止管理层为了自身私益而实施反收购,损害股东溢价转让股权的机会,应当严格限制管理层的反收购决策权,将该权利赋予公司股东大会。(3)股东在面对收购时,并不需要管理层的特别保护。根据"公司价值可知理论",股东根据收购时的市场信息就可以了解公司的真实价值,并且通过控制权交易市场发现公司的真实价值,因而是否采取反收购由股东大会决定即可,否则可能产生更大的管理层代理成本。

(二)董事会决定模式

这种模式以美国为代表。美国的公司治理坚持"董事会中心主义",董事会作为公司经营管理的决策机构,享有反收购的决策权。美国这一模式主要基于如下考虑:(1)董事会由经验丰富的专业人士构成,作为公司的经营管理机构,董事会比股东更加了解公司的真实价值,能够对公司未来的发展作出更为准确的判断,从长远看,由董事会决策是否实施反收购,更有利于公司价值和股东价值的最大化。(2)在美国上市公司股权结构总体分散的情况下,单个股东难以获得充分的收购信息,也难以采取集体行动,不具备良好的谈判能力,容易被收购者压制,进而利益受损。此时,由专业的董事会进行决策和谈判,可以强化管理层与收购人谈判的力量,目标公司的股东可借此获得更高的溢价收益。

当然,董事会决定模式无法回避收购中股东与管理层之间的利益冲突。为防止董事会在实施反收购决策权时,仅为了维护自己的职位和薪酬,而不维护公司股东的利益,美国在将反收购决定权赋予目标公司董事会的同时,也对董事行为予以了限制,尤其是通过对董事信义义务的强化以及商业判断规则的运用来规范董事的反收购行为,使董事会作出的反收购决策符合公司的最佳利益。

(三)我国反收购决策权配置的模式选择

反收购决策权的选择应当与本国资本市场上公司的主要股权结构、法律所规定的公司治理机制相匹配。就我国而言,反收购的决策权配置给公司股东大会比较合适。这主要基于如下几点考虑:(1)与美国上市公司股权结构分散的特点不同,我国上市公司的股权结构相对比较集中,公司的控制权事实上由公司大股东行使,因而在决定是否进行反收购时,由股东大会决定,不会存在集体行动难的问题,且符合我国公司治理的实际;(2)当前我国公司立法采取的仍然是"股东会中心主义"模式,公司控制权变更这一关涉公司未来发展的重大事项,显然应属于公司股东大会的权力范畴;(3)我国经理人市场并不发达,职业经理人不足,同时,法律关于董事、高级管理人员等公司管理层的义务和责任的规定还不完善,如果将公司反收购决策权赋予公司董事会,很可能出现董事会为了自身利益而实施反收购的情形,从而增加公司经营的代理成本。

其实,我国对上市公司反收购决策权的配置已经体现出了股东大会决策的倾向。例如,《上市公司收购管理办法》第 33 条规定:"收购人作出提示性公告后至要约收购完成前,被收购公司除继续从事正常的经营活动或者执行股东大会已经作出的决议外,未经股东大会批准,被收购公司董事会不得通过处置公司资产、对外投资、调整公司主要业务、担保、贷款等方式,对公司的资产、负债、权益或者经营成果造成重大影响。"这一规定事实上限制了董事会对诸多反收购措施的运用,将反收购的决定权留给了股东大会。

三、 上市公司反收购的主要措施

从域内外的反收购实践来看,反收购措施主要分为事前防御措施和事后防御措施两大类。事前防御措施是在敌意收购发生之前预先设置的反收购措施,如上市公司章程反收购条款、"降落伞计划"、"毒丸计划"等;事后防御措施是在敌意收购发生之后才采取的反收购措施,如"白衣骑士"、股份回购、发行新股、"焦土政策"等。

(一) 事前防御措施

1. 上市公司章程反收购条款

上市公司章程反收购条款又称为"驱鲨剂"条款,是指通过在公司章程中设计特别条款为收购人的收购行为设置障碍,以达到抵御收购的目的。由于章程是公司自治的最主要体现,除非章程条款违反法律、行政法规的强制性规定,否则,应当认可章程条款的效力。在实践中,利用章程条款实施反收购的措施主要有分期分级董事会条款、绝对多数条款等。其中,分期分级董事会条款将董事会分成若干组,规定每一组有不同的任期,以使每年都有一组董事任期届满,每年也只有任期届满的董事才能被改选,这样,收购人即使控制了目标公司的多数股份,也只能在等待较长时间后,才能完全控制董事会。绝对多数条款是指在公司章程中规定,公司并购、转让重大资产或者变更经营管理权必须取得绝对多数股东的同意才能进行,并且对该条款的修改也需要绝对多数股东的同意才能生效。

目前实践中存在的突出问题是,如何判断上市公司章程中反收购条款的效力?对这一问题的回答,关键是章程所规定的反收购条款不得触犯《公司法》《证券法》及相关法律、行政法规的强制性规定。法律、行政法规的强制性规定是国家意志的体现,不允许公司章程或协议排除适用,否则,相关条款就会被认定为无效。例如,《公司法》第 102 条第 2 款规定:"单独或者合计持有公司百分之三以上股份的股东,可以在股东大会召开十日前提出临时提案并书面提交董事会;董事会应当在收到提案后二日内通知其他股东,并将该临时提案提交股东大会审议。……"也就是说,只要收购人在收购之后获得目标公司 3%以上的股份,就可以援引上述法条,行使提名董事的权利,而此时如果目标公司章程对该权利附加了不合理的限制,例如提高行权比例或设置持股期限,以达到抵御收购的目的,就会被认定为无效。

◎ 相关案例

中证中小投资者服务中心诉上海海利生物技术股份有限公司决议效力确认纠纷案

2017年4月17日,中证中小投资者服务中心(以下简称"投服中心")以普通股股东身份,向上海海利生物技术股份有限公司(以下简称"海利生物")发出《股东质询建议函》,就海利生物《公司章程》第82条第2款第1项对单独或合计持股3%以上股东的董事提名权增加了"持股90日以上"的条件提出质询,认为该条款涉嫌侵害中小投资者合法权益,不合理地限制股东对董事的提名权,违反《公司法》及相关规定,建议取消此限制类条款。海利生物于4月24日在回复函中表示,《公司章程》相关条款未违反《公司法》的规定。投服中心对此并不认可,并于6月26日以海利生物《公司章程》相关条款限制股东董事提名权、涉嫌违反《公司法》有关规定为由,向上海奉贤区法院提起诉讼。

法院审理后认为,根据《公司法》规定,公司股东依法享有资产收益、参与重大决策和选择管理者等权利。在权利的具体行使方式上,单独或者合计持有公司3%以上股份的股东,可以在股东大会召开10日前提出临时提案并书面提交董事会。上述规定表明,只要具有公司股东身份,就有选择包括非独立董事候选人在内的管理者的权利,在权利的行使上并未附加任何的限制条件。被告海利生物在有关《公司章程》中设定"持股90日以上"的条件,违反了《公司法》的规定,限制了部分股东就非独立董事候选人提出临时提案的权利,相关条款内容应认定无效,支持了投服中心的诉讼请求。本案是首例反收购条款的司法确认案件,为解决反收购条款的合规性问题提供了有效的借鉴。

2. 降落伞计划

降落伞计划是指目标公司与公司董事会、高级管理人员签订不同级别的协议,约定当上市公司被收购而管理层非因自己原因被解雇时,管理层人员可以从公司领到高额补偿金。由于目标公司被收购后,随之而来的通常是经营管理层更换,因此,该措施将加大收购方的收购成本或者增加目标公司的现金支出,从而阻碍收购进行。根据管理层人员在公司的职务和作用不同,降落伞计划又可分为金降落伞、银降落伞和锡降落伞等不同类型。

3. 毒丸计划

毒丸计划又称"股权摊薄措施",是一种提高收购人收购成本,造成目标公司的收购吸引力迅速降低的反收购措施。实践中主要有三种表现形式:优先股权毒丸计划、负债毒丸计划和人员毒丸计划。优先股权毒丸计划是指以股利的形式向目标公司普通股东发行可转换的优先股,同时规定在特定情况下这种优先股可以从无表决权的股份转为有表决权的股份,以此来抗衡收购行为。当收购人已经获得目标公司股份的一定比例时,毒丸计划便开始启动,通过稀释股份并增大收购成本来阻止收购人的收购行为。负债毒丸计划,是指目标公司在收购威胁下,自愿大量增加自身债务,降低公司被收购的吸引力。负债毒丸计划主要通过目标公司在发行债券或借贷时订立的毒丸条款来实现。依据该条款约定,在目标公司遭到收购时,债权人有权要求提前赎回债券、清偿借贷或将债券转换成股票。人员毒丸计划,是指目标公司的大部分高管人员签订协议,约定当目标公司被以不公平价格并购,且这些人中有一人或数人在收购后被降职或解聘时,则管理层全部集体辞职。

(二) 事后反收购措施

1. 白衣骑士

当收购发生后,目标公司经营者寻找一个友好的第三方,由其以更高的价格购买目标公司的股份,形成一个第三方与敌意收购方共同竞价收购目标公司的局面。这个友好的第三方被称为“白衣骑士”。此时,收购方如继续进行收购就必须提高收购价格,势必增加收购成本和收购难度。这种反收购措施既有利于目标公司股东获得更高的收购价格,也不会对目标公司自身造成损害。

2. 发行新股

发行新股是一种强有力的反收购措施,但需要公司本身处于一个良好的运行状态。发行新股一方面增加了目标公司资本,加大了公司收购难度;另一方面,如果收购人在目标公司有股份,发行新股时为了保住对目标公司的现有资本比例,收购人就需要拿出一笔资金进行新股认购,收购人的资金使用因而被牵制。

3. 股份回购

股份回购是指当目标公司遭到敌意收购时,公司购回其发行在外的股份,从而减少目标公司流通在外的股权数额。通过股份回购,公司原大股东的持股比重就会相应上升,其在公司的控制权自然得到加强。同时,收购人通过收购达到控股目的的难度也会增加,以实现反收购目的。目标公司的股份回购可以细分为不同的操作方式:(1)使用公司现金从二级市场公开回购一般股东所持有的股票;(2)通过谈判,目标公司以高于市价或高于收购者当初买入的价格买回收购者手中持有的股票,收购者承诺其自身或其关联公司在一定期间内不再收购目标公司,这也被称为“停滞协议”;(3)目标公司发行公司债、特别股或其组合,以交换其发行在外的公司股票。上述方式中,前两种方式可能造成目标公司管理层滥用公司资金,使公司的财务状况受到影响和制约,也容易引发市场操纵;第三种方式虽然避免了目标公司的财务压力,却可能导致公司负债比例过高,风险加大。正是基于上述考虑,境外许多国家和地区对于股份回购的反收购措施都作了严格限制。

4. 焦土政策

焦土政策是目标公司通过出售收购方意欲收购的最有价值、最具吸引力的目标公司的最重要的营业和资产,或者通过增大目标公司的资产负债率,来阻止收购行为的反收购措施。这是一种两败俱伤的策略。此外,目标公司动用现金或举债购置大量与经营无关或盈利能力差的资产,使公司资产质量下降也是焦土政策的体现。焦土政策的目的就在于降低敌意收购者的并购兴趣和意向,从而达到阻止收购的目的。当然,该政策本身会给目标公司带来极大伤害,会影响目标公司未来的正常经营。

四、 上市公司反收购制度中的特殊规制

（一）控股股东的信义义务

在公司中，控股股东与中小股东形成了共同投资关系，但这一共同投资关系中蕴含着中小股东对控股股东的高度信任，基于这种信任，控股股东对中小股东负有信义义务。在资本多数决原则下，控股股东通过其投票权可以决定公司的重大事项，包括董事会、监事会的人员选任，还可以通过董事会间接控制公司的日常经营管理。这样，无论通过股东大会还是通过董事会，控股股东的意志都可以直接或间接转化为公司意识，进而事实上代表着全体股东对公司进行管理。而中小股东在与控股股东共同投资的时刻起，就知道基于资本多数决原则，其没有对公司事务的话语权，而此时，中小股东仍然愿意与控股股东达成共同投资协议，这在很大程度上就是基于中小股东对控股股东的高度信任。正是基于这种高度信任，中小股东在明知自己将丧失对所投资资产控制权的情形下，仍愿意将资产投向公司，交由控股股东来决策。此时，控股股东就应当肩负起对中小股东的信义义务。

控股股东对中小股东的这种信义义务在反收购制度中非常重要。上市公司收购针对的就是公司控制权，而在公司股权集中度较高的情况下，如上所述，公司控制权事实上掌握在控股股东手中，因此，收购与反收购影响的将直接是控股股东的利益。因为潜在的收购方有可能成为新的控股股东，而原控股股东为了不丧失控股地位，很可能为了维护自己的控制权实施反收购措施，置中小股东的利益于不顾，剥夺中小股东以高于二级市场的价格转让股份的机会。其实，早在1986年，格罗斯曼（Grossman）和哈特（Hart）就提出了控股股东的代理问题，并认为当公司股权比较分散时，股东所拥有的投票权与利益是对等的，任何股东难以获得超额收益；但如果公司股权变得集中并存在于控股股东手中时，控股股东所拥有的股份就会产生控制权收益，这收益只为控股股东所享有，其他股东无法分享。

基于上述分析，在上市公司设计反收购制度时，应当特别强调控股股东对中小股东的信义义务，尤其是在我国目前上市公司股权结构比较集中的情形下，更是如此。

（二）董事的信义义务

两权分离是现代公司治理的主要特点。除控股股东外，在上市公司收购与反收购中，管理者很可能为了维持其现有的职务和待遇，以损害目标公司和股东利益为代价进行反收购，且这种反收购往往还打着维护公司利益的旗号。为防止管理者的这种道德风险，促使管理者充分发挥专业知识以目标公司及股东利益服务，必须对反收购中管理者的信义义务进行专门规制。这也是境外反收购制度的重要规则。

对此，美国确立了"董事注意义务"和"商业判断原则"作为审查反收购措施合法性的基本原则。如果股东认为董事的反收购行为侵害了公司利益并提起诉讼，则董事应负举证责任证明这些措施是为了公司利益而不是保护自身的控制权。英国采取的则是"不挫败原则"，即目标公司的董事会不得在未经公司股东大会批准的情况下，就公司事务采取一切行动，以使收购受到阻碍；或者使目标公司的股东失去对该收购要约进行价值判断而作出正确决定的机会。

我国《上市公司收购管理办法》第8条第2款规定："被收购公司董事会针对收购所做

出的决策及采取的措施,应当有利于维护公司及其股东的利益,不得滥用职权对收购设置不适当的障碍,不得利用公司资源向收购人提供任何形式的财务资助,不得损害公司及其股东的合法权益。"这类似于英国收购立法中规定的"不挫败原则"。

本章理论与实务探讨

上市公司收购制度的客体范畴

上市公司收购的目的在于获得对目标公司的控制权,因而,收购行为针对的通常是目标公司发行在外的有表决权的股份。但在实务中,能够对上市公司控制权产生影响的除了有表决权的股份外,还可能包括上市公司发行的一些将来可以转换成有表决权股份的其他证券,如认股权证、附认股权特别股、可转换公司债券、附认股权公司债等。那么,这些证券是否也应被纳入上市公司收购制度的客体范畴呢?

从立法来看,一些英美法系国家将这些证券纳入上市公司收购客体。但我国现行立法仅针对拥有表决权的股份,排除了其他具有股权性质的证券。对此,学界有不同观点。支持者认为,上市公司收购的重心在于公司控制权,而可转换公司债券、认股权证等其他将来可获得表决权的证券,在收购人收购并将其转换为股票后,也将对上市公司控制权产生直接影响,因而,理应纳入。我国台湾地区于1995年颁布的"公开收购公开发行公司有价证券管理办法"便将转换公司债券与附认股权公司债券确定为公司收购客体;2006年修订的我国台湾地区"证券交易法"甚至在第43条之1将公开收购对象笼统规定为"公开发行公司之有价证券"。但反对者的观点认为,这类证券的特征是将来仅具有获得表决权的可能,至于证券持有人今后能否真正获得表决权并不确定,例如,其完全有可能放弃对可转换公司债的转股请求,因此,将其直接作为上市公司收购的客体并不妥当。对此,还需进行深入研究。不过,适度扩大上市公司收购制度的客体范畴或许是今后制度发展的一个趋势。2019年《证券法》就多处使用了"股票或其他具有股权性质的证券"这种表述,说明现行立法对于具有股权性质的证券的认识,已经不仅仅局限于股票。此外,《上市公司收购管理办法》也规定信息披露义务人应当"将其持有的上市公司已发行的可转换为公司股票的证券中有权转换部分与其所持有的同一上市公司的股份合并计算",这也在一定程度上彰显了这一立法趋势。

收购人的余股强制挤出权问题

余股强制挤出权是指收购人在取得目标公司绝大部分股份的情况下,可强制性收购其余股东所持有的少数股份的权利。该制度的主要目的在于,将剩余少数股东强制性挤出上市公司,避免少数余股股东因个人因素无法或不愿出售股权,致使收购人无法将上市公司彻底私有化。承认这一制度的必要性在于,当收购方已经持有目标公司绝大部分的股份,公司已经不符合上市条件时,对小股东而言,其所持股票的流动性会大打折扣,价值明显贬损;同时,对于目标公司而言,余股股东虽然只持有极少股份,但人数可能众多,公司在作出重大决策时,需要支付额外的成本保障该类股东的法定权利,否则,就可能面临余股股东行使诉权的风险,增加了公司的经营成本。在这种情况下,基于社会整体效率的考虑,当收购人为了提高管理效率、进行战略整合而希望收购少数股东的股份时,应当认定其属于正当的利益诉求。只要此时为余股股东提供了一个公平的议价方式,让收购人以合理的价格收购余股股东手中的股份即可。这将从整体上提高双方的经济效率。

从目前境外的制度规定来看,英国、法国、荷兰等国家以及欧盟都对余股强制挤出权予以了认可,体现出了立法者对收购人收购意图与权利的尊重与保护,使该制度与中小股东享有的"余股强制出售权"相呼应,平衡保护了收购人的收购利益与目标公司其余股东的合法权益。

我国现行《证券法》只是单方面赋予了中小股东"余股强制出售权",并未承认收购人的"余股强制挤出权"。2019年《证券法》修订过程中,关于该制度是否应当引入,一直存在激烈的争议,但最终还是未被立法确认。这或许与我国目前在上市公司收购监管中,更侧重于保护中小股东利益有一定的关系,因此,相较"余股强制挤出权","余股强制出售权"更容易被立法所认可。在我国今后《证券法》的不断完善中,是否需要纳入"余股强制挤出权",还需要理论界与实务界的深入研究。

本章法考与考研练习题

一、名词解释

1. 敌意收购

2. 强制收购

3. 一致行动人

4. 要约收购

二、不定项选择题

1. 根据《证券法》规定,大额持股权益披露应当披露(　　　)。

A. 持股人的名称、住所以及持有股票的名称、数额

B. 大额持股人的持股意图

C. 持股达到法定比例或者持股增减变化达到法定比例的日期、增持股份的资金来源

D. 在上市公司中拥有有表决权的股份变动的时间及方式

2. 关于收购要约,说法正确的是(　　　)。

A. 我国现行规定未对要约价格作出特别要求

B. 我国现行规定对要约期限作出了规定

C. 根据我国现行规定,收购要约期满前15天内,收购人一律不得变更收购要约

D. 根据我国现行规定,收购人发出收购要约,必须公告上市公司收购报告书

3. 上市公司可采取的反收购措施包括(　　　)。

A. 在章程中任意约定反收购条款

B. 约定当上市公司被收购而管理层非因自己原因被解雇时,管理层人员可以从公司领到高额补偿金

C. 自愿大量增加自身债务

D. 发行新股与股份回购

4. 甲在证券市场上陆续买入力扬股份公司的股票,持股达6%时才公告,被证券监督管

理机构以信息披露违法为由处罚。之后甲欲继续购入力扬股份公司股票,力扬股份公司的股东乙、丙反对,持股4%的股东丁同意。对此,下列说法正确的是(   )。

A. 甲的行为已违法,故无权再买入力扬股份公司股票

B. 乙可邀请其他公司对力扬股份公司展开要约收购

C. 丙可主张甲已违法,故应撤销其先前购买股票的行为

D. 丁可与甲签订股权转让协议,将自己所持全部股份卖给甲

三、简答题

1. 简述上市公司收购的法律特征。

2. 简述上市公司收购制度的立法原则。

3. 简述投资者违反慢走规则所从事的证券交易行为的效力。

4. 简述要约收购与协议收购的区别。

四、案例分析题

甲公司与乙公司均为上市公司,甲公司首次于2015年2月18日披露其与关联公司共持有乙公司19.5%的股份,并成为乙的第一大股东。同时,甲公司在报告中称,将来可能采取的进一步行动包括:通过公开市场购买增加持有的乙公司股票;私下交易或者正式要约收购和交换收购;寻求获取或者影响乙公司的控制权,可能手段包括派驻董事会代表;寻求合并或者其他业务联合。

2015年2月20日,乙公司董事会宣布启动股东购股权计划。按照该计划,于股权确认日当日记录在册的每位股东,均将按其所持的每股普通股获得一份购股权。在购股权计划实施初期,购股权由普通股股票代表,不能于普通股之外单独交易,股东也不能行使该权利。只有在某个人或团体获得10%或以上的乙公司普通股或达成对乙公司的收购协议时,该购股权才可以行使,即股东可以按其拥有的每份购股权购买等量的额外普通股。一旦乙公司10%或以上的普通股被收购,购股权的持有人(收购人除外)将有权以半价购买乙公司的普通股。购股权计划启动后,甲公司没有进一步增持乙公司股票。

根据案例回答以下问题:

(1) 甲公司于2015年2月18日的首次披露是否符合现行法规定?

(2) 乙公司的股东购股权计划的别称是什么?该计划的目的是什么?

(3) 如果你是乙公司的董事会成员,你会提议哪些措施应对本案中甲公司的类似行为?

本章法考与考研练习题参考答案

第十二章　证券信息披露制度

[**导语**]

　　信息披露贯穿于证券发行、交易的全过程,是保障资本市场有效运行的关键。完善的信息披露制度是证券市场赖以建立和持续发展的重要基石,是证券市场公开、公平、公正的根本前提,是各国证券法律制度的核心内容。

　　本章主要讲述了信息披露制度概述、证券发行中的信息披露、持续性信息披露、选择性信息披露、预测性信息披露、自愿性信息披露等制度规则。本章的学习重点是信息披露的理论基础、信息披露的标准、发行中的信息披露、定期报告、临时报告、预测性信息披露和自愿性信息披露制度;本章的学习难点是信息披露的理论基础、"重大性"标准、安全港规则。

第一节　信息披露制度概述

一、信息披露制度的源起与发展

　　信息披露制度,又称信息公开制度,是指公开发行证券的公司依据法律规定,在证券发行、交易过程中,将与所发行证券有关的、能够影响投资者决策的信息予以披露,使投资者能够在获取证券信息的基础上作出投资判断的法律制度。

　　该制度源于英国。英国在 1844 年颁布了《公司法》,确立了历史上最早的信息披露法律制度。例如,股份公司必须在设立时向贸易部注册办公室提交有关发起人的相关信息以及招股书的副本,对于注册后的这些文件,公众有权调阅。其目的在于使投资者在购买股票之前能充分了解发行公司的有关信息,然后自行决定是否购买。此外,该法还要求注册公司发布年报、公开财务状况尤其是与公司支付能力有关的信息,因为公司发起人和公司职员是负责管理投资者资本的受托者,有义务将资产使用情况公之于众。为了使公众准确了解公司的财务状况,法律要求年报应包含资产负债表并有至少 1 名审计师审计,经审计的资产负债表应由股份公司的注册官即时归档。① 这些措施有力地遏止了公司发起人和董事的欺诈

---

① 颜晓闵:《美国证券法律史研究》,华东政法大学 2010 年博士学位论文。

行为和其他不法行为,也奠定了现代意义上的信息披露制度的基础。

英国的信息披露制度被美国 1933 年《证券法》与 1934 年《证券交易法》所采纳,并予以完善。美国在进入 20 世纪后,也开始了与信息披露有关的立法。例如,1911 年德克萨斯州的"蓝天法"就规定股份有限公司有义务公开披露会计信息。为应对 20 世纪 30 年代的大危机,罗斯福提出的施政纲领中,公开原则成为证券法改革的主要内容。1933 年《证券法》强调公开、公平、公正原则,要求公司发行证券时,必须公开说明书,以便投资者决策,防止欺诈和操纵行为。1934 年《证券交易法》确立信息披露制度,并在附件 A 中详细列举了发行人必须披露的具体内容,要求发行公司在证券交易过程中应当定期和不定期进行信息披露。① 之后,各国开始纷纷采纳信息披露制度,该制度逐渐成为各国证券法的基本制度。

在我国,2019 年《证券法》专门设置了"信息披露"专章。此外,中国证监会、证券交易所、中国证券业协会也相继发布了《上市公司信息披露管理办法》《非上市公众公司信息披露管理办法》等诸多部门规章和自律性规则,并且通过制定《公开发行证券的公司信息披露内容与格式准则》《公开发行证券的公司信息披露编报规则》等系列性文件,构建了我国信息披露制度的规则体系。

二、 信息披露制度的理论基础

(一) 有效市场理论

有效市场理论是金融市场的基础理论,主要研究证券价格对有关信息反应的速度及敏感程度。根据有效市场理论,在证券市场中,如果证券价格完全反映了所有可获得的相关信息,证券价格与其内在价值相一致,并能够根据新的信息进行准确和迅速的调整,这样的市场就是有效市场。此时,由于证券价格准确反映证券价值,价格就成为引导资金流动的准确信号,从而使整个社会的资源实现最优配置。

但有效市场理论的成立需要两个基本条件:(1) 所有有用的信息必须尽快、不带任何偏见地向证券市场和公众投资者公开披露;(2) 所有对投资有用的信息对证券交易各方来说,都可以无偿获得。在证券市场上,这两个条件的满足需要借助于信息披露制度。或者说,信息披露制度的目的就在于最大限度地降低证券交易时投资者获取信息的成本,使证券市场上所有交易者都能无偿、及时、准确、完整地获取信息,以便增强证券市场的有效性。这也是《证券法》公开、公平、公正原则的基本要求。

(二) 信息不对称理论

有效市场理论的前提是证券市场的有用信息必须尽快、不带任何偏见地公开。但这其实是一种理想化的假说。因为在证券市场中,每个投资者同时占有的信息并不相同,这就是信息不对称理论,即在参与经济活动的所有人中,一些市场主体拥有更多、更新的信息,处于信息优势地位,而另一些市场主体则拥有较少、较旧的信息,处于信息劣势地位。也就是说,证券信息在不同的市场主体之间不对称分布。上市公司管理者与社会公众投资者相比、控股股东与中小股东相比、专业的证券中介服务机构与普通投资者相比,无论在信息来源、信

---

① 范健、王建文:《证券法》(第二版),法律出版社 2010 年版,第 186 页。

息获取时间上,还是在信息获取的质量和数量上,均占有明显优势。

这种信息不对称很容易引发逆向选择和道德风险。所谓逆向选择,是指劣质企业通过发布虚假信息的方式推销证券,最终以高于其内在价值的溢价卖出,而优质企业却不能以相对较高的溢价水平筹资,造成了市场资金向劣质企业流动,引发"劣币驱逐良币"现象①,最终造成资本市场上证券质量总体水平的下降。造成逆向选择的根本原因在于,投资者难以获得企业证券的真实信息,缺乏判断、辨别证券质量的能力,因而不愿意支付超过高品质证券与低品质证券平均价格的那一部分资金,导致企业发行的高品质证券只能以低于合理价值的价格出售,难以获利,对这些有价值商业活动的投资减少;而低品质证券却可以通过发布虚假信息或隐瞒重大不利信息等方式以高于其合理价值的价格出售,从而导致对这些低价值商业活动投资的增加,最终高品质的证券及其商业活动被低品质的证券及其商业活动挤出市场。而所谓的道德风险,则是指信息不对称导致不亲自经营企业的普通投资者难以掌握企业内部的真实、完整信息,从而使经营管理者产生偷懒、懈怠、机会主义以及其他损害投资者利益的行为。② 在证券市场上屡见不鲜的虚假信息披露、内幕交易等行为本质上就是信息不对称情况下发生的恶意欺诈行为,严重影响了中小投资者对证券市场的信心。

对于信息不对称问题的解决,只能通过法律确立信息披露制度,要求相关主体依法及时提供真实、准确、完整的信息,尽量促使证券市场上的投资者占有相同的信息,从而进行公平、公正的交易。

(三) 公共物品理论

公共物品是指能够为社会成员共同使用或消费的物品,具有非竞争性和非排他性的特点。非竞争性是指一人对公共物品的消费不会影响他人同时消费该物品,即在给定的生产水平下,为其他消费者提供该物品所带来的边际成本为零;非排他性是指一人在消费该公共物品时,不能排除他人同时消费这一物品。就本质而言,证券市场的信息也属于一种公共物品,同样具有非竞争性和非排他性特点,即不会因为一人使用该信息而影响其他人使用,也不会因为一人使用而排除他人使用。

既然是公共物品,证券市场信息供给就会存在市场失灵的情况。一方面,公共物品存在收费难的问题,信息使用者不用承担信息生产与收集成本,作为信息生产者的企业披露证券信息后,成本无法转嫁,况且企业披露信息本身还存在商业秘密被泄露的风险,自然不愿意提供;另一方面,公共物品的"搭便车"现象使得信息使用者都期望他人来收集信息,自己无偿使用。在上述两方面因素共同作用下,证券市场的信息供应必然不足,直接影响了市场的有效性。

面对证券信息公共物品属性所带来的困境,就需要通过立法确立信息披露制度,以弥补市场失灵。

(四) 企业契约理论

现代企业制度建立在所有权与经营权相分离的基础之上。企业投资者人数越多,公众

---

① George Akerlof, "The market for Lemons", *Quarterly Journal of Economics*, 84(3), August, 1970, pp.488-500.
② Sanford J Grossman & Oliver D Hart, "An Analysis of the Principal-Agent Problem", *Econometrics*, 51(1983), pp. 7-45.

性越强,两权分离度就会越高。此时,经营者作为代理人,本应为投资者即委托人的利益最大化服务,但其很可能违背委托人的意志,甚至以损害委托人的利益为代价追求自身利益的最大化,这便是企业治理中的代理问题。而代理问题产生的主要根源之一,就在于所有者与经营者之间的信息不对称。由于两权分离,企业投资者尤其是中小投资者并不经营企业,其对企业的真实信息了解甚少,即使了解也往往通过经营管理者的信息传递,而经营者却基于对企业的持续管理,拥有企业经营及管理中的全部真实信息。这种信息不对称使投资者尤其是中小投资者处于明显的弱者地位,被经营者所提供的虚假信息所欺诈。随着管理者权力越来越大,"内部人控制"问题就可能随之产生,引发对投资者利益的侵害。

此时,为纠正这种两权分离引发的代理问题,应当赋予投资者尤其是中小投资者知情权,通过立法强调企业及其经营者依法对企业的经营信息、财务信息等关键性信息进行披露,以缓解所有者与经营者之间的信息不对称,实现投资者对经营者的有效监督,降低代理成本。

三、 信息披露制度的功能

(一)形成合理的证券价格

尽管有效市场理论的实现需要很多条件,现实中要达到完全有效市场也很难,但是充分、有效的信息公开对于证券市场的价格形成无疑是至关重要的。可以说,公开性的证券市场是形成证券公平价格的基础。因此,一旦公众公司将公司组织及股权结构、财务状况、经营管理状况等对证券价格产生重要影响的信息予以公开,投资者便可以在全面了解公司情况的基础上作出理性的投资判断,从而促使证券市场依供求关系形成合理的证券价格。

(二)保护投资者合法权益

投资者尤其是中小投资者是资本市场能够有效运行的关键因素。证券法律制度设计的目的之一就是要保护投资者尤其是中小投资者的合法权益。而信息披露制度显然在这方面发挥了极为重要的作用。首先,该制度提升了证券市场的信息透明度,使投资者在两权分离的公司治理结构下,能够及时准确地了解公司经营活动中的重要信息,进行有效的投资分析,提升投资理性。其次,有助于解决信息不对称,防止欺诈交易。在资本市场中,上市公司的大股东、实际控制人、管理层相对于中小投资者而言,占有优势地位,具有更强的信息获取能力,极易利用所掌握的内幕信息进行非法交易,或者利用预先知悉的信息从事市场操纵行为,侵害中小投资者利益。信息披露制度则可以从立法上为证券市场中小投资者公平地了解信息提供法律保障,有效防止欺诈交易,维护公正的证券交易秩序。

(三)优化公司内部管理

信息披露可以有效提升上市公司治理的透明度,改善两权分离带来的投资者信息劣势地位,使投资者了解公司的真实经营状态,降低企业经营中的代理成本,优化公司内部的经营管理。同时,由于上市公司的信息披露针对的是所有社会公众,即作为公共物品,所有证券市场投资者都可以公平地获取和分享,由此,上市公司的股权结构、财务状况、经营管理状况等主要信息必然受到社会的高度关注,如果企业经营者不恪尽职守地工作,没有提升公司经营业绩,投资者很可能选择"用脚投票",而股票抛售带来的便是公司股价的下降,如果股票价格一路下降,直至被市场低估,就可能引发收购人对上市公司的收购,而收购行为一旦完成,原先的经营管理者很可能被替换。面对这一时刻存在的收购压力,经营管理者在上市公司信息披露制度的约束下,通常会更加勤勉尽责,不断提升对公司的经营管理能力和经营业绩。

(四)发挥证券市场资源配置的功能

证券的发行与交易是实现社会资源配置的过程。面对证券市场上的众多证券,投资者会根据企业的投资价值进行选择。如果发行证券的企业所处行业好,管理水平高,经济实力强,投资者自然愿意投资;反之,如果企业无论是内部管理还是外部环境都缺乏发展潜力,投资者自然会弃之。投资者的这一选择过程,引发的就是资源流动机制。通过证券发行人的充分信息公开,投资者能够对企业未来的发展作出理性判断,从而作出合理的投资选择,使得有限的社会资源从低回报、低效益的公司流向高回报、高效益的公司,实现社会资源的优化配置。可以说,信息披露越充分,就越能反映企业的真实情况,也就越有利于提升社会资源的利用效率。

四、 信息披露的类型

(一)发行信息披露与持续性信息披露

根据信息披露的时间与目的不同,可以将信息披露分为发行信息披露与持续性信息披露。发行信息披露是发行人在首次公开发行证券时,披露公司以及与其所发行证券有关的信息;持续性信息披露是证券发行以后,在交易的整个过程中,发行人定期或不定期地披露与其所发行证券相关的信息。目前,对信息披露大多以此为标准进行划分。发行信息披露的主要目的是向投资人提供分析、评价该证券的投资价值和发展前景的信息;持续性信息披露的目的是向投资人提供可能对证券价格产生影响的重要信息。

(二)描述性信息披露、评价性信息披露与预测性信息披露

根据信息披露的内容不同,可以将信息披露分为描述性信息披露、评价性信息披露与预测性信息披露。描述性信息反映的是一种现实存在的或已经发生的客观事实,披露义务人在进行该类信息披露时,必须以客观事实为参照,保证所披露信息与客观事实一致;评价性信息是对既存事实的性质、结果或影响的分析与价值判断,披露义务人必须在既存事实的基础上,基于评价依据的真实性和评估方法的合理性作出分析与评价;预测性信息则是对证券发行人的经营状况,主要是盈利情况,所作的预测,反映的是既存事实与将来事实之间的联系性。由于预测性信息是基于目前的事实作出的对未来的预测,中间需要经过人为的逻辑推理,因而最容易受主观因素影响,容易与信息披露所要求的真实性发生偏差。

(三)强制性信息披露和自愿性信息披露

根据信息披露是否基于强制性规定,可以将信息披露分为强制性信息披露和自愿性信息披露。强制性信息披露是法律规定证券发行人、大额持股人、收购人等信息披露义务人在

证券发行和交易期间,必须依照法律规定的内容和格式履行披露信息的义务,其目的在于减少投资者获取信息的成本;自愿性信息披露一般由证券发行人自愿作出,是在强制性信息披露以外,发行人主动向社会公众提供有关公司财务和其他与投资者决策相关的非法定披露的信息,其目的往往是维护公司形象以及协调利益相关者间的关系,是证券发行人为了自身利益所进行的一种自利性的信息沟通。

证券市场的信息披露制度是从自愿性信息披露逐步发展到强制性信息披露的。但是,对于强制性信息披露的合理性却一直存有争议。否定性观点认为,在竞争性的市场上,良好的信息披露能够使证券发行人取得竞争优势,为了快速、溢价融资,发行人会主动自愿地披露信息,以增进投资者购买其证券的信心。也就是说,通过市场作用的发挥,就可以实现信息披露的目的,不需要通过立法对发行人进行强制性的信息披露要求。但实际上,现代企业治理中两权分离所引起的信息不对称问题,已经无法单纯地通过市场机制解决。处于信息优势地位的大股东、实际控制人、经营管理者很可能为了自己的私益而隐瞒信息或者虚构信息,同时,证券发行人也会因为担心公开信息可能影响公司信誉、泄露公司商业秘密、丧失商业机会而不及时、准确地进行信息披露。这些都会损害公众投资者的知情权,动摇投资者对证券市场的信任。因此,强制性信息披露有其必要性,是资本市场发展的基本要求,也是对公众投资者的基本保护。

当然,强制性信息披露与自愿性信息披露也并非完全割裂。两者共同构成了资本市场信息披露的主要内容,并且随着信息管制理念的不断变化,两者是可以相互转化的。原有规则下的强制性信息披露内容可能会转为自愿性信息披露,例如,我国对于盈利性预测信息的披露就由强制性信息披露转为了自愿性信息披露;而有的信息披露内容也可能从自愿性信息披露的范畴转为强制性信息披露的对象,如关联交易。实际上,强制性信息披露与自愿性信息披露有着此消彼长的关系,当立法对强制性信息披露要求严格时,公司本身需要依法披露的信息就很多,自愿性信息披露的意愿势必降低;反之,若强制性信息披露要求较低,为了防止"劣币驱逐良币",优质公司将更愿意自行主动披露经营信息,以吸引市场投资。

五、 信息披露的标准

为了使信息披露制度发挥应有的功能,需要对信息披露义务人的披露行为制定一定的标准和要求。我国《证券法》第 78 条对此予以了明确规定:"发行人及法律、行政法规和国务院证券监督管理机构规定的其他信息披露义务人,应当及时依法履行信息披露义务。信息披露义务人披露的信息,应当真实、准确、完整,简明清晰,通俗易懂,不得有虚假记载、误导性陈述或者重大遗漏。证券同时在境内境外公开发行、交易的,其信息披露义务人在境外披露的信息,应当在境内同时披露。"并在第 83 条第 1 款再次强调:"信息披露义务人披露的信息应当同时向所有投资者披露,不得提前向任何单位和个人泄露。但是,法律、行政法规另有规定的除外。"上述规则所蕴含的具体标准如下:

(一) 真实性标准
真实性标准是指信息披露义务人所披露的信息必须与所反映的事实相符,不得存在任何虚假陈述。正如有学者所言："公开,应该是真实的;……投资者应该直接获得事实的真相。"①对信息披露而言,真实性是最基本的要求,也是实现有效证券市场的关键。如果证券市场存在虚假陈述,必然会使一部分人利用虚假信息进行证券交易,从而影响证券价格以及证券市场本身的有效性。

真实性标准要求信息披露义务人所披露的信息必须具有客观性和一致性。客观性要求披露的信息所反映的事实必须是实际发生的,而非人为编造或故意扭曲;一致性要求所披露的信息在内容上与所反映的事实相符,必须以客观事实或具有客观事实基础的判断或意见为准。实践中,由于信息披露的内容不同,有的为描述性信息,有的为评价性信息,有的为预测性信息,在对不同类型信息的真实性判断上会有差异。描述性信息的真实性判断标准以客观事实为依据;评价性信息的真实性判断标准以评价依据的真实性和评估方法的合理性为依据;预测性信息的真实性判断标准则主要是以预测基础的可靠性和预测方法的合理性为依据。

◎　**相关案例**

2019 年 8 月 16 日,中国证监会对康美药业股份有限公司(以下简称"康美药业")作出行政处罚决定。经查明,2016 年至 2018 年期间,康美药业涉嫌通过仿造、变造增值税发票等方式虚增营业收入近 300 亿元,通过伪造、变造大额定期存单等方式虚增货币资金共计 800 多亿元。同时,康美药业涉嫌未在相关年度报告中披露控股股东及关联方非经营性占用资金情况。上述行为致使康美药业披露的相关年度报告存在虚假记载和重大遗漏,严重违反了《证券法》的相关规定,中国证监会对该公司及其实际控制人、管理层作出力度不等的处罚。

(二) 准确性标准

准确性标准要求信息披露人在进行信息披露时,必须采用精确的表述方式以确切表明其涵义,如数据准确、计算方式和依据统一、内容表述清晰。只有当信息披露义务人所披露的信息符合准确性标准,才能发挥对投资者以及证券市场的价值。

在判断信息披露义务人所披露信息是否符合准确性标准时,应当以一般的普通投资者的判断能力为标准,不需要投资者具备某些专业知识。通常情况下,信息披露的准确性标准要求信息披露义务人做到如下几点:(1) 不得通过误导性陈述使投资者对披露内容产生歧义,进而影响投资者的投资决策。通常情况下,误导性陈述会造成投资者对信息披露内容的多种理解,且这种误导具有隐秘性,难以被发现。如果投资者被信息误导,会直接影响投资收益。(2) 披露文件应当使用事实描述性语言,保证其内容简明扼要,能够突出事件实质,让投资者就该事件对证券市场的价格影响作出准确判断,而不得含有任何宣传、恭维或者诋毁等性质的词句。(3) 保证正式信息和非正式信息之间的一致性。即使证券市场的非正式信息并非信息披露义务人主动发布,这些信息如果足以影响投资者的投资判断,信息披露义

---

① Louis D. Brandeis, *Other People's Money and How the Bankers Use It*, National Home Library Foundation, 1933, p. 62.

务人也负有准确说明义务。这就要求信息披露义务人应随时关注媒体对证券发行人的报道,以及所发行证券的交易价格、交易行情。如果证券交易场所提出询问,应及时、准确地回复和说明,必要时需进行公告。

此外,信息披露的准确性还应当通过信息披露的标准化和关键信息披露的规范化来保障。信息披露的标准化是指在确保所披露信息真实、有效、全面的基础上,遵循标准化原则,围绕关键信息,统一格式和范围;关键信息披露的规范化是指将证券产品需要披露的关键信息予以明确,确定必须进行披露的内容,明确关键信息的披露范围,同时规范关键信息披露的标准格式,以保证关键信息披露得准确和清晰。

◎　相关案例

2020年3月1日,上海证券交易所(以下简称"上交所")对博瑞生物医药(苏州)股份有限公司(以下简称"博瑞医药")发布监管函,称博瑞医药于2020年2月12日披露的《关于抗病毒药物研制取得进展的公告》中提到的"公司成功开发了瑞德西韦原料药合成工艺和制剂技术,并已经批量生产出瑞德西韦原料药……"信息不清晰、不准确。经核实,其公告中所称"批量生产"实际为药品研发中小试、中试等批次的试验性生产。博瑞医药尚未取得药监部门批准,也未取得专利权人授权,不具备进行药物商业化批量生产的应有资质。该公司在相关信息披露中,就相关药物研发生产面临的临床实验结果、监管审批、专利授权等重大不确定性进行了风险提示,但未能明确区分相关药品试验性生产与商业化生产。因此,上交所决定对该公司予以监管关注,并同时对公司负责人予以通报批评。这也是2020年上交所发布的首个科创板上市公司监管决定。

(三)　完整性标准

完整性标准也被称为充分性标准,是指所有可能影响证券市场投资者决策的信息都应当得到披露,不得故意隐瞒或有重大遗漏。投资者只有对可能影响证券价格的所有信息进行整体分析后,才能作出投资决策。如果信息披露义务人在公开信息时有重大遗漏或缺失,即使已公开的单个信息或部分信息真实、准确,也会影响投资者的决策以及证券市场的有效性。实践中,最常见的就是证券发行人只披露利好信息,对于经营中产生的重大损失、重大法律纠纷等利空信息却有意隐瞒,影响投资者对所投资证券的全面分析。相较原法第20条的规定,2019年《证券法》第19条专门增加了"应当充分披露投资者作出价值判断和投资决策所必需的信息"的要求。[①] 换言之,即使中国证监会出台的信息披露格式准则中没有明确要求的文件,只要为投资者作出投资判断和投资决策所必需,发行人也应当予以披露。

当然,对于信息披露完整性的理解不能绝对。完整性并非要求信息披露义务人将所有与证券发行人有关的事项都事无巨细地全部披露,如果这样,一方面会增加信息披露义务人的披露成本,另一方面也会使投资者陷入"信息海洋",增加投资者信息识别的成本和信息

---

① 2019年《证券法》第19条第1款规定:"发行人报送的证券发行申请文件,应当充分披露投资者作出价值判断和投资决策所必需的信息,内容应当真实、准确、完整。"2014年《证券法》第20条第1款规定:"发行人向国务院证券监督管理机构或者国务院授权的部门报送的证券发行申请文件,必须真实、准确、完整。"

甄选的难度。因此,信息披露要求披露的信息必须是"重大的"信息,即可能影响投资者投资决策的信息或者可能影响证券价格的信息。此外,对于法律、行政法规予以保护的国家秘密、商业秘密以及其他依法可以不予披露的信息,信息披露义务人可以依法不披露。

◎ **相关案例**

2018 年 7 月,长生生物科技股份有限公司(以下简称"长生生物")问题疫苗事件一时间成为社会焦点。经查证,长生生物在相关疫苗产品的信息披露方面存在重大遗漏:(1) 未按规定披露子公司百白破疫苗不符合标准规定、全面停产并召回已签发疫苗的相关情况;(2) 未披露公司狂犬疫苗 GMP 证书失效及重新获得该证书等重大事项。此外,长生生物披露的 2015 年至 2017 年年报及内部控制自我评价报告还存在虚假记载。2018 年 12 月,证监会对长生生物及 18 名相关责任人员依法作出行政处罚。

(四) 及时性标准

及时性标准要求信息披露义务人必须在合理的时间内尽可能迅速地向社会公众披露有关信息。这不仅是对证券发行信息披露的要求,也是对证券持续性披露的要求。即从证券发行到证券交易的整个活动期间,信息披露义务人向投资者披露的信息始终应当是最新的。一旦证券发行人的经营状况和财务状况发生变化,可能影响证券价格或者投资者投资决策的,就应当尽可能迅速地向投资者公开。其目的在于:(1) 增强市场的有效性,使证券市场能够及时吸收证券发行人的信息,并通过证券价格予以及时反映;(2) 尽量减少信息不对称带来的内幕交易等欺诈行为。证券市场上不同的主体在获取信息上必定存在时间差,客观上控股股东、实际控制人、公司经营管理层往往比一般的公众投资人更早得知证券发行人的相关信息。如果该类信息可能影响证券价格,但又迟迟不公开,就会成为内幕信息,内幕信息从形成到公开的时间越长,引发内幕交易的可能性就越大。为了最大限度地缩小内幕人利用内幕信息进行欺诈交易的时间差,就需要尽快将内幕信息变成公众知悉的公开信息。(3) 有利于投资者决策。投资者要作出准确的投资判断,必须依赖所掌握的证券信息。为了保证投资者的知情权,应当要求信息披露义务人及时向社会披露相关信息,避免投资者因为信息滞后而遭受损失。

对于信息披露的及时性标准,法律的规定主要体现在:对于定期报告,必须在法律规定的期限内制作并公布;对于临时发生的重大事件,则应当以临时报告的形式立即披露。

◎ **相关案例**

2017 年 4 月 12 日,山东证监局向山东新华医疗器械股份有限公司(以下简称"新华医疗")及相关高级管理人员发出监管函。证监会指出,新华医疗 2016 年实现上市公司股东净利润 3464 万元,比上年同期下降 87.67%。根据《上海证券交易所股票上市规则》的有关规定,公司 2016 年度业绩下降幅度超过 50%,应当在 2017 年 1 月 31 日前进行业绩预告,但公司迟至 4 月 5 日才进行业绩预告,逾期超过两个月,业绩预告披露严重滞后。此外,新华医疗 2016 年与关联方苏州长光华医生物医学工程有限公司(以下简称"长光华医")发生的日常关联交易金额合计 5213 万元,应当及时履行信息披露义务,但迟至披露 2016 年年度报告时才予以披露,公司日常关联交易信息亦存在披露不及时情形。鉴于上述违规事实和情节,证监会决定对该公司及相关管理人员予以监管关注。

(五) 公平性标准

公平性标准,是指信息披露义务人应当同时向所有投资者公开披露重大信息,确保所有投资者可以平等地获取同一信息,不得私下提前向特定对象单独披露。在实践中,经常出现证券发行人向控股股东、实际控制人或其他第三方优先报送公司未公开的重大信息的情况;或者证券发行人在召开股东大会、接受调研过程中,先行向特定对象披露重大信息;抑或对于在境内境外多地上市的证券,证券发行人可能在某一市场先行披露,而其他市场投资者事后才获知相关信息。这些做法都违反了证券法的公平性标准,造成投资者在信息获取时间上的不公平。

为保障信息披露的公平性,法律除了对信息披露义务人作出严格要求外,还会明确规定,证券市场上的任何单位和个人不得非法要求信息披露义务人提供依法应当披露但尚未披露的信息;任何单位和个人提前获知的相关信息,在依法披露前必须保密。

◎　**相关案例**

2019 年 1 月 31 日,广东证监局对珠海格力电器股份有限公司(以下简称"格力电器")董事长董明珠采取出具警示函的行政监管措施。经查明,董明珠在 2019 年 1 月 16 日下午召开的格力电器 2019 年第一次临时股东大会上发布了格力电器 2018 年营业收入和净利润等有关业绩信息,而格力电器在股东大会结束后的当天晚间才发布 2018 年度业绩预告。该行为使得少数股东提前知悉与公司经营有关的重要事项,违反了《上市公司信息披露管理办法》第 6 条第 2 款以及第 45 条第 2 款的相关规定①,有违信息披露的公平性。

(六) 易得性标准

易得性标准要求所披露的信息应当以社会公众最容易获得的方式加以公开。信息公开后,公众获取这些信息应该免费。因为投资者本就拥有对这些信息的知情权,对披露人而言,披露这些信息是其法定义务。目前,各国信息披露的方式主要有三种:报刊;专门的上市公司信息披露系统;互联网的电子化披露系统。在科技不断发展的情况下,三种方式完全可

---

① 《上市公司信息披露管理办法》第 6 条第 2 款规定,信息披露义务人在公司网站及其他媒体发布信息的时间不得先于指定媒体,不得以新闻发布或者答记者问等任何形式代替应当履行的报告、公告义务,不得以定期报告形式代替应当履行的临时报告义务。第 45 条第 2 款规定,董事会秘书负责办理上市公司信息对外公布等相关事宜。除监事会公告外,上市公司披露的信息应当以董事会公告的形式发布。董事、监事、高级管理人员非经董事会书面授权,不得对外发布上市公司未披露信息。

以共同使用,且后者应当是主流方式。就我国而言,目前《证券法》规定的信息披露方式主要有:证券交易场所的网站;符合国务院证券监督管理机构规定条件的媒体;公司住所、证券交易场所等指定场所。

（七）易解性标准

易解性标准要求公开披露的信息从表述方式到使用术语都应当尽量做到浅显易懂,运用术语不能因为过于专业而妨碍普通投资者的理解,从而达到向市场投资者有效传递信息的目的。投资者只有准确理解了信息内容,信息披露制度才能发挥保护投资者的功能。这里所指向的投资者并非专业投资者,而是不具有专业知识背景的社会公众投资者。在资本市场相对发达的美国,证券监管机构 SEC 就要求发行人在招股说明书的某些章节,特别是封面和风险披露部分,使用浅显易懂的语言,并建议尽量使用主动语态、避免长句、采用日常用语、多用图表和表格、不用法律和商业的专业用语,以增强传递给投资者的信息的易解性。[①]

从境外的制度经验来看,为保证所披露信息的易解性,应当做到如下几点[②]:(1) 内容简明化、通俗化。其中,简明化包括披露文本简明化与语言简明化。披露文本简明化是指在不减少有用信息含量的基础上,缩减说明书、定期报告等信息披露文本中细枝末节的信息记载,或简化各项指标,以提高投资者阅读的有效性并降低信息披露成本;语言简明化是指信息披露文件中应尽量使用清晰、简单、易懂的语言,尽量使用简单语句,避免不必要的专业术语或对其进行繁杂的解释说明。(2) 对篇幅较长的信息文本配以"内容摘要",突出更多对投资者决策有用的重点信息,使投资者能够快速了解信息披露文件的关键内容。(3) 提倡信息披露内容的图表化、示例化与形象化,使所披露的信息能够轻松融入投资者的知识结构,使投资者快速准确了解所披露信息。

六、　信息披露的监管

信息披露是优化资本市场资源配置的重要手段之一。信息披露义务人所披露的信息是否真实、准确、完整、及时、公平,都会直接关系到投资者获得投资信息的充分性和有效性,进而影响投资者的决策,并最终影响证券市场的有效性。然而,信息披露义务人与投资者之间的利益很多时候并不一致。由于证券信息的公共产品属性,证券发行人披露信息的成本无法回收,因而往往希望降低披露成本,同时避免因披露给自身商誉带来的负面影响。此时,如果证券发行人在进行信息披露时,缺乏有力的监管机构和监管措施,就很可能应披露而不披露或进行虚假披露。因此,通过严格的监管制度可以督促信息披露义务人规范其披露行为,提升证券市场的透明度。

从境外证券市场的发展也可以看出,越是成熟的证券市场越注重信息披露,对信息披露的监管和处罚也就越严格。例如,在注册制的证券发行体制下,法律只规定证券发行的形式条件,证券发行人将与所发行证券有关的一切信息和资料予以公开,包括财务状况、资产状

[①]　齐斌:《证券市场信息披露法律监管》,法律出版社 2000 年版,第 116~117 页。

[②]　郭建军:《注册制下上市公司信息披露制度的价值取向与实现》,载《河北法学》2015 年第 9 期。

况、盈利能力等,然后由监管机构对申请文件进行形式审查,至于发行人的证券是否有投资价值则由投资者自己判断,证券监管机构不进行实质审查。美国作为注册制的典型代表,在1933年《证券法》提案中就指出,政府的任务只有一个,即坚持每种在州际新发售的证券必须完全公开信息,并且不允许在公开前遗漏任何与发行相关的重要信息。这主要是因为,证券发行的注册制建立在有效市场理论的基础上,而有效市场理论的重要基础就是市场的公开和透明,只有完整、准确、及时的信息披露才能避免证券欺诈,促进有效市场的形成。也正因此,在注册制中,尤为强调信息披露的质量。但如上所说,证券发行人很可能基于各种自利动机拒绝披露或进行虚假披露,因此,注册制下,特别强调证券监管机构对信息披露行为的监管,并对违法者苛以严格的法律责任。

在我国,一直以来也非常注重对信息披露的监管,尤其是2019年《证券法》修订后,注册制正式确立,对于信息披露的要求更加严格。在监管主体上,不仅国务院证券监督管理机构需要对信息披露义务人的信息披露行为进行监督管理,各证券交易场所也应当对其组织交易的证券的信息披露义务人的信息披露行为进行监督,督促其依法及时、准确地披露信息。在具体的监管措施中,非常重要的一个方式就是加强相关主体对信息披露质量的担保义务,以增强所披露信息的真实性和完整性。这些义务主体包括:(1)发行人的董事、监事、高级管理人员。根据《证券法》的规定,发行人的董事、高级管理人员应当对证券发行文件和定期报告签署书面确认意见;发行人的监事会应当对上述文件进行审核并提出书面审核意见,监事应当签署书面确认意见;董事、监事和高级管理人员应当保证发行人及时、公平地披露信息,所披露的信息真实、准确、完整,如无法保证或有异议的,应当在书面确认意见中发表意见并陈述理由,发行人应当披露。(2)发行人的控股股东、实际控制人。由于这些人在公司中处于重要地位,其行为往往对证券的发行、承销、上市和交易起着决定性作用,将其列入责任人范围具有合理性。(3)保荐人、承销商及其直接责任人员。保荐人应勤勉尽责地对发行人的申请文件和信息披露资料进行审慎核查,对所保荐的信息负责,如违反,保荐人及其直接责任人员应承担法律上的不利后果;证券承销商在证券发行中处于指挥者角色,组织和处理证券发行过程中的各项事务,负责发行人的宣传工作,以提高发行人所发行证券在二级市场上的流通性,证券公司一旦在承销的证券文件中虚假陈述,应与其直接责任人员负法律责任。(4)证券专业服务机构。在申请证券发行、上市过程中,发行人需要聘请律师事务所、会计师事务所、资产评估机构等专业机构协助制作有关申请文件,并出具有关报告和证明文件。证券专业服务机构既独立于发行人、上市公司,又独立于投资者,它们在提供专业服务的同时也在履行一种社会监督职能。因此,证券专业服务机构应当保证其所出具文件的真实性、准确性和完整性。

根据我国《证券法》规定,如果信息披露义务人未按照规定披露信息,或者披露的信息存在虚假记载、误导性陈述或者重大遗漏,致使投资者在证券交易中遭受损失,信息披露义务人应当承担赔偿责任。同时,上述信息披露质量担保人也应承担相应的法律后果。具体而言:(1)发行人的控股股东、实际控制人、董事、监事、高级管理人员和其他直接责任人员以及保荐人、承销的证券公司及其直接责任人员,应当与发行人承担连带赔偿责任,但是能够证明自己没有过错的除外。(2)证券专业服务机构为证券的发行、上市、交易等证券业务活动制作、出具的文件如果有虚假记载、误导性陈述或者重大遗漏,给他人造成损失的,应当与委托人承担连带赔偿责任,但是能够证明自己没有过错的除外。

第二节　证券发行中的信息披露

证券发行信息披露又称初始信息披露,是指证券发行人为了向社会公众募集或发行证券而进行的信息披露。由于证券发行属于"一级市场",对于整个证券市场的有序运作至关重要,因而各国立法对证券发行阶段的信息披露都进行了严格规范。在我国,这一阶段的信息披露主要通过强制要求证券发行人在证券发行前依法进行申请文件的预先披露,以及在允许证券公开发行后对招股说明书或债券募资说明书等相关文件的披露来实现。

一、预先披露制度

预先披露制度是指发行人申请首次公开发行证券的,在依法向审核部门报送注册或申请文件并经审核部门受理后,预先向社会公众披露相关注册或申请文件,而不是等审核部门对发行文件审核完毕,作出准许发行的决定后再进行披露的制度。发行文件的预先披露制度提前了公开披露发行文件的时间,具有以下三方面的优点:(1)对于发行审核而言,在发行申请人的申请被受理后就将有关的发行申请文件公之于众,可以对发行审核工作形成社会监督;(2)将申请材料提前披露,社会公众可以对发行申请人文件中的问题进行举报,使审核机构能够提前了解、调查有关情况,有利于缩短审核时间,提高发行审核的效率;(3)提前披露发行文件,可以使社会公众提前了解发行文件的内容,有助于作出投资决策。

二、股票发行信息披露

(一)招股说明书

招股说明书是股票发行信息披露的核心文件,指公开发行股票的公司依照法定的格式和内容制作的,供社会公众了解与股票发行有关的主要事项,邀请公众认购公司股票的规范性文件。

从法律性质上看,招股说明书并非要约,而是要约邀请。要约是希望与他人订立合同的意思表示,一经受要约人承诺,合同即成立;而要约邀请是希望他人向自己发出要约的意思表示,只有自己承诺,合同才成立。招股说明书的目的是希望公众向证券发行人提出购买股票的要约,因而属于要约邀请。因为招股说明书主要起到信息披露作用,使公众投资者了解股份发行的相关信息,仅根据招股说明书无法确定证券发行人与特定的投资者之间购买股份的具体股份数额及认购金额,不符合要约所应具备的"内容具体确定"的要求,因而,应当将招股说明书界定为要约邀请。我国《民法典》第473条对此作了明确规定。

从内容上看,招股说明书的编制内容和格式具有法定性,记载事项不得由发起人自行随意删减。我国现行的《公开发行证券的公司信息披露内容与格式准则第1号——招股说明书》将招股说明书分为总则、招股说明书、招股说明书摘要和附则四个部分,2019年开始在科创板实施的《公开发行证券的公司信息披露内容与格式准则第41号——科创板公司招股说明书》则将招股说明书分为总则、招股说明书和附则三个部分。两者尽管稍有不同,但在具体内容上基本相同,都主要包括:本次发行概况;风险因素;发行人基本情况;业务和技术;公司治理、独立性、同业竞争与关联交易情况;财务会计信息;管理层讨论与分析;募集资金运用;业务发展目标或未来发展规划;其他重要事项。与 2015 年招股说明书规定不同的是,2019 年适用于科创板的招股说明书更加契合注册制的改革需要,尤其是专门增加了"投资者保护"这一项。这主要是因为科创板的上市条件相对较低,且首次公开发行不是实行核准制而是注册制,风险相对较大,因而特别强调了对"投资者保护"的规定。此外,还需要补充说明的是,上述招股说明书准则中的要求只是对招股说明书信息披露的最低要求,为了更好地保护投资者,不论准则中是否有明确规定,凡是对投资者作出投资决策有重大影响的信息,都应当披露。

招股说明书中所记载的内容必须真实、准确,招股说明书上的董事、监事、高级管理人员等签署人需要对所记载事项的真实性负责,各种证券服务机构也需要就各自职责范围内的内容就文件的真实性负责。如果招股说明书内容存在虚假,上述主体需承担相应的法律责任。

从程序上看,未经证券发行审核机构的审核,招股说明书不得向社会公众公开。招股说明书在经审核并公开之前,不发生要约邀请的效力。但是,招股说明书在提交申请后,签署人就应当对说明书内容的真实、准确、完整负责。目前,各国对招股说明书的审核通常有两种模式,即注册制和核准制。我国之前实行的是核准制,2019 年《证券法》修订后转为注册制。

(二)新股募集说明书

除首次公开发行外,公司在上市后也会根据需要增发新股,也需要进行相应的信息公开。

与招股说明书类似,新股募集说明书应当阐释募集中的重要信息,以便投资者决定是否认购。根据现行《公开发行证券的公司信息披露内容与格式准则第 11 号——上市公司公开发行证券募集说明书》的规定,募集说明书需要披露的信息主要包括:本次发行概况;发行人基本情况;同业竞争与关联交易;财务会计信息;管理层讨论与分析;本次募集资金运用;历次募集资金运用;董事及有关中介机构声明;备查文件。此外,为便于投资者了解募集说明书的主要内容,上市公司还需要制作募集说明书摘要,就本次发行概况、主要股东情况、财务会计信息及管理层讨论与分析、本次募集资金运用等情况进行说明。

对于新股募集说明书所披露的内容,上市公司董事、监事、高级管理人员等负有保证真实、准确、完整的责任;同时,为证券发行提供专业服务支持的机构,如保荐人、承销商、律师事务所、会计师事务所、资产评估机构等也在各自职责范围内确保信息披露的真实、准确。

三、 债券发行信息披露

(一)债券募集说明书

公司债券募集说明书是由公司制定、证券监督管理部门批准、记载公司主要事项及发行公司债券有关情况的文件。根据《公开发行证券的公司信息披露内容与格式准则第 23 号——公开发行公司债券募集说明书》的规定,证券发行人需要披露的事项包括:发行概况;风险因素;发行人及本期债券的资信状况;增信机制、偿债计划及其他保障措施;发行人基本情况;财务会计信息;募集资金运用;债券持有人会议;债券受托管理人;发行人、中介机构及相关人员声明;备查文件。此外,为了使投资者能够快速、准确地了解债券募集说明书的内容,监管机构要求证券发行人制定募集说明书摘要,就发行概况、评级情况、发行人基本情况、公司的资信情况、财务会计信息、募集资金运用等情况进行说明。当然,上述规定只是对募集说明书信息披露的最低要求,不论该规则中是否有明确规定,凡是对投资者作出投资决策有重大影响的信息,都应当披露。

（二）信用评级报告

信用评级报告是证券信用评级机构根据证券发行人的委托对特定的债券发行作出评级的报告。公司债券信用评级报告中的结论大多采用三级九等的标准,从最差到最优依次为 C 级、CC 级、CCC 级、B 级、BB 级、BBB 级、A 级、AA 级、AAA 级,其中 AAA 级为资信最好的等级。信用评级报告是债券发行的基础,没有债券信用评级结论的债券发行将无法避免发行的高成本。[1]

需要说明的是,针对债券发行进行的信用评价是综合性的,通常根据债券发行人的偿债能力、债券违约的可能性、债券是否设定担保、发行人受法律文件的约束程度、整体市场状况、相关的杠杆率等各方面因素进行综合分析,最终评估出该债券偿还的可靠性或违约的风险程度。

证券信用评级机构针对债券发行所做的信用评级报告,是公众投资者在投资债券时非常重要的决策依据,因而,应当向社会公众公开。为保护投资者权益,尽管信用评级机构受债券发行人的委托进行评级,但其必须依据客观事实进行公正评价,不得作出误导投资人的评价结论,否则将承担相应的法律责任。

（三）其他债券募集法律文件

除债券募集说明书和信用评级报告外,债券公开发行中,还需披露公司的财务会计报告以及相关的担保文件。其中,财务会计报告包括发行人最近 3 年的财务报告和审计报告及最近一期的财务报告或会计报表。

在债券募集中,通常还有担保人签署的担保协议文件,例如担保合同和担保函。其中,提供保证担保的,如保证人为法人或其他组织,应提供保证人最近 1 年的财务报告及最近一期的财务报告或会计报表;采用抵押或质押担保的,应提供抵押物或质押物的权属证明、资产评估报告及与抵押或质押相关的登记、保管、持续监督安排等方面的文件;采用其他增信机制或偿债保障措施的,则应提供相关协议文件。

第三节　持续性信息披露

持续性信息披露,又称继续信息公开,是指证券在进入证券交易场所交易之后,证券发

---

① 黄润源、刘迎霜:《公司债券信用评级法律关系解析——以美国债券评级制度为模本》,载《学术论坛》2008 年第 1 期。

行人依法向公众披露对投资者的投资决策有重大影响或对所发行证券的交易价格有重要影响的相关信息。持续性信息披露主要体现为上市公告书、定期报告和临时报告,其中定期报告又分为年度报告、中期报告和季度报告。

一、上市公告书

上市公告书,是指已在境内公开发行的证券申请在证券交易所挂牌交易的发行人,在经证券交易所审核批准上市后,按照要求编制并在上市前进行公告的法律文件。根据我国《上市公司信息披露管理办法》第15条的规定,申请证券上市交易,应当按照证券交易所的规定编制上市公告书,并经证券交易所审核同意后公告。

在证券上市前,上市公司将上市公告书予以公开,有利于投资者充分了解公司的经营和财务信息,以便进行投资判断。以股票上市为例,上市公告书内容主要包括:(1)发行人情况;(2)发行人股东和实际控制人情况;(3)本次股票上市前首次公开发行股票的情况;(4)股票上市情况,包括上市审核情况、上市的相关信息;(5)财务会计情况;(6)招股意向书刊登日至上市公告书刊登前已发生的可能对发行人有较大影响的其他重要事项;(7)上市保荐机构情况及其推荐意见。

为确保上市公告书的披露质量,证券发行人的董事、监事、高级管理人员,应当对上市公告书签署书面确认意见,保证所披露的信息真实、准确、完整。

二、定期报告

定期报告是指证券发行人在一定时期内向证券监督管理机构提交,并向社会公众披露的反映发行人某个会计期间的财务状况、经营情况、股本变动和股东情况、募集资金的使用情况和公司重要事项的报告。从境外各国和地区证券法律的规定来看,制定并公告定期报告是上市公司和公司债券上市交易的公司的法定义务。

在我国,依据《证券法》的规定,定期报告分为年度报告和中期报告,但中国证监会发布的《上市公司信息披露管理办法》《非上市公众公司信息披露管理办法》另外规定了披露季度报告的要求。因此,根据现行证券法律的规定,定期报告主要包括三种:(1)年度报告。即上市公司、全国中小企业股份转让系统(以下简称"全国股转系统")挂牌公司以及公司债券上市交易的公司在每个会计年度结束后,依法制作并提交的,反映公司本会计年度基本经营状况、财务状况等重大信息的法律文件。年度报告中的财务会计报告必须经会计师事务所审计。(2)中期报告。即上市公司、全国股转系统挂牌公司以及公司债券上市交易的公司在每一会计年度上半年结束后,向证券监管机构提交并向社会公众公告的定期报告,目的在于及时披露公司每一会计年度前6个月的经营与财务状况,以便投资者了解公司信息。(3)季度报告。即上市公司、全国股转系统精选层挂牌公司在每一个会计年度的第一季度和第三季度,向证券监管机构提交并向社会公众公告的定期报告。在上述定期报告中,对于年度报告和中期报告,上市公司、全国股转系统挂牌公司以及公司债券上市交易的公司都应当披露,而季度报告主要是针对上市公司以及全国股转系统精选层挂牌公司的要求。在具体的披露内容上,主要根据证券监管机构的标准化要求进行。通常,年度报告的披露内容相对广泛和全面,中期报告次之,季度报告则往往只披露公司的基本情况、主要会计数据和财务指标以及中国证监会规定的其他事项,相对较为简单。

关于定期报告的披露时点,各国和地区的规定略有不同。例如,在英国,经会计师查核的年度财务报告,应当在会计年度结束 6 个月内公开。在我国台湾地区,"证券交易法"第36 条第 1 款规定,发行有价证券之公司,应于每会计年度终了后 3 个月内公告并向主管机关申报经会计师查核签证、董事会通过及监察人承认之年度财务报告;于每会计年度第一季、第二季及第三季终了后 45 天内,公告并申报经会计师核阅及提报董事会之财务报告;于每月 10 日以前,公告并申报上月份营运情形。我国《证券法》及相关制度的规定是,在每一会计年度结束之日起 4 个月内,报送并公告年度报告,其中的年度财务会计报告应当经会计师事务所审计;在每一会计年度的上半年结束之日起 2 个月内,报送并公告中期报告;季度报告应当在每个会计年度第 3 个月、第 9 个月结束后的 1 个月内编制完成并披露,且第一季度的季度报告披露时间不得早于上一年度的年度报告披露时间。

三、 临时报告

临时报告是证券市场信息披露制度的重要组成部分,是指证券发行人发生可能对其证券交易价格产生较大影响的重大事件,而投资者尚未得知时,向证券监管部门提交并向社会公众披露的有关该事件的起因、目前的状态、可能产生的影响等信息的临时性报告。临时报告可以有效弥补定期报告及时性不足的缺陷,能够使投资者尽快得知可能影响证券价格的重要信息,及时进行投资决策。

(一)重大事件的披露

对重大事件的及时披露是临时报告的主要内容。其中,对"重大事件"的界定是一个关键问题,决定了证券发行人是否尽责地履行了信息披露义务。如果应披露而未披露,证券发行人将承担相应的法律责任。在对"重大事件"的判断中,"重大性"标准是制度设计的关键所在。

临时报告之所以强调"重大性"标准,是因为如果证券发行人发生的任何事情都需要进行披露,不仅会增加证券发行人的信息披露成本,也会使证券市场充斥过多的信息,这对缺乏信息筛选、辨别和分析能力的普通投资者而言,同样不利,使其难以对证券价格作出准确评估。当然,如果"重大性"界定得过于严苛,虽然减轻了证券发行人的信息披露负担,却会导致证券市场信息透明度不足,投资者无法及时了解必要的市场信息,影响其对证券市场的信心。可见,确立"重大性"标准的目的就在于平衡证券发行人的信息披露负担和投资者的知情权之间的利益冲突。正是基于这一考虑,各国立法者在确定"重大性"标准时,一般会综合考虑如下几点:(1)该信息是投资者进行投资判断所需要的信息;(2)应当避免市场充斥过多无用的信息;(3)证券发行人履行信息披露义务的负担不会过重;(4)便于监管部门运用该标准对证券发行人的信息披露行为进行监管。

在具体确定"重大性"判断标准时,各国立法又不尽相同。从境外立法经验来看,主要有两种:价格敏感性标准和投资者决策标准。前者以信息是否会对证券的市场价格造成重大影响为判断标准;后者以信息是否会对投资者作出投资决策时产生重大影响为标准。在德国,立法者采取的是价格敏感性标准。德国《证券交易法》第15条对特别披露要求作出了规定。所谓特别披露,是指上市公司应立即且不迟延地披露已发生或有极高之可能性将在未来发生,且可能对证券交易或市场价格有重大影响之讯息。在美国,法院和证券监管机构采取的则是投资者决策标准。在 *TSC Industries vs. Northway*(1976)案中,法官总结认为"即使是一个可被省略的事实,如果它的公开将会对一个理性的投资者产生重大影响,它就具备了重大性"。在 *Basic v. levision* 案中,法官认同该观点,即是否具备重大性取决于理性投资者是否认为被遗漏的信息或者虚假的信息对于投资决策很重要。2000 年美国证券监管机构 SEC 制定公布的《公平披露规则》禁止公众公司及代表其行为的人在向公众投资者发布重大信息前,先向特定人士披露公司"重大、非公开"的信息,但《公平披露规则》并未对"重大、非公开"进行明确界定。SEC 在阐释何谓"重大"时,采用了法院的观点,即对理性投资人进行投资决策时,具有产生重要影响的可能性,或具有足以改变投资人所能获得的信息总和的可能性。

在我国,证券立法对"重大性"标准的判断体现出了明显的"二元性"特征。具体表现在两方面:(1)招股说明书和定期报告采用"投资者决策标准",即对"重大性"的判断依据在于该信息是否会对投资者的投资决策产生影响。对于招股说明书,《上市公司信息披露管理办法》第11条第1款明确规定:"发行人编制招股说明书应当符合中国证监会的相关规定。凡是对投资者作出投资决策有重大影响的信息,均应当在招股说明书中披露。"《公开发行证券的公司信息披露内容与格式准则第 1 号——招股说明书》第 3 条也明确强调:"本准则的规定是对招股说明书信息披露的最低要求。不论本准则是否有明确规定,凡对投资者做出投资决策有重大影响的信息,均应披露。"对于定期报告,《上市公司信息披露管理办法》第19条第1款规定:"上市公司应当披露的定期报告包括年度报告、中期报告和季度报告。凡是对投资者作出投资决策有重大影响的信息,均应当披露。"《非上市公众公司信息披露管理办法》第11条也作出了同样规定。(2)临时报告采用"价格敏感性标准"。《证券法》第80条、第81条以及《上市公司信息披露管理办法》第30条均对此作出了规定,即发生可能对上市公司的股票交易价格、股票在国务院批准的其他全国性证券交易场所交易的公司的股票交易价格、公司债券上市交易的公司的债券交易价格产生较大影响的重大事件,投资者尚未得知的,公司应当立即将有关该重大事件的情况向国务院证券监督管理机构和证券交易场所报送临时报告,并予以公告,说明事件的起因、目前的状态和可能产生的法律后果。需要指出的是,针对全国股转系统的《非上市公众公司信息披露管理办法》对于临时报告却同时采用了上述两个标准。该办法第 25 条规定,发生可能对挂牌公司股票及其他证券品种交易价格产生较大影响,或者对投资者作出投资决策产生较大影响的重大事件,投资者尚未得知的,挂牌公司应当立即将有关该重大事件的情况向中国证监会和全国股转公司报送临时报告,并予以公告。这再次说明,我国目前的证券立法同时采用了"价格敏感性标准"和"投资者决策标准",二者并行不悖。

◎ **相关案例**

2019 年 8 月 13 日,长沙市中级人民法院对湖南尔康制药股份有限公司(以下简称"尔康制药")证券虚假陈述案一审审理终结。该案系大智慧案之后索赔金额最高的证券虚假陈述诉讼案件。截至 2019 年 11 月底,共计 901 名原告投资者以尔康制药为被告起诉索赔 5.35 亿元。该案中,法院认为,尔康制药公司 2015 年年度财务报表区分营业收入、虚增利润仅占当期合并报表披露营业收入的 1.03%,披露净利润的 2.62%,在该公司的营业收入和净利润中占比微小,不会对公司的业绩及重要财务指标产生实质性的影响,也不会误导投资者对公司产生错误的判断,因而 2015 年的信息披露行为不构成重大事件,不构成证券虚假陈述。而 2016 年年度报告中营业收入和虚增的净利润,在该公司的营业收入和净利润中占比较大,对公司的业绩及重要财务指标产生了实质性的影响,误导投资者对公司的业绩产生错误的判断,因此对于该公司 2016 年的信息披露违法行为,可以认定构成重大事件,构成证券虚假陈述。判定被告应向原告赔偿损失的金额合计 7030.6 万元。

对于临时报告中"重大事件"的具体情形,我国《证券法》分别针对上市公司、股票在全国性证券交易场所交易的公司和公司债券上市交易的公司进行了规定,具体如下:

(1)针对上市公司和股票在其他全国性证券交易场所交易的公司,股票价格敏感性重大事件包括:公司的经营方针和经营范围的重大变化;公司重大投资行为和公司重大财产购置或处置;公司订立重要合同、提供重大担保或者从事关联交易,可能对公司的资产、负债、权益和经营成果产生重要影响;发生重大债务和未能清偿到期重大债务的违约情况;公司发生重大亏损或者重大损失;公司生产经营的外部条件发生重大变化;公司管理层发生重大变化;公司的大股东或实际控制人持股权益发生变化;公司分配股利、增资的计划,公司股权结构的重要变化,公司减资、合并、分立、解散及申请破产的决定,或依法进入破产程序、被责令关闭;涉及公司的重大诉讼、仲裁,股东大会、董事会决议被依法撤销或者宣告无效;公司涉嫌犯罪被依法立案调查,公司的控股股东、实际控制人、董事、监事、高级管理人员涉嫌犯罪被依法采取强制措施;国务院证券监督管理机构规定的其他事项。

(2)针对上市交易的债券,价格敏感性重大事件包括:公司股权结构或者生产经营状况发生重大变化;公司债券信用评级发生变化;公司重大资产抵押、质押、出售、转让、报废;公司发生未能清偿到期债务的情况;公司新增借款、对外担保、放弃债权或者财产数额重大;公司发生重大损失;公司分配股利,作出减资、合并、分立、解散及申请破产的决定,或者依法进入破产程序、被责令关闭;涉及公司的重大诉讼、仲裁;公司涉嫌犯罪被依法立案调查,公司的控股股东、实际控制人、董事、监事、高级管理人员涉嫌犯罪被依法采取强制措施;国务院证券监督管理机构规定的其他事项。

(二)承诺的披露

"承诺"的大量使用可追溯至上市公司股权分置改革期间,后被广泛运用于交易所市场及场外交易市场,适用领域也从股权分置改革扩展至股权收购、资产重组、首次公开发行、再融资及其他环节。这些承诺对于增加市场信心、稳定公司股价、改善公司治理具有积极作用。然而,由于缺乏法律依据,此类承诺一直游离于监管之外,沦为白条者甚多,严重损害了投资者利益,破坏了证券市场信心,影响了证券市场稳定。[1] 2014 年,为进一步规范上市公

---

[1]　杨海静、万国华:《论证券市场公开承诺的监管》,载《证券市场导报》2016 年第 8 期。

司实际控制人、股东、关联方、收购人以及上市公司的承诺及履行承诺行为,优化诚信的市场环境,更好地保护中小投资者合法权益,中国证监会发布了《上市公司监管指引第4号——上市公司实际控制人、股东、关联方、收购人以及上市公司承诺及履行》,确立了承诺必须信守的基本原则,并对承诺内容及信息披露作出了明确要求,即"上市公司应对承诺事项的具体内容、履约方式及时间、履约能力分析、履约风险及对策、不能履约时的制约措施等方面进行充分的信息披露",并规定"承诺相关方在作出承诺前应分析论证承诺事项的可实现性并公开披露相关内容,不得承诺根据当时情况判断明显不可能实现的事项。承诺事项需要主管部门审批的,承诺相关方应明确披露需要取得的审批,并明确如无法取得审批的补救措施"。这些信息披露要求,一方面可以作为审批及监管的依据,另一方面也可以作为诉讼中法官认定责任承担的依据。基于上述制度经验,我国《证券法》在2019年修订时,专门在第84条第2款增加规定:"发行人及其控股股东、实际控制人、董事、监事、高级管理人员等作出公开承诺的,应当披露。不履行承诺给投资者造成损失的,应当依法承担赔偿责任。"

（三）其他事件的披露

在当前的信息社会,信息传递途径多样,传递速度非常快。很多时候,不排除在证券发行人之外,会有其他主体通过公共传播媒介发布证券发行人的有关信息,而这些信息很可能对社会公众投资人产生影响,尤其是在我国当前信息披露的透明度还不足的情况下,这些通过非正规途径发布的证券信息,对投资者的影响比较明显。当这些信息为虚假捏造信息时,势必会误导投资者。因此,证券发行人除了严格规范自身行为,进行真实、准确、完整的信息披露外,还需要时刻关注媒体针对发行人及其所发行证券的相关信息,对于虚假的信息,应当在知悉后及时向相关各方了解真实情况,必要时以书面方式问询,尽快对该消息作出澄清和说明,并将事情的全部情况立即通知证券监管机构和证券交易场所。

（四）临时报告的披露时点

及时性标准是信息披露的一个重要标准。证券进入公开交易市场后,相关信息的持续性披露,尤其是临时报告的披露,就是为了督促证券发行人迅速发布影响证券价格的敏感性信息或影响投资者决策的信息。因此,境外很多国家和地区都对临时报告的披露时点作出要求,而且随着网络信息技术的快速发展,越来越倾向于要求实时披露,以减少因信息披露滞后可能引发的内幕交易。在我国香港特别行政区,根据香港联交所《股价敏感资料披露指引》,对于重大信息披露发布的时点,其首要原则便是:凡预计会影响股价的数据,均应在发行人的董事或管理高层已经知悉该等数据,或发行人的董事或管理高层作出有关该等数据的决定后立即公布。

目前,我国对持续性信息披露中定期报告的披露时间有明确具体的规定,信息披露义务人能较好遵守,但是对于临时报告的披露时间,尽管立法使用了"立即"的表述,但证券发行人往往出于对自身商业信誉的保护而迟迟不愿及时披露对其不利的负面信息,或者内幕信息知情人出于内幕交易的获利动机而故意隐瞒信息,造成了临时信息披露的不及时。有的证券发行人甚至在重大事件发生后,不以临时报告的形式披露,而将该事件放在年度报告等定期报告中进行公告,侵害了投资者及时得知证券信息的知情权。为解决这一问题,增强对证券发行人的约束,也便于证券监管者的明确执法,我国《上市公司信息披露管理办法》《非上市公众公司信息披露管理办法》均对此进行了规定。以《上市公司信息披露管理办法》为例，其第 31 条专门规定："上市公司应当在最先发生的以下任一时点，及时履行重大事件的信息披露义务：（一）董事会或者监事会就该重大事件形成决议时；（二）有关各方就该重大事件签署意向书或者协议时；（三）董事、监事或者高级管理人员知悉该重大事件发生并报告时。在前款规定的时点之前出现下列情形之一的，上市公司应当及时披露相关事项的现状、可能影响事件进展的风险因素：（一）该重大事件难以保密；（二）该重大事件已经泄露或者市场出现传闻；（三）公司证券及其衍生品种出现异常交易情况。"《上市公司信息披露管理办法》的这一规定，对于重大事件中，那些尚处于不确定阶段，但又可能影响股价的事件，何时进行披露进行了规范，这一点非常重要。例如，公司正在为重大资产重组进行谈判，或正在为签订重大合同进行谈判，对这些事项应当在什么条件下进行披露？如果披露得过早，可能使某些谈判过早"夭折"；而披露过晚，又可能引发内幕交易。尤其是在这类谈判中，双方当事人往往还约定了保密义务。这时，就需要平衡保护投资者利益和公司利益。原则上，尚不确定的信息可先不披露，但如果这些信息已经泄露，并且已经对公司的股票价格产生了影响并有较大波动，信息披露义务人理应如实披露该事件。

◎　**相关案例**

2006 年 11 月至 2007 年 2 月，杭萧钢构股份有限公司（以下简称"杭萧钢构"）与中国国际基金有限公司就安哥拉住宅建设项目进行洽谈，并于 2 月 13 日签署金额达 313.4 亿元的合同。2 月 12 至 14 日，杭萧钢构在没有任何消息公告的情况下出现股价连续异动：2 月 12 日涨幅 9.9%，2 月 13 日涨幅 10.11%，2 月 14 日涨幅 9.98%。经中国证监会调查，2 月 12 日下午，公司董事长单银木在公司年度总结表彰大会的讲话中泄露了该信息，导致股价异常波动。

中国证监会认为，杭萧钢构 2005 年度经审计的公司主营业务收入为 15.16 亿元，安哥拉项目合同的总金额足以对杭萧钢构的经营成果产生重要影响，因此，这一事件属于《证券法》中规定的重大事件，应予以及时披露。但杭萧钢构却违反该规定，未及时披露。安哥拉项目合同金额巨大，自 2006 年 11 月起，公司主要领导、公司设计部、投标办、市场营销部和法务部等十多人参与了该项目工作，信息泄露风险已经很大。2007 年 2 月 8 日，双方已就项目主要内容达成一致；2 月 11 日上午，公司开始布置设计部门进行工作，表明该合同已难以保密；且 2 月 12 日下午，董事长单银木在公司年度总结表彰大会的讲话中泄露了信息；2 月 13 日，公司股价连续两个涨停，上海证券交易所询问公司有无经营异常情况，公司称没有异常情况。上海证券交易所要求公司作进一步的了解，并提醒公司如有异常情况要及时公告，但公司一直到 2 月 15 日才披露正在商谈一个境外合同项目。中国证监会认为，根据《上市公司信息披露管理办法》第 31 条规定，当重大事件难以保密，重大事件已经泄露或者市场出现传闻，或者公司证券及其衍生品种出现异常交易时，公司应当及时予以披露。杭萧钢构对于应当立即予以披露的重大事件，没有按照《证券法》和《上市公司信息披露管理办法》的规定立即予以披露，构成了《证券法》第 193 条所述"未按照规定披露信息"的行为。

第四节　信息披露中的特殊问题

一、选择性信息披露

选择性信息披露是指证券发行人有选择性地将一些重大且尚未公开的信息在向社会公众披露之前先向一些特定的个人或机构进行披露的做法。在实践中,选择性信息披露的对象往往是证券分析师或特定的机构投资者。

选择性信息披露之所以存在,是因为其可能产生积极作用,尤其是发挥稳定市场功能,避免普通投资者因投资判断能力局限而引发市场混乱。因为对于较为复杂或重大的市场信息,一般投资者可能无法充分理解和作出理性回应,而由证券分析师和机构投资者预先作出市场预测和投资建议,公众再跟随其作出投资决定,有利于市场的稳定和有序,避免证券价格异常波动。而且,在理想状态下,选择性信息披露还有助于促使证券分析师对证券发行人的业绩作出准确评价,进而实现证券市场的有效性。

然而,事实上,选择性信息披露行为在实务发展中越来越背离最初的设想,违背了证券监督的理念,造成诸多不利后果[1]:(1)引发不公平的欺诈交易。在选择性披露的情况下,先行获得重大非公开信息的主体完全可能利用这种信息优势进行交易,获得利益或避免损失,损害普通投资者的利益,违背证券市场公平、公正的理念。在这种意义上,选择性信息披露与泄露内幕信息非常相似。(2)选择性信息披露向市场施加了结构性偏差,将市场投资者区分为专业投资者与非专业投资者,并明显偏向前者,使其获得套利机会。[2] 这必然会打击广大普通投资者对市场的信心。(3)为避免被证券发行人排除在信息披露所选择的人员范围之外,证券分析师作出的往往都是对发行人有利的评论或建议,失去其独立、中立、公正的立场。

总之,理性状态下的选择性信息披露对机构投资者和证券分析师有很高的诚信要求,但事实上,这些事先得知证券发行人重大信息的人,也是"理性经济人",往往会基于自利动机,进行内幕交易,反而扰乱证券市场的秩序。为了更好地保护投资者利益,美国证券监管机构 SEC 在 2000 年制定了规范证券市场信息公开的《公平披露规则》,旨在建立公平的信息披露机制,实现市场机会的平等。根据该规则的规定,公众公司或代表其行为的人如果向规章列举的主体选择性地披露了重大的非公开信息,他们必须同时或迅速向一般公众公开披露同一信息。该规则所列举的选择性披露主体包括:证券经纪商和自营商及其工作人员;投资顾问、投资管理机构及其工作人员;投资公司、对冲基金及其关联人员;可以合理预见其将基于所披露信息买卖证券的公司证券持有人,但会计师、律师及信用评级公司因职业因素不被包含在内。在披露时间的要求上,该规则进行了区别规范,即有意实施的选择性信息披露,必须同时向一般公众公开披露;无意实施的选择性信息披露,则必须迅速向一般公众公

---

① 施天涛、李旭:《从"选择披露"到"公平披露"——对美国证券监管新规则的评介与思考》,载《环球法律评论》2001 年冬季号。

② 陈秧秧:《选择性披露的管制与内幕交易法的演变:基于美国〈公平披露条例〉的研究》,载张育军、徐明主编:《证券法苑》(第三卷下),法律出版社 2010 年版。

开披露。

　　我国现行立法也对选择性信息披露制度进行了严格限制,强调公平信息披露的理念,即当证券发行人及其他信息披露义务人发布重大信息时,必须向所有投资者公开披露,使所有投资者可以同时获得相同的信息,不得私下提前向特定对象单独进行披露。2006 年,深圳证券交易所发布了《深圳证券交易所上市公司公平信息披露指引》,首次引入"公平信息披露"理念;2009 年 4 月,上海证券交易所也发布了《关于进一步做好上市公司公平信息披露工作的通知》;我国 2019 年《证券法》明确规定了公平披露规则,第 83 条第 1 款规定:"信息披露义务人披露的信息应当同时向所有投资者披露,不得提前向任何单位和个人泄露。但是,法律、行政法规另有规定的除外。"第 78 条第 3 款明确规定:"证券同时在境内境外公开发行、交易的,其信息披露义务人在境外披露的信息,应当在境内同时披露。"

　　公平披露理念的引入及其制度实施,是我国证券市场信息披露制度建设的一个重要举措。尤其在自愿性的信息披露中更应当强调公平披露的规则和要求。我国上海证券交易所和深圳证券交易所分别发布的《上市公司投资者关系管理指引》均明确规定,上市公司进行自愿性信息披露应遵循公平原则,面向公司的所有股东及潜在投资者,使机构、专业和个人投资者能在同等条件下进行投资活动,避免进行选择性信息披露;公司在召开股东大会过程中,如对到会的股东进行自愿性信息披露,应尽快在公司网站或以其他可行的方式对外公布;为避免一对一沟通中可能出现选择性信息披露,上市公司可将一对一沟通的相关音像和文字记录资料在公司网站上公布,还可邀请新闻机构参加一对一沟通活动并作出报道;上市公司不得向分析师或基金经理提供尚未正式披露的公司重大信息,对于上市公司向分析师或投资经理所提供的相关资料和信息,如其他投资者也提出相同的要求,上市公司应平等予以提供;上市公司在投资者关系活动中一旦以任何方式发布了法规和规则规定应披露的重大信息,就应及时向交易所报告,并在下一交易日开市前进行正式披露。

二、预测性信息披露

　　预测性信息又称"软信息",是证券发行人依主观分析对未来可能发生的事项进行前瞻性估计和预测。这类信息大致包括发展规划、发展趋势预测、盈利预测和业绩预告等。预测性信息又可进一步分为前景性预测信息和盈利性预测信息。前景性预测信息是指证券发行人依据目前已知晓的事实预测的证券发行和交易中未来可能发生的事件、发展趋势以及可以合理预见到的将对公司产生重大影响的信息。前景性预测信息往往属于强制性信息披露的范围,如已知的未来劳动力或材料成本的增加。而盈利性预测信息是指在对公司生产经营情况、发展规划、财务状况等进行合理分析的基础上,按照公司正常的发展速度,本着审慎的原则,对公司未来的某个或某几个会计年度期间的利润总额、每股盈利等财务事项所作的预计。盈利性预测信息属于自愿性信息披露的范畴。在所有预测性信息的披露中,最为重要的就是对未来的盈利性预测的信息披露。

　　预测性信息披露的积极功能在于,一方面,能够使投资者获得各种影响投资对象的有利或不利的信息,了解证券发行人未来的生产经营状况,综合分析投资对象并作出合理的投资决策,防范投资风险;另一方面,对于证券发行人而言,能够事先向证券市场传递自身未来的经营状况,便于市场提前了解,使证券市场的价格能够真实反映企业的价值,进而吸引更多的投资者进行投资。

　　恰恰是预测性信息披露的第二个积极功能使得证券发行人有虚假预测的内在冲动。例如,证券发行人为了提高发行价格、募集更多的资金,使用不恰当的预测基础,过分乐观估计盈利前景或者选用不当的预测方法进行盈利预测。这不但不能让投资者事先防范投资风险,反而会误导投资者的理性判断。因此,规范证券发行人的预测性信息披露行为,防止其进行虚假披露就成为该制度设计的关键所在。

　　那么,应如何判断预测性信息披露的真实性? 从信息披露的整体规则来看,证券市场的信息分为描述性信息(即"硬信息")和预测性信息(即"软信息")。前者通常是对公司在经营活动中已经发生的或正在发生的客观事实的陈述,对准确性的要求相对严格,即信息披露者意图表达的信息必须与客观事实相符,且信息表达所呈现的内容必须与投资者理解或感知的相一致。这类信息主要体现在招股说明书、上市公告书、募集说明书、定期报告、临时重大事项披露报告等文件中。后者则主要是对公司今后将要发生的事情所做的预测性判断,是根据公司现有情况,基于逻辑分析,对未来发展趋势和业绩及某些重大事件作出的前瞻性阐释,因其具有未来性或不确定性,对其准确性的认定显然不能等同于已经发生或正在发生的"硬信息"。如果对预测性信息披露的准确性要求过于严苛,一旦事后证明的事实与之前的预测发生偏差,就认定证券发行人虚假陈述,就会造成证券市场预测性信息供给不足,不利于投资者的决策。

　　结合境外信息披露制度的经验,对证券发行人预测性信息披露的规制,应当建立类似于美国的"安全港规则",即只要证券发行人对公司未来利润、收入、赢利和资本费用等财务指标,公司未来经营计划和目标,以及未来经济表现的陈述建立在合理的预测基础之上,并且以诚实信用的方式予以披露,则即便后来的现实与当初的预测出现偏差,该陈述也不被视为虚假或误导性陈述,可免于承担民事责任。这是一种保障预测性信息披露不受民事责任追究的规则,以避免披露人的预测行为虽然善意并有合理依据,但仍有可能受到指控的情形。借鉴美国做法,"安全港规则"的适用应当至少满足以下四个要件:(1)预测性文件中应当伴有警示性语句,即行为人在前景预测中已申明其为前景预测,并配有适当的提示性文字列出导致实际结果与预测之间存在重大差异的重要因素;(2)该预测有合理的依据;(3)披露人主观上必须善意,即披露人当时并不知道任何未披露的可能对该陈述准确性产生重大损害的事实,否则该错误预测则为虚假陈述。(4)如果情况发生变化,信息披露人有义务随时以披露事项的新状况更正以往所披露的信息。预测性信息披露只要遵守以上规则,即使后来的现实与预测不符,也不被视为虚假或误导,这体现了美国对预测性信息披露的支持与鼓励。为了进一步体现对证券发行人的保护,"安全港规则"还将举证责任配置给原告投资者,即当投资者不能证明预测是在证券发行人明知错误或误导而为之的情况下,将无法获得司法上的支持。

　　从本质上来看,"安全港规则"是针对预测性信息披露的"免责条款"。预测性信息尤其是盈利性预测信息,毕竟具有未来性和或然性,如果对证券发行人苛以过重的责任,显然不公平,既打击了证券发行人披露预测性信息的主动性和自愿性,也堵塞了投资者充分全面了解公司的信息通道。因此,对于证券发行人正当、诚信的预测性信息披露行为,应当通过"免责条款"予以鼓励和提倡。

　　在我国,盈利性预测信息披露虽然属于自愿性披露,却已成为证券市场信息披露中重要的组成部分之一。在许多投资者眼里,它甚至比其他信息更为重要。但目前我国《证券法》并未对预测性信息披露作出明确规定,有关预测性信息披露的规则主要基于证券监管部门的规范性文件。这些规范性文件虽然没有明确规定"安全港规则",但"安全港规则"所蕴含的监管理念和方式得到了一定体现。例如,《公开发行股票的公司信息披露内容与格式准则第 2 号——年度报告的内容与格式》规定,如年度报告涉及未来计划等前瞻性陈述,同时附有相应的警示性陈述,则应当声明该计划不构成公司对投资者的实质承诺,投资者及相关人士均应当对此保持足够的风险认识,并且应当理解计划、预测与承诺之间的差异。同时,该准则还要求,公司应当回顾总结前期披露的发展战略和经营计划在报告期内的进展,对未达到计划目标的情况进行解释;公司实际经营业绩低于或高于曾公开披露过的本年度盈利预测 20%以上的,应当从收入、成本、费用、税负等相关方面说明造成差异的原因。此外,该准则还规定,如公司资产或项目存在盈利预测,且年度报告期仍处在盈利预测期限内,公司董事会、相关股东和负责持续督导的中介机构应当就资产或项目是否达到原盈利预测及其原因作出说明。从上述规定可以总结出,如果公司进行了前瞻性陈述,但附有相关的警示性陈述,那么投资者应当对此有风险认知;同时,如果最终的实际结果与当初预测发生偏差,即使有 20%以上的偏差,也不必然属于虚假陈述,而应由相关主体就偏差原因进行说明。

当然,上述规则只是体现出了"安全港规则"的监管理念和思想,还没有形成系统的判断机理。今后,为了更好地规范证券发行人的预测性信息披露行为,应当借鉴"安全港规则"的制度经验,要求发行人做到如下几点:(1)预测性信息必须具有现实的合理假设基础。(2)必须本着审慎的原则,以合理的方法预测。(3)用警示性语言提醒投资者未来的结果可能与预测有较大出入,投资者应当对此保持足够的风险意识。换言之,如果预测性披露,例如预测、意见、估算或预计等伴有警示性语言,不影响提供给投资者的总体信息组合,那么这些陈述不能成为认定证券发行人虚假陈述的基础,此即"预先警示原则"。(4)因客观条件变化导致原先的预测信息变得不真实或有误导性的,应及时披露并更正预测性信息。

三、　自愿性信息披露

自愿性信息披露在证券市场中具有必不可少的作用,能够在强制性信息披露之外,起到补充性的、更为充分的信息传递作用。这种自愿性的信息传递,减少了上市公司与外部投资者的信息不对称,缓和了委托代理矛盾,使投资者能够更加全面地了解公司,增强对公司的信心;同时,也使证券市场的价格更充分和真实地反映发行人的企业价值,促进市场的有效性。

从境外证券市场的发展来看,信息披露制度是沿着以自愿性信息披露为主、以强制性信息披露为主、强制性信息披露与自愿性信息披露相结合的路径发展的。在证券市场发展的早期,立法者认为证券发行人基于自利动机,为了提升投资者对其的信心,进而能够快速溢价融资,会自愿进行充分的、有效的信息披露。但是,随着证券市场的发展,尤其是美国金融危机引发的世界性经济萧条,立法者逐渐认识到,单纯依靠证券发行人进行自愿性信息披露是过于理想的做法,证券市场信息的公共产品属性、发行人为了维持市场评价和商业声誉而故意瞒报不利信息、发行人的内幕信息知情人为了进行内幕交易而迟迟不愿披露重要信息等因素,使得自愿性信息披露制度的弊端日益凸显。为此,以美国为代表的国家纷纷开始实施强制性信息披露制度,上市公司的信息披露进入管制时代。此后,随着机构投资者的发展壮大,证券市场对信息的需求也发生了结构性变化,强制性信息披露制度的管制措施也开始出现弊端,理论界和实务界甚至开始批评强制性信息披露制度对于提升上市公司的信息披露质量并未起到实质性作用,同时也引发了对强制性信息披露制度存在合理性的诸多质疑。为了更好地促进资本市场发展,立法者随之开始加强与机构投资者的沟通,并在定期报告和新闻媒体中加强了自愿性信息披露,并出台针对自愿性信息披露的规则,信息披露进入强制性与自愿性相结合的发展阶段。

在我国,由于证券市场发展的成熟度还不足,目前信息披露还是以强制性信息披露为主。但是,鉴于自愿性信息披露的积极效应,立法对于自愿性信息披露也予以了制度认可,并形成了"以强制性为主、自愿性为辅"的信息披露机制。我国《证券法》第84条第1款专门针对自愿性信息披露进行了原则性规定:"除依法需要披露的信息之外,信息披露义务人可以自愿披露与投资者作出价值判断和投资决策有关的信息,但不得与依法披露的信息相冲突,不得误导投资者。"

自愿性信息披露与强制性信息披露相比,具有如下两方面的特点:

首先,自愿性披露往往是公司管理层出于对公司未来发展中趋利避害的动机实施的。这主要表现在如下几方面:(1)自愿性信息披露可以尽可能显示公司的核心竞争力,尤其是业绩好的公司更加倾向于提升信息披露的水平,以彰显其优势。有研究就发现,公司利润与公司财务信息的自愿性披露程度呈显著的正向关系。(2)自愿性信息披露可以降低融资成本,获得快速、溢价融资。信息不对称会加大公司外部融资的压力和成本,通过自愿性信息披露,投资者可以对证券的预期收益和内在风险进行权衡,便于吸引投资者向公司投资。(3)自愿性披露可以提升管理层声誉和财富。通过信息披露,可以揭示经营者良好的职业能力,通过职业经理人市场提升其薪酬,或者通过公司股价提升获得股票期权的奖励。因此,有能力的管理者倾向于自愿性信息披露。(4)自愿性信息披露能够发挥抵御敌意收购的作用。敌意收购往往是在公司经营能力较弱、市场价值被低估的情况下发生的,为了向市场展示自己的真实价值和发展潜力,企业进行自愿性信息披露可以让投资者更全面地了解公司,也可以间接阻却收购方的敌意收购行为。

其次,自愿性信息披露的内容比较广泛和灵活,只要管理层认为有利于提升公司影响力和治理能力,需要对外进行披露的信息都可以对外披露。从实践来看,自愿性信息披露的内容主要包括如下几类:(1)企业背景信息(包括相关投资关系与控制关系、战略目标、经营方针、市场机会与经营风险等);(2)业绩信息(包括历史信息与预测性信息);(3)核心产品与技术信息(包括性能、先进性、市场占有率、销售状况、对业务收入的贡献度等);(4)内部控制信息(包括企业内部环境、目标设定、风险评估与应对、控制活动、信息沟通等);(5)人力资源信息(包括技术力量、人才发展规划、人力资本、员工培训、员工业绩考核、员工其他福利等);(6)无形资产(包括商誉、公司与顾客及供应商的关系、企业的研发信息等);(7)社会责任履行情况(包括环境问题和社会问题);(8)衍生金融工具信息(包括衍生金融工具的类别和期限、对金融资产和金融负债的定性与定量分析、可能存在的流动性风险、信用风险和市场风险等);(9)管理层的讨论与分析(主要是针对生产经营和财务管理中各种情况的变动与原因的分析)。需要强调的是,在自愿性信息披露过程中,当情况发生重大变化,导致已披露的信息不真实、不准确或不完整,或者已披露的预测难以实现的,公司应当对已披露的信息及时进行更新;对于已披露的尚未完结的事项,负有持续和完整披露义务,直至该事项最后结束。

对于证券发行人的自愿性信息披露行为也应当进行严格监管。在自愿性信息披露中,尽管是否披露以及披露的内容由证券发行人自己决定,但是,一旦发行人实施了自愿披露行为,就需要接受证券执法者的监管。这主要是因为,自愿性信息披露源于公司自利性行为的内在驱动。在理想状态下,这种披露行为在达到公司披露目的的同时,也能够解决外部投资的信息不对称,提升资本市场有效性。但是,现实总有可能脱离理想的初衷。很多情况下,公司为了给市场塑造良好的形象和信心,会随意虚假披露、向特定对象选择性披露,反而破坏了资本市场的秩序。因此,立法者既需要鼓励企业进行自愿性信息披露,也需要对其行为进行引导和规范,强化信息披露的质量。对于证券信息披露所要求的真实性、准确性、完整性、公平性,证券发行人在进行自愿性信息披露时必须同样达到,不得进行虚假记载、误导性陈述、故意遗漏,也不得进行选择性信息披露,否则,同样要承担相应的法律责任。

◎ **相关案例**

2017年1月3日,广西慧球科技股份有限公司(以下简称"慧球科技")董事会决议通过了《关于公司建立健全员工恋爱审批制度》《关于公司全体员工降薪300元的议案》《关于公司全体员工加薪50元的议案》等1001项"奇葩"议案。同日,公司董事会秘书将上述决议及召开股东大会的公告报送上海证券交易所(以下简称"上交所")申请进行披露。上交所指出慧球科技股东大会的通知议案数量极大,诸多议案前后交叉矛盾,逻辑极其混乱,未批准信息披露申请。1月4日,慧球科技再次申请披露含有上述议案中996项议案的《广西慧球科技股份有限公司关于召开2017年第一次临时股东大会的通知》,上交所未予批准。同日,公司管理层自行注册网站并以链接的形式刊登含有上述996项议案的两份文件,并将照片版的上述文件通过东方财富网股吧向公众披露。

中国证监会经调查认为,慧球科技的信息披露行为存在以下问题:首先,慧球科技董事会审议部分议案的行为严重超越法定职权,审议《宪法》作出明确规定的事项的行为,违反了《公司法》第5条、第46条、第108条第3款的相关规定。其次,慧球科技所披露信息的内容违反法律规定。《证券法》第67条、《上市公司信息披露管理办法》第30条规定,发生可能对上市公司股票交易价格产生较大影响的重大事件,上市公司应当予以公告,说明事件的起因、目前的状态和可能产生的影响;同时,上述规定还以列举方式对重大事件的范围作出了明确规定。但慧球科技将《关于公司坚决拥护共产党领导的议案》《关于坚持钓鱼岛主权属于中华人民共和国的议案》等依法不应由董事会审议,与《证券法》第67条、《上市公司信息披露管理办法》第30条所列重大事件无任何相关性、相似性的内容作为公告的组成部分予以披露,违反了《证券法》第67条对信息披露内容的规定。再次,慧球科技披露内容存在虚假记载、误导性陈述及重大遗漏:一是其披露大量无事实可能性、无法律基础的虚假信息以及大量矛盾信息;二是其披露议案时存在重大遗漏,各议案均只有标题,而无任何具体内容。最后,慧球科技的披露渠道违反法律规定。在信息披露申请被交易所严厉驳斥的情况下,慧球科技仍然擅自将相关公告通过域名为"www.600556.com.cn"的网站、东方财富网股吧向公众披露,造成极其恶劣的社会影响。该行为违反了《证券法》(2014年修正)第70条有关"依法必须披露的信息,应当在国务院证券监督管理机构指定的媒体发布"的规定。

综上,慧球科技的上述行为构成《证券法》(2014年修正)第193条所述的违法行为。

本章理论与实务探讨

信息披露中"重大性"标准的比较分析

从境外立法来看,在证券市场的信息披露制度中,关于"重大性"的判断主要有两种标准,即"价格敏感性标准"和"投资者决策标准"。正如本章正文所阐述,目前我国兼采这两个标准。

关于这两种标准的关系,有观点认为,两种标准下的重大信息范围并不相同。实践中,影响投资者决策的因素很多,理性投资者考虑的信息并不仅仅是价格敏感性信息,投资市场环境等其他因素也属于投资者考虑的范畴。换言之,某信息对证券市场价格没有影响并不一定就表明其缺乏重大性,价格敏感性标准只是证明信息重大性的一种方法。[1] 但也有观点认为,这两个标准并不存在本质冲突,其实是从投资者决策和证券交易价格两个不同的角度看待同一问题。[2] 因为投资者的投资判断是基于信息对证券价格的影响,对证券价格有重大影响的信息总会影响投资者决策;反过来,对投资者决策有重要意义的信息也总会影响证券价格,很难想象一个对证券价格无关紧要的信息会对投资者决策有重大影响。从有效市场假设理论的角度来看,市场的运作过程就是信息的处理过程,当一个信息足够重大到影响市场上不特定投资者的投资决策时,这种集体性的决策势必会对证券市场的供求关系产生影响,进而对市场价格产生影响。从这个意义上来看,判断价格敏感性同时也就是在判断相关信息是否对投资者的决策有显著影响。

从目前学界对该问题的研究观点来看,支持"投资者决策标准"的相对较多。该观点主要基于如下理由:投资者决策标准涉及的因素和考虑的范围完全可以包容价格敏感性标准;投资者决策标准除包含价格敏感性因素外还考虑其他因素,可以灵活适用于个案情况;在对原告的救济上,投资者决策标准可以减轻原告的举证负担。在价格敏感性标准中,原告须证明信息可能会对证券价格产生的重大影响,这就加重了原告的举证责任;而在投资者决策标准中,原告只需证明该信息可能影响一般合理投资者的决策即可。[3]

---

[1] 李有星、董德贤:《证券内幕信息认定标准的探讨》,载《浙江大学学报(人文社会科学版)》2009年第6期。

[2] 陈舜:《内幕信息重大性的统计检验》,载《金融法苑》2005年第1期。

[3] 杜晶:《论内幕信息"重大性"的一般判断和个案判断》,载郭锋主编:《证券法律评论》(2015年卷),中国法制出版社2015年版;张小妮:《证券市场内幕信息重大性认定研究》,载陈小君主编:《私法研究》(第十六卷),法律出版社2014年版。

本章法考与考研练习题

一、名词解释

1. 招股说明书

2. 证券发行信息披露

3. 预测性信息披露

4. 安全港规则

二、不定项选择题

1. 信息披露义务人未按照规定披露信息,或者公告的(　　　　)存在虚假记载、误导性陈述或者重大遗漏,致使投资者在证券交易中遭受损失的,信息披露义务人应当承担赔偿责任。

A. 证券发行文件　　　　　　　　B. 定期报告

C. 临时报告　　　　　　　　　　D. 其他信息披露资料

2. 发行人的(　　　　)应当对证券发行文件和定期报告签署书面确认意见。

A. 股东　　　　　　　　　　　　B. 董事

C. 高级管理人员　　　　　　　　D. 监事

3. 董事、监事和高级管理人员无法保证证券发行文件和定期报告内容的真实性、准确性、完整性或者有异议的,应当在书面确认意见中(　　　　),发行人应当披露。发行人不予披露的,董事、监事和高级管理人员可以直接申请披露。

A. 发表意见　　　　　　　　　　B. 发表意见并陈述理由

C. 提出反对意见　　　　　　　　D. 拒绝陈述意见

三、简答题

1. 简述信息披露的真实性判断标准。

2. 简述上市公司控股股东、实际控制人在信息披露中的主要义务。

3. 简述上市公司信息披露义务主体。

4. 简述上市公司信息披露违法违规的主要民事法律责任。

四、案例分析题

W 公司系在上海证券交易所上市的一家股份有限公司。2018 年 4 月 15 日,W 公司控股股东 Z 与 Y 公司(系某知名人士投资设立,注册资本为 200 万元,未实缴,公司尚未开展经营活动,设立目的主要在于从事相关产业的并购)签订股权转让协议,约定 Z 将 W 公司已发行股份的 30% 转让给 Y 公司,股本金额共计 20 亿元。本次交易完成后,Y 公司将成为 W 公司的控股股东。2018 年 4 月 18 日,W 公司公告股权转让事项,但未披露收购资金来源及收购人详细信息。4 月 20 日,上海证券交易所就相关股权转让事项发布问询函,问询收购方式及收购资金来源等事项。4 月 28 日,W 公司发布公告称,Y 公司本次收购资金全部源于自有资金及自筹资金。其中,自有资金 2 亿元,向金融机构质押融资 18 亿元,担保措施为本次收购的 W 公司股份,目前正在审批中。后因质押融资审批未通过,W 公司与 Y 公司双方一致同意终止本次交易,互不追究违约责任。2018 年 6 月 20 日,中国证监会发布对 W 公司、Y 公司及其实际控制人、相关责任人员的行政处罚,称在股权转让过程中,Y 公司在 W

公司的公告中披露的信息存在虚假记载、误导性陈述及重大遗漏。Y公司在自身资金准备不足,相关金融机构融资尚待审批,存在极大不确定性的情况下,以空壳公司收购上市公司,且贸然予以公告,对市场和投资者产生严重误导;对无法按期完成融资计划原因的披露存在重大遗漏。上述收购行为导致W公司股价大幅波动,引起市场高度关注,严重影响了市场秩序,损害了中小投资者的信心,影响了市场的公平、公正、公开。随后,W公司多数中小投资者陆续诉至法院要求索赔。

根据案例回答下列问题:

(1) Y公司是不是信息披露义务人?

(2) Y公司通过W公司发布公告,W公司是否应承担信息披露违法违规的法律责任?

(3) 中小投资者能否依据行政处罚决定书诉至法院索赔投资损失?

本章法考与考研练习题参考答案

第四编　投资者保护法律制度

第十三章　投资者保护法律制度

[导语]

　　投资者是资本市场发展的原始驱动力。历史似乎总在重复,几百年来资本市场上的兴衰成败都有着相似的一面。从17世纪30年代的荷兰郁金香事件到2008年的次贷危机,都反复印证了同一个道理——投资者保护是市场存在与发展的基石。保护投资者是各国证券法律制度的首要任务,更是资本市场发展亘古不变的主题。我国《证券法》第1条便开宗明义,表明证券法的立法宗旨之一就是"保护投资者的合法权益"。2019年《证券法》更凸显了对投资者保护的重视,对其以专章的形式作出了明确规定。

　　本章主要讲述了投资者保护的内涵与意义、投资者保护的基本理论、投资者的分类、公司债券持有人权益保护、证券投资纠纷与投资者救济机制。本章的学习重点是投资者保护的意义、投资者的分类、公司债券合格投资者制度、债券受托管理人与债券持有人会议、证券先行赔付、支持诉讼、持股行权以及代表人诉讼;本章学习的难点在于对投资者保护理论、债券受托管理人与债券持有人会议,以及先行赔付、支持诉讼、持股行权和代表人诉讼等救济机制的理解。

第一节　投资者保护概述

一、投资者保护的概念

　　投资者是证券市场体系结构中最基本、最重要的主体性要素,也是证券法理论中一个非常重要的概念。虽然我国的证券法对于投资者这一概念并没有作出具体的界定,但是理论界和实务界已经达成了基本共识:投资者是指有一定资金来源,从事以证券为介质或手段的投资活动,对证券投资收益享有所有权并承担投资风险的证券市场主体。简言之,投资者就是资本市场中有价证券的购买者。[①] 需要指出的是,投资者既可以是自然人,也可以是法人

---

　　① 陈洁:《投资者到金融消费者的角色嬗变》,载《法学研究》2011年第5期。

或其他组织。因此,投资者这一概念包括了三层含义:(1) 投资者可以是个人也可以是机构;(2) 投资者是从事证券投资活动的市场主体;(3) 投资者在享有投资收益的同时也需承担一定的投资风险。

投资者作为证券市场上不可或缺的重要主体,各国的证券法都不约而同地将保护投资者的合法权益作为基本宗旨之一,我国也不例外。在一定程度上甚至可以说,证券法本身就是一部投资者保护法。投资者保护的实质就是对投资者各项合法权利和利益的有效保护。投资者保护中最重要的部分是对中小投资者权益的保护。由于投资者在证券市场上具有双重身份:一方面作为上市公司的股东享有股东权利;另一方面作为证券交易者,需要自行承担一定的投资风险,因而可能遭受现金或有价证券的损失。因此,一个完整的投资者保护体系大体上可以划分为两个部分:一是对投资者作为上市公司股东利益的保护;二是对投资者作为证券交易者利益的保护。

二、 投资者保护的意义

投资者作为证券市场上最基本和最重要的主体,持续影响着证券投资市场的规模和效率。与公司管理层和大股东相比,投资者无论在信息、资金还是专业知识等方面都处于绝对劣势地位,对此需要通过完善公司治理以及强化外部的司法监督机制来保护投资者的利益。同时,投资者作为证券交易者,其与证券公司之间也存在着严重的信息不对称,证券公司经营不善或从事违法违规行为都可能对投资者利益造成损害,因此,各国往往通过加强对证券公司的监管来保护投资者这方面的权益。此外,世界上大多数证券市场发达的国家还建立了投资者赔偿制度作为对投资者最后的保护措施。

投资者保护之所以如此重要,是因为在很多国家,控股的大股东和管理人,也就是企业的内部人,对于小股东和债权人的掠夺十分严重。这种掠夺有多种形式,企业内部人既可以直接将企业利润据为己有,也可以将企业资产以低于市场价的价格转让给其所控制的其他公司,有些时候企业内部人也可能采取转移企业投资机会、安排不称职的亲属到企业任职,或者向管理层支付不合理的高薪等较为隐蔽的方式掠夺投资者权益。对企业内部人的掠夺行为进行预防和限制的关键,就在于通过法律体系对投资者权益加以保护。[①]

与国际上成熟发达的证券市场相比,我国证券市场上投资者结构还不够合理,主要表现为自然人投资者与机构投资者结构比例的倒挂现象,即自然人投资者在我国证券市场上占绝大多数,而机构投资者仅占很小比重。我国证券市场上中小投资者居多的客观事实决定了投资者权益保护的特殊重要性。近年来,我国证券市场快速发展,金融创新日新月异,证券服务提供者越来越多样化,不仅包括传统券商,一些商业银行、信托公司等金融机构也在通过开展资产证券化业务为投资者提供多样化的证券服务。此外,随着我国证券市场的不断发展创新,"证券"这一概念本身的内涵也在不断扩大,除了传统的股票、债券等证券产品外,商业银行理财产品、信托公司集合资金信托计划、保险公司投资连结保险等金融产品实质上都具有证券的属性。随着我国多层次资本市场的发展,在证券市场,投资者群体也逐渐呈现多层次的形态,投资者在专业知识、风险识别和承受能力、投资决策信息的获取和损害

---

① 张钰新:《法律、投资者保护和金融体系的发展》,载《经济评论》2004 年第 3 期。

救济等方面参差不齐,这一切都对投资者保护提出了更高要求,迫切需要将投资者保护提升到更高层次,为投资者提供更充分、更全面、更有效的保护。[1]

法与金融学研究就是以投资者的法律保护作为核心概念,以投资者保护作为出发点探讨法律体系与金融市场发展的因果关系,提出加强法律体系建设以保护投资者权益的政策建议。法与金融学研究"四剑客",即拉波塔(La Porta)、洛配兹·西拉内斯(Lopez de Silanes)、安德烈·施莱弗(Andrei Shleifer)和罗伯特·维什尼(Robert W. Vishny)4位学者的实证研究表明,投资者保护的力度会影响一国资本市场的估值水平。而其他实证研究结果也显示,在投资者保护力度较弱的国家,公司缺乏上市的积极性,其资本市场也更容易遭受股市崩溃的冲击。总之,大量的实证研究表明,各国的金融体系,例如资本市场的广度与深度、新证券的发行频率、公司治理结构以及股利政策、资本分配的效率等方面的差异,都可以通过各国法律体系对投资者保护的完善程度得到解释。可见,投资者权益保护对于资本市场的发展至关重要。

三、 投资者保护的基本理论

关于投资者保护的理论研究由来已久。20世纪40年代,现代企业制度逐步建立并完善,但这一制度在促进公司盈利增长的同时也暴露出了许多弊端,例如公司经理人"监守自盗"的丑闻频出。在这一背景下诞生的两权分离理论认为,正是所有权和经营权的分离导致经理人偏离所有者利益最大化的目标,成为投资者权益遭受侵害的根源所在。到了20世纪六七十年代,委托代理理论兴起,为投资者保护理论的形成提供了重要前提。根据委托代理理论,在委托人(即股东)和代理人(即经理人)利益发生冲突,或者缺少内部约束机制时,代理人很可能会借助自己在职位、信息等方面的优势侵占委托人的利益。在这一背景下就产生了这样一个问题:如何有效保护投资者的合法权益? 由此推动了投资者保护理论的生成。

关于投资者保护的理论纷繁复杂,学术界一般按照法律在投资者保护过程中的作用分为两大阵营,分别是契约理论和法律理论。

(一) 契约理论

契约理论的基本观点是,只要签订的契约是完善的,并且执行契约的司法体系是有效的,那么投资者和公司签订的契约就足以达到保护投资者权益的目的。20世纪八九十年代,契约理论的代表学者格罗斯曼(Grossman)即持该观点。伊斯特布鲁克(Easterbrook)、梅西(Macey)等学者也指出,证券法规在某些情况下甚至会对证券市场的运行起到阻碍作用,实际上还会增加交易成本,损害交易双方利益最大化的目标,使市场难以达到最佳运行状态。

契约理论的主要观点有如下三方面:(1)法律是不重要的。契约理论的代表学者认为,那些希望外部筹资的公司可以通过一系列机制善待投资者。法律可能会限制这些机制的范

---

[1]　武汉大学课题组:《投资者保护法律制度完善研究》,载黄红元、徐明主编:《证券法苑》(第十卷),法律出版社2014年版。

围,但是公司和投资者总可以作出有效的安排。(2)法律虽然也重要,但可以通过其他政府性或者非正式制度,利用政府干预或者公司与投资者之间的私人契约来达到理想的投资者保护水平。具体而言有三种投资者保护机制:一是法律没有作出要求,政府也可以对公司施加压力使其善待投资者;二是利用高度集中的外部投资者所有权对公司管理层形成强有力的约束,从而起到保护投资者的作用;三是公司维护自身信誉,例如通过支付红利等方式建立善待股东的声誉。(3)公司可通过交叉挂牌的方式到投资者保护效果好的市场上市,提高投资者保护效率。

契约理论存在的问题在于,这一理论的许多假设前提在现实中都是难以满足的。首先,契约是不完备的。其次,许多国家都缺乏高效的司法体系,因此这些国家的投资者不可能依靠法庭来执行契约。契约理论建立在一个"完美世界"的假设之上,即社会中所有财产产权都很明确,任何个体都有为了寻求自身利益最大化而制定契约的激励,而且在这个"世界"中没有任何交易成本,也不存在委托代理风险。然而事实上,个人的理性是有限的,由于外在环境的复杂性和不确定性,不完备契约、信息的不对称和不完美几乎无处不在,这些都使得契约理论的假设难以在现实世界实现,在一定程度上削弱了契约理论的说服力。

(二)法律理论

这一理论主要以法与金融学研究"四剑客"(合称 LLSV)为代表。他们对于法律理论的贡献主要在于两方面:(1)首次提出了投资者保护的定义,认为投资者保护就是法律对投资者的保障程度以及相关法律的有效实施程度;(2)通过一系列实证研究,阐释了投资者保护与公司治理、公司价值、资本市场、文化传统以及法律体系等相关因素之间的关系,对不同国家间投资者保护水平的差异作出了合理解释。

以 LLSV 为代表的法律理论的主要观点是,法律在投资者保护方面的作用至关重要,是决定投资者保护水平差异的最重要的因素。LLSV 认为要加强投资者保护,就必须完善投资者保护的相关法律框架,建立起强有力的监管架构。针对契约理论提出的政府干预、集中外部所有权、公司信誉以及交叉上市等投资者保护机制,LLSV 分别进行了批评。首先,针对政府干预机制,LLSV 认为前提在于政府必须有效且廉洁,而这是部分由法律体系所决定的外生变量。LLSV 的研究表明,大陆法系国家的政府腐败程度较高,政府效率偏低。政府虽然表示要保护投资者,但在经济危机来临时更倾向于牺牲投资者而保护企业家。其次,针对集中的外部所有权机制,LLSV 认为在这些公司中,当大股东实际控制管理层时,其实也会产生如何保护中小投资者不被"掠夺"的问题。再次,针对公司信誉机制,LLSV 提出这一机制并不可靠,在经济前景向好时,公司可能会支付红利善待投资者,一旦经济前景低迷,公司可能就会置信誉于不顾,无法做到善待投资者。最后,针对交叉上市机制,LLSV 提出虽然这一机制能够在一定程度上提高投资者保护水平,但不是所有的公司都能在国外交叉上市,因此交叉上市替代法律规则提高投资者保护效率的作用十分有限。[①]

法律理论为研究投资者保护理论提供了一种新的视角,因其具有较强的解释力而一度成为国际上研究投资者保护的主流观点和理论。但这一理论也并不完美,因为它过于强调法律,忽视了契约的作用。而且现实中也经常存在虽有法律约束但法律不能得到有效实施

---

① 张芳芳:《中外中小投资者权益保护的研究综述》,载《河北企业》2007 年第 6 期。

的情况,法律还存在着在短时间内难以改变和难以起到事前保护以及主动保护作用等问题。这些因素都构成了投资者保护的法律理论的缺陷。①

第二节　投资者适当性与类型化区分

一、　证券交易中的"买者自负"与"卖者尽责"原则

在商品交易中,英美普通法上有一个传承已久的私法原则,叫"买者自负"。"买者自负"字面上的意思是买者当心,即买者在市场交易时应对交易标的及其缺陷予以充分注意,自行判断商品质量及其用途,自己负担交易风险。这一发源于英美普通法上的原则如今已成为各国市场交易中的一个基本原则,买卖双方在交易时对这一原则已是心照不宣。

作为一项基本原则,"买者自负"也被引入到证券交易当中,成为证券市场普遍遵循的不言自明的基本法则和证券市场法律制度的理念基础与规则原点。只是,在证券交易中,"买者自负"相应地转化为了"投资者风险自负"。这意味着投资者必须自行承担一定投资风险,即投资者必须接受投资失败并造成经济损失的结果,不能将这种风险随意转嫁给他人,除非有充足的理由使投资者可以豁免"买者自负"责任。

在我国资本市场建立和发展的过程中,始终重视和强调"投资者风险自负"原则。1999年7月1日正式实施的《证券法》第19条就规定:"股票依法发行后,发行人经营与收益的变化,由发行人自行负责;由此变化引致的投资风险,由投资者自行负责。"此后,《证券法》虽几经修改,但直至2019年《证券法》对此依然只字未改,完全沿用了这一规定。"投资者风险自负"原则不仅在我国证券法律法规中得到了充分体现,在相关部门规章、自律规范等文件中也都有体现。而且,在证券监管机构通过交易所进行的投资者教育活动中,也始终将"买者自负"原则放在很重要的位置。在证券市场上,"市场有风险,投资须谨慎"的风险警示语也随处可见,可以说这一原则早已深入人心。②

"买者自负"虽然是对投资者的风险承担要求,有时候却会变成发行人、证券公司等掠夺投资者的保护伞。例如,发行人欺诈发行,或者证券公司不对投资者的情况进行调查,不了解投资者的实际情况,不对证券产品或服务进行如实说明和风险揭示,或者向投资者销售、提供不合适的产品和服务等,在他们的伪装和隐瞒下,投资者最终可能遭受投资失败的风险。这种情况下再对投资者苛以"买者自负"的责任显然是不公平的。"买者自负"原则使投资者承担不利后果,但这并不是这一原则确立的初衷。"买者自负"本是在政府放松了对市场交易监管的情况下,将交易自主权更多地交付给购买者自身时的一种善意提醒。它的本意应该是从投资者的角度出发敦促其谨慎交易,从而更好地进行自我保护。

"买者自负"原则的实施应该有一个最基本的前提,即"卖者尽责"。其实,现代证券法从一开始就认识到了"买者自负"与"卖者尽责"的关系问题。美国1933年《证券法》又称

---

① 丁妍等:《投资者保护理论文献综述》,载《中国证券期货》2012年第6期。

② 曾洋:《"投资者风险自负原则"研究——以〈证券法〉第27条为中心》,载张仁善主编:《南京大学法律评论》(2013年春季卷),法律出版社2013年版。

《证券真实法》,当时的总统罗斯福在国会演讲中是这样解释所谓的"真实"的:当政府无法审查每一只新股时,应要求发行商向潜在买者提供全面而准确的信息。"本提议涉及了一条古老的原则,即买主留心原则(caveat emptor),未来这个准则会'让卖家也要谨慎'。"① "通过对卖主赋予实话实说的义务,来推动诚实证券交易、恢复公众信心。"②通过对"卖者"苛以责任,从而在一定程度解决了单纯地强调"买者自负"原则带来的对投资者不公平的问题。"卖者尽责"作为"买者自负"原则实施的前提,使"买者自负"实现了与投资者保护制度的契合。

关于"卖者尽责"的规定,我国《证券法》中多处都有体现。在"投资者保护"这一章中,第 88 条第 1 款是关于证券公司了解客户并履行投资者适当性义务的规定,该条第 3 款同时规定:"证券公司违反第一款规定导致投资者损失的,应当承担相应的赔偿责任。"这一条的第 1 款其实就是证券公司作为证券产品和服务"卖者"的一项责任,证券公司只有在恰当履行了这一责任的前提下,投资者才会承担相应的"风险自负"责任,否则,证券公司就要对给投资者造成的损失承担赔偿责任。

二、 投资者适当性规则

证券产品和服务是特殊的金融投资工具,它的复杂性、专业性和风险性决定了这种工具不可能适合每个人投资,投资者只有具备了与特定的证券产品或服务相匹配的资质或能力,能够认识、了解所投资产品或服务,并能基于投资经验正确识别和判断投资风险,相对熟练地进行交易和独立作出投资决策,才能保障投资行为的理性和相对安全。因此,作为证券产品和服务的"卖者",证券公司应承担一项重要义务,即确保投资者的适当性。

(一)"适当性"的含义

关于适当性(suitability),较为一致的定义是证券商只能推荐其合理认为适合某个顾客的证券的一种要求。一般认为,投资者适当性规则最早是美国证券交易商协会(NASD)为了回应 1938 年马洛尼法案(the Maloney Act)中公平交易条款的相关内容确立的一项规则。这一规则要求,美国证券交易商协会的成员在向顾客推荐购买或交易任何证券时,必须基于顾客所提供的关于其所持有的其他证券及其财务状况和需求等基本事实,有合理理由相信其推荐建议对于该顾客是适合的,这就是适当性规则。根据这一规则,证券经纪商只能向投资者推荐或销售适合投资者需求的金融产品。为了执行这一规则,经纪商应该搜集与客户有关的信息,做到了解客户。

在成熟资本市场上,投资者适当性规则已经成为被普遍采用的规则。作为一种保护性措施,该规则可避免证券或其他金融创新产品及服务被不当地提供给不匹配的投资群体。就其本质来说,投资者适当性规则是一种保护投资者的规则。

---

① ［美］亚当·科恩:《无所畏惧——罗斯福重塑美国的百日新政》,卢晓兰译,天津教育出版社 2009 年版,第 138~142 页。

② 《美国 1933 年证券法(中英文对照本)》,张路译,法律出版社 2006 年版,译序第 10 页。

（二）投资者适当性规则的境外考察

1. 美国资本市场上的投资者适当性规则

投资者适当性规则勃兴于美国。美国关于这一规则最重要的特色在于自律监管规则中的相关规定。早在1939年，美国证券交易商协会（NASD）就制定了它的第一个投资者适当性规则，即公平执业规则2310条。这一规则确立的初衷在于保护其会员经纪商免受"恶意"投资者的纠缠，在内容上也仅限于"道德标准"的告诫，在实践中却也起到了保护投资者的作用。

在监管层面，投资者适当性规则主要是由美国证监会（SEC）制定的一系列规则构成的。这些规则规定了证券经纪商的适当性义务，并将违反义务的行为纳入反欺诈禁止范畴进行监管。1942年，SEC为配合1934年《证券交易法》第10（b）条的实施，制定了证券法律制度上著名的10（b）-5规则，该规则被誉为美国证券法反欺诈的"长臂条款"。由于适用范围广泛，10（b）-5规则成为投资者适当性之诉的不二之选。1962年，SEC制定了15（c）-2规则，要求证券经纪商对出售自有资金的项目进行适当性判断。在监管层面，投资者适当性作为证券经纪商的重要义务，一直是监管的重点内容之一，违反这一义务可能构成欺诈投资者，需要承担相应的法律责任。

2. 欧盟的投资者适当性规则

2007年，欧盟制定了《金融工具市场指令》（Markets in Financial Instruments Directive，MiFID）。在投资者适当性方面，MiFID对投资公司向非专业顾客推荐和销售产品或服务方面的勤勉义务的履行作出了详细的规定，这就是MiFID框架指引（MiFID Framework Directive）第19.4条的"适当性测试"和第19.5条的"适合性测试"。也就是说，在MiFID的体系下，投资公司要履行一个义务，就是按照"合格对手方""专业客户""零售客户"这三个主要类别对新、老客户进行重新界定和分类。在此基础上，投资公司还要按照这一分类对其产品或服务进行适当性评估和适合性评估。从零售客户到专业客户再到合格对手方，投资公司需要履行的适当性义务是逐次削弱的，三类客户所受到的保护程度也依此递减。随着MiFID的诞生，欧洲监管者实现了金融企业了解自己客户需求的程式化。

3. 日本的投资者适当性规则

日本对于金融活动适当性的规定主要限于金融行政监管的需要。在证券方面，适当性规则最早体现在1974年12月由大藏省证券局发布的一项通知，该通知的意旨就是随时掌握证券公司是否按照适当性规则进行了投资劝诱行为。日本1992年的《证券交易法》正式以法律的形式提出了适当性规则。该法第43条对于金融机构的适当性义务进行了原则性规定，要求金融机构不得劝诱投资者购买与其知识、经验以及财产状况不适当的证券，对投资者应提供应有的保护。随后，日本证券法律制度中的适当性规则迅速从自律规范和行政监管规则上升到法定规则和法定义务的高度。[①] 这种转变突出地体现在日本2001年的《金融商品销售法》及2006年的《金融商品交易法》中。

《金融商品销售法》对金融机构在销售各类金融商品过程中的劝诱和销售行为进行了统一规定，金融机构的适当性要求就包含在其中。该法在2006年修订后，进一步明确规定

[①]　[日]河本一郎、大武泰南：《证券交易法概论》（第四版），侯水平译，法律出版社2001年版，第122~125页。

并正式确立了金融机构的适当性义务。《金融商品交易法》则对所有金融产品的适当性规则作出了统一规定,还在《金融商品销售法》的基础上强化了金融机构的适当性义务。规定当金融机构违反法定的适当性义务时,个人投资者也可以直接援引这些法律规定来追究其损害赔偿责任。

(三) 证券经纪商的适当性义务

投资者适当性规则最早是作为监管规则或自律规范出现的,它的出发点是保护投资者的合法权益,规范证券从业机构的产品推荐以及服务行为。确保投资者适当首先是证券监管者的责任,但实践中,投资者适当性的执行却是由证券经纪商等机构来实现的,因为适当性就是"证券商的一种义务,证券商只能推荐适合客户需求的证券"①。所以,投资者的适当性规则是通过将监管者的责任转化为证券经纪商的义务得到落实的。

我国《证券法》第 88 条第 1 款规定:"证券公司向投资者销售证券、提供服务时,应当按照规定充分了解投资者的基本情况、财产状况、金融资产状况、投资知识和经验、专业能力等相关信息;如实说明证券、服务的重要内容,充分揭示投资风险;销售、提供与投资者上述状况相匹配的证券、服务。"这一条实际上就是我国证券法上的投资者适当性规则,是证券经纪商必须履行的适当性义务。当然,证券经纪商要履行这一义务也需要投资者的配合,因此《证券法》第 88 条第 2 款规定,投资者在购买证券或者接受服务时,应当按照证券公司明示的要求提供前款所列真实信息,拒绝提供或未按要求提供信息的,证券公司应告知其后果,并按照规定拒绝向其销售证券、提供服务。

投资者适当性义务是证券产品和服务经营者应尽的义务,是其经营活动中应该履行的最基本的社会责任,这一义务主要包含以下三个方面的内容:

1. 测试与评估义务

投资者究竟是否适当,符合哪种适当性要求,不能全凭投资者自己的声明或者证券公司主观的判断,应该通过某种程序更为客观、真实地反映投资者关于证券投资方面的知识水平以及是否适合投资,这就需要证券公司对投资者进行测试和评估。测试与评估既是了解投资者的必要程序,也是向投资者提供适合的产品或服务的前提条件。

2. 合理推荐与销售义务

证券产品及服务五花八门,可能会使投资者特别是非专业投资者无所适从,没有证券经纪商的介绍与推荐,投资者自己不仅难以理解,而且很难作出选择。借助于证券经纪商的专业性,可以相对容易地判断投资者究竟适合投资何种产品或服务。证券公司对投资者所负的合理推荐与销售义务是投资者适当性规则的核心内容。只有通过证券经纪商的合理推荐和销售,才能达到将合适的产品提供给合适的顾客的最终目的。

3. 风险揭示义务

证券经纪商的适当性义务还包括风险揭示义务。这一义务主要存在于两个环节:一是推荐和销售证券、服务的过程中;二是投资者类型转换的过程中。这一义务是指在推荐和销售证券产品或服务的过程中,证券经纪商应该客观、真实地介绍和评价所推荐或销售的产品

---

① Lewis D. Lowenfels & Alan R. Bromberg, "Suitability in Securities Transaction", *The Business Lawyer*, 54(4), 1999, p. 1557.

与服务,既不能隐瞒或刻意使投资者忽视可能的存在缺陷与风险,更不能对投资者作出"无风险"的空头承诺。证券经纪商的风险揭示义务源于保护投资者知情权和财产安全权的需要,这种义务基于这样一种逻辑:如果投资者事先了解了欲投资产品或服务存在的缺陷以及风险,其就会更加谨慎地作出投资决定。

◎ **相关案例**

雷曼"迷你债"风波——投资者适当性规则的典型"反面教材"

美国次贷危机中,随着雷曼兄弟控股公司(Lehman Brothers Holdings Inc.)的破产,购买了雷曼迷你债(Lehman mini bonds)的大量亚洲投资者遭受了重大损失。从 2008 年 9 月份开始,由香港雷曼迷你债券投资者组成的苦主联盟连续 9 个月举行每日街头抗议活动,声讨参与分销债券的分销银行,以期通过这种方式使自己的投资损失得到弥补。据统计,香港近 43 700 名个人投资者购买了总价值约 20 亿美元的迷你债券。在新加坡,上千名购买了雷曼迷你债券的投资者也签署请愿书,进行集体抗议活动。新加坡约有 1 万多名个人投资者购买了迷你债券等与雷曼兄弟相关的结构性投资产品,总投资额为 6.6 亿元新币(约合人民币 30 亿元)左右。

"迷你债券"这一标签极易引人误解,"迷你"一词是为了表明这种债券出售的最小面值相对较小(在特定情况下可以低至 4 万港元,约合 5000 美元),这使得非专业的投资者也具有了投资能力。然而,这款名为"雷曼迷你债券"的产品实际上一点也不"迷你",它虽名为"债券",实质上却是与特定参照实体(一般是知名度较高的公司)相关联的结构性衍生品。一般来说,这种债券应该被销售给那些更熟悉这种类型的证券投资风险的机构投资者。但在雷曼迷你债券事件中,这种结构性衍生品被不适当地售卖给了非专业的个人投资者。

三、 投资者的类型化与分类方法

与投资者适当性相关联的另一问题是投资者的分类。我国《证券法》第 89 条第 1 款规定:"根据财产状况、金融资产状况、投资知识和经验、专业能力等因素,投资者可以分为普通投资者和专业投资者。专业投资者的标准由国务院证券监督管理机构规定。"这是证券公司对投资者进行类型化区分最直接的法律依据。

(一) 投资者类型化的含义与必要性

投资者的类型化,或称投资者分类,是指依据投资者的财产状况、金融资产状况、投资知识以及经验、专业能力等因素,将投资者分为若干类别的一种做法或制度。

在一个成熟的多层次的资本市场中,投资者群体必然也呈现出多层次的状态。这些投资者在专业知识、风险识别以及承受能力、投资决策信息的获取以及损害救济手段的采用等方面千差万别,这种差别不仅表现在自然人投资者与机构或法人投资者之间,即使同一法律属性的投资者群体在以上方面也可能相差甚远。因此,对于投资者,如果不以一定的标准加以区分,而用同一保护标准去应对不同层次的投资者,显然难以真正体现投资者保护的精神实质,对于非专业的个人投资者而言尤其如此。对投资者不进行类型化区分,就不能有所侧重地根据投资者的实际情况实行差异化保护措施。我国之前的《证券法》没有关于投资者分类的规定,而是简单划一地实行统一的投资者保护,表面看似乎一视同仁地公平对待所有投资者,实际上只能对个别侵害投资者权益的行为,以及个别金融服务提供者的经营活动进行规制和调整,很容易造成投资者内部权利义务不对等的现象,对处于弱势地位的非专业个人投资者的保护十分不利。

(二) 投资者分类的制度来源与发展

早在 20 世纪 30 年代,美国联邦证券法就有了"认可投资者"(accredited investor)的概念。美国 1933 年《证券法》第 2(a)条就有关于"认可投资者"的规定。虽然该法并没有对"认可投资者"给出一个具体定义,但以列举的方式圈定了机构认可投资者和个人认可投资者的范围。2007 年,美国证券交易商协会(NASD)与纽约证券交易所(NYSE)中关于会员监管、执行和仲裁的部门进行合并,成立了美国金融业自律监管局(FINRA)。根据 FINRA 的适当性规则,投资者被分为认可投资者、合规投资者(又称为合资格投资者)、机构投资者三个类别。其中认可投资者又具体包括四种客户,即:个人资产净值或与配偶合计的联名资产净值超过 100 万美元的自然人;在最近两年内每年的个人收入超过 20 万美元或与配偶合计的共同收入超过 30 万美元,并合理预期本年度可达到相当的收入水平;投资于非特定证券组合的信托产品可以作为认可投资者,但该信托产品总值应在 500 万美元以上;经其投资人认可并对外以认可投资者身份进行证券交易的法人或非法人实体。合规投资者针对的是自然人投资者,指拥有及以全权委托方式投资不少于 2500 万美元的自然人。机构投资者则是以一定的总资产(不少于 5000 万美元)作为划分依据的,符合这一总资产要求的自然人、法人、合伙、信托和其他合法形式的主体都可归入机构投资者的范围。

欧盟的《金融工具市场指令》(MiFID)对于投资者的分类十分细致,不仅划分了零售客户、专业客户和合格对手方三种投资者类别,还对其具体的范围采取概括、列举的方法加以清楚界定,并区别三类投资者逐次减轻投资公司的义务,还详细设计了三种投资者之间的转化程序。

日本在投资者分类方面,先区分了专业投资者和一般投资者,继而在两类中又区分了可变更的专业投资者和可变更的一般投资者,实现了投资者类型的可转化性。

总体来看,美国、欧盟、日本等在投资者分类方面比较细致,而且基本上都对各类投资者的标准提出了明确的要求,其中欧盟和日本关于投资者类别之间的转换规则可以为我国的投资者分类制度提供借鉴和参考。

(三) 投资者的分类标准和依据

证券市场上的投资者是多种多样的,例如个人和机构投资者、理性与非理性投资者,但是这种简单的划分不仅不符合投资者普遍的心理特征和行为特征,在业务实践中也缺乏切实有效的指导意义。按照更具体的标准对投资者进行分类,是使投资者适当性规则充分发挥应有功能的现实要求。这些分类的标准包括但不限于以下几项:(1) 财务基础;(2) 风险偏好或投资者情绪;(3) 交易情况;(4) 投资目的。财务基础决定了投资者的风险承受能力;风险偏好会影响投资者的交易习惯以及对金融衍生品种类的选择,投资者对于市场的悲观或乐观情绪对投资决定的作出也具有重要影响;交易情况则是了解投资者的重要指标;而投资目的也决定了投资者对产品或服务的选择和交易方式的作出。

具体到每一投资者,以上四项标准可能存在交叉,而且它们之间的关系不能简单地用正相关或负相关关系来界定。例如,财务基础雄厚的投资者,其交易情况并不必然优于基础薄弱的投资者;财务基础也与风险偏好没有必然的联系,基础雄厚的投资者也可能是风险厌恶型或对市场抱有悲观情绪的投资者。因此,按照这些标准对投资者进行细分,才能使证券经纪商更深入地了解投资者,提高将合适的产品推荐和销售给合适的顾客的成功率,从而提升证券经纪商的业务水平,达到保护投资者的目的。

第三节　公司债券持有人权益保护

我国债券市场在经过 20 世纪 80 年代的初创和形成、90 年代的改革之后,蓄积多年的潜力获得了前所未有的发展。随着 21 世纪的到来,驶入快车道的债券市场发生了革命性的变化,尤其以公司债券的发展最为引人瞩目。2015 年中国证监会颁布实施了《公司债券发行与交易管理办法》,使得公司债券发行全面提速。截至 2020 年 8 月底,我国债券市场的存量规模超过了 112 万亿元,仅次于美国,位居全球第二。[1]

随着公司债券发行量的增加,债券市场的风险也不断显现和积累,为保护债券持有人的合法权益,我国《证券法》在 2019 年修订时,专门在第六章"投资者保护"中针对公开发行公司债券,规定了债券持有人的保护措施。此外,中国证监会在 2015 年颁布实施的《公司债券发行与交易管理办法》中也对公司债券持有人权益保护问题进行了详细规定。

一、 公司债券信用风险与我国市场上的违约现象

作为固定收益工具,债券产品的风险性相对较小,但并非没有风险,其风险主要来自信用风险,这与发行人还本付息的意愿与能力密切相关。

(一)信用风险与公司债券信用风险的界定

巴塞尔银行监管委员会和国际证监会组织将风险划分为 7 种类型,其中,信用风险是现代金融风险中最重要也最古老的一种风险。在传统意义上,信用风险主要来源于商业银行的贷款业务。从这一角度,信用风险主要指借款人不能按期还本付息的风险。但是,随着证券市场的快速发展,证券市场上也出现了交易违约的情况,也就是交易的一方不能履行已经签订的合约,这是信用风险的另一种形式。现代信用风险已不再局限于由交易对手发生违约引起的风险,还包括由于交易对手履约可能性的变化而带来的可能损失。这种情形下,信

---

① 数据来源:《央行:将进一步提高中国债券市场对外开放水平》,载证券日报网 http://www.zqrb.cn/finance/hong-guanjingji/2020-09-25/A1601028434375.html,2021 年 1 月 7 日访问。

用风险更多地是指一种可能性。

实践中,不同的对象面临着不同的信用风险。就证券交易而言,信用风险是指证券发行人或者交易一方没有按时足额履行资金支付或证券资产交割义务而给证券投资者或交易另一方带来的风险。它包括两种情况:一种是证券发行人或交易一方不履行义务,而且没有采取任何补救措施,从而给投资者或交易另一方造成的不能按期交易的损失;另一种是证券发行人或者交易一方始终没有履约而给证券投资者或交易另一方带来的损失。证券市场上的投资者面临的信用风险主要包括两类:一是交易对手风险;二是证券发行人的信用风险。

公司债券的市场价格是随着发行人的财务状况、信用等级以及履约能力等的变化而不断变化的。就同一契约而言,公司债券契约所涉及的履约状况和发行人的信用等级等因素会随着时间的推移不断变换,因此其信用风险也会相应地随之改变。所以,公司债券的信用风险不能局限于发行人直接违约导致损失的可能性,应既包括发行人没有按期还本付息所造成的风险,也包括发行人履约能力下降,导致公司债券信用利差上升和公司债券价格下降的风险。总结起来,公司债券信用风险就是指发行人不愿或无力履行到期债权契约而构成违约,或是公司的信用评级、财务状况以及履约能力发生变化,导致公司债券的市场价值变动,致使投资者遭受损失的可能性。[1]

(二) 我国公司债券市场上的违约现象

我国公司债券近年来发展迅速,已经成为仅次于美国的第二大公司债券市场。但是在庞大的规模下,公司债券市场频繁出现违约现象,给这一市场的发展造成了一些困扰。违约虽然是一个法律上的概念,其含义却十分广泛,概指"不履行法律责任或未能履行某项法定或合同义务,尤指不能履行到期债务"[2]。可以说,"任何与法律、合同规定的义务不相符合的行为,均可以被认为是违约"[3]。债券区别于股票等其他直接融资工具的根本特征,就是发行人须按照约定条件还本付息。然而任何债券都存在发行人违约的可能性。

广义上的债券违约是指发行人对债券发行契约即发行人、债券持有人及托管人之间的正式合约中任何条款的违背,既包括发行人未能如约履行本息兑付义务,还包括发行人增加对外担保、转让重大资产以及整体负债规模超限等其他违反合同约定的情况。狭义上的债券违约通常仅指债券发行人不能如约支付本息的情况。

随着我国公司债券市场的不断扩大,越来越多的发行人获得了公司债券发行资格。与之前相比,发行人的整体资质相对下降,再加上宏观经济形势下行压力的影响,公司债券市场上的偿付危机事件逐渐增多。自进入 21 世纪以来,违约的隐患就在悄然滋生。2014 年的"11 超日债"未按期付款开了国内债券市场违约的先河。此后,公司债券违约事件雨后春笋般接踵而至,违约逐渐成为公司债券市场的"家常便饭"。

关于债券违约的类型,从投资者角度,可分为实质性违约和无损失违约。前者是指投资者投资债券后,因为发行人违反合同约定而遭受损失,包括投资金额的损失和时间成本损失。而后者是发行人虽然无法支付,但由于设置了担保条款,担保人可以按时完成支付,投

---

[1]　周沅帆:《公司债券》,中信出版社 2011 年版,第 414~417 页。

[2]　Bryan A. Garner, *Black's Law Dictionary*, Tenth Edition, Thomson Reuters, 2014, p.507.

[3]　王利明:《论根本违约与合同解除的关系》,载《中国法学》1995 年第 3 期。

资人没有发生损失。从债务人角度来看,债券违约可分为非正常违约、技术性违约和一般性违约。非正常违约是指债务人没有偿还意愿,试图逃避债务。技术性违约则是仅仅由于技术性错误而未能按时偿还,一般会在一个合理的宽限期内偿还,不会给投资者带来实质性损失。一般性违约是最常见的违约类型。它是指债务人对债券契约中一般性条款的违反。一般性违约并不必然影响债权人的收益,当发生这种违约时,债权人可以依据债券契约要求债券发行人采取增信机制等予以补救。

◎　**相关案例**

我国公司债券市场上的首单"违约"——"11超日债"事件

2014年3月4日,深圳证券交易所对外披露了《上海超日太阳能科技股份有限公司2011年公司债券第二期利息无法按期全额支付的公告》。公告称由于各种不可控的因素,上海超日太阳能科技股份有限公司于2011年3月7日发行的上海超日太阳能科技股份有限公司2011年公司债券将无法于原定付息日按期全额支付共计8980万元人民币利息,仅能够按期支付400万元人民币的利息。2014年3月7日,这一公告所披露的事实最终兑现,"11超日债"正式违约,成为中国资本市场上首只实质违约的债券。

2014年10月23日,由江苏协鑫能源有限公司等9家公司联合拟定的*ST超日的重组方案获得高票通过。根据重组方案,"11超日债"的普通债权人最终都获得了偿付。*ST超日以2014年12月22日作为还本付息日,对每手面值1000元人民币的"11超日债"派发本息共计1116.4元人民币,其中甚至包含欠息所引起的复利和罚息。在扣除个人所得税之后,债券个人持有人的实际每手面值1000元人民币获得派发本息共计1093.12元人民币。

二、　公司债券持有人的权利行使机制

公司债券持有人,又称公司债券投资者,是指买入公司债券并在一定期限内享有要求发行人按约偿还本金并支付相应利息的权利的有价证券持有者。

(一)公众投资者与合格投资者

最常见的公司债券分类是依据发行方式将其划分为公开发行公司债券和非公开发行公司债券。公开发行公司债券既可以面向公众投资者(即大公募),也可以仅面向合格投资者(即小公募)。而非公开发行公司债券则只能面向合格投资者且发行对象不得超过200人,公众投资者不得参与。

在证券领域,公众投资者虽然是常常被提及的概念,但实质上并没有一个十分权威的解释,导致其含义有一定模糊性。总体上,公众投资者通常意味着在证券市场上由社会大众构成的处于相对弱势地位的投资者群体。我国证券市场的发展壮大,使得公众投资者在整个市场上的比例不断扩大,但这一投资者群体由于难以充分行使权利,导致其权益更容易受到

损害,所以应加强对公众投资者的保护力度,在适当时候予以一定的倾斜保护。

合格投资者是公司债券中一个非常重要的概念。所谓合格投资者,根据《公司债券发行与交易管理办法》,是指具备相应的风险识别和承担能力,知悉并自行承担公司债券的投资风险,符合一定资质条件的投资者。合格投资者在风险识别与承担能力、投资经验、资产规模等方面均强于公众投资者,因此一般对其保护力度稍弱一些。

(二) 债券受托管理人

当公司债券面向公众投资者发行时,债券持有人一般比较分散。这种情况下,正如美国1939年《信托契约法》所言:"债券投资者分散在很多州,当投资者想选出代表维护自己利益时,往往很难知道彼此的姓名和地址。"因此,分散的债券持有人通常会陷入集体行动困境。也就是说,单个的债券持有人由于投资额相对较小,很难形成有凝聚力的集体行动,所以他们采取行动或合作的经济动机就会被最小化。① 因此,有必要使分散的债券持有人统一意志进行集体行动,以维护其权益,而这一般依托于债券受托管理人制度或类似制度。

我国《证券法》第 92 条第 2 款对公开发行公司债券的受托管理人问题作出了规定。《公司债券发行与交易管理办法》第四章"债券持有人权益保护"相对详细地规定了债券受托管理人制度。

1. 债券受托管理人制度的概念

债券受托管理人制度是依据法律法规的要求所建立的一种投资者权益保护制度。依据我国《证券法》,公开发行公司债券的,发行人应当为债券持有人聘请债券受托管理人,并订立债券受托管理协议。《公司债券发行与交易管理办法》第 48 条第 1 款规定:"发行公司债券的,发行人应当为债券持有人聘请债券受托管理人,并订立债券受托管理协议;在债券存续期限内,由债券受托管理人按照规定或协议的约定维护债券持有人的利益。"《证券法》只对公开发行公司债券聘请债券受托管理人作出了规定,但实践中,非公开发行公司债券的,一般均参照公开发行公司债券的法律法规办理。《公司债券发行与交易管理办法》第 52 条规定:"非公开发行公司债券的,债券受托管理人应当按照债券受托管理协议的约定履行职责。"

2. 债券受托管理人的任职资格与履职限制

依据《证券法》第 92 条的规定,债券受托管理人应当由本次发行的承销机构或者其他经国务院证券监督管理机构认可的机构担任,债券受托管理人应当勤勉尽责,公正履行受托管理职责,不得损害债券持有人利益。这是对债券受托管理人任职资格与履职方面的限制。

结合《证券法》和《公司债券发行与交易管理办法》,债券受托管理人的任职资格受到以下条件限制:(1) 须由本次发行的承销机构或其他经国务院证券监督管理机构认可的机构担任;(2) 应为中国证券业协会会员;(3) 为本次发行提供担保的机构不得担任本次债券发行的受托管理人。

债券受托管理人的履职应受到以下限制:(1) 勤勉尽责,公正履行受托管理职责,不得损害债券持有人利益;(2) 对于债券受托管理人在履行管理职责时可能存在的利益冲突情

---

① See Steven L. Schwarcz, Gregory M. Sergi, "Bond Default and the Dilemma of the Indenture Trustee", *Alabama Law Review*, 2008(59), pp.1037~1038.

形以及相关风险的防范与解决机制,发行人应当在债券募集说明书及债券存续期间的信息披露文件中予以充分披露,并同时在债券受托管理协议中载明。

3. 债券受托管理人的变更

《证券法》第 92 条还对债券持有人会议变更债券受托管理人的权利进行了规定。具体而言,债券受托管理人的变更主要包括变更与解聘,受托管理人权利和义务的终止,发行人和受托人同意,新任债券受托管理人资格、变更以及解聘的程序,辞职,以及文档的送交等内容。

(三) 债券持有人会议

保护债券持有人权益的重要方式,就是债券持有人权利的行使,而债券持有人行使权利的机制,就是债券持有人会议。《证券法》第 92 条第 1 款规定:"公开发行公司债券的,应当设立债券持有人会议,并应当在募集说明书中说明债券持有人会议的召集程序、会议规则和其他重要事项。"《公司债券发行与交易管理办法》第 54 条对债券持有人会议作出了较为详细的规定。

1. 债券持有人行使权利的形式

在公司债券存续期间,债券持有人主要通过债券持有人会议行使权利。为了规范债券持有人会议的组织形式及其行为,需要对债券持有人会议的职权、义务进行界定,同时也需要保障债券持有人的合法权益,制定债券持有人会议规则。

债券持有人会议由全体公司债券持有人依据债券持有人会议规则组成。债券持有人会议则依据债券持有人会议规则所规定的程序召集并召开,对债券持有人会议规则所规定的职权范围内的各项事项依法进行审议和表决。

2. 债券持有人会议的召集

债券受托管理人、债券持有人、发行人分别可以在相应情形下召集债券持有人会议。

(1) 债券受托管理人召集债券持有人会议的情形包括:拟变更债券募集说明书的约定;拟修改债券持有人会议规则;拟变更债券受托管理人或受托管理人协议的主要内容;发行人不能按期支付本息;发行人减资、合并、分立、解散或者申请破产;保证人、担保物或者其他偿债保障措施发生重大变化;发行人、单独或合计持有公司债券总额 10% 以上的债券持有人书面提议召开;发行人管理层不能正常履行职责,导致发行人债务清偿能力面临严重不确定性,需要依法采取行动的;发行人提出债务重组方案的;发生其他对债券持有人权益有重大影响的事项。

(2) 债券持有人召集债券持有人会议的情形。债券受托管理人未能按债券持有人会议规则规定履行职责的,单独或合并持有当期未偿还债券本金总额 10% 以上的债券持有人有权召集债券持有人会议,并履行会议召集人职责。

单独持有当期未偿还债券本金总额 10% 以上的债券持有人发出召开债券持有人会议通知的,该债券持有人为召集人。

合并持有当期未偿还债券本金总额 10% 以上的多个债券持有人发出召开债券持有人会议通知的,则需推举 1 名债券持有人为召集人。

(3) 发行人召集债券持有人会议的情形。发行人可以向债券受托管理人书面提议召开债券持有人会议,在该书面提议发出之日起 10 个工作日内债券受托管理人未发出召开债券持有人会议通知的,发行人可以公告的方式发出召开债券持有人会议的通知。在此种情形下,发行人是债券持有人会议的召集人。

3. 债券持有人会议的权限范围

债券持有人会议依法可以行使的职权如下:(1) 当发行人提出变更公司债券募集说明约定方案时,对是否同意发行人的建议作出决议,但债券持有人会议不得作出决议同意发行人不支付本期公司债券本息;(2) 对修改债券持有人会议规则作出决议;(3) 对更换债券受托管理人或受托管理协议作出决议;(4) 当发行人未能按期支付公司债券利息和/或本金时,对是否同意相关解决方案作出决议,对是否委托债券受托管理人通过诉讼等程序强制发行人和担保人偿还债券本息作出决议,对是否委托债券受托管理人参与发行人的整顿、和解、重组或破产的法律程序作出决议;(5) 当发行人减资、合并、分立、被接管、歇业、解散或者申请破产时,对是否接受发行人提出的建议,以及行使债券持有人依法享有权利的方案作出决议;(6) 当担保人、担保物或其他偿债保障措施发生重大不利变化,对行使债券持有人依法享有权利的方案作出决议;(7) 对发行人提出的债权重组方案作出决议;(8) 当发生对债券持有人权益有重大影响的事项时,对行使债券持有人依法享有权利的方案作出决议;(9) 法律、行政法规和规范性文件规定应当由债券持有人会议作出决议的其他情形;(10) 法律、行政法规、中国证监会、本次债券上市交易(挂牌转让)场所及债券持有人会议规则规定的其他应当由债券持有人会议审议并决定的事项。[①]

三、 发行人违约情形下债券持有人的权益救济

债券违约是市场经济发展的客观规律,也是债券市场化运作的必然结果。随着我国经济发展步入新常态,经济下行压力增大,未来公司债券市场违约仍将持续发生。治理债券违约、防范违约风险的根本思路并不在于抑制违约的发生,而在于如何以恰当的方式处理好违约,保护债券持有人的合法权益。

债券违约是一个从违约风险暴露到违约事件实际发生的动态过程,在发展为最后的违约事件之前,债券发行人的财务经济状况往往已经出现严重问题甚至恶化。从境外经验来看,为维护自身权益,债券持有人通常依托债券受托管理人和债券持有人会议制度,采取行使抵押权、财产保全、要求发行人追加担保等措施积极干预事件的发展,最大限度地促使债务人兑付债券本息。只有在这些措施未能奏效的情况下,才可能启动债券违约处理机制。我国《证券法》第 92 条第 3 款规定:"债券发行人未能按期兑付债券本息的,债券受托管理人可以接受全部或者部分债券持有人的委托,以自己名义代表债券持有人提起、参加民事诉讼或者清算程序。"

(一) 债券违约处置的自主协商机制

自主协商机制,是指债券持有人与发行人及担保机构等相关方以自主协商的方式就违约债券的本息偿付问题达成令各方都能接受的解决方案的一种机制。在这种机制下,债券持有人一般会通过给予债务人一定的宽限期来争取偿付目的的最终实现,债务人亦可就后

---

① 高卓、王俊尧、张媛媛:《公司债券融资实战全攻略》,中国经济出版社 2017 年版,第 209~210 页。

续的偿债安排与债券持有人进行磋商谈判,以避免债权人提起民事诉讼或启动破产清偿程序。

就债券持有人而言,在自主协商机制下实现债券兑付目的的具体方式包括行使担保权、利用偿债保障条款和进行债务重组等。与民事诉讼或破产偿债程序相比,债券违约处置自主协商机制的优势主要体现在节约时间成本以及形式灵活便利方面。

(二) 债券违约处置的民事诉讼机制

作为债权人,债券持有人如果预期发行债券的公司经营状况严重恶化并将长期持续,但在债务到期时债券发行人又具有一定的债务偿付能力,尚未达到资不抵债、需要启动破产程序的地步,也可以通过启动民事诉讼来处理债券违约问题。债券违约诉讼与一般的诉讼案件在程序上并无实质区别,只是提起和参加民事诉讼的主体不是债券持有人自身,而委托给债券受托管理人。

实践中,债券发行人未能按期兑付债券本息的,债券持有人如果打算通过诉讼机制解决违约问题,往往需要借助债券受托管理人提起和参加诉讼。由于债券违约求偿诉讼一般适用于债务人还具有一定偿还能力的情况,因此通过这种渠道获得偿付的概率还是比较高的,但是不足之处在于需要承担相应的诉讼成本,包括时间成本以及经济成本等。

(三) 债券违约处置的破产清偿程序

通常,当债券违约发生后,当事人一般会先采取自主协商的方式解决,在协商解决无效且债务人资不抵债的情况又比较严重时,就可能启动破产清偿程序。破产申请既可以由债权人提起,也可以由债务人提起,许多国家和地区都是按照破产清算或重整来了结公司债务的,债券违约问题的处置也可以采用破产清偿程序。

破产清偿制度是按照法律程序对债务人财产进行清算,并将可分配财产在债权人之间进行公平清偿的一种法律制度。但是,作为一项程序性极强的制度,破产清偿程序中并没有过多的措施可供采用。需要强调的是,在破产财产的分配顺序上,相比于股东,债券持有人通常享有优先受偿权,这是破产制度对于债券持有人的一种特别保护。破产清偿通过逐一出售公司资产使债务人获得偿债能力,这种极端方式不仅意味着公司法人资格的终止,而且从债务了结的结果来看,债权人尤其是那些无担保债权的受偿率往往偏低,因此了结公司债务更多时候采取的是重整而不是清算的方式。由于破产重整公司在破产期间与之后都能保持持续经营,因此公司价值将大于资产清算的价值,债券持有人的利益将会因此得到更大保障。

第四节　证券投资者权益救济与纠纷解决机制

我国证券市场正处于创新发展的关键时期,在这一过程中,证券市场格局的变化、证券定义遭到的冲击、证券产品的推陈出新、新旧《证券法》的更迭,都加剧了证券市场风险,导致各种投资者纠纷纷至沓来。理想的投资者权益保护状态应该是事前、事中、事后各项措施十分完备的全方位保护,尽量避免发生侵害投资者权益的现象,或者在这些现象初露端倪时就能及时控制或解决。但是如果事前和事中保护措施都未能奏效,导致发生了投资者纠纷,致使投资者权益受到侵害,那么利用事后措施进行补救、妥善解决纠纷就是极其必要的手段。

一、 我国证券投资者纠纷解决的传统机制

(一)民事赔偿诉讼

民事赔偿诉讼是指证券市场上投资者权益遭受侵害时,通过提起民事赔偿诉讼的方式主张权利、弥补损害。民事赔偿诉讼是目前我国证券市场纠纷解决的主要渠道。

(二)调解

根据《中国证券业协会证券纠纷调解工作管理办法》第 2 条的界定,证券纠纷调解"是指经纠纷各方当事人同意,调解组织通过说服、疏导、调和等方式,促使当事人在平等协商基础上自愿达成和解,解决证券业务纠纷的活动"。

我国《证券法》第 94 条第 1 款规定:"投资者与发行人、证券公司等发生纠纷的,双方可以向投资者保护机构申请调解。普通投资者与证券公司发生证券业务纠纷,普通投资者提出调解请求的,证券公司不得拒绝。"可见,调解也是我国解决证券投资者纠纷的一种重要方式。

(三)仲裁

我国《仲裁法》第 2 条规定:"平等主体的公民、法人和其他组织之间发生的合同纠纷和其他财产权益纠纷,可以仲裁。"证券仲裁是指证券发行或交易的平等主体间发生与证券发行或交易有关的争议时,在各方当事人自愿达成协议的前提下提请无直接相关利益的第三者,依一定程序作出对各方当事人均具约束力的公断或裁决。

二、 我国的证券投资者保护机构

目前,我国资本市场投资者超过 1.4 亿,其中 95% 以上属于持股市值在 50 万元以下的中小投资者。[①] 可以说,现阶段以及接下来相当长的一段时间,中小投资者都将是我国资本市场的主要参与群体。投资者保护的重中之重,就是保护广大中小投资者的权益。

我国证券市场中小投资者居多的现实,决定了设立专业的投资者保护机构的必要性。《证券法》"投资者保护"一章的第 93、94、95 条都提到了"投资者保护机构"。证监会作为我国证券监督管理机构,始终将投资者权益保护放在十分重要的位置。目前,在证监会的统一部署和领导下,已经形成了"一体两翼"的投资者保护组织体系。其中,"一体"是指证监会下设的投资者保护局,"两翼"分别指中国证券投资者保护基金有限责任公司和中证中小投资者服务中心有限责任公司。

---

① 数据来源:《给投资者更多制度保障》,载人民网 http://finance.people.com.cn/n1/2019/0415/c1004-31029090.html,2021 年 1 月 7 日访问。

（一）投资者保护局

2011年，中国证监会投资者保护局正式成立。投资者保护局作为证监会内设机构，主要负责证券期货市场投资者保护工作的统筹规划、组织指导、监督检查、考核评估；推动建立健全投资者保护相关法规政策体系；统筹协调各方力量，推动完善投资者保护的体制机制建设；督导促进派出机构、交易所、协会以及市场各经营主体在风险揭示、教育服务、咨询建议、民事纠纷多元化解等方面，提高服务投资者的水平；推动投资者受侵害权益的依法救济；组织和参与监管机构间投资者保护的国内国际交流与合作。

2019年，证监会成立了投资者保护领导小组，由证监会主席担任组长，办公室就设在投资者保护局。

（二）中国证券投资者保护基金有限责任公司

2005年6月，国务院批准中国证监会、财政部、中国人民银行发布《证券投资者保护基金管理办法》（以下简称《管理办法》），同意设立国有独资的中国证券投资者保护基金有限责任公司（以下简称"投保基金公司"），并批准了公司章程。2005年8月30日，投保基金公司在原国家工商总局注册成立，由国务院出资，财政部一次性拨付注册资金63亿元。投保基金公司归口中国证监会管理。

投保基金公司的主要职责包括：筹集、管理和运作基金；监测证券公司风险，参与证券公司风险处置工作；证券公司被撤销、关闭和破产或被中国证监会实施行政接管、托管经营等强制性监管措施时，按照国家有关政策规定对债权人予以偿付；组织、参与被撤销、关闭或破产证券公司的清算工作；管理和处分受偿资产，维护基金权益；发现证券公司经营管理中出现可能危及投资者利益和证券市场安全的重大风险时，向中国证监会提出监管、处置建议；对证券公司运营中存在的风险隐患会同有关部门建立纠正机制；国务院批准的其他职责。

（三）中证中小投资者服务中心有限责任公司

中证中小投资者服务中心有限责任公司（简称"投服中心"）是于2014年12月成立的证券金融类公益机构，归属中国证监会直接管理。

投服中心的主要职责包括：面向投资者开展公益性宣传和教育；公益性持有证券等品种，以股东身份或证券持有人身份行权；受投资者委托，提供调解等纠纷解决服务；为投资者提供公益性诉讼支持及其相关工作；负责中国投资者网站的建设、管理和运行维护；调查、监测投资者意愿和诉求，开展战略研究与规划；代表投资者，向政府机构、监管部门反映诉求；中国证监会委托的其他业务。

三、 我国证券市场先行赔付制度

近年来，随着我国证券市场的发展，监管部门不断推动创新投资者保护机制，在传统证券纠纷解决机制之外，出现了若干新型的证券纠纷解决方案，其中就包括先行赔付制度。近年来，投保基金公司在引导证券先行赔付方面的成就引人瞩目。目前，在投保基金公司的主导下,通过先行赔付方式已经较为妥善地解决了 2013 年万福生科案、2014 年海联讯案和 2017 年欣泰电气案,先行赔付使受损害投资者获得了相对满意的补偿。

(一) 证券市场先行赔付的概念

在被引入证券领域之前,先行赔付制度已在我国的一般消费者保护、医疗纠纷、网上交易以及重大社会利益保障等多个领域得到确立和应用。先行赔付本质上是当事人通过非正式诉讼的自决模式,依据民法上的自愿原则自行协商达成和解协议化解纠纷的一种制度。证券市场先行赔付,是指发生虚假陈述等案件时,在对发行人、上市公司等市场主体据以承担赔偿责任的行政处罚、司法裁判作出之前,由可能承担虚假陈述民事赔偿责任的连带责任人之一先行垫资向投资者承担赔偿责任,然后再由先行赔付者向未参与先期赔付的发行人、上市公司以及其他责任人进行追偿的一种措施。[1]

(二) 证券市场先行赔付制度的适用情形

我国《证券法》第 93 条是关于先行赔付制度的规定:"发行人因欺诈发行、虚假陈述或者其他重大违法行为给投资者造成损失的,发行人的控股股东、实际控制人、相关的证券公司可以委托投资者保护机构,就赔偿事宜与受到损失的投资者达成协议,予以先行赔付。先行赔付后,可以依法向发行人以及其他连带责任人追偿。"

将先行赔付制度引入证券市场是一项创新性举措,对于投资者而言,这一制度具有权益救济的方便快捷性。[2] 但是,先行赔付不可能用来解决所有的投资者纠纷。目前,证券先行赔付主要适用于发行人因欺诈发行、虚假陈述或其他重大违法行为给投资者造成损失的案件。

(三) 证券市场先行赔付制度的特征

第一,先行赔付主要适用于证券市场因欺诈发行、虚假陈述或其他重大违法行为引发投资者损失和赔偿要求的案件。

第二,先行赔付的责任主体是欺诈发行、虚假陈述事件或其他重大违法行为人中可能的连带责任人之一。依据《证券法》第 93 条规定,主要是发行人的控股股东、实际控制人、相关的证券公司。实践中,已经解决的三起案件均是由保荐机构先行赔付的,但保荐人在先行赔付之后,可以依法向发行人或其他连带责任人追偿。

第三,先行赔付方式的适用在时间上有特定要求。先行赔付中的"先行",是指先于法院判决之期,先于证监会作出行政处罚之期,否则这一制度在赔偿投资者方面的效率性就会大打折扣。

第四,作出先行赔付的主体可以对没有参与先行赔付的责任主体进行追偿,在通常情形下,适用连带责任制度中的追偿规则。但需注意的是,履行先行赔付责任的主体只是表面上的连带责任人,最终未必一定会承担连带责任上的赔偿份额,也可能是经法院判决后不必承担赔偿责任的市场主体。[3]

---

①　陈洁:《证券市场先期赔付制度的引入及适用》,载《法律适用》2015 年第 8 期。

②　参见徐强胜:《论我国证券投资补偿基金制度的构建》,载《法商研究》2016 年第 1 期。

③　陈洁:《证券市场先期赔付制度的引入及适用》,载《法律适用》2015 年第 8 期。

◎ **相关案例**①

万福生科先行赔付案

2012 年 9 月 14 日,创业板首家欺诈发行股票的上市公司万福生科被中国证监会立案稽查。2013 年 9 月 24 日,中国证监会公布了对万福生科造假案作出的《行政处罚决定书》,认定万福生科存在以下违法事实:一是万福生科《首次公开发行股票并在创业板上市招股说明书》披露的 2008 年至 2010 年财务数据存在虚假记载,分别虚增销售收入 12 262 万元、14 966 万元、19 074 万元,虚增营业利润 2851 万元、3857 万元、4590 万元;二是《2011 年年度报告》存在虚假记载,虚增销售收入 28 681 万元;三是未就公司 2012 年上半年停产事项履行及时报告、公告义务;四是《2012 年半年度报告》存在虚假记载和重大遗漏。中国证监会依据《证券法》第 189 条、第 193 条对万福生科、相关中介机构及有关责任人员给予警告、罚款、没收业务收入、暂停保荐业务许可、撤销证券从业资格等行政处罚,并对部分人员采取终身证券市场禁入措施。

2013 年 5 月 10 日,为先行赔付符合条件的投资者因万福生科虚假陈述事件而遭受的投资损失,平安证券有限责任公司(以下简称"平安证券")作为万福生科首次公开发行并上市的保荐机构及主承销商,出资 3 亿元人民币设立"万福生科虚假陈述事件投资者利益补偿专项基金",委托中国证券投资者保护基金有限责任公司(以下简称"投保基金公司")担任基金管理人,设立网上和网下两种方案与适格投资者实现和解。专项补偿基金采取了"先偿后追"的模式,由平安证券先以基金财产偿付符合条件的投资者,然后通过法律途径向万福生科虚假陈述的主要责任方及连带责任方追偿。若投资者不接受基金的补偿方案,可依法向有管辖权的人民法院提起诉讼,要求万福生科虚假陈述相关责任方予以赔偿。

在该方案中,专项补偿基金资产属于平安证券,投保基金公司与平安证券的法律关系为委托代理关系,负责基金的日常管理及运作。投保基金公司成立了专门的基金补偿工作组负责具体的投资者补偿执行工作,还独立指定商业银行作为基金托管人、聘请专家组成专家委员会进行顾问咨询、聘请中介机构参与日常工作。基金的存续期间为成立之日起 2 个月,投保基金公司可以根据基金运作的实际情况延长基金存续期间,最迟不超过 2013 年 12 月 31 日。基金存续期间届满将由投保基金公司组织清算,剩余财产返还平安证券。截至 2013 年 6 月 28 日,同时完成网签及有效申报、与平安证券达成有效和解的适格投资者人数为 12 756 人,占适格投资者总人数的 95.01%,对适格投资者支付的补偿金额为 178 565 084 元,占应补偿总金额的 99.56%。2013 年 7 月 3 日,补偿资金全部划付至适格投资者账户。

---

① 参见《中国证监会行政处罚决定书》〔2013〕47 号;《万福生科案:试水先行赔付投资者主动维权》,中国证券监督管理委员会官网 http://www.csrc.gov.cn/pub/newsite/tzzbh1/tbtzzjy/tbfxff/201508/t20150803_282336.html,2020 年 3 月 27 日访问。

四、 证券支持诉讼与持股行权制度

（一）证券支持诉讼制度

证券民事赔偿诉讼一般由受到侵害的投资者自行或委托代理律师提起，然而，对于中小投资者来说，要赢得诉讼并不容易，往往需要克服重重困难。近年来，投服中心推出的证券支持诉讼使得投资者诉讼难的问题得到了一定改观。我国《证券法》第94条第2款规定："投资者保护机构对损害投资者利益的行为，可以依法支持投资者向人民法院提起诉讼。"这是证券支持诉讼制度最直接的法律依据。

1. 证券支持诉讼的概念

证券支持诉讼是对涉及中小投资者众多、矛盾比较突出、社会影响较大的典型证券侵权纠纷，由投服中心以投资者保护机构的身份，根据中小投资者提出的申请，委派投服中心的公益律师或法律专业人员作为中小投资者诉讼代理人，代理中小投资者向法院起诉并参与诉讼的活动。简单来讲，证券支持诉讼就是投服中心作为支持机构，选择案件，委派诉讼代理人，支持权益受损的中小投资者依法诉讼维权。

2. 证券支持诉讼的制度基础与意义

证券支持诉讼有着坚实的理论基础、法律基础以及实践基础。其理论基础就是社会干预理论。这一理论源于苏联国家干预理论，其基本观点是负有保护责任的机关、组织、公民，为了保护被保护人的合法权益，可以以自己的名义提起诉讼。支持诉讼在我国是有法律基础的。我国《民事诉讼法》第15条规定："机关、社会团体、企业事业单位对损害国家、集体或者个人民事权益的行为，可以支持受损害的单位或者个人向人民法院起诉。"《证券法》也在"投资者保护"一章中明确规定了投资者保护机构对损害投资者利益的行为，可以依法支持投资者向人民法院起诉。这为证券支持诉讼提供了更坚实的法律基础和依据。在实践中，证券支持诉讼也已经有了一定的基础。2017年5月，上海市第一中级人民法院审结了全国首例由投服中心支持诉讼的"匹凸匹公司证券虚假陈述责任纠纷案"，标志着我国证券支持诉讼制度建设"破冰"。该起案件还被写入最高人民法院在第十三届全国人民代表大会的工作报告，影响广泛，被评为"2017年人民法院十大民事行政案件"之一。[①] 截至2019年12月底，投服中心提起支持诉讼24起（其中已受案19起，提交申请材料等待立案5起），支持诉讼诉求总金额1.14亿元，获赔总人数572人，判决总金额约5536.7万元，其中：判决获赔人数435人，获赔金额5244.4万元；和解获赔人数137人，获赔金额292.3万元。[②]

证券支持诉讼是体系化构建证券投资者民事赔偿救济制度的重要组成部分，也是人民法院破解当前证券侵权民事纠纷损害赔偿案件审判质量效率不高难题的有效途径。

3. 证券支持诉讼的适用情形

为防止滥诉行为发生，浪费公共资源，保证证券支持诉讼的公益性和公正性，投服中心制定了《证券支持诉讼业务规则（试行）》等内部规范，力求证券支持诉讼的制度化、规范化。

---

① 张新：《证券支持诉讼若干问题思考》，载郭文英、徐明主编：《投资者》（第四辑），法律出版社2018年版。
② 数据来源：郭文英：《积极履行公益使命　不断探索中小投资者保护新路径》，载中证中小投资者服务中心官网http://www.isc.com.cn/html/zxxw/20191223/1624.html，2021年1月7日访问。

投服中心提起的证券支持诉讼应同时满足下列条件:(1) 提出申请的中小投资者的权益因虚假陈述等证券违法违规行为而受到损害;(2) 纠纷性质严重或涉及中小投资者众多、社会影响大;(3) 中小投资者的损失与证券违法违规行为存在明显的因果关系;(4) 中小投资者已提交书面的支持诉讼申请;(5) 中小投资者能够单独提供或经协助取得真实完整的证据和证明材料;(6) 投服中心经评估认为可以支持诉讼;(7) 符合法律、法规规定的其他条件。

◎ **相关案例**

国内首例证券支持诉讼案原告全部诉请获法院支持①

2016 年 3 月,上海证监局发布行政处罚决定,认定匹凸匹金融信息服务(上海)股份有限公司(以下称为"匹凸匹公司")存在未及时披露多项对外重大担保、重大诉讼事项等违法违规事实,属于虚假陈述行为。同年 7 月,多位投资者委托投服中心向法院提起诉讼,成为全国法院系统受理的第一例证券支持诉讼。

原告认为,匹凸匹公司未及时披露其子公司荆门汉通置业有限公司对外担保事项的虚假陈述行为造成了其损失,故诉请判令匹凸匹公司及其实际控制人鲜言和时任公司董事、财务总监恽燕桦作为共同被告赔偿经济损失,其余被告承担连带赔偿责任。上海市一中院一审支持了 14 位原告的全部诉讼请求,判决被告鲜言应当对原告的投资差额损失、佣金及印花税损失、利息损失进行赔偿,共计 233 万余元。被告匹凸匹公司及恽燕桦对上述赔偿责任承担连带责任。至此,国内证券支持诉讼"破冰"10 个月后,迎来了首个案例的胜诉。

国内首例证券支持诉讼胜诉,无疑是一个标志:在行政处罚、刑事追究之外,中国证券市场正尝试通过强化民事追责弥补投资者保护机制的"短板"。

(二)证券持股行权制度

《证券法》第 94 条第 3 款规定:"发行人的董事、监事、高级管理人员执行公司职务时违反法律、行政法规或者公司章程的规定给公司造成损失,发行人的控股股东、实际控制人等侵犯公司合法权益给公司造成损失,投资者保护机构持有该公司股份的,可以为公司的利益以自己的名义向人民法院提起诉讼,持股比例和持股期限不受《中华人民共和国公司法》规定的限制。"这就是持股行权制度,是我国《证券法》首次以明确的法律条文形式,对实践中已经采用并取得了良好实施效果的一种投资者保护手段在立法上的肯定与确认。

在我国资本市场发展进程中,投服中心的构建以及持股行权制度的建立,实际上是我国资本市场投资者权益保护机制的一个重大创新,已经产生了非常突出的成效并获得了市场、社会乃至国际社会积极的反响。

投服中心持有沪深交易所每家上市公司一手(100 股)A 股股票,通过行使质询、建议、

---

① 《首例证券支持诉讼胜诉 投资者保护机制着手"补短板"》,载新华网 http://www.xinhuanet.com//2017-05/21/c_1121009337.htm,2020 年 3 月 2 日访问。

表决、诉讼等股东权利的方式,强化中小投资者保护,规范上市公司治理,示范引领中小投资者主动行权、依法维权。这是我国证券监管机构运用市场化、法治化方式,加强中小投资者保护的新探索。

2018年1月,中国证监会颁布了《持股行权工作指引》,规定了持股行权工作的实施主体、范围、方式、程序等,也明确了证监会派出机构、证券交易所、中国结算、中证监测、各行业协会等在持股行权工作的信息共享和协调配合方面的支持协助。

投服中心关注的事项包括:中小投资者反映强烈的事项;侵害中小投资者合法权益且具有典型性、示范性的事项;舆论关注的重点、难点、热点事项;监管机构、自律组织等建议的事项等。例如:部分上市公司控股股东、实际控制人等相关方在重大重组过程中可能存在高价估值、虚假承诺、贱卖资产、巨额套利等行为,严重损害投资者合法权益;部分上市公司在关联交易过程中,可能存在定价不公允、利益输送等情况;部分上市公司控股股东、实际控制人滥用控制权占用上市公司资金,违规担保,使得上市公司承担更多潜在债务和损失;部分上市公司长期不分红,甚至利用技术手段规避现金分红义务,损害投资者的分红权。当上述事件发生时,投服中心就会积极行使股东权利,维护中小投资者的合法权益。

截至2019年3月,投服中心共计持有3593家上市公司股票,累计行权4896次(场),包括表决权169次、建议权2109次、质询权400次、查阅权42次、提请召开股东大会1次等。

五、 证券民事赔偿的代表人诉讼制度

不同于普通民商事纠纷,证券民事纠纷的一个显著特点,是涉及的投资者尤其是中小投资者人数比较多,一个侵权行为可能会侵害众多不特定投资者的权益,形成大规模的证券侵害纠纷。此类纠纷因为涉及人数众多,其解决必然不同于普通纠纷,应有与之相适应的纠纷解决机制,如美国的集团诉讼、英国的集体诉讼、德国的团体诉讼和日本的选定当事人诉讼制度等,这些制度由于种种原因并未被引入我国。对于涉及人数较多的诉讼,我国有代表人诉讼制度。

(一)我国关于代表人诉讼的法律规定

我国《民事诉讼法》对于代表人诉讼有明确规定。依据其规定,当事人一方人数众多的共同诉讼可以推选代表人进行诉讼,代表人的诉讼行为对其所代表的当事人发生效力。

《最高人民法院关于审理证券市场因虚假陈述引发的民事赔偿案件的若干规定》第12条规定,证券民事赔偿的原告可以选择以单独诉讼或共同诉讼的方式提起诉讼。第13条规定,多个原告因同一虚假陈述事实对相同被告提起的诉讼中既有单独诉讼也有共同诉讼的,法院可通知提起单独诉讼的原告参加共同诉讼。多个原告因同一虚假陈述事实对相同被告提起两个以上诉讼的,法院可将其合并为一个共同诉讼。第14条规定,共同诉讼的原告在开庭前应确定。原告人数众多的可推选2-5名诉讼代表人。

《证券法》关于代表人诉讼的规定体现在第95条:"投资者提起虚假陈述等证券民事赔偿诉讼时,诉讼标的是同一种类,且当事人一方人数众多的,可以依法推选代表人进行诉讼。对按照前款规定提起的诉讼,可能存在有相同诉讼请求的其他众多投资者的,人民法院可以发出公告,说明该诉讼请求的案件情况,通知投资者在一定期间向人民法院登记。人民法院

作出的判决、裁定,对参加登记的投资者发生效力。投资者保护机构受五十名以上投资者委托,可以作为代表人参加诉讼,并为经证券登记结算机构确认的权利人依照前款规定向人民法院登记,但投资者明确表示不愿意参加该诉讼的除外。"

(二)代表人诉讼在实践中的适用与存在的争议

从我国的司法实践来看,从 20 世纪 90 年代《民事诉讼法》确立了代表人诉讼制度以来,种种原因导致这一制度被不恰当地限制适用甚至拒绝适用,许多地方法院认为,代表人诉讼增加了案件审理的难度、影响了社会稳定。[①] 原告人数不确定的代表人诉讼在我国更是形同虚设。我国法院对于大规模纠纷案件多采取单独立案分开受理的方式,在审判中要么单独审判要么合并审判。所以实际上,代表人诉讼在我国司法实践中的利用率并不高。

代表人诉讼在我国的遇冷除了制度设计的先天缺陷外,司法政策对法院及办案人员的影响,以及法院案件指标管理的功利化所造成的适用动力不足也是重要原因。[②] 除了司法环境等内生性因素外,影响这一诉讼制度实践应用的更为复杂的原因可能还来自我国的人情社会以及诉讼文化等外在因素。代表人诉讼取得胜诉的关键在于诉讼代表人的选择,然而如何选择代表人、选择谁为代表人、代表人能否恰当行使所赋予的权利、是否会侵害被代表人的合法权益,这些问题在我国显然都构成了代表人诉讼制度难以被采用的理由。

(三)我国证券领域对代表人诉讼的尝试与探索

1997 年 5 月,大庆联谊石化股份有限公司(简称"大庆联谊")在上交所上市。但 1999 年 4 月大庆联谊即发布公告称存在违法违规行为正在接受国家有关部门调查。2000 年 3 月,中国证监会对大庆联谊存在的欺诈上市以及虚假陈述等违法违规行为作出了行政处罚。自 2001 年 1 月起,哈尔滨市中级人民法院(简称"哈尔滨中院")陆续收到了涉及 788 名股民、诉讼标的额达 1700 余万元、共计 250 起针对大庆联谊及其保荐人申银万国证券的民事赔偿诉讼。受理该起证券民事赔偿案件的哈尔滨中院于 2002 年 10 月先期审理了 3 名股东的诉讼,此后哈尔滨中院将第二批 456 名原告投资者分为若干组,在 2003 年至 2004 年间先后多次开庭审理。

大庆联谊案是《最高人民法院关于受理证券市场因虚假陈述引发的民事侵权纠纷案件有关问题的通知》发布后,国内法院受理的首起投资者诉证券发行人虚假陈述民事侵权案。这一案件最引人关注的是它突破了传统的单独诉讼模式,对涉及人数众多的诉讼采取了分批审理形成"系列案件"的做法。关于这种诉讼方式的具体性质,我国学术界的看法存有分歧,如有学者认为此案的审理法院尝试了类似示范诉讼的做法[③],有的学者倾向于认为此案的审理具有代表人诉讼的特点,另有学者则认为此案具有集团诉讼的特点并非代表人诉讼。[④] 尽管理论界和实务界对于该案所采取诉讼模式的理解不同,对于该案诉讼形式、处理方式以及诉讼效果的评价也褒贬不一,但不可否认,作为我国证券市场虚假陈述民事赔偿第

---

① 杨严炎:《群体案件的诉讼形式及其价值取向——以大庆联谊虚假陈述案为例》,载《清华法学》2011 年第 2 期。

② 张嘉军:《多元化:两大法系群体性纠纷解决机制的当代走向——兼论我国群体性纠纷解决机制的未来趋势》,载《郑州大学学报(哲学社会科学版)》2008 年第 4 期。

③ 刘毅、张谷:《示范诉讼及其在我国审判实践中的运用》,载《人民司法》2009 年第 11 期。

④ 杨严炎:《群体案件的诉讼形式及其价值取向——以大庆联谊虚假陈述案为例》,载《清华法学》2011 年第 2 期。

一案,大庆联谊案的司法实践无疑具有里程碑意义,是我国探索新的证券民事赔偿诉讼模式的重要转折。

本章理论与实务探讨

进一步细化我国证券投资者分类的必要性和可行性

所谓投资者的细分,是指在投资者适当性规则所做的投资者分类的基础上,按照投资者的财产状况、风险偏好、交易情况、投资目的等指标,对投资者作出进一步类型化细分,督促证券经纪商建立投资者分类管理制度。这样,证券经纪商就能更清楚地掌握每个投资者的情况,从而能够从自己的专业性出发,如同熟练的服装造型师依据自己丰富的经验为每个对象完美地搭配服饰那样,将不同的证券产品或服务推荐和销售给不同的投资者,实现证券、服务与投资者的最佳结合,同时也可以在很大程度上提高证券交易的成功率。

我国现行《证券法》虽然作出了可以将投资者划分为普通投资者和专业投资者的规定,但目前的分类还比较粗糙。借鉴境外经验,证券投资者还可以进行更细致的划分。普通投资者与专业投资者是以投资者是否具有专业性为依据作出的划分,在此基础上可以进一步细分,为投资者适当性规则的实施提供更科学的制度基础。具体而言,可以依据投资者的专业性,将其区分为认可投资者、合格投资者、选择性的专业投资者、专业投资者、合格对手方五个类别。五个类别中投资者的专业性逐次递增,而证券经纪商对五类投资者的适当性义务相应递减。如此分类形成了一个层次分明的证券投资者梯队,增强了证券公司差异化地为投资者提供产品与服务的可能性。

本章法考与考研练习题

一、名词解释

1. 投资者适当性
2. 公司债券
3. 证券信用风险
4. 合格投资者
5. 债券受托管理人
6. 债券持有人会议
7. 证券市场先行赔付

二、简答题

1. 简述投资者权益保护的意义。
2. 简述证券经纪商的适当性义务。
3. 简述公司债券的分类。
4. 简述公司债券的基本特征。
5. 简述债券持有人会议的召集人。
6. 简述证券市场先行赔付制度的特征。

三、论述题

试述投资者权益保护的基本理论。

四、案例分析题

A 上市公司因披露的公司年报隐瞒重大关联交易,构成虚假陈述侵权行为,受到中国证监会行政处罚。根据《最高人民法院关于审理证券市场因虚假陈述引发的民事赔偿案件的若干规定》,投资者在 A 公司虚假陈述行为实施日至揭露日之间购买 A 公司证券,在虚假陈述行为揭露日或更正日及以后,因卖出该证券发生亏损,或者因持续持有该证券而产生亏损的,可以向 A 公司索赔。此后 100 多名投资者以 A 公司构成证券虚假陈述侵权行为为由向上海市一中院提起诉讼,要求公司赔偿股价下跌给其造成的损失。

请结合本章所学知识,思考本案中原告在诉讼方式上可以采取哪些做法提高胜诉可能性? 受理案件的法院又可以采取哪些方式更有效地处理此类案件?

本章法考与考研练习题参考答案

第五编　证券市场监管及违法责任追究

第十四章　证券市场监管制度

[导语]

　　证券市场监管,简称证券监管,是国家依据明确的目标与原则,从产品、机构、行为等方面,对证券发行与交易活动实施的干预、控制。

　　本章主要讲述了证券监管的目标和原则、我国证券监管的历程与范畴、证监会的职责与机构设置、规章与规则制定、行政许可与备案、检查与调查、行政和解与奖励举报、监管措施与行政处罚以及证券监管国际合作。本章的学习重点是证券监管的目标和原则、证监会的职责、行政许可与备案、检查与调查、行政和解、监管措施与行政处罚;本章的学习难点是如何优化我国证券市场监管制度。

第一节　证券监管概述

一、 证券监管的目标与原则

　　从世界范围看,各证券市场法域关于证券监管目标的表述,大多体现在证券立法关于立法宗旨或者监管机构职责的规定中,也有少数体现在证券监管机构的自我定位中。内容上虽然有一些差异,但是均包含了保护投资者、维护市场公平、促进市场效率这三个比较核心的目标;同时,新一轮全球金融危机之后,越来越多的法域把减少系统性风险作为证券监管的目标之一。

　　我国 2019 年《证券法》第 1 条原封不动地承继了原《证券法》的立法宗旨,即"为了规范证券发行和交易行为,保护投资者的合法权益,维护社会经济秩序和社会公共利益,促进社会主义市场经济的发展,制定本法"。不过,2019 年《证券法》对证监会的监管使命进行了全新表述。原《证券法》第 178 条规定:"国务院证券监督管理机构依法对证券市场实行监督管理,维护证券市场秩序,保障其合法运行。"2019 年《证券法》第 168 条规定:"国务院证券监督管理机构依法对证券市场实行监督管理,维护证券市场公开、公平、公正,防范系统性风险,维护投资者合法权益,促进证券市场健康发展。"综合这些规定,可以把我国证券监管的目标归纳为两个层面:一个层面是最终目标,即促进证券市场健康发展,维护社会经济秩序和社会公共利益,促进社会主义市场经济的发展;另一个层面是三个基本目标,即维护证券市场公开、公平、公正;防范系统性风险;保护投资者合法权益。

国际证监会组织(International Organization of Securities Commissions,IOSCO)颁布的《证券监管的目标与原则》规定了证券监管的三大目标:一是保护投资者利益;二是保证市场公平、高效和透明;三是减少系统性风险。为实现这些目标,在相关法律框架下实施了10大类38条原则,具体包括:

第一类,与监管机构有关的原则:(1)对监管机构责任的规定应明确、客观;(2)监管机构在行使职权时应当独立、负责;(3)监管机构应当拥有充分权力、适当资源和能力行使其职权;(4)监管机构应当采取明确、一致的监管程序;(5)监管机构工作人员应当遵守包括适当的保密准则在内的最高职业准则;(6)监管机构应根据其职权制定或者促成相应程序,以识别、监控、减少并管理系统性风险;(7)监管机构应制定或者促成相应程序,以定期评估其监管范围;(8)监管机构应努力确保避免、消除、披露或者管理利益冲突及激励机制。

第二类,与自律组织有关的原则:(9)监管系统使用自律组织在其各自专长领域履行直接监管职责的,这些自律组织应接受监管机构的监督,并在行使权力和代行责任时遵循公平和保密原则。

第三类,执行证券监管的原则:(10)监管机构应具备全面的检查、调查和监察的权力;(11)监管机构应具备全面的执法权;(12)监管系统应确保以有效、可信方式行使检查、调查、监察和执法权力并实施有效的合规计划。

第四类,监管合作原则:(13)监管机构应有权与国内外同行分享公开和非公开的信息;(14)监管机构应建立信息分享机制,阐明何时、如何与国内外同行分享公开与非公开的信息;(15)外国监管机构为行使职权需要进行调查时,监管体系应允许向其提供协助。

第五类,发行人原则:(16)应充分、准确、及时披露对投资者决策关系重大的财务结果、风险及其他信息;(17)公平、公正对待公司证券的所有持有人;(18)发行人编制财务报表所使用的会计准则必须具有高质量并达到国际认可水准。

第六类,与审计师、资信评级机构和其他信息服务供应机构有关的原则:(19)审计师应接受适当程度的监督;(20)审计师应独立于其所审计的发行机构;(21)审计准则必须具有高质量并达到国际认可标准;(22)资信评级机构应接受适当程度的监督,监管系统应确保评级结果用于监管目的的资信评级机构必须进行注册登记并接受持续监管;(23)向投资者提供分析或者评估服务的其他机构,应根据其活动对市场的影响情况或者监管系统对其的依赖程度接受相应的监管。

第七类,集合投资计划原则:(24)监管系统应对希望销售或者运营集合投资计划的主体制定资格、治理、组织和运营的行为标准;(25)监管体系应对集合投资计划的法律形式和结构以及客户资产的隔离与保护作出规定;(26)根据发行人原则的要求,监管应提出披露要求,这对于评估某一集合投资计划是否适合某一特定投资者以及投资者在该计划中利益的价值非常必要;(27)监管应确保对集合投资计划进行的资产估值以及份额的定价和赎回建立在恰当、已披露的基础之上;(28)监管系统应确保对冲基金和/或对冲基金管理人/顾问接受适当的监督。

第八类,市场中介机构原则:(29)监管应为市场中介机构设定最低准入标准;(30)应根据市场中介机构所承担的风险,对其提出相应的初始和持续资本要求及其他审慎要求;

（31）市场中介机构应设立一个职能部门，由其负责遵守内部组织和运营行为准则，以保护客户利益及客户资产，确保合理管理风险，中介机构管理层承担与此相应的首要责任；（32）应确立处理中介机构破产的有关程序，以最小化投资者损失，控制系统性风险。

第九类，二级市场及其他市场原则：（33）设立交易系统（包括证券交易所）须获得监管部门授权并接受其监督；（34）对交易所和交易系统应进行持续监管，目的是通过能恰当平衡不同市场参与者诉求的公平、公正的规则来确保诚信交易；（35）监管应促进交易的透明度；（36）监管应致力于发现并阻止操纵行为及其他不公平的交易行为；（37）监管应确保对大额持仓、违约风险与市场中断进行适当管理。

第十类，与清算和结算有关的原则：（38）证券结算系统、中央证券存管机构、交易报告库和中央对手方，都应遵守监管要求，以确保公平性、有效性、高效率并减少系统性风险。

二、　我国证券监管的历程与范畴

（一）全国集中统一证券监管体制的形成

我国证券监管是随着证券市场的产生、发展逐步启动和完善的。证券监管经历了一个从地方到中央、从分散到集中、从不成熟走向趋于成熟的过程，大致可分为三个阶段：第一阶段从 20 世纪 80 年代到 1992 年 5 月，主要由上海、深圳市两地地方政府监管，属于我国证券市场监管的起步阶段。第二阶段从 1992 年 5 月到 1997 年底，是由中央与地方、中央各部门共同参与监管向集中统一管理的过渡阶段。第三阶段从 1997 年底至 1998 年底《证券法》颁布，初步建立了全国集中统一的证券监管体制。

在党中央、国务院的领导、决策、部署、推动下，出于防范和化解市场风险、促进市场发展、避免利益冲突与监管掣肘、提高监管效率等方面的考量，我国证券监管体制逐步理顺，比较迅速地形成了沿用至今的全国集中统一监管体制，为我国证券市场的长足发展提供了保障。在这一体制的形成过程中，"事件驱动"的特征比较明显：深圳"8·10事件"较大程度上引致了国务院证券委员会与中国证监会的成立；亚洲金融危机又促进了全国集中统一监管模式的快速形成。同时，不容否认的是，由于证券市场发展阶段与整体法治环境等方面的局限，这一体制还有一些先天和后发的缺陷，需要根据证券市场的发展不断完善。

◎　**相关案例**

1992 年 8 月 7 日，深圳市宣布发售 500 万张新股认购抽签表，1 张身份证可以认购 10 张抽签表，于 8 月 9 日开始发售。随后 120 万股民涌入深圳排队抢购。8 月 9 日，在不到半天的时间内，抽签表全部售完，许多人空手而归。股民们看到很多部门内部人员私下把大量的抽签表截留买走。在发售网点前，炒卖抽签表行为猖獗，100 元一张的抽签表已被炒到 300~500 元不等。股民们怀疑其中存在不少营私舞弊、暗中套购行为。8 月 10 日晚，数千名没有买到抽签表的股民打出反腐败和要求公正的标语，并形成对深圳市政府和人民银行分支机构围攻的局面，秩序一片混乱。为平息纠纷，深圳市政府紧急宣布了五项通告，并决定再增发 500 万张新股认购抽签表以缓解购买压力。但是示威者仍旧不满，与警察发生冲突，深圳警方当晚拘捕了 12 名"闹事分子"。此次事件中的营私舞弊者在经历 4 个月的清查后水落石出,有 10 个金融单位共 95 个发售点被群众举报。到 12 月 10 日止,已清查出内部截留私买的抽签表达 10.5 万张,涉及金融系统干部、职工 4180 人。"8·10 事件"发生后,深圳股市曾一度受重创,股价指数从 8 月 10 日的 310 点猛跌到 8 月 14 日的 285 点,跌幅为 8.1%。后持续跌到 11 月 23 日的 164 点才止跌反弹。上海股市也受到深圳"8·10 事件"影响,上证指数从 8 月 10 日的 964 点暴跌到 8 月 12 日的 781 点,跌幅达 19%。国务院紧急作出反应,于 1992 年 10 月底成立国务院证券委员会作为专门的证券监管机构,另成立中国证监会,负责日常监督和决定的执行工作。

(二)证券监管的范畴

证券监管有狭义与广义之分。狭义的证券监管,是指政府部门对证券发行与交易活动的直接监督管理。依据《证券法》,这些政府部门主要是"国务院证券监督管理机构"(即中国证监会)和"国务院授权的部门"。《证券法》一直未出现"中国证监会"的字眼,而是使用了"国务院证券监督管理机构",既受立法之初多头监管痕迹的影响,也便于法律条文的描述,避免因机构变动或者名称变更而修改法律。"国务院授权的部门",目前来看主要是指对政府债券(包括国债与地方政府债券)的发行实施监督管理的财政部与对企业债的发行实施监督管理的国家发展和改革委员会。广义的证券监管,除了政府部门的直接监督管理之外,还包括国务院所属政府部门与地方政府的间接监督管理,证券市场自律组织、司法机关的监管,以及媒体和公众的监管。

政府部门对证券市场的间接监管涉及众多部委与国务院直属单位:财政部负责中国证监会经费的预算拨款,中国证监会行政处罚的罚没款也由当事人直接上缴国库;财政部还与中国证监会一同对从事证券市场服务的审计机构、资产评估机构及其人员的业务活动实施监管,在实施财政监督过程中发现证券违法线索后移送中国证监会。国家审计署除对中国证监会进行审计监督外,还将其实施审计监督过程中发现的证券违法线索移送中国证监会。国家发展和改革委员会历史上曾经负责对股票、公司债券的发行是否符合产业政策出具意见,不过这项职能已逐步被弱化与取消了。中国人民银行除了通过货币政策影响证券市场外,还对承担非金融企业债务融资工具发行与交易的银行间债券市场实施间接监管,并曾经通过再贷款等方式为证券公司风险处置与应对证券市场异常波动提供救助与支持。国务院国资委就股票发行中的国有股转持、国有控股上市公司的股权变更、公司治理等事项与证监会合作。商务部对涉及证券市场诸多对外投资与外资准入事项进行把关。银保监会在银行、保险、信托类金融机构发行上市与上市后的监管等事项上与证监会合作。国家外汇管理局对涉及证券市场外汇管理事项进行把关。国家税务总局通过所得税、印花税的征收,调控证券市场投资与交易。司法部既与证监会一同监管从事证券服务业务的律师事务所及其律师的业务活动,还负责承办不服证监会行政复议决定申请国务院最终裁决的案件。公安部与证监会协作,一同查处证券市场违法犯罪行为。其他如工信、市场监管、海关、环境保护、国土资源、科技等部门,也不同程度地在证券市场准入、日常监管、稽查执法等环节介入证券监管。还有一个 2017 年成立的非常重要的机构,就是国务院金融稳定发展委员会,是国务院统筹协调金融稳定和改革发展重大问题的议事协调机构。地方政府主要涉及对区域性股权市场的监管与参与区域性证券市场风险的处置。

自律组织的监管,既包括证监会体系内上海证券交易所、深圳证券交易所、全国中小企业股份转让系统有限责任公司这三个国务院批准设立的全国性证券交易场所的监管、中国证券业协会的监管,也包括中国银行间市场交易商协会、区域性股权市场运营机构的监管,还包括中国注册会计师协会、中国资产评估协会、中华全国律师协会的监管。

司法机关的监管包括三个方面:一是证监会的行政许可、行政处罚、行政监管措施、行政复议等活动,可能因行政诉讼接受法院的司法审查,证券行政处罚罚没款的收缴也有赖于法院的强制执行;二是检察、审判机关对证券犯罪的追究,是证券行政监管的强力后盾;三是证券民事赔偿诉讼(又被称为“私人执法”)是证券行政监管的重要补充。

媒体与社会公众对证券市场的监督,是证券市场规范健康发展的重要保障。证券市场发展历史上,财经媒体率先曝光的蓝田股份、银广夏等上市公司财务舞弊案与“基金黑幕”等违法违规行为,促进了证券市场的净化与相关规则的完善。近年来,网络自媒体也成为舆论监督的重要力量,尔康制药等上市公司财务舞弊案就是由自媒体最早曝光的。

第二节　证监会的职责与监管

一、 证监会的职责、机构设置与相关规定

(一)证监会的职责

依据《证券法》第169条的规定,证监会在对证券市场实施监督管理中履行下列职责:
(1)依法制定有关证券市场监督管理的规章、规则,并依法进行审批、核准、注册,办理备案;
(2)依法对证券的发行、上市、交易、登记、存管、结算等行为,进行监督管理;(3)依法对证券发行人、证券公司、证券服务机构、证券交易场所、证券登记结算机构的证券业务活动,进行监督管理;(4)依法制定从事证券业务人员的行为准则,并监督实施;(5)依法监督检查证券发行、上市、交易的信息披露;(6)依法对中国证券业协会的自律管理活动进行指导和监督;(7)依法监测并防范、处置证券市场风险;(8)依法开展投资者教育;(9)依法对证券违法行为进行查处;(10)法律、行政法规规定的其他职责。

通过与原《证券法》比较可见,2019年《证券法》对证监会监管职责的规定,沿用了原《证券法》第179条的框架,并根据市场发展的需要做了补充。第1项规定了两种重要职责:一个是规章、规则的制定职责;另一个是审批、核准、注册三种行政许可职责与行政备案。第2~6项为日常监督检查的职责,其中第2项针对证券的发行、上市、交易、登记、存管、结算等行为,属于“行为监管”,第5项的信息披露行为已经包含在第2项,没有必要单列,第3、4、6项属于“主体监管”,区分了三种不同的监管对象,采用不同的职责表述;第7、8项为新增职责,为证监会设立投资者教育与风险监测、防范、处置机构提供了立法依据,只是没有专门规定投资者保护的职责,与《证券法》新增投资者保护专章的设计不够匹配;第9项为调查处罚职责;第10项为兜底条款。

（二）证监会的机构设置

证监会为国务院直属正部级事业单位。现设主席 1 名,副主席 4 名,驻证监会纪检监察组组长 1 名。证监会内设 20 个职能部门,4 个直属机构。主要的证券监管职能部门包括发行监管部、市场监管一部、市场监管二部、证券机构基金监管部、上市公司监管部、非上市公众公司监管部、公司债券监管部、法律部、会计部、稽查局、行政处罚委员会办公室、投资者保护局、国际合作部等,主要的直属机构为稽查总队和信息中心。依据原《证券法》第 14 条规定,中国证监会还设有发行审核委员会,负责审核股票发行申请。发行审核委员会由证监会的专业人员和所聘请的该机构外的有关专家组成,以投票方式对股票发行申请进行表决,提出审核意见。不过,2019 年《证券法》全面实施证券发行注册制以后,证券发行的初步审核职能逐步转由证券交易所行使,由证监会负责注册,发行审核委员会这一曾在我国证券市场发展与监管史上发挥较大作用、非常引人注目但也引致不少争议与非议的机构也宣告谢幕。

证监会在省、自治区、直辖市和计划单列市设有 36 个证券监管局,并在上海、深圳各设立 1 个证券监管专员办事处,统称为派出机构。36 个证监局负责辖区内一线监管工作,主要职责是根据法律、行政法规规定与证监会授权开展行政许可相关工作,对辖区内上市公司、证券经营机构、证券服务机构的业务活动进行监督管理,负责辖区内风险防范与处置,查处辖区内的违法违规案件,开展辖区内投资者教育与保护工作。两个证券监管专员办事处目前实际履行重大案件稽查任务,与证监会稽查局、稽查总队一起承担重大案件的稽查工作。

属于证监会归口领导管理的一线证券监管、自律监管、投资者保护、监控、研究机构还包括上海证券交易所、深圳证券交易所、全国中小企业股份转让系统有限责任公司、中国证券登记结算有限责任公司、中国证券投资者保护基金有限责任公司、中国证券金融股份有限责任公司、中证资本市场运行统计检测中心有限责任公司、中国证券业协会、中国证券投资基金业协会、中国上市公司协会、中证中小投资者服务中心、中证金融研究院等机构。

证监会的业务收支全部纳入国家财政预算管理,证券市场监管费与行政处罚罚没款、证券行政和解的和解金不属于证监会的收入,全部直接上缴国库,证监会的预算支出完全由预算内拨款。

（三）履行职责的相关规定

1. 政府信息公开

《证券法》第 174 条要求证监会做好两个方面的信息公开:一是制定的规章、规则和监管工作制度应当依法公开;二是依据调查结果对证券违法行为作出的处罚决定应当公开。此外,证监会还应当遵守《政府信息公开条例》的规定,主动公开涉及公民、法人或者其他组织切身利益,需要社会公众广泛知晓或者参与,或者反映证监会机构设置、职能、办事程序等情况的信息;并应满足公民、法人或者其他组织自身生产、生活、科研等特殊需要,依其申请公开必要的信息。

2. 证券市场诚信档案

2019 年《证券法》总结证监会在建设与使用监管诚信档案上的经验成果,增加第 215 条,规定证监会依法将有关市场主体遵守《证券法》的情况纳入证券市场诚信档案。2012

年,证监会发布实施了《证券期货市场诚信监督管理暂行办法》,2018 年发布了《证券期货市场诚信监督管理办法》,对诚信信息的界定、采集与管理,诚信信息的公开、查询,诚信约束、激励与引导等进行了系统规定。

3. 监管人员管理与问责

证监会工作人员必须忠于职守,依法办事,公正廉洁,不得利用职务便利牟取不正当利益,不得泄露所知悉的有关单位和个人的商业秘密;同时,证监会工作人员在任职期间,或者离职后在《公务员法》规定的期限内,不得到与原工作业务直接相关的企业或者其他营利性组织任职,不得从事与原工作业务直接相关的营利性活动。

在执行职务中,如果证监会或者国务院授权的部门,对不符合《证券法》规定的发行证券、设立证券公司等申请予以核准、注册、批准;或者违反法律规定采取现场检查、调查取证、查询、冻结或者查封等措施;抑或违反法律规定对有关机构和人员采取监督管理措施、对有关机构和人员实施行政处罚,以及具有其他不依法履行职责的情形,对直接负责的主管人员和其他直接责任人员依法给予处分。

如果证监会或者国务院授权的部门的工作人员,不履行《证券法》规定的职责,滥用职权、玩忽职守,利用职务便利牟取不正当利益,或者泄露所知悉的有关单位和个人的商业秘密,应依法追究法律责任。

4. 移送刑事

证监会依法履行职责时,如果发现证券违法行为涉嫌犯罪,应当依法将案件移送司法机关处理;如果发现公职人员涉嫌职务违法或者职务犯罪,应当依法移送监察机关处理。

5. 监管信息共享与监管协作

证监会应当与国务院其他金融监督管理机构建立监督管理信息共享机制;证监会依法履行职责,进行监督检查或者调查时,有关部门也应予以配合。

二、 证监会的规章与规则制定

《证券法》第 169 条规定,证监会依法制定规章、规则。这里的"规则",与规范性文件具有同样的含义。与多数证券市场法域一样,鉴于证券市场监管所涉及问题的广泛性、复杂性、专业性与易变性,基本法律与行政法规只规定了证券监管的轮廓与框架,众多具体规定的制定工作,交由证券监督管理机构承担。作为一个准立法机构,证监会依据法律、行政法规的授权,在证券发行监管、证券基金机构监管、上市公司监管、违法案件调查处罚等业务领域制定、发布了大量的规章与规范性文件。规章多以"办法""规定""规则"的形式出现,规范性文件多以"通知""决定""指引"的形式出现。与美国等其他证券市场法域的情况类似,证监会发布的这些文件,是中国证券法律与监管具有可操作性的、实质性的内容,也是全面、准确了解、掌握中国证券法律规范的基础与主干。

2003 年,证监会依据 2000 年颁布的《立法法》、2001 年发布的《规章制定程序条例》,发布了《证券期货规章制定程序规定(试行)》,2008 年发布了《证券期货规章制定程序规定》。2020 年 3 月,为适应《立法法》《规章制定程序条例》的修改,证监会发布了新版的《证券期货规章制定程序规定》,该规定包括总则、立项、起草、审查、决定、公布与备案,解释、修改与废止,以及汇编和翻译等主要内容。

根据近年来证券监管、执法与司法实践,规章与规则制定涉及的实务问题主要包括:证监会规章设定行政处罚的限度;证监会规章与规则对股东权利的限制是否违反了《立法法》《规章制定程序条例》的规定;证监会规章与规则的诉讼效力与司法审查等。

三、 证监会的行政许可与备案

(一) 行政许可与备案情况

1. 行政许可的设定

行政许可作为一种门槛式的前置监管方式,是我国新兴加转轨发展阶段实施证券监管的一种非常重要的手段。在原《证券法》框架下,依据证监会及其派出机构网站公布的信息,证监会机关的行政许可事项共有 40 余项,派出机构的行政许可事项共有 10 项。近年来,在国务院推行行政审批制度改革大背景之下,证监会大力推行监管转型,精简行政许可审批项目,逐步取消和下放行政许可,作出行政许可的数量也呈现逐年下降的态势。

2. 行政许可实施程序

为了规范行政许可实施行为,完善行政许可实施程序,证监会于 2004 年发布了《中国证券监督管理委员会行政许可实施程序规定(试行)》,2009 年修订后发布了《中国证券监督管理委员会行政许可实施程序规定》,2018 年又进行了修订。该规定就证监会行政许可的一般程序、简易程序、特殊程序、期限与送达、公示等作出了具体规定。

3. 行政备案

一般认为,行政备案是指行政机关为了加强行政监督管理,依法要求公民、法人和其他组织报送其从事特定活动的有关材料,并将报送材料存档备查的行为。随着行政许可事项的清理与减少,加之新增证券监管事项日益繁多,证监会对上市公司、证券公司等行政相对人的监管,越来越多地从行政许可转向行政备案。

(二) 2019 年《证券法》实施后的行政许可与备案

2019 年《证券法》落实“放管服”要求,继续取消相关行政许可,包括:取消与证券公司相关的多个批准或者核准事项,改为事后备案管理;取消证券从业人员资格管理,授权中国证券业协会对证券业从业人员实施事后登记管理;取消除证券投资咨询机构之外的其他证券服务机构的事前准入监管审批,改为报证监会与国务院有关主管部门备案;将协议收购下的要约收购义务豁免由经证监会免除调整为按照证监会的规定免除发出要约等。

《证券法》修订后,继续保留、需要证监会或者国务院有关部门注册、批准或者核准的行政许可项目包括:证券发行注册;证券公司的设立及业务许可;证券公司变更证券业务范围,变更主要股东或者公司的实际控制人,合并、分立、停业、解散、破产;证券交易所章程的制定和修改;证券交易所制定的上市规则、交易规则、会员管理规则和其他有关业务规则;证券登记结算机构的设立及业务许可;证券登记结算机构制定的章程和业务规则;证券登记结算机构的解散;证券投资咨询服务业务的许可。

2020 年 3 月,证监会依据 2019 年《证券法》,发布了《关于取消或调整证券公司部分行政审批项目等事项的公告》。2020 年 7 月,证监会、工信部、司法部、财政部联合发布了《证券服务机构从事证券服务业务备案管理规定》,财政部、证监会联合发布了《会计师事务所从事证券服务业务备案管理办法》。2020 年 10 月,证监会发布《〈证券服务机构从事证券服务业务备案管理规定〉第九条的适用意见——证券期货法律适用意见第 16 号》与《监管规则适用指引——科技监管类第 1 号》,明确了证券信息技术服务机构的备案要求。2020 年 10 月,财政部、证监会联合发布了《资产评估机构从事证券服务业务备案办法》。

四、 证监会的检查、调查与行政和解、奖励举报

(一) 检查、调查的立法规定

证监会的检查,是指其依法定职权,对直接监管对象遵守证券法律、法规、规章与规范性文件,执行行政命令、决定的情况进行问询、了解、查验、督导的行政行为。其目的是了解监管对象在证券发行、交易活动中是否遵守相关规定,是否履行了积极或者消极义务,并及时发现潜在的违法行为。证监会的检查对象,限于其依法直接实施监管的证券发行人、证券公司、证券服务机构、证券交易场所、证券登记结算机构。

证监会的调查,通常又称为稽查、案件调查,是对已发现的涉嫌违反证券法律、行政法规的行为,按照法律授权,使用法定手段,搜集、整理证据,提出给予或者不给予行政处罚的建议。其目的是为行政处罚提供依据。证监会对任何涉嫌证券违法的市场参与者均有权调查,而不限于直接监管对象。

从目前我国《证券法》的规定来看,证监会的检查与调查权主要包括:

第一,对证券发行人、证券公司、证券服务机构、证券交易场所、证券登记结算机构进行现场检查。

第二,进入涉嫌违法行为发生场所调查取证。

第三,询问当事人和与被调查事件有关的单位和个人,要求其对与被调查事件有关的事项作出说明;或者要求其按照指定的方式报送与被调查事件有关的文件和资料。

第四,查阅、复制与被调查事件有关的财产权登记、通信记录等文件和资料。

第五,查阅、复制当事人和与被调查事件有关的单位和个人的证券交易记录、登记过户记录、财务会计资料及其他相关文件和资料;对可能被转移、隐匿或者毁损的文件和资料,可以予以封存、扣押。

第六,查询当事人和与被调查事件有关的单位和个人的资金账户、证券账户、银行账户以及其他具有支付、托管、结算等功能的账户信息,可以对有关文件和资料进行复制;对有证据证明已经或者可能转移或者隐匿违法资金、证券等涉案财产或者隐匿、伪造、毁损重要证据的,经国务院证券监督管理机构主要负责人或者其授权的其他负责人批准,可以冻结或者查封,期限为 6 个月;因特殊原因需要延长的,每次延长期限不得超过 3 个月,冻结、查封期限最长不得超过 2 年。

第七,在调查操纵证券市场、内幕交易等重大证券违法行为时,经国务院证券监督管理机构主要负责人或者其授权的其他负责人批准,可以限制被调查事件当事人的证券买卖,但限制的期限不得超过 3 个月;案情复杂的,可以延长 3 个月。

第八,通知出境入境管理机关依法阻止涉嫌违法人员、涉嫌违法单位的主管人员和其他直接责任人员出境。

在上述各项具体规定中,第 1 项仅规定了证监会的现场检查权,但未明确现场检查手

段。根据证监会的规章及规范性文件,监管实践中对监管对象的检查,既有现场检查,也有非现场检查。现场检查是指检查人员亲临监管对象的办公、经营等相关场所,通过问询、听取报告、观察有关情况、查验相关资料等方式进行实地检查;非现场检查主要是通过手工或计算机系统,对监管对象常规报送或者按要求特别提供的定期报告、临时报告等资料进行定期和不定期的统计分析,通过分析及时发现存在的问题。鉴于其低成本、高效率,非现场检查是不可或缺、越来越多地被使用、可以与现场检查衔接配合的监管手段。遗憾的是,这次《证券法》修订依然没有对之作出明确规定。《证券投资基金法》第113条关于证监会可以"对基金管理人、基金托管人、基金服务机构进行现场检查,并要求其报送有关的业务资料"的规定,较为进步一些。

上述第2项至第8项规定了证监会的调查手段。第2项为进入违法场所取证权,多用于信息披露违法与欺诈发行案件,往往需要当事人与相关人员的配合,实践中需要投入人员较多、阻力最大、调查人员面临的风险也最大。第3项为询问与要求报送文件材料的权力,也是实践中使用最多的手段,但经常会遇到当事人或者证人不配合,甚至故意躲避、拒绝,导致不能获取关键证据。第4项为查阅、复制财产权登记、通信记录等文件资料的权力,在有关主管部门的支持、协作下,比较容易取证。第5项为查阅、复制与封存、扣押证券交易登记过户记录、财务会计资料等文件资料的权力。证券交易登记过户记录多用于交易类违法案件,既包括容易从证券营业部与登记结算机构提取的资料,也包括不太容易提取的被调查对象或者证人电子设备上存储、留痕的资料或者书面记录,通常需要复制、恢复硬盘,封存、扣押电子设备,以形成电子证据;财务会计资料主要用于信息披露违法与发行欺诈案件,提取时会遇到阻力,时有转移、隐匿或者毁损的情况发生。第6项为查询、复制与冻结、查封资金、证券等财产账户的权力,见于各类案件,不过由于涉及基本财产权利,其行使有较为严格的批准要求与期限限制。第7项为限制证券交易权,仅限于内幕交易、操纵市场等交易类重大违法案件,因涉及基本的证券法权利,其行使也有严格的批准要求与期限限制。第8项为通知限制出境权,即俗称的"边控"。原《证券法》仅在第154条规定,在证券公司被责令停业整顿、被依法指定托管、接管或者清算期间,或者出现重大风险时,经证监会批准,可以对直接负责的董事、监事、高级管理人员和其他直接责任人员采取"边控"。不过事实上,"边控"措施已经在证监会调查中使用多年,主要适用于较为重大案件的涉嫌违法者,不限于证券公司人员。

为规范证监会的执法行为,《证券法》对证监会的监督检查、调查行为进行了明确要求,即实施监督检查、调查的人员不得少于2人,并应当出示合法证件和监督检查、调查通知书或者其他执法文书。否则,被检查、调查的单位和个人有权拒绝。

(二) 检查工作的实施

根据分工,检查工作由证监会相关业务部门组织、指导、协调、督促,由各派出机构具体实施。接受检查最多的是证券公司、上市公司、从事证券业务的会计师事务所、资产评估机构,其次是证券投资咨询公司、申请首次公开发行证券的公司、发行公司债券的公司、律师事务所。目前,证监会并没有制定关于检查工作的统一规则。

对申请发行证券的公司,证监会依据《证券法》的概括授权,主要针对申请首次公开发行新股(IPO)的公司,按照问题导向,分批次以抽签的方式,确定进入现场核查范围的公司名单,主要针对财务问题开展检查;2020 年 10 月,证监会发布了《首发企业现场检查规定（征求意见稿）》,坚持随机抽取与问题导向双管齐下,全面检查与专项检查并用。对于上市公司,2001 年证监会曾发布《上市公司检查办法》,2010 年 4 月修改后发布了现行有效的《上市公司现场检查办法》。对于已经发行债券的公司,证监会于 2016 年 10 月发布了《公司债券发行人现场检查工作指引》,明确了检查对象的选取方式,确立了以问题和风险为导向的专项检查以及"双随机"抽查等机制。

对于证券公司,现行有效的是 2000 年发布的《证券公司检查办法》。依据该办法,证监会及其派出机构对证券公司实施现场检查与非现场检查,检查重点包括合规性检查、正常性检查、安全性检查等三个方面。《证券公司监督管理条例》第 68 条从更高法律位阶上扩充了证监会的检查权。此外,《证券发行上市保荐业务管理办法》第 62 条、《证券发行与承销管理办法》第 35 条、《上市公司并购重组财务顾问业务管理办法》第 37 条分别对证券公司从事保荐、承销与财务顾问等业务中证监会的检查工作做了一定程度的细化。

对于证券投资咨询机构,1997 年,证监会发布了《证券、期货投资咨询管理暂行办法》,规定了年检制度;2020 年 4 月,证监会发布了《证券基金投资咨询业务管理办法（征求意见稿）》,规定了现场检查与非现场检查。对于会计师事务所、资产评估机构、律师事务所等其他证券服务机构,尚没有专门具体的检查规则,但是,这并不影响证监会依据《证券法》的概括授权进行检查。多年以来,证监会每年都要通报对审计机构、评估机构的检查与处理情况,对律师事务所的检查则偶尔为之。

（三）调查工作的实施

就调查工作来说,在证监会层面由稽查局负责组织、协调,稽查总队与上海、深圳专员办负责查办大案要案,各证监局设稽查处负责辖区内的案件调查工作,证监会可以统筹使用整个系统的稽查力量。案件主要线索来源于证监会及其派出机构的事前事中监管、证券交易所的一线监管、群众举报、媒体报道、其他部委移送等。值得一提的是,上海证券交易所、深圳证券交易所强大的市场监控系统,是发现内幕交易、操纵市场等主要交易类违法行为的主要线索来源。就一个具体案件来说,一般确定 1 名调查人员为调查组组长,负责整个调查工作的规划、组织、协调与推进。调查工作完成后,调查组应起草《调查终结报告》,叙述调查经过,详细陈述案件事实与证据,提出是否移送案件审理部门处罚以及给予何类、何等程度处罚的建议。

（四）证监会的行政和解

近年来,证监会一直在研究与推动证券执法行政和解试点工作。2015 年 2 月,证监会公布了《行政和解试点实施办法》。依据该办法,行政和解是指证监会在对行政相对人涉嫌违反证券期货法律、行政法规和相关监管规定行为进行调查执法过程中,根据行政相对人的申请,与其就改正涉嫌违法行为、消除涉嫌违法行为不良后果、缴纳行政和解金、补偿投资者损失等事项进行协商,达成行政和解协议,并据此终止调查执法程序。

这一制度被认为是证监会行政执法体制改革的一个重大创新,是适应资本市场快速发展需要,切实化解有限行政资源与行政效率之间矛盾,保护投资者合法权益的重要制度安排。但是,这一制度并未得到广泛适用。迄今为止,试点成功的仅有两单,且出现在试点实施办法发布多年以后。第一单达成于 2019 年 4 月,当事人为高盛(亚洲)有限责任公司、北京高华证券有限责任公司及相关人员共 9 人;第二单达成于 2020 年 1 月,当事人为司度(上海)贸易有限公司(股东 Citadel,华尔街巨型对冲基金)、富安达基金管理有限公司、中信期货有限公司、北京千石创富资本管理有限公司、国信期货有限责任公司及相关人员。

　　2019 年《证券法》增加第 171 条,从立法上确认了证监会推动行政和解的努力。依据该条,证监会对涉嫌证券违法的单位或者个人进行调查期间,被调查的当事人书面申请,承诺在证监会认可的期限内纠正涉嫌违法行为,赔偿有关投资者损失,消除损害或者不良影响的,证监会可以决定中止调查;被调查的当事人履行承诺的,证监会可以决定终止调查;证监会决定中止或者终止调查的,应当按照规定公开相关信息;被调查的当事人未履行承诺或者有国务院规定的其他情形的,应当恢复调查;行政和解的具体办法由国务院规定。该条规定整体吸收了证监会的试点做法,但是并没有使用"行政和解"用语,也没有直接规定和解金。

◎ **相关案例**

　　2013 年 10 月 8 日至 2015 年 7 月 3 日期间,高盛(亚洲)有限责任公司(以下简称"高盛亚洲")自营交易员通过在北京高华证券有限责任公司(以下简称"高华证券")开立的高盛经纪业务账户进行交易,同时向高华证券自营交易员提供业务指导。双方于 2015 年 5 月至 7 月期间的 4 个交易日的部分交易时段,从事了其他相关股票及股指期货合约交易。证监会于 2016 年 7 月对上述行为进行立案调查。

　　2019 年 4 月 23 日,证监会与高盛亚洲、高华证券以及两公司的相关工作人员等 9 名行政和解申请人(以下简称申请人),根据《行政和解试点实施办法》的规定,就下列事项的处理达成行政和解协议:(1) 申请人已缴纳行政和解金共计人民币 1.5 亿元;(2) 申请人已采取必要措施加强公司的内控管理,并在完成后向证监会提交书面整改报告;(3) 根据《行政和解试点实施办法》第 29 条规定,证监会终止对申请人有关行为的调查、审理程序。

(五)奖励举报

　　证券市场违法案件具有高智商、隐蔽性强的特点,发现线索、调查取证困难。群众举报一直是发现线索的重要渠道之一。2014 年 6 月,证监会发布了《证券期货违法违规行为举报工作暂行规定》(2020 年修订),在规定举报受理、答复、信息保密与管理等程序的同时,推出了举报奖励制度。2019 年 8 月,证监会首次适用上述规定,对提供廖英强操纵市场、江苏雅百特科技股份有限公司信息披露违法、任子行网络技术股份有限公司信息披露违法违规等 3 起案件线索的举报人给予奖励。

　　2019 年《证券法》增加第 176 条,以立法形式确认了鼓励与奖励举报的实践探索。依据该条,对涉嫌证券违法、违规行为,任何单位和个人有权向证监会举报;对涉嫌重大违法、违规行为的实名举报线索经查证属实的,证监会按照规定给予举报人奖励;证监会应当对举报人的身份信息保密。

五、 证监会的证券监管措施与行政处罚

(一) 证券监管措施

证券监督管理措施,简称"证券监管措施",是为了及时矫正不法行为,防范风险蔓延和危害后果扩散所采取的监管手段。原《证券法》只在第 150～154 条规定了适用于证券公司及其相关方的证券监管措施。但是,证监会在其各个监管领域的规章中,规定了大量的监管措施,据统计多达 100 余项,可以分为申诫、限制财产权、限制行为、限制资格、证券公司风险处置五个大类。2008 年 12 月,证监会发布了《证券期货市场监督管理措施实施办法(试行)》,全面梳理当时的法律、行政法规、规章规定,明确了 18 种监管措施及其适用范围、实施程序。

2019 年《证券法》第 170 条第 2 款增加规定:"为防范证券市场风险,维护市场秩序,国务院证券监督管理机构可以采取责令改正、监管谈话、出具警示函等措施。"该条首次以立法形式概括确认了证券监管措施这一实践中广为使用、发挥了积极作用同时也存在较大争议与较多问题的监管手段,给证监会设定、实施法律、行政法规规定之外的监管措施提供了明确的法律支撑。

2020 年,证监会依据上述规定,结合《证券法》《优化营商环境条例》取消部分适用于证券公司及其相关方的监管措施的情况,以及证券监管中的新问题、新要求,发布了《证券期货市场监督管理措施实施办法(征求意见稿)》。该办法明确了 16 种监管措施类型,包括:(1) 责令改正;(2) 监管谈话;(3) 出具警示函;(4) 责令公开说明;(5) 责令定期报告;(6) 暂不受理与行政许可有关的文件;(7) 限制作为特定对象认购证券;(8) 责令暂停或者终止并购重组活动;(9) 认定为不适当人选;(10) 责令增加内部合规检查次数;(11) 公开谴责;(12) 责令处分有关人员;(13) 责令更换董事、监事、高级管理人员等或者限制其权利;(14) 停止核准新业务;(15) 限制证券期货基金经营机构业务活动;(16) 限制股东权利或者责令转让股权;(17) 法律、行政法规、规章规定的其他监督管理措施。该办法坚持"程序基本法"的定位,明确了实施监管措施的通用程序要求,大多数监管措施的实施应当事先告知并保障当事人的陈述、申辩和申请听证权利,并可通报相关单位;同时,明确了各类监管措施的具体实施程序,包括实施步骤、方式、矫正目标、时限,以及监管措施决定书的内容、公开要求、送达程序等。从以往实践看,对于影响较大的监管措施,决定书会告知当事人可以申请行政复议,也可以提起行政诉讼。

(二) 证券行政处罚

证券行政处罚,是证监会对违法行为调查之后,依据《行政处罚法》和《证券法》等法律法规的规定,对违法行为实施的处罚。证券行政处罚与证券监管措施具有以下区别:证券行政处罚是证监会调查的结果;证券监管措施一般是证监会检查的结果,有时也可能是证监会调查的"副产品",而证监会检查又是证监会调查线索的重要来源,最终可能导致行政处罚。与证监会调查相对应,证券行政处罚适用于所有参与证券发行

与交易的市场主体;与证监会检查相对应,证券监管措施只适用于证监会的直接监管对象及其相关方。证券行政处罚均是惩罚性措施,而证券监管措施既有惩罚性措施,也有管制性措施。

1. 证券行政处罚的种类

《行政处罚法》第8条规定的行政处罚种类包括:(1)警告;(2)罚款;(3)没收违法所得、没收非法财物;(4)责令停产停业;(5)暂扣或者吊销许可证、暂扣或者吊销执照;(6)行政拘留;(7)法律、行政法规规定的其他行政处罚。

《证券法》规定的行政处罚,基本上限于警告、罚款、没收违法所得或者业务收入三种。在有违法所得或者业务收入的情况下,罚款幅度一般是违法所得或者业务收入的数倍,原《证券法》规定为"一倍以上五倍以下",2019年《证券法》整体大幅提升为"一倍以上十倍以下";如果没有违法所得或者业务收入,则处以确定数额以下的罚款,2019年《证券法》也整体大幅提升了此种情况下的罚款上限。

除上述行政处罚措施外,在证券市场上,还有一种非常特殊且重要的处罚类型,即证券市场禁入。依据《证券法》第221条,违反法律、行政法规或者证监会的有关规定,情节严重的,证监会可以对有关责任人员采取证券市场禁入的措施。证券市场禁入,是指在一定期限内直至终身不得从事证券业务、证券服务业务,不得担任证券发行人的董事、监事、高级管理人员,或者一定期限内不得在证券交易所、国务院批准的其他全国性证券交易场所交易证券的措施。证券市场禁入分为三类:第一类是从事业务禁入,即在一定期限内直至终身不得从事证券业务、证券服务业务。具体而言,就是不能从事证券公司经证监会核准进行的各类业务,证券投资咨询机构经证监会核准的业务,以及会计师事务所、律师事务所、资产评估机构、资信评级机构、财务顾问机构、信息技术系统服务机构需要向证监会备案的业务。严格来说,还包括证券投资基金管理业务、托管业务。不仅不得担任上述机构董事、监事、高级管理人员以及内设业务部门、分支机构负责人,也不能作为一般从业人员从事相关业务。第二类是高级职位禁入,即在一定期限内直至终身不能担任申请发行证券的公司、上市公司、股票在国务院批准的其他全国性证券交易场所交易的公司的董事、监事、高级管理人员,但是不妨碍出任这些公司的中层职位或者一般职位。这两类禁入下,既不能再在本机构从事业务或者本公司任职,也不能去其他相应机构、相应公司从事业务或者任职。第三类是交易禁入,即一定期限内不得在证券交易所、国务院批准的其他全国性证券交易场所交易证券。该类禁入与前面两类禁入的区别是没有终身禁入,也可理解为不能自己实施交易,但不禁止委托他人实施交易。

证监会实施证券市场禁入的依据是《证券市场禁入规定》。实践中,根据违法情节的严重程度,一般把市场禁入的期限确定为3年、5年、10年或者终身。受到禁入的主体,也从早期的上市公司信息披露违法、证券业务违法、证券服务违法,拓展到了近年来高发的内幕交易、操纵市场等比较严重的交易类违法行为。

◎　相关案例

《证监会市场禁入决定书》(〔2013〕4号)显示,何学葵时任云南绿大地生物科技股份有限公司(以下简称"绿大地")董事长、总经理,绿大地实际控制人,蒋凯西时任绿大地董事、财务总监。绿大地在招股说明书中虚增资产 70 114 000 元,虚增 2004 年至 2007 年 6 月间的业务收入 296 102 891.70 元,该行为构成原《证券法》第 189 条所述"以欺骗手段骗取发行核准"行为。绿大地在 2007 年年度报告中虚增资产 21 240 000 元,虚增收入 96 599 026.78 元;在 2008 年年度报告中虚增资产 163 353 150 元,虚增收入 85 646 822.39元;在 2009 年年度报告中虚增资产 104 070 550 元,虚增收入 68 560 911.94元。上述行为构成原《证券法》第 193 条所述上市公司"报送的报告有虚假记载、误导性陈述或者重大遗漏"行为。根据原《证券法》第 223 条以及《证券市场禁入规定》第 3 条和第 5 条的规定,证监会决定:认定何学葵、蒋凯西为市场禁入者,自宣布决定之日起,终身不得从事证券业务或者担任上市公司董事、监事、高级管理人员职务。

2. 行政处罚的程序

证券市场早期,证监会的执法工作实行查审合一,均由调查部门负责。后来,为防范冲突并进行制衡,实行查审分离,审理工作由法律部承办,由证监会各业务部门负责人兼任审理委员。这种模式下,审理工作效率不高,而且法律部负责案件审理也与其负责行政复议的职责相冲突。为此,2006 年,证监会成立了专门的行政处罚委员会,任命法律、财务专业人员担任审理委员。行政处罚委员会类似于美国证监会的行政法官,但不同的是,它是中国证监会的一个内设部门。

证监会作出行政处罚的程序主要包括:(1) 调查部门调查完结后,依据案件情况形成《调查终结报告》,与证据材料移送至行政处罚委员会,并提出初步的处罚建议。(2) 行政处罚委员会负责人一般情况下会确定 3 位审理委员共同审理案件,其中 1 人为主审委员,另外 2 人为合议委员,类似于法院的合议庭,重大复杂案件会有更多的委员参与合议。审理委员在助手协助下,核对事实、证据与法律适用,提出处罚或者不处罚的建议。(3) 如果建议处罚,则起草《行政处罚事先告知书》,报证监会分管负责人批准后送达当事人。(4) 当事人收到后,可以自行或者聘请律师到行政处罚委员会办公场所查阅卷宗、摘录案卷材料,提出书面申辩意见,按规定申请听证。(5) 审理委员在举办听证会、审查当事人提交的书面陈述申辩意见之后,提出最终的处罚或者不处罚建议。(6) 如果处罚,就起草《行政处罚决定书》或者《市场禁入决定书》,报证监会分管负责人批准后送达当事人。相关的处罚决定送达后,会在较短时间内在证监会网站公告。(7) 当事人不服处罚决定的,可以在收到决定书之日起 60 日内向证监会申请行政复议,也可在收到决定书之日起 6 个月内直接向有管辖权的人民法院提起行政诉讼。复议和诉讼期间,处罚决定不停止执行。

近年来,证监会因行政处罚成为被告的行政诉讼案件数量不断增多,虽然法院判决证监会败诉的案件寥寥无几,且多为程序上的瑕疵导致败诉,但随着诉讼对抗性的增强,证监会面临的司法审查压力也在逐步加大。

六、 证券监管国际合作

随着经济全球化、金融全球化、国际投融资证券化与我国证券市场对外开放步伐的加快,证券发行与交易、证券机构与证券服务、证券投资及其管理、证券监管执法等领域的国际化程度日益加深,证券监管国际合作的任务越来越重。2019 年《证券法》规定了两个涉及证券监管国际合作的条款。一是延续原《证券法》,在第 177 条第 1 款规定,证监会可以和其他国家或者地区的证券监督管理机构建立监督管理合作机制,实施跨境监督管理;二是新增第 177 条第 2 款,规定境外证券监督管理机构不得在我国境内直接进行调查取证等活动,未经证监会和国务院有关主管部门同意,任何单位和个人不得擅自向境外提供与证券业务活动有关的文件和资料。

证券监管国际合作,有狭义与广义之分。狭义的证券监管国际合作,仅指证监会与境外证券监管机构之间的监管与执法合作。广义的证券监管国际合作,除狭义的证券监管国际合作外,还包括证监会在境外上市、沪深港通、沪伦通、QFII/RQFII、证券行业开放、境外机构驻华代表处管理、内地香港基金互认、A 股纳入国际知名指数等市场开放、产品开放等方面的合作。

证监会与境外证券监管机构建立的监管合作机制分为两种:

第一种是双边监管合作机制,即证监会与境外证券监管机构签署的双边监管合作谅解备忘录(MOU)。目前,证监会已与 71 个国家和地区的证券监管机构签署了双边 MOU,建立了跨境监管与执法合作机制。除一般性的双边 MOU 外,根据需要还会针对特定合作领域签署专项 MOU,例如证监会与境外监管机构签署关于期货衍生品、专项执法等事宜的 MOU。

2014 年 10 月,证监会与我国香港特别行政区的香港证监会共同签署了《沪港通项目下中国证监会与香港证监会加强监管执法合作备忘录》,旨在进一步完善违法违规行为的发现和通报机制,开展有效的调查合作,以打击虚假陈述、内幕交易、操纵市场及其他欺诈等跨境违法违规行为。该备忘录的主要内容包括:(1) 开展监管执法合作的目的、备忘录的效力;(2) 线索与调查信息通报机制;(3) 协助调查、联合调查的程序及有关安排;(4) 信息的使用,包括执法合作中有关信息的使用范围、信息保密有关要求;(5) 双方互为送达有关文书的安排;(6) 沪港通下协助执行有关安排;(7) 其他配套安排,包括投资者权益损害赔偿有关安排,信息发布的协调、磋商及定期联络机制,以及执法人员的实习、培训和交流等。2019 年 3 月,财政部、证监会与香港证监会又签署了一份三方合作备忘录,对香港证监会调取香港会计师事务所审计内地在港上市公司的审计工作底稿作出了安排,进一步细化和完善了两地监管合作机制。在上述双边 MOU 合作框架下,证监会与香港监管机构开展各项务实合作。

双边监管合作机制的开展,对于查处跨境违法行为产生了积极效用。以上述与香港证监会的合作为例,自 2014 年《合作备忘录》签署后至 2017 年 6 月,两会开展各类跨境执法协作事项 365 件。其中最著名的当属 2016~2017 年,证监会在香港证监会协助下,查处了唐汉博操纵市场案。这是证监会查处的首例跨境操纵市场案。

◎　相关案例

2016 年 2 月 4 日至 6 月 23 日,唐汉博(中国公民)在香港使用其实际控制的 4 个账户(包括三个境外账户与一个境内账户),通过日内反向交易、对倒交易、操纵开盘价、盘中拉抬、尾市拉抬和虚假申报等手段,利用"沪港通"跨境操纵"小商品城"(上海证券交易所上市股票,证券代码:600415)股票价格,获利共计41 884 236元。该案中,唐汉博等人的操作手法并不新奇,依旧是先自行建仓买入股票,后通过双向申报、频繁撤单、自交易等手段先行诱导股价上涨,待股票价格走高后再将其抛售,以获取大量非法利益,构成《证券法》第77条第1款所述操纵行为。特殊之处在于本案是行为人在境外对境内市场的操纵,案件的证据全部来自香港证监会,后移送中国证监会。

根据我国香港特别行政区《证券及期货条例》及附属法例,香港证监会对本案有调查权;同时,根据原《证券法》第179条第2款、《内地与香港股票市场交易互联互通机制下中国证监会与香港证监会加强监管执法合作备忘录》、国际证监会组织成员之间的《磋商、合作及信息交换多边谅解备忘录》等法律文件,中国证监会与香港证监会建立了执法合作机制,可以商请香港证监会移交与本案有关的证据。最终,中国证监会依据原《证券法》第203条规定,对唐汉博作出行政处罚,决定没收其涉案操纵行为违法所得41 884 236元,并处以208 821 180元罚款。

第二种是多边合作机制,即加入国际组织,加强与其他监管机构的交流合作,参与国际证券监管标准的制定。我国证监会是国际证监会组织(IOSCO)正式会员。IOSCO成立于1983年,是由各个国家和地区证券期货监管机构组成的专业组织,是主要的金融监管国际标准制定机构之一。截至2019年12月,共有228个会员,包括129个正式会员、32个联系会员和67个附属会员。[①] 证监会相关业务部门按照职责分工,分别参加了IOSCO 8个标准制定委员会,具体参与有关国际标准的讨论和制定。2007年,中国证监会签署了IOSCO于2002年发布的《关于咨询、合作及信息交换的多边谅解备忘录》(MMOU)。该备忘录规定了各成员间相互协助和信息交换的原则、协助范围、协助请求及执行的要件、允许提供的信息、保密性和可以拒绝给予帮助的情形,奠定了跨境监管执法合作的国际基准。在此机制下,中国证监会应美国证监会等境外证券监管机构请求,为其执法工作提供了大量信息与支持。IOSCO又于2017年发布《关于磋商、合作及信息交换的多边谅解备忘录增强版》(EMMOU),为证券监管机构调取与分享审计工作底稿、电话和互联网记录,协助强制相关人士接受询问,以及冻结有关资产提供了指引。

本章理论与实务探讨

我国债券市场的集中统一监管

目前,我国债券市场的监管,可以归结为"五龙治水"。债券的发行监管分属五个行政部门:证监会监管公开发行的公司债券(包括公募、小公募,原为核准制,现为注册制)、私募公司债券(注册制审核)、公开发行的可转换公司债券与可交换公司债券(原为核准制,现为

---

① 数据来源:《IOSCO简介(2019年12月更新)》,载中国证券监督管理委员会官网 http://www.csrc.gov.cn/pub/newsite/gjb/gjzjhzz/ioscojj/201912/t20191224_368247.html,2021年1月7日访问。

注册制)等债券品种,国家发展和改革委员会监管企业债(原为审批制,现公开发行为注册制),中国人民银行及其下属的中国银行间市场交易商协会监管非金融企业债务融资工具(一直实行分层分类注册发行管理),中国人民银行与银保监会联合监管金融债券(审批制),财政部监管国债与地方政府债券(统称为政府债券,审批制)。

债券交易市场主要是证监会监管的证券交易所市场与中国人民银行及其下属的中国银行间市场交易商协会监管的银行间市场,此外还有中国证券业协会自律监管的机构间私募产品报价与服务系统、证券公司柜台交易等小型场外交易平台。依据原有规定与监管分工,金融债券的发行与交易不适用《证券法》;政府债券的发行不适用《证券法》,但是其交易适用《证券法》。长期以来引人关注的重要问题是公司债券、企业债券、非金融企业债务融资工具这三类本质上同属于公司信用类债券的发行监管标准的一致性、两大交易市场的互联互通与调查处罚的集中。

近年来,在债券违约成为常态与防范系统性金融风险的背景下,中国人民银行、证监会、发展改革委开始走向联合,公司信用类债券部际协调机制加强。2018年9月,中国人民银行与证监会围绕逐步统一银行间债券市场和交易所债券市场评级业务资质、加强对信用评级机构监管和监管信息共享、推进信用评级机构完善内部制度、统一评级标准、提高评级质量等方面联合发布了《公告》;2018年底中国人民银行、证监会、发展改革委联合发布了《关于进一步加强债券市场执法工作的意见》;2020年6月联合发布了《关于公司信用类债券违约处置有关事宜的通知》,共同参与了最高人民法《全国法院审理债券纠纷案件座谈会纪要》的起草工作等。依据国务院办公厅2020年2月印发的《关于贯彻实施修订后的证券法有关工作的通知》,企业债的发行与交易均纳入2019年《证券法》的适用范围,适用有关"公司债券"的规定。但是,对于非金融企业债务融资工具是否属于2019年《证券法》规定的"证券""公司债券",是否存在公开发行,从而适用2019年《证券法》的规定,市场与学界持肯定建议的呼声较高。此外,虽然中国银行间市场交易商协会是经国务院同意、民政部批准的全国性的非营利性社会团体法人,但其实施直接、自律监管的银行间市场并非由国务院批准设立。因此,该市场是否需要成为、如何成为2019年《证券法》规定的"国务院批准的其他全国性证券交易场所",也需要确认与明确。2020年3月,中国人民银行、证监会以有关负责同志答记者问的形式明确,银行间债券市场金融债券、非金融企业债务融资工具等品种的发行、交易、登记、托管、结算等,由中国人民银行及其指定机构依照《中国人民银行法》等制定的现行有关规定管理;商业银行等承销机构、信用评级等中介服务机构仍按照现行有关规定在银行间债券市场正常开展业务;下一步,中国人民银行等部门将继续在公司信用类债券部际协调机制框架下,分工协作,共同推动公司信用类债券持续健康发展。

公众公司应如何披露受到证监会调查事项

依据《证券法》《上市公司信息披露管理办法》与证监会内部文件《关于上市公司立案稽查及信息披露有关事项的通知》等文件,上市公司、非上市公众公司涉嫌证券违法时,证监会先进行非正式调查,公司在此阶段原则上可不对外披露。非正式调查结束后,认为有必要正式立案调查的,应履行证监会内部程序,决定立案稽查。立案后,证监会向涉案公司发出《立案调查通知书》。《立案调查通知书》通常会有"你公司涉嫌信息披露违法,须接受调查"或者仅是"你公司涉嫌违反证券法律法规,决定对你公司进行调查"等高度概括、原则的表述。公司收到《立案调查通知书》后,应按照临时报告事项的要求及时披露。此即"立案才披露"与"立案即披露"的机制。有些情况下,立案才披露会造成信息披露迟滞;另一些情况下,立案即披露会导致市场投资者不必要的猜测、疑惑与恐慌。之所以有此机制,主要是因为我国证券监管执法在实际操作理念上陷入了"立案是正式调查与处罚的前提"与"立案作为一个内部程序的外部化"两个认识误区。前者是指未经"立案",不得展开正式调查,更不得进行处罚;后者是指人为地把"立案"这一证券执法的内部程序外部化了,要求必须公之于众。应当考虑改变上述观念与做法,引入涉案公众公司酌定披露时点、内容与进展情况的机制。

本章法考与考研练习题

一、名词解释

1. 证券监管

2. 证券行政和解

3. 证券市场禁入

二、简答题

1. 简述我国证券监管的目标。

2. 简述证监会的调查权。

3. 简述《证券法》关于证券监管国际合作的禁止性要求。

三、案例分析题

著名演艺界人士马薇与其富商丈夫一同成立了一家名为龙马传媒的投资平台公司,借此平台协议收购境内上市公司天高文化。办结股权过户手续后,证监会发现收购方没有按规定履行要约收购义务,遂决定限制其表决权。证监会的依据是《上市公司收购管理办法》第75条:"上市公司的收购及相关股份权益变动活动中的信息披露义务人,未按照本办法的规定履行报告、公告以及其他相关义务的,中国证监会责令改正,采取监管谈话、出具警示函、责令暂停或者停止收购等监管措施。在改正前,相关信息披露义务人不得对其持有或者实际支配的股份行使表决权。"龙马传媒申辩认为,证监会的决定有欠妥当,想聘请作为证券律师的你代为申辩,你将如何申辩?

本章法考与考研练习题参考答案

第十五章 证券市场违法行为与法律责任

[**导语**]

　　追究证券市场违法行为的法律责任，又称证券执法，是保障证券发行与交易规范有序进行、保护投资者利益的最后手段。目前，我国对于证券市场的违法行为已经构建了行政法律责任、民事法律责任以及刑事法律责任相结合的综合性责任框架体系。当然，在目前的证券法律责任构成中，行政法律责任处于主要地位，民事法律责任相对较弱。今后，应当通过立法和司法实践不断推动民事法律责任的强化和完善。

　　本章主要讲述了我国证券市场违法行为与法律责任体系的基本脉络与证券执法的总体情况，详细介绍了信息披露违法、内幕交易、操纵市场这三种最为常见也比较严重的证券市场违法行为与法律责任，同时，对其他类型的证券违法行为和相应的法律责任进行了归纳和总结。本章的重点是对信息披露违法、内幕交易、操纵市场这三种违法行为及法律责任的认定；本章的难点是对信息披露违法行为的具体表现、内幕交易主体与内幕信息、操纵市场行为具体类型的理解和认知。

第一节 证券市场违法行为与法律责任概述

一、 证券市场违法行为与法律责任体系

　　经过多年的监管推进与立法、司法努力，对于证券市场违法行为，我国基本构建了以行政法律责任为主干，以刑事法律责任为后盾，以民事法律责任为补充的责任框架体系。

　　证券行政法律责任体现为证监会对违法者的行政处罚，涵盖了近100种违法行为样态，主要规定在《证券法》《证券公司监督管理条例》等法律、行政法规之中。2019年《证券法》补充与完善了有关证券行政法律责任的规定。比如，原《证券法》没有对全国中小企业股份转让系统（即俗称的"新三板"）及其挂牌公司作出规定，相关行政法律责任的依据是《国务院关于全国中小企业股份转让系统有关问题的决定》，依据该规定，证监会应当比照证券法关于市场主体法律责任的相关规定，严格执法，对虚假披露、内幕交易、操纵市场等违法违规

行为采取监管措施,实施行政处罚。《证券法》修订后,新三板属于"国务院批准的其他全国性证券交易场所",其挂牌公司属于"股票在国务院批准的其他全国性证券交易场所交易的公司",就可以直接适用相应的法律责任规定。

证券刑事法律责任是通过多个《刑法修正案》的形式逐步补充完善的,体现为现行《刑法》规定的 13 个证券犯罪罪名。关于证券犯罪案件追诉标准,早期见于最高人民检察院、公安部 2001 年 4 月发布的《关于经济犯罪案件追诉标准的规定》。此后,最高人民检察院、公安部于 2008 年 3 月发布《关于经济犯罪案件追诉标准的补充规定》,对相关标准作了较大的调整补充。不过,这两个司法文件均已失效,取而代之的是最高人民检察院、公安部 2010 年 5 月发布的《关于公安机关管辖的刑事案件立案追诉标准的规定(二)》。最高人民法院、最高人民检察院 2012 年 3 月发布的《关于办理内幕交易、泄露内幕信息刑事案件具体应用法律若干问题的解释》,2019 年 6 月发布的《关于办理操纵证券、期货市场刑事案件适用法律若干问题的解释》《关于办理利用未公开信息交易刑事案件适用法律若干问题的解释》等司法文件则分别对相应证券犯罪的认定与量罚作了具体规定。随着证券市场的发展与 2019 年《证券法》的发布实施,这些有关证券刑事法律责任的规定也面临补充、升级。2020 年 12 月,十三届全国人大常委会第二十四次会议通过了《中华人民共和国刑法修正案(十一)》,提高了一些主要的证券犯罪的法定最高刑,细化了一些犯罪主体与犯罪行为样态。

因证券违法引致的民事赔偿责任,主要规定在《证券法》及相关的司法适用文件中。2003 年 1 月,最高人民法院发布了《关于审理证券市场因虚假陈述引发的民事赔偿案件的若干规定》,内容涵盖虚假陈述的认定、虚假陈述与损害结果之间的因果关系、归责与免责事由、共同侵权责任、损失数额的计算等方面,是目前仍在适用的关于欺诈发行与信息披露违法民事责任的纲领性司法文件。此外,2007 年 6 月,最高人民法院发布了《关于审理涉及会计师事务所在审计业务活动中民事侵权赔偿案件的若干规定》,也适用于证券市场上因合理信赖或者使用会计师事务所出具的不实报告而遭受损失者寻求民事赔偿救济。2019 年《证券法》增加了利用未公开信息交易,编造、传播虚假或者误导性信息,证券公司违反投资者适当性管理规定,以及不履行公开承诺、公开征集股东权利违法违规、证券交易所处置突发性事件存在重大过错等 6 项新的证券民事赔偿责任依据,使证券民事赔偿的法律依据增加至 15 项。2019 年《证券法》还创造性地引入了具有中国特色的集体诉讼与代表人诉讼,先行赔付,投资者保护机构调解证券纠纷、支持投资者起诉、代位诉讼,债券受托管理人提起与参加诉讼,证券公司与普通投资者发生证券纠纷时承担过错推定责任等制度,以及责令强制回购或者买回、行政和解等行政干预机制,强化对投资者的赔偿与补偿。需要说明的是,违法行为人需同时承担民事赔偿责任和缴纳罚款、罚金,但其财产不足以同时支付的,应当先承担民事赔偿责任。最高人民法院在加强科创板、创业板司法保障文件中表示,积极配合相关部门和有关方面,探索、落实行政罚款、刑事罚金优先用于证券民事赔偿的工作衔接和配合机制。

目前,从证券市场违法行为的各种法律责任规定来看,虽然对于不少具有欺诈性质、对证券市场影响严重的证券违法类型,比如欺诈发行,信息披露违法,内幕交易,利用未公开信息交易,操纵市场,证券服务机构制作、出具的文件有虚假记载、误导性陈述或者重大遗漏,编造传播证券市场虚假或者误导性信息等,规定了行政、刑事、民事三种法律责任,但是,也有一些证券违法行为仅规定了行政法律责任与民事赔偿责任,尚未规定刑事法律责任,例如证券公司及其从业人员欺瞒客户、证券公司承销或者销售证券中行为不当;有些仅有刑事法律责任,没有行政与民事赔偿责任,例如背信损害上市公司利益、背信运用受托财产;又或者仅有行政与刑事违法责任,没有民事赔偿责任,比如非法经营证券业务;再或者仅有民事赔偿责任,没有行政、刑事法律责任,比如 2019 年《证券法》增加的不履行公开承诺、公开征集股东权利违法违规、证券交易所处置突发性事件存在重大过错。

此外,需要指出的是,这三种法律责任中的许多条款,包括一些行政法律责任条款和大量的刑事法律责任、民事赔偿责任条款,长期处在休眠或者半休眠状态,没有或只有很少的适用案例。如何适应证券市场规范发展需要,真正激活这些责任条款,尤其是刑事责任与民事赔偿责任条款,把纸面上的法律变成"活的法律",并进一步优化三种法律责任的适用与配置,以及合理配置这三种法律责任与自律责任,是一个值得重视的问题。

二、 证券市场行政违法与法律责任

从实践看,绝大多数证券案件的行政处罚种类为警告、没收违法所得和罚款。根据《证券法》的规定,证监会收缴的罚款、没收的违法所得应全部上缴国库。一般情况下,如果证券违法行为有违法所得与业务收入,应予以没收,并处以违法所得或者业务收入规定幅度倍数的罚款。如果没有违法所得或者业务收入,则处以规定幅度金额的罚款。2019 年《证券法》加大了违法行为成本,将罚款的倍数从"一倍以上五倍以下"普遍提升为"一倍以上十倍以下",并大幅提高了规定幅度金额罚款的上限。

近年来,罚款与没收违法所得的单个案件与年度总额的数量不断升级,罚没总额高达几亿乃至几十亿人民币的处罚决定时有出现。一些案件中,也曾对证券机构实施过暂停或者撤销相关业务许可,对证券从业人员实施过撤销任职资格或者证券从业资格的处罚。在上市公司、证券公司等单位违法的情况下,一般情况下既处罚单位,也处罚直接负责的主管人员与其他直接责任人员。另外一种对违法情节严重的个人经常使用的处罚手段是证券市场禁入。不过,鉴于市场禁入并非《行政处罚法》列明的行政处罚种类,证监会执法实践中,对同一受罚主体,会在下发《行政处罚决定书》的同时下发《市场禁入决定书》。

2010 年~2019 年第三季度,证监会及其派出机构对各类证券期货违法行为作出行政处罚总计 1482 件,涵盖信息披露违法、内幕交易、操纵市场、利用未公开信息交易、短线交易、从业人员买卖股票、法人利用他人账户交易、编造传播虚假信息等主要违法行为类型,其中信息披露违法、内幕交易、操纵市场案件数量最多,三类案件数量占证监会近十年来行政处罚案件总数的近 2/3。在证监会行政处罚委员会与派出机构分工上,证监会行政处罚委员会作出行政处罚总计 929 件,占证监会行政处罚案件总数的近 2/3,派出机构作出行政处罚总计 553 件,占证监会行政处罚案件总数的约 1/3。

依据《证券法》及相关行政法规,应当受到行政处罚的证券行政违法行为,可分为八个大类:

第一类,证券发行违法类,主要包括三种,即擅自公开发行或者变相公开发行证券、欺诈发行、擅自改变公开发行证券所募集资金用途。

第二类,上市公司收购违法类,包括两种,即收购人不履行公告、报告、发出收购要约等义务或者擅自变更收购要约;收购人或者收购人的控股股东利用上市公司收购损害被收购公司及其股东的合法权益。

第三类,信息披露义务人报告与披露违法类,包括两种,即:未按照规定报送有关报告或者履行信息披露义务;报送的报告或者披露的信息有虚假记载、误导性陈述或者重大遗漏。

第四类,证券交易违法类,主要包括内幕交易、操纵市场、利用未公开信息交易、短线交易、禁止参与股票交易的人员违规持有或买卖股票或者其他具有股权性质的证券、在限制转让期限内转让证券或者转让股票不符合有关规定、证券服务机构和人员在特定禁止期限内买卖证券、传播媒介及其从事证券市场信息报道的工作人员从事与其工作职责发生利益冲突的证券买卖、采取程序化交易影响证券交易所系统安全或者正常交易秩序。

第五类,证券公司与其业务违法类,主要涉及合规性的违法行为。此类违法行为的种类繁多庞杂,可以归纳为 13 种,典型形态包括:非法营业与超范围经营,机构管理违法,综合业务管理违法,人员管理违法,风险处置违法,股东、实际控制人管理与股权管理违法,投资者适当性管理违法,保荐与持续督导业务违法,承销或者销售业务违法,经纪业务违法,自营业务违法,融资融券业务违法,资产管理业务违法。

第六类,证券服务机构与其业务违法类,其中,涉及证券投资咨询业务的有两种,即:未经证监会核准擅自从事证券投资咨询服务业务,从事证券投资咨询业务中违反规定代理委托人从事证券投资、与委托人约定分享证券投资收益或者分担证券投资损失、买卖本证券投资咨询机构提供服务的证券等;涉及会计师事务所、律师事务所与资产评估、资信评级、财务顾问机构等的证券服务机构的有两种,即:从事证券服务业务未报备案,证券服务机构未勤勉尽责,所制作、出具的文件有虚假记载、误导性陈述或者重大遗漏。

第七类,交易场所与证券登记结算机构违法类,包括两种,即:非法开设证券交易所或者擅自设立证券登记结算机构;证券交易所违法允许非会员直接参与股票的集中交易。

第八类,其他综合性或者通用性违法类,包括 6 种:编造、传播虚假或者误导性信息,证券交易所、证券公司、证券登记结算机构、证券服务机构、证券业协会、证券监督管理机构及其工作人员在证券交易活动中作出虚假陈述或者信息误导,发行人、证券登记结算机构、证券公司、证券服务机构的文件和资料保存与管理使用违法,拒绝、阻碍检查、调查,出借自己的证券账户或者借用他人的证券账户从事证券交易,证券机构危害客户财产安全或者不履行保护客户资金义务。

三、 证券市场刑事违法与法律责任

(一) 证券犯罪的主要样态

1. 擅自发行股票、公司、企业债券罪

该罪是指未经国家有关主管部门批准,擅自发行股票或者公司、企业债券,数额巨大、后果严重或者有其他严重情节的行为。依据《刑法》第 179 条的规定,构成该罪的,处 5 年以下有期徒刑或者拘役,并处或者单处非法募集资金金额 1% 以上 5% 以下罚金。单位犯该罪的,对单位判处罚金,并对其直接负责的主管人员和其他直接责任人员,处 5 年以下有期徒刑或者拘役。

2. 欺诈发行股票、债券罪

该罪是指在招股说明书、认股书或者公司、企业债券募集办法中隐瞒重要事实或者编造重大虚假内容,发行股票或者公司、企业债券,数额巨大、后果严重或者有其他严重情节的行为。依据《刑法》第 160 条规定,构成该罪的,处 5 年以下有期徒刑或者拘役,并处或者单处罚金;数额特别巨大、后果特别严重或者有其他特别严重情节的,处 5 年以上有期徒刑,并处罚金。控股股东、实际控制人组织、指使实施上述行为的,处 5 年以下有期徒刑或者拘役,并处或者单处非法募集资金金额 20% 以上 1 倍以下罚金;数额特别巨大、后果特别严重或者有其他特别严重情节的,处 5 年以上有期徒刑,并处非法募集资金金额 20% 以上 1 倍以下罚金。单位犯前两款罪的,对单位判处非法募集资金金额 20% 以上 1 倍以下罚金,并对其直接负责的主管人员和其他直接责任人员,依照第 1 款的规定处罚。

3. 违规披露、不披露重要信息罪

该罪是指依法负有信息披露义务的公司、企业向股东和社会公众提供虚假的或者隐瞒重要事实的财务会计报告,或者对依法应当披露的其他重要信息不按照规定披露,严重损害股东或者其他人利益,或者有其他严重情节的行为。依据《刑法》第 161 条的规定,构成该罪的,对其直接负责的主管人员和其他直接责任人员,处 5 年以下有期徒刑或者拘役,并处或者单处罚金;情节特别严重的,处 5 年以上 10 年以下有期徒刑,并处罚金。前款规定的公司、企业的控股股东、实际控制人实施或者组织、指使实施前款行为的,或者隐瞒相关事项导致前款规定的情形发生的,依照前款的规定处罚。犯前款罪的控股股东、实际控制人是单位的,对单位判处罚金,并对其直接负责的主管人员和其他直接责任人员,依照第 1 款的规定处罚。

4. 非法经营罪

未经国家有关主管部门批准,非法经营证券业务的,构成非法经营罪。依据《刑法》第 225 条第 3 项规定,构成该罪的,处 5 年以下有期徒刑或者拘役,并处或者单处违法所得 1 倍以上 5 倍以下罚金;情节特别严重的,处 5 年以上有期徒刑,并处违法所得 1 倍以上 5 倍以下罚金或者没收财产。

5. 提供虚假证明文件罪与出具证明文件重大失实罪

提供虚假证明文件罪是指承担资产评估、验资、验证、会计、审计、法律服务等职责的中介组织的人员故意提供虚假证明文件,情节严重的行为。根据《刑法》第 229 条第 1、2 款的规定,构成该罪的,处 5 年以下有期徒刑或者拘役,并处罚金。有下列情形之一的,处 5 年以上 10 年以下有期徒刑,并处罚金:(1) 提供与证券发行相关的虚假的资产评估、会计、审计、法律服务、保荐等证明文件,情节特别严重的;(2) 提供与重大资产交易相关的虚假的资产评估、会计、审计等证明文件,情节特别严重的;(3) 在涉及公共安全的重大工程、项目中提供虚假的安全评价、环境影响评价等证明文件,致使公共财产、国家和人民利益遭受特别重大损失的。有前款行为,同时索取他人财物或者非法收受他人财物构成犯罪的,依照处罚较重的规定定罪处罚。

出具证明文件重大失实罪是指承担资产评估、验资、验证、会计、审计、法律服务等职责的中介组织的人员严重不负责任,出具的证明文件有重大失实,造成严重后果的行为。依据《刑法》第 229 条第 3 款的规定,构成该罪的,处 3 年以下有期徒刑或者拘役,并处或者单处罚金。

根据《刑法》第231条的规定,单位犯上述两种罪的,对单位判处罚金,并对其直接负责的主管人员和其他直接责任人员,依照相关规定处罚。

6. 背信损害上市公司利益罪

该罪是指上市公司的董事、监事、高级管理人员违背对公司的忠实义务,利用职务便利,操纵上市公司从事下列行为之一,致使上市公司利益遭受重大损失的行为:(1)无偿向其他单位或者个人提供资金、商品、服务或者其他资产;(2)以明显不公平的条件,提供或者接受资金、商品、服务或者其他资产;(3)向明显不具有清偿能力的单位或者个人提供资金、商品、服务或者其他资产;(4)为明显不具有清偿能力的单位或者个人提供担保,或者无正当理由为其他单位或者个人提供担保;(5)无正当理由放弃债权、承担债务;(6)采用其他方式损害上市公司利益。

依据《刑法》第169条的规定,构成该罪的,处3年以下有期徒刑或者拘役,并处或者单处罚金;致使上市公司利益遭受特别重大损失的,处3年以上7年以下有期徒刑,并处罚金。上市公司的控股股东或者实际控制人,指使上市公司董事、监事、高级管理人员实施上述行为的,依照上述规定处罚;构成该罪的上市公司的控股股东或者实际控制人是单位的,对单位判处罚金,并对其直接负责的主管人员和其他直接责任人员,依照上述规定处罚。

7. 背信运用受托财产罪

该罪是指商业银行、证券交易所、期货交易所、证券公司、期货经纪公司、保险公司或者其他金融机构,违背受托义务,擅自运用客户资金或者其他委托、信托的财产,情节严重的行为。依据《刑法》第185条的规定,构成该罪的,对单位判处罚金,并对其直接负责的主管人员和其他直接责任人员,处3年以下有期徒刑或者拘役,并处3万元以上30万元以下罚金;情节特别严重的,处3年以上10年以下有期徒刑,并处5万元以上50万元以下罚金。

8. 内幕交易、泄露内幕信息罪

该罪是指证券交易内幕信息的知情人员或者非法获取证券交易内幕信息的人员,在涉及证券的发行、交易或者其他对证券交易价格有重大影响的信息公开前,买入或者卖出该证券,或者泄露该信息,或者明示、暗示他人从事上述交易活动,情节严重的行为。依据《刑法》第180条第1、2款的规定,构成该罪的,处5年以下有期徒刑或者拘役,并处或者单处违法所得1倍以上5倍以下罚金;情节特别严重的,处5年以上10年以下有期徒刑,并处违法所得1倍以上5倍以下罚金。单位犯该罪的,对单位判处罚金,并对其直接负责的主管人员和其他直接责任人员,处5年以下有期徒刑或者拘役。

9. 利用未公开信息交易罪

该罪是指证券交易所、证券公司、基金管理公司、商业银行、保险公司等金融机构的从业人员以及有关监管部门或者行业协会的工作人员,利用因职务便利获取的内幕信息以外的其他未公开的信息,违反规定,从事与该信息相关的证券交易活动,或者明示、暗示他人从事相关交易活动,情节严重的行为。依据《刑法》第180条第4款,构成该罪的,依照上述有关内幕交易的规定处罚。

10. 操纵证券市场罪

该罪是指有下列情形之一,操纵证券市场,影响证券交易价格或者证券交易量,情节严重的行为:(1)单独或者合谋,集中资金优势、持股或者持仓优势或者利用信息优势联合或者连续买卖的;(2)与他人串通,以事先约定的时间、价格和方式相互进行证券交易的;

（3）在自己实际控制的账户之间进行证券交易的；（4）不以成交为目的，频繁或者大量申报买入、卖出证券的；（5）利用虚假或者不确定的重大信息，诱导投资者进行证券交易的；（6）对证券、证券发行人公开作出评价、预测或者投资建议，同时进行反向证券交易的；（7）以其他方法操纵证券市场的。依据《刑法》第182条的规定，构成该罪的，处5年以下有期徒刑或者拘役，并处或者单处罚金；情节特别严重的，处5年以上10年以下有期徒刑，并处罚金。单位犯该罪的，对单位判处罚金，并对其直接负责的主管人员和其他直接责任人员，依照上述规定处罚。

11. 编造并传播证券交易虚假信息罪

该罪是指编造并且传播影响证券交易的虚假信息，扰乱证券交易市场，造成严重后果的行为。依据《刑法》第181条第1款的规定，构成该罪的，处5年以下有期徒刑或者拘役，并处或者单处1万元以上10万元以下罚金。单位犯该罪的，对单位判处罚金，并对其直接负责的主管人员和其他直接责任人员，处5年以下有期徒刑或者拘役。

12. 诱骗投资者买卖证券罪

该罪是指证券交易所、证券公司的从业人员，证券业协会或者证券监督管理部门的工作人员，故意提供虚假信息或者伪造、变造、销毁交易记录，诱骗投资者买卖证券，造成严重后果的行为。依据《刑法》第181条第2款的规定，构成该罪的，处5年以下有期徒刑或者拘役，并处或者单处1万元以上10万元以下罚金；情节特别恶劣的，处5年以上10年以下有期徒刑，并处2万元以上20万元以下罚金。单位犯该罪的，对单位判处罚金，并对其直接负责的主管人员和其他直接责任人员，处5年以下有期徒刑或者拘役。

13. 伪造、变造股票、公司、企业债券罪

该罪是指伪造、变造股票或者公司、企业债券，数额较大的行为。依据《刑法》第178条第2、3款的规定，构成该罪的，处3年以下有期徒刑或者拘役，并处或者单处1万元以上10万元以下罚金；数额巨大的，处3年以上10年以下有期徒刑，并处2万元以上20万元以下罚金。单位犯该罪的，对单位判处罚金，并对其直接负责的主管人员和其他直接责任人员，依照上述规定处罚。

（二）近年查处证券犯罪的基本情况

从已生效的刑事判决情况看，证券交易类犯罪行为远远超过了证券发行类与信息披露违法类犯罪行为。其中，内幕交易、泄露内幕信息罪的数量最多，超过40宗；利用未公开信息交易罪为30余宗；操纵证券市场罪有20余宗。而擅自发行股票、公司、企业债券罪不超过10宗[①]，欺诈发行股票、债券罪有10宗左右[②]，背信损害上市公司利益罪也在10宗左右[③]，违规披露、不披露重要信息罪不超过10宗[④]，编造并传播证券交易虚假信息罪有2

[①]　例如，2002年赛格信托案与（2013）沈中刑二终字第620号、（2013）云高刑终字第1558号、（2015）粤高法刑二终字第238号、（2015）深中法刑二终字第214号、（2019）陕01刑终112号等案件。

[②]　其中涉及股票的有四川红光实业案、山东巨力案、湖南万福生科案、四川绿源集团案、云南绿大地案、金亚科技等案，涉及债券的有江苏中显集团案、中恒通案、圣威达案。

[③]　例如，国投新集、三联商社、上海科技、匹凸匹、康达尔等上市公司案件。

[④]　例如，江苏琼花、深本实、天颐科技、博元投资、绿大地、华锐风电、华泽钴镍等上市公司案件。

宗①,背信运用受托财产罪涉及证券市场的仅有 1 宗,伪造、变造股票、公司、企业债券罪似乎尚无定罪案例。

近年来证券违法犯罪案件的主要特点体现在:(1) 案件数量呈持续快速增长趋势;(2) 案件涉及领域不断拓宽,覆盖面趋广;(3) 违法犯罪主体类型不断增多;(4) 违法犯罪手段复杂多变,不断翻新;(5) 违法犯罪交易金额屡创新高,情节严重;(6) 发行类与披露类违法犯罪涉及主体广泛,危害后果严重。

四、 证券市场民事违法与赔偿责任

(一) 证券民事赔偿的主要样态

1. 虚假陈述(含欺诈发行与信息披露违法)

信息披露义务人未按照规定披露信息,或者公告的证券发行文件、定期报告、临时报告及其他信息披露资料存在虚假记载、误导性陈述或者重大遗漏,致使投资者在证券交易中遭受损失的,信息披露义务人应当承担赔偿责任;发行人的控股股东、实际控制人、董事、监事、高级管理人员和其他直接责任人员以及保荐人、承销的证券公司及其直接责任人员,应当与发行人承担连带赔偿责任,但是能够证明自己没有过错的除外。

2. 上市公司收购行为存在违法

收购人或者收购人的控股股东,利用上市公司收购损害被收购公司及其股东的合法权益,给被收购公司及其股东造成损失的,应依法承担赔偿责任。

3. 内幕交易

因内幕交易行为给投资者造成损失的,行为人应当依法承担赔偿责任。

4. 利用未公开信息交易

证券交易场所、证券公司、证券登记结算机构、证券服务机构和其他金融机构的从业人员、有关监管部门或者行业协会的工作人员,利用职务便利获取内幕信息以外的其他未公开的信息,违反规定,从事与该信息相关的证券交易活动,给投资者造成损失的,应依法承担赔偿责任。

5. 操纵市场

因操纵证券市场行为给投资者造成损失的,行为人应当依法承担赔偿责任。

6. 编造、传播虚假信息或者误导性信息

任何单位和个人编造、传播虚假信息或者误导性信息,扰乱证券市场,给投资者造成损失的,应当依法承担赔偿责任。

7. 证券公司及其从业人员欺瞒客户

证券公司及其从业人员实施下列行为,给客户造成损失的,应当依法承担赔偿责任:(1) 违背客户的委托为其买卖证券;(2) 不在规定时间内向客户提供交易的确认文件;(3) 未经客户的委托,擅自为客户买卖证券,或者假借客户的名义买卖证券;(4) 为牟取佣金收入,诱使客户进行不必要的证券买卖;(5) 其他违背客户真实意思表示,损害客户利益的行为。

8. 证券公司承销或者销售擅自公开发行或者变相公开发行的证券

证券公司承销或者销售擅自公开发行或者变相公开发行的证券,给投资者造成损失的,

---

① 1997 年李定兴案、2000 年物资局干部王某编造并传播虚假收购信息案。

应当与发行人承担连带赔偿责任。

9. 证券公司承销或者销售证券过程中行为不当

证券公司承销证券,应对公开发行募集文件的真实性、准确性、完整性进行核查,发现有虚假记载、误导性陈述或者重大遗漏的,不得进行销售活动,已经销售的,必须立即停止销售活动,并采取纠正措施。证券公司承销或者销售擅自公开发行或者变相公开发行的证券,给投资者造成损失的,应当与发行人承担连带赔偿责任。证券公司承销证券,不得有下列行为之一,给其他证券承销机构或者投资者造成损失的,也应依法承担赔偿责任:(1)进行虚假的或者误导投资者的广告或者其他宣传推介活动;(2)以不正当竞争手段招揽承销业务;(3)其他违反证券承销业务规定的行为。此外,证券公司承销证券,应对公开发行募集文件的真实性、准确性、完整性进行核查,发现有虚假记载、误导性陈述或者重大遗漏的,不得进行销售活动,已经销售的,必须立即停止销售活动,并采取纠正措施,违反规定义务,给其他证券承销机构或者投资者造成损失的,原则上也应依法承担赔偿责任。

10. 证券公司违反投资者适当性管理规定

证券公司向投资者销售证券、提供服务时,应当按照规定充分了解投资者的基本情况、财产状况、金融资产状况、投资知识和经验、专业能力等相关信息;如实说明证券、服务的重要内容,充分揭示投资风险;销售、提供与投资者上述状况相匹配的证券、服务。证券公司违反上述规定导致投资者遭受损失的,应当承担相应的赔偿责任。

11. 证券投资咨询机构及其从业人员的违法行为

证券投资咨询机构及其从业人员从事证券服务业务有下列行为之一,给投资者造成损失的,依法承担赔偿责任:(1)代理委托人从事证券投资;(2)与委托人约定分享证券投资收益或者分担证券投资损失;(3)买卖本证券投资咨询机构提供服务的证券;(4)法律、行政法规禁止的其他行为。

12. 证券服务机构制作、出具的文件有虚假记载、误导性陈述或者重大遗漏

证券服务机构为证券的发行、上市、交易等证券业务活动制作、出具审计报告及其他鉴证报告、资产评估报告、财务顾问报告、资信评级报告或者法律意见书等文件,应当勤勉尽责,对所依据的文件资料内容的真实性、准确性、完整性进行核查和验证。其制作、出具的文件有虚假记载、误导性陈述或者重大遗漏,给他人造成损失的,应当与委托人承担连带赔偿责任,但是能够证明自己没有过错的除外。

13. 公开征集股东权利违法违规

上市公司董事会、独立董事、持有1%以上有表决权股份的股东或者依照法律、行政法规或者证监会规定设立的投资者保护机构,可以作为征集人,自行或者委托证券公司、证券服务机构,公开请求上市公司股东委托其代为出席股东大会,并代为行使提案权、表决权等股东权利。但公开征集股东权利违反法律、行政法规或者国务院证券监督管理机构有关规定,导致上市公司或者其股东遭受损失的,应当依法承担赔偿责任。

14. 不履行公开承诺

发行人及其控股股东、实际控制人、董事、监事、高级管理人员等作出公开承诺的,应当披露。因不履行承诺给投资者造成损失的,应当依法承担赔偿责任。

15. 证券交易所处置突发性事件存在重大过错

一般情况下,证券交易所为维护证券交易正常秩序和市场公平,对于因不可抗力、意外

事件、重大技术故障、重大人为差错等突发性事件影响证券交易正常进行的,可以按照业务规则采取技术性停牌、临时停市等处置措施,并应及时向证监会报告;对因上述突发性事件导致证券交易结果出现重大异常,按交易结果进行交收将对证券交易正常秩序和市场公平造成重大影响的,可以按照业务规则采取取消交易、通知证券登记结算机构暂缓交收等措施,并及时向证监会报告并公告。证券交易所对其依照上述规定采取措施造成的损失不承担民事赔偿责任,但存在重大过错的除外。

(二)近年证券民事赔偿诉讼的基本情况

1. 证券民事赔偿诉讼的进展

对于证券民事赔偿诉讼,法院经历了从拒绝受理到有限制地受理的过程。2001年,投资者对亿安科技操纵市场案与银广夏虚假陈述案提起民事赔偿诉讼,最高人民法院发布了颇受指责的《关于涉证券民事赔偿案件暂不予受理的通知》。面对众多质疑,2002年,最高人民法院发布了《关于受理证券市场因虚假陈述引发的民事侵权纠纷案件有关问题的通知》,前置条件是"须经中国证券监督管理委员会及其派出机构调查并作出生效处罚决定",但未放开对内幕交易与操纵市场等类案件的受理。2003年,最高人民法院发布《关于审理证券市场因虚假陈述引发的民事赔偿案件的若干规定》,把前置程序扩大至财政部、其他行政机关以及有权作出行政处罚的机构对虚假陈述已经作出处罚决定或者人民法院已经作出生效刑事裁判。2007年,最高人民法院民商事审判工作放开对内幕交易、操纵市场民事赔偿案的受理,但应参照虚假陈述案的前置程序。为贯彻立案登记制的实施,2015年《最高人民法院关于当前商事审判工作中的若干具体问题》指出:"根据立案登记司法解释规定,因虚假陈述、内幕交易和市场操纵行为引发的民事赔偿案件,立案受理时不再以监管部门的行政处罚和生效的刑事判决认定为前置条件。"不过,实践中,只有个别法院依据该指导意见受理了少数没有前置程序的虚假陈述案件,最高人民法院的实际把握也没有变化,其在(2018)最高法民申252号等系列裁定书中明确表示:尽管《关于审理证券市场因虚假陈述引发的民事赔偿案件的若干规定》已施行十几年时间,较之制定该司法解释时而言,目前证券市场等相关情况已发生一定变化,但该司法解释目前仍然有效,在其被废止或修订之前,继续适用并无错误。随着2019年《证券法》的实施,预计全面取消前置程序已经指日可待。

2. 证券民事赔偿诉讼的态势、特点与优化

近年来,我国证券民事赔偿诉讼案件呈现出快速增长的态势。据不完全统计,目前可查阅到的证券民事赔偿判决书、裁定书与调解书已有近万份。不过,其中虚假陈述案占据了99%的比例。就可以查阅到的判决书来说,从1996年到2018年,累计有81家发行人、上市公司成为被告。其中,内幕交易案有数宗①。在杨某某等投资者诉光大证券内幕交易ETF与股指期货案中,法院支持了部分投资者的索赔请求,成为全国首例投资者获得赔偿的内幕

---

① 代表性案件包括:陈祖灵诉潘海深内幕交易大唐电信案[北京市第一中级人民法院(2009)一中民初字第8217号《民事判决书》],李岩诉黄光裕、杜鹃夫妇内幕交易中关村科技案[北京市第二中级人民法院(2011)二中民初字第20524号《民事判决书》],单文峰诉鞠成立案[南京市中级人民法院(2016)苏01民终4347号《民事判决书》],杨林军等投资者诉光大证券内幕交易ETF与股指期货案[上海市第二中级人民法院(2016)沪民终第158、196、208号等《民事判决书》]。前三个案件中,法院未支持投资者的索赔请求;光大证券案中,法院支持了部分投资者的索赔请求,属于全国首例投资者获得赔偿的内幕交易案。

交易案。获得审理的操纵市场民事赔偿案件则寥寥无几,投资者均败诉。① 最近的案件是投资者王某、陈某某等诉鲜言操纵匹凸匹案,以及投资者杨某诉上市公司实际控制人等主体操纵恒康医疗案,分别由上海金融法院、成都市中级人民法院审理。2019 年底,成都市中级人民法院一审判决部分支持了投资者的索赔请求,成为全国首例操纵市场民事赔偿投资者胜诉的案例。

近年来,证券民事赔偿诉讼主要呈现出以下特点:

(1)案件数量随证监会行政处罚案件数量大幅增长而同步增长。

(2)案件类型从股票市场向债券市场蔓延。2016 年 10 月,上海第一中级人民法院首例判决投资于公司债券的超日债投资者胜诉。从 2018 年底开始,五洋债投资者也在杭州市中级人民法院提起诉讼。

(3)法律责任主体趋向多元,除证券发行人、上市公司及其责任人员应承担赔偿责任外,保荐人、证券服务机构被诉与赔偿的案件开始增多。近年来,法院陆续判决立信会计师事务所在大智慧、金亚科技虚假陈述案,瑞华会计师事务所在华泽钴镍、中安消虚假陈述案,上海银信资产评估公司在保千里虚假陈述案,四川天澄门律师事务所在绿大地虚假陈述案,中德证券在昆明机床资产收购案、招商证券在中安消资产收购财务顾问业务案、国信证券在华泽钴镍案恢复上市保荐业务案等案件中,判决相关中介机构承担连带赔偿责任。

(4)案件往往争议大,对抗性强。

(5)案件审判从机械适用法律向实质性审查转变,如虚假陈述、操纵市场案中的因果关系认定等问题。

(6)针对证券侵权赔偿诉讼多为群体性诉讼的特点,越来越多的案件以普通的共同诉讼合并审理,一些案件进行了支持起诉、示范诉讼、代表人诉讼等诉讼方式创新。2017 年 5 月,上海市第一中级人民法院对原告刘某等诉被告鲜言、"匹凸匹"等证券虚假陈述责任纠纷一案作出一审宣判,判决鲜言等责任人赔偿投资者损失。该案系全国首例由中证中小投资者服务中心支持诉讼案件,受托支持的 14 名中小投资者全部胜诉。此后,中证中小投资者服务中心又在操纵恒康医疗案等案件中支持起诉,共有 20 余宗。2019 年 1 月,上海金融法院在全国率先发布了《上海金融法院关于证券纠纷示范判决机制的规定》,同年 3 月首次适用该规定判决了一起上市公司虚假陈述民事赔偿案。2019 年《证券法》探索了适应我国国情的证券民事诉讼制度,引入了具有中国特色的代表人诉讼机制,规定投资者保护机构可以作为诉讼代表人,按照"明示退出""默示加入"的诉讼原则,依法为受害投资者提起民事损害赔偿诉讼。2020 年 7 月,最高人民法院发布了《最高人民法院关于证券纠纷代表人诉讼若干问题的规定》,分四个部分重点规范了普通代表人诉讼和特别代表人诉讼程序。2020 年 9 月,杭州市中级人民法院公开审理了投资者诉五洋建设集团股份有限公司等被告债券发行虚假陈述赔偿诉讼案,成为全国首例适用普通代表人诉讼审理的案件。

(7)专业机构调解、诉调对接、仲裁等多元化纠纷解决方式受到重视并开始发挥作用。

此外,最高人民法院也正在推进证券民事赔偿案件立案、取证、审理、执行环节的改革优

---

① 操纵市场的代表性案件中,最早的是 2011 年属于全国首例的股民王某诉汪建中操纵中信银行、中国石化、万科 A 三只股票案,北京第二中级人民法院审理,股民败诉;此后是 2012 年 18 位股民诉程文水、刘延泽操纵中核钛白案,北京第二中级人民法院审理,股民败诉。

化。在立案方面,大力推进信息化建设,实现证券案件网上无纸化立案,实现群体性诉讼立案便利化,依托信息平台完善群体诉讼统一登记机制,解决适格原告权利登记、代表人推选等问题。在取证方面,探索建立律师民事诉讼调查令制度,便利投资者的代理律师行使相关调查权,提高投资者自行收集证据的能力;研究探索适当强化有关知情单位和个人对投资者获取证据的协助义务,对拒不履行协助取证义务的单位和个人要依法予以民事制裁。在审理方面,依法充分运用专家证人、专家陪审员制度,扩充证券案件审理的知识容量和审理深度,提高证券案件审判的专业性和公信力。在执行方面,为便利胜诉投资者及时拿到赔偿款,推动建立投资者保护机构辅助参与生效判决执行的机制。

第二节　信息披露违法与法律责任

信息披露违法,是指证券发行、上市、交易、公司并购重组等活动中,发行人或者其他信息披露义务人,未按规定披露信息,或者披露的信息有虚假记载、误导性陈述或者重大遗漏的行为。信息披露制度是证券市场的基石,也是证券监管的最主要手段。从世界范围看,打击信息披露违法,是各证券市场法域监管部门与司法机关最主要也是最重要的任务。信息披露违法案件,也一直在我国证券执法案件中占有较大比例。

我国《证券法》在第五章专门规定了信息披露制度,以规范证券发行、上市、交易中的信息披露行为,系统完善信息披露制度,也成为追究信息披露违法行为责任的主要依据。在这些信息披露规则基础上,《证券法》第197条加大了处罚力度,完善了信息披露违法行为的行政法律责任。此外,证监会发布的《上市公司信息披露管理办法》《信息披露违法行为行政责任认定规则》等规章与规范性文件,以及证券交易场所的证券上市规则,也是追究信息披露违法行政法律责任的重要参照或说理依据。追究信息披露违法行为刑事法律责任的主要依据是《刑法》第161条"违规披露、不披露重要信息罪"、最高人民法院发布的司法解释以及最高人民检察院、公安部联合发布的追诉标准。追究信息披露违法民事法律责任的主要依据是《证券法》第85条,更详细的操作规则体现在最高人民法院发布的《关于审理证券市场因虚假陈述引发的民事赔偿案件的若干规定》这一司法解释文件中。

需要强调的是,欺诈发行证券体现为发行人在其公告的证券发行文件中隐瞒重要事实或者编造重大虚假内容,《证券法》把发行文件中的虚假记载、误导性陈述与重大遗漏同时纳入信息披露违法中进行规制。从以往证券执法实践来看,证券发行过程中的许多欺诈行为,都是按照信息披露违法查处的。不过,发行欺诈侵害的法益、社会危害性、惩罚的力度、适用的证券范围、主观要件、客观行为等均与信息披露违法有较大的不同。

一、信息披露违法的行为样态

信息披露违法的样态包括虚假记载、重大遗漏、误导性陈述与未按规定披露。有的案件仅涉及一种样态,有的则涉及多种样态。需要说明的是,需要公开披露的信息,通常也是需要向证券监管机构与证券交易所报告的信息,所以一般来说,报送有关报告的义务与信息披露义务是相伴相随的,《证券法》对两种义务一并在有关规定中作出要求,违反信息披露义务一般也同时违反"报送有关报告"的规定。

(一) 虚假记载

虚假记载,是指将不存在的重大事实在信息披露文件中予以记载,或者将重大事实作不实记载。虚假记载违反了信息披露的真实性要求。实践中,财务造假、财务舞弊是虚假记载的最主要也是最严重的表现形式,包括发生业务不入账、虚构业务入账、不按照相关规定进行会计核算和编制财务会计报告等,具体如虚增收入和利润、违规确认收入、伪造财务收据、虚增政府补贴、将无效票据入账、虚列应付应收账款、虚列预付预收款项、跨期结转成本调节利润、账外支付相关款项等。虚假记载多体现在上市公司的年度报告、半年度报告、审计报告或申请股票发行、上市公司重大资产重组等文件中。

(二) 误导性陈述

误导性陈述是指在法定信息披露文件中,或者通过其他信息发布渠道与载体,使用不准确或者不恰当的语言,或者不完整地表述有关事实,或者发布没有根据的前瞻性信息,使投资者对已公开信息的合理理解与事实情况产生偏差,或者作出不合理评估、预测或者判断,可能对投资者决策产生重大影响。误导性陈述违反了信息披露的准确性要求。误导性陈述类的信息披露违法案件相对较少。

(三) 重大遗漏

重大遗漏,是指信息披露义务人在信息披露文件中未将应当记载的事项完全记载,或者将应当记载的事项予以部分记载。重大遗漏违反了信息披露的完整性要求。证监会认为,未按照法律、行政法规、规章和规范性文件以及证券交易所业务规则关于重大事件或者重要事项信息披露要求披露信息,遗漏重大事项的,即构成重大遗漏。实务中常见的重大遗漏行为包括未披露关联方资金占用情况、关联担保,未披露或未完整披露关联关系、关联交易,隐瞒子公司情况,等等。

(四) 未按规定披露

未按规定披露,是指信息披露义务人未按照法律、行政法规、规章和规范性文件,以及证券交易所业务规则规定的信息披露期限、方式等要求及时、公平地披露信息。广义而言,只要未按照相关规则规定的时限、方式、内容、格式等披露,都属于不正当披露。狭义而言,未按规定披露主要体现为未在规定期限内或者未以法定方式披露,违反了信息披露的及时性或者公平性要求。实践中,绝大多数未按照规定披露属于未及时披露,包括未及时披露年度报告、半年度报告等定期报告,或者未及时披露关联交易、对外担保、重大合同、股东权益变动情况、股份质押、重大生产事故等临时报告事项。

二、 信息披露违法的行政法律责任

《证券法》第197条规定:"信息披露义务人未按照本法规定报送有关报告或者履行信息披露义务的,责令改正,给予警告,并处以五十万元以上五百万元以下的罚款;对直接负责的主管人员和其他直接责任人员给予警告,并处以三十万元以上二百万元以下的罚款。发行人的控股股东、实际控制人组织、指使从事上述违法行为,或者隐瞒相关事项导致发生上述情形的,处以五十万元以上五百万元以下的罚款;对直接负责的主管人员和其他直接责任人员,处以二十万元以上二百万元以下的罚款。信息披露义务人报送的报告或者披露的信息有虚假记载、误导性陈述或者重大遗漏的,责令改正,给予警告,并处以一百万元以上一千万元以下的罚款;对直接负责的主管人员和其他直接责任人员给予警告,并处以五十万元以上五百万元以下的罚款。发行人的控股股东、实际控制人组织、指使从事上述违法行为,或者隐瞒相关事项导致发生上述情形的,处以一百万元以上一千万元以下的罚款;对直接负责的主管人员和其他直接责任人员,处以五十万元以上五百万元以下的罚款。"

信息披露违法案件,尤其是涉及重大财务舞弊的案件,调查过程往往艰辛复杂、阻力很大,但到了认定处罚环节,争执最大的一般并非事实问题,而是公司内外众多涉案主体的责任如何认定与承担的问题。

（一）发行人的责任

发行人是指需要披露股票、债券发行文件的公司与需要持续披露定期报告、临时报告的上市公司、公司债券上市交易的公司、股票在国务院批准的其他全国性证券交易场所交易的公司。发行人是最主要的信息披露义务主体,被行政处罚的案件数量也最多。作为股票发行主体被处罚的案件,主要发生在首次公开发行环节,其次是上市公司定向增发置入资产环节。从持续信息披露中的违法情况看,以往触及信息披露违法红线的多为上市公司,近年来在新三板挂牌的非上市公众公司受处罚的案例逐步增多。

关于发行人的处罚种类与幅度,原《证券法》第 193 条第 1 款规定的是"责令改正,给予警告,并处以三十万元以上六十万元以下的罚款"。这种处罚力度受到普遍非议,证监会的处罚决定公布后,媒体与公众舆论往往哗然一片,认为处罚过轻,不足以震慑、遏制呈蔓延之势的信息披露违法行为。而且,该规定是一个"大筐",既涵盖了非常严重的财务舞弊、财务欺诈,也涵盖了一般性的虚假记载、误导性陈述和重大遗漏,还涵盖了未按规定披露,立法把单一罚则"一刀切"地适用到这些在主观恶意、客观表现与危害后果等方面存在巨大差异的行为样态上,难免顾此失彼、进退失据、轻重失序。为此,2019 年《证券法》大幅度提高了罚款力度,拉宽了罚款幅度,并明确规定未按规定披露与虚假记载、误导性陈述或者重大遗漏适用不同罚款标准,在"责令改正,给予警告"同时,对前者适用"并处以五十万元以上五百万元以下的罚款",对后者适用"并处以一百万元以上一千万元以下的罚款"。

关于发行人信息披露行政违法的归责原则,《证券法》与相关司法解释文件、证监会的规章均未规定。一般参照关于信息披露民事赔偿责任的归责原则,理解为严格责任或者称绝对责任、无过错责任。

（二）发行人的董事、监事、高级管理人员的责任

《证券法》第 82 条规定了发行人董事、监事、高级管理人员在信息披露中的义务。依据该条规定,发行人的董事、高级管理人员应当对证券发行文件和定期报告签署书面确认意

见；发行人的监事会应当对董事会编制的证券发行文件和定期报告进行审核并提出书面审核意见，监事应当签署书面确认意见；发行人的董事、监事和高级管理人员应当保证发行人及时、公平地披露信息，所披露的信息真实、准确、完整；董事、监事和高级管理人员无法保证证券发行文件和定期报告内容的真实性、准确性、完整性或者有异议的，应当在书面确认意见中发表意见并陈述理由，发行人应当披露，发行人不予披露的，董事、监事和高级管理人员可以直接申请披露。

在发行人构成信息披露违法时，对其董事、监事、高级管理人员主要通过认定为"直接负责的主管人员或者其他直接责任人员"追究责任，即通过单位违法下个人责任的路径进行追究。与加大对发行人的惩治力度相匹配，2019年《证券法》也大幅提高了对直接负责的主管人员和其他直接责任人员的罚款力度，从"并处以三万元以上三十万元以下的罚款"提高至"并处以二十万元以上二百万元以下的罚款"。

董事、监事、高级管理人员在信息披露违法案中适用过错推定责任，已成共识。这也是对《证券法》要求其保证发行人"及时、公平"地披露信息与披露的信息"真实、准确、完整"的折中、合理解释。证监会2011年4月发布的《信息披露违法行为行政责任认定规则》第15条规定："发生信息披露违法行为的，依照法律、行政法规、规章规定，对负有保证信息披露真实、准确、完整、及时和公平义务的董事、监事、高级管理人员，应当视情形认定其为直接负责的主管人员或者其他直接责任人员承担行政责任，但其能够证明已尽忠实、勤勉义务，没有过错的除外。"第16条规定："信息披露违法行为的责任人员可以提交公司章程，载明职责分工和职责履行情况的材料，相关会议纪要或者会议记录以及其他证据来证明自身没有过错。"最高人民法院随后于2011年7月发布的《关于审理证券行政处罚案件证据若干问题的座谈会纪要》也认为："监管机构根据证券法第六十八条、第一百九十三条规定，结合上市公司董事、监事、高级管理人员与信息披露违法行为之间履行职责的关联程度，认定其为直接负责的主管人员或者其他直接责任人员并给予处罚，被处罚人不服提起诉讼的，应当提供其对该信息披露行为已尽忠实、勤勉义务等证据。"

实践中，当事人提出的免责抗辩理由五花八门，包括"未参与涉案事项""不知悉涉案事项""公司治理存在重大缺陷、自己并无实权""依赖中介机构主要是审计机构意见""依赖管理层或者董事会其他成员意见""贯彻个人服从组织，下级服从上级的组织原则""系外部董事、独立董事或者职工董事""已经委托其他董事代为履职""不分管、不负责信息披露事务""监管部门也未发现"等。针对这些抗辩，证监会在相关处罚决定书中作了不同程度的回应与释明。

从众多案例看，证监会的问责与量罚实际上区分了不同情况。一是区分临时报告事项与定期报告事项，对临时报告披露违法，主要是看相关人员的职务职责、履职情况与参与、知悉情况；对定期报告披露违法，还要看是否尽到了监督义务。二是区分董事、监事与高级管理人员。其中，董事的责任最重，同时在量罚上应区分执行董事与非执行董事、内部董事与外部董事、独立董事与非独立董事；高级管理人员如果分管涉案业务或者参与、知悉涉案事项，应承担责任；监事则对参与或知悉的涉案事项承担责任。此外，案件处理上也考虑不同人士的专业背景等因素。

◎　**相关案例**

　　华泽钴镍时任副总经理、财务总监郭立红诉证监会行政处罚案中，《北京市高级人民法院行政判决书》[（2019）京行终991号]在引述《公司法》《证券法》《上市公司信息披露管理办法》等相关规定后认为，信息披露义务人直接负责的主管人员的行政责任构成要件有三：一是信息披露义务人实施了信息披露违法行为；二是行为人属于信息披露义务人直接负责的主管人员范畴；三是缺乏充分证据证明行为人已经履行勤勉尽责义务。

　　对于要件一，不存在争议。对于要件二，法院认为，判断信息披露违法责任人员类型的一个重要标准是考察信息披露违法事项与相关人员职务、职责之间的关联程度。本案中，证监会提供的证据及郭立红本人自述均能够证明，郭立红自2013年10月起即担任华泽钴镍副总经理兼财务总监职务，并实际履行公司财务管理方面的职责，亦具备财务管理方面的专业背景，而涉案信息披露违法事项均与公司财务管理直接或紧密相关。郭立红在一系列公司重要文件及财务审批中签字确认，客观上表明其知悉并实际参与了公司信息披露的过程，故其应属于原《证券法》第193条第1款规定的直接负责的主管人员范畴。郭立红关于其并非公司副总经理及财务总监的诉讼理由缺乏事实依据，亦与其在不同场合的行为及自述相互矛盾，郭立红与华泽钴镍之间是否依法签订劳动合同，亦非其实际履行职责的必要条件。此外，郭立红多次主张其在公司财务审批及年报中签字仅是例行签字，或因欺骗胁迫所致。对此，法院认为，郭立红应当知晓其在公司重要法律文件及财务审批中签字的法律后果及应承担的责任，其亦无证据证明签字系胁迫所致，如其认为需签字事项在其任职前发生，或不知情，或无法审查识别，均有权拒绝签字确认。因此，郭立红上述诉讼理由不能成立。

　　对于要件三，法院认为，根据《公司法》《证券法》等相关法律规定，上市公司董事、监事、高级管理人员对公司负有忠实义务和勤勉义务，一旦公司存在信息披露违法行为，即使上述人员并未组织、策划、主动参与、积极实施违法行为，基于其所负的勤勉义务及保证责任，亦应作为信息披露违法责任人员承担相应的行政责任，除非能够证明其已经履行勤勉尽责义务。而勤勉尽责义务的内容，又与公司董事、监事、高级管理人员的职责范围密切相关。本案中，郭立红作为华泽钴镍财务主管人员，理应对涉及公司财务方面的重要事项负有更高的注意义务，但无论在证监会的调查程序中，还是在本案的诉讼程序中，均没有充分证据表明郭立红已经履行了相应的勤勉尽责义务。郭立红所主张者，均为不知情、无法审查、没有相应的职权，但这些理由，并不能构成公司高级管理人员的免责事由。

　　综上，法院认为，郭立红符合原《证券法》第193条第1款规定的信息披露违法行为直接负责的主管人员的行政责任构成，证监会在充分考量郭立红违法行为事实、性质、情节、社会危害程度的基础上，决定对其给予警告并处以30万元罚款，认定事实清楚，证据确凿，适用法律正确，符合法定程序，处罚幅度亦无明显不当，依法应予支持。

（三）中层管理人员与核心雇员的责任

《最高人民法院关于审理证券行政处罚案件证据若干问题的座谈会纪要》认为："对上市公司董事、监事、高级管理人员之外的人员，监管机构认定其为上市公司信息披露违法行为直接负责的主管人员或者其他直接责任人员并给予处罚的，应当证明被处罚人具有下列情形之一：（一）实际履行董事、监事和高级管理人员的职责，并与信息披露违法行为存在直接关联；（二）组织、参与、实施信息披露违法行为或直接导致信息披露违法。"实务中，这两类人主要是公司中层管理人员与核心雇员，尤其是财务等相关部门负责人、财务人员、下属子公司的董事、高级管理人员等。

中层管理人员与核心雇员适用的归责原则是过错责任，不同于董事、监事、高级管理人员的过错推定责任。《最高人民法院关于审理证券行政处罚案件证据若干问题的座谈会纪要》认为，根据《证券法》规定，上市公司董事、监事、高级管理人员对上市公司信息披露的真实性、准确性和完整性应当承担较其他人员更严格的法定保证责任；人民法院在审理违反信息披露义务行政处罚案件时，涉及对直接负责的主管人员和其他直接责任人员处罚的，应当区分《证券法》第68条规定的人员和该范围之外其他人员的不同责任标准与证明方式。

（四）其他信息披露义务人的责任

除发行人外，证券市场上还有其他一些独立承担信息披露义务的主体，如果违反相关披露要求，其本身和直接负责的主管人员、其他直接责任人员，也应按照问责发行人的标准受到处罚。从以往的执法案例看，因违法受罚的其他信息披露义务人主要包括以下几类：一是上市公司收购活动的相关方，披露收购活动信息存在虚假、误导性或者重大遗漏，或者实施收购活动后未及时披露；二是大额持股披露义务人，未按要求披露相关增持或者减持股份，即市场通常所称的"举牌"情况；三是隐瞒股份代持关系的相关方；四是隐瞒一致行动关系的相关方；五是参与公司治理过程中不当披露相关股东提案的积极股东；六是与发行人进行重大资产交易的存在财务舞弊的标的公司及其股东、高级管理人员与交易对方。

（五）控股股东、实际控制人的责任

目前，我国一些上市公司存在"一股独大"乃至"一股独霸"、公司治理不健全的情况，控股股东、实际控制人操控公司信息披露的情形屡见不鲜。对此，《证券法》第80条第3款要求："公司的控股股东或者实际控制人对重大事件的发生、进展产生较大影响的，应当及时将其知悉的有关情况书面告知公司，并配合公司履行信息披露义务。"《证券法》第197条进一步明确规定：（1）发行人的控股股东、实际控制人组织、指使信息披露义务人从事违法行为，或者隐瞒相关事项导致其发生信息披露违法情形的，如果未按照证券法规定报送有关报告或者履行信息披露义务，处以50万元以上500万元以下的罚款；报送的报告或者披露的信息有虚假记载、误导性陈述或者重大遗漏的，处以100万元以上1000万元以下的罚款。（2）直接负责的主管人员和其他直接责任人员，未按照证券法规定报送有关报告或者履行信息披露义务的，处以20万元以上200万元以下的罚款；报送的报告或者披露的信息有虚假记载、误导性陈述或者重大遗漏的，处以50万元以上500万元以下的罚款。

（六）从重与从轻或者减轻处罚的情形

证监会执法实践中，符合以下情形的，予以从重处罚：（1）不配合证券监管机构监管，或者拒绝、阻碍证券监管机构及其工作人员执法，甚至以暴力、威胁及其他手段干扰执法；（2）在信息披露违法案件中变造、隐瞒、毁灭证据，或者提供伪证，妨碍调查；（3）两次以上违反信息披露规定并受到行政处罚或者证券交易所纪律处分；（4）在信息披露中有不良诚信记录并记入证券期货诚信档案；（5）其他需要考虑的情形。

符合以下情形的，证监会予以从轻或者减轻处罚：（1）未直接参与信息披露违法行为；（2）在信息披露违法行为被发现前，及时主动要求公司采取纠正措施或者向证券监管机构报告；（3）在获悉公司信息披露违法后，向公司有关主管人员或者公司上级主管提出质疑并采取了适当措施；（4）配合证券监管机构调查且有立功表现；（5）受他人胁迫参与信息披露违法行为；（6）其他需要考虑的情形。

此外，需要说明的是，信息披露义务人的许多重大财务舞弊，离不开以会计师事务所为代表的证券专业服务机构的配合。近年来，证监会在关于信息披露违法案件的处理中，也处罚了大量帮助上市公司进行财务舞弊的相关机构和责任人员。这些证券中介服务机构的法律责任将在后文进行阐述，此处不赘。

三、信息披露违法的刑事法律责任

信息披露违法的刑事法律责任，主要体现在《刑法》第 161 条规定的"违规披露、不披露重要信息罪"，即依法负有信息披露义务的公司、企业向股东和社会公众提供虚假的或者隐瞒重要事实的财务会计报告，或者对依法应当披露的其他重要信息不按照规定披露，严重损害股东或者其他人利益，或者有其他严重情节的行为。该罪的客观方面限于"向股东和社会公众提供虚假的或者隐瞒重要事实的财务会计报告"，或者"对依法应当披露的其他重要信息不按照规定披露"。在适用时，《刑法》对于本罪并非采"双罚制"（即既处罚单位也处罚直接负责的主管人员和其他直接责任人员），而采"单罚制"，即不处罚"公司或者企业"，只对其直接负责的主管人员和其他直接责任人员，处 3 年以下有期徒刑或者拘役，并处或者单处 2 万元以上 20 万元以下罚金。

目前，《关于公安机关管辖的刑事案件立案追诉标准的规定（二）》第 6 条规定了违规披露、不披露重要信息罪的立案追诉标准。依据该规定，涉嫌下列情形之一的，应予立案追诉：（1）造成股东、债权人或者其他人直接经济损失数额累计在 50 万元以上的；（2）虚增或者虚减资产达到当期披露的资产总额 30% 以上的；（3）虚增或者虚减利润达到当期披露的利润总额 30% 以上的；（4）未按照规定披露的重大诉讼、仲裁、担保、关联交易或者其他重大事项所涉的数额或者连续 12 个月的累计数额占净资产 50% 以上的；（5）致使公司发行的股票、公司债券或者国务院依法认定的其他证券被终止上市交易或者多次被暂停上市交易的；（6）致使不符合发行条件的公司、企业骗取发行核准并且上市交易的；（7）在公司财务会计报告中将亏损披露为盈利，或者将盈利披露为亏损的；（8）多次提供虚假的或者隐瞒重要事实的财务会计报告，或者多次对依法应当披露的其他重要信息不按照规定披露的；（9）其他严重损害股东、债权人或者其他人利益，或者有其他严重情节的情形。

不过令人遗憾的是,与信息披露违法日益猖獗的态势相比,上述《刑法》规定的法定刑显然过轻。更重要的是,即便在如此之轻的法定刑下,许多达到上述立案追诉标准的违法行为并未得到刑事追究。以近年来屡屡发生的上市公司财务舞弊案来说,给股东、债权人或者其他人造成的直接经济损失数额累计在 50 万元以上的案件,可以说比比皆是,由财务舞弊导致上市公司退市的案件也不算少,但最后被追究刑事责任的并不多,已判决的案例主要有 2015 年博元投资案、2017 年华锐风电案以及 2018 年＊ST 华泽案、雅百特案。

四、　信息披露违法的民事责任

原《证券法》第 69 条规定:"发行人、上市公司公告的招股说明书、公司债券募集办法、财务会计报告、上市报告文件、年度报告、中期报告、临时报告以及其他信息披露资料,有虚假记载、误导性陈述或者重大遗漏,致使投资者在证券交易中遭受损失的,发行人、上市公司应当承担赔偿责任;发行人、上市公司的董事、监事、高级管理人员和其他直接责任人员以及保荐人、承销的证券公司,应当与发行人、上市公司承担连带赔偿责任,但是能够证明自己没有过错的除外;发行人、上市公司的控股股东、实际控制人有过错的,应当与发行人、上市公司承担连带赔偿责任。"2019 年《证券法》第 85 条规定:"信息披露义务人未按照规定披露信息,或者公告的证券发行文件、定期报告、临时报告及其他信息披露资料存在虚假记载、误导性陈述或者重大遗漏,致使投资者在证券交易中遭受损失的,信息披露义务人应当承担赔偿责任;发行人的控股股东、实际控制人、董事、监事、高级管理人员和其他直接责任人员以及保荐人、承销的证券公司及其直接责任人员,应当与发行人承担连带赔偿责任,但是能够证明自己没有过错的除外。"

对比可见,2019 年《证券法》有以下几个方面的明显变化:(1) 增加了违法主体种类,从原《证券法》下的"发行人、上市公司",拓展至所有的信息披露主体,既包括发行证券的公司、上市公司、股票在国务院批准的其他全国性证券交易场所交易的公司等 2019 年《证券法》概括指称的"发行人",也包括其他信息披露义务人。(2) 增加了违法行为种类,既包括信息披露文件"存在虚假记载、误导性陈述或者重大遗漏",也包括"未按照规定披露信息"。(3) 增加了承担连带责任的主体,不仅限于保荐人、承销的证券公司,其直接责任人员也要承担连带赔偿责任。(4) 增加了过错推定责任的适用主体,不仅适用于发行人的董事、监事、高级管理人员和其他直接责任人员以及保荐人、承销的证券公司及其直接责任人员,也适用于发行人的控股股东、实际控制人。立法疏漏是,未规定其他信息披露义务人的董事、监事、高级管理人员和其他直接责任人员也应承担连带赔偿责任。

需要指出的是,由于原《证券法》没有规定"未按照规定披露信息"的民事赔偿责任,我国以往的理论与实践把"虚假记载、误导性陈述或者重大遗漏"统称为"虚假陈述"。虽然最高人民法院的民事赔偿司法解释把"虚假陈述"扩大解释包括了"未按规定披露",但在 2019 年《证券法》下,为了概念周延,还是统称为"信息披露违法"为宜。

总体上看,虚假陈述民事赔偿诉讼案件呈现出不断增长的态势。依据可以查询到的判决书(不包括全部调解结案的案件),按照成为被告的发行人数量统计,1996 年为 1 家、2004 年 2 家、2007 年 2 家、2008 年 1 家、2009 年 3 家、2010 年 1 家、2012 年 4 家、2013 年 2 家、2014 年 11 家、2015 年 8 家、2016 年 20 家、2017 年 17 家、2018 年 9 家。自 2001 年至 2020

年 12 月 31 日止,根据"威科先行"法律信息库的统计,以"证券虚假陈述责任纠纷"为案由,共搜索到一审判决书 6502 件,二审判决书 5088 件,调解书 2852 件,裁定书 25 261 件。另有数据显示,2009～2018 年,330 家上市公司被股民索赔 55.4 亿元。其中,2014～2018 年,股民索赔金额约 44 亿元,是 2009～2013 年的 4 倍。①

目前,《最高人民法院关于审理证券市场因虚假陈述引发的民事赔偿案件的若干规定》是虚假陈述民事赔偿诉讼的基本依据。该规定内容涵盖受理与管辖、虚假陈述的认定、虚假陈述与损害结果之间存在因果关系、归责与免责事由、共同侵权责任、损失数额的计算等方面,适用于发行人向社会公开募集股份的发行市场、通过证券交易所进行证券交易的市场、全国中小企业股份转让系统(即"新三板市场")以及国家批准设立的其他证券市场,不适用于在国家批准设立的证券市场以外场所进行的交易以及在国家批准设立的证券市场上通过协议转让方式进行的交易。

2019 年 11 月,最高人民法院印发了《全国法院民商事审判工作会议纪要》,(以下简称"《纪要》")。《纪要》指出,《最高人民法院关于审理证券市场因虚假陈述引发的民事赔偿案件的若干规定》施行以来,证券市场的发展出现了新的情况,证券虚假陈述纠纷案件的审理对司法能力提出了更高的要求;在案件审理过程中,对于需要借助其他学科领域的专业知识进行职业判断的问题,要充分发挥专家证人的作用,使得案件的事实认定符合证券市场的基本常识和普遍认知或者认可的经验法则,责任承担与侵权行为及其主观过错程度相匹配,在切实维护投资者合法权益的同时,通过民事责任追究实现震慑违法的功能,维护公开、公平、公正的资本市场秩序。《纪要》对共同管辖的案件移送、案件审理方式、立案登记、案件甄别及程序决定、选定代表人等程序性问题作了说明。同时指出,虚假陈述的"揭露和更正"是指虚假陈述被市场所知悉、了解,其精确程度并不以"镜像规则"为必要,不要求达到全面、完整、准确的程度;原则上,只要交易市场对监管部门立案调查、权威媒体刊载的揭露文章等信息产生了明显的反应,对一方主张市场已经知悉虚假陈述的抗辩,人民法院应依法予以支持。关于重大性要件的认定,《纪要》指出,审判实践中,部分人民法院对重大性要件和信赖要件存在着混淆认识,以行政处罚认定的信息披露违法行为对投资者的交易决定没有影响为由否定违法行为的重大性,应当引起注意;重大性是指可能对投资者进行投资决策具有重要影响的信息,虚假陈述已经被监管部门行政处罚的,应当认为是具有重大性的违法行为;在案件审理过程中,对于一方提出的监管部门作出处罚决定的行为不具有重大性的抗辩,人民法院不予支持,同时应当向其释明,该抗辩并非民商事案件的审理范围,应当通过行政复议、行政诉讼加以解决。

需要说明的是,除股票市场虚假陈述外,对于债券市场虚假陈述给投资者所造成的损失,也应当进行民事赔偿。2020 年 7 月,最高人民法院正式发布《全国法院审理债券纠纷案件座谈会纪要》,认为对于该问题需要深入研究,并尽快出台切实可行的制度规则,并对债券欺诈发行和虚假陈述的损失计算、因果关系抗辩等问题作了规定。

---

① 数据来源:《部分中介机构被判承担虚假陈述民事赔偿责任》,载证券日报网 http://epaper.zqrb.cn/html/2020-01/14/content_554782.htm?div=-1,2021 年 1 月 7 日访问。

第三节　内幕交易与法律责任

内幕交易,是指知悉证券市场重大非公开信息也即内幕信息后,利用该信息买卖相关证券。广义的内幕交易,还包括泄露内幕信息或者知悉内幕信息后建议他人买卖相关证券。内幕交易,在美国、英国、欧盟以及我国香港特别行政区等法域被称为"内部人交易"(insider trading),在我国台湾地区被称为"内线交易"。从世界范围看,内幕交易是各证券市场法域最为常见的违法行为之一,也是各法域证券执法的重点。关于查处内幕交易的理论基础,国际上存在以美国为代表的信赖关系理论和以我国、欧盟、英国为代表的市场公平理论。

一、 内幕交易主体

我国《证券法》第50条把知悉内幕信息的人分为两类,即"证券交易内幕信息的知情人"与"非法获取内幕信息的人"。

证券交易内幕信息的知情人包括:(1) 发行人及其董事、监事、高级管理人员;(2) 持有公司5%以上股份的股东及其董事、监事、高级管理人员,公司的实际控制人及其董事、监事、高级管理人员;(3) 发行人控股或者实际控制的公司及其董事、监事、高级管理人员;(4) 由于所任公司职务或者因与公司业务往来可以获取公司有关内幕信息的人员;(5) 上市公司收购人或者重大资产交易方及其控股股东、实际控制人、董事、监事和高级管理的人员;(6) 因职务、工作可以获取内幕信息的证券交易场所、证券登记结算机构、证券公司、证券服务机构的有关人员;(7) 因职责、工作可以获取内幕信息的证券监督管理机构工作人员;(8) 因法定职责对证券的发行、交易或者对上市公司及其收购、重大资产交易进行管理可以获取内幕信息的有关主管部门、监管机构的工作人员;(9) 可以获取内幕信息的其他人员。经分析不难发现,上述人员均是公司内外部因主体资格、职务、职责、业务关系、工作关系等,有合法理由可以直接接触、获取内幕信息的人。其中有些主体本身就是内幕信息的生成者、传递者或者发布者。由于立法明确规定这些人是"证券交易内幕信息的知情人",实践与学理上,通常也将其称为"法定内幕信息知情人"。

相较于立法对"证券交易内幕信息的知情人"的明确规定,对于何为"非法获取内幕信息的人",《证券法》并未明确。司法实践中,《关于办理内幕交易、泄露内幕信息刑事案件具体应用法律若干问题的解释》第2条将其界定为三类人:(1) 利用窃取、骗取、套取、窃听、利诱、刺探或者私下交易等手段获取内幕信息的人员;(2) 内幕信息知情人员的近亲属或者其他与内幕信息知情人员关系密切的人员,在内幕信息敏感期内,从事或者明示、暗示他人从事,或者泄露内幕信息导致他人从事与该内幕信息有关的证券交易,相关交易行为明显异常,且无正当理由或者正当信息来源的人员;(3) 在内幕信息敏感期内,与内幕信息知情人员联络、接触,从事或者明示、暗示他人从事,或者泄露内幕信息导致他人从事与该内幕信息有关的证券交易,相关交易行为明显异常,且无正当理由或者正当信息来源的人员。经分析可知,这三类人均非有合法原因与正当理由可以接触、获取内幕信息,而是通过直接或者间接的非法手段获知内幕信息。

二、　内幕信息

（一）内幕信息的种类

《证券法》第 52 条对内幕信息作了一个概括性的定义，即："证券交易活动中，涉及发行人的经营、财务或者对该发行人证券的市场价格有重大影响的尚未公开的信息，为内幕信息。"在立法技术上，该条并未对内幕信息进行一一罗列，而是采用直接援引"信息披露"专章中临时报告事项的方式规定，"本法第八十条第二款、第八十一条第二款所列重大事件属于内幕信息"。这不仅扩充了股票交易中的内幕信息，也明确新增了债券交易中的内幕信息。

依据《证券法》第 80 条第 2 款规定，股票交易中的内幕信息包括：（1）公司的经营方针和经营范围的重大变化；（2）公司的重大投资行为，公司在 1 年内购买、出售重大资产超过公司资产总额 30%，或者公司营业用主要资产的抵押、质押、出售或者报废一次超过该资产的 30%；（3）公司订立重要合同、提供重大担保或者从事关联交易，可能对公司的资产、负债、权益和经营成果产生重要影响；（4）公司发生重大债务和未能清偿到期重大债务的违约情况；（5）公司发生重大亏损或者重大损失；（6）公司生产经营的外部条件发生的重大变化；（7）公司的董事、1/3 以上监事或者经理发生变动，董事长或者经理无法履行职责；（8）持有公司 5% 以上股份的股东或者实际控制人，其持有股份或者控制公司的情况发生较大变化，公司的实际控制人及其控制的其他企业从事与公司相同或者相似业务的情况发生较大变化；（9）公司分配股利、增资的计划，公司股权结构的重要变化，公司减资、合并、分立、解散及申请破产的决定，或者依法进入破产程序、被责令关闭；（10）涉及公司的重大诉讼、仲裁，股东大会、董事会决议被依法撤销或者宣告无效；（11）公司涉嫌犯罪被依法立案调查，公司的控股股东、实际控制人、董事、监事、高级管理人员涉嫌犯罪被依法采取强制措施；（12）国务院证券监督管理机构规定的其他事项。从我国市场实践看，由于上市公司并购重组尤其是控制权变更、借壳上市、重大资产交易，往往会导致其股权结构、股东结构、资产规模与结构、债务规模与结构、营业收入、利润等方面发生明显乃至脱胎换骨的变化，并购重组信息占据了股票交易中内幕信息的最大部分。在证监会近 10 年查处的内幕交易案中，过半数涉及并购重组方面的内幕信息。其他比较多见的内幕信息包括重大合同、业绩大幅预增或者预减、大比例分红、高送转、股权激励等。

与股票等权益证券以发行人的持续经营与盈利能力、分红能力作为价值基础的情况不同，发行人的偿付能力是债券价值的基础。因此，有关发行人偿付能力的信息，是债券市场内幕交易中涉及的最主要信息。影响发行人偿付能力的信息，有的与影响公司股票价格的信息重合，有的则存在区别。依据《证券法》第 81 条第 2 款规定，债券交易中的内幕信息包括：（1）公司股权结构或者生产经营状况发生重大变化；（2）公司债券信用评级发生变化；（3）公司重大资产抵押、质押、出售、转让、报废；（4）公司发生未能清偿到期债务的情况；（5）公司新增借款或者对外提供担保超过上年末净资产的 20%；（6）公司放弃债权或者财产超过上年末净资产的 10%；（7）公司发生超过上年末净资产 10% 的重大损失；（8）公司分配股利，作出减资、合并、分立、解散、申请破产决定，或者依法进入破产程序、被责令关闭；（9）涉及公司的重大诉讼、仲裁；（10）公司涉嫌犯罪被依法立案调查，公司的控股股东、实际控制人、董事、监事、高级管理人员涉嫌犯罪被依法采取强制措施；（11）国务院证券监督管理机构规定的其他事项。

上述法条列举规定的内幕信息,实际上就是发行人应按要求披露的临时报告事项,这些事项在公开前构成内幕信息。这些信息,均为发行人自身发生、直接参与或者其他与发行人直接相关的事项,通常被称为发行人的基本面信息。市场实践中,影响证券交易价格的信息,除了发行人的基本面信息,还有证券交易面信息与政策面信息,如光大证券2013年"乌龙指"事件引发的内幕交易行政处罚案即属前者,而政策面信息,即重要的宏观经济金融政策、决策、统计数据,产业振兴、区域发展规划等,尚未被明确纳入内幕信息的范畴。

(二) 内幕信息重要性的判断

根据《证券法》第52条的规定,内幕信息要具备两个要素,"重要性"与"非公开性"。由于现行立法把内幕信息等同于按照信息披露规则应当及时披露的临时报告事项,通常来说,达到披露标准、应当予以披露的信息就是具有"重大性"的信息。对于已经完成的事项来说,比如已经签订的重大合同、已经达成正式协议的并购重组方案,对照信息披露要求就可以认定为内幕信息。但是,从实践来看,并非每个事项都有一个清晰的披露标准,存在不少以"重大""重要"等不确定法律概念留给具体案件具体判断的情形。而且,在实践中,内幕交易大多发生在相关事项的进展过程中,尤其是并购重组、重大合同动议、磋商、谈判、尽职调查、内部决策、达成初步协议或者框架协议、最后确定的过程中。对于这些重大事项进展中的信息,如何判断其是否具有重要性,是各法域内幕交易执法的重点与难点,我国证券立法对此并没有作出明确规定。参照立法关于内幕信息的概括性定义,重要性应从是否对发行人证券的市场价格有重大影响来判断。对证券交易价格有显著影响,是指通常情况下,有关信息一旦公开,公司证券的交易价格在一段时期内与市场指数或相关分类指数发生显著偏离,或者致使大盘指数发生显著波动。是否属于显著偏离、显著波动,则可以结合专家委员会或证券交易所的意见认定。

(三) 内幕信息的敏感期与形成时间

我国立法没有"内幕信息形成时间""内幕信息敏感期"的规定。这两个概念最早出现在《证券市场内幕交易行为认定指引(试行)》(现已失效)第10条:"从内幕信息开始形成之日起,至内幕信息公开或者该信息对证券的交易价格不再有显著影响时止,为内幕信息的价格敏感期。"此后,内幕信息敏感期与形成时间,也即内幕信息敏感期的开始时间,一直为我国证券执法实践所沿用,成为每个案件都要明确列示的要素,在诸多案件中成为能否认定、认定数额和认定人员范围的关键,是行政执法中非常重要的争议焦点。

在司法实践中,《最高人民法院、最高人民检察院关于办理内幕交易、泄露内幕信息刑事案件具体应用法律若干问题的解释》第5条规定,"内幕信息敏感期"是指内幕信息自形成至公开的期间。而对内幕信息形成时间的判断,往往依据"重大事件"的发生时间以及"计划""方案"等的形成时间来认定;同时,影响内幕信息形成的动议、筹划、决策或者执行的初始时间,也应被认定为内幕信息的形成时间。

(四) 内幕信息的公开

内幕信息公开方式分为形式公开与实质公开。形式公开是指内幕信息在媒体披露后,所有人均可交易;实质公开是指内幕信息在媒体披露后,知悉该内幕信息的人须经过一段时间的"沉淀期"或者"消化期"后才可交易,其他人可以马上交易。根据《证券法》第86条的规定,我国采取严格要式主义的公开原则,即在证券交易场所的网站和符合证监会"规定条件"的媒体发布公开。

实践中,往往存在发行人正式披露前,媒体率先报道内幕信息的定性问题。证监会的处罚决定曾明确阐释:在上市公司或者其他信息披露义务人尚未披露的情况下,如果媒体率先公布了内幕信息,上市公司或者其他信息披露义务人应当立即予以澄清;在证券交易场所的网站和符合证监会"规定条件"的媒体正式公告之前,知悉内幕信息的人不得进行交易;其他投资者可以进行交易,对这些投资者来说,媒体的率先报道被视为市场传言。

三、 内幕交易的证明与阻却违法性的事由

(一) 内幕交易的证明

证监会曾在其发布的《证券市场内幕交易行为认定指引(试行)》第14条规定,对具有特定身份可能直接知悉内幕信息的人及其配偶,可单纯依据其身份推定知悉与推定内幕交易,除非其有足够证据证明自己并不知悉有关内幕信息;对其他可能间接获悉内幕信息的人,应在根据相关证据综合判断其是否知悉内幕信息的基础上认定其是否构成内幕交易。不过,这种推定知悉与推定内幕交易的路径,并未被行政执法实践普遍遵循。

最高人民法院2011年发布的《关于审理证券行政处罚案件证据若干问题的座谈会纪要》第五部分指出,监管机构提供的证据能够证明以下情形之一,且被处罚人不能作出合理说明或者提供证据排除其存在利用内幕信息从事相关证券交易活动的,人民法院可以确认被诉处罚决定认定的内幕交易行为成立:(1)证券法规定的内幕信息知情人,进行了与该内幕信息有关的证券交易活动;(2)证券法规定的内幕信息知情人的配偶、父母、子女以及其他有密切关系的人,其证券交易活动与该内幕信息基本吻合;(3)因履行工作职责知悉上述内幕信息并进行了与该信息有关的证券交易活动;(4)非法获取内幕信息,并进行了与该内幕信息有关的证券交易活动;(5)内幕信息公开前与内幕信息知情人或知晓该内幕信息的人联系、接触,其证券交易活动与内幕信息高度吻合。

最高人民法院、最高人民检察院在2012年发布的《关于办理内幕交易、泄露内幕信息刑事案件具体应用法律若干问题的解释》,并未规定证明内幕交易行为的路径。不过,在规定内幕交易主体时,隐含地指出了间接获悉内幕信息情形下证明内幕交易行为的路径,即内幕信息知情人的近亲属或者其他与内幕信息知情人员关系密切的人员,或者与内幕信息知情人员存在联络、接触的人员,如果其相关交易行为明显异常,且无正当理由或者正当信息来源的,应认定为知悉内幕信息后实施了内幕交易。该司法解释详细规定,对于"相关交易行为明显异常",要综合以下情形,从时间吻合程度、交易背离程度和利益关联程度等方面予以认定:(1)开户、销户、激活资金账户或者指定交易(托管)、撤销指定交易(转托管)的时间与该内幕信息形成、变化、公开时间基本一致的;(2)资金变化与该内幕信息形成、变化、公开时间基本一致的;(3)买入或者卖出与内幕信息有关的证券时间与内幕信息的形成、变化和公开时间基本一致的;(4)买入或者卖出与内幕信息有关的证券时间与获悉内幕信息的时间基本一致的;(5)买入或者卖出证券行为明显与平时交易习惯不同的;(6)买入或者

卖出证券行为,或者集中持有证券行为与该证券公开信息反映的基本面明显背离的;(7) 账户交易资金进出与该内幕信息知情人员或者非法获取人员有关联或者利害关系的;(8) 其他交易行为明显异常情形。

◎　**相关案例**

北京市高级人民法院在苏嘉鸿诉证监会内幕交易行政处罚案二审判决中,比较详细地阐述了内幕交易行政处罚证明标准与推定的适用:"行政诉讼调整的对象和范围具有多样性和广泛性,不同类型行政行为的性质以及对当事人权利义务的影响程度不同,因而,理论上一般认为,行政诉讼证明标准具有灵活性、中间性和层次性,需要根据具体案件情况,在排除合理怀疑的上限标准与合理可能性的下限标准之间合理确定个案所适用的证明标准。具体到内幕交易行政处罚领域,证券监管机关应依法对被诉处罚决定的合法性承担举证责任,只是考虑到内幕交易案件在调查上的特殊性,才为证券监管机关适用推定认定事实提供一定的空间和可能,但即便如此,也要考虑到内幕交易行政处罚往往对当事人合法权益产生巨大影响,在推定的适用标准上应当秉持审慎原则,尤其是对据以推定的基础事实的证明标准,要求也应当更高。"

判决认为,鉴于内幕交易的隐蔽性,在没有直接证据的情况下,应允许证监会依据其已经查证的基础事实,包括当事人"与内幕信息知情人有过联络、接触"与"证券交易活动与内幕信息进展情况高度吻合",即可得出当事人的行为构成内幕交易这一推定事实,除非当事人能作出合理说明或提供证据排除其存在利用内幕信息从事相关证券交易活动。主张推定的证监会对据以推定的基础事实承担举证责任,反驳推定的当事人对基础事实和推定事实的不成立承担举证责任。本案中,由于证监会未能证明当事人所联络、接触之人为内幕信息知情人,导致该项基础事实不清;同时,对于交易吻合度这一基础事实,证监会的行政处罚决定书表述为"高度吻合",但是行政复议决定书则修正为"比较吻合",且该修正与在案证据显示的内幕信息形成发展与相关交易活动进行的案件事实基本一致,据此确认该项基础事实没有达到"高度吻合"的证明标准。基于这些理由,法院认为,处罚决定认定当事人构成内幕交易的事实不清,决定予以撤销。

(二) 阻却内幕交易违法性的事由

证监会曾在《证券市场内幕交易行为认定指引(试行)》第 19 条规定,上市公司、上市公司控股股东或其他市场参与人,依据法律、行政法规和规章的规定,进行下列市场操作的,不构成内幕交易行为:(1) 上市公司回购股份;(2) 上市公司控股股东及相关股东为履行法定或约定的义务而交易上市公司股份;(3) 经中国证监会许可的其他市场操作。第 20 条规定,有下列情形之一的,行为人的证券交易活动不构成内幕交易行为:(1) 证券买卖行为与内幕信息无关;(2) 行为人有正当理由相信内幕信息已公开;(3) 为收购公司股份而依法进行的正当交易行为;(4) 事先不知道泄露内幕信息的人是内幕人或泄露的信息为内幕信息;(5) 中国证监会认定的其他正当交易行为。如何适用这些规定,证监会并无进一步的解释,也未见明确适用的案例。不过,这些早期规定为后续立法、司法与执法实践作了比较好的铺垫。

在立法上,《证券法》第 53 条第 2 款规定:"持有或者通过协议、其他安排与他人共同持有公司百分之五以上股份的自然人、法人、非法人组织收购上市公司的股份,本法另有规定的,适用其规定。"一般认为,该条规定是我国证券法上唯一阻却内幕交易违法的法定事由。

在司法上,《关于办理内幕交易、泄露内幕信息刑事案件具体应用法律若干问题的解释》第 4 条在重复上述法定阻却事由之后,还规定了其他几种阻却事由:(1) 按照事先订立的书面合同、指令、计划从事相关证券、期货交易的;(2) 依据已被他人披露的信息交易的;(3) 交易具有其他正当理由或者正当信息来源的。这里的第一种事由,通常被称为"执行既定交易计划"或者"执行既定交易安排",在美国主要适用于上市公司董事、高级管理人员减持因股权激励获得的公司股票,在适用上有严格限制,要求时间既定、额度既定、交易方向与方式既定,不得随意变更计划,而且有严格的报告制度,以防止被滥用。我国证券行政执法与刑事司法实践中,不断有当事人依此提出免责抗辩,比如著名的光大证券内幕交易案,但尚未出现据此免责的案例。

四、 内幕交易的法律责任

(一) 行政法律责任

内幕交易违法行为样态有三种,即买卖相关证券、泄露内幕信息、建议他人买卖,也可对应称为交易型违法、泄露型违法与建议型违法。实践中,证监会行政处罚案件绝大多数是交易型违法,泄露型违法的数量不多,建议型违法的数量就更少。对于内幕交易,《证券法》第 191 条在规定"责令依法处理非法持有的证券,没收违法所得"的同时,还规定"并处以违法所得一倍以上十倍以下的罚款;没有违法所得或者违法所得不足五十万元的,处以五十万元以上五百万元以下的罚款。单位从事内幕交易的,还应当对直接负责的主管人员和其他直接责任人员给予警告,并处以二十万元以上二百万元以下的罚款"。

(二) 刑事法律责任

《刑法》第 180 条规定,从事内幕交易,情节严重的,处 5 年以下有期徒刑或者拘役,并处或者单处违法所得 1 倍以上 5 倍以下罚金,情节特别严重的,处 5 年以上 10 年以下有期徒刑,并处违法所得 1 倍以上 5 倍以下罚金。《关于办理内幕交易、泄露内幕信息刑事案件具体应用法律若干问题的解释》第 6 条、第 7 条进一步细化了内幕交易罪"情节严重"和"情节特别严重"适用情形。依其规定,证券交易成交金额在 50 万元以上的、获利或避免损失数额在 15 万元以上的或者从事内幕交易 3 次以上的,就构成《刑法》第 180 条内幕交易罪情节严重的情形,处 5 年以下有期徒刑或者拘役,并处或者单处违法所得 1 倍以上 5 倍以下罚金;证券交易成交金额在 250 万元以上、获利或避损数额在 75 万元以上的,构成"情节特别严重",处 5 年以上 10 年以下有期徒刑,并处违法所得 1 倍以上 5 倍以下罚金。单位犯上述罪的,对单位判处罚金,并对其直接负责的主管人员和其他直接责任人员,处 5 年以下有期徒刑或者拘役。

（三）民事法律责任

《证券法》第53条第3款明确规定："内幕交易行为给投资者造成损失的，行为人应当依法承担赔偿责任。"在杨林军等投资者诉光大证券内幕交易ETF与股指期货案[①]中，法院支持了部分投资者的全部或者部分索赔请求，属于全国首例投资者获得赔偿的内幕交易案。

◎　**相关案例**

光大证券案中，法院审理认为，证监会的行政处罚以及相关行政诉讼生效判决已认定光大证券公司在内幕信息公开前将所持股票转换为ETF卖出和卖出股指期货空头合约的行为构成内幕交易行为，可以作为本案认定的依据。光大证券公司在不披露的情况下即进行所谓对冲操作以规避损失，应认定存在过错；其内部的《策略投资部业务管理制度》不能违反禁止内幕交易的法律规定，不影响对光大证券公司过错的认定。在因果关系认定方面，在光大证券公司内幕交易期间，如果原告投资者进行50ETF、180ETF及其成分股、IF1309、IF1312交易且其主要交易方向与光大证券公司内幕交易方向相反，推定存在因果关系。光大证券公司应对其过错造成的投资者损失予以赔偿。至于损失计算，则应以原告投资者的实际交易情况，考虑交易价格与基准价格的差额，区分不同情况合理计算损失金额。而原告投资者在非内幕交易时间段进行的交易，属于跟风买入受损，光大证券公司对投资者的损失并无过错，无法认定存在法律上的因果关系，应由投资者自行负担投资风险。

第四节　操纵市场与法律责任

与内幕交易一样，操纵市场也是证券市场上一种主要的违法行为，也是最不容易查处的违法行为。与内幕交易违法比较单一的行为模式不同，操纵市场违法呈现出鲜明的类型化特征。而且，与内幕交易违法比较固定的行为模式不同，随着证券品种的丰富、交易技术的更新，操纵市场违法的表现形式不断变化。近年来，我国证券监管执法与司法机关在坚持打击传统型操纵的同时，积极探索创新，有针对性地查处了不少新类型操纵案件。

一、操纵证券市场的概念、类型与构成要件

（一）操纵证券市场的概念

《证券法》第55条规定："禁止任何人以下列手段操纵证券市场，影响或者意图影响证券交易价格或者证券交易量……"该规定中的"影响或者意图影响"意味着，只要实施了操纵证券市场行为，即使未实现操纵证券市场的结果，也构成本法规定的操纵市场行为。在立

---

① 上海市第二中级人民法院(2016)沪民终第158、196、208号等《民事判决书》。

法技术上,目前操纵证券市场的概念,主要通过《证券法》《刑法》与操纵市场刑事司法解释以"列举多种操纵行为+兜底条款"的方式体现出来。

(二)操纵证券市场的类型

在吸收证券执法实践经验的基础上,《证券法》第55条列举了如下种类的操纵证券市场行为:(1)联合买卖或者连续买卖,是指单独或者通过合谋,集中资金优势、持股优势或者利用信息优势联合或者连续买卖;(2)约定交易,也称相对委托、对敲,是指与他人串通,以事先约定的时间、价格和方式相互进行证券交易;(3)自我交易,也称自成交、对倒、洗售,是指在自己实际控制的账户之间进行证券交易;(4)不以成交为目的,频繁或者大量申报并撤销申报;(5)蛊惑交易操纵,也称散布流言与不实资料,是指利用虚假或者不确定的重大信息,诱导投资者进行证券交易;(6)抢先交易,也称抢帽子交易,是指对证券、发行人公开作出评价、预测或者投资建议,并进行反向证券交易;(7)跨市场操纵,是指利用在其他相关市场的活动操纵证券市场;(8)操纵证券市场的其他手段。

《刑法》第182条规定的操纵证券市场类型包括:(1)单独或者合谋,集中资金优势、持股或者持仓优势或者利用信息优势联合或者连续买卖的;(2)与他人串通,以事先约定的时间、价格和方式相互进行证券交易的;(3)在自己实际控制的账户之间进行证券交易的;(4)不以成交为目的,频繁或者大量申报买入、卖出证券并撤销申报的;(5)利用虚假或者不确定的重大信息,诱导投资者进入证券交易的;(6)对证券、证券发行人公开作出评价、预测或者投资建议,同时进行反向证券交易的;(7)以其他方法操纵证券市场的。

《关于办理操纵证券、期货市场刑事案件适用法律若干问题的解释》第1条规定,行为人具有下列情形之一的,可以认定为《刑法》第182条规定的以其他方法操纵证券市场:(1)利用虚假或者不确定的重大信息,诱导投资者作出投资决策,影响证券交易价格或者交易量,并进行相关交易或者谋取相关利益;(2)通过对证券及其发行人、上市公司公开作出评价、预测或者投资建议,误导投资者作出投资决策,影响证券交易价格或者交易量,并进行与其评价、预测、投资建议方向相反的证券交易;(3)通过策划、实施资产收购或者重组、投资新业务、股权转让、上市公司收购等虚假重大事项,误导投资者作出投资决策,影响证券交易价格或者证券交易量,并进行相关交易或者谋取相关利益;(4)通过控制发行人、上市公司信息的生成或者控制信息披露的内容、时点、节奏,误导投资者作出投资决策,影响证券交易价格或者证券交易量,并进行相关交易或者谋取相关利益的;(5)不以成交为目的,频繁申报、撤销或者大额申报、撤单,误导投资者作出投资决策,影响证券交易价格或者交易量,并进行与申报相反的交易或者谋取相关利益的;(6)以其他方法操纵市场。

综合上述规定,结合我国和其他法域的实践,能够人为不当影响证券交易价格或交易量的操作手段,可以分为两个大的种类:"实际买卖或者申买申卖"的交易型手段与"生成与发布信息"的信息型手段。前者称为交易型操纵(trading-based manipulation),后者称为信息型操纵(information-based manipulation)。交易型操纵又分为实际成交的操纵与不实际成交的操纵。前者可再分为具有真实成交目的的"真实交易操纵"(包括联合买卖、连续买卖)与不具有真实成交目的的"虚假交易操纵"(包括约定交易、自我交易)。后者主要指虚假申报(虚假申买申卖)。信息型操纵有三类:一是蛊惑交易;二是抢先交易;三是近年来新出现的信息控制型操纵(也称控制信息生成与发布)。学术研究与实践中,也有人将操控信息生成与发布归为行为型操纵(action-based manipulation),是指采取特定行为影响公司价值的操纵证券交易行为。《关于办理操纵证券、期货市场刑事案件适用法律若干问题的解释》第1条规定的第三种行为,似乎可以理解为此种操纵。

除上述区分方法外,实践中还常常从以下方面进行区分。首先,从操纵时间与时点看,可分为持续时间较长的"坐庄型操纵"、快进快出的"短线操纵"(又分为操纵开盘价、做尾盘与盘中操纵),与兼具二者特点或者介于二者之间的"折中型操纵"。其次,从操纵目的看,分为直接获利型操纵(做多或者做空)与特定目的的操纵。后者是指并非为了直接获利,而是出于特定目的的操纵。此处的特定目的包括促成股份增发或者实现定向增发对赌协议中的股价安排、防止股票质押爆仓、满足股权激励行权条件、防止退市、实现或者防御公司收购、维护基金净值等。

(三) 操纵证券市场的构成要件

在以往的执法实践中,认定操纵市场行为需要具备以下要件:(1) 行为人主观上存在操纵的故意(主观要件),既包括直接故意,也包括间接故意;(2) 行为人在主观故意状态下单独或者与他人共同实施了操纵行为(客观要件),可以使用一种手段进行操纵,也可以综合使用多种手段进行操纵;(3) 行为人的行为产生了操纵的结果(结果要件),一般是指行为人的行为致使证券交易价格或者交易量出现异常或形成虚拟的水平;(4) 行为与结果之间存在因果关系(因果关系要件),一般是指行为人的行为是证券交易价格或者交易量出现异常或形成虚拟的水平的重要原因。

这四个要件中,最难证明的是主观故意要件。实践中,当事人主动承认存在操纵故意的案例不多,证监会执法中对主观要件采用了"高度盖然性"的间接认定标准,即通过分析当事人的动机、行为、事后状态等情况,综合权衡判定当事人是否具有操纵的故意。不同类型的操纵行为,在认定主观要件的因素与难易程度上会有比较大的区别。比如,对于连续交易操纵,恶意操纵与合法投资的界限比较模糊;而对于虚假申报或者抢帽子交易,通过客观情况推断出主观故意相对要容易一些。另一个较难判断的是因果关系。实践中,执法人员一般根据证券市场有关状况或证券市场发展规律,依据普遍的经验法则和证券市场常识,对行为人的行为是否构成证券交易价格或者证券交易量变动的重要原因进行判断,并说明判断的依据和结果。

需要重点说明的是,上述四个要件是对"成功操纵"的认定模式,要求对证券交易价格或者交易量发生实际影响且达到了相当程度,即发生了操纵结果。如上所述,2019年《证券法》第55条明确把"意图影响"列为操纵。这是立法上的一个重大突破,符合国际上的立法潮流,也符合我国打击操纵市场违法的现实需求。

二、 交易型操纵

(一) 联合买卖或者连续买卖

联合买卖体现为两个以上行为人,约定在某一时段内同向买入或卖出某种证券。连续买卖,通常又称为连续交易,是指行为人在某一时段内为了拉升或者压低某一证券的交易价格或者交易量,连续买卖该种证券。连续交易是主流操纵手段,同时也是认定操纵故意方面争议最大、最多的操纵手段。"意图操纵"只需满足前述操纵证券市场的前两个构成要件即可。

（二）约定交易

约定交易，又称相对委托或者对敲，是指两个独立主体按照约定时间、约定价格进行你卖我买或者你买我卖的行为。由于不易操作且违法性比较明显，在证券交易所市场使用相对委托实施操纵的情况并不多见，近年的约定交易操纵主要发生在"新三板"股票做市交易中。

（三）自我交易

自我交易，又称自成交或对倒，是指同一主体在实际控制的不同账户之间自买自卖的行为。执法实践中，涉及自我交易的案件数量不少。但是，由于违法性过于明显，单独或者主要以此种手段操纵市场的案件数量很少。大多数案件中，自我交易被作为一种辅助性操纵手段使用。

◎　**相关案例**

　　唐汉博操纵"华资实业"案①中，唐汉博控制9个账户，于2012年2月27日至3月2日采取虚假申报、在自己实际控制的账户之间进行交易等方式影响"华资实业"证券交易量和交易价格。证监会决定：没收违法所得6 494 049.50元，并处5倍罚款，即32 470 247.50元，罚没款共计38 964 297元。

（四）虚假申报

虚假申报，是指不以成交为目的，频繁或大量申买申卖的行为。虚假申报操纵具有成本低（无须真实成交，不需要占用资金）、风险小（没有买入证券后的持仓风险）、效率高（交易的任何时段都可以实施）等特点，成为近年来被广泛、频繁使用的操纵手段，不过也是一种容易认定主观意图的操纵手段。虚假申报操纵包括两大类，即有撤单的虚假申报操纵和没有撤单的虚假申报操纵，其中有撤单的虚假申报操纵是最为常见的类型。

◎　**相关案例**

　　在李健操纵"市北高新"案②中，李健在2015年9月10日9:41~9:50，账户组申报买入7笔，10:02~10:03全部撤单；10:07~10:08，账户组再次申报买入6笔，在10:45~11:27之间全部撤单；10:22~10:34，账户组又在买二至买十档挂买单22笔，下午13:33前全部撤单。9月11日，9:32账户组先将集合竞价阶段未成交的买单撤单4笔；9:33~10:22，申报买入9笔，10:21撤单4笔；10:29~13:43，账户组又在不同价位挂买单19

---

①　《中国证监会行政处罚决定书》〔2014〕54号。

②　《中国证监会行政处罚决定书》〔2017〕37号。

笔,下午 14:26 前将其中 18 笔撤单;14:27~14:28,账户组再次申报买入 4 笔。9 月 14 日 9:30~9:40,账户组申报买入 13 笔,撤单 3 笔。账户组 10~14 日账户组撤单量占账户组申买量分别为 89.45%、53.40%、17.99%。证监会决定:没收李健违法所得 9 377 375.76 元,并处以 28 132 127.28 元罚款。

（五）幌骗交易

所谓幌骗交易（spoofing）,是通过虚假报价再撤单,即先下单,随后再取消订单,影响股价。幌骗者（spoofer）通过假装有意在特定价格买进或卖出,制造需求假象,企图引诱其他交易者进行交易来影响市场。通过这种幌骗行为,幌骗者可以在新的价格买进或卖出,从而获利。幌骗交易主要发生在期货市场的高频交易、程序化交易中,近年来美国、新加坡、日本等法域开始把幌骗交易列为操纵进行打击。

我国尚无关于幌骗交易操纵的明确规定。不过,幌骗交易在我国也初露苗头,比如 2017 年上海市第一中级人民法院判决的伊世顿案。为此,2019 年《证券法》修订时新增第 45 条,要求通过计算机程序自动生成或者下达交易指令进行程序化交易的,应当符合证监会的规定,并向证券交易所报告,不得影响证券交易所系统安全或者正常交易秩序。

三、 信息型操纵

（一）蛊惑交易

蛊惑交易,是指利用虚假或者不确定的重大信息,诱导投资者作出投资决策,影响证券交易价格或者交易量,并进行相关交易或者谋取相关利益的行为。我国台湾地区学者称之为"散布流言与不实资料"。根据市场分析,随着技术进步带来的自媒体的兴起,蛊惑交易应是比较多发的一种操纵手段。但实际情况是,虽然有 2012 年的"张裕事件"与"中信证券事件",迄今我国证券市场上尚未出现一例被认定为蛊惑交易操纵的案例。

（二）抢先交易

抢先交易,又称抢帽子交易,是指行为人买入或者卖出证券后,对证券、证券发行人公开作出评价、预测,提出投资建议,并进行反向证券交易的行为。抢先交易本质上是一种信息发布者不披露利益冲突引发的操纵手段。欧盟、德国等法域规定,构成抢先交易的核心是证券研究报告发布者没有披露其中的利益冲突,未在发布报告的同时公布自己的持仓情况。在 2011 年 *SEC v. McKeown and Ryan* 案中,美国证监会也指出,违法行为的核心在于没有充分披露其中的利益冲突。

◎　**相关案例**

从执法历史看,最先受到查处的抢先交易,是 2007 年 1 月~2008 年 5 月期间,北京首放投资顾问公司法定代表人汪建中,利用北京首放在证券投资咨询业的影响力,先后

55 次通过"先行买入证券、后向公众推荐、再卖出证券"的手法,买卖 38 只股票与权证,累计获利超过 1.25 亿元。2008 年,证监会适用原《证券法》第 77 条"以其他手段操纵证券市场"的规定,没收其 1.25 亿元违法所得并处以 1 倍罚款(《中国证监会行政处罚决定书》〔2008〕42 号)。随后,北京市第二中级人民法院(2010)二中刑初字第 1952 号、北京市高级人民法院(2011)高刑终字第 512 号判决认为,严重的抢先交易行为与操纵证券市场罪明示规定的犯罪类型具有相同性质,根据操纵证券市场罪中的"以其他方法操纵证券、期货市场"这一兜底条款将抢先交易行为认定为犯罪,符合罪刑法定原则,据此判处汪建中有期徒刑 7 年,并处以 1.25 亿元罚金。

(三) 信息控制型操纵

信息控制型操纵,是指通过控制上市公司信息的生成或者控制信息披露的内容、时点、节奏,误导投资者作出投资决策,影响证券交易价格或者证券交易量,并进行相关交易或者谋取相关利益。实践中体现为,上市公司及其控股股东、实际控制人或者董事、高级管理人员单独或者与市场机构合谋,迎合市场炒作热点,通过动议、策划、磋商、实施并购重组、高送转等热点事项,操控上市公司相关信息的生成与传播,或者控制上市公司业绩等重大事项公布的时机,打着"股价管理、市值管理"等旗号,配合其自身或者共谋市场机构的减持、增持行为。此类案件中,涉案事项的确存在,有些事项虚虚实实,其进展或者结果不好确定,较难认定为虚假信息进而认定为蛊惑交易;从参与主体与实施方式看,也不同于抢帽子交易。

《关于办理操纵证券、期货市场刑事案件适用法律若干问题的解释》首次明确了这种操纵类型,但是《证券法》修改后并未明确此类操纵行为。这可能是因为,在多数案件中,信息操控只是辅助或者铺垫手段。在多数案件只依据交易型操纵处罚而未把信息操控单独适用兜底条款的情况下,信息控制型操纵能否成为一种单独的操纵手段还有待执法实践的进一步探索。另外的解释思路是,对于此类操纵,可与蛊惑交易一并纳入"利用虚假或者不确定的重大信息,诱导投资者进行证券交易"范畴,或者继续适用兜底条款予以调整。

◎　**相关案例**

已经公布的徐翔等人合谋操纵市场案显示,2010~2015 年,徐翔单独或与王巍、竺勇共同与 13 家上市公司董事长、实际控制人合谋,按照徐翔等人要求,由上市公司董事长或者实际控制人,控制上市公司发布"高送转"方案、释放公司业绩、引入热点题材等利好信息的披露时机和内容,由徐翔、王巍、竺勇利用合谋形成的信息优势,通过实际控制的泽熙产品证券账户、个人证券账户择机进行相关股票的连续买卖,双方共同操纵上市公司股票交易价格和交易量。在股价高位时,徐翔等人将通过大宗交易接盘的公司高管减持的股票、提前建仓的股票或定向增发解禁股票抛售,从中大幅获利。2017 年 1 月,青岛市中级人民法院对被告人徐翔、王巍、竺勇操纵证券市场案进行一审宣判,被告人徐翔、王巍、竺勇犯操纵证券市场罪,分别被判处有期徒刑 5 年 6 个月、有期徒刑 3 年、有期徒刑 2 年缓刑 3 年,同时并处巨额罚金。

四、　操纵市场的违法态势与执法突破

（一）操纵市场的违法态势

1. 操纵手段综合化、隐蔽化、智能化

综合化，是指使用单一操纵手段的案件已经比较少见，绝大多数案件系多种操纵手段同时、叠加或者交替使用。其中，连续交易、自我交易、虚假申报、抢先交易、信息控制型操纵是近年最常见、最多用的操纵手段。隐蔽化，是指涉案账户关联与交易控制关系越来越隐蔽难查。智能化，是指使用新的计算机与网络技术，比如使用报撤单软件实施虚假申报、利用程序化交易实施"幌骗"操纵。

2. 操纵时间短期化与反执法周期化

从个案看，呈现出快进快出的短期化特点，数年前曾经猖獗一时的"三高一长"（高比例持仓、高比例对倒、高比例交易、操纵期间长达数年）已基本绝迹。从整体看，呈现出较明显的反执法周期特征，违法者在努力寻找立法、监管与执法的薄弱地带。

3. 操纵主体机构化、职业化、共同化

机构化，是指越来越多地以私募基金等机构作为主体、平台或者通道实施操纵，以此隐蔽身份，逃避或者减轻制裁。职业化，是指出现了一些把操纵市场作为盈利模式、连续多年不断实施同类违法行为的情况。比如唐汉博、任良成、马永威、朱康军等人均涉及系列操纵案件。共同化，也称"团伙化"，是指与内幕交易一般是单打独斗的情况不同，不少操纵案件系多人分工配合、共同实施。比如2018年查处的罗山东等人操纵市场刑事案中，有人负责股票账户的操作，指挥集中买入、卖出，有人负责提供配资，有人负责推荐股票吸引散户买入。

4. 操纵目的多元化

不以直接获利为目的的"特定目的"操纵越来越多。

5. 操纵范围拓展化

新市场、跨市场、跨境操纵案件均已开始出现。

（二）操纵市场的执法突破

1. 陆续查处新市场、新交易方式操纵与跨境操纵

2012年，证监会查处了首例操纵债券交易案，即陈玉璟操纵10芜投02债券、10丹东债、09青国投等公司债券交易价格案①；2015年，证监会处罚了首例操纵"新三板"挂牌公司案——"中山帮"冼锦军案；2015年，证监会处罚了金建勇利用融券交易T+0日内回转机制，集中持股优势，连续交易"国海证券"案，为首例利用融券交易操纵市场案②；2017年，证监会处罚了首例跨境操纵市场案，即唐汉博利用沪港通机制在香港实施交易，操纵沪股通"小商品城"股票案③；2018年，证监会处罚青岛东海恒信投资管理有限操纵上证180交易

---

① 《中国证监会行政处罚决定书》〔2012〕41号。
② 《中国证监会行政处罚决定书》〔2015〕69号。
③ 《中国证监会行政处罚决定书》〔2017〕21号。

型开放式指数基金案①,为首例处罚的操纵 ETF 案件。

2. 开始查处特定目的操纵

2014 年,证监会查处的浙江恒逸集团为实施定向增发操纵"恒逸石化"股票,是首例被罚的特定目的操纵案件②;2015 年,证监会又查处了北京艾亿新融资本管理有限公司等出于特定目的操纵债券市场案③,艾亿新融以影响债券收市价格进而维持、提升信托产品单位净值为目的,利用交易所债券收盘价形成机制以及债券交易非连续性交易的特点,在其操控的涉案三个信托计划证券账户之间进行债券交易,或在即将收市时大幅抬拉,影响债券交易价格。

3. 创造性地认定账户控制关系

面对多数案件账户控制关系隐蔽、难以"毫无异议"地确认账户控制关系的现状,证监会采取了迂回认定的思路,即分析案件的主客观证据,综合判定账户是否由当事人控制。主要包括:(1) 账户开户信息、交易终端、资金、下单地址、账户名义所有人等事项与当事人的关联;(2) 拟认定账户与当事人控制账户之间交易的趋同性;(3) 账户名义所有人等案外人员的指认等。同时,当事人控制账户并不一定需要自行下单,指令他人下单也可以构成实际控制,比如刘俊峰操纵"理工监测"案④;或者只要当事人对账户交易具有实质性影响,即可以认定实际控制账户,比如肖海东操纵"通光线缆"等 12 只股票案⑤;抑或只要当事人能够决定账户交易,即应认定其控制账户,而无论账户额资金、收益是否归当事人,比如相建康操纵"宝鼎重工"案⑥。

4. 拓展共同操纵的认定

基于执法实践,证监会认为,认定共同违法,既要有涉案主体的共同故意,也要有共同行为;同时,参照有关共同犯罪的刑事司法实践与共同行政违法的执法实践,认定共同违法,不要求每个涉案当事人均参与了违法活动的各个环节,或者均知悉违法行为的全貌,只参与了部分行为、知悉部分事实,亦可构成共同违法;此外,认定共同操纵,核心在于操纵行为本身,不以共同提供资金、共享收益为要件。

5. 准确合理界定单位操纵与个人操纵

公司、机构等法人实体在违反证券期货法律禁止性规定,应受追究时,不得以涉案违法行为系股东、管理者或者雇员个人行为为借口,逃避其应当承担的法律责任;同样,实施证券期货违法行为的个人,也不能凭借法人的外壳,规避或者逃避其应当承担的个人法律责任。

五、 操纵市场的法律责任

(一) 操纵市场的行政法律责任

我国《证券法》第 192 条规定,操纵证券市场的,责令依法处理其非法持有的证券,没收

① 《中国证监会行政处罚决定书》〔2018〕99 号。
② 《中国证监会行政处罚决定书》〔2014〕41 号。
③ 《中国证监会行政处罚决定书》〔2015〕90 号。
④ 《中国证监会行政处罚决定书》〔2016〕73 号。
⑤ 《中国证监会行政处罚决定书》〔2016〕110 号。
⑥ 《中国证监会行政处罚决定书》〔2015〕61 号。

违法所得,并处以违法所得 1 倍以上 10 倍以下的罚款;没有违法所得或者违法所得不足 100 万元的,处以 100 万元以上 1000 万元以下的罚款。单位操纵证券市场的,还应当对直接负责的主管人员和其他直接责任人员给予警告,并处以 50 万元以上 500 万元以下的罚款。这里的"违法所得",是指通过操纵证券、期货市场所获利益或者避免的损失。在具体处罚时,违法所得的计算往往是一个重要争议点。从以往的执法案例看,执法机关在计算违法所得时,往往注意区分传统坐庄型操纵、短线操纵、兼具二者特征的折中型操纵在操纵周期、操纵手法以及操纵结果上的不同,计算方法有所差异。这种差异主要体现在余股是否视作违法所得问题上。此外,关于连续多次操纵的盈亏应否相抵,证监会认为,连续多次操纵多只股票,属于实质上的数个行政违法行为,对每次操纵行为的社会危害性,均可单独评价,对每次操纵行为的违法所得金额,也可分别认定、分别计算,对于连续多次操纵行为的违法所得采取"盈亏不相抵"的方式进行计算,符合行政处罚的比例原则与合理性原则。

(二)操纵市场的刑事法律责任

《刑法》第 182 条规定,操纵证券市场,影响证券交易价格或者证券交易量,情节严重的,处 5 年以下有期徒刑或者拘役,并处或者单处罚金;情节特别严重的,处 5 年以上 10 年以下有期徒刑,并处罚金。单位犯该罪的,对单位判处罚金,并对其直接负责的主管人员和其他直接责任人员,依照上述规定处罚。《关于办理操纵证券、期货市场刑事案件适用法律若干问题的解释》第 2~4 条对"情节严重""情节特别严重"进行了明确规定。有下列情形之一的,应当认定为"情节严重":(1)持有或者实际控制证券的流通股份数量达到该证券的实际流通股份总量 10% 以上,实施联合买卖或者连续买卖,连续 10 个交易日的累计成交量达到同期该证券总成交量 20% 以上;(2)实施约定交易或者洗售交易,连续 10 个交易日的累计成交量达到同期该证券总成交量 20% 以上;(3)实施该司法解释第 1 条第 1 项至第 4 项规定的信息型操纵,证券交易成交额在 1000 万元以上的;(4)实施虚假申报操纵,当日累计撤回申报量达到同期该证券总申报量 50% 以上,且证券撤回申报额在 1000 万元以上;(5)实施操纵证券市场行为,违法所得数额在 100 万元以上。

此外,操纵证券市场,违法所得数额在 50 万元以上,且具有下列情形之一的,也应当认定为"情节严重":(1)发行人、上市公司及其董事、监事、高级管理人员、控股股东或者实际控制人实施操纵证券市场行为;(2)收购人、重大资产重组的交易对方及其董事、监事、高级管理人员、控股股东或者实际控制人实施操纵证券市场行为;(3)行为人明知操纵证券市场行为被有关部门调查,仍继续实施;(4)因操纵证券市场行为受过刑事追究;(5)2 年内因操纵证券市场行为受过行政处罚;(6)在市场出现重大异常波动等特定时段操纵证券市场;(7)造成恶劣社会影响或者其他严重后果。

对于"情节特别严重"的认定标准,则是:(1)持有或者实际控制证券的流通股份数量达到该证券的实际流通股份总量 10% 以上,实施联合买卖或者连续买卖,连续 10 个交易日的累计成交量达到同期该证券总成交量 50% 以上;(2)实施约定交易或者洗售交易,连续 10 个交易日的累计成交量达到同期该证券总成交量 50% 以上;(3)实施该司法解释第 1 条第 1 项至第 4 项规定的信息型操纵,证券交易成交额在 5000 万元以上;(4)实施操纵证券市场行为,违法所得数额在 1000 万元以上;(5)实施操纵证券市场行为,违法所得数额在 500 万元以上,并具有该司法解释第 3 条规定的情形之一。

2010~2019 年,各级人民法院总计对 10 余件操纵证券市场案件作出刑事判决,对 20 余名个人进行了刑事处罚。在操纵手段上,除连续交易、自我交易、虚假申报等常见的交易型操纵手段外,抢先交易、上市公司实际控制人与他人合谋实施信息控制型操纵的数量开始增多,占所有被追究刑事责任的操纵案件一半以上。[①]

(三)操纵市场的民事法律责任

《证券法》第 55 条第 2 款明确规定:"操纵证券市场行为给投资者造成损失的,应当依法承担赔偿责任。"

第五节　其他主要证券违法行为与法律责任

一、证券发行违法与法律责任

(一)擅自公开发行与法律责任

依据《证券法》第 9 条的规定,公开发行证券,必须符合法律、行政法规规定的条件,并依法报经国务院证券监督管理机构或者国务院授权的部门注册;未经依法注册,任何单位和个人不得公开发行证券。违反该条规定,就构成了擅自公开或者变相公开发行证券,触发《证券法》第 180 条之适用,责令停止发行,退还所募资金并加算银行同期存款利息,处以非法所募资金金额 5% 以上 50% 以下的罚款;对擅自公开或者变相公开发行证券设立的公司,由依法履行监督管理职责的机构或者部门会同县级以上地方人民政府予以取缔;对直接负责的主管人员和其他直接责任人员给予警告,并处以 50 万元以上 500 万元以下的罚款。构成犯罪的,应依照《刑法》第 179 条擅自发行股票、公司、企业债券罪承担刑事法律责任。

(二)欺诈发行与法律责任

在原先证券发行的审批制、核准制下,欺诈发行被定义为"发行人不符合发行条件,以欺骗手段骗取发行核准"。这是政府管制思维定式下的定义,较大程度上限缩了该条的适用,也引起理解与执行上的争议。2019 年《证券法》不仅大幅提高了欺诈发行的量罚,更彻底改变了欺诈发行主观方面与客观方面的表述,不再拘泥于"发行条件""发行核准",而是集中于发行文件,无论是否需要审核、需要何种审核,只要发行文件存在欺诈,皆属该条调整范围,即"发行人在其公告的证券发行文件中隐瞒重要事实或者编造重大虚假内容"。这也与《刑法》第 160 条"欺诈发行股票、债券罪"的规定相对应,即"在招股说明书、认股书、公司、企业债券募集办法等发行文件中隐瞒重要事实或者编造重大虚假内容,发行股票或者公司债券、企业债券、存托凭证或者国务院依法认定的其他证券,数额巨大、后果严重或者有其他严重情节的",构成该罪。

因欺诈发行受到的行政处罚包括:尚未发行证券的,处以 200 万元以上 2000 万元以下

[①] 数据来源:武雷、肖娴、叶阳天:《证券犯罪系列之二:操纵市场十年观察(上)》,载 http://www.junhe.com/legal-updates/1036,2021 年 1 月 7 日访问。

的罚款;已经发行证券的,处以非法所募资金金额 10% 以上 1 倍以下的罚款。对直接负责的主管人员和其他直接责任人员,处以 100 万元以上 1000 万元以下的罚款。发行人的控股股东、实际控制人组织、指使从事上述违法行为的,没收违法所得,并处以违法所得 10% 以上 1 倍以下的罚款;没有违法所得或者违法所得不足 2000 万元的,处以 200 万元以上 2000 万元以下的罚款。对直接负责的主管人员和其他直接责任人员,处以 100 万元以上 1000 万元以下的罚款。

在投资者因发行欺诈遭受损失的情况下,信息披露义务人应负赔偿责任;发行人的控股股东、实际控制人、董事、监事、高级管理人员和其他直接责任人员以及保荐人、承销的证券公司及其直接责任人员,应当与发行人承担连带赔偿责任,但是能够证明自己没有过错的除外。

◎ **相关案例**

海联讯案①中,对于海联讯公司将包含虚假财务数据的 IPO 申请文件报送证监会并获得证监会核准,披露的 2011 年年度报告和 2012 年第一季度报告、半年度报告、第三季度报告虚假记载的行为,证监会依据原《证券法》第 189 条、第 193 条,一并对海联讯处以 822 万元罚款,对实际控制人章锋处以 1203 万元罚款。

欣泰电气案②中,欣泰电气 IPO 申请文件中相关财务数据存在虚假记载,上市后披露的定期报告中存在虚假记载和重大遗漏,依据原《证券法》第 189 的规定,证监会对欣泰电气处以非法所募资金的 3% 即 772 万元罚款;依据原《证券法》第 193 条的规定,对欣泰电气责令改正,给予警告,并处以 60 万元罚款。

五洋建设发行公司债券欺诈案③是证监会行政处罚的首单欺诈发行债券案件。五洋建设以虚假申报文件骗取公开发行公司债券核准,非公开发行公司债券披露的文件存在虚假记载,未按规定披露年报审计机构变更事项,未在规定时间内披露年度报告,依据原《证券法》第 189 条规定,证监会对五洋建设处以非法所募资金金额 3%,即 4080 万元罚款;依据原《证券法》第 193 条规定,对五洋建设责令改正,给予警告,并处以 60 万元罚款。

二、 保荐、承销业务违法与法律责任

保荐、承销业务由证券公司承担,这些机构是证券发行、上市过程中不可或缺的"看门人"。在我国,从事保荐、承销业务需要经过证监会核准。为压实这些机构责任,《证券法》要求保荐机构"遵守业务规则和行业规范,诚实守信,勤勉尽责",审慎核查证券发行文件,同时强化对保荐、承销机构的责任追究力度。

---

① 《中国证监会行政处罚决定书》〔2014〕94 号。
② 《中国证监会行政处罚决定书》〔2016〕84 号。
③ 《中国证监会行政处罚决定书》〔2018〕54 号。

（一）保荐业务违法与法律责任

根据我国《证券法》第 182 条的规定，保荐人出具有虚假记载、误导性陈述或者重大遗漏的保荐书，或者不履行其他法定职责的，应承担相应的行政违法责任。主要包括：责令改正，给予警告，没收业务收入，并处以业务收入 1 倍以上 10 倍以下的罚款；没有业务收入或者业务收入不足 100 万元的，处以 100 万元以上 1000 万元以下的罚款；情节严重的，并处暂停或者撤销保荐业务许可。对直接负责的主管人员和其他直接责任人员给予警告，并处以 50 万元以上 500 万元以下的罚款。与之前的法律规定相比，2019 年《证券法》大幅度提高了对保荐机构及其责任人员的处罚力度，并补充明确了没有业务收入或者业务收入较少时的罚款处罚。从近年证监会行政处罚情况看，保荐业务违法主要出现在对证券发行、上市进行保荐尤其是首次发行股票并上市的保荐业务中。

在民事赔偿责任方面，《证券法》第 85 条规定，发行人公告的证券发行文件存在虚假记载、误导性陈述或者重大遗漏，致使投资者在证券交易中遭受损失的，应当承担赔偿责任；保荐人及其直接责任人员，应当与发行人承担连带赔偿责任，但是能够证明自己没有过错的除外。与修订前的法律相比，2019 年《证券法》扩充了责任主体范围，原法律只要求保荐机构承担赔偿责任，修订后的法律则将保荐机构的直接责任人员也一并纳入。

◎ **相关案例**

在万福生科案[①]中，平安证券担任首次公开发行股票并在创业板上市的保荐机构，在尽职调查中未勤勉尽责，未对万福生科提供的资料和披露的内容进行独立判断，未审慎核查万福生科主要供应商身份和采购合同的真实性，未审慎核查万福生科主要客户身份和销售合同的真实性，未审慎核查其他中介机构出具的专业意见，未能发现万福生科涉嫌造假的内容，证监会依据原《证券法》第 192 条的规定，决定责令平安证券改正违法行为，给予警告，没收业务收入 2555 万元，并处以 5110 万元罚款，暂停保荐业务许可 3 个月；对吴文浩、何涛、薛荣年、曾年生、崔岭给予警告，并分别处以 30 万元罚款，撤销证券从业资格；对汤德智给予警告，并处以 10 万元罚款，撤销证券从业资格。

在振隆特产案[②]中，信达证券担任振隆特产首次公开发行股票并上市的保荐机构，未审慎核查振隆特产与主要客户销售情况、振隆特产的生产情况和存货情况；信达证券在振隆特产 IPO 核查工作中，虽然做了大量工作，但根据实质重于形式、结果与过程并存的原则，其核查工作不充分、不彻底，持续性、多方面地不勤勉尽责，忽视发行人的造假迹象，导致未能发现发行人首发过程中的财务造假问题；振隆特产财务造假从 2012 年持续至 2015 年，信达证券 2010 年承接该项目，从上市前辅导到推荐上市持续近 5 年时间，对于发行人前述造假情况完全不知悉，有悖常理。信达证券被没收业务收入 160 万元，并处以 320 万元罚款。

---

① 《中国证监会行政处罚决定书》〔2013〕48 号。
② 《中国证监会行政处罚决定书》〔2016〕109 号。

（二）承销业务违法与法律责任

承销机构的违法行为主要包括三大类：第一类是承销或者销售擅自公开发行或者变相公开发行的证券；第二类是承销业务中违反核查、发现、纠正义务，即未对公开发行募集文件的真实性、准确性、完整性进行核查，或者发现公开发行募集文件有虚假记载、误导性陈述或者重大遗漏后，仍然开始或者不立即停止销售活动并采取纠正措施；第三类是承销业务中实施虚假误导性宣传推介、以不正当竞争手段承揽业务或者其他违反规定的行为。

对于上述第一类违法行为，《证券法》第 183 条规定，证券公司承销或者销售擅自公开发行或者变相公开发行的证券的，责令停止承销或者销售，没收违法所得，并处以违法所得 1 倍以上 10 倍以下的罚款；没有违法所得或者违法所得不足 100 万元的，处以 100 万元以上 1000 万元以下的罚款；情节严重的，并处暂停或者撤销相关业务许可。给投资者造成损失的，应当与发行人承担连带赔偿责任。对直接负责的主管人员和其他直接责任人员给予警告，并处以 50 万元以上 500 万元以下的罚款。不过，迄今为止尚未发现该类案件的行政处罚或者民事赔偿案例。

对于上述第二类违法行为，《证券法》第 29 条第 1 款规定："证券公司承销证券，应当对公开发行募集文件的真实性、准确性、完整性进行核查。发现有虚假记载、误导性陈述或者重大遗漏的，不得进行销售活动；已经销售的，必须立即停止销售活动，并采取纠正措施。"并且，根据《证券法》第 184 条规定，应责令证券公司改正，给予警告，没收违法所得，可以并处 50 万元以上 500 万元以下的罚款；情节严重的，暂停或者撤销相关业务许可。对直接负责的主管人员和其他直接责任人员给予警告，可以并处 20 万元以上 200 万元以下的罚款；情节严重的，并处以 50 万元以上 500 万元以下的罚款。

对于上述第三类违法行为，《证券法》第 29 条第 2 款规定，证券公司承销证券，不得有下列行为：（1）进行虚假的或者误导投资者的广告宣传或者其他宣传推介活动；（2）以不正当竞争手段招揽承销业务；（3）其他违反证券承销业务规定的行为。证券公司有上述所列行为，给其他证券承销机构或者投资者造成损失的，应当依法承担赔偿责任。同时，也应根据《证券法》第 184 条规定，承担相应的行政责任。

◎　**相关案例**

近年来，证监会加大了对承销机构中不当行为的打击力度，查处了三起承销机构未审慎核查公开发行募集文件的真实性、准确性、完整性的案件。

兴业证券案①中，兴业证券除了因保荐业务受到处罚外，还被证监会认定未审慎核查欣泰电气公开发行募集文件的真实性和准确性，违反了原《证券法》第 31 条的规定，构成原《证券法》第 191 条所述"其他违反证券承销业务规定的行为"，被没收承销股票违法所得 2078 万元，并处以 60 万元罚款。

---

①　《中国证监会行政处罚决定书》〔2016〕91 号。

平安证券案①中,平安证券除了因保荐业务受到处罚外,还被证监会认定未审慎核查海联讯公开发行募集文件的真实性和准确性,违反了原《证券法》第31条的规定,构成原《证券法》第191条所述"其他违反证券承销业务规定的行为",被没收承销股票违法所得2867万元,并处以440万元罚款。

德邦证券案②中,德邦证券作为主承销商,为五洋建设发行债券出具了《德邦证券关于五洋建设公开发行公司债券之核查意见》。但德邦证券未充分核查五洋建设应收账款问题,对于投资性房地产未充分履行核查程序,未将五洋建设一家控股子公司的投资性房地产出售问题写入核查意见。上述行为违反了原《证券法》第31条"证券公司承销证券,应当对公开发行募集文件的真实性、准确性、完整性进行核查"和《公司债券发行与交易管理办法》第7条"为公司债券发行提供服务的承销机构、资信评级机构、受托管理人、会计师事务所、资产评估机构、律师事务所等专业机构和人员应当勤勉尽责,严格遵守执业规范和监管规则,按规定和约定履行义务"的规定,最终,德邦证券被责令改正,给予警告,没收违法所得1857.44万元,并处以55万元罚款。

三、 证券投资咨询业务违法与法律责任

目前,法律规定可以从事证券投资咨询业务的机构有两类:第一类是证券公司经证监会许可从事证券投资咨询业务,该业务属于证券公司可以从事的业务类型之一,被归入《证券法》下的"证券业务";第二类是经证监会许可,专门从事证券投资咨询业务的投资咨询公司、投资顾问公司等机构,其业务被归入《证券法》下的"证券服务业务"。证券投资咨询业务违法行为也包括两类:一类违法是准入违法,即未经证监会许可擅自从事证券投资咨询业务;另一类是获得许可的机构在从事业务中存在违法行为。

就准入违法来说,两类机构的准入规定适用不同的规定:(1) 证券公司从事证券投资咨询业务的许可规定于《证券法》第120条对证券公司业务的"核准"规定中,未经核准擅自从事证券投资咨询业务的,适用《证券法》第202条的规定,即责令改正,没收违法所得,并处以违法所得1倍以上10倍以下的罚款;没有违法所得或者违法所得不足100万元的,处以100万元以上1000万元以下的罚款。对直接负责的主管人员和其他直接责任人员给予警告,并处以20万元以上200万元以下的罚款。(2) 专门的证券投资咨询机构的准入规定是《证券法》第160条第2款,即从事证券投资咨询服务业务,应当经证监会核准;未经核准,不得为证券的交易及相关活动提供服务。如果违反,适用《证券法》第213条第1款的规定,即证券投资咨询机构擅自从事证券服务业务的,责令改正,没收违法所得,并处以违法所得1倍以上10倍以下的罚款;没有违法所得或者违法所得不足50万元的,处以50万元以上500万元以下的罚款。对直接负责的主管人员和其他直接责任人员,给予警告,并处以20万元以上200万元以下的罚款。此外,对于上述两类机构未经核准擅自经营证券投资咨询业务,如涉及犯罪时,还会触及刑事责任,即《刑法》第225条第3项规定的"非法经

---

① 《中国证监会行政处罚决定书》〔2014〕103号。
② 《中国证监会行政处罚决定书》〔2019〕121号。

营罪"。

就已经获得许可的机构在从事业务中存在不法行为来说,两类机构适用同样的规定。即证券投资咨询机构及其从业人员从事证券服务业务不得有下列行为:(1)代理委托人从事证券投资;(2)与委托人约定分享证券投资收益或者分担证券投资损失;(3)买卖本证券投资咨询机构提供服务的证券;(4)法律、行政法规禁止的其他行为。如有上述行为,则适用《证券法》第213条第1款规定的行政处罚;同时,因上述行为给投资者造成损失的,还应依法承担民事赔偿责任。

四、 证券服务业务违法与法律责任

证券服务业务,是指专业机构为证券发行、交易、并购重组等活动提供证券投资咨询、审计与鉴证、法律、资产评估、证券评级与信息技术系统服务。这些机构既包括上述提供证券投资咨询服务的证券投资咨询机构,也包括提供审计与鉴证服务的会计师事务所、提供法律服务的律师事务所、提供资产评估服务的资产评估机构、提供证券评级服务的资信评级机构以及提供信息技术系统服务的机构。这些机构通常与保荐、承销机构一起,被总括性地称为"证券市场中介机构",是证券市场重要的"看门人"。在2019年《证券法》修订后,除从事证券投资咨询业务应当经主管部门核准外,从事其他证券服务业务,与此前已经取消审批的法律服务业务一样,一律改为报证监会与有关主管部门备案。因此,在市场准入门槛放松的情况下,需要进一步强化对证券服务机构的执业要求与责任追究,督促证券服务机构发挥其应有的证券市场"看门人"作用。也正基于此,《证券法》第160条第1款专门新增规定:"会计师事务所、律师事务所以及从事证券投资咨询、资产评估、资信评级、财务顾问、信息技术系统服务的证券服务机构,应当勤勉尽责、恪尽职守,按照相关业务规则为证券的交易及相关活动提供服务。"

在民事责任方面,如果证券服务机构为证券发行、上市、交易等证券业务活动制作、出具的文件有虚假记载、误导性陈述或者重大遗漏,给他人造成损失,应当与委托人承担连带赔偿责任,但是能够证明自己没有过错的除外。

在行政责任方面,证券服务机构违法与法律责任包括两种:(1)从事证券服务业务未备案。对此,《证券法》第213条第2款规定,应责令改正,可处20万元以下的罚款。从事证券服务业务未备案,与未经核准擅自从事证券服务相比,违法性质不同,危害程度也比较低,故而在行政法律责任上相对较轻。(2)从事证券服务业务未勤勉尽责,制作、出具的文件有虚假记载、误导性陈述或者重大遗漏。《证券法》第213条第3款规定,此种违法情形下,应责令改正,没收业务收入,并处以业务收入1倍以上10倍以下的罚款,没有业务收入或者业务收入不足50万元的,处以50万元以上500万元以下的罚款;情节严重的,并处暂停或者禁止从事证券服务业务。对直接负责的主管人员和其他直接责任人员给予警告,并处以20万元以上200万元以下的罚款。值得注意的是,如果构成此类违法,没收的不是"违法所得",而是"业务收入",罚款也以"业务收入"为基数。这样便大大提升了违法成本和处罚力度。

除了上述行政法律责任与民事赔偿责任以外,证券服务机构及其人员违法行为情节严重的,还会触犯《刑法》第229条规定的"提供虚假证明文件罪"或者"出具证明文件重大失实罪"。

◎ **相关案例**

信永中和会计师事务所、郭晋龙、夏斌案①中，证监会认定：信永中和会计师事务所（以下简称"信永中和"）在为登云股份 IPO 及 2014 年年报提供审计服务过程中违反依法制定的业务规则，包括在审计过程中未对三包索赔费用予以充分关注，未充分追查函证回函差异、执行函证替代程序不充分等，导致函证程序失效；未对登云股份与江苏申源特钢有限公司资金往来的性质持续保持应有的职业审慎，从而未能发现登云股份少确认贴现费用的情形；未对登云股份 2013 年 6 月的销售收入进行充分核查；在相关公司存在异常关联线索的情况下，未保持应有的职业审慎，未进行充分核查或者追加必要的审计程序。此外，信永中和未勤勉尽责，对登云股份 2013 年年报出具的审计报告存在虚假记载。

信永中和在听证中抗辩认为：（1）信永中和履行了勤勉尽责义务，不违反法律规定或依法制定的业务规则，不应对登云股份的虚假陈述行为承担责任。信永中和已根据审计准则要求执行审计程序，基于审计存在的固有限制，对于未能发现的故意舞弊行为，信永中和不应承担责任。（2）会计师事务所的审计责任不同于会计责任，会计师事务所根据准则要求恰当地运用"重要性概念"，对财务报表整体是否存在由于舞弊或错误导致的重大错报获取"合理保证"，即符合审计准则要求，亦应被认为履行了勤勉尽责的义务。（3）《行政处罚事先告知书》指责信永中和在为登云股份 IPO 及 2014 年年报提供审计服务的过程中违反依法制定的业务规则，没有事实和法律依据，不能成立；登云股份 2010 年年报本身不存在错报问题，信永中和不应承担审计责任；登云股份 2011 年年报的错报问题仅涉及一项未入账三包索赔费用，信永中和对此客户的函证程序不存在违反业务规则的情况，不应承担审计责任。信永中和在为登云股份 2013 年年报提供审计服务的过程中，勤勉尽责地履行了审计职责，对于登云股份 2013 年年报虚假记载不承担责任。即使认为信永中和对登云股份的 IPO 审计程序存在瑕疵，所导致的未能发现的累计错报也极小，远未达到重要性水平，不构成重大错报，也不违反审计准则，不构成未勤勉尽责。

证监会未采纳上述申辩意见，并在《行政处罚决定书》中详细地回应认为：（1）信永中和未对三包索赔费用予以充分关注，未充分追查函证回函差异、执行函证替代程序不充分，未对登云股份与江苏申源特钢有限公司资金往来的性质持续保持应有的职业审慎，未对登云股份部分销售收入进行充分核查，在相关公司存在异常关联线索的情况下，未保持应有的职业审慎，未进行充分核查或者追加必要的审计程序。上述行为均属违反审计准则的行为，构成"未勤勉尽责"。证监会在作出行政处罚决定时已考虑了审计的固有限制，其评判注册会计师工作的标准是注册会计师是否按照审计准则的规定恰当地计划和执行了审计工作，而非要求注册会计师对审计对象的财务报表提供绝对保证。（2）证监会严格按照原《证券法》等法律法规及中国注册会计师执业准则、规则等相关规定认定会计师事务所及其签字注册会计师的违法责任，并区分上市公司的会计

---

① 《中国证监会行政处罚决定书》〔2017〕101 号。

责任与注册会计师的审计责任。登云股份财务造假的会计责任与注册会计师的审计责任是相互独立的,证监会追究注册会计师行政责任的依据并非登云股份的财务造假行为,而是注册会计师自身在执业过程中违反业务规则、未勤勉尽责、出具的文件存在虚假记载的行为。信永中和审计过程中存在的问题并非显著轻微,其出具的审计报告存在虚假记载影响了投资者的判断,对资本市场健康发展产生了不利影响,造成了一定的社会危害后果,不存在减轻处罚或不予处罚的情节。

最终,证监会认定信永中和在为登云股份IPO及2014年年报提供审计服务的过程中违反依法制定的业务规则,构成原《证券法》第226条第3款所述"证券服务机构违反本法规定或者依法制定的业务规则"的行为,依据该款责令信永中和改正,没收违法所得188万元,并处以188万元罚款;认定信永中和未勤勉尽责,出具的登云股份2013年审计报告存在虚假记载,构成原《证券法》第223条所述"证券服务机构未勤勉尽责,所制作、出具的文件有虚假记载"的行为,郭晋龙、夏斌是直接负责的主管人员,依据该条责令信永中和改正,没收业务收入32万元,并处以32万元罚款,对郭晋龙、夏斌给予警告,并分别处以5万元罚款。综上,决定责令信永中和改正,没收业务收入32万元,没收违法所得188万元,并处以220万元罚款,对郭晋龙、夏斌给予警告,并分别处以5万元罚款。

五、 利用未公开信息交易与法律责任

利用未公开信息交易,俗称"老鼠仓",主要是指金融资管业从业人员,掌握或者了解到基金公司所管理账户的交易或者交易计划、交易意向信息后,抢先一步或者紧随买入或者卖出相同或者相关证券以获利的违法行为。有别于大多数证券市场违法行为先有行政规制,再升级为刑事规制,进而衍生出民事赔偿机制的法律责任轨迹,我国对利用未公开信息交易的直接规制,按照相关基本法律的修改顺序,走的是先有刑事法律责任,再有行政法律责任,然后才有民事法律责任的立法路径。

2009年2月28日公布并开始施行的《刑法修正案(七)》,率先将"老鼠仓行为"直接纳入刑事打击范围,此即《刑法》第180条第4款规定的"利用未公开信息交易罪"。该款规定,证券交易所、期货交易所、证券公司、期货经纪公司、基金管理公司、商业银行、保险公司等金融机构的从业人员以及有关监管部门或者行业协会的工作人员,利用因职务便利获取的内幕信息以外的其他未公开的信息,违反规定,从事与该信息相关的证券、期货交易活动,或者明示、暗示他人从事相关交易活动,情节严重的,依照同条"内幕交易、泄露内幕信息罪"的罚则处罚。2019年6月,最高人民法院、最高人民检察院公布了《关于办理利用未公开信息交易刑事案件适用法律若干问题的解释》,细化了《刑法》第180条第4款利用未公开信息交易犯罪的构成要件和量罚标准。

在行政法律责任方面,《证券投资基金法》《私募投资基金监督管理暂行办法》对基金业中的利用未公开信息交易行为作出了规定,并不适用于证券市场其他主体;2019年《证券法》新增规定,弥补了行政违法主体适用上的缺陷。依据《证券法》第54条第1款之规定,禁止证券交易场所、证券公司、证券登记结算机构、证券服务机构和其他金

融机构的从业人员、有关监管部门或者行业协会的工作人员,利用因职务便利获取的内幕信息以外的其他未公开的信息,违反规定,从事与该信息相关的证券交易活动,或者明示、暗示他人从事相关交易活动。对应的罚则规定在《证券法》第 191 条第 2 款,即依照同条第 1 款关于内幕交易的规定处罚,包括责令依法处理非法持有的证券,没收违法所得,并处以违法所得 1 倍以上 10 倍以下的罚款;没有违法所得或者违法所得不足 50 万元的,处以 50 万元以上 500 万元以下的罚款;单位利用未公开信息交易的,还应当对直接负责的主管人员和其他直接责任人员给予警告,并处以 20 万元以上 200 万元以下的罚款。

在民事责任方面,《证券法》第 54 条第 2 款规定,利用未公开信息进行交易给投资者造成损失的,应当依法承担赔偿责任。

六、 短线交易与法律责任

短线交易是指法律规定的特定主体,在买入证券后一定期限内卖出,或者卖出后一定期限内买入的证券交易行为。根据我国《证券法》第 44 条的规定,短线交易是指上市公司、股票在国务院批准的其他全国性证券交易场所交易的公司的董事、监事、高级管理人员,以及持有或者通过协议、其他安排与他人共同持有该公司股份 5% 以上的股东,将其持有的该公司的股票或者其他具有股权性质的证券在买入后 6 个月内卖出,或者在卖出后 6 个月内又买入的行为。基于该行为所获得的收益,归该公司所有,公司董事会应当收回其所得收益,此即公司的"归入权";但是,证券公司因包销购入售后剩余股票而持有 5% 以上股份,以及证监会规定的其他情形除外。这里所称的董事、监事、高级管理人员、自然人股东持有的股票或者其他具有股权性质的证券,包括其配偶、父母、子女持有的及利用他人账户持有的股票或者其他具有股权性质的证券。如果公司董事会不按照上述规定行使归入权,股东有权要求董事会在 30 日内执行;公司董事会未在该期限内执行的,股东有权为了公司的利益以自己的名义直接向人民法院提起诉讼。公司董事会不按照规定行使归入权,负有责任的董事依法承担连带责任。

在行政责任方面,《证券法》第 189 条规定,违反短线交易规则的,给予警告,并处以 10 万元以上 100 万元以下的罚款。

相较修改之前的《证券法》,2019 年《证券法》对于短线交易的规制体现出了两个制度补充:(1)从仅适用于上市公司扩展至适用于"股票在国务院批准的其他全国性证券交易场所交易的公司";(2)明确了受短线交易规则规制的主要股东,不但包括本人持有该公司 5% 以上股份的情形,也包括通过协议、其他安排与他人共同持有该公司 5% 以上股份的情形;(3)将短线交易的标的从公司股票扩展至其他具有股权性质的证券,一般是指与该等股票相关的证券衍生品;(4)补充规定董事、监事、高级管理人员、自然人股东持有的股票或者其他具有股权性质的证券,包括其配偶、父母、子女持有的及利用他人账户持有的股票或者其他具有股权性质的证券;(5)补充规定了不受短线交易规则规制的除外情形,即证券公司因包销购入售后剩余股票而持有 5% 以上股份,以及国务院证券监督管理机构规定的其他情形。

◎ **相关案例**

最高人民法院再审浙江九龙山国际旅游开发有限公司诉证监会短线交易行政处罚案过程中,正式向全国人民代表大会常务委员会法制工作委员会提出法律询问。全国人民代表大会常务委员会法制工作委员会《关于证券法第四十七条第一款理解问题的答复意见》(法工办复[2016]1号)明确答复:原《证券法》第47条第1款并没有作出只有在当事人具备上市公司董事、监事、高级管理人员、持有上市公司股份5%以上的股东身份后,在6个月内买卖本公司股票的行为才适用本条规定的限制;当事人在买入上市公司股票时不是上市公司董事、监事、高级管理人员,在买入后6个月内卖出时具备上述身份的,或者当事人因买入上市公司股票才成为持有上市公司股份5%以上的股东,其后又在6个月内卖出该上市公司股票的,均应当适用原《证券法》第47条第1款的规定。①

七、 上市公司收购违法与法律责任

上市公司收购中的违法行为主要包括两种情形:(1)收购人未按照《证券法》规定履行上市公司收购的公告、发出收购要约义务。《证券法》第196条第1款规定,此种情形下,应责令改正,给予警告,并处以50万元以上500万元以下的罚款;对直接负责的主管人员和其他直接责任人员给予警告,并处以20万元以上200万元以下的罚款。(2)收购人及其控股股东、实际控制人利用上市公司收购,损害被收购公司及其股东的合法权益,给被收购公司及其股东造成损失的,依据《证券法》第196条第2款的规定,收购人及其控股股东、实际控制人应依法承担赔偿责任。

八、 限制转让期内违法转让证券与法律责任

依据《证券法》第36条的规定,依法发行的证券,《公司法》和其他法律对其转让期限有限制性规定的,在限定的期限内不得转让;上市公司持有5%以上股份的股东、实际控制人、董事、监事、高级管理人员,以及其他持有发行人首次公开发行前发行的股份或者上市公司向特定对象发行的股份的股东,转让其持有的本公司股份的,不得违反法律、行政法规和国务院证券监督管理机构关于持有期限、卖出时间、卖出数量、卖出方式、信息披露等的规定,并应当遵守证券交易所的业务规则。违反这些规定,在限制转让期内转让证券,或者转让股票不符合法律、行政法规和证监会规定的,适用《证券法》第186条的罚则,即责令改正,给予警告,没收违法所得,并处以买卖证券等值以下的罚款。

与原《证券法》相比,2019年《证券法》对于限制转让期内违法转让证券的法律责任规定,有如下几方面的变化:(1)把依法发行的证券在限制转让期内不得"买卖",修改为不得"转让"。"转让"就是把自己的东西或合法利益或权利让给别人,既包括有偿转让,也包括

---

① 参见《最高人民法院行政判决书》(2015)行提字第24号。

无偿转让。原《证券法》按文义解释,在限制转让期内只限制"买卖"形式的有偿转让,不限制无偿转让,而2019年《证券法》不仅限制有偿转让,也限制无偿转让。(2)新增除法律之外,行政法规、证监会的规定以及证券交易所的业务规则,可以对上市公司持有5%以上股份的股东、实际控制人、董事、监事、高级管理人员,以及其他持有发行人首次公开发行前发行的股份或者上市公司向特定对象发行的股份的股东,转让其持有的本公司股份的行为进行规制,规制的内容既包括"持有期限",也包括"卖出时间、卖出数量、卖出方式"与相关的"信息披露"要求。(3)违反规定的罚则,在"责令改正,给予警告,并处以买卖证券等值以下的罚款"之外,增加了"没收违法所得",但取消了"对直接负责的主管人员和其他直接责任人员给予警告,并处以三万元以上三十万元以下的罚款"的规定。

九、 禁止参与股票交易的人员违法持有、买卖证券与法律责任

依据《证券法》第40条规定,证券交易场所、证券公司和证券登记结算机构的从业人员,证券监督管理机构的工作人员以及法律、行政法规规定禁止参与股票交易的其他人员,在任期或者法定限期内,不得直接或者以化名、借他人名义持有、买卖股票或者其他具有股权性质的证券,也不得收受他人赠送的股票或者其他具有股权性质的证券。任何人在成为上述人员时,其原已持有的股票或者其他具有股权性质的证券,必须依法转让。不过,实施股权激励计划或者员工持股计划的证券公司的从业人员,可以按照证监会的规定持有、卖出本公司股票或者其他具有股权性质的证券。违反该规定的,根据《证券法》第187条规定,责令依法处理非法持有的股票、其他具有股权性质的证券,没收违法所得,并处以买卖证券等值以下的罚款;属于国家工作人员的,还应当依法给予处分。

本章理论与实务探讨 ————————○

其他信息披露义务人

——与发行人进行重大资产交易的标的公司与交易对方

上市公司通过定向增发换股或者以现金收购他人资产时,标的资产会存在财务舞弊等虚假情况。以往,受制于信息披露义务人限于直接把信息披露出来的人的执法观念,此类主体虽然提供了信息材料,但是不负责把这些信息放到披露平台,因而,可以逍遥法外。此后,随着信息披露义务人应是有义务提供真实、准确、完整信息的人的观念的兴起,此类主体开始受到查处,证监会在责任认定上日趋严格、升级,要求相关主体不但对自己提供的信息负责,还要保证标的公司所提供信息的真实、准确、完整。因一些案件涉及风险投资或者私募股权投资机构,相关处罚对象的范围与处罚理由逐步引起业界关注。

首个案例是康华农业为达到借壳步森股份上市目的,虚增资产、虚增营业收入,导致标的公司康华农业,3名担任董事、高级管理人员的股东,以及其余12名自然人股东全部受到处罚。针对一些自然人股东的免责抗辩,证监会回应认为,这些股东是本次重组的受益方,在康华农业所披露的相关文件中签署了保证所提供信息真实、准确、完整的《承诺函》,但因未行使权利、履行义务致使信息披露违法行为发生,所有股东均应承担相应的法律责任。

在九好集团借壳鞍重股份案中,九好集团虚增服务费收入、虚增贸易收入、虚构银行存款,导致标的公司九好集团及其董事长兼实际控制人、相关高级管理人员以及包括2名自然人、9家私募机构在内的所有股东,一并受到处罚。针对中小股东以系财务投资者、不具备经营管理权、没有能力发现造假、没有参与造假为由请求免责的抗辩,证监会回应认为,把信息披露义务人扩展至重大资产重组交易对方的法理在于,九好集团属于全体股东共同资产,各个股东将共同资产作为一个整体与上市公司资产做交易,进而达到借壳上市的目的;小股东应当与大股东一样,对其共同资产财务会计报告的真实性负责,确保九好集团信息披露真实、准确、完整。这些股东没有调查九好集团的财务状况,或者仅在表面层次了解九好集团的财务状况,对应当提出怀疑的财务问题没有提出合理怀疑,在信息披露问题上没有尽到小股东应尽的责任。

本章法考与考研练习题

一、名词解释

1. 信息披露违法

2. 内幕信息

3. 欺诈发行

4. 背信损害上市公司利益罪

二、简答题

1. 简述《证券法》规定的证券交易类违法的样态。

2. 简述《证券法》规定的发行人信息披露违法民事赔偿责任主体与归责原则。

3. 简述《证券法》规定的操纵市场手段。

4. 简述《证券法》规定的证券公司承销业务违法行为。

5. 简述证券服务机构违反《证券法》规定,未勤勉尽责,所制作、出具的文件有虚假记载、误导性陈述或者重大遗漏的行政法律责任。

6. 简述《证券法》规定的短线交易归入权。

三、案例分析题

云淡科技股份有限公司拟首次发行新股并上市。2020年3月,其预披露的《招股说明书(申报稿)》通过编造虚假海外交易,大幅虚增收入和利润。此后不到两个月,该公司以股东之间有分歧,公司所处行业更适合境外发行上市为由,主动撤回了申报文件。后来,证监会在调查其他案件时,发现了上述欺诈行为。对该公司的行为,一种意见认为构成欺诈发行,应按欺诈发行处罚;另一种意见认为构成信息披露违法,应按信息披露违法处罚。你认为证监会应如何认定与处罚?